WELTEN

Introductory German

Prisca Augustyn Florida Atlantic University

Nikolaus Euba University of California, Berkeley

CENGAGE
Learning·

Australia • Brazil • Mexico • Singapore • United Kingdom • United States

Welten: Introductory German
Prisca Augustyn | Nikolaus Euba

Product Director: Beth Kramer

Senior Product Manager: Martine Edwards

Managing Developer: Katie Wade

Senior Content Developer: Harriet C. Dishman

Senior Content Project Manager:
 Esther Marshall

Managing Media Developer: Patrick Brand

Associate Content Developer: Joanna Alizio

Marketing Manager: Christine Sosa

Marketing Coordinator: Amy McGregor

Manufacturing Planner: Betsy Donaghey

Production Service: Lumina Datamatics, Inc.

Text Designer: Shawn Girsberger

Intellectual Property Analyst: Jessica Elias

Intellectual Property Project Manager:
 Farah J. Fard

Senior Art Director: Linda Jurras

Cover Designer: Harold Burch

Cover Image: © Cengage Learning

Compositor: Lumina Datamatics, Inc.

For product information and technology assistance, contact us at
Cengage Learning Customer & Sales Support, 1-800-354-9706

For permission to use material from this text or product,
submit all requests online at **cengage.com/permissions**
Further permissions questions can be emailed to
permissionrequest@cengage.com

Library of Congress Control Number: 2014944983

ISBN: 978-0-495-91037-4

Cengage Learning
20 Channel Center Street
Boston, MA 02210
USA

Cengage Learning is a leading provider of customized learning solutions with office locations around the globe, including Singapore, the United Kingdom, Australia, Mexico, Brazil, and Japan. Locate your local office at:
www.cengage.com/global

Cengage Learning products are represented in Canada by
Nelson Education, Ltd.

For your course and learning solutions, visit **www.cengage.com**

Purchase any of our products at your local college store or at our preferred online store **www.cengagebrain.com**

Printed in the United States of America
Print Number: 03   Print Year: 2019

BRIEF CONTENTS

SCOPE AND SEQUENCE

Discover German!

Welten means "worlds." Each chapter of this book revolves around the world of a specific person. As you get to know these individuals, you will discover and explore aspects of culture and language along the way. Another idea behind **Welten** is learning to see the world through the eyes of others by comparing your own language and culture to another.

Engaging cultural topics

We believe that the best way you can practice German is if you "have something to say" about the topics that come up in the classroom. Through our own teaching experience, we've learned which cultural issues tend to intrigue students and promote interesting discussions. In **Welten** we have focused on themes that we believe are worth reading, speaking, and writing about.

Texts

Learning a language requires working with texts of all types. **Welten** allows you to practice German by exploring and discussing a large variety of different texts in German as you explore the lives and worlds of 12 people through the blogs, e-mails, letters, and other texts. You will read, listen to, and work with texts as you learn how to talk and write about the same topics. Working with these and with other sorts of texts—literary texts, magazine and news articles, interviews, poems, recipes, even paintings and other images—will empower you to progress more quickly to German fluency. These texts were chosen for **Welten**, because they complement the cultural topics, because they will be relevant to you, and because they are accessible for beginning readers.

Contextualized grammar

While the general themes of **Welten** derive from the rich cultural contexts of each profiled character, you will be able to strengthen your language skills because grammar and vocabulary are integrated throughout each chapter. You'll be learning and using basic grammar and vocabulary as you progress through the book. As you work with different types of texts, you will learn to better distinguish different styles and uses of spoken and written German.

Openness and creativity

You can learn from your fellow students. If you are open and creative in the classroom and beyond, you can learn from your classmates through group and partner activities and other types of classroom interaction. You will also have many opportunities to work online, both individually and collaboratively with other students. Remember that just as you depend on others, they also depend on your active participation, openness, and creativity.

Connections and comparisons

The unifying concept in **Welten** inherently encourages you to make connections between the people and cultural issues covered in the different chapters of the book. Moreover, since all topics and readings in **Welten** are anchored in culture, you will find that you can't help comparing your own culture to the issues and cultural aspects you learn about in **Welten**. Be prepared to learn not only about the foreign culture but also about your own.

An invitation to explore

Welten gives you an opportunity to start doing your own exploration of German-language websites. The Web activities give you some direction, but they are not meant to be closed activities. We've formulated the directions and questions so as to give you an idea of what to expect from a given topic, issue, or website. Think of these activities as a catalyst for further exploration.

Appealing video material

Welten has 66 book-specific video clips that consist of the 12 characters speaking about themselves, each with a distinct worldview, lifestyle, and interests. This window onto contemporary German culture will enrich your understanding of the unique worlds in which these people live and work.

Reliable online platform

On **iLrn,** you have everything you need to master the skills and concepts of the course. The dynamic audio- and video-enhanced learning environment includes a fully interactive eBook with integrated activities, companion videos, an online Student Activities Manual with audio, interactive VoiceBoard, interactive enrichment activities, and diagnostic activities that generate your own personalized study plan. The new Share It! feature enables you to upload and share files, such as videos, for assignments and projects. Share It! also allows you to create text or voice comments and rate your classmates' uploaded material.

Vocabulary building and dictionary practice

Welten helps you build your vocabulary in several ways. Marginal glosses allow you to focus on extensive reading. Vocabulary lists and activities in both the textbook and the Student Activities Manual (SAM) help you practice the vocabulary you need to discuss a given topic. Specific dictionary activities help you become a more competent dictionary user. You are encouraged to collect vocabulary you need and want to know, to learn to work effectively with dictionaries, and to develop a shared document of all vocabulary you consider relevant. Toward that goal, *Welten* will help you refine your vocabulary-building skills. To expand your vocabulary efficiently, you can:

- create a vocabulary notebook, flashcards, or use flashcard apps
- put the vocabulary into sentences, phrases, or expressions
- use mnemonics (ways of remembering), such as alliteration, rhyme, rhythm, and music
- use associations, such as images, functions of words, parts of speech, classes or categories of words, antonyms, and synonyms
- look at prefixes, suffixes, and word roots
- situate words in various contexts
- review old vocabulary systematically

Two very useful and time-tested tools for learning vocabulary are *vocabulary notebooks* and *flashcards,* for which there are lots of apps available. Here are some hints about how to make the most of them:

- In a *vocabulary notebook*, you can list vocabulary in two columns, one for German words and the other for English translations. A notebook is a good way to keep a log of all the vocabulary that comes up in class, as well as items you look up in the dictionary in class or at home.

- When studying vocabulary in your notebook, you can use a sheet of paper to cover up one column in the notebook and test yourself, moving your sheet of paper down the list.
- *Flashcards* have the advantage that whatever items you feel confident about can be eliminated from the stack. This will give you a sense of accomplishment as you study. Make your cards with German on one side and English on the other. There are intelligent apps that show you the items you missed more frequently than those you got right. Another advantage of flashcards is that you can add additional information later. For instance, you may come across an idiomatic expression that contains a vocabulary item you already have a flashcard for; you can then just add the new information to the card.

For both vocabulary notebooks and flashcards, always remember to include:

- the definite article, the plural, and if necessary the genitive form of nouns.
- the simple past, the past participle, and the appropriate auxiliary (**haben** or **sein**) for verbs.

Working with a German-English dictionary

You will probably want to invest in a German-English/English-German dictionary. Whenever you look something up in the German-English portion of the dictionary, make sure you take notes (either in your notebook or on a flashcard). That way you keep track of all the items you looked up in the dictionary during the course.

Working with an English-German dictionary

When looking up words in an English-German dictionary to find a German equivalent for an English word, make sure you are looking at the same word class. For instance, if you are trying to give someone a recipe that involves *boiling* something, be sure not to look at the noun *boil* in English, but rather at the verb *boil*. Remember that dictionary listings usually include an *n* for nouns, and a *v* for verbs.

Most of the time when looking something up in a dictionary, you have to consider several possible translations, because only very rarely is there a direct one-to-one equivalent of a word in another language. Refer to *Welten* in **iLrn** for more tips on how best to use a dictionary.

We are grateful to the following reviewers and contributors who provided thoughtful commentary and valuable comments and suggestions throughout the review process:

Zsuzsanna Abrams, *University of Texas – Austin*

Mary Ashcraft, *University of Nevada – Las Vegas*

Susanne Baackmann, *University of New Mexico*

Claudia Becker, *North Carolina Central University*

Teresa Bell, *Brigham Young University*

Claudia Bornholdt, *Catholic University*

Klaus Brandl, *University of Washington*

Bettina Brandt, *Pennsylvania State University*

Monika Campbell, *University of North Texas*

Bernd Conrad, *Northern Arizona University*

Craig Decker, *Bates College*

Stephen Della Lana, *College of Charleston*

Michael Dettinger, *Louisiana State University*

Gabriele Dillmann, *Denison University*

Lee Ferrell, *Clemson University*

Yvonne Franke, *Midwestern State University*

Shelley French, *Eastern Illinois University*

Kathrin Frenzel, *Ohio State University*

Claudia Grossman, *Indiana University & Purdue University – Indianapolis*

Constance Hauf, *Texas A&M University*

Nele Hempel-Lamer, *California State University – Long Beach*

Melissa Hoban, *Blinn College*

Susanne Hoelscher, *University of San Francisco*

Thorsten Huth, *University of Southern Illinois – Carbondale*

Randall Kloko, *University of Central Florida*

Glenn Levine, *University of California – Irvine*

Stephanie Libbon, *Kent State University*

Douglas Lightfoot, *University of Alabama*

Gunhild Lischke, *Cornell University*

Felecia A. Lucht, *Wayne State*

Beth Martin, *Iowa State University*

Denise Meuser, *Northwestern University*

Marc James Mueller, *Montana State University*

Hans Nollert, *University of Central Oklahoma*

Traci O'Brien, *Auburn University*

Lisa Parkes, *Harvard University*

Elisabeth Poeter, *Stetson University*

Mike Putnam, *Pennsylvania State University*

Hartmut Rastalsky, *University of Michigan*

Marc Rathmann, *Purdue University*

Brigitte Rossbacher, *University of Georgia*

Patricia Schindler, *University of Colorado – Boulder*

Karin Schlenker, *Michigan Technological University*

Bruce Spencer, *University of Iowa*

Karl Stenger, *University of South Carolina – Aiken*

Georgia Tres, *Oakland Community College*

Per Urlaub, *University of Texas – Austin*

Lahaie Ute, *Gardner-Webb University*

Charles Vannette, *Ferris State University*

Chantelle Warner, *University of Arizona*

Mary Wauchope, *San Diego State University*

Charles Webster, *University of Illinois at Urbana – Champaign*

Martina Wells, *Chatham University*

Elizabeth Wylie-Ernst, *University of Pittsburgh*

We would also like to thank everyone at Cengage Learning involved in the conception and production of **Welten**, especially Beth Kramer, Product Director; Martine Edwards, Senior Product Manager; Harriet C. Dishman, Senior Content Developer; Esther Marshall, Senior Content Project Manager; Joanna Alizio, Associate Content Developer; Linda Jurras, Senior Art Director. We are grateful for the wonderful collaboration with our Development Editor, Paul Listen, over the years and for his outstanding care of the manuscript. We would like to also thank Andrei Campeanu for the fantastic **Welten** video program, as well as Peter Schott and Carolyn Nichols of Cengage Learning; Katy Gabel, Lumina Datamatics Senior Project Manager; and Esther Bach, the copyeditor.

And, we finally would like to thank Beate Schröter for her enthusiasm, creativity, and diligence in authoring the SAM.

—Prisca Augustyn & Nikolaus Euba

THE PEOPLE OF *WELTEN*

Schleswig-Holstein

Mecklenburg-Vorpommern

BINZ

Thorsten

Uwe

Bremen Hamburg

OLDENBURG

Niedersachsen

Berlin

Brandenburg

Volker

Nordrhein-Westfalen

MAGDEBURG

Sachsen-Anhalt

Yasemin

Sebastian

MÜLHEIM a/d RUHR

Sachsen

Gregor

JENA

KASSEL

Thüringen

Hessen

Martina

Rheinland-Pfalz

TRIER

Hilli

NÜRNBERG

Saarland

Rüdiger

STUTTGART

Bayern

Hubert

Baden-Württemberg

MÜNCHEN

BAD GASTEIN

Nada

ÖSTERREICH

Kati

BASEL

SCHWEIZ

Sebastian Henkel
Student, Friedrich-Schiller-Universität Jena (Thüringen)

Sebastian ist
Student in Jena.

LERNZIELE

- *introducing myself and others*
- *greeting and addressing others*
- *asking questions*
- *using letters and numbers*
- *talking about college and student life*
- *talking about what we like to do*
- *identifying word categories in German*
- *working with nouns, pronouns, and grammatical gender*
- *using verbs (conjugation)*
- *practicing basic verb placement in German*

IN DIESEM KAPITEL ...

You will meet Sebastian, a student at the university in Jena, Germany. His major is German Studies, and he often blogs about student life. A collage about important classroom expressions and a poem about the things we like will help you get oriented in your own German class. Compiling an address book and other activities will give you opportunities to introduce yourself and talk about the things you like . . . all in German!

© imagebroker/Alamy

PROFIL

NAME: Henkel, Sebastian
ALTER: 25
GEBURTSORT: Erfurt
WOHNORT: Jena
INTERESSEN: Literatur,
Deutsch, Fußball
LIEBLINGSAUTOR:
Bertolt Brecht
LIEBLINGSBAND:
Sportfreunde Stiller

Hallo, ich bin Sebastian

1 Sebastians Blog

Wie heißt das auf Englisch? *(What is that in English?)*

1.	ich komme	a.	*a university*
2.	eine Universität	b.	*of Germany*
3.	von Deutschland	c.	*I come*
4.	aus Erfurt	d.	*German Studies*
5.	sehr interessant	e.	*very interesting*
6.	ich heiße	f.	*I am called (= my name is)*
7.	Germanistik	g.	*from Erfurt*

Hallo, ich heiße Sebastian Henkel. Ich komme aus Erfurt. Erfurt ist die Hauptstadt von Thüringen. Das liegt im Osten von Deutschland. Erfurt hat auch eine Universität, aber ich studiere hier in Jena. Das ist die Friedrich-Schiller-Universität in Jena. Ich studiere Germanistik und schreibe im Moment ein Referat über Bertolt Brecht. Ich finde Brechts Literatur sehr interessant und auch sehr schön.

im Osten: *in the east*

Sebastian

ich *I*		**studieren** *to study, be a student*	
heißen *to be called*		**hier** *here*	
kommen (aus) *to come (from)*		**das ist** *that is*	
die Hauptstadt (Hauptstädte) *capital*		**sein** *to be*	
liegen *to lie, to be located*		**ist** *is*	
Deutschland *Germany*		**schreiben** *to write*	
auch *also*		**das Referat** (Referate) *paper*	
die Universität (Universitäten) *university*		**finden** *to find*	
aber *but*		**sehr schön** *very beautiful*	

2 Vokabelarbeit

Welche anderen Wörter in Sebastians Blog kennen Sie schon? *(Which other words in Sebastian's blog do you already know?)*

BEISPIELE   Hallo *hello*   Literatur *literature*

The book icon indicates a vocabulary-building activity.

What does Sebastian write?

3 Was schreibt Sebastian?°

Was ist richtig? Was ist falsch? Kreuzen Sie an. *(What is true? What is false? Mark with an x.)*

	richtig	falsch
1. Ich komme aus Erfurt.	☐	☐
2. Erfurt ist die Hauptstadt von Bayern.	☐	☐
3. Erfurt liegt im Westen in Deutschland.	☐	☐
4. Ich schreibe ein Referat über Thomas Mann.	☐	☐
5. Die Universität in Jena heißt Friedrich-Schiller-Universität.	☐	☐

Sebastian

Setzen Sie die Wörter und Phrasen in die Sätze ein. *(Complete the sentences with the words and phrases.)*

Deutschland	Erfurt (x2)	Sebastian	studiert
eine Universität	schreibt	Student	

1. Der Student heißt _____.

2. Sebastian kommt aus _____.

3. _____ ist die Hauptstadt von Thüringen.

4. Thüringen ist im Osten von _____.

5. Sebastian ist _____.

6. Erfurt hat auch _____.

7. Sebastian _____ ein Referat (über Bertolt Brecht).

8. Sebastian _____ Germanistik.

Wortschatz: Universität

Welche Wörter brauchen Sie noch? *(What additional words do you need?)*

BEISPIEL   major *das Studienfach*
            my major is . . . *ich studiere ...*

Was sagt Sebastian?

Was ist richtig? Was ist falsch? Kreuzen Sie an. *(What is true? What is false? Mark with an x.)*

	richtig	falsch
1. Sebastian studiert in Jena.	☐	☐
2. Sebastian kommt aus Hamburg.	☐	☐
3. Robert kommt aus Stadtroda.	☐	☐
4. Juliane kommt aus Berlin.	☐	☐
5. Robert ist Student.	☐	☐
6. Juliane und Robert sind Studenten in Jena.	☐	☐

Robert und Juliane

Setzen Sie die richtigen Wörter ein. *(Fill in the correct words.)*

heißt	Physik	studiert
ist	sind	Universität
kommt		

Sebastian (1) _____ Student in Jena. Seine Freundin

Juliane (2) _____ Biologie, und sein Freund Robert studiert

(3) _____. Sie (4) _____ Studenten in Jena. Die

(5) _____ in Jena (6) _____ Friedrich-Schiller-

Universität. Robert kommt aus Stadtroda und Juliane (7) _____

aus Hamburg.

Studienfächer

Die Grafik zeigt die beliebtesten Studienfächer in Deutschland. *(The graph shows the most popular majors in Germany.)*

Die beliebtesten Studienfächer in Deutschland
Studierende Gesamt im Wintersemester 2009/2010

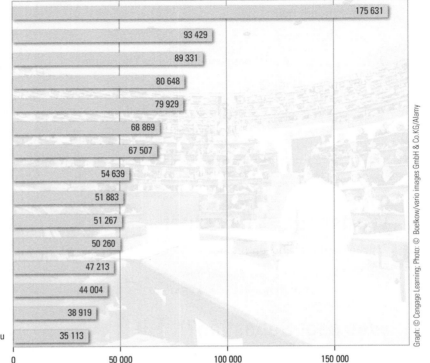

1	Betriebswirtschaftslehre (ohne int. BWL, Management)	175 631
2	Maschinenbau/-wesen	93 429
3	Rechtswissenschaft	89 331
4	Germanistik/Deutsch	80 648
5	Medizin (Allgemein-Medizin)	79 929
6	Wirtschaftswissenschaften	68 869
7	Informatik	67 507
8	Elektrotechnik/Elektronik	54 639
9	Mathematik	51 883
10	Wirtschaftsingenieurwesen mit wirtschaftswiss. Schwerpunkt	51 267
11	Erziehungswissenschaft (Pädagogik)	50 260
12	Biologie	47 213
13	Anglistik/Englisch	44 004
14	Psychologie	38 919
15	Bauingenieurwesen/Ingenieurbau	35 113

Graph: © Cengage Learning. Photo: © Boelkow/vario images GmbH & Co. KG/Alamy

Quelle: Statistisches Bundesamt

1. Schritt. Wie heißt das? Arbeiten Sie mit dem Wörterbuch, wenn nötig. *(What is that called? Work with a dictionary if needed.)*

1.	Betriebswirtschaftslehre	a.	*computer science*
2.	Maschinenbau	b.	*law*
3.	Rechtswissenschaft	c.	*engineering*
4.	Germanistik	d.	*business administration*
5.	Medizin	e.	*English studies*
6.	Wirtschaftswissenschaften	f.	*German studies*
7.	Informatik	g.	*economics*
8.	Elektrotechnik	h.	*medicine*
9.	Mathematik	i.	*psychology*
10.	Wirtschaftsingenieurwesen	j.	*civil engineering*
11.	Erziehungswissenschaften	k.	*biology*
12.	Biologie	l.	*mathematics*
13.	Anglistik	m.	*business + engineering*
14.	Psychologie	n.	*electrical engineering*
15.	Bauingenieurwesen	o.	*education*

2. Schritt. Wie heißen die Studienfächer an Ihrer Uni? Machen Sie eine Liste auf Deutsch. *(What are the majors at your university? Make a list in German.)*

Alle Profile

Wer sind sie? Was machen sie? *(Who are they? What do they do?)*

Profil 1: Er heißt Sebastian Henkel. *c*

Profil 2: Ihr Name ist Kati Hürlimann.

Profil 3: Ihr Name ist Martina Graf.

Profil 4: Das ist Volker Auerbach.

Profil 5: Das ist Hilli Zacher.

Profil 6: Er heißt Gregor Weber.

a. Sie ist Marktforscherin und arbeitet *(works)* in Nürnberg.

b. Er arbeitet beim *Deutschen Theater* in Berlin.

c. Er ist Student in Jena und kommt aus Erfurt.

d. Er ist Architekt in Mülheim an der Ruhr.

e. Sie ist DJane und kommt aus Stuttgart.

f. Sie ist Designerin in Basel in der Schweiz.

Profil 7: Sein Name ist Uwe Rau.

Profil 8: Ihr Name ist Yasemin Tankut.

Profil 9: Sein name ist Rüdiger Fichte.

Profil 10: Er heißt Hubert Moser.

Profil 11: Sein Name ist Thorsten Feddersen.

Profil 12: Ihr Name ist Nada El-Ghannam.

g. Sie ist Organisations psychologin und kommt aus Kassel.

h. Sie ist Studentin in München. Sie kommt aus Ägypten.

i. Er ist Privatdozent *(professor)* an der Universität Trier.

j. Er ist Koch *(chef)* im Hotel Alpenrose in Bad Gastein in Österreich *(Austria)*.

k. Er ist Reporter bei einer Zeitung *(newspaper)* in Oldenburg.

l. Er hat ein Haus auf der Insel Rügen.

Grüße

Auf Wiedersehen *goodbye*	**Guten Tag** *hello* (in most parts of Germany)
Ciao *ciao, hello, goodbye* (mainly among young people)	**Hallo** *hello* (casual)
Grüezi *hello* (in Switzerland)	Moin Moin *hello* (in northern Germany)
Grüß Gott *hello* (in southern Germany)	**sagen** *to say*
	Servus *hello* or *goodbye* (in Austria)
Guten Morgen *good morning*	**Tschüss** *bye* (colloquial)

 ## Grüße°

Greetings

Wie grüßen sie uns in den Videoclips? *(How do they greet us in the video clips?)*

1. Wer sagt Grüezi?

2. Wer sagt Servus?

3. Wer sagt Moin Moin?

4. Wer sagt Grüß Gott?

5. Was sagen Martina und Yasemin?

6. Was sagt Sebastian?

Fragewörter

Ja/Nein Fragen To ask a yes-no question, simply put the verb first.

Kommt Sebastian aus Berlin?
Does Sebastian **come** from Berlin?

Lesen Sie die folgenden Fragen und Antworten. Ergänzen Sie dann die Tabelle. Benutzen Sie ein Wörterbuch, wenn nötig. Welche anderen Fragewörter möchten Sie sonst noch wissen? *(Read the following questions and answers. Then complete the table. Use a dictionary if you need to. What other question words would you like to know?)*

Woher kommt Sebastian? —Aus Erfurt.
Wie alt ist Sebastian? —Er ist 25.
Wer kommt aus Erfurt? —Sebastian.
Warum ist er in Jena? —Er studiert Germanistik an der Uni Jena.
Wann spielt er Fußball? —Morgen°.
Welche Band ist seine Lieblingsband? —Sportfreunde Stiller.

tomorrow

Deutsch	Englisch
woher	*where . . . from*
wie	
wer	
warum	
wann	
welcher/welches/welche	

Wie heißen sie? Woher kommen sie?

Ergänzen Sie die Antworten. *(Complete the answers.)*

1. Wie heißt die Frau aus Nürnberg?
   —Sie heißt _____.

2. Woher kommt Volker?
   —Er kommt aus _____.

3. Wo studiert Sebastian?
   —Er studiert in _____.

4. Wie heißt die Psychologin aus Kassel?
   —Sie heißt _____.

5. Wie heißt die Studentin in München?
   —Sie heißt _____.

6. Woher kommt die Designerin Kati?
   —Kati kommt aus _____.
   Das liegt in der Schweiz.

7. Wo ist Hilli DJane?
   —Hilli ist DJane in _____.

8. Wie heißt der Philosophieprofessor aus Trier?
   —Er heißt _____.

9. Ist Gregor aus Mülheim an der Ruhr Koch oder Architekt?
   —Er ist _____.

10. Kommt Hubert aus Deutschland oder aus Österreich?
    —Er kommt aus _____.

11. Was macht Thorsten (Was …: *What does Thorsten do*) in Oldenburg?
    —Er ist _____.

12. Wie heißt der Mann auf der Insel Rügen?
    —Er heißt _____.

Mein Profil

Schreiben Sie ein Profil wie in Sebastians Blog. Machen Sie ein Kurs-Blog!
(Write a profile like in Sebastian's blog. Start a class blog!)

BEISPIEL   Hallo, ich heiße …   Ich komme aus …

Partnerinterview: Wie heißt du?

Machen Sie ein Interview. Stellen Sie die Person im Kurs vor.
(Ask a partner. Introduce that person to the class.)

BEISPIEL   OTTO Wie heißt du?
               ANNA Ich heiße Anna. Wie heißt du?
               OTTO Ich heiße Otto.

               OTTO *Hallo, ich heiße Otto.* **Sie** *heißt Anna.*
               ANNA *Hallo, ich heiße Anna.* **Er** *heißt Otto.*

Das deutsche Alphabet

1. Schritt. Hören Sie zu und sprechen Sie nach. *(Listen and repeat.)*

a b c d e f g h i j k l m n o p q r s t u v w x y z

die Umlaute   ä ö ü

das Eszett („scharfes S")   ß

2. Schritt: Umlaute und Eszett. Welche Wörter gibt Sebastian für die folgenden Laute? *(What words does Sebastian give for the following sounds?)*

1. Für **ä** gibt Sebastian das Wort _____.
   a. Bär   b. Sekretär   c. Universität

2. Sebastian gibt das Wort _____ für **ö**.
   a. schön   b. hören   c. Österreich

3. Für **ü** gibt er das Wort _____.
   a. Thüringen   b. Rüdiger   c. Tür

4. Das Wort _____ gibt Sebastian für das **ß**.
   a. Straße   b. Fußball   c. weiß

Sebastian buchstabiert

 Schreiben Sie die acht Wörter, die Sebastian buchstabiert. *(Write the eight words Sebastian is spelling.)*

Kennen° Sie das?

know

Schreiben Sie auf, was Sie hören. Buchstabieren Sie dann die Wörter selbst. *(Write down what you hear. Then spell out the words yourself.)*

Die Zahlen

 Hören Sie zu und sprechen Sie nach. *(Listen and repeat.)*

0	null	10	zehn	20	**zwanzig**	30	**dreißig**
1	eins	11	elf	21	**einundzwanzig**	40	vierzig
2	zwei	12	zwölf	22	zweiundzwanzig	50	fünfzig
3	drei	13	dreizehn	23	dreiundzwanzig	60	**sechzig**
4	vier	14	vierzehn	24	vierundzwanzig	70	**siebzig**
5	fünf	15	fünfzehn	25	fünfundzwanzig	80	achtzig
6	sechs	16	sechzehn	26	sechsundzwanzig	90	neunzig
7	sieben	17	siebzehn	27	siebenundzwanzig		
8	acht	18	achtzehn	28	achtundzwanzig		
9	neun	19	neunzehn	29	neunundzwanzig		

100	einhundert
357	dreihundertsiebenundfünfzig
1 000	eintausend
2 000	zweitausend
3 764	dreitausendsiebenhundertvierundsechzig

Jahre:

1998 neunzehnhundertachtundneunzig
2016 zweitausendsechzehn

Telefonnummern in Jena

Sebastian sagt 6 Telefonnummern. Notieren Sie die richtige Reihenfolge. *(Sebastian says 6 phone numbers. Note the order in which you hear them.)*

_1_ Universität Jena 03641 93 00

_____ Institut für Germanistik
03641 944 300

_____ Havana Club Bar 03641 446 278

_____ *Cheers* American Sports Bar
03641 421 899

_____ Café Stilbruch 03641 827 171

_____ Theaterhaus Jena 03641 88 690

Autonummern

Welche Autonummer passt zu jeder Person? *(Which license plate goes with each person?)*

1. Sebastians Autonummer ist _____.
2. _____ ist Katis Autonummer.
3. Die Autonummer von Martina ist _____.
4. Volkers Autonummer ist _____.
5. _____ ist die Autonummer von Hilli.
6. Gregors Autonummer ist _____.
7. Die Autonummer von Uwe ist _____.
8. _____ ist die Autonummer von Hubert.

a. BS - 35449
e. S X 9657
b. MH Y864
f. J U9882
c. B R7474
g. RÜG PO78
d. N GK 1736
h. JO AWZ 69

Strukturen

1.1.1 Wortarten im Deutschen°

Classes of Words in German

iLrn Go to iLrn for more grammar practice.

Presented here is an introduction to the classes or categories of words in German and an overview of the grammar terminology you will encounter in this course. The topics will be expanded and elaborated gradually throughout the book. Later in this chapter, for example, you will learn more details about German verbs and nouns.

- **Verben** *(Verbs)*: Verbs describe actions, things that happen, and states of being.
  Erfurt **ist** die Hauptstadt von Thüringen.   *Erfurt **is** the capital of Thuringia.*

- **Nomen** *(Nouns)*: Nouns name a person, a place, a thing, or an idea.
  Erfurt ist die **Hauptstadt** von Thüringen.   *Erfurt is the **capital** of Thuringia.*

- **Artikel** *(Articles)*: Articles are sometimes used with nouns.
  Erfurt ist **die** Hauptstadt von Thüringen.   *Erfurt is **the** capital of Thuringia.*

- **Pronomen** *(Pronouns)*: Pronouns help avoid repetition of nouns.
  Sebastian ist Student. **Er** kommt aus Thüringen.   *Sebastian is a student. **He** is from Thuringia.*

- **Adjektive** *(Adjectives)*: Adjectives describe nouns or pronouns.
  Sebastian findet Literatur sehr **interessant.**   *Sebastian finds literature very **interesting**.*

- **Adverbien** *(Adverbs)*: Adverbs describe verbs, adjectives, or other adverbs.
  Sebastian findet Literatur **sehr** interessant.   *Sebastian finds literature **very** interesting.*

- **Präpositionen** *(Prepositions)*: Prepositions are usually combined with a noun or a pronoun to describe how, when, or where things take place or to give further information about people or things.
  Erfurt ist die Hauptstadt **von** Thüringen.   *Erfurt is the capital **of** Thuringia.*

- **Konjunktionen** *(Conjunctions)*: Conjunctions link words, phrases, or sentences.
  Sebastian kommt aus Thüringen **und** er findet Literatur sehr interessant.   *Sebastian is from Thuringia **and** he finds literature very interesting.*

- **Interjektionen** *(Interjections)*: Interjections are used to express emotions or to imitate certain sounds. Example: **Aua!** *Ouch!*

LERNSTRATEGIEN

The **Strukturen** sections in **Welten** give you an overview of grammatical structures targeted in each chapter. You should always read through grammar sections and the iLrn Grammar Glossary carefully before doing the associated exercises. Refer to the summaries and tables in the grammar section to check over your answers and correct yourself if necessary.

2 1 Wortart

Lesen Sie Sebastians Blog in Teil 1.1 noch einmal und ergänzen Sie die Tabelle. *(Read Sebastian's blog in section 1.1 again and complete the table.)*

Wort	Wortart	Schreiben Sie einen Satz.
	Präposition	Ich studiere hier <u>in</u> Jena.
Student		
	Pronomen	
sehr		
	Verb	
aus		

Schreiben Sie einen Satz: *Write a sentence.*

Mein Literaturseminar

Sebastian macht dieses Semester ein Literaturseminar über Bertolt Brecht.

Seminare und Kurse

Sebastian bloggt über ein Literaturseminar. Wie viele Kurse haben Sie dieses Semester? Fragen Sie andere Studenten und berichten Sie darüber im Kurs. *(Sebastian blogs about a literature seminar. How many courses/seminars do you have this semester? Ask other students and report to the class.)*

BEISPIEL   OTTO Wie viele Kurse hast du?
           ANNA Fünf. Und du?
           OTTO Vier.
           ANNA *Otto hat vier Kurse.*

Mein Seminar über Bertolt Brecht ist super. Unsere Professorin, Frau Dr. Kirchner, ist echt gut. Sie macht den Kurs sehr interessant. Wir lesen viel, schreiben viele Referate, wir diskutieren und interpretieren. Mein Referat über Bertolt Brecht ist fast fertig. In zwei Wochen haben wir eine Klausur. Es ist immer interessant, wenn Studenten im Kurs Gedichte vorlesen. Ich lese nächsten Montag Bertolt Brechts Gedicht *Vergnügungen*. Frau Dr. Kirchner sagt immer „Sebastian, Sie sind ein fantastischer Vorleser!" Es ist immer ein bisschen peinlich, aber auch ganz nett.

nächsten ...: *next Monday*

Universität

das **Seminar** (Seminare) *seminar, course*	die **Klausur** (Klausuren) *exam*
der **Professor** (Professoren) *male professor*	**immer** *always*
die **Professorin** (Professorinnen) *female professor*	das **Gedicht** (Gedichte) *poem*
machen *to make; to do*	**vorlesen** *to recite, read to an audience*
lesen *to read*	**nächsten Montag** *next Monday*
fast *almost*	**peinlich** *embarrassing*
fertig *finished*	

Vokabelarbeit

Wie sagt man das auf Englisch? *(How do you say that in English?)*

BEISPIEL   Gedichte lesen → *reading poems*

1. zwei Seminare
2. drei Professoren
3. vier Klausuren
4. peinliche Referate
5. Ich lese ein Gedicht.
6. Sebastian kann gut vorlesen.
7. Das Referat ist nicht fertig.

Frau Dr. Kirchner ist super

Verbinden Sie die Satzteile. *(Connect the phrases.)*

1. Sebastian hat ein Seminar ...

2. Die Professorin heißt ...

3. Sebastians Referat über Bertolt Brecht ...

4. Nächsten Montag ...

5. Frau Dr. Kirchner sagt immer, ...

6. Es ist etwas peinlich ...

a. ist fast fertig.

b. Frau Dr. Kirchner.

c. über Bertolt Brecht.

d. liest Sebastian das Gedicht *Vergnügungen.*

e. aber auch ganz nett.

f. dass Sebastian ein fantastischer Vorleser ist.

Wortschatz: Kurse an der Uni

Welche Wörter möchten Sie noch wissen? *(What additional words would you like to know?)*

Dieses Semester

Sagen Sie ein paar Sätze über Ihr Semester. *(Say a few sentences about your semester.)*

1. Dieses Semester <u>mache</u> ich _____.
   a. nur einen° Kurs   b. fünf Kurse   c. _____ Kurse   *one*

2. Mein Kurs in _____ <u>ist</u> sehr interessant.

3. In meinem _____ kurs <u>sind</u> viele Studenten.

4. Für meinen _____ kurs <u>lesen</u> wir viel.

5. Ich <u>schreibe</u> dieses Semester _____.
   a. viele Klausuren   b. viele Referate   c. kein Referat

6. Mein Lieblingskurs <u>ist</u> _____.

Meine Kurse

 Schreiben Sie drei Sätze über Ihre Kurse dieses Semester. *(Write three sentences about your courses this semester.)*

BEISPIEL   Dieses Semester ...
              In Mathematik ...
              Die Professorin ...

Im Sprachkurs

28 Sprachkurs-Collage

Hier ist eine Collage mit wichtigen Ausdrücken für den Sprachunterricht. Welche Ausdrücke erwarten Sie? Machen Sie eine Liste und vergleichen Sie sie im Kurs. *(This is a collage of useful phrases you will need in the context of a German language course. What words and phrases do you think you will need? Make a list and compare.)*

BEISPIELE   I don't understand.
Do we have homework?

Im Deutschkurs

Guten Morgen

hören

Guten Tag

Wie sagt man ... auf Deutsch/Englisch?

ein Interview machen
wiederholen

Auf Wiedersehen
Wo steht das im Buch/Text?
sprechen
Ich habe eine Frage.
Ciao

diskutieren
Hallo

Wie bitte?
Notizen machen
das Buch aufmachen
im Internet suchen/forschen

Wie schreibt man ... ?
Tschüss

Was bedeutet ... ?
Ich verstehe das nicht.
Warum?

© Cengage Learning

29 Übersetzungen und Kategorien

 Schreiben Sie die passenden deutschen Ausdrücke in die Tabelle.
(Write the equivalent German expressions in the table.)

Deutsch	Englisch	Notizen
Am Anfang	***At the beginning***	
	Hello	
	Good morning	
	Good day	
	How are you?	
Am Ende	***At the end***	
	Goodbye	
	Ciao	
	Bye (colloquial)	
Der Dozent / die Dozentin	***The instructor***	
	to listen	
	to talk / speak	
	to discuss	
	to conduct an interview	
	to take notes	
	to open the book	
	to research on the Internet	
	to report in class	
Der Student / die Studentin	***The student***	
	How do you say . . . in German / English?	
	I have a question.	
	How do you spell (write) . . . ?	
	Pardon me?	
	What is the meaning of . . . ?	
	I don't understand (that).	
	Please repeat.	
	Why?	
	Where is that in the book / text?	
	yes / no	

30 Persönliche Collage

 Machen Sie Ihre eigene Collage zum Thema Deutschkurs. *(Create your own collage on the topic "German Course.")*

Strukturen

1.2.1 Nomen°

A noun refers to a person, a place, or a thing. German nouns are always capitalized and have three features: gender, number, and case.

- **Genus°**
  German nouns are divided into three categories of grammatical gender, **Maskulinum** (*masculine*), **Femininum** (*feminine*), and **Neutrum** (*neuter*). Grammatical gender has little to do with the meaning of the noun. It is expressed in articles, such as the definite articles **der, die,** and **das,** which are all equivalent to English *the:*

Masculine	Feminine	Neuter
der	die	das
der Mann (*man*)	die Frau (*woman*)	das Kind (*child*)
der Text (*text*)	die Stadt (*city*)	das Wort (*word*)

LERNSTRATEGIEN

It is crucial to learn the gender with each new noun you encounter. This will give you an enormous advantage later on, because gender is an integral part of many complex structures such as adjective endings for example. If you work with flashcards to develop your vocabulary, use different colors to mark gender. It might also be helpful to organize new nouns around a different mental picture for each gender. For example, the mental picture for masculine could be an elephant. You would then create an association with an elephant for each new masculine noun that you learn. For example, **der Text:** imagine an elephant reading a story.

- **Numerus°**
  The number of a noun is either **singular,** referring to one person, place, or thing, or **plural,** referring to more than one. German has several different patterns to form noun plurals. This table shows those patterns, as well as the notation used in many dictionaries and glossaries.

Notation in glossaries / Type	Singular	Plural
- **e** (add **e**) ¨ **e** (when *umlaut* is also added)	das Gedicht die Stadt	die Gedicht**e** die Städt**e**
- **n** (add **n**)	das Wochenende	die Wochenende**n**
- **en** (add **en**)	die Universität	die Universität**en**
- (no ending) ¨ (when *umlaut* is added)	das Leben die Mutter	die Leben die Mütter
- **er** (add **er**) ¨ **er** (when *umlaut* is also added)	das Kind der Mann	die Kind**er** die Männ**er**
- **s** (add **s**)	das Büro	die Büro**s**
- **nen** (add **nen**)	die Studentin	die Studentin**nen**

It is helpful to think of a noun as consisting of three parts: the article, the noun itself, and the plural form. Memorize all three parts for each new noun that you learn!

- **Kasus°**

  Case

  German has four cases to express the function of a noun in a phrase or sentence, for example, to mark the noun as the subject or the object of a sentence. Case will be further explained in chapter 2.

1.2.2 Artikel°

Articles

Nouns can be accompanied by an article. As you have seen above, articles give information about the gender of a noun, and they also give information about number and case. As in English, there are three types of articles: the definite article, the indefinite article, and the negative article.

	Masculine	**Neuter**	**Feminine**	**Plural**
Definite article (*the*)	**der** Student	**das** Wort	**die** Studentin	**die** Studenten
Indefinite article (*a/an*)	**ein** Student	**ein** Wort	**eine** Studentin	(*no plural*)
Negative article (*no; not a/an*)	**kein** Student	**kein** Wort	**keine** Studentin	**keine** Studenten

- *Kein* **und** *nicht*

  Whereas **kein** is used to negate nouns, **nicht** is used to negate statements and sentences.

Uwe ist **kein** Student.	*Uwe is **not a** student.*
Ich studiere **nicht** in Berlin, ich studiere in Jena.	*I **don't** study in Berlin, I study in Jena.*

  Nicht is usually positioned toward the end of a sentence, preceding only prepositions and adverbs of manner and place.

Sebastian liest gut, aber ich lese **nicht** gut.	*Sebastian reads well, but I **don't** read well.*

1.2.3 Personalpronomen°

Personal Pronouns

Personal pronouns are used to replace nouns or to talk about or address people or things. Here are the personal pronouns:

Number	Person	German	English
Singular (one person/thing)	1st	ich	*I*
	2nd	du	*you*
	3rd	er	*he/it*
		sie	*she/it*
		es	*it*
Plural (more than one)	1st	wir	*we*
	2nd	ihr	*you*
	3rd	sie	*they*
Formal address, singular and plural	2nd	Sie	*you*

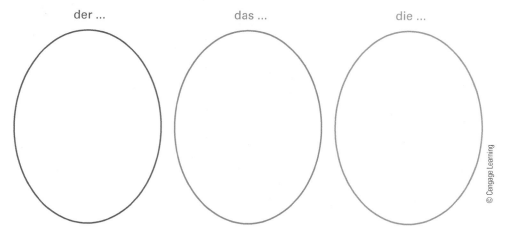

iLrn GRAMMAR
GLOSSARY

You can find more information about the ⇒ **nouns, articles,** and **personal pronouns** in the *Welten* grammar glossary in iLrn.

In German, the personal pronouns **du** (singular, one person) and **ihr** (plural, more than one person) are used to address people you would call by their first name, family members, other students, children, and pets. The pronoun **Sie** (singular and plural) is used to address people one does not know or does not know very well, or those whom you would show respect and/or distance, even if you do know them.

SEBASTIAN: Frau Dr. Kirchner, woher kommen **Sie?**	*Frau Dr. Kirchner, where do **you** come from?*
SEBASTIAN: Juliane, schreibst **du** ein Referat?	*Juliane, are **you** writing a report?*

31 Der, das oder die?

collect

Sammeln° Sie Nomen für jede Kategorie: Maskulinum, Neutrum und Femininum. *(Work with a partner. Collect nouns for each category: masculine, neuter, and feminine.)*

der ...　　　　das ...　　　　die ...

© Cengage Learning

32 Singular und Plural

Ergänzen Sie die Tabelle mit den Singular- oder Pluralformen. *(Complete the table with the singular or plural forms.)*

Singular	Plural
der Mann	
die Frau	
	die Kinder
	die Hauptstädte
das Studienfach	
	die Zahlen
	die Referate
die Universität	
das Wort	
	die Büros

Artikel-Quiz

exchange

Machen Sie ein Artikel-Quiz für andere Studenten im Kurs. Tauschen° Sie Ihre Quizze und finden Sie die Lösungen! *(Design an article quiz for other students in class. Exchange your quizzes and correct them together!)*

Sebastian im Profil

Ergänzen Sie die Personalpronomen. *(Fill in the personal pronouns.)*

You can refer to **Strukturen 1.3.1 Verben** for more information about the verb endings that appear in this activity.

1. <u>Sebastian</u> Henkel kommt aus Thüringen. _____ studiert Germanistik in Jena.

2. <u>Sebastian</u> sagt: „_____ komme aus Erfurt."

3. Die <u>Universität</u> in Jena hat 21 000 Studenten. _____ heißt Friedrich-Schiller-Universität.

4. Sebastian fragt° <u>eine Studentin</u>: „Kommst _____ aus Berlin?" *asks*

5. <u>Bismara und Josie</u> sind Studentinnen in Jena. _____ studieren auch Germanistik.

6. Sebastian liest <u>ein Gedicht</u> vor. _____ heißt „Vergnügungen".

7. Die Professorin sagt: „<u>Sebastian</u>, _____ sind ein fantastischer Vorleser."

8. Sebastian fragt <u>Bismara und Josie</u>: „Geht _____ in die Bibliothek°?" *library*

9. <u>Bismara und Josie</u> sagen: „Nein, _____ gehen in die Mensa°." *cafeteria*

Sie oder *du?*

Verbinden Sie die Aussagen mit den richtigen Situationen. *(Match the statements with the right situations.)*

1. Sebastians Mutter° ist am Telefon und sagt zu Sebastian: ____   *mother*

2. Monika ist eine Studentin im Literaturseminar. Sie sagt zu Sebastian: ____

3. Frau Dr. Kirchner sagt zu Sebastian: ____

4. Sebastian kommt in Frau Dr. Kirchners Büro und sagt: ____

5. Sebastian sagt zu seiner Mutter am Telefon: ____

a. „Sebastian, Sie sind ein fantastischer Vorleser."

b. „Sebastian, findest du das Gedicht interessant?"

c. „Hallo Mama, bist du morgen zu Hause°?" *zu ...: at home*

d. „Guten Tag, Frau Dr. Kirchner. Haben Sie einen Moment Zeit für mich?"

e. „Kommst du am Wochenende nach° Erfurt?" *to*

36 An der Uni

Welche Anreden und Verbformen passen zu den Situationen? *(Which forms of address and verb forms fit the situations?)*

1. *(Im Seminar)* Prof. Dr. Kirchner sagt: „Sebastian, ...
   a. findest du das Gedicht von Brecht interessant?"
   b. finden Sie das Gedicht von Brecht interessant?"

2. *(In der Mensa)* Sebastian sagt: „Juliane, ...
   a. sind Sie Vegetarierin?"
   b. bist du Vegetarierin?"

student pub / other

3. *(In der Studentenkneipe°)* Ein Student sagt zu anderen° Studenten: „Hey, ...
   a. ihr seid doch auch im Seminar bei Dr. Kirchner, oder?"
   b. Sie sind doch auch im Seminar bei Dr. Kirchner, oder?"

librarian

4. *(In der Bibliothek)* Eine Bibliothekarin° sagt: „Wie ...
   a. schreiben Sie Ihren Namen?"
   b. schreibst du deinen Namen?"

cafeteria

Sebastian geht oft in die Mensa.°

37 Wie heißt du? Was studierst du?

Machen Sie ein Interview. Stellen Sie die Person im Kurs vor. *(Interview a partner. Introduce that person to the class.)*

BEISPIEL

OTTO Ich heiße Otto. Wie heiß**t** <u>du</u>?
ANNA <u>Ich</u> heiß**e** Anna.
OTTO Woher komm**st** <u>du</u>?
ANNA <u>Ich</u> komm**e** aus Lexington. Woher komm**st** <u>du</u>?
OTTO <u>Ich</u> komm**e** aus Orlando.
ANNA <u>Ich</u> studier**e** Biologie. Was studier**st** <u>du</u>?
OTTO <u>Ich</u> studier**e** Psychologie.

OTTO *Hallo, ich heiße Otto.*
  ***Sie** heißt Anna.*
  ***Sie** kommt aus Lexington.*
  ***Sie** studiert Biologie.*

ANNA *Hallo, ich heiße Anna.*
  ***Er** heißt Otto.*
  ***Er** kommt aus Orlando.*
  ***Er** studiert Psychologie.*

Kollaboratives Projekt: Adressbuch

1. Schritt. Arbeiten Sie in Gruppen und schreiben Sie für alle Studenten in der Gruppe Namen, E-Mail-Adresse und Handynummer auf. *(Work in groups and write down all names, cell phone numbers, and e-mail addresses of students in your group.)*

BEISPIEL

OTTO	Wie heißt du?
ANNA	Ich heiße Anna.
OTTO	Wie schreibt man Anna?
ANNA	A – N – N – A
OTTO	Hast du ein Handy°? Wie ist die Nummer?
ANNA	Ja, die Nummer ist 234 555 7891.
OTTO	Hast du eine E-Mail-Adresse?
ANNA	Ja, meine E-Mail-Adresse ist anna1432@yahoo.com.
OTTO	Was studierst du?
ANNA	Ich studiere Mathematik.

cell phone

2. Schritt. Berichten Sie jetzt im Kurs. Lesen Sie die Informationen laut vor. *(Now report to the class. Read the information out loud.)*

BEISPIEL

OTTO Das ist Anna, A-N-N-A. Annas Handy-Nummer ist 234 555 7891. Annas E-Mail-Adresse ist anna1432@yahoo.com. Sie studiert Mathematik.

3. Schritt. Machen Sie ein Adressbuch. *(Create an address book.)*

BEISPIELE

Name   Anna Schmidt
E-Mail   anna1432@yahoo.com
Handy   (234) 555 7891

Name   Otto Müller
E-Mail   otto9879@hotmail.com
Handy   (234) 555 8910

...

An der Uni Jena studieren mehr als 21 000 Studenten. Wie viele Studenten studieren an Ihrem College oder an Ihrer Uni?

© LOOK Die Bildagentur der Fotografen GmbH/Alamy

Fußball ist mein Sport

Sport und Musik

Sebastian bloggt über Sport und Musik. Welche Musik hören Sie? Fragen Sie andere Studenten und berichten Sie. *(Sebastian is blogging about sports and music. What kind of music do you listen to? Ask other students and report.)*

BEISPIEL

OTTO Welche Musik hörst du gern?

ANNA Punk und Jazz. Und du?

OTTO Reggae.

ANNA *Otto hört gern Reggae.*

Sebastians Club heißt *Rot-Weiß Erfurt.*

 Ich spiele gern Fußball. Mein Club ist *Rot-Weiß Erfurt.* Ich höre gern Indie-Rock und meine Lieblingsband ist *Sportfreunde Stiller.* Meine Freundin hört gerne klassische Musik und findet Fußball nicht so interessant. Sie spielt gern Tennis. Leider ist das nicht so mein Ding.

Mein Sport

spielen	*to play*	die **Musik**	*music*
gern	*gladly*	**leider**	*unfortunately*
hören	*to listen to, hear*	das **Ding** (Dinge)	*thing*
er **hört gern**	*he likes to listen to*		

Wörterbucharbeit

 Arbeiten Sie mit dem Wörterbuch. Schreiben Sie die richtigen Artikel zu den Nomen. *(Work with a dictionary. Add the correct definite articles to the nouns.)*

soccer / girlfriend

club, team / thing

(rock) band

1. _____ Fußball°
2. _____ Club°
3. _____ Band°

4. _____ Freundin°
5. _____ Ding°

Was macht Sebastian gern?

41 Richtig oder falsch? Kreuzen Sie an. *(True or false? Mark with an x.)*

	richtig	falsch
1. Sebastian spielt gern Tennis.	☐	☐
2. Er hört gern Indie-Rock.	☐	☐
3. Sebastians Freundin hört auch gern Indie-Rock.	☐	☐
4. Sebastians Freundin spielt nicht gern Tennis.	☐	☐
5. Sebastian liest gern Gedichte von Bertolt Brecht.	☐	☐
6. Sebastian ist ein Fan von Rot-Weiß Erfurt.	☐	☐
7. Sebastians Lieblingsband ist *Fettes Brot*.	☐	☐

Die deutsche Fußballnationalmannschaft

42 Forschen Sie auf der Website *Deutscher Fußball-Bund* (DFB). Stellen Sie einen Spieler oder eine Spielerin im Kurs vor. *(Research on the official DFB website. Introduce a player to the class.)*

BEISPIEL   Der Spieler heißt Jérome Boateng.
Er kommt aus Berlin.
Seine Trikotnummer ist die Nummer 20.
Sein Verein *(club)* ist der FC Bayern.

Lennart Preiss/Getty Images

Jérome Boateng spielt in der Nationalmannschaft.

Partnerinterview: Was machst du gern?

43 Machen Sie ein Interview. *(Ask a partner.)*

BEISPIEL   OTTO Ich spiele gern Tennis. Was machst du gern?
ANNA Ich spiele nicht gern Tennis. Ich schwimme gern.
OTTO Ich höre gern klassische Musik. Was hörst du gern?
ANNA Ich höre gern Electropop.
ANNA *Otto hört gern klassische Musik.*

Strukturen

1.3.1 Verben°

Verbs are words that express action, events, and states of being. The basic form of a verb is the *infinitive*. It is the form you will find in a dictionary. In German, the infinitive consists of a *stem* plus **-en**:

wohn**en**	*to live*

Some verbs with stems ending in **-el** or **-er** form their infinitive by adding simply **-n** to the stem:

lächel**n**	*to smile*
wander**n**	*to hike*

Verbs are conjugated to agree with the subject of a sentence in number and person by adding different endings to the stem. The present tense is formed by adding the following endings.

Number	Person	Present tense of *wohnen*
Singular	(1st) ich	wohn **e**
	(2nd) du	wohn **st**
	(3rd) er/sie/es	wohn **t**
Plural	(1st) wir	wohn **en**
	(2nd) ihr	wohn **t**
	(3rd) sie	wohn **en**
Formal sing. & pl.	(2nd) Sie	wohn **en**

Sebastian **wohnt** in Jena.	*Sebastian lives in Jena.*
Martina und Nada **wohnen** in Bayern.	*Martina and Nada live in Bavaria.*
Wo **wohnst** du?	*Where do you live?*

If a verb stem ends in **d** or **t** (**finden, arbeiten**),[1] an **e** is inserted between the stem and the **st** and **t** endings. This is also done for other verbs with consonant clusters at the end of the verb stem, such as **öffnen**. The **t** ending for each verb you will learn is listed in the vocabulary list at the end of the chapter. If a verb stem ends in an **s** or **z** sound (**lesen, sitzen, heißen**), the **st** ending becomes simply **t**.

	arbeiten	**öffnen**	**heißen**
ich	arbeit **e**	öffn **e**	heiß **e**
du	arbeit **e st**	öffn **e st**	heiß **t**
er/sie/es	arbeit **e t**	öffn **e t**	heiß **t**
wir	arbeit **en**	öffn **en**	heiß **en**
ihr	arbeit **e t**	öffn **e t**	heiß **t**
sie	arbeit **en**	öffn **en**	heiß **en**
Sie	arbeit **en**	öffn **en**	heiß **en**

Volker **arbeitet** beim Deutschen Theater.	*Volker works at the Deutsches Theater.*
Er **findet** die Arbeit interessant.	*He finds the work interesting.*

---

[1] A few verbs do not follow this rule. They will be covered later.

Some German verbs change their stem vowel in the second and third person singular. It is best to memorize these forms along with the verb itself. Changes in stem vowels will be presented in the following way: **lesen (liest)**. Some common verbs are listed below; more will be presented in chapter 3.

	schlafen	**lesen**	**sehen**	**sprechen**
ich	schlafe	lese	sehe	spreche
du	schläfst	liest	siehst	sprichst
er/sie/es	schläft	liest	sieht	spricht
wir	schlafen	lesen	sehen	sprechen
ihr	schlaft	lest	seht	sprecht
sie	schlafen	lesen	sehen	sprechen
Sie	schlafen	lesen	sehen	sprechen

Was **liest** du?
Ich **lese** die Zeitung.

What are you reading?
I'm reading the newspaper.

English has three present-tense forms, but German has only one. The statements *I read, I am reading*, and *I do read* are all expressed with **ich lese.**

In most German sentences, the verb is the second element, even if that means the subject comes after the verb:

Im Moment **lese** ich
The Hunger Games.

At the moment I'm reading
The Hunger Games.

More detailed information on word order will be provided in chapter 2.

LERNSTRATEGIEN When you study verbs, it helps to put them into meaningful phrases, for example, **Ich *komme* aus Ohio.** It is crucial for your future progress that you get ample practice of verb forms. Because many verbs have irregular conjugation patterns, it is a great idea to add entire paradigms (verb forms for all the persons *I, you, he*, and so forth) to your verb flashcards and practice conjugation by matching pronouns with verb forms.

iLrn GRAMMAR GLOSSARY
You can find more information about ⇒ **verbs** and **word order** in the *Welten* grammar glossary in iLrn.

Sebastians Welt

Ergänzen Sie die Lücken mit dem passenden Verb aus der Liste.
(Fill in the blanks with the correct verb from the list.)

bin	fragen	kommt	sagt	spielen
diskutieren	gehst	lesen	schreiben	studiert
findet	heiße	liest		

Sebastian _____ aus Erfurt und _____ Germanistik in Jena. Heute _____ die Studenten im Seminar über ein Gedicht von Bertolt Brecht. Sebastian _____ das Gedicht und die Professorin, Frau Dr. Kirchner, sagt: „Sebastian, Sie _____ fantastisch vor!" Sebastian _____ das peinlich. Am Ende des Seminars _____ die Studenten Frau Kirchner: Wann _____ wir die Klausur? Und eine Studentin _____ zu Sebastian: „Hallo Sebastian, ich _____ Lena. Ich _____ auch in Dr. Kirchners Seminar. _____ du mit einen Kaffee trinken?" Aber nach dem Seminar _____ Sebastian und seine Freunde immer Fußball.

Kleines Interview

1. Schritt: Persönliche Information. Ergänzen Sie die Sätze mit Ihren eigenen Informationen. *(Add your personal information to the sentences.)*

BEISPIEL   Ich heiße Anna. ...

Ich _____ _____. (heißen)

Ich _____ aus _____. (kommen)

Ich _____ in _____. (wohnen)

Ich _____ _____. (studieren)

Ich _____ gern _____. (z. B. Rap, Punk, Jazz, Reggae, Indie-Rock, klassische Musik, ...) (hören)

at

Ich _____ bei° _____. *(oder:* Ich _____ nicht.) (arbeiten)

magazines

Ich _____ gern _____. (z. B. Zeitung, Gedichte, Bücher, Zeitschriften°, ...) (lesen)

2. Schritt: Fragen. Formulieren Sie Fragen für ein Partnerinterview. *(Formulate questions for an interview.)*

BEISPIEL   Wie heißt du? ...

Wie _____ du? (heißen)   Was _____ du gern? (hören)

Woher _____ du? (kommen)   Wo _____ du? (arbeiten)

Wo _____ du? (wohnen)   Was _____ du gern? (lesen)

Was _____ du? (studieren)

3. Schritt: Interview. Fragen Sie eine Person im Kurs. *(Ask a partner.)*

BEISPIEL   ANNA Wie heißt du?
              OTTO Otto. ...
              ANNA *Er heißt Otto. ...*

Mein Partner/ Meine Partnerin

Er/Sie _____ _____. (heißen)

_____ _____ aus _____. (kommen)

_____ _____ in _____. (wohnen)

_____ _____ _____. (studieren)

_____ _____ gern _____. (hören)

_____ _____ bei _____. (arbeiten)

_____ _____ gern _____. (lesen)

Fragen Sie eine Person im Kurs!

© lightpoet/Shutterstock

Info-Spiel: Vier Autoren°

Authors

Fragen Sie eine Person nach den fehlenden Informationen über vier bekannte Autoren. *(Ask a partner for the missing information about four well-known authors.)*

BEISPIEL

Autor/Autorin	Geburtsjahr°	Geburtsort°	Ein Werk°
Bertolt Brecht	*1898*	*Ulm*	*„Die Dreigroschenoper"*

Geburtsjahr *year of birth* ■ Geburtsort *place of birth* ■ Ein Werk *work*

S1 Wie heißt der Autor?
S2 Bertolt Brecht.

S1 Wann ist er geboren°? *born*
S2 1898 (achtzehnhundertachtundneunzig).

S1 Woher kommt er?
S2 Aus Ulm.

S1 Wie heißt ein Werk° von Brecht? *creative work*
S2 „Die Dreigroschenoper".

S1 Wie schreibt man das?
S2 D-R-E-I-G-R-O-S-C-H-E-N-O-P-E-R.

S1

	Autor/Autorin	Geburtsjahr	Geburtsort	Ein Werk
1.				
2.	Christine Nöstlinger	1936	Wien (Österreich)	„Ich bin das Kind der Familie Meier"
3.				
4.	Theodor Storm	1817	Husum (Deutschland)	„Oktoberlied"

S2

	Autor/Autorin	Geburtsjahr	Geburtsort	Ein Werk
1.	Friedrich Dürrenmatt	1921	Konolfingen (Schweiz)	„Die Physiker"
2.				
3.	Hermann Hesse	1877	Calw (Deutschland)	„Der Steppenwolf"
4.				

Dürrenmatt *Die Physiker* Komödie — Diogenes

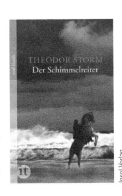

THEODOR STORM Der Schimmelreiter — Insel Verlag

Christine Nöstlinger **Der Hund kommt!** Mit farbigen Bildern von Jutta Bauer — Der Hund kommt! Published by Beltz & Gelberg

Hermann Hesse Der Steppenwolf — Suhrkamp Verlag

Vergnügungen°

Pleasures

Bertolt Brecht

Bertolt Brecht war ein deutscher Dichter° und Dramatiker°. Er lebte° von 1898 bis 1956 und war für das epische Theater bekannt°.

47 Assoziationen

Was assoziieren Sie mit „Vergnügungen"? Schreiben Sie Ihre Ideen auf. *(What do you associate with "pleasures"? Write down your ideas.)*

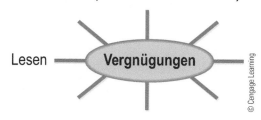

Lesen — Vergnügungen

© Cengage Learning

48 Vergnügungen

Was sind Ihre Vergnügungen? Arbeiten Sie mit einem Wörterbuch und machen Sie eine Liste. Dann machen Sie ein Interview mit anderen Studenten im Kurs. Notieren Sie die Informationen und berichten Sie die Ergebnisse. *(What are your pleasures? Work with a dictionary and make a list. Then interview other students in the class, take down the information, and report on it.)*

BEISPIEL   OTTO   Anna, was sind deine Vergnügungen?

           ANNA   Meine Vergnügungen sind Schwimmen, Lesen, Tennis spielen, Reggae-Musik und Surfen.

           OTTO   *Annas Vergnügungen sind Schwimmen, Lesen, Tennis spielen, Reggae-Musik und Surfen.*

◀)) Vergnügungen

Bertolt Brecht

Der erste° Blick aus dem Fenster am Morgen	*first*
Das wiedergefundene° Buch	*rediscovered* (lit. found again)
Begeisterte° Gesichter	*enthusiastic*
Schnee, der Wechsel der Jahreszeiten°	Wechsel ...: *changing of the seasons*
5 Die Zeitung	
Der Hund	
Die Dialektik	
Duschen°, Schwimmen	*taking a shower*
Alte Musik	
10 Bequeme Schuhe	
Begreifen	
Neue Musik	
Schreiben, Pflanzen°	*planting*
Reisen	
15 Singen	
Freundlich sein	

„Vergnügungen", aus: Bertolt Brecht, *Werke*. Große kommentierte Berliner und Frankfurter Ausgabe, Band 15: Gedichte 5. © Bertolt-Brecht-Erben / Suhrkamp Verlag 1993.

ARBEIT MIT DEM TEXT Lesen Sie die Informationen, ergänzen Sie die Lücken und notieren Sie Fragen oder Kommentare. *(Read the information, fill in the blanks, and write down your comments or questions.)*

Information		Notizen und Fragen
der **Blick** (Blicke) *glance, view*	Liebe auf den ersten Blick *'Love at first sight'*	Wortart: ___Nomen___
das **Fenster** (Fenster) *window*	aus dem Fenster *'out of the window'*	Wortart: _____
der **Morgen** (Morgen) *morning*	am Morgen *'in the morning'*	Wortart: _____
neu *new*		Wortart: _____
die **Zeitung** (Zeitungen) *newspaper*	*Nouns ending with the suffix* -ung *are feminine in German.* die Zeit *'time'*	Wortart: _____
schwimmen *to swim*	*Capitalized* das Schwimmen *is a noun: 'swimming'.*	Wortart: _____
bequem *comfortable*	unbequem *'uncomfortable'* *Mostly refers to how something feels to the body.*	Wortart: _____
begreifen *to understand, comprehend*	*Literally means 'to grasp.' Conjugates as follows:* ich begreife, du begreifst, er/sie/es begreift, wir begreifen, ihr begreift, sie begreifen, Sie begreifen	Wortart: _____
freundlich *friendly*	freundlich sein *'being kind'*	Wortart: _____

Notizen und Fragen: *Notes and Questions*

Ein typisches Gedicht?

Beantworten Sie die folgenden Fragen. *(Answer the following questions.)*

1. Welche° Wortarten finden Sie im Gedicht? Welche nicht?   *Which*

2. Finden Sie das Gedicht schön?

3. Was macht der Autor gerne? Machen Sie das auch gerne?

4. Welche Vergnügungen sind (nicht) interessant?

5. Ist das ein typisches Gedicht?

Was macht Bertolt Brecht gern?

Ergänzen Sie die Sätze. *(Complete the sentences.)*

hat	ist	schreibt	sieht
hört	liest	schwimmt	

1. Er _____ gern morgens aus dem Fenster.
2. Er _____ gern Bücher und Zeitungen.
3. Er _____ gern Gedichte.
4. Er _____ gern alte und neue Musik.
5. Er duscht und _____ gern.
6. Er _____ gern freundlich.
7. Er _____ gern bequeme Schuhe.

Fragen über Bertolt Brecht

Beantworten Sie die Fragen. *(Answer the questions.)*

1. Was liest er gern?
2. Was schreibt er gern?
3. Was hört er gern?
4. Was hat er gern?

sonst ...: else

5. Was macht er sonst noch° gern?

Sebastians Vergnügungen.

Sebastians Vergnügungen

Sebastian liest seine Version von Brechts Gedicht. Ergänzen Sie die folgenden Sätze. *(Sebastian reads his own version of Brecht's poem. Complete the sentences below.)*

Balkon	Kaffee	schlafen
Freunde	liest	verstehen
geht	Musik	zu Hause

Meine Vergnügungen

Sonne° auf dem Balkon°   *sun / balcony*
Eine Tasse° Kaffee   *cup*
Freunde
ein gutes Buch

5   Musik
eine neue Idee
nachdenken
verstehen

zu Hause° sein   *zu ...: at home*
10 barfuß° gehen   *barefoot*
bei Regen schlafen gehen

1. Sebastian sitzt gern in der Sonne auf dem _____.
2. Er trinkt gern _____.
3. Er hat viele _____ in Jena.
4. Er _____ gern interessante Bücher.
5. Er hört gern _____.
6. Er hat gern neue Ideen.
7. Er denkt gerne nach und will alles besser _____.
8. Er ist gern _____.
9. Er _____ gern barfuß.
10. Er geht gern bei Regen _____.

ARBEIT MIT DEM TEXT

Lesen Sie die Informationen und ergänzen Sie die Lücken. Notieren Sie Fragen oder Kommentare. *(Read the information and fill in the blanks. Write down your questions or comments.)*

Information		Notizen und Fragen
die **Idee** (Ideen) *idea*		Sebastian hat viele _____*Ideen*_____.
das **Buch** (Bücher) *book*		Sebastian liest viele _____.
nachdenken *to reflect, ponder, think*	Er denkt nach. *'He ponders.'* Nachdenken *is a separable prefix verb. The prefix* nach *separates from the verb stem when it is conjugated. You will learn more about verbs like this in chapter 3.*	Wir _____ über alles nach. *We are reflecting on everything.*
der Regen *rain*		Wortart: _____
schlafen gehen *to go to sleep*	Schlafen *changes its stem vowel in the* du *and* er/sie/es *forms!*	*Complete the conjugation:* ich schlafe, du schläfst, er/sie/es _____, wir schlafen, ihr schlaft, sie/Sie _____

Notizen und Fragen: *Notes and Questions*

Was lesen sie?

Schauen Sie sich den Videoclip an und ergänzen Sie die Sätze. *(Watch the video clip and complete the sentences.)*

1. Nada liest im Moment ein Buch über ____.
2. Thorsten liest jeden Tag ____.
3. Im Moment liest Hubert ____ von Michael Pollan.
4. Rüdiger liest meistens ____.
5. Yasemin liest zur Zeit ____ von Hermann Hesse.
6. Uwe liest ____.

a. die Zeitung
b. einen Roman von Thomas Mann
c. Gedichte
d. philosophische Texte
e. *Das Omnivoren-Dilemma*
f. Astronomie

Was liest sie?

7. Im Moment liest Gregor ein Buch über ____.
8. Hilli liest ____.
9. Volker liest gern ____.
10. Martina liest gern ____.
11. Im Moment liest Kati einen Roman von ____.
12. Sebastian liest im Moment ____.

g. Theaterstücke
h. nicht sehr gern
i. Max Frisch
j. Solararchitektur
k. Zeitschriften wie *Cosmopolitan*
l. die Werke von Bertolt Brecht

Partnerinterview: Was liest du gern?

Fragen Sie eine Person und berichten Sie im Kurs. *(Ask a partner and report to the class.)*

BEISPIEL	OTTO	Was liest du gern?
	ANNA	Ich lese gern Science-Fiction-Romane.
	OTTO	Was liest du im Moment?
	ANNA	Im Moment lese ich *The Hunger Games.*
	OTTO	*Anna liest gern Science-Fiction-Romane. Im Moment liest sie The Hunger Games.*

Meine Vergnügungen

Schreiben Sie jetzt Ihr eigenes Gedicht und präsentieren Sie es dann im Kurs. *(Write your own poem and present it in class.)*

concept

BEGRIFF° LEISTUNGSDRUCK

The linguist Anna Wierzbicka specializes in defining concepts that are specific to a culture with what she calls *semantic primes.* These are basic concepts that cannot be decomposed any further and occur in all languages. They include words such as *I, you, have, not, feel, good, bad,* and so forth. The German word **Leistungsdruck** can be defined as follows using semantic primes.

Leistungsdruck = X
X is a feeling.
People who have X feel that they have to do a lot.
People who have X feel that other people think they should do a lot.
People who have X feel that they have to do everything well.
People who have X feel that other people think they should do everything well.
People who have X feel bad if they don't do a lot.
People who have X feel bad if they don't do everything well.

Do you know a word in English or another language that means the same thing as the German word **Leistungsdruck?**

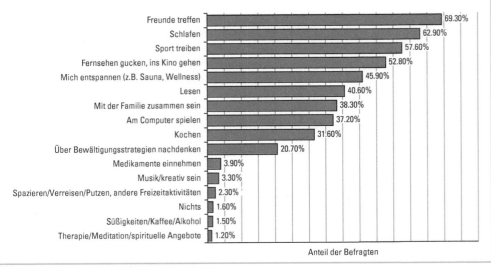

Was tun Sie gewöhnlich zum Ausgleich, wenn Sie Leistungsdruck verspüren?

Freunde treffen	69.30%
Schlafen	62.90%
Sport treiben	57.60%
Fernsehen gucken, ins Kino gehen	52.80%
Mich entspannen (z.B. Sauna, Wellness)	45.90%
Lesen	40.60%
Mit der Familie zusammen sein	38.30%
Am Computer spielen	37.20%
Kochen	31.60%
Über Bewältigungsstrategien nachdenken	20.70%
Medikamente einnehmen	3.90%
Musik/kreativ sein	3.30%
Spazieren/Verreisen/Putzen, andere Freizeitaktivitäten	2.30%
Nichts	1.60%
Süßigkeiten/Kaffee/Alkohol	1.50%
Therapie/Meditation/spirituelle Angebote	1.20%

Anteil der Befragten

Leistungsdruck

The German word **Leistungsdruck** is a compound of **die Leistung** *'achievement'* and **der Druck** *'pressure.'* A typical expression would be:

Deutsche Studenten stehen unter immer größerem Leistungsdruck.

German students feel more and more Leistungsdruck.

What does such a concept say about a culture?

Wer hat Leistungsdruck?

Wer hat wohl den meisten Leistungsdruck? Wer hat wahrscheinlich viel, wenig oder keinen Leistungsdruck? *(Who probably feels the most* Leistungsdruck? *Who probably feels a lot, little, or no* Leistungsdruck?*)*

BEISPIELE   Hilli hat nicht viel Leistungsdruck. Sie ist DJane.
             Nada hat viel Leistungsdruck. Sie studiert Physikalische Technik.

1. Sebastian studiert Germanistik.

2. Kati ist Designerin.

3. Martina ist Marktforscherin°.   *market researcher*

4. Volker arbeitet am Theater als Bühnentechniker°.   *stage technician*

5. Gregor ist Architekt.

6. Uwe hat ein Hotel auf der Insel Rügen.

7. Yasemin ist Organisationspsychologin.

8. Rüdiger ist Professor für Philosophie.

9. Hubert arbeitet als Koch° in einem Hotel in den Alpen.   *chef*

10. Thorsten ist Reporter.

Übergang°   *Transition*

Das nächste Profil ist eine Schweizer Designerin. Was wissen Sie schon über sie? *(The next profile is a Swiss designer. What do you already know about her?)*

1. Sie heißt ____.
   a. Hilli
   b. Kati
   c. Nada

2. Sie kommt aus ____.
   a. Zürich
   b. Bern
   c. Basel

3. Sie liest im Moment einen Roman von ____.
   a. Max Frisch
   b. Bertolt Brecht
   c. Thomas Mann

Wortschatz 🔊

■ Nomen *(Nouns)*

die **Adresse** (Adressen) *address*

der **Autor** (Autoren) *author*

die **Autorin** (Autorinnen) *author*

das **Beispiel** (Beispiele) *example;* **zum Beispiel** *for example*

der **Blick** (Blicke) *glance, view*

das **Buch** (Bücher) *book*

das **Büro** (Büros) *office*

Deutschland *Germany*

das **Ding** (Dinge) *thing*

der **Dozent** (Dozenten) *(male) lecturer*

die **Dozentin** (Dozentinnen) *(female) lecturer*

das **Ende** (Enden) *end*

das **Englisch** *English*

das **Fenster** (Fenster) *window*

die **Frage** (Fragen) *question*

die **Frau** (Frauen) *woman; Mrs.; wife*

der **Freund** (Freunde) *(male) friend*

die **Freundin** (Freundinnen) *(female) friend*

der **Fußball** (Fußbälle) *soccer; soccer ball*

das **Gedicht** (Gedichte) *poem*

die **Germanistik** *German Studies*

die **Hauptstadt** (Hauptstädte) *capital*

die **Idee** (Ideen) *idea*

das **Interview** (Interviews) *interview*

der **Kaffee** (Kaffees) *coffee*

das **Kind** (Kinder) *child*

die **Klausur** (Klausuren) *test*

der **Kurs** (Kurse) *course*

das **Land** (Länder) *country, land*

das **Leben** (Leben) *life*

die **Literatur** (Literaturen) *literature*

der **Mann** (Männer) *man; husband*

die **Mathematik** *mathematics*

die **Medizin** *medicine*

die **Mensa** (Mensen) *dining hall*

der **Morgen** (Morgen) *morning*

die **Musik** (Musiken) *music*

die **Mutter** (Mütter) *mother*

der **Name** (Namen) *name*

die **Notiz** (Notizen) *notes*

der **Professor** (Professoren) *(male) professor*

die **Professorin** (Professorinnen) *(female) professor*

die **Psychologie** *psychology*

das **Referat** (Referate) *presentation*

das **Seminar** (Seminare) *(university) class*

die **Stadt** (Städte) *city*

der **Student** (Studenten) *(male) student*

die **Studentin** (Studentinnen) *(female) student*

das **Studienfach** (Studienfächer) *subject of study*

der **Text** (Texte) *text*

die **Universität** (Universitäten) *university*

das **Wochenende** (Wochenenden) *weekend*

das **Wort** (Wörter) *word*

die **Zahl** (Zahlen) *number*

die **Zeit** (Zeiten) *time*

die **Zeitung** (Zeitungen) *(news)paper*

■ Verben *(Verbs)*

arbeiten (arbeitet) *to work*

auf·machen (macht auf) *to open*

bedeuten (bedeutet) *to mean*

begreifen (begreift) *to comprehend*

berichten (berichtet) *to report*

buchstabieren (buchstabiert) *to spell*

diskutieren (diskutiert) *to discuss*

finden (findet) *to find*

forschen (forscht)   *to research*

fragen (fragt)   *to ask*

gehen (geht)   *to go, walk*

haben (hat)   *to have*

heißen (heißt)   *to be called/named*

hören (hört)   *to hear, listen*

kommen (kommt)   *to come;* **kommen aus ...**
   to come from . . . , be from . . .

lesen (liest)   *to read*

liegen (liegt)   *to lie*

machen (macht)   *to make, do*

sagen (sagt)   *to say*

schlafen (schläft)   *to sleep*

schreiben (schreibt)   *to write*

schwimmen (schwimmt)   *to swim*

sehen (sieht)   *to see*

sein (ist)   *to be*

spielen (spielt)   *to play*

sprechen (spricht)   *to speak*

studieren (studiert)   *to study*

verstehen (versteht)   *to understand*

vor·lesen (liest vor)   *to recite*

wiederholen (wiederholt)   *to repeat*

wohnen (wohnt)   *to live*

■ Adjektive/Adverbien *(Adjectives/Adverbs)*

alt   *old*

auch   *also, as well*

bequem   *comfortable*

deutsch   *German*

fast   *almost*

fertig   *ready, finished*

freundlich   *friendly*

gern   *with pleasure, gladly;* **Er hört gern Rap.**
   He likes to listen to rap.

gut   *good*

hier   *here*

immer   *always*

interessant   *interesting*

leider   *unfortunately*

nett   *nice*

neu   *new*

peinlich   *embarrassing*

schön   *beautiful*

sehr   *very*

■ Pronomen *(Pronouns)*

du   *you (informal, singular)*

er   *he*

es   *it*

ich   *I*

ihr   *you (informal, plural)*

sie   *she, they*

Sie   *you (formal, singular and plural)*

wir   *we*

■ Sonstiges *(Other)*

aber   *but*

Auf Wiedersehen   *goodbye*

Guten Morgen   *good morning*

Guten Tag   *hello*

Hallo   *hello*

ja   *yes*

nein   *no*

nicht   *not*

Tschüss   *bye*

über   *about, over*

wann   *when*

warum   *why*

welcher/welches/welche   *which*

wer   *who*

wie   *how;* **Wie geht's?**   *How are you?*

woher   *where from*

Kati Hürlimann
Designerin, Basel (Schweiz)

Design aus der
Schweiz

LERNZIELE

- *talking about people and everyday objects*
- *describing things*
- *saying what you have and what you don't have*
- *referring to countries, nationalities, and languages*
- *using the verbs **haben** and **sein** in the present and simple past tenses*
- *using case to mark the role of a noun in a sentence*
- *practicing the accusative as object case*
- *practicing word order in German*

© Riccardo Sergnese / Alamy

IN DIESEM KAPITEL ...

You will get to know Kati, a designer from Basel. She blogs about her projects, the things she has and needs, a famous museum and a design school where many nationalities and languages are represented. You will practice describing objects, saying what you have, want, or need, and explore your own creativity with two poems and an article about Swiss design.

PROFIL

NAME: Hürlimann, Katharina
SPITZNAME: Kati
ALTER: 26
WOHNORT: Basel
BERUF: Designerin
INTERESSEN: Design, Kunst (*art*)
LIEBLINGSFARBE: rot

Mein neues Design

Mein neues Design ist eine Lampe aus Papier. Sie ist relativ groß und das Licht ist sehr schön. Die Inspiration war eine Banane. Könnt ihr das sehen? Ich finde die Bananenlampe sehr hübsch. Sie ist perfekt für das Büro oder das Wohnzimmer. Meine Mutter findet sie total verrückt. Mein Freund findet sie genial.

Mein neues Design

die **Lampe** (Lampen) *lamp*	**sehen** (sieht) *to see*
das **Papier** (Papiere) *paper*	**perfekt** *perfect*
aus **Papier** *made of paper*	das **Wohnzimmer** (Wohnzimmer) *living room*
groß *big, large*	**verrückt** *crazy*
das **Licht** (Lichter) *light*	mein Freund *my boyfriend*
können *can*	genial *ingenius, fantastic*

Katis Freund findet die Lampe genial.

1 Was schreibt Kati?

Was ist richtig? Was ist falsch? Kreuzen Sie an. *(What is true? What is false? Mark with an ×.)*

	richtig	falsch
1. Kati ist Designerin in Basel.	☐	☐
2. Katis neues Design ist eine Lampe aus Metall.	☐	☐
3. Kati findet das Licht von der Lampe sehr schön.	☐	☐
4. Ihre Inspiration war ein Apfel (*apple*).	☐	☐
5. Kati findet die Lampe perfekt für das Büro oder das Wohnzimmer.	☐	☐
6. Katis Mutter findet die Lampe genial.	☐	☐
7. Katis Freund findet die Lampe total verrückt.	☐	☐

2 Wer ist Kati?

 Verbinden Sie die Satzteile. *(Connect the sentence parts.)*

1. Kati ist Designerin. Sie kommt ...   a. eine Lampe.
2. Katis neues Design ist ...   b. aus Papier.
3. Die Lampe ist ...   c. aus Basel.
4. Katis Freund findet die Lampe ...   d. Licht.
5. Die Lampe macht schönes ...   e. genial.

3 Katis Blog

Füllen Sie die Lücken mit Wörtern aus Katis Blog. *(Fill in the blanks with words from Kati's blog.)*

1. Kati hat eine neue _____ aus Papier.

2. Das Licht von der Lampe ist sehr _____.

3. Die Lampe ist relativ _____.

4. Katis Mutter findet die Lampe total _____.

5. Katis _____ findet sie genial.

6. Könnt ihr _____, dass die Inspiration eine Banane war?

Katis Stil

das **Haar** (*sg.*) / die Haare (*pl.*)
  hair
die **Hose** (Hosen) *pants*
das **Kleid** (Kleider) *dress*
die **Kleidung** *clothes*
der **Rock** (Röcke) *skirt*
der **Schuh** (Schuhe) *shoe*
die **Tasche** (Taschen) *bag, purse*
das **Tuch** (Tücher) *scarf, cloth*

die Tasche   der Blazer   der Hut   die Jacke   das Kostüm   die Bluse   das Tuch

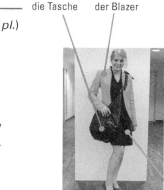   

Wie finden Sie Katis Stil?

das Kleid   der Rock   die Schuhe   die Hose   die Sandalen   der Gürtel

© Cengage Learning

4 Kati beschreiben

Beschreiben Sie Kati mit den folgenden Adjektiven. Benutzen Sie die Vokabelliste am Ende des Kapitels, wenn nötig. *(Describe Kati with the following adjectives. Use the vocabulary list at the end of the chapter if necessary.)*

1. Katis Haare sind _____.

2. Den Rock finde ich _____.

3. Das Kleid ist _____.

4. Die Schuhe sind _____.

5. Ich finde das Kostüm _____.

6. Katis Jacke ist sehr _____.

7. Die schwarze Tasche ist _____.

8. Ich finde Katis Tuch nicht _____.

9. Die Hose ist _____.

10. Der Gürtel ist _____.

11. Ihre Kleidung ist _____.

12. Katis Stil ist _____.

auffällig = *conspicuous*

breit = *wide*

bunt = _____

dick = _____

dünn = _____

hübsch = _____

klein = _____

kurz = _____

schmal = _____

toll = _____

attraktiv

groß

interessant

normal

perfekt

schön

Wortschatz: Mode und Stil

5

Welche Wörter möchten Sie noch wissen? *(What additional words would you like like to know?)*

Partnerinterview: Wie findest du das?

6

Fragen Sie eine Person im Kurs. *(Ask a person in class.)*

You can refer to **Strukturen 2.2.3** Pronomen im Nominativ und Akkusativ for more information about pronouns you might want to use in this activity.

super/klasse/fantastisch	++++
toll/cool	+++
schön	++
relativ schön	+
ganz gut	+−
nicht so gut	− −
nicht schön	− − −
schrecklich/furchtbar	− − − −

BEISPIEL

OTTO Wie findest du Katis Schuhe?

ANNA Ich finde sie ganz gut. ...

ANNA Wie findest du Katis Rock?

OTTO Ich finde ihn schrecklich. ...

OTTO *Anna findet Katis Schuhe ganz gut. ...*

ANNA *Otto findet Katis Rock schrecklich. ...*

Der Stuhl

Der Stuhl *Lizz* von Designer Piero Lissoni ist bequem und extrem stabil. *Lizz* gibt es in den Farben schwarz, grau, weiß, dunkelblau, hellgrün, korallenrot und orange. Der Stuhl *Lizz* kostet EUR 185,– bei Cairo.de

Courtesy of Lizz von Perio Lissoni

1 2 3 4 5 6 7

die **Farbe** (Farben) *color*		gelb *yellow*
der **Stuhl** (Stühle) *chair*		grün *green*
stabil *sturdy, durable*		hellgrün *light green*
kosten (kostet) *to cost*		rot *red*
schwarz *black*		korallenrot *coral red*
grau *grey*		orange *orange*
weiß *white*		lila *purple*
blau *blue*		**rosa** *pink*
dunkelblau *navy blue*		

7 Farbwörter°

color words

 Welche Farben sehen Sie im Klassenzimmer? Welche Farben tragen die Studenten? *(What colors do you see in the classroom? What colors are students wearing?)*

BEISPIEL   ANNA   Welche Farbe hat der Stuhl?

OTTO   Der Stuhl ist blau. Welche Farbe hat das T-Shirt von Frieda?

ANNA   Das T-Shirt ist gelb. ...

8 Wortschatz: Farbwörter

Welche Farbwörter möchten Sie noch wissen? *(What additional color words would you like to know?)*

9 Wer ist das?

Verbinden Sie die Beschreibungen mit den richtigen Personen. *(Connect the descriptions with the right persons.)*

| Sebastian | Hilli | Gregor | Yasemin | Martina | Thorsten | Uwe | Nada |

1. Sie trägt ein schwarzes Kleid und schwarze Schuhe. Das ist _____.

2. Seine Jeans sind hellblau. Er trägt ein schwarzes Hemd°, braune Schuhe und einen grauen Hut. Das ist _____. — *shirt*

3. Ihre Hose ist weiß und ihre Bluse ist grau. _____ mag helle° Farben. — *light*

4. Er hat eine kurze Hose und ein T-Shirt an. Er trägt eine Brille° und hat einen Rucksack. Das ist _____. — *eyeglasses*

5. Ihre Hose ist dunkelgrau. Sie trägt eine schwarze Bluse und einen lila Schal°. Ihr Name ist _____. — *scarf*

6. Er hat dunkle Jeans und ein blaues T-Shirt an. Seine Schuhe sind braun. Das ist _____.

7. Sie trägt Jeans und Turnschuhe°. Ihr Top ist rot. _____ hat lange Haare. — *sneakers*

8. Er trägt dunkle Jeans und sein Hemd ist schwarz. Er trägt keinen Hut und seine Schuhe sind grau. Das ist _____.

© Cengage Learning

der Stuhl der Tisch die Lampe die Vase

Die Lampen sind aus Metall. Es gibt sie in den Farben rot, schwarz, gelb und blau. Der Tisch ist aus Holz. Die Stühle sind aus Plastik.

Das Material

das **Holz** (Hölzer) *wood*	das **Plastik** *plastic*
das **Metall** (Metalle) *metal*	der **Stoff** (Stoffe) *fabric*
der **Kunststoff** (Kunststoffe) *plastic*	das **Glas** (Gläser) *glass*

Kati kauft Stühle

Was sagt Kati über die Stühle? *(What does Kati say about the chairs?)*

109	elegant	Plastik	Stoff
169	Metall	schwarz	toll
259	Orange	stabil	Weiß
Blau			

1. Das ist der Stuhl Bahia in _____. Es gibt ihn auch in _____. Er ist aus Metall und _____ und kostet _____ Euro.

2. Dieser Stuhl ist aus Holz und aus _____. Er ist _____. Er kostet _____ Euro. Ich finde ihn sehr _____.

3. Dieser Stuhl ist sehr _____. Es gibt ihn in Grün, Orange und _____. Er kostet _____ Euro. Er ist aus _____ und Plastik. Also, ich finde ihn _____!

Wortschatz: Material

Welche Materialwörter möchten Sie noch wissen? *(What additional words for materials would you like to know?)*

Katis Lieblings-Designer

Suchen Sie bei Katis Schweizer Lieblings-Designern im Internet ein interessantes Objekt und beschreiben Sie es. *(Look for an interesting object on the websites of Kati's favorite Swiss designers and describe it.)*

Artanova	Raumsicht
Atelier Pfister	R-Mann
Chamäleon Design	Röthlisberger Kollektion
de Sede	Seetal Swiss
Formfarm Switzerland	Team by Wellis
Fraubrunnen	Willisau Switzerland
Girsberger	Zoom by Mobimex

BEISPIELE Der Stuhl ist von Atelier Pfister. Er ist rot. Er ist aus Kunststoff. Er kostet 340 Euro. Ich finde ihn toll. …

Das ist eine Couch ist von Girsberger. Die Couch gibt es in grün, grau, braun, und weiß. Sie kostet 2 000 Euro. Ich finde sie sehr schön. …

Strukturen

2.1.1 *Haben* und *sein*°

To have and *to be*

Two very important and frequent verbs, **haben** (*to have*) and **sein** (*to be*), are conjugated irregularly.

Kati **ist** in Basel.   *Kati is in Basel.*
Kati **hat** eine Idee.   *Kati has an idea.*

iLrn Go to iLrn for more grammar practice.

Present tense

	sein	haben
ich	bin	habe
du	bist	hast
er/sie/es	ist	hat
wir	sind	haben
ihr	seid	habt
sie	sind	haben
Sie	sind	haben

These two verbs are also very frequently used to express events or facts that happened in the past.

Kati **war** in Basel.   *Kati was in Basel.*
Sie und ihr Freund **waren**   *She and her boyfriend were in*
  im Museum.   *the museum.*
Kati **hatte** eine Idee.   *Kati had an idea.*

The simple past tense (**Imperfekt**) forms are:

Simple past tense

	sein	haben
ich	war	hatte
du	warst	hattest
er/sie/es	war	hatte
wir	waren	hatten
ihr	wart	hattet
sie	waren	hatten
Sie	waren	hatten

For now, you should just be able to recognize the past tense forms. In later chapters you will practice using them.

LERNSTRATEGIEN

It is best to memorize these verb forms, but always imagine possible contexts beyond the grammatical table. Always try to add a sentence to your flashcards or your notebook entries.

iLrn GRAMMAR GLOSSARY
You can find more information about ⇒ **verb conjugation** in the *Welten* grammar glossary in iLrn.

Kati braucht Stühle.

13 Katis Welt

Verbinden Sie die Satzteile. *(Connect the sentence parts.)*

1. Kati kommt ...
2. Sie ist ...
3. Ihre neue Lampe ...
4. Kati hat ...
5. Schweizer Designermöbel sind ...
6. Kati war gestern° ...

a. Schweizerin.
b. ist aus Papier.
c. einen Freund. Er findet ihre Designs genial.
d. relativ teuer.
e. im Museum.   *yesterday*
f. aus Basel.

14 Kleine Profile

Schreiben Sie Ihr Profil und Profile für zwei andere Personen im Kurs. *(Create your profile and those of two other students in class.)*

1. Schritt: Mein Profil. Ergänzen Sie den Text mit Ihren eigenen Informationen. *(Complete the text with your own information.)*

personal information

Persönliche Angaben°

Mein Name _____ _____. (*sein*)

Ich _____ _____. (*studieren*)

Ich _____ Jahre alt. (*sein*)

Meine Telefonnummer _____ _____. (*sein*)

Mein Stil _____ progressiv / konservativ / sportlich / elegant / unkonventionell / einfach° / ... . (*sein*)

simple

2. Schritt: Und du? Ergänzen Sie den Fragebogen für Ihre Interviews. *(Complete the questionnaire for your interviews.)*

questionnaire

Fragebogen°

Wie _____ du? (*heißen*)   Was _____ deine
Was _____ du? (*studieren*)   Telefonnummer? (*sein*)
Wie alt _____ du? (*sein*)   Wie _____ dein Stil? (*sein*)

3. Schritt. Befragen Sie zwei andere Studenten im Kurs und ergänzen Sie dann die Tabelle mit den Informationen, die Sie bekommen haben. *(Ask two students in the class and complete the table with their information.)*

	Student 1	**Student 2**
Name		
Studienfach		
Alter		
Telefonnummer		
Stil		

4. Schritt. Berichten Sie im Kurs. *(Report back to class.)*

BEISPIELE   ANNA   Das ist Otto. Er studiert Biologie und ist 19 Jahre alt. Ottos Telefonnummer ist 123 4567. Ottos Stil ist progressiv.

OTTO   Das ist Anna. Sie studiert Mathematik und ist 20 Jahre alt. Annas Telefonnummer ist 234 5678. Annas Stil ist sportlich und elegant.

Redewendungen mit *haben*

die **Zeit** (Zeiten) *time*	der **Durst** *thirst*
Zeit haben (für) *to have time (for)*	Durst haben *to be thirsty*
die **Lust** *craving, desire*	die **Angst** (Ängste) *fear*
Lust haben (auf etwas) *to feel like (doing*	Angst haben (vor) *to be afraid (of)*
something, having something)	das **Geld** (Gelder) *money*
der **Hunger** *hunger*	(kein) Geld haben *have (no) money, to be broke*
Hunger haben *to be hungry*	viel zu tun haben *to have a lot to do, to be busy*

15 Redewendungen mit *haben*

Das Verb **haben** kommt in vielen interessanten Redewendungen vor.
Ergänzen Sie den folgenden Dialog zwischen Kati und ihrer Freundin
Marianna mit der richtigen Form von **haben**. *(The verb **haben** occurs in many
interesting expressions. Complete the following dialogue between Kati and
her friend Marianna with the correct form of **haben**.)*

KATI „Marianna, _____ du Lust, ins Café ONO zu gehen?"

MARIANNA „Nein, ich _____ keine Zeit. Ich muss lernen.

Wir _____ morgen eine Prüfung°." *exam*

KATI „_____ du Angst vor der Prüfung?"

MARIANNA „Nein, ich _____ keine Angst, aber ich muss noch viel lesen."

KATI „_____ du keinen Durst?"

MARIANNA „Doch. Und Hunger _____ ich auch."

KATI „Dann gehen wir schnell° in die Cafeteria. So viel Zeit _____ *quickly*
wir noch."

Hast du Lust auf einen Kaffee?

16 Hast du Hunger?

Fragen Sie einen Partner / eine Partnerin im Kurs. *(Ask a partner in class.)*

BEISPIEL   OTTO Hast du Durst?

ANNA Ja, ich habe Durst.

OTTO Hast du Lust auf Kaffee oder Tee oder ...?

ANNA Ja, ich habe Lust auf Tee.

OTTO *Anna hat Durst. Sie hat Lust auf Tee.*

ANNA Hast du Hunger?

OTTO Ja, ich habe Hunger.

ANNA Hast du Lust auf eine Banane oder einen Apfel oder ...?

OTTO Ich habe Lust auf eine Banane.

ANNA *Otto hat Hunger. Er hat Lust auf eine Banane.*

2.2

Hast du was – dann bist du was

Michail Krausnick

Michail Krausnick ist 1943 in Berlin geboren. Er schreibt Satiren, Science-Fiction, Hörspiele, Drehbücher für Film und Fernsehen, Theaterstücke, historische Sachbücher, Biografien, Gedichte und Geschichten.

Genre-Begriffe

 Michail Krausnick schreibt in vielen Genres. Was sind die Äquivalente auf Englisch? *(Michail Krausnick writes in many genres. What are the equivalents in English?)*

1. die Satire	a. *biography*
2. das Hörspiel	b. *screenplay*
3. das Drehbuch	c. *radio play*
4. das Theaterstück	d. *story*
5. das Sachbuch	e. *poem*
6. die Biografie	f. *satire*
7. das Gedicht	g. *non-fiction book*
8. die Geschichte	h. *(stage) play*

Welche anderen Genrebegriffe fallen Ihnen noch ein? *(What other genre terms can you think of?)*

Was muss man haben?

Was muss man absolut haben? Was muss man nicht haben? Machen Sie zwei Listen. *(What does one absolutely have to have? What can no one do without? Make two lists.)*

Hast du was – dann bist du was

Michail Krausnick

Fehlt dir was, dann° brauchst du was   *then*
Brauchst du was – dann mußt du was
Mußt du was – dann tust du was
Tust du was – dann kriegst du was
5 Kriegst du was – dann bist du was ...

Bist du was – dann brauchst du was
Brauchst du mehr – dann mußt du mehr
Tust du mehr – dann kriegst du mehr
Kriegst du mehr – dann hast du mehr
10 hast du mehr – dann bist du mehr ...

Bist du mehr – brauchst du mehr mehr
immer immer immer mehr
Schließlich° kannst du nimmer mehr   *in the end*
Und brauchst überhaupt nichts° mehr ...   *nothing at all*

Michail Krausnick: „Hast du was – dann bist du was" in Jacoby, Edmund. 1999: *Dunkel war's der Mond schien helle*. Hildesheim: Gerstenberg Verlag, Seite 108

19 Dramatische Lesung

Lesen Sie das Gedicht im Kurs vor. Seien Sie kreativ. *(Recite the poem in class. Be creative!)*

ARBEIT MIT DEM TEXT
Lesen Sie die Informationen und machen Sie Notizen. Teilen Sie interessante Aspekte oder Fragen mit dem Kurs. *(Read the information, and take notes or write down your questions in the third column. Share some interesting observations or questions with the class.)*

Information		Notizen/Fragen°
fehlen to lack, to be missing	The verb fehlen *sometimes takes a dative object such as* dir *in* Fehlt dir was? *'Are you missing something?' This will be addressed in chapter 4 when you learn about the dative case.*	
was something	Was *is a colloquial shortening of* etwas.	
brauchen to need, require	Brauchen *is a transitive verb. A transitive verb is one that requires a direct object. For this verb, the direct object is the thing that is needed:* Ich brauche Geld. *'I need money.'*	Ich brauche _____.
müssen to have to, must	The modal verb müssen *modifies other verbs:* Ich muss gehen. *'I have to go.'*	Ich muss _____.
tun to do	The verb tun *is used in a few common phrases:* Tu das nicht! *'Don't do that!',* Ich habe heute viel zu tun. *'I have a lot to do today.'*	
kriegen to get	The verbs kriegen *and* bekommen *both mean 'to receive, to get', but* kriegen *is more colloquial. Common phrases include* Kopfweh kriegen *'to get a headache' or* mehr Geld kriegen *'to get more money'.*	
immer mehr more and more	Immer mehr Designer kommen nach Basel. *'More and more designers are coming to Basel.'*	
nimmer never	Colloquial contraction of nicht + mehr. *This contraction occurs mostly in casual speech.*	
schließlich finally	The suffix -lich *makes adjectives from nouns and verbs:* schließen *'to close'* → schließlich *'finally';* der Freund → freundlich.	

Notes/Questions

Was brauchen sie?

brauchen (braucht) *to need*	**kaufen** (kauft) *to buy*
der **Computer** (Computer) *computer*	**möchten** (möchte) *would like*
der **Fernseher** (Fernseher) *television*	der **Sessel** (Sessel) *armchair*
haben (hat) *to have*	**wollen** (will) *to want*
das **Handy** (Handys) *cell phone*	

Was brauchen sie?

In diesem Video sagen alle, was sie brauchen oder möchten. Füllen Sie die Lücken aus. *(In this video, everyone talks about what they need, want, or would like to have. Fill in the blanks.)*

ein neues Fahrrad	eine Kamera	einen neuen Computer
ein neues Handy	eine Putzfrau°	einen neuen Fernseher
eine große Couch	eine Uhr	einen Sessel zum Lesen
eine gute Lampe	einen iPod	neue Schuhe

cleaning lady

1. Sebastian Henkel braucht _____.
2. Kati braucht _____.
3. Martina Graf möchte _____. Das wäre toll!°
4. Volker Auerbach braucht _____, weil das alte nicht sehr attraktiv ist.
5. Hilli Zacher braucht _____.
6. Gregor Weber möchte _____.
7. Uwe Rau braucht _____.
8. Yasemin braucht _____.
9. Rüdiger Fichte möchte _____. Das wäre gut.°
10. Hubert Moser will _____.
11. Thorsten Feddersen braucht _____, weil sein alter kaputt ist.
12. Nada El-Ghannam möchte _____ für ihren Schreibtisch.

Das ...: That would be great!

Rüdiger

Was brauchst du?

© Cengage Learning

Partnerinterview: Was brauchst du?

Fragen Sie eine Person im Kurs. Folgen Sie dem Beispiel. *(Ask another person in class. Follow the model.)*

ein Kleid	eine Tasche	einen Schal
eine Brille	einen Computer	einen Schrank
eine Hose	einen Fernseher	einen Tisch
eine Lampe	einen Rock	Ohrringe

BEISPIEL
    OTTO Was brauchst du?
    ANNA Ich brauche <u>eine Hose</u>.
    OTTO Wo kaufst du <u>Hosen</u>?
    ANNA Bei Old Navy.

    OTTO *Anna braucht eine Hose. Sie kauft Hosen bei Old Navy.*

Mein eigenes Gedicht

Schreiben Sie neue Versionen von Krausnicks Gedicht mit verschiedenen Pronomen. Lesen Sie sie im Kurs vor. *(Write new versions of Krausnick's poem by using different pronouns. Recite them in class.)*

BEISPIEL   Haben Sie was, dann sind Sie was
    Habt ihr was, dann seid ihr was
    Hab ich was, dann bin ich was
    Hat sie was, dann ist sie was

Designstress

🔊 Mein Design für ein Wohnzimmer muss diese Woche fertig sein. Ich habe eine Couch, einen Tisch und eine absolut coole Lampe. Ich möchte einen belgischen Wollteppich, aber den richtigen Teppich habe ich noch nicht. Ich brauche eine tolle Farbe. Ich bin mal wieder voll im Designstress. Ich möchte auch einen Sessel zum Lesen. Vielleicht kommt die Inspiration für einen Sessel morgen im Designmuseum.

belgischen: *Belgian*

Das Wohnzimmer

der **Stress**   *stress;* voll im Stress   *totally stressed*
die **Woche** (Wochen)   *week*
der **Tisch** (Tische)   *table*
der **Teppich** (Teppiche)   *rug*
der **Sessel** (Sessel)   *armchair, recliner, chaise*
morgen   *tomorrow*

Kati möchte einen belgischen Wollteppich.

Vokabelarbeit

Verbinden Sie die Satzteile. *(Connect the phrases.)*

1. Kati ist ...
2. Kati hat schon ...
3. Kati braucht Inspiration ...
4. Katis Design für ein Wohnzimmer ...
5. Wo bekommt Kati ...

a. eine Couch, einen Tisch und eine Lampe.
b. einen Teppich?
c. muss diese Woche fertig sein.
d. im Designstress.
e. für einen Sessel.

Nomen

Suchen Sie alle Nomen in Katis Blog. Sind sie Subjekt, direktes Objekt oder Adverbialphrase? *(Find all the nouns in Kati's blog. Are they subject, direct object, or adverbial phrase?)*

You can refer to **Strukturen 2.2.1 Kasus: Nominativ und Akkusativ** for more information on grammatical subjects and objects.

Subjekt	Direktes Objekt	Adverbialphrase
Mein Design	eine Couch	diese Woche

Katis Wohnzimmer

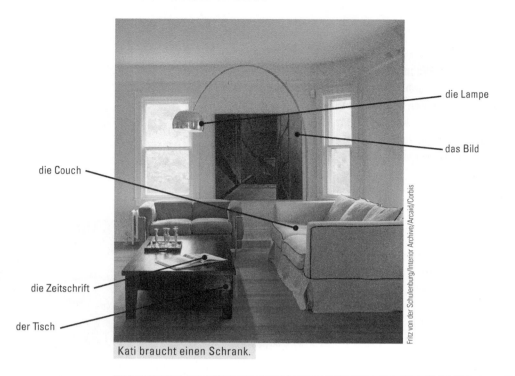

die Lampe

das Bild

die Couch

die Zeitschrift

der Tisch

Fritz von der Schulenburg/Interior Archive/Arcaid/Corbis

Kati braucht einen Schrank.

das **Bild** (Bilder)   *picture*
der **Schrank** (Schränke)   *cabinet; wardrobe, closet*
die **Zeitschrift** (Zeitschriften)   *magazine*

Katis Wohnzimmer

 Suchen Sie die folgenden Objekte in Katis Wohnzimmer. *(Work with a partner. Look for the following objects in Katis living room.)*

BEISPIEL   ANNA   Hat Kati eine Couch?
             OTTO   Ja, sie hat eine Couch. Hat Kati einen Teppich?
             ANNA   Nein, sie hat keinen Teppich. ...

Hat Kati ...	Ja	Nein
1. ein Sofa?	☐	☐
2. einen Teppich?	☐	☐
3. einen Computer?	☐	☐
4. einen Schrank?	☐	☐
5. einen Fernseher?	☐	☐
6. eine Lampe?	☐	☐
7. ein Bild?	☐	☐
8. einen Sessel?	☐	☐
9. einen Tisch?	☐	☐

Wortschatz: Wohnzimmer

 Welche Wörter möchten Sie noch wissen? *(What additional words would you like to know?)*

Strukturen

2.2.1 Kasus: Nominativ und Akkusativ°

Case: Nominative and Accusative

German has four cases: nominative, accusative, dative, and genitive. A case indicates the function of a noun in a sentence. In this chapter we focus on the nominative and accusative. The nominative is used to indicate the subject of a sentence. The subject is the person or thing performing an action. The accusative case marks the direct object of a sentence. The direct object is the person or thing being acted upon. Accusative is also used with certain prepositions.

Die Designerin heißt Kati Hürlimann.   *The designer is Kati Hürlimann.*
↑
SUBJECT (NOMINATIVE)

Kati kauft **einen Stuhl.**   *Kati is buying a chair.*
              ↑
DIRECT OBJECT (ACCUSATIVE)

2.2.2 Artikel im Nominativ und Akkusativ°

Articles in the Nominative and Accusative

German articles change their form to indicate the accusative case, but only for the masculine singular.

Der Teppich ist beige.   *The rug is beige.*
↑
SUBJECT (NOMINATIVE)

Kati kauft **den Teppich.**   *Kati is buying the rug.*
              ↑
DIRECT OBJECT (ACCUSATIVE)

Case	Masculine	Neuter	Feminine	Plural
Nominative	der	das	die	die
	ein	ein	eine	—
Accusative	den	das	die	die
	einen	ein	eine	—

2.2.3 Pronomen im Nominativ und Akkusativ°

Pronouns in the Nominative and Accusative

Pronouns also take on different forms depending on whether they are in the nominative or accusative case.

Number	Person	Nominative	Accusative
Singular	1st	ich	mich
	2nd	du	dich
	3rd	er	ihn
		sie	sie
		es	es
Plural	1st	wir	uns
	2nd	ihr	euch
	3rd	sie	sie
Formal address, singular and plural	2nd	Sie	Sie

Wie findet Kati den Stuhl?	*What does Kati think of the chair?*
Sie findet **ihn** interessant.	*She finds it interesting.*
Verstehst du **mich?**	*Do you understand me?*
Ja, ich verstehe **dich.**	*Yes, I understand you.*

The interrogative pronoun **wer** (*who*) changes to **wen** in the accusative case.

Wer ist das?	*Who is that?*
Wen kennst du in Basel?	*Who do you know in Basel?*

2.2.4 Nomen der N-Deklination°

N-Declension Nouns

There are a few important masculine nouns that add an **-(e)n** in most cases including the accusative case. This group of nouns is called the n-declension.

Der Student heißt Urs.   *The student is called Urs.*
↑
SUBJECT (NOMINATIVE)

Kati kennt **den Studenten.**   *Kati knows the student.*
↑
DIRECT OBJECT (ACCUSATIVE)

Nominative	der Student	der Mensch	der Name	der Demokrat
Accusative	den Student**en**	den Mensch**en**	den Name**n**	den Demokrat**en**

GRAMMAR GLOSSARY
You can find more information about the ⇒ **accusative case** in the *Welten* grammar glossary in iLrn.

LERNSTRATEGIEN

For now, focus on the only change affecting articles in the accusative case, which is for masculine nouns: **der → den**, **ein → einen**, and on the pronouns.

27 Zwei Wohnzimmer

Was haben die Wohnzimmer? Benutzen Sie ein Wörterbuch, wenn nötig.
(What do the living rooms have? Use a dictionary if needed.)

Wohnzimmer A

Wohnzimmer B

1. Schritt. Machen sie eine Liste für jedes Zimmer. *(Make a list for each room.)*

Wohnzimmer A hat ...
    einen Sessel.
    keinen Fernseher.
    ...

Wohnzimmer B hat ...
    einen Teppich.
    drei Lampen.
    ...

2. Schritt. Berichten Sie im Kurs. *(Report to the class.)*

BEISPIEL   Das Wohnzimmer A hat einen Sessel, aber Wohnzimmer B hat
viele Sessel. ...

Unsere Wohngemeinschaft°

living community

28 Was brauchen Sie für Ihre Wohngemeinschaft? *(What do you need for your rooming house?)*

einen Fernseher	ein Handy	eine Couch	Stühle
einen Computer	ein Radio	eine Uhr	Bücher
einen Tisch	ein Glas	eine Vase	Bilder von ...
einen Sessel	ein Poster von	...	
einen Teppich	...		
den Film ____			
...			

BEISPIEL   GRUPPE A   Wir brauchen einen Fernseher, einen DVD-Spieler, eine
Couch und eine Kaffeemaschine. ... Was braucht ihr?

GRUPPE B   Wir brauchen einen Computer, eine Uhr, Bücher und eine
Gitarre. ... Braucht ihr keinen Computer? ...

Partnerinterview: Was brauchst du?

29 Fragen Sie eine Person im Kurs. *(Ask a person in class.)*

der Hut	das Kleid	die Brille	Schuhe
der Rock	das Handy	die Tasche	Ohrringe
der iPod	das Buch	die Couch	DVDs
der Computer	das Laptop	die Lampe	Bücher
...			

BEISPIEL   OTTO   Hast du eine Couch?

ANNA   Ja, ich habe eine Couch. Sie ist grau.

OTTO   Was brauchst du oder was möchtest du?

ANNA   Ich brauche eine Lampe. ...

OTTO   *Anna hat eine Couch. Sie braucht eine Lampe. ...*

Kati möchte eine neue Couch.

30 *Du* oder *Sie?*

Kati richtet Wohnzimmer für den Professor Herrn Dr. Zimmerli und für ihre Freundin Lilli ein. Sie stellt ihnen einige Fragen. Welche Fragen sind für Herrn Dr. Zimmerli? Welche sind für Lilli? *(Kati is furnishing living rooms for the professor Dr. Zimmerli and for her friend Lilli. She asks them some questions. Which questions are for Dr. Zimmerli? Which are for Lilli?)*

1. Hast du einen Teppich?
2. Ist Ihr Teppich grün?
3. Brauchen Sie einen Tisch?
4. Ist deine Couch alt?
5. Was machen Sie gern im Wohnzimmer?
6. Haben Sie einen Sessel?
7. Brauchst du eine Lampe?
8. Sind deine Sessel braun?

31 Kati im Designmuseum

Fragen Sie eine Person im Kurs und notieren Sie die Informationen, die Sie bekommen.

Ask a partner and write down the information you get.

BEISPIEL   **S1** Wie findet Kati den Teppich von Frédéric Dedelley?
        S2 Kati findet ihn toll.
        S1 *(schreibt die Information in die Tabelle)*

        S2 Wie findet Kati die Espressotasse aus Plastik von Luc Swen?
        S1 Kati findet sie nicht so schön.
        S2 *(schreibt die Information in die Tabelle)*

S1

1.	den roten Teppich von Frédéric Dedelley	Kati findet ihn super.
2.	die Espressotassen aus Plastik von Luc Swen	
3.	das gelbe Bett von Jörg Boner	Kati findet es originell.
4.	den Landistuhl von Hans Coray	
5.	die weiße Couch von Atelier Oï	Kati findet sie bequem.
6.	die Uhr von Max Bill	

S2

1.	den roten Teppich von Frédéric Dedelley	
2.	die Espressotassen aus Plastik von Luc Swen	Kati findet sie nicht so schön.
3.	das gelbe Bett von Jörg Boner	
4.	den Landistuhl von Hans Coray	Kati findet ihn interessant.
5.	die weiße Couch von Atelier Oï	
6.	die Uhr von Max Bill	Kati findet sie toll.

Die Bahnhofsuhr von Hans Hilfiker findet man in allen Schweizer Bahnhöfen°.

Bei Westermann gibt es den Landistuhl von Hans Coray (1939).

Bei Junghans gibt es die Armbanduhren von Max Bill.

train stations

Im Museum für Moderne Kunst in New York stehen Aluminiumflaschen von SIGG.

Luc Swen macht Becher, Espressotassen und Teller aus Kunststoff.

Den Schäler „Rex" (1947) gibt es bei Zena.

32 Partnerinterview: Wie findest du ihn?

Ergänzen Sie die Lücken. Fragen Sie dann eine Person im Kurs, wie er/sie die Objekte findet. *(Fill in the blanks with your own responses. Then ask a partner in class what he/she thinks of these objects.)*

super/klasse/fantastisch	++++
toll/cool	+++
schön	++
relativ schön	+
ganz gut	+ −
nicht so gut	− −
nicht schön	− − −
schrecklich/furchtbar	− − − −

BEISPIEL

OTTO Wie findest du den Landistuhl von Hans Coray?
ANNA Ich finde ihn nicht schön. Wie findest du die Bahnhofsuhr von Hans Hilfiker?
OTTO Ich finde sie toll.

1. Wie findest du den Landistuhl von Hans Coray?
   —Ich finde ihn _____.

2. Wie findest du die Bahnhofsuhr von Hans Hilfiker?
   —Ich finde sie _____.

3. Wie findest du die Armbanduhr von Max Bill?
   —Ich finde sie _____.

4. Wie findest du die Aluminiumflaschen von Sigg?
   —Ich finde sie _____.

5. Wie findest du die Espressotassen von Luc Swen?
   —Ich finde sie _____.

6. Kennst du den Schäler „Rex"?
   —Ja, ich kenne ihn. [oder] Nein, ich kenne ihn nicht.

Fast ein Gebet

Reiner Kunze

Reiner Kunze nennt dieses Gedicht *Fast ein Gebet*°. In diesem Gedicht geht es darum°, dass man dankbar° sein soll für das, was man hat.

Was sollte° man haben?

 Was sind Dinge, die alle Menschen haben sollten? *(What are some things that all human beings should have?)*

> BEISPIEL   Wasser, ein Haus, ...

🔊 Fast ein Gebet

Reiner Kunze

> Wir haben ein Dach
> und Brot im Fach
> und Wasser im Haus,
> da hält man's aus.
>
> 5   Und wir haben es warm
> Und haben ein Bett.
> O Gott, daß doch jeder
> Das alles hätt'!

Reprinted by permission of S. Fischer Publishers.

ARBEIT MIT DEM TEXT

Lesen Sie die Informationen und machen Sie Notizen. Teilen Sie interessante Aspekte oder Fragen mit dem Kurs. *(Read the information and take notes or write down your questions in the third column. Share any interesting observations or questions with the class.)*

Information		Notizen/Fragen
das Dach (Dächer) roof	ein Dach über dem Kopf 'a roof over one's head'	
das Fach (Fächer) box, compartment	*Another meaning of* Fach *is 'subject' or 'specialty' as in* das Studienfach *or* der Fachmann *'specialist.'*	
das **Brot** bread	*Bread is the essential food in the Western tradition.*	
das **Wasser** water	Wasser im Haus *here refers to the modern convenience of running water.*	
da hält man's aus You can deal with that	*The expression* etwas aushalten *'to endure something.'* Da hält man's aus *is like saying 'I can deal with that' regarding something that is actually a luxury.*	
warm warm	Wir haben es warm. *'Being warm' is a blessing in cold climates.*	
das **Bett** bed		

Information		Notizen/Fragen
jeder *everyone*		
dass doch jeder das alles hätte *if only everyone had all this*	The subjunctive hätte *expresses a hypothetical wish. We will focus on subjunctive forms of verbs in a later chapter. The particle* doch *adds an element of affect that is best translated 'if only.'*	

34 Fragen zum Gedicht und mehr

1. Haben wir alle ein Dach? Wer hat kein Dach?

2. Wer hat kein Brot?

3. Wer hat kein Wasser im Haus?

4. Wer hat kein Bett?

5. Wer hat es warm? Wer hat es nicht warm?

6. Warum nennt Reiner Kunze dieses Gedicht *fast* ein Gebet? *(Why does the author call this poem* almost *a prayer?)*

35 Was brauchen wir nicht?

Was haben Sie, was man eigentlich nicht braucht? Machen Sie eine Liste. *(What do you have that you don't actually need? Make a list.)*

BEISPIEL   ein Handy, einen iPod, ...

Im Designmuseum

Das Designmuseum in Weil am Rhein ist eine wichtige Kulturinstitution in der Region Basel. Das Museum hat eine der größten Sammlungen der Welt. Es gibt dort Möbel von vielen bekannten Designern. Vielleicht kennt ihr den berühmten Plastikstuhl von Verner Panton oder die Sessel von Charles und Ray Eames von 1956? Es gibt auch ein Archiv und eine Bibliothek. Der Architekt war Frank O. Gehry.

Das Museum

das **Museum** (Museen) *museum*	**kennen** (kennt) *to know*
wichtig *important*	**berühmt** *popular, well-known*
die **Kultur** (Kulturen) *culture*	der **Stuhl** (Stühle) *chair*
die **Institution** (Institutionen) *institution*	**es gibt** *there is / there are*
die **Möbel** *furniture*	die **Bibliothek** (Bibliotheken) *library*
vielleicht *maybe*	das **Archiv** (Archive) *archive*

Vokabelarbeit

36

Verbinden Sie die Satzteile. *(Connect the sentence parts.)*

1. Frank O. Gehry war ...
2. In der Region Basel ...
3. Die Sammlung im Designmuseum in Weil am Rhein ...
4. Es gibt im Museum ...
5. Viele Leute kennen ...

    a. ist eine der größten Sammlungen der Welt.

    b. der Architekt des Museums.

    c. Möbel von vielen bekannten Designern.

    d. den berühmten Plastikstuhl von Verner Panton.

    e. ist das Designmuseum eine wichtige Kulturinstitution.

Wortschatz: Designmuseum

37

 Welche Wörter möchten Sie noch wissen? *(What additional words would you like to know?)*

Es gibt ... / bei ...

The expression **Es gibt ...** means *there is, there are,* or *they have.* The preposition **bei** is used with locations such as names of shops.

Im Museum **gibt es** Möbel von bekannten Designern.
In the museum there is furniture by famous designers.

Es gibt einen tollen Stuhl bei Ikea.
They have a cool chair at Ikea.

Wo gibt es das?

38

 Forschen Sie im Internet und finden Sie heraus, wo es diese Designobjekte gibt und wie viel sie kosten. *(Research on the Internet and find out where these designer objects can be found and how much they cost.)*

BEISPIEL   Wo gibt es die Keramik-Uhren von George Nelson (USA)? →
Die Keramik-Uhren gibt es bei www.cairo.de. Sie kosten
99 Euro.

Wo gibt es ... ?

1. den Kindertisch „Porcupine" von Hella Jongerius (Niederlande)
2. den „La-Fonda"-Kaffeetisch von Charles & Ray Eames (USA)
3. das „Freeform"-Sofa von Isamu Noguchi (USA)
4. den Schreibtisch „BaObab" von Phillipe Starck (Frankreich)
5. den Plastik-Stuhl von Verner Panton (Dänemark)

Neftali/Shutterstock.com

Der Schäler „Rex" ist sogar auf einer Schweizer Briefmarke.°

stamp

Kati

Sebastian

Martina

Staatsgalerie   Hilli

Gregor

Rüdiger

© Cengage Learning

Gibt es ein interessantes Museum in unserer Stadt?

Welche Museen gibt es hier?

Verbinden Sie die Phrasen. *(Connect the phrases.)*

die **Ausstellung** (Ausstellungen) *exhibition, show*	die **Kunst** (Künste) *art*
die **Sammlung** (Sammlungen) *collection*	die **Galerie** (Gallerien) *gallery*
	die **Theorie** (Theorien) *theory*

1. In Basel gibt es viele Museen, aber ____.

2. In Jena gibt es ein sehr interessantes Museum ____.

3. Ja, in Nürnberg gibt es auch viele Museen, aber Martina ____.

4. Hilli geht am liebsten in die ____.

5. In Mühlheim gibt es ein Museum in einem alten ____.

6. In Trier gibt es das Rheinische Landesmuseum. Dort gibt es ____.

7. In Bad Gastein gibt es nur ein sehr kleines Museum _____.

a. findet das Albrecht-Dürer-Haus toll.

b. über die Theorie der Evolution. Das ist das Ernst-Haeckel-Museum.

c. das wichtigste Museum ist die Kunsthalle.

d. Staatsgalerie oder ins Lindenmuseum.

e. viele Dinge aus der Römerzeit°, die Rüdiger sehr interessieren.   *Roman times*

f. Wasserturm°: Das Aquarius-Museum. Man kann alles über Wasser erfahren.   *water tower*

g. über die Region. Das ist aber sehr schön. Klein aber fein.

AF archive / Alamy

Ich will keine Schokolade war Trude Herrs größter Hit.

Ich will keine Schokolade, ich will lieber das Papier.

© imagebroker / Alamy

Ich will keine Schokolade

Trude Herr war eine bekannte Sängerin und Schauspielerin° der 60er Jahre. Ihr größter Hit war „Ich will keine Schokolade". Wie kann man die folgenden Sätze übersetzen? *(Trude Herr was a popular singer and actress of the 1960s. Her greatest hit was* Ich will keine Schokolade. *How can the following statements be translated?)*

1. Ich will keine Couch, ich will lieber einen Sessel.
2. Ich möchte keinen Apfel, ich will lieber eine Banane.
3. Ich will keinen Fernseher, ich möchte lieber ein neues Tablet.

In German, the adverb **lieber** can be used to express the idea of 'rather'.

Willst du einen neuen Laptop?	*Do you want a new laptop?*
Nein, ich will lieber ein neues Handy.	*No, I'd rather have a new cell phone.*

Was willst du lieber?

Arbeiten Sie zu zweit und stellen Sie Fragen. Folgen Sie dem Beispiel. *(Work in pairs and ask questions. Follow the example.)*

BEISPIEL   einen Tee / einen Kaffee? →
  ANNA: Willst du einen Tee oder lieber einen Kaffee?
  OTTO: Ich will keinen Tee. Ich will lieber einen Kaffee.

  ANNA: *Otto will keinen Tee. Er will lieber einen Kaffee.*

1. einen neuen Fernseher / einen neuen iPod?
2. einen Rock / eine Hose?
3. einen neuen Tisch / einen neuen Stuhl?
4. eine neue Brille / neue Schuhe?
5. eine Lampe / _____?
6. einen Schal / _____?
7. ein Buch / _____?

Redewendungen°

Versuchen Sie die folgenden Redewendungen zu übersetzen. Benutzen Sie das Wörterbuch, wenn nötig. *(Try to translate the following idiomatic expressions and guess what they mean. Use a dictionary if necessary.)*

1. Jemanden um den Finger wickeln

   Wörtliche Übersetzung°: *to wrap someone around one's finger*

   Bedeutung°: *to manipulate, to control someone*

2. jemanden auf den Arm nehmen

   Wörtliche Übersetzung: _____

   Bedeutung: _____

3. jemanden über den Tisch ziehen

   Wörtliche Übersetzung: _____

   Bedeutung: _____

Strukturen

2.3.1 Wortstellung°

Word Order

Because of the case system, word order in German is much more flexible than in English. The most important rules concern the position of the verb in a sentence. The position of the verb depends on whether you are making a statement, asking a question, giving a command, or if you need to indicate that one idea is subordinate to another.

iLrn Go to iLrn for more grammar practice.

Sentence type	Verb position	Example	English
Yes/no question	1st	**Hat** Kati einen Computer?	*Does Kati have a computer?*
Command*	1st	**Kauf** den Computer!	*Buy the computer!*
Basic statement	2nd	Kati **hat** einen Computer.	*Kati has a computer.*
Question with interrogative pronoun	2nd	Was **hat** Kati?	*What does Kati have?*
Subordinate clauses*	last	Katis Freund denkt, dass der Computer schnell **ist**.	*Kati's boyfriend thinks that the computer is fast.*

*How to give commands in German will be explained in detail in Chapter 4. Subordinate clauses will be introduced in Chapter 5.

2.3.2 Wortstellung in Aussagen°

Word Order in Statements

The subject of a basic statement or sentence is always positioned as close to the main verb as possible, either preceding it or immediately following it. No matter what element is at the beginning of such a sentence, the verb is always the second element in the sentence.

Element 1	Element 2*	Element 3	Element 4	Element 5
Kati (SUBJECT)	**kauft** (VERB)	heute (TIME ADVERB)	eine Lampe (DIRECT OBJECT)	bei *Cairo*. (PREPOSITIONAL PHRASE)
Heute (TIME ADVERB)	**kauft** (VERB)	Kati (SUBJECT)	eine Lampe (DIRECT OBJECT)	bei *Cairo*. (PREPOSITIONAL PHRASE)
Eine Lampe (DIRECT OBJECT)	**kauft** (VERB)	Kati (SUBJECT)	heute (TIME ADVERB)	bei *Cairo*. (PREPOSITIONAL PHRASE)
Bei *Cairo* (PREPOSITIONAL PHRASE)	**kauft** (VERB)	Kati (SUBJECT)	heute (TIME ADVERB)	eine Lampe. (DIRECT OBJECT)

Elements other than the verb are positioned according to context and special emphasis.

In a neutral sentence in English, words that indicate the place something is happening come *before* words indicating when: place before time. But in German, it is the opposite: time comes before place.

Kati fährt **heute** zu **Ikea**.
↑ ↑
TIME PLACE

*Kati is driving to **Ikea today**.*
↑ ↑
PLACE TIME

*If, in addition to the main verb, there are other verbal complements in the sentence, for example, dependent infinitives or past participles, or separable verb prefixes, they are positioned at the very end. Verb prefixes will be covered in more detail in chapter 3. Other verbal complements will be covered in later chapters.

Strukturen **61**

iLrn GRAMMAR GLOSSARY

You can find more information about ⇒ **word order** in the *Welten* grammar glossary in iLrn.

LERNSTRATEGIEN

The most important rule to remember about German word order is the placement of the verb in second position of 'regular' sentences. Your knowledge of English word order can sometimes cause problems when speaking German. When a sentence starts with a time phrase, it is helpful to conceptualize these constructions as sentence elements rather than as individual words.

<u>Heute</u> **macht** Kati eine neue Lampe.   *Today Kati is designing a new lamp.*

<u>In der Stadt Basel</u> **ist** Kunst sehr wichtig.   *In the city of Basel art is very important.*

43 Kati kauft Möbel

Beginnen Sie die Sätze mit den fettgedruckten Phrasen. *(Rewrite each sentence, beginning with the phrase in boldface.)*

BEISPIEL   Kati kauft **in Basel** einen Teppich. →
            In Basel kauft Kati einen Teppich.

1. Kati kauft **bei Interlübke** eine Couch für EUR 2 000,-.
2. Kati kauft bei Interlübke eine Couch **für EUR 2 000,-**.
3. Kati kauft **im Internet** einen Stuhl von Verner Panton.
4. Kati kauft im Internet **einen Stuhl von Verner Panton**.
5. Kati braucht **für das Wohnzimmer** einen belgischen Wollteppich.
6. Kati braucht für das Wohnzimmer **einen belgischen Wollteppich**.
7. Das Bett mit Latex-Matratze kostet **bei Ikea** EUR 1 400,-.
8. Das Bett mit Latex-Matratze kostet bei Ikea **EUR 1 400,-**.
9. Kati kauft einen bequemen Sessel zum Lesen **in Weil am Rhein**.
10. Kati kauft **einen bequemen Sessel zum Lesen** in Weil am Rhein.

© Cengage Learning

Kati kauft Möbel.

Was kauft Kati? Wo kauft sie das?

44 Beantworten Sie die Fragen mit den richtigen Satzteilen. *(Answer the questions with the correct sentence elements.)*

BEISPIEL Kati kauft bei Interlübke eine Couch für EUR 2 000,-.
Wo kauft Kati eine Couch? → bei Interlübke

1. Kati kauft im Internet einen Stuhl von Verner Panton.
   Wer kauft einen Stuhl?
2. Kati braucht für das Wohnzimmer einen belgischen Wollteppich.
   Was braucht Kati für das Wohnzimmer?
3. Das Bett mit Latex-Matratze kostet bei Ikea EUR 1 400,-.
   Was kostet bei Ikea EUR 1 400,-?
4. Kati kauft einen bequemen Sessel zum Lesen in Weil am Rhein.
   Wo kauft Kati einen Sessel zum Lesen?
5. Kati trifft° ihren Freund im Café ONO.   *meets*
   Wen trifft Kati im Café ONO?

Fragewörter

45 Formulieren Sie die Frage für jede Antwort. Fragen Sie dabei nach den fettgedruckten Satzelementen. *(Formulate the question for each answer. Ask for the sentence elements that are boldface.)*

BEISPIEL Kati trifft **ihren Freund** im Café ONO. →
Wen trifft Kati im Café ONO?

1. Auf dem Bild hat Trude Herr **einen weißen Hut**.
2. **Trude Herr** hat auch elegante Schuhe.
3. Trude Herr hatte **ein Theater** in Köln.
4. Das Lied *Ich will keine Schokolade* machte **Trude Herr** berühmt.
5. Trude Herr hatte ein Haus **in Frankreich**.
6. Kati mag° **Trude Herr**.   *likes*

Basel ist eine wichtige Stadt für internationale Messen.°   *trade fairs*

J.Schelke/Shutterstock

2.4

people

Designschule Basel

🔊 **Die Designschule Basel ist international bekannt. Dort studieren Leute° aus der ganzen Welt. Natürlich studieren dort viele Schweizer, Deutsche und Österreicher, aber auch Franzosen, Italiener, Amerikaner und Leute aus vielen anderen Ländern. Ich finde es immer sehr interessant, bei internationalen Ausstellungen Menschen aus verschiedenen Ländern zu treffen und andere Sprachen zu hören. Ich spreche Deutsch, Französisch und ein bisschen Italienisch.**

Länder und Sprachen

die **Schweiz**   *Switzerland*
der **Schweizer** (Schweizer)   *Swiss (man)*
die **Schweizerin** (Schweizerinnen)   *Swiss (woman)*
schweizerisch   *Swiss*
das **Deutsch**   *German (language)*
deutsch   *German*
der **Deutsche** (Deutsche)   *German (man)*
die **Deutsche** (Deutsche)   *German (woman)*
der **Österreicher** (Österreicher)   *Austrian (man)*
die **Österreicherin** (Österreicherinnen)   *Austrian (woman)*
österreichisch   *Austrian*
das **Französisch**   *French (language)*

französisch   *French*
der **Franzose** (Franzosen)   *French (man)*
die **Französin** (Französinnen)   *French (woman)*
der **Italiener** (Italiener)   *Italian (man)*
die **Italienerin** (Italienerinnen)   *Italian (woman)*
italienisch   *Italian*
der **Amerikaner** (Amerikaner)   *American (man)*
die **Amerikanerin** (Amerikanerinnen)   *American (woman)*
das **Land** (Länder)   *country*
verschieden   *different*
treffen (trifft)   *to meet*
die **Sprache** (Sprachen)   *language*

Vokabelarbeit

46

Ergänzen Sie die Tabelle. *(Complete the table.)*

Land	Nationalität	Sprache(n)
die Schweiz	der Schweizer / die Schweizerin	_____
		_____
		_____
		Rätoromanisch
_____	der Deutsche / die Deutsche	_____
_____	der Österreicher / die Österreicherin	_____
_____	der Franzose / die Französin	Französisch
Italien	der Italiener / die Italienerin	Italienisch
_____	der Spanier / die Spanierin	Spanisch

Island

Finnland

Schweden

Estland

Dänemark

Lettland

Litauen

Irland

Niederlande

Groß-
britannien

Deutschland

Polen

Belgien

Luxemburg

Tschechien

Slowakei

Frankreich

Österreich

Ungarn

Rumänien

Slowenien

Kroatien

Portugal

Spanien

Italien

Bulgarien

Griechenland

Zypern

Malta

© Cengage Learning

■ Länder mit gleichbleibender Mandatszahl
□ Länder mit sinkender Mandatszahl

Wie heißen die Sprachen? Wie heißen die Nationalitäten?

Wortschatz: Länder und Sprachen

Welche Wörter möchten Sie noch wissen? *(What additional words would you like to know?)*

© Cengage Learning

Woher kommen sie und welche Sprachen sprechen sie?

An der Designschule Basel

Wen trifft Kati an der Designschule Basel? Füllen Sie die Lücken aus. *(Who does Kati meet at the Designschule Basel? Fill in the blanks.)*

1. Marianna ist _____. Sie spricht _____, _____, Englisch und Französisch.

2. Adil ist Libanese. Er spricht libanesisches Arabisch, Deutsch, _____ und _____.

3. Ueli ist _____. Er spricht Deutsch, _____ und _____.

4. Sabine ist _____. Sie spricht Deutsch, _____ und _____.

Design international

Raten Sie, welche Nationalitäten diese Designer haben. Verbinden Sie die Namen mit den richtigen Sätzen. *(Guess the nationalities of the designers, and connect the names with the correct sentences.)*

1. Hella Jongerius
2. Charles & Ray Eames
3. Isamu Noguchi
4. Stefan Diez
5. Roberto Barbieri
6. Laura Agnoletto and Marzio Rusconi
7. Ayse Birsel
8. Marianne Brandt
9. Ronan und Erwan Bouroullec
10. Max Ernst Haefeli
11. Vicente García Jiménez
12. Aziz Sariyer

a. Er ist Amerikaner.
b. Er ist Spanier.
c. Sie sind Franzosen.
d. Er ist Türke.
e. Sie ist Niederländerin.
f. Sie sind Italiener.
g. Sie ist Deutsche.
h. Sie ist Türkin.
i. Er ist Deutscher.
j. Sie waren Amerikaner.
k. Er ist Italiener.
l. Er ist Schweizer.

Die Schweizer Macher*

excerpt

Dieser Text ist ein Ausschnitt° von einem Artikel über Schweizer Designer aus der *Weltwoche*, einer Wochenzeitung aus Bern in der Schweiz. Was wissen Sie jetzt schon über Schweizer Design? *(This text is an excerpt from an article about Swiss designers from* Weltwoche, *a weekly magazine published in Bern, Switzerland. What do you already know about Swiss design?)*

(1) Museum für Gestaltung Zürich, Designsammlung ZHdK, (2) Luc Swen, (3) Westermann, (4) Tiger Swiss, (5) Zena, (6) Wogg, (7) Thut Möbel, (8) Röthlisberger Kollektion.

*****Macher** is an expression similar to 'movers and shakers,' referring to the people who are important in a certain context and make things happen. It cannot simply be translated with 'makers' or 'doers.'

Die Schweizer Macher

von Daniele Muscionico

Schweizer Design steht für einfache, dabei raffinierte und effiziente Konstruktionen mit Qualität. In der Designsammlung des MoMA° in New York findet man sie alle, die Schweizer Gestalter° oder Schweizer Hersteller, die Designgeschichte geschrieben haben: Le Corbusier mit seinen Sesseln; Max Bills Armbanduhren und die Bahnhofsuhr von Hans Hilfiker. Nur ein Schweizer konnte einen Schäler° erfinden, der noch immer millionenfach um die Welt geht, «Rex» (1947). Heute sind die Enkel von Hilfiker und Hans Coray international erfolgreich: mit minimalistischen Möbeln. Der Jüngste nennt sein Label Luc Swen, ist Absolvent der Kunsthochschule ECAL in Lausanne und verblüfft° mit puristischen Sofalandschaften°. Die Älteren und bereits international Erfolgreichen heissen Alfredo Häberli, Jörg Boner, Atelier Oï, Frédéric Dedelley, Christophe Marchand, Martin Lotti und Hannes Wettstein.

Museum of Modern Art

designers
stuns
sofa landscapes

peeler

Reprinted by permission of Die Schweizer Macher.

ARBEIT MIT DEM TEXT

Lesen Sie die Informationen und machen Sie Notizen. Teilen Sie interessante Aspekte oder Fragen mit dem Kurs. *(Read the information, and take notes or write down your questions in the third column. Share any interesting observations or questions with the class.)*

Information		Notizen/Fragen
einfach simple	German also has the cognate simpel.	
dabei raffiniert but refined	The expression einfach, dabei raffiniert 'simple, but clever at the same time'. Da-compounds like dabei will be discussed in a later chapter.	
die **Qualität** (Qualitäten) quality		
gestalten to design	The verb gestalten is the German word meaning 'to design'. It has many related nouns: die Gestalt 'form, shape'.	
der Hersteller (Hersteller) manufacturer	etwas herstellen to manufacture something	
die **Geschichte** (Geschichten) history; story	hat Designgeschichte geschrieben 'made design history'. Geschichte also means 'story'.	
erfinden to invent	die Erfindung 'invention'	
um die Welt gehen to go around the world	here: 'to be sold all over the world'	
der **Enkel** (Enkel) grandchild	metaphorically: die Enkel von Hilfiker und Coray 'the heirs of Hilfiker and Coray'	
erfolgreich successful	der Erfolg 'success'	
die Kunsthochschule (Kunsthochschulen) art school	Hochschule is any institution of higher education such as a college or university.	
der **Absolvent** (Absolventen) graduate	Schule absolvieren 'to complete a degree'	

Schweizer Design geht um die Welt

Ergänzen Sie die Sätze mit den passenden Phrasen. *(Complete the sentences with the proper phrases.)*

Absolvent	gestaltet	Sammlung
erfolgreich	junge Schweizer Gestalter	Schweizer Gestalter und Hersteller
geht	Qualität	

1. Schweizer Design steht für_____ und einfache, aber raffinierte Konstruktionen.
2. Die _____, die Designgeschichte geschrieben haben, findet man in der _____ des MoMA° in New York.
3. Der Schäler „Rex" (1947) _____ noch immer um die Welt.
4. Heute sind _____ mit minimalistischen Möbeln international _____.
5. Luc Swen ist _____ der Kunsthochschule ECAL in Lausanne und _____ puristische Sofalandschaften.

Museum of Modern Art

Wer sind die Schweizer Macher?

Suchen Sie Informationen im Internet über die Schweizer Designer aus dem *Weltwoche*-Artikel. Teilen Sie ein Bild im Kurs und beschreiben Sie ein design. *(Research the Swiss designers from the* Weltwoche *article on the Internet. Share a picture of a design, and describe it in class.)*

Max Bill	Alfredo Häberli	Atelier Oï
Jörg Boner	Hans Hilfiker	Luc Swen
Hans Coray	Martin Lotti	Hannes Wettstein
Frédéric Dedelley	Christophe Marchand	

Schweizer Design ist weltbekannt

Schreiben Sie die Sätze neu und beginnen Sie mit den fettgedruckten Satzteilen. *(Rephrase each sentence, starting with the elements in bold.)*

1. Die Bahnhofsuhr von Hans Hilfiker findet man **in allen Schweizer Bahnhöfen**.

   In allen Schweizer Bahnhöfen_____.
2. Bei Westermann gibt es den Landistuhl von Hans Coray.

   Den Landistuhl von Hans Coray _____.
3. Die Armbanduhren von Max Bill gibt es **bei Junghans in Deutschland**.

   Bei Junghans in Deutschland _____.
4. Den Schäler „Rex" gibt es **bei Zena in der Schweiz**.

   Bei Zena in der Schweiz _____.
5. Luc Swen macht Becher, Espressotassen und Teller **aus Polypropylen**.

   Aus Polypropylen _____.
6. Im Museum für Moderne Kunst (MoMA) in New York sind **seit 2008** auch zwei Aluminiumflaschen von SIGG.

   Seit 2008 _____.

Projet: Designwettbewerb

Stellen Sie ein tolles Produkt im Kurs vor. Geben Sie Informationen über Hersteller, Designer, Preis und andere Eigenheiten. Das beste Design gewinnt einen Preis. *(Introduce a design object to the class. Give information about manufacturer, designer, price, and other special features. The best design wins a prize.)*

Lourens Smak / Alamy

Der Sessel *Flausch* von Hans Hirzel ist aus Metall und Wolle. Er kostet 1.500,- Euro bei Galerie Würz in Basel.

BEISPIEL   Die Uhr mit Buchstaben ist aus Glas und Metall. Die Uhr gibt es in hellgrün, weiß, schwarz, rot, blau und silber. Sie kostet € 744,-. Der Hersteller ist Biegert & Funk in Schwäbisch Gmünd. Das ist eine deutsche Firma. Die Designer Andreas Funk und Marco Biegert sind Deutsche. ...

BEGRIFF ZEITGEIST

The concept *Zeitgeist* captures how people feel and think at a particular time. The poet and philosopher Johann Gottfried Herder (1769) is supposed to have coined the term in an essay about science and aesthetics in the 18th century. Another famous early reference is in Johann Wolfgang Goethe's drama *Faust* at the beginning of the 19th century.

Today, we use it to refer to the aesthetic and intellectual climate of our time, what we consider specific to the way we perceive and think about the world, and the ideas we focus on. *Zeitgeist* is a popular borrowing in the English language, and through English this concept has become a global phenomenon. The compactness of the German compound noun (*die Zeit + der Geist = der Zeitgeist*) has advantages over translations such as *'spirit of the time'*, because it captures the complexity and depth of the concept it stands for in one word. In 18th- and 19th-century Germany, philosophers and writers were concerned with *Zeitgeist*. Who are the masters of *Zeitgeist* today?

Wie kann man das sagen?

54

Verbinden Sie die Phrasen mit den möglichen Übersetzungen. *(Match the phrases with the possible translations.)*

1. in einer bestimmten Epoche
2. die Summe der Ideen
3. sowohl Denken als auch Fühlen
4. die Einstellung der Menschen
5. mit dem Begriff *Zeitgeist* assoziiere ich
6. der Begriff bedeutet für mich

a. *people's attitude*
b. *for me this concept means*
c. *the sum of all ideas*
d. *at a particular time (in history)*
e. *thinking as well as feeling*
f. *with the concept Zeitgeist, I associate*

Wie definieren sie Zeitgeist?

 Ergänzen Sie die fehlenden Wörter. *(Fill in the missing words.)*

für mich	Menschen	Moment
Ideen	modern	schön

thinking
feeling

1. „Mit dem Begriff Zeitgeist assoziiere ich _____ sein, nicht stehen bleiben, sowohl in seinem Denken° als auch in seinem Fühlen°." (Nada)

group of people

2. „Die Summe der _____ einer bestimmten Menschenmenge° in einer bestimmten Epoche." (Rüdiger)

preoccupies

3. „Ja, Zeitgeist ... was ist Zeitgeist? Ich glaube, Zeitgeist ist das, was die Leute in diesem _____ beschäftigt° ... interessiert." (Gregor)

4. „Zeitgeist bedeutet für mich das, wohin sich die meisten _____ orientieren." (Hubert)

5. „Zeitgeist ist, was man heute _____ findet." (Kati)

6. „Zeitgeist bedeutet _____ der Lebensstil und die Einstellung° der Menschen zu einer bestimmten Epoche." (Martina) *attitude*

Übergang° *transition*

Im nächsten Kapitel lernen Sie eine Marktforscherin° aus Nürnberg kennen. Was wissen Sie schon über sie? Erganzen Sie die Sätze. *(In the next chapter, you will get to know a market researcher from Nuremberg. What do you already know about her? Complete the sentences.)* *market researcher*

haben	kommt
heißt	Martina
ist	

1. Sie heißt _____.
2. Sie _____ aus Mannheim, aber sie lebt jetzt in Nürnberg.
3. Sie _____ 32.
4. Ihr Freund _____ Oliver.
5. Martina und Oliver _____ keine Kinder.

Wortschatz

■ Nomen

Amerika *America, USA*

der **Amerikaner** (Amerikaner) *American (man)*

die **Amerikanerin** (Amerikanerinnen) *American (woman)*

die **Angst** (Ängste) *fear*

das **Archiv** (Archive) *archive*

die **Ausstellung** (Ausstellungen) *exhibit*

der **Bahnhof** (Bahnhöfe) *train station*

das **Bett** (Betten) *bed*

die **Bibliothek** (Bibliotheken) *library*

das **Bild** (Bilder) *picture, painting*

die **Brille** (Brillen) *eyeglasses*

das **Brot** (Brote) *bread*

der **Computer** (Computer) *computer*

das **Deutsch** *German (language)*

der/die **Deutsche** (die Deutschen) *(adjectival noun)* *German (person)*

der **Durst** *thirst*

der **Enkel** (Enkel) *grandson*

die **Enkelin** (Enkelinnen) *granddaughter*

die **Farbe** (Farben) *color*

der **Fernseher** (Fernseher) *TV set*

die **Galerie** (Galerien) *gallery*

das **Geld** *money*

die **Geschichte** (Geschichten) *story, history*

das **Glas** (Gläser) *glass*

das **Haar** (Haare) *hair*

das **Handy** (Handys) *cell phone*

das **Holz** (Hölzer) *wood*

die **Hose** (Hosen) *pants*

der **Hunger** *hunger*

die **Institution** (Institutionen) *institution*

das **Kleid** (Kleider) *dress*

die **Kleidung** *clothes*

die **Kultur** (Kulturen) *culture*

die **Kunst** (Künste) *art*

der **Kunststoff** (Kunststoffe) *plastic*

die **Lampe** (Lampen) *lamp*

das **Licht** (Lichter) *light*

die **Lust** (Lüste) *lust, desire, craving*

das **Metall** (Metalle) *metal*

Möbel *(pl.)* *furniture*

das **Museum** (Museen) *museum*

Österreich *Austria*

der **Österreicher** (Österreicher) *Austrian (man)*

die **Österreicherin** (Österreicherinnen) *Austrian (woman)*

das **Papier** (Papiere) *paper*

das **Plastik** *plastic*

der **Preis** (Preise) *price*

die **Qualität** (Qualitäten) *quality*

der **Rock** (Röcke) *skirt*

die **Sammlung** (Sammlungen) *collection*

der **Schal** (Schals) *scarf*

der **Schrank** (Schränke) *cabinet; wardrobe, closet*

der **Schuh** (Schuhe) *shoe*

die **Schweiz** *Switzerland;* **in der Schweiz** *in Switzerland*

der **Schweizer** (Schweizer) *Swiss (man)*

die **Schweizerin** (Schweizerinnen) *Swiss (woman)*

der **Sessel** (Sessel) *armchair, recliner*

die **Sprache** (Sprachen) *language*

der **Stoff** (Stoffe) *material*

der **Stress** *stress*

der **Stuhl** (Stühle) *chair*

die **Tasche** (Taschen) *bag*

die **Tasse** (Tassen) *cup*

der **Teppich** (Teppiche) *rug*

der **Tisch** (Tische) *table*

das **Tuch** (Tücher) *scarf, cloth*

die **Uhr** (Uhren) *clock, watch*

das **Wasser** (Wasser) *water*

die **Woche** (Wochen) *week*

das **Wohnzimmer** (Wohnzimmer) *living room*

die **Zeitschrift** (Zeitschriften) *magazine*

das **Zimmer** (Zimmer) *room*

Verben

bekommen (bekommt) *to receive*

brauchen (braucht) *to need*

erfinden (erfindet) *to invent*

fehlen (fehlt) *to be missing*

geben (gibt) *to give;* **es gibt** (+ Akk.) *there is/are*

kaufen (kauft) *to buy*

kennen (kennt) *to know*

können (kann) *can, to be able to*

kosten (kostet) *to cost*

kriegen (kriegt) *to get*

müssen (muss) *to have to, must*

tragen (trägt) *to wear; to carry*

treffen (trifft) *to meet*

tun (tut) *to do*

wollen (will) *to want*

Adjektive/Adverbien

attraktiv *attractive*

auffällig *noticeable*

berühmt *famous*

blau *blue*

bunt *colorful*

dick *thick*

dunkelblau *navy blue*

dünn *thin*

einfach *simple*

elegant *elegant*

erfolgreich *successful*

gelb *yellow*

grau *grey*

groß *big, tall*

grün *green*

hübsch *cute*

klasse *great, awesome*

klein *small*

mehr *more*

modern *modern*

morgen *tomorrow*

orange *orange*

österreichisch *Austrian*

perfekt *perfect*

rot *red*

schließlich *finally*

schmal *slim, narrow*

schrecklich *horrible*

schwarz *black*

stabil *stable*

super *super*

toll *great*

verrückt *crazy*

verschieden *different*

vielleicht *maybe*

warm *warm*

weiß *white*

wichtig *important*

Sonstiges

jeder, jede, jedes *each (one), every (one)*

nichts *nothing*

3

Martina Graf
Marktforscherin, Gesellschaft für
Marktanalyse, Nürnberg

Martina Graf ist
Marktforscherin°
in Nürnberg.

market researcher

LERNZIELE

- ■ *talking about work and professions*
- ■ *describing products*
- ■ *describing and talking about family*
- ■ *working with statistics*
- ■ *talking about leisure and weekend activities*
- ■ *talking about interests and hobbies*
- ■ *using prepositions with the accusative case*
- ■ *describing things with adjectives*
- ■ *using possessive adjectives*
- ■ *using irregular verbs with vowel changes*

74

imagebroker / Alamy

IN DIESEM KAPITEL ...

You will get to know Martina Graf, a market researcher in Nürnberg, through her e-mail exchanges with Sonja, a new colleague. They talk about work, family, and things they like to do on the weekend. A short essay portrays the typical German family, and a short journalistic text encourages discussion about the things Germans like to do on weekends.

3.1
PROFIL

NAME: Graf, Martina
ALTER: 32
GEBURTSORT:
Mannheim
WOHNORT: Nürnberg
BERUF: Marktforscherin
INTERESSEN: Mode,
Kosmetik, Fitness
LIEBLINGSFARBEN: lila,
rot, rosa

Hallo, Sonja!

1 Neu im Büro

Martina will ihrer neuen Kollegin Sonja helfen und schreibt eine E-Mail. Was würden Sie schreiben? *(Martina wants to help her new work colleague Sonja and writes an e-mail. What would you write?)*

```
Von: Martina Graf [mgraf@GFMForschung.de]
An: Sonja Kistner [skistner@GFMForschung.de]
Re: Erster Tag
```

Hallo Sonja,

wie war dein erster Tag bei uns im Büro? Du bist echt eine nette neue Kollegin für unsere Forschungsgruppe. Ich arbeite jetzt seit zwei Jahren bei der GFM. Ich komme aus Mannheim. Nach dem Studium in Berlin war Nürnberg nicht meine Lieblingsstadt, aber ich finde Nürnberg immer besser. Es gibt viele Museen, eine schöne Altstadt, und mein Freund und ich haben eine nette Wohnung in der Nordstadt. Vielleicht können wir morgen zusammen Mittag essen und über alles reden? Dann erzähle ich Dir ein bisschen über meine Projekte.

Lieber Gruß

Martina

> Gestern hat Sonja Kistner geschrieben:
>
> Hallo Martina,
>
> danke für deine Hilfe heute. Mein erster Arbeitstag war ein bisschen hektisch. Ein großes Unternehmen wie die GFM ist etwas ganz Neues für mich. Mein letzter Job war bei einer kleinen Firma in Kassel. Mein Arbeitsplatz ist sehr schön und die Kollegen sind alle super nett.
>
> Bis morgen
>
> Sonja

GFM = Gesellschaft für Marktanalyse

2 Vokabelarbeit

Suchen Sie in Martinas E-Mail Verben, zehn Nomen und zehn Adjektive. Ordnen Sie sie nach Wortkategorien und übersetzen Sie ins Englische. *(Search Martina's e-mail for ten verbs, ten nouns, and ten adjectives. List them by category and provide English equivalents.)*

Verben	Nomen	Adjektive
arbeiten *to work*	die Hilfe *help*	nett *nice*

Eine neue Kollegin

der **Tag** (Tage) *day*	**ein bisschen** *a little bit*
neu *new*	das **Projekt** (Projekte) *project*
der **Kollege** (-n) (Kollegen) *(male)* colleague	die **Hilfe** (Hilfen) *help*
die **Kollegin** (Kolleginnen) *(female)* colleague	die **Arbeit** (Arbeiten) *work*
die **Forschung** (Forschungen) *research*	das **Unternehmen** (Unternehmen) *corporation, enterprise*
arbeiten *to work*	der **Job** (Jobs) *job*
Mittag essen *to eat lunch*	die **Firma** (Firmen) *company, corporation*
reden (über) *to talk (about)*	**so groß wie** *as big as*
erzählen (über) *to tell (about)*	der **Arbeitsplatz** (Arbeitsplätze) *workplace*

Neue Kolleginnen

Ergänzen Sie die Lücken mit den neuen Vokabeln. *(Fill in the blanks with the new vocabulary.)*

arbeitet	Kollegin	Tag
Arbeitsplatz	Mittag essen	Unternehmen
Job	reden	

1. Martina _____ seit zwei Jahren bei der GFM.
2. Sonja ist eine neue _____.
3. Sonjas erster _____ war ein bisschen hektisch.
4. Sonjas letzter _____war bei einer kleinen Firma in Kassel.
5. Sonja findet ihren neuen _____ sehr schön und die Kollegen sehr nett.
6. Die GFM ist ein großes _____.
7. Martina will mit Sonja _____ und über ihre Projekte _____.

Martina stellt sich vor

Wer ist Martina? Was ist Marktforschung? Setzen Sie die richtigen Wörter ein. *(Who is Martina? What is market research? Fill in the missing words.)*

haben	was
Name	wo
warum	

Guten Tag, mein _____ ist Martina Graf und ich bin Marktforscherin. Ich interessiere mich vor allem dafür, was Menschen _____ wollen, _____ sie kaufen, _____ sie es kaufen und _____.

Martina interessiert sich dafür, was Menschen kaufen.

© Cengage Learning

Martinas Karriere

 Was sagt Martina über ihre Karriere? Verbinden Sie die Satzteile. *(What does Martina say about her career? Connect the phrases.)*

1. Das hier ist mein ...
2. Ich komme aus Mannheim und habe in Berlin ...
3. Ich arbeite seit zwei Jahren ...
4. Nürnberg ist eine interessante ...
5. Mein Freund und ich haben ...
6. Meine Arbeit ist sehr interessant, ...

a. Stadt. Es gibt viele Museen, eine schöne Altstadt.
b. Marketing studiert.
c. Büro.
d. aber auch manchmal viel Stress.
e. eine nette Wohnung.
f. bei der GFM in Nürnberg.

---

7. Meine Kollegen sind ...
8. Es ist eine nette Atmosphäre, ...
9. Ich komme eigentlich aus ...
10. Ich habe in Berlin studiert, und zuerst hab' ich gedacht „Nürnberg"? Naja, nicht gerade meine Lieblingsstadt, ...
11. Die Arbeit ist sehr ...
12. Wir machen interessante Forschung, ...

g. Mannheim.
h. sehr nett. Wir gehen oft gemeinsam aus.
i. aber man muss produktiv sein.
j. aber es ist eigentlich nicht schlecht hier.
k. und die Karriere ist mir im Moment sehr wichtig.
l. interessant. Der Konsum interessiert mich.

Komposita

Ergänzen Sie die folgende Tabelle mit den richtigen Formen der Komposita. *(Complete the following table with the proper forms of the compounds.)*

Martina ist gern im Büro.

© Cengage Learning

Erstes Wort (First word)	Zweites Wort (Second word)	Kompositum (Compound)	Englisch
die Forschung	die Gruppe	die Forschungsgruppe	*research group*
der Liebling		die Lieblingsstadt	*favorite city*
	die Stadt	die Altstadt	*old town*
der Markt	die Forscherin		*market researcher (female)*
die Arbeit		der Arbeitstag	*workday*
das Büro	die Arbeit		*office work*

Wortschatz: Arbeit

Welche Wörter brauchen Sie noch, um über Büroarbeit zu sprechen? *(What additional words do you need to talk about working in an office?)*

Fragen zum Profil

1. Wer ist Martina?
2. Wo arbeitet Martina? Was macht sie?
3. Wie findet sie Nürnberg?
4. Wo wohnt Martina?
5. Wer ist Sonja Kistner?
6. Wo arbeitet Sonja?

Kollaboratives Schreiben

Bilden Sie Gruppen und schreiben Sie Sonjas Antwort auf Martinas E-Mail.
(Work in groups and compose Sonja's response to Martina's e-mail.)

BEISPIEL   Hallo Martina,
ja, wir können morgen zusammen Mittag essen ...

Welche Berufe gibt es in Martinas Familie?

Markieren Sie die richtigen Berufe. Benutzen Sie ein Wörterbuch, wenn nötig.
(Mark the correct professions. Use a dictionary if needed.)

1. Martinas Bruder unterrichtet an der Uni Heidelberg. Er ist _____.

   a. Apotheker   c. Hausmeister   e. Professor
   b. Fotograf   d. Bäcker   f. Werbetexter

2. Martinas Mutter schreibt für eine Zeitung. Sie ist _____.

   a. Elektrotechnikerin c. Hausfrau   e. Pilotin
   b. Bibliothekarin   d. Journalistin   f. Pharmareferentin

3. Oliver baut Maschinen für die Autoindustrie. Er ist _____.

   a. Chemiker   c. Ingenieur   e. Krankenpfleger
   b. Lehrer   d. Arzt   f. Briefträger

4. Martinas Schwester kocht in einem Restaurant. Sie ist _____.

   a. Friseurin   c. Köchin   e. Sozialarbeiterin
   b. Kellnerin   d. Polizistin   f. Schauspielerin

5. Olivers Freund Tobias programmiert Computer. Er ist _____.

   a. Informatiker   c. Verkäufer   e. Florist
   b. Zahnarzt   d. Bankkaufmann   f. Model

Welche Berufe finden Sie am interessantesten? *(Which professions do you find most interesting?)*

Berufe

die Anwältin

die Ärztin

die Ingenieurin

der Journalist

der Lehrer

der **Anwalt** (Anwälte)   *(male)*
   attorney
die **Anwältin** (Anwältinnen)
   (female) attorney
der **Arzt** (Ärzte)   *(male) physician*
die **Ärztin** (Ärztinnen)   *(female)*
   physician
der **Ingenieur** (Ingenieure)   *(male)*
   engineer

die **Ingenieurin** (Ingenieurinnen)
   (female) engineer
der **Journalist** (-en) (Journalisten)
   (male) journalist
die **Journalistin** (Journalistinnen)
   (female) journalist
der **Lehrer** (Lehrer)   *(male) teacher*
die **Lehrerin** (Lehrerinnen)   *(female)*
   teacher

11 Traumberufe°

Hier sind die beliebtesten Berufe bei deutschen Jugendlichen. Wie heißen die Berufe für Frauen? Vergleichen Sie die mit den beliebtesten Berufen in Ihrem Kurs. *(Here are the favorite professions of young Germans. What are they called for women? Compare them with your class's favorite professions.)*

Die beliebtesten Berufe bei Jugendlichen (Rankaholics.com)

1	Arzt/Tierarzt	5	Naturwissenschaftler	8	Psychologe
2	Manager	6	Ingenieur	9	Schauspieler/Künstler/Model
3	Anwalt	7	Architekt	10	Journalist
4	Lehrer				

12 Schritte

Wer macht die meisten Schritte° pro Tag? *(Who takes the most steps per day?)*

1. Postbote
2. Hausfrau mit Kindern
3. Kellner
4. Krankenpfleger
5. Verkäuferin
6. Manager
7. Büroangestellter am PC

a. 1 400 Schritte
b. 19 000 Schritte
c. 8 000 Schritte
d. 13 000 Schritte
e. 3 000 Schritte
f. 10 000 Schritte
g. 5 000 Schritte

13 Mehr Spaß am Arbeitsplatz

Suchen Sie für jeden Beruf etwas, um die Arbeit leichter zu machen. *(Choose something for each profession to make the job easier.)*

ein Computerspiel	ein Paar gute Schuhe	eine Couch	einen Babysitter	???
ein Fahrrad	ein Skateboard	eine Yogamatte	einen iPod	

BEISPIEL   für den Angestellten am PC → eine Yogamatte

1. für den Postboten
2. für die Hausfrau mit Kindern
3. für den Kellner
4. für den Krankenpfleger
5. für die Verkäuferin
6. für den Manager

14 Partnerinterview: Traumberuf

Machen Sie ein Interview über Interessen und Traumberufe. *(Interview a partner about interests and dream jobs.)*

Autos	Finanzen	Literatur	Ökonomie	Psychologie
Einkaufen	Kulturen und Sprachen	Musik	Philosophie	Sport
Elektronik	Kunst	Natur	Politik	Videospiele

BEISPIEL   OTTO   Was ist dein Traumberuf? Warum?

                ANNA   Mein Traumberuf ist Journalistin. Ich schreibe und lese gern. Ich finde Politik interessant.

                OTTO   *Annas Traumberuf ist Journalistin. Sie schreibt und liest gern und findet Politik interessant.*

15 Wortschatz: Berufe

Welche Berufe finden Sie interessant? Erklären Sie in einem Satz, warum. *(Which professions do you find interesting? Explain why in a sentence.)*

Strukturen

3.1.1 Präpositionen mit Akkusativ°

Prepositions with Accusative Case

Prepositions are words that describe the relationship between elements regarding:

- **space** (location or direction): *in the house, on the wall, to the city*
- **time**: *in the morning, after 12, before noon*
- **modality**: *with my parents, by car*
- **causality**: *because of the bad weather*

The prepositional object is the noun or pronoun following a preposition. A preposition and its object together with any articles or adjectives are called a prepositional phrase.

Martina kommt **aus Mannheim.**

PREPOSITION   PREP. OBJECT

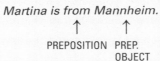

Martina is from Mannheim.

PREPOSITION   PREP. OBJECT

German prepositions require their objects to be in a specific case. In this chapter, we will focus on five prepositions that take the accusative case: **durch, für, gegen, ohne,** and **um.**

Preposition	English	Example
durch	*through*	Martina geht gerne **durch die Altstadt.**
für	*for*	Martina hat viele Tipps **für die neue Kollegin, Sonja.**
gegen	*against;* *around* (with time)	Oliver ist **gegen Atomkraft°.** Martina und Sonja essen **gegen 12 Uhr.**
ohne	*without*	Sonja trinkt gerne Kaffee **ohne Milch und Zucker.**
um	*around;* *at* (with time)	Martina und Oliver fahren **um die Stadt.** Der Arbeitstag beginnt für Martina und Sonja **um 9 Uhr.**

nuclear energy

LERNSTRATEGIEN

In order to use prepositions in German effectively, you will need to learn and know not only the uses of a preposition, but also the case it requires of the prepositional object (the article and noun or pronoun that follows the preposition). Prepositional phrases are highly idiomatic and can have very specific meanings that differ greatly between German and English. It is very helpful to memorize whole phrases, for example, **zu Hause** *at home* and **nach Hause** *home.*

iLrn Go to iLrn for more grammar practice

 **GRAMMAR GLOSSARY**

You can find more information about ⇒ **accusative prepositions** in the *Welten* grammar glossary in iLrn.

16 Martinas Welt

1. Schritt. Übersetzen Sie die folgenden Sätze ins Englische. *(Translate the following sentences into English.)*

1. Martina hat viele Tipps für die neue Kollegin, Sonja.
2. Der Arbeitstag beginnt für Martina und Sonja um 9 Uhr.
3. Sonja trinkt gerne Kaffee ohne Milch und Zucker.
4. Martina und Sonja essen gegen 12 Uhr.
5. Martina geht gerne durch die Altstadt.

2. Schritt. Schreiben Sie Antworten auf die folgenden Fragen. *(Write answers to the following questions.)*

1. Für wen hat Martina viele Tipps?
2. Wann beginnt für Sonja und Martina der Arbeitstag?
3. Wie trinkt Sonja ihren Kaffee?
4. Wann essen Sonja und Martina?
5. Wo geht Martina gerne spazieren°?

spazierengehen: *to go for a walk*

17 Geschenke

Martina kauft Geschenke für ihre Freunde und Familie. Für wen sind diese Dinge? *(Martina is buying presents for her friends and family. Who are these things for?)*

die Mutter (liebt die Farbe grün)	der Onkel (liest gerne über Geschichte)
der Vater (hört gern klassische Musik)	der Bruder (studiert Germanistik)
die neue Kollegin (trinkt gerne Kaffee)	die Freunde in Mannheim (trinken gerne Wein)

BEISPIEL   ein Buch mit Gedichten → für den Bruder

1. ein Buch mit Gedichten
2. ein grüner Schal
3. eine Mozart-CD
4. eine Kaffeetasse
5. eine Biografie von Bismarck
6. sechs schöne Weingläser

Martina kauft gern Geschenke für ihre Familie und Freunde.

© Cengage Learning

Phrasen übersetzen

Übersetzen Sie die folgenden Redewendungen ins Englische. Benutzen Sie ein Wörterbuch, wenn nötig. *(Translate the following formulaic expressions into English. Use a dictionary if necessary.)*

BEISPIEL   gegen den Strom schwimmen →
            to swim against the tide

1. gegen den Wind
2. ohne Probleme
3. ohne ihren Freund
4. für immer und ewig
5. für meinen Bruder
6. durch dick und dünn
7. durch die ganze Stadt
8. rund um die Uhr
9. um die Altstadt herum

Kollaborative Geschichte

Schreiben Sie in Gruppen eine kleine Geschichte über Martina. Benutzen Sie die folgenden Phrasen. *(Work in groups and write a short story about Martina. Use the following phrases.)*

durch die Stadt	gegen den Wind	ohne ihren Freund
für den Chef	in Martinas Büro	um 8 Uhr morgens°
für ihre neue Kollegin		

at 8 o'clock in the morning

Psychotest

Machen Sie den Psychotest für sich selbst. Tauschen Sie° dann mit einer Person im Kurs und schreiben einen kleinen Text über ihren Partner oder ihre Partnerin. *(Take this test and swap results with a partner. Then write a brief text about your partner.)*

swap

1. Schritt: Psychotest.

1. Ich rede gern über _____.
   a. Religion
   b. Politik
   c. meine Familie
   d. _____

2. Ich kann ohne _____ nicht leben.
   a. meinen iPod
   b. starken Kaffee
   c. mein Handy
   d. _____

3. Ich bin für mehr _____.
   a. öffentliche Verkehrsmittel°
   b. erneuerbare° Energie
   c. Ferien°
   d. _____

public transportation / vacation
renewable

4. Ich bin gegen _____.
   a. Intoleranz
   b. Atomkraft
   c. genetisch manipulierte Organismen
   d. _____

2. Schritt: Das Resultat.

BEISPIEL   Jane redet gern über Politik. Sie arbeitet bei Barnes & Noble. Sie kann ohne ein Handy nicht leben. Sie telefoniert und simst viel. Sie ist für mehr erneuerbare Energie. Sie ist gegen genetisch manipulierte Organismen.

Mittagessen?

Martina geht gerne einkaufen.

 ## Einkaufen

21 Martina möchte mit Sonja essen und einkaufen. Wo kaufen Sie ein? Fragen Sie eine andere Person und berichten Sie im Kurs. *(Martina wants to meet Sonja for lunch and to go shopping. Where do you like to shop? Ask a partner and report back to the class.)*

> **BEISPIEL**   **ANNA**   Otto, wo kaufst du ein?
>   **OTTO**   Ich kaufe bei „Corner Market" ein. Und du?
>   **ANNA**   Bei „Rudy's" ...
>   **ANNA**   *Otto kauft bei „Corner Market" ein.*

Von: Martina Graf [mgraf@GFMForschung.de]
An: Sonja Kistner [skistner@GFMForschung.de]
Re: Mittagessen?

Hallo Sonja,

möchtest du heute gerne in der Stadt Mittag essen? Vielleicht können wir beim Essen ein bisschen Brainstorming machen? Im Moment arbeite ich an zwei Projekten: Eine Studie geht um° die Frage, wann Menschen entscheiden, was sie kaufen wollen. Das andere ist ein Projekt über das Einkaufen im Internet. Ich kenne ein nettes, italienisches Restaurant. Wir können auch ein bisschen in die Stadt einkaufen gehen und Ideen für unsere Projekte sammeln ;-) Mein Lieblingsgeschäft in Nürnberg ist PARFÜMERIE SCHNÜFF; dort gibt es frische, handgemachte Kosmetikprodukte. Ich interessiere mich für den Konsum der anderen, aber ich habe auch immer meine eigenen Konsumwünsche. ☺

Bis dann

Martina

> Gestern hat Sonja Kistner geschrieben:
>
> Hallo Martina,
>
> Hast du morgen Zeit zu Mittag essen?
>
> Lieber Gruß
>
> Sonja

geht um: *deals with*

Marktanalyse

die **Studie** (Studien) *study*	frisch *fresh*
entscheiden *to decide*	sich **interessieren für** *to be interested in*
einkaufen (kauft ein) *to shop*	**die anderen** *the others*
sammeln *to collect*	der **Wunsch** (die Wünsche) *wish, desire*
das **Geschäft** (Geschäfte) *business, store*	

Satzteile

Suchen Sie alle Nominalphrasen in Martinas E-Mail. Sind sie Subjekt, Objekt oder Teil einer Präpositionalphrase? *(Find all the noun phrases in Martina's e-mail. Are they subject, object, or part of a prepositional phrase?)*

Subjekt (Nominativ)	Direktes Objekt (Akkusativ)	Präpositionalphrase
eine Studie	Mittag	in der Stadt
Menschen	ein bisschen Brainstorming	beim Essen

Partnerinterview: Hast du einen Wunsch?

Fragen Sie eine Person im Kurs. Arbeiten Sie mit dem Wörterbuch, wenn nötig. Berichten Sie dann im Kurs. *(Ask a partner. Work with the dictionary if necessary. Share your results with the class.)*

BEISPIEL

OTTO Hast du einen Wunsch?

ANNA Ich möchte ein iPad. Hast du auch einen Wunsch?

OTTO Ja, ich möchte einen Gürtel von Gucci.

ANNA *Otto hat einen Wunsch. Er möchte einen Gürtel von Gucci.*

OTTO *Anna hat einen Wunsch. Sie möchte ein iPad.*

Martina möchte eine moderne Lampe fürs Wohnzimmer.

Strukturen

iLrn Go to iLrn for more grammar practice

3.2.1 Adjektive

Adjectives are words describing a noun or a pronoun. A **predicate** adjective in a sentence comes *after* the noun it describes.

> Der Bürostuhl ist **bequem.**   *The office chair is comfortable.*

In German, predicate adjectives are always the basic forms as they appear in the dictionary (also called the 'citation form') with no gender, number, or case-specific endings.

An **attributive** adjective comes *before* the noun it describes.

> Das ist ein **bequemer** Bürostuhl.   *This is a comfortable office chair.*

adjective endings

3.2.2 Adjektivendungen°

Attributive adjectives have different endings that are grouped into **weak** and **strong** depending on:

     a) the *gender, number*, and *case* of the noun they describe and
     b) what kind of article, if any, precedes the adjective.

- **Weak** endings are used when the information about gender, number, and case of a noun is provided by a preceding definite article:

> **der** bequem**e** Stuhl   *the comfortable chair*

The weak endings are also used for words that function like definite articles, such as **all-** *all,* **dies-** *this,* **jed-** *every,* **manch-** *some,* **solch-** *such,* and **welch-** *which.*[1]

> **jeder** bequem**e** Stuhl   *every comfortable chair*

- **Strong** endings provide the information about gender, number, and case of the noun they describe when there is no preceding article or if the form of the preceding article doesn't give clear information (for example, with the indefinite article **ein**). Strong endings are often identical with the endings of articles. This is because they have to provide the same grammatical information an article would.

> bequem**er** Stuhl   *comfortable chair*
> **ein** bequem**er** Stuhl   *a comfortable chair*

- Complete the tables of adjective endings on the next page based on the following sentences.

WITH DEFINITE ARTICLES:

Der grüne Stuhl ist bequem.	*The green chair is comfortable.*
Martina kauft **den grünen** Stuhl.	*Martina buys the green chair.*
Das rote Sofa ist bequem.	*The red sofa is comfortable.*
Martina kauft **das rote** Sofa.	*Martina buys the red sofa.*
Die gelbe Lampe ist toll.	*The yellow lamp is great.*
Martina kauft **die gelbe** Lampe.	*Martina buys the yellow lamp.*
Die modernen Stühle sind teuer.	*The modern chairs are expensive.*
Martina kauft **die modernen** Stühle.	*Martina buys the modern chairs.*

©istockphoto.com/tiler84

---

[1] For this reason this category of words is sometimes called **der**-words.

	Masculine	Neuter	Feminine	Plural
Nominative	der grün____ Stuhl	das rot____ Sofa	die gelb____ Lampe	die modern____ Möbel
Accusative	den grün____ Stuhl	das rot____ Sofa	die gelb____ Lampe	die modern____ Möbel

WITH INDEFINITE OR NO ARTICLES:

Ein grüner Stuhl ist teuer.
Martina möchte **einen grünen** Stuhl.

Ein rotes Sofa ist schön.
Martina möchte **ein rotes** Sofa.

Eine gelbe Lampe ist hübsch.
Martina möchte **eine gelbe** Lampe.

Moderne Stühle sind teuer.
Martina möchte **moderne** Stühle.

A green chair is expensive.
Martina would like a green chair.

A red sofa is beautiful.
Martina would like a red sofa.

A yellow lamp is pretty.
Martina would like a yellow lamp.

Modern chairs are expensive.
Martina would like modern chairs.

	Masculine	Neuter	Feminine	Plural
Nominative	ein grün____ Stuhl	ein rot____ Sofa	eine gelb____ Lampe	__
	grün____ Stuhl	rot____ Sofa	gelb____ Lampe	modern____ Möbel
Accusative	einen grün____ Stuhl	ein rot____ Sofa	eine gelb____ Lampe	__
	grün____ Stuhl	rot____ Sofa	gelb____ Lampe	modern____ Möbel

3.2.3 Adjektive als Nomen

German adjectives can also become nouns. When this happens, the noun takes the same ending as the adjective would. For example, the adjective **deutsch** can also be used as a noun referring to German people, things, or concepts:

ein deutscher Mann: der Deutsche
eine deutsche Frau: die Deutsche
deutsche Frauen und Männer: die Deutschen
die deutsche Sprache: das Deutsche

a German man: the German
a German woman: the German
German women and men: the Germans
the German language: German

	Masculine	Neuter	Feminine	Plural
Nominative	de**r** Deutsche	da**s** Deutsche	di**e** Deutsche	di**e** Deutsch**en**
	(ein) Deutsch**er**	(ein) Deutsch**es**	(ein**e**) Deutsche	Deutsche
Accusative	de**n** Deutsch**en**	da**s** Deutsche	di**e** Deutsche	di**e** Deutsch**en**
	(ein**en**) Deutsch**en**	(ein) Deutsch**es**	(ein**e**) Deutsche	Deutsche

LERNSTRATEGIEN In order to apply the correct endings to attributive adjectives, it is of paramount importance that you memorize and know the gender of nouns. (See Chapter 1 for a review of gender.) Be alert for phrases that contain adjectives, and remember that most likely you won't encounter them in charts.

 **GRAMMAR GLOSSARY**
You can find more information about ⇒ **adjective endings** in the *Welten* grammar glossary in iLrn.

Einkaufen in Nürnberg

24

Ergänzen Sie die Lücken mit den Adjektiven aus der Liste. *(Fill in the blanks with the adjectives from the list.)*

dunkelblaue	guten	interessantes
eleganten	historischen	kurzen
italienische	hübsches	große
schöne		

Martina und Sonja gehen gern in Nürnberg einkaufen. In der

_____ Altstadt gibt es viele _____ Geschäfte. Martina

möchte einen _____ Schal, ein _____ Kleid und ein

_____ Buch für Oliver. Sonja möchte einen _____

Rock und eine _____ Tasche. Nach dem Shopping gehen Martina

und Sonja in eine _____ Bar und trinken einen _____

Kaffee.

Was kaufen wir?

25

Arbeiten Sie in Paaren. Sie haben zusammen € 1 000,–. Was kaufen Sie? *(Work in pairs. You have €1,000 together. What are you going to buy?)*

BEISPIELE

Wir kaufen für Anna ...

einen breiten Gürtel für 40 Euro.
eine coole Tasche für 70 Euro.
...

Wir kaufen für Otto ...

einen antiken Teppich für 150 Euro.
drei schwarze T-Shirts für 60 Euro.
...

einen Sessel (*bequem*) € 250,–
einen Stuhl (*altmodisch*) € 90,–
einen Hut (*attraktiv*) € 50,–
einen Gürtel (*breit*) € 40,–
einen Teppich (*antik*) € 150,–
einen Fernseher (*alt*) € 80,–
einen Ring aus Silber (*breit*) € 40,–
einen Rock (*kurz*) € 80,–
einen Schal (*dick*) € 50,–

ein T-Shirt (*schwarz*) € 20,–
ein Shampoo (*biologisch*) € 15,–
ein Buch über Nürnberg (*interessant*) € 30,–
ein Bierglas (*groß*) € 15,–
ein Bild von Albrecht Dürer (*klein*) € 50,–
ein Kleid (*hübsch*) € 90,–

Ohrringe (*golden*) € 120,–
Schuhe (*sportlich*) € 90,–
Zeitschriften (*deutsch*) € 20,–

eine Sonnenbrille (*elegant*) € 70,–
eine Lampe (*modern*) € 180,–
eine Tasche (*cool*) € 70,–
eine Vase (*groß*) € 80,–
eine Uhr (*auffällig*) € 90,–
eine Hose (*gelb*) € 100,–
eine Jacke (*rot*) € 90,–

Mein Lieblingsgeschäft

26 Martinas Lieblingsgeschäft in Nürnberg ist die Parfümerie Schnüff. Was ist Ihr Lieblingsgeschäft in Ihrer Stadt? Was kaufen Sie dort gerne? *(Martina's favorite store in Nürnberg is* Parfümerie Schnüff. *What is your favorite store in your city? What do you like to buy there?)*

BEISPIEL Mein Lieblingsgeschäft ist *The Mermaid's Purse*. Dort gibt es tolle Kleider, witzige Ohrringe und Halsketten. Es gibt oft hübsche Blusen, elegante Hosen, romantische Schals, interessante Bücher, und kuriose Möbel ... Ich kaufe dort gerne ...

Bei PARFÜMERIE SCHNÜFF gibt es frische, handgemachte Kosmetikprodukte zu kleinen Preisen. Die Seife *Frische Sommernacht* ist der perfekte, kleine Luxus für jeden Tag.

Kollaboratives Schreiben: Marketing-Text

27 Erfinden Sie ein Produkt und schreiben Sie einen Marketing-Text mit mindestens fünf Adjektiven. *(Invent a product and compose a marketing text using at least five adjectives.)*

großartig *marvelous*		**rein** *clean, pure*	
herrlich *delightful*		**schlicht** *simple, unpretentious*	
hervorragend *extraordinary*		**wertvoll** *valuable*	
ideal *ideal*		**wunderbar** *wonderful*	
modern *modern*		**wunderschön** *beautiful, lovely*	
perfekt *perfect*			

BEISPIEL ***Frische Sommernacht Seife***

Die frische, elegante Seife für eine herrliche Sommernacht. *Frische Sommernacht* ist einfach, aber großartig. Durch die wertvollen, reinen Substanzen gibt Ihnen *Frische Sommernacht* ein wunderbares Aroma und ein perfektes Gefühl von Reinheit. *Frische Sommernacht* ist der perfekte, kleine Luxus für jeden Tag.

Martinas neues Lieblingsgeschäft

28 Was sagt Martina über ihr neues Lieblingsgeschäft? Was gibt es dort? Ergänzen Sie die Lücken. *(What does Martina say about her new favorite store? What do they sell there? Fill in the blanks.)*

frischen	hervorragendes	langes	perfekt	trockenes
hervorragend	ideale	neues	reinen	wunderschön

Ich habe ein _____ Lieblingsgeschäft. Da gibt es _____

Shampoo. Es ist _____ für jeden Tag. Es macht die Haare einfach

_____. Auch der Conditioner ist _____, besonders für

_____ Haar. Das hat so einen _____ _____ Duft.

Es ist das _____ Shampoo für _____ lockiges Haar.

Martina hat ein neues Lieblingsgeschäft.

Werbetext

29 **1. Schritt.** Schreiben Sie einen Werbetext über ein Produkt. Verwenden Sie möglichst viele Adjektive. *(Write a marketing text about a product. Use as many adjectives as possible.)*

2. Schritt. Machen Sie einen Video-Werbespot für ein Produkt. *(Make a video commercial for a product.)*

siblings

Familie

Geschwister°

Martina schreibt an Sonja über ihre Familie. Haben Sie einen Bruder oder eine Schwester? Fragen Sie andere Studenten und berichten Sie im Kurs. *(Martina writes to Sonja about her family. Do you have a brother or sister? Ask other students and report back to the class.)*

Martina vermisst ihre Familie. Telefonieren Sie oft mit Ihren Eltern oder Geschwistern?

BEISPIEL	ANNA	Hast du einen Bruder oder eine Schwester?
	OTTO	Ich habe keine Geschwister. Und du?
	ANNA	Ich habe einen Bruder, er heißt Willi ...

Von: Martina Graf [mgraf@GFMForschung.de]
An: Sonja Kistner [skistner@GFMForschung.de]
Re: Familie

Liebe Sonja,

ich verstehe dich sehr gut. Ich vermisse meine Familie in Mannheim auch sehr und fahre oft am Wochenende nach Hause. Meine Eltern und mein kleiner Bruder und seine Familie leben dort. Mein Bruder Ralf und seine Frau haben zwei Kinder. Mein großer Bruder Thomas lebt in Bonn. Er ist nicht verheiratet. Olivers Familie wohnt in Rostock. Seine Schwester ist auch verheiratet und hat jetzt ein Baby. Ich glaube Oliver vermisst seine Familie nicht sehr. Er hat ja mich; und er hat seine Freunde und seine Kollegen hier in Nürnberg. Oliver versteht nicht, warum ich für einen Tag nach Mannheim fahre, aber meine Familie ist einfach wichtig für mich.

Bis morgen

Martina

Gestern hat Sonja Kistner geschrieben:

Hallo Martina,

Danke für das nette Mittagessen gestern. Die Geschäfte in Nürnberg sind echt nicht schlecht. Heute bin ich ein bisschen deprimiert. Ich vermisse meine Familie ...

Danke für Alles!

Deine Sonja

Familie

verstehen	*to understand*	**leben**	*to live*
jemanden **vermissen**	*to miss someone*	das **Kind** (Kinder)	*child*
die **Familie** (Familien)	*family*	**verheiratet**	*married*
Eltern (*pl.*)	*parents*	die **Schwester** (Schwestern)	*sister*
der **Bruder** (Brüder)	*brother*	**schlecht**	*bad*

Wortschatz

Welche Vokabeln brauchen Sie noch, um über Ihre Familie zu sprechen?
(What other vocabulary do you need to talk about your family?)

Martinas Familie

Ergänzen Sie die Sätze mit dem Stammbaum von Martinas Familie.
(Complete the sentences with the help of Martina's family tree.)

1. Martinas _____ leben in Mannheim.
2. Ihr _____ Ralf lebt auch dort.
3. Ralf hat zwei _____.
4. Martina hat zwei _____.
5. Thomas ist nicht _____.
6. Martinas Eltern haben zwei _____ und eine _____.

die **Eltern**

der **Vater**   die **Mutter**

die **Kinder**

die **Tochter**   der **Sohn**   der **Sohn**
Martina (32)   Ralf (30)   Thomas (34)

zwei Kinder

Familie

Hier sind Wörter für acht Familienmitglieder. Wie heißen sie auf Englisch?
Wie heißen diese Familienmitglieder in Ihrer Familie? *(Here are words for eight family members. What are the terms in English? What are the names of these family members in your family?)*

BEISPIEL   die Mutter → *mother,* Barbara

1. die **Mutter** (Mama, Mami, Mutti)
2. der **Vater** (Papa, Papi, Vati)
3. der **Bruder**
4. die **Schwester**
5. der **Onkel**
6. die **Tante**
7. der **Großvater** (Opa, Opi, Großvati)
8. die **Großmutter** (Oma, Omi, Großmutti)

Sonja ruft an

Martina und Sonja telefonieren. Ergänzen Sie die Lücken. *(Martina and Sonja are talking on the phone. Fill in the blanks.)*

alles	Hallo	sehr nett	Tschüs
es	heißt	hallo, Sonja	türkisches
fantastisch	hervorragend	Tag	wunderbare
frische	interessant	tolles	

MARTINA   _____.

SONJA   Hallo, ich bin's.

MARTINA   Ah, _____! Wie war dein _____ heute?

SONJA   Ganz gut. Ich finde unsere Projekte echt _____. Die Kollegen im Büro sind alle _____. Du, in meiner Straße ist ein _____ Restaurant. Möchtet ihr heute Abend vielleicht zusammen dort essen?

MARTINA   Wie _____ denn das Restaurant?

SONJA   „Marmaris" heißt das. Kennst du _____?

MARTINA   Oh ja, das ist _____. Da gibt es _____ türkische Pizza und _____ Salate. Das ist ein _____ Restaurant. Da gehen wir gerne mit!

SONJA   Also soll ich einen Tisch bestellen?

MARTINA   Ja, um 7 oder halb 8?

SONJA   O.K., _____. Wir sehen uns dann dort so kurz nach 7?

MARTINA   Ja, _____ klar, bis später!

SONJA   _____, bis später!

Strukturen

iLrn Go to iLrn for more grammar practice

3.3.1 Possessiva

To possess means to own. A **possessive adjective** is a word that expresses ownership or other close relation of someone or something with someone or something else.

Ist das **deine** Wohnung?	*Is this **your** apartment?*
Ja, das ist **meine** Wohnung.	*Yes, this is **my** apartment.*

Possessive adjectives in German and English have a different form for every person they are referring to:

Number	Person	German	English
Singular	1st	mein	*my*
	2nd	dein	*your*
	3rd	sein	*his; its*
		ihr	*her; its*
		sein	*its*
Plural	1st	unser	*our*
	2nd	euer	*your*
	3rd	ihr	*their*
Formal address, singular and plural	2nd	Ihr	*your*

Like attributive adjectives, possessive adjectives in German take endings. These endings are the same as for the indefinite article **ein**. The following endings are based on first-person singular **mein**; they are the same for all other possessives.

	Masculine	Neuter	Feminine	Plural
Nominative	mein Tisch	mein Bett	mein**e** Lampe	mein**e** Möbel
Accusative	mein**en** Tisch	mein Bett	mein**e** Lampe	mein**e** Möbel

Attributive adjectives following possessives take the same endings as adjectives following indefinite articles:

Ein alt**er** Tisch ist schön.	*An old table is beautiful.*
Ihr alt**er** Tisch ist preiswert.	*Her old table is valuable.*

To illustrate the use of possessive adjectives in a German text, take a look at what Martina says about her family.

iLrn GRAMMAR GLOSSARY
You can find more information about ⇒ **possessive adjectives** in the *Welten* grammar glossary in iLrn.

Ich vermisse **meine** Familie ...	*my family*	feminine, accusative → **-e**
Meine Eltern und	*My parents*	plural, nominative → **-e**
mein jüngerer Bruder und	*my younger brother*	masculine, nominative → (no ending)
seine Familie leben dort.	*his family*	feminine, nominative → **-e**

LERNSTRATEGIEN Be patient with yourself as you learn to use possessive adjectives. It will be helpful to follow three steps: (1) Determine the owner (possessor), (2) identify gender, number, and case of the thing owned, and (3) add the corresponding ending to the possessive. For example: **Meine Lampe ist alt.** (1) The owner is **ich,** so use the possessive adjective **mein.** (2) The thing owned **(Lampe)** is feminine, singular, and nominative. (It's the subject of the sentence.) (3) The ending for feminine, singular, nominative is **-e.**

35 Familienmitglieder

Über die Familie spricht man mit Possessivpronomen wie **mein** und **sein**. Ergänzen Sie die Tabelle mit Formen im Nominativ. *(People talk about their families using possessives like 'my' and 'his'. Complete the table with forms in the nominative case.)*

	der Vater	die Mutter	das Kind	die Eltern
my ...	mein Vater			
your ... *(singular informal)*		deine Mutter		
his ...			sein Kind	
her ...	ihr Vater			
its ...		seine Mutter		
our ...				unsere Eltern
your ... *(plural informal)*		eure Mutter		eure Eltern
their ...	ihr Vater			
your ... *(formal)*	Ihr Vater			

36 Fragebogen

1. Schritt. Fragen Sie zwei Personen, wie ihre Familienmitglieder heißen. Machen Sie dabei Notizen. *(Ask two classmates for the names of their family members, and make note of their answers.)*

BEISPIEL   ANNA Wie heißen deine Mutter und dein Vater?
               OTTO Meine Mutter heißt Ute und mein Vater heißt Lars. Hast du einen Bruder oder eine Schwester?
               ANNA Ja, meine Schwester heißt Julia. Ich habe keinen Bruder. ...

1. die Mutter
2. der Vater
3. der Bruder
4. die Schwester
5. der Onkel
6. die Tante

2. Schritt. Berichten Sie jetzt im Kurs. Stellen Sie erst die Mitstudenten vor, dann drei von ihren Familienmitgliedern. *(Now report to the class. First introduce your classmates and then three family members to the class.)*

BEISPIEL   ANNA *Das ist Otto. Seine Mutter heißt Ute und sein Vater heißt Lars.*
               OTTO *Das ist Anna. Ihre Schwester heißt Julia. Sie hat keinen Bruder.*

37 Partnerinterview: Lieblingsgeschäft

Machen Sie ein Interview. Berichten Sie anschließend im Kurs. *(Ask your partner and share the interesting results with the class.)*

BEISPIELE   OTTO Was ist dein Lieblingsgeschäft?
           FRANZ Mein Lieblingsgeschäft ist *Guitar Super Center*.
            OTTO Was gibt es da?
           FRANZ Da gibt es gute Gitarren.

            OTTO *Das ist Franz. Sein Lieblingsgeschäft ist Guitar Super Center. Da gibt es gute Gitarren und andere Instrumente.*

           ANNA Was ist dein Lieblingsgeschäft?
         FRIEDA Mein Lieblingsgeschäft ist *Trader Jim's*.
           ANNA Was gibt es da?
         FRIEDA Da gibt es guten Käse.

           ANNA *Das ist Frieda. Ihr Lieblingsgeschäft ist Trader Jim's. Da gibt es guten Käse.*

Die häufigste deutsche Familie

Partnerinterview: Familie

Beantworten Sie die Fragen für Ihre eigene Familie. Sprechen Sie dann mit einer Person im Kurs und machen Sie dabei Notizen. Berichten Sie anschließend im Kurs. *(Answer the questions about your own family. Then interview a classmate and take notes. Finally, share interesting aspects with the class.)*

BEISPIEL

ANNA Wie groß ist deine Familie?

OTTO Meine Familie ist nicht sehr groß. Wir sind vier: mein Vater, meine Mutter, mein Bruder und ich. Und wie groß ist deine Familie?

ANNA Meine Familie ist groß. Ich habe drei Schwestern und vier Brüder. Wir sind zehn. ...

ANNA *Ottos Familie ist nicht so groß. Sie sind vier: sein Vater, seine Mutter, sein Bruder und er. ...*

OTTO *Annas Familie ist groß. Sie sind zehn: Anna, ihre drei Schwestern und ihre vier Brüder und ihre Eltern. ...*

1. Wie groß ist deine Familie?
2. Wo kauft deine Familie ein?
3. Was lesen deine Familienmitglieder gerne?
4. Wie viele Autos gibt es in deiner Familie?
5. Wo wohnt deine Familie?
6. Was macht deine Familie immer am Samstag?

Was machen Sie gern mit Ihrer Familie?

Die typische deutsche Familie

average family

Sie lesen jetzt einen Artikel über die typische deutsche Durchschnittsfamilie°. Welche Informationen erwarten Sie? Machen Sie eine Liste mit vier Fragen. *(You will read an article about the typical German family. What kind of information might you expect? Make a list of four questions.)*

BEISPIEL Wie viele Kinder hat die typische deutsche Familie? ...

Die häufigste deutsche Familie

In Deutschlands häufigstem Wohnzimmer wohnen die Müllers. Sabine (41) und Thomas (44) arbeiten beide. Sabine arbeitet halbtags, denn ihr Sohn Alexander (14) geht noch zur Schule. Ehepaare mit Kindern sind noch
5 immer die häufigste Lebensform in Deutschland. Die durchschnittliche Haushaltsgröße ist aktuell bei 2,2 Personen, es gibt in ihrem Haushalt also nur ein Kind. Sabine, Thomas und Alexander sind die häufigsten Vornamen. Müller der häufigste Nachname. Wie die
10 meisten Menschen in Deutschland leben Müllers in Nordrhein-Westfalen. Und wie die meisten Menschen in Nordrhein-Westfalen wohnen sie in oder um Köln. Sabine, Thomas und Alexander sind eine ganz normale Familie:

- Die Familie Müller fährt in den Sommerferien in ihrem VW Passat an die Ostsee oder nach Bayern.
15
- Sie haben eine regionale Tageszeitung abonniert,

- Die Familie kauft das meiste Essen und Trinken bei Aldi.
- Sie kaufen ihre Kleidung bei C&A, H&M und Peek & Cloppenburg oder bestellen bei Quelle und Otto.
- Die Familie verbringt am liebsten Zeit in und mit der 25 Familie.

Wie die Müllers, so wohnen die meisten Menschen in Deutschland ...
... für 480 Euro Miete im Monat ...
... in einer Dreieinhalb-Zimmer-Wohnung ... 30
... auf 89,4 Quadratmetern ...
... mit Zentralheizung ...
... in einem Mehrfamilienhaus, das zwischen 1949 und 1978 gebaut wurde.

Dabei sind sie die Müllers mit ihrer aktuellen Wohnsituation 35 im Großen und Ganzen zufrieden.

Source: Retrieved from http://www.jvm.de/wozikonfi/htm_de/index.htm. Reprinted by permission of Agentur Jung von Matt.

abonniert: *have subscribed to*

ARBEIT MIT DEM TEXT

Lesen Sie die Informationen und verwenden Sie das neue Wort in einem Satz. Teilen Sie interessante Beispiele mit dem Kurs. *(Read the information and use the new phrase creatively in a sentence in the right column. Share some examples with the class.)*

Information		Ein Satz
häufig *frequent*	die häufigste Familie *'the most frequent family,' i.e., 'the typical family'*	
das **Ehepaar** (Ehepaare) *married couple*	*compound of* die Ehe *'marriage'* + das Paar *'pair'*	
der **Haushalt** (Haushalte) *household*	durchnittliche Haushaltsgröße *'average household size'*	
ganz normal *completely normal*	eine ganz normale Familie *'an average family'*	
die Zeitung (Zeitungen) *newspaper*	die Tageszeitung *'daily newspaper';* hat eine Tageszeitung abonniert *'has subscribed to a daily newspaper'*	
(etwas) **bestellen** *to order (something)*	sie bestellen bei Quelle oder Otto *'they order from Quelle or Otto';* Quelle and Otto are the two biggest mail-order companies in Germany.	
Zeit verbringen *to spend time*	sie verbringen Zeit mit ... *'they spend their time . . .-ing'*	
die **Miete** (Mieten) *rent*	Miete im Monat *'rent per month'*	
die **Heizung** *heating system*	zentral *'central';* die Zentralheizung *'central heat'*	
das Mehrfamilienhaus *multi-family dwelling*	mehr + die Familie + das Haus = das Mehrfamilienhaus. *This can be an apartment building or a duplex/triplex and so forth.*	
im Großen und Ganzen *all in all, on the whole*		
zufrieden *content*	mit etwas zufrieden sein *'to be content with something'*	
die Wohnsituation *housing situation*	wohnen + die Situation = die Wohnsituation	

Textarbeit

Beantworten Sie die Fragen mit Informationen aus dem Text. *(Answer the questions by giving information from the text.)*

1. Was sind die häufigsten Vornamen in Deutschland?
2. Wie viele Kinder hat die häufigste Familie?
3. Wo wohnen die Müllers?
4. Was liest die Familie Müller?
5. Wie viel Miete bezahlen die Müllers pro Monat?
6. Wie verbringen die Müllers am liebsten ihre Zeit?
7. Wo kauft die Familie Müller das meiste Essen und Trinken?

Die meisten Familien kaufen ihre Lebensmittel° bei Aldi.

groceries

Das Katzenfutter *Schnucki* von Aldi ist gut und günstig.

Einkaufen

Suchen Sie Informationen über *Aldi, C&A, H&M, Peek & Cloppenburg, Quelle* und *Otto* im Internet. Bringen Sie ein interessantes Bild mit und teilen Sie es mit dem Kurs. *(Research Aldi, C&A, H&M, Peek & Cloppenburg, Quelle and Otto on the Web. Bring an interesting picture and share with the class.)*

Kaufen Sie Kleidung bei H&M?

Die „typische" Familie bei uns?

Wie sieht die „typische" Familie in Ihrem Land oder in Ihrer Stadt aus? Diskutieren Sie im Kurs. *(What does a "typical" family in your country or your city look like? Discuss with the class.)*

BEISPIEL
Was ist ein häufiger Name hier? →
Ein häufiger Name ist Miller.

1. Wie viele Kinder hat die typische Familie hier?
2. Sind Ehepaare mit Kindern die häufigste Lebensform hier?
3. Was sind die häufigsten Vornamen für Kinder?
4. Wo leben die meisten Leute in unserem Land? (in unserer Stadt?)
5. Wohin fahren die meisten Familien in den Ferien?
6. Was lesen die meisten Leute hier?
7. Wo kaufen die meisten Familien ihr Essen?
8. Wo kaufen die meisten Familien ihre Kleider?
9. Wie verbringen Familien hier am liebsten ihre Zeit?
10. Wie wohnen die meisten Familien hier?
11. Wie viele Zimmer haben die Häuser oder Wohnungen?
12. Wie groß sind die Häuser oder Wohnungen?
13. Wie alt sind die Häuser oder Wohnungen?
14. Sind die meisten Familien mit ihrer aktuellen Wohnsituation im Großen und Ganzen zufrieden?

Kollaboratives Projekt: Statistik

Sammeln Sie Fragen für eine Statistik im Kurs. Finden Sie heraus, wie die häufigste Familie in Ihrem Kurs lebt. Sammeln Sie Informationen von allen Studenten und berechnen Sie den Durchschnitt. *(Collect questions for a questionnaire and conduct a study in your class. Calculate the averages, and find the most frequent names and places to buy food, clothing, and other things in order to characterize the average family in your class.)*

BEISPIELE
Was ist dein Traumjob°?   *dream job*
Was für ein Auto hast du?
Wo kaufst du Kleider?
Was ist dein Lieblingsrestaurant?
Wo kaufst du gern Essen und Trinken?
Wo kaufst du gern Kleidung?
...

Die schöne Altstadt von Nürnberg

Mein Traumauto

Viel oder wenig?

Bilden Sie Sätze über Ihre Statistik mit den folgenden Ausdrücken. *(Use the following expressions to write about your class statistics.)*

bloß *only, just*	**Prozent** (Prozente) *percent*
fast alle *almost all*	der **Rest** (Reste) *the rest*
höchstens *at the most*	die **Statistik** (Statistiken) *statistic*
insgesamt *altogether*	**viel** *a lot, much*
mehr *more*	**viele** *many*
die meisten *most*	**wenige** *few*
mindestens *at least*	

BEISPIEL Die meisten haben 2 oder 3 Zimmer im Haus. Der Rest ...
Mindestens 50% kaufen ihre Lebensmittel bei Safeway.
Nur wenige ...

Von Fakten zur Fiktion

Die zweite Hälfte des Textes präsentiert Fakten in einer Liste. Schreiben Sie eine Geschichte und machen Sie aus der Familie Müller eine fiktive Familie, die ein interessantes Leben führt. Seien Sie kreativ! *(Create a narrative about the information on the Müllers based on the list of facts in the second half of the text. Be creative and share some stories with the class.)*

BEISPIEL Die Familie Müller lebt in einer kleinen Wohnung in Köln. Es ist 7 Uhr morgens. Alexander trinkt ein Glas Milch. Sein Vater liest die Tageszeitung und seine Mutter kocht den Kaffee von Aldi. ...

Wochenende

Am Wochenende gehen Martina und Oliver gerne ins Restaurant.

Pläne

 Was machen Sie am Wochenende? Fragen Sie andere Studenten und berichten Sie im Kurs. *(What are your plans for the weekend? Ask other students and report back to the class.)*

BEISPIEL   ANNA Was machst du am Wochenende?
            OTTO Einkaufen und essen. Und du?
            ANNA Einen Film sehen und schlafen. ...
            ANNA *Otto kauft ein und isst.*

```
Von: Martina Graf [mgraf@GFMForschung.de]
An: Sonja Kistner [skistner@GFMForschung.de]
Re: Wochenende
```

Hallo Sonja,

dieses Wochenende bleibe ich in Nürnberg. Ich muss Wäsche waschen und die Wohnung aufräumen ;-) Am Samstag und Sonntag schläft Oliver gern bis um zehn oder elf. Ich gehe am Samstagmorgen oft einkaufen. Wir bleiben mittags meistens zu Hause, lesen ein bisschen, wir sehen ein bisschen fern, vielleicht gehen wir abends essen. Was machst du?

LG

M.

> Gestern hat Sonja Kistner geschrieben:
>
> Hey Martina,
>
> fährst du dieses Wochenende nach Mannheim oder bleibst du in Nürnberg? Was macht ihr gern am Wochenende?
>
> Ciao
>
> S.

Wochenende

das **Wochenende** (Wochenenden)   *weekend*
bleiben *to stay*
die **Wäsche** *laundry*
waschen (wäscht) *to wash, do laundry*
der **Samstag** (Samstage) *Saturday*
schlafen (schläft) *to sleep*
zu Hause *at home*
die **Woche** (Wochen) *week*
lesen (liest) *to read*
fernsehen (sieht fern) *to watch TV*
essen (isst) *to eat*
fahren (fährt) *to drive*

Mein Lieblingsgeschäft ist Buchhandlung (*book store*) Jakob.

Wortschatz: Ihr Wochenende

 Welche weiteren Vokabeln möchten Sie wissen, um über Ihr Wochenende zu sprechen? *(What other vocabulary would you like to know to talk about your weekend?)*

Martinas Wochenende

Verbinden Sie die Satzteile. *(Connect the sentence parts.)*

1. Martina bleibt dieses Wochenende ...
2. Martina wäscht ihre Wäsche und ...
3. Am Samstag und Sonntag ...
4. Am Wochenende liest Martina ...
5. Abends gehen Martina und Oliver ...

a. essen.
b. in Nürnberg.
c. oder sieht fern.
d. räumt ihre Wohnung auf.
e. schläft Oliver gern bis um zehn oder elf.

Martina und Oliver am Wochenende

 1. Schritt. Was ist richtig? Was ist falsch? Kreuzen Sie an. *(What is true? What is false? Mark with an X.)*

	richtig	falsch
1. Martina fährt oft nach Bamberg.	☐	☐
2. Martina macht die Wäsche.	☐	☐
3. Oliver räumt die Wohnung auf.	☐	☐
4. Oliver schläft gern bis 10 oder 11.	☐	☐
5. Sie fahren mittags meistens in die Stadt, wenn sie in Nürnberg sind.	☐	☐
6. Sie gehen immer ins Restaurant.	☐	☐

2. Schritt. Setzen Sie die passenden Wörter ein. *(Fill in the correct words.)*

fährt	liest	schläft
gehen	räumt	sehen
kochen		

1. Martina _____ oft nach Mannheim.
2. Oliver _____ gern bis um 10 oder 11.
3. Martina _____ die Wohnung auf.
4. Martina _____ gern mittags.
5. Manchmal _____ sie fern.
6. Manchmal _____ Martina und Oliver ins Restaurant oder sie _____ zu Hause etwas.

Strukturen

3.4.1 Verben mit Wechsel des Stammvokals°

Wechsel ...: Stem-Vowel Change

As you have learned in chapter 1, some German verbs such as **lesen, sehen,** and **sprechen** change their stem vowel in the second and third person singular. Some verbs like **nehmen** also have consonant changes in the stem. It is best to memorize these forms along with the verb itself. Here is a chart of some other frequent verbs with stem-vowel changes:

iLrn Go to iLrn for more grammar practice.

	essen *to eat*	**nehmen** *to take*	**geben** *to give*	**laufen** *to run*	**fahren** *to drive*	**schlafen** *to sleep*	**waschen** *to wash*
ich	esse	nehme	gebe	laufe	fahre	schlafe	wasche
du	isst	nimmst	gibst	läufst	fährst	schläfst	wäschst
er/sie/es	isst	nimmt	gibt	läuft	fährt	schläft	wäscht
wir	essen	nehmen	geben	laufen	fahren	schlafen	waschen
ihr	esst	nehmt	gebt	lauft	fahrt	schlaft	wascht
sie	essen	nehmen	geben	laufen	fahren	schlafen	waschen
Sie	essen	nehmen	geben	laufen	fahren	schlafen	waschen

3.4.2 Verben mit Präfixen°

prefixes

Some German verbs can take prefixes that alter the meaning of the original verb:

stehen — *to stand*
aufstehen — *to get up*

There are separable and inseparable prefixes.

- Separable prefixes are often prepositions that can also occur on their own. When a verb with a separable prefix is conjugated, the prefix is detached and moved all the way to the end of a sentence or statement:

    aufstehen: Martina **steht** jeden Morgen sehr früh **auf**.
    *Martina **gets up** very early every morning.*

- Some other very frequent verbs with separable prefixes are listed below. In textbook glossaries they are frequently listed with a raised dot between the prefix and the main verb, as on page 111.

Verb	English	Example
anfangen	*to begin*	Martinas Tag **fängt** sehr früh **an**.
anrufen	*to call*	Martina **ruft** ihre Freundin **an**.
aufräumen	*to clean up*	Am Wochenende **räumt** Martina **auf**.
einkaufen	*to shop*	Martina und Sonja **kaufen** in Nürnberg **ein**.
einschlafen	*to fall asleep*	Martina **schläft** sehr spät **ein**.
fernsehen	*to watch TV*	Martina **sieht** am Abend **fern**.
mitkommen	*to come along*	**Kommst** du ins Kino **mit**?

- Inseparable prefixes always remain attached to the verb stem. The most common prefixes are **be-** and **ver.** Some very common verbs with inseparable prefixes are:

Verb	English	Example
bestellen	*to order*	Martina **bestellt** einen Kaffee. *Martina orders coffee.*
bezahlen	*to pay (for)*	Martina **bezahlt** den Kaffee. *Martina is paying for the coffee.*
verbringen	*to spend (time)*	Martina **verbringt** den Tag beim Einkaufen. *Martina spends the day shopping.*
versprechen	*to promise*	Der Abend **verspricht** viel Spaß. *The evening promises a lot of fun.*
vermissen	*to miss*	Manchmal **vermisst** Oliver Martina. *Sometimes Oliver misses Martina.*

iLrn GRAMMAR GLOSSARY

You can find more information about ⇒ **verbs with stem-vowel changes** and **verbs with prefixes** in the *Welten* grammar glossary in iLrn.

LERNSTRATEGIEN

Memorize irregular forms of verbs as well as whether a verb has a separable prefix. Note the stress pattern of verbs on your flashcards by putting an apostrophe in front of the stressed syllable like this: **ver'sprechen (verspricht)** vs. **'einkaufen (kauft ein)**.

Sonjas Samstag

Ergänzen Sie die Lücken mit den passenden Verben und Präfixen aus der Box. Achtung: Sie müssen die Verben auch konjugieren! *(Complete the text by filling the blanks with the suitable conjugated verbs and prefixes.)*

anrufen	bezahlen	fernsehen
aufräumen	einkaufen	mitkommen
aufstehen	einschlafen	versprechen

Endlich Wochenende! Heute _____ Martina nicht so früh_____.
Zuerst frühstückt sie und dann _____ sie ihre Wohnung _____.
Dann _____ sie ihre Freundin Sonja _____. Martina _____
Sonja, dass sie heute zusammen einkaufen gehen. Am Nachmittag gehen die

both beiden° in die Stadt. Oliver _____ nicht _____, er _____
nicht gerne _____. Es ist ziemlich voll in der Stadt, aber Martina und
Sonja haben viel Spaß. Sie trinken auch einen Kaffee zusammen und Sonja
_____ für Martina. Am Abend _____ Martina mit Oliver noch ein

boring bisschen _____, aber der Film ist langweilig° und beide _____ vor
dem Fernseher _____.

51 Partnerinterview: Persönliches

Beantworten Sie die Fragen für sich selbst. Fragen Sie dann eine andere Person und berichten Sie im Kurs. *(Answer the questions for yourself. Then interview another person and report to the class.)*

BEISPIEL   Ich lese gern Gedichte.
            Anna liest gerne Comics.

1. Was liest du gern?
   (z.B. Gedichte / Romane° / Thriller / Biografien / ...)   *novels*

2. Was siehst du gern im Fernsehen?
   (z.B. Seifenopern / Nachrichten° / Comedy / Krimis / ...)   *news*

3. Wie lange schläfst du normalerweise°?   *normally*
   (z.B. 6 / 7 / 8 / 9 / ... Stunden pro Nacht)

4. Wann stehst du normalerweise auf?
   (z.B. sehr früh / nicht so früh / sehr spät / ...)

5. Wie kommst du an die Uni?
   (z.B. mit dem Fahrrad / Auto / Motorrad° / Bus / zu Fuß° / ...)   *motorcycle / on foot*

6. Was isst du gern?
   (z.B. Curry / Gyros / Pizza / Schnitzel / Spaghetti / Bratwurst mit
   Sauerkraut / ...)

Gehen Sie am Wochenende gern in die Natur?

3.5 | Samstags in Deutschland

Ein besonderer Tag

52 Samstag ist in vielen Kulturen ein besonderer Tag. Warum? Was machen Sie normalerweise an einem Samstag? Was machen Sie gerne oder nicht gerne an einem Samstag? *(Saturday is a special day in many cultures. Why? What do you normally do on a Saturday? What do you like or not like to do on Saturdays?)*

Frühstück am Wochenende

McPHOTO/AGE Fotostock

Wortschatz: Samstage

53 Welche weiteren Vokabeln brauchen Sie, um über Samstage zu sprechen? *(What other vocabulary do you need to talk about Saturdays?)*

Samstage?

54 Was glauben Sie machen die Deutschen am liebsten an einem Samstag? Gibt es Unterschiede zwischen Frauen und Männern? Machen Sie eine Liste. *(What do you think Germans like to do on Saturdays? Do you think there are differences between men and women? Make a list.)*

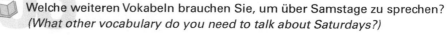

Samstags in Deutschland

50 Prozent der Deutschen nutzen den Samstagmorgen zum Ausschlafen. 67 Prozent baden oder duschen ausgiebig. 5 Das ergab eine Umfrage des Forsa-Instituts im Auftrag der Zeitschrift *Marie Claire* über Lieblingsbeschäftigungen am Samstagmorgen. 81 Prozent 10 der Befragten genießen es, ausgiebig zu frühstücken. Zeitung lesen war bei zwei Drittel der Befragten beliebt – vor Sex und Sport mit jeweils 37 Prozent. 15

40 Prozent der Männer – mehr als bei den Frauen (28 Prozent) – gehen am Samstagvormittag gern Lebensmittel einkaufen. 20 Etwa jeder Fünfte der 1 000 Befragten putzt die Wohnung oder geht arbeiten. Zehn Prozent der Deutschen nutzen den Samstagvormittag, um zu 25 waschen und zu bügeln.

Source: Retrieved from http://www.spiegel.de. Reprinted by permission of Spiegel Online.

Lesen Sie die Informationen und verwenden Sie das neue Wort in einem Satz. Teilen Sie interessante Beispiele mit dem Kurs. *(Read the information and use the new item creatively in a sentence in the right column. Share some examples with the class.)*

Information		Ein Satz
ausschlafen *to sleep in*	er schläft aus *'he's sleeping in'* (separable prefix)	
die **Umfrage** (Umfragen) *survey*		
die **Beschäftigung** (Beschäftigungen) *activity*	die Lieblingsbeschäftigung *'favorite thing to do'; analogous to* Lieblingsfarbe, Lieblingsfilm, Lieblingsgetränk, *and so forth*	
frühstücken *to have breakfast*	ich frühstücke, du frühstückst, ...	
die Zeitung lesen *to read the newspaper*		
das **Drittel** (Drittel) *third*	zwei Drittel *'two thirds'*	
einkaufen gehen *to go shopping*	ein *is a separable prefix:* sie kauft ein *'she is shopping'*; sie geht einkaufen *'she is going shopping'*	
putzen *to clean*	putzen *is very general and can involve all kinds of cleaning, such as cleaning the house*	
nutzen *to use*	Wie nutzen Sie den Samstag? *'How do you use your (time on) Saturday?'*	

Statistiken

 Ergänzen Sie die Statistik mit Informationen aus dem Text. *(Complete the statistics below with information from the text.)*

********* **81%** lange _____

******* **67%** _____

******* _____ Zeitung lesen

***** **50%** _____

**** _____ Lebensmittel einkaufen (Männer)

**** **37%** Sex oder Sport

*** **28%** _____

** **20%** _____

** **20%** _____

* **10%** _____

Was machen die meisten?

Ergänzen Sie die Sätze über die vorhergehende Statistik mit den folgenden Phrasen. *(Complete the sentences about the preceding statistics with the following phrases.)*

arbeiten oder putzen gern	kaufen am Samstagmorgen gern ein
duschen oder baden gern	lesen gern Zeitung
frühstücken gern	schläft gerne aus
gehen am Samstagmorgen gern einkaufen	waschen oder bügeln gern am Samstag

1. Fast alle Deutschen _____. (81%)
2. Die meisten _____. (67%)
3. Zwei Drittel _____. (66%)
4. Die Hälfte _____. (50%)
5. Mehr Männer _____. (40%)
6. Weniger Frauen _____. (28%)
7. Bloß wenige _____. (20%)
8. Die wenigsten _____. (10%)

Bügeln Sie am Wochenende?

Kursstatistik: Wochenende

Schreiben Sie erst fünf Dinge auf, die sie samstags am liebsten machen. Fragen Sie eine andere Person. Sammeln Sie dann alle Informationen und machen Sie eine Kursstatistik. *(First write down five things you like to do on Saturdays. Then ask another person about his/her favorite activities. Collect the information and compile statistics for the class.)*

BEISPIEL   OTTO   Was machst du gerne am Samstag?

ANNA   Ich sehe gern fern. ...

Am Nachmittag ...

Abends ...

OTTO   *Anna sieht gern am Samstag fern. ... Sie ...*

Kollaboratives Schreiben

Schreiben Sie einen Text wie *Samstags in Deutschland* basierend auf Ihrer Kursstatistik. *(Write a text like* Samstags in Deutschland *based on your course statistics.)*

Ein schönes Wochenende

Was machen die anderen gerne am Wochenende? *(What do the others like to do on the weekend?)*

arbeiten	freies	liest	schlafen
Café	Fußball	Museum	Sport
einkaufen	Natur	nichts	wichtig

1. Das Wochenende ist sehr _____ für Martina und Oliver.
2. Volker Auerbach macht gerne einmal _____.
3. Hilli Zacher will am Wochenende am Tag nur _____.
4. Gregor Weber macht gern _____.
5. Uwe Rau muss am Wochenende _____.
6. Yasemin Tankut geht am Wochenende meistens _____.
7. Rüdiger Fichte geht gerne in die _____.
8. Für Hubert Moser gibt es kein _____ Wochenende.
9. Thorsten Feddersen _____ am Wochenende viel.
10. Nada El-Ghannam geht gern mit Freunden ins _____.
11. Sebastian Henkel spielt am Wochenende gern _____.
12. Kati Hürlimann geht gern ins _____.

Wochenende mit Freunden

Planen Sie ein Wochenende mit zwei Freunden. Schreiben Sie auf, was jeder zu verschiedenen Tageszeiten gerne macht. *(Plan a weekend with two friends. Write down what everyone likes to do at different times of day.)*

anrufen	ausschlafen	fahren	gehen	schlafen
aufstehen	essen	fernsehen	lesen	trinken

BEISPIEL Samstagmorgen →
Ich schlafe bis um 8 Uhr.
Natalie schläft bis um 7.30 Uhr.
Tobias schläft bis Mittag.

1. Samstagmorgen
2. Frühstück
3. Samstagmittag
4. Samstagnachmittag
5. Samstagabend
6. Sonntagmorgen
7. Sonntagmittag
8. Sonntagnachmittag
9. Sonntagabend

Michael Roeder/Shutterstock.com

Martina geht gern durch die Geschäfte in der Altstadt.

Meine Familie am Wochenende

Was macht Ihre Familie gerne am Wochenende? Schreiben Sie über drei Familienmitglieder. *(What does your family like to do on the weekend? Write about three family members.)*

BEISPIELE   Mein Vater arbeitet am Wochenende gerne im Garten.
Meine Mutter liest gerne am Wochenende.
Am Wochenende spielt mein Bruder gern Basketball.

Max Raabe und sein Palastorchester interpretieren heute die Lieder der Comedian Harmonists in Stil der 20er und 30er Jahre. Eines ihrer bekanntesten Lieder war „Wochenend und Sonnenschein".

Was brauch' ich zum Glücklichsein?

Fragen Sie eine andere Person, was er oder sie zum Glücklichsein braucht. *(Ask another person what he or she needs to be happy.)*

Brauchst du _____?

1. einen Freund
2. eine Freundin
3. viele gute Freunde
4. **niemand°**
5. einen starken Kaffee
6. eine schöne Wohnung
7. einen schönen Arbeitsplatz
8. ein gutes Buch
9. einen Computer mit Internetanschluss
10. einen iPad
11. ein Smartphone
12. ...

nobody

Wochentage

der **Montag**	*Monday*	der **Donnerstag**	*Thursday*
am **Montag**	*on Monday*	der **Freitag**	*Friday*
der **Dienstag**	*Tuesday*	der **Samstag** / der Sonnabend	*Saturday*
der **Mittwoch**	*Wednesday*	der **Sonntag**	*Sunday*

Besondere Tage

Machen Sie etwas Interessantes an einem Wochentag? Arbeiten Sie mit dem Wörterbuch. *(Do you do anything special on a weekday? Work with a dictionary if necessary.)*

orchestra rehearsal

BEISPIEL   Am Montag habe ich Orchesterprobe°.
Am Mittwoch spiele ich Tennis.
Am Freitag gehe ich oft mit Freunden ins Kino.

Was kaufst du für wen?

Arbeiten Sie in Paaren. Was kaufen Sie für fünf Familienmitglieder oder Freunde? Achten Sie auf die Adjektivendungen! *(Work in pairs. What will you buy for five family members or friends? Pay attention to adjective endings!)*

BEISPIEL   OTTO   Was kaufst du für deine Schwester?

ANNA   Für meine Schwester kaufe ich ein teures Shampoo.

Für wen?	Was?
für meinen Vater	ein Shampoo (teuer)
für meine Mutter	ein Kleid (hübsch)
für meinen Bruder	ein T-Shirt (verrückt)
für meine Schwester	ein Buch (interessant)
für meinen Onkel	einen Rock (kurz)
für meine Tante	einen Schal (fantastisch)
für meinen Freund	einen Hut (perfekt)
für meine Freundin	eine Tasche (cool)
...	eine Vase (groß)
	eine Lampe (wunderschön)
	Ohrringe (hübsch)
	...

Sind Sie auch manchmal im Kaufrausch?

Sean Gallup/Getty Images

BEGRIFF   **KAUFRAUSCH**

Can you find concepts in English or other languages you know for the German concept **Kaufrausch** defined below?

Kaufrausch / im ~ sein, einen ~ haben
X is a feeling.
People who have X feel something good when they buy things.
People who have X want to buy more things, because they feel something good.
People who have X sometimes buy things they don't need because of this.
When people have X they sometimes forget other things that are important.
Some people who had X sometimes feel something bad later.

What are the cultural implications of the German word **Kaufrausch**?

Übergang

Im nächsten Kapitel lernen Sie den Bühnentechniker Volker aus Berlin kennen. Was wissen Sie schon über ihn? *(In the next chapter, you will meet Volker, the stage technician from Berlin. What do you know about him already?)*

1. Volker arbeitet _____.
   a. bei einer Bank.   b. beim Theater.   c. in einem Fahrradgeschäft.

2. Am Wochenende macht Volker gern _____.
   a. Sport   b. nichts   c. Musik

3. Volker liest gern _____.
   a. Comics   b. Liebesromane   c. Theaterstücke

Wortschatz 🔊

■ Nomen

der **Anwalt** (Anwälte)   *(male) lawyer*

die **Anwältin** (Anwältinnen)   *(female) lawyer*

die **Arbeit** (Arbeiten)   *work*

der **Arbeiter** (Arbeiter)   *(male) worker*

die **Arbeiterin** (Arbeiterinnen)   *(female) worker*

der **Arbeitsplatz** (Arbeitsplätze)   *job, position, workplace*

der **Arbeitstag** (Arbeitstage)   *work day*

der **Arzt** (Ärzte)   *(male) physician*

die **Ärztin** (Ärztinnen)   *(female) physician*

der **Beruf** (Berufe)   *profession*

die **Beschäftigung** (Beschäftigungen)   *occupation; activity*

der **Bruder** (Brüder)   *brother*

der **Dienstag** (Dienstage)   *Tuesday*

der **Donnerstag** (Donnerstage)   *Thursday*

das **Drittel** (Drittel)   *third*

der **Durchschnitt** (Durchschnitte)   *average*

das **Ehepaar** (Ehepaare)   *married couple*

das **Einkaufen**   *shopping*

Eltern (*pl.*)   *parents*

die **Familie** (Familien)   *family*

Ferien (*pl.*)   *vacation*

die **Firma** (Firmen)   *company, corporation*

die **Forschung** (Forschungen)   *research*

der **Freitag** (Freitage)   *Friday*

das **Geschäft** (Geschäfte)   *store, business; deal*

die **Großmutter** (Großmütter)   *grandmother*

der **Großvater** (Großväter)   *grandfather*

die **Gruppe** (Gruppen)   *group*

die **Hausfrau** (Hausfrauen)   *housewife, homemaker*

der **Haushalt** (Haushalte)   *household*

die **Heizung** (Heizungen)   *heating (system)*

die **Hilfe** (Hilfen)   *help*

der **Ingenieur** (Ingenieure)   *(male) engineer*

die **Ingenieurin** (Ingenieurinnen)   *(female) engineer*

der **Job** (Jobs)   *job*

der **Journalist** (-en) (Journalisten)   *(male) journalist*

die **Journalistin** (Journalistinnen)   *(female) journalist*

der **Kellner** (Kellner)   *waiter*

die **Kellnerin** (Kellnerinnen)   *waitress*

das **Kind** (Kinder)   *child*

der **Kollege** (-n) (Kollegen)   *(male) co-worker, colleague*

die **Kollegin** (Kolleginnen)   *(female) co-worker, colleague*

der **Krankenpfleger** (Krankenpfleger)   *(male) nurse*

die **Krankenpflegerin** (Krankenpflegerinnen)   *(female) nurse*

die **Krankenschwester** (Krankenschwestern)   *(female) nurse*

der **Künstler** (Künstler)   *(male) artist*

die **Künstlerin** (Künstlerinnen)   *(female) artist*

der **Lehrer** (Lehrer)   *(male) teacher*

die **Lehrerin** (Lehrerinnen)   *(female) teacher*

der **Markt** (Märkte)   *market*

die **Miete** (Mieten)   *rent*

der **Mittag** (Mittage)   *noon, lunchtime*

der **Mittwoch** (Mittwoche)   *Wednesday*

der **Montag** (Montage)   *Monday*

die **Mutter** (Mütter)   *mother*

der **Nachname** (-n) (Nachnamen)   *last name*

der **Onkel** (Onkel)   *uncle*

der **Postbote** (-n) (Postboten)   *(male) letter carrier*

die **Postbotin** (Postbotinnen)   *(female) letter carrier*

das **Produkt** (Produkte)   *products*

das **Projekt** (Projekte)   *project*

das **Prozent** (Prozente)   *percent*

der **Rest** (Reste)   *remnant, rest*

der **Samstag** (Samstage)   *Saturday*

die **Schwester** (Schwestern)   *sister*

der **Sohn** (Söhne)   *son*

der **Sonntag** (Sonntage)   *Sunday*

die **Statistik** (Statistiken)   *statistic*

die **Studie** (Studien)   *study, research project*

der **Tag** (Tage)   *day*

die **Tante** (Tanten)   *aunt*

die **Tochter** (Töchter)   *daughter*

die **Umfrage** (Umfragen)   *survey*

das **Unternehmen** (Unternehmen)   *company, corporation*

der **Vater** (Väter)   *father*

der **Verkäufer** (Verkäufer)   *(male) sales associate*

die **Verkäuferin** (Verkäuferinnen)   *(female) sales associate*

die **Wäsche**   *laundry*

der **Wunsch** (Wünsche)   *wish*

Verben

an·fangen (fängt an)   *to begin*

an·rufen (ruft an)   *to call (on the phone)*

auf·räumen (räumt auf)   *to clean, tidy up*

aus·schlafen (schläft aus)   *to sleep in*

bestellen (bestellt)   *to order*

bezahlen (bezahlt)   *to pay (for)*

bleiben (bleibt)   *to stay, remain*

bügeln (bügelt)   *to iron*

ein·kaufen (kauft ein)   *to shop*

ein·schlafen (schläft ein)   *to fall asleep*

entscheiden (entscheidet)   *to decide*

erzählen (erzählt)   *to tell, narrate*

essen (isst)   *to eat*

fahren (fährt)   *to drive (by means of)*

fern·sehen (sieht fern)   *to watch TV*

frühstücken (frühstückt)   *to have breakfast*

sich **interessieren für** (interessiert sich)   *to be interested in*

laufen (läuft)   *to run*

leben (lebt)   *to live*

lesen (liest)   *to read*

mit·kommen (kommt mit)   *to come along*

nehmen (nimmt)   *to take*

nutzen (nutzt)   *to use*

putzen (putzt)   *to clean*

reden (redet)   *to talk*

sammeln (sammelt)   *to collect, gather*

schlafen (schläft)   *to sleep*

spazieren gehen   *to walk, take a walk*

vermissen (vermisst)   *to miss*

versprechen (verspricht)   *to promise*

verstehen (versteht)   *to understand*

waschen (wäscht)   *to wash, do laundry*

Adjektive/Adverbien

bloß   *only*

frisch   *fresh*

großartig   *excellent*

häufig   *frequent*

herrlich   *delightful*

hervorragend   *excellent, fantastic*

ideal   *ideal*

insgesamt   *altogether, in total*

mindestens   *at least*

modern   *modern*

neu   *new*

perfekt   *perfect*

rein   *pure, clean*

schlecht   *bad*

schlicht   *simple*

verheiratet   *married*

viel   *much, a lot*

viele   *many*

wenige   *few*

wertvoll   *precious, expensive*

wunderbar   *wonderful*

wunderschön   *gorgeous, extremely beautiful*

zufrieden   *content, happy*

Präpositionen

durch   *through, by means of*

für   *for*

gegen   *against*

ohne   *without*

um   *around, near, approximately*

Sonstiges

die anderen   *the others*

die meisten   *most*

ein bisschen   *a little bit*

fast alle   *almost all*

so groß wie   *as big as*

im Großen und Ganzen   *all in all, on the whole*

niemand   *nobody*

(Zeit) verbringen (verbringt)   *to spend (time)*

zu Hause   *at home*

Volker Auerbach,
Bühnenassistent

Deutsches Theater, Berlin

Volker arbeitet als
Bühnenassistent°
beim Deutschen
Theater in Berlin.

stage technician

LERNZIELE

- *talking about theater and film*
- *talking about abilities, desires, and obligations*
- *telling time and giving dates*
- *addressing people in formal and informal ways*
- *expressing receivership*
- *using modal verbs and the verb **wissen***
- *giving commands with the imperative*
- *understanding and using the dative case*
- *using dative prepositions*

Olaf Jandke/Caro/Alamy

IN DIESEM PROFIL …

You will get to know Volker, a stage technician at the Deutsches Theater in Berlin. The challenges and accomplishments in his daily life illustrate how people tell others what to do and express attitudes towards actions. You will read Volker's personal notes and diary entries, a stage bill, a scene from a famous play, and two poems.

Memo vom Theaterdirektor

NAME: Auerbach, Volker
ALTER: 36
GEBURTSORT: Berlin
WOHNORT: Berlin
BERUF: Bühnentechniker
INTERESSEN: Theater,
Literatur
LIEBLINGSBAND:
Element of Crime

1 Theater

 Gehen Sie gerne ins Theater? Welche Stücke kennen Sie? Fragen Sie im Kurs und berichten Sie.

BEISPIEL

ANNA	Gehst du gern ins Theater?
OTTO	Nein, ich gehe nicht gern ins Theater. Ich gehe lieber ins Kino. Und du?
ANNA	Ich gehe sehr gerne ins Theater. ...
OTTO	Welche Stücke kennst du?
ANNA	Ich kenne *Hamlet* und *Macbeth* von Shakespeare.
OTTO	*Anna kennt Hamlet und Macbeth.*
ANNA	*Otto geht nie ins Theater. Er geht lieber ins Kino.*

Lieber Herr Auerbach,

die Bühne muss für die Probe heute komplett fertig sein. Ihre Kollegen müssen etwas schneller arbeiten. Unser Regisseur für das neue Stück (Dürrenmatts „Die Physiker") möchte heute Abend mit Ihnen über das Bühnenbild sprechen. Er heißt Ulrich Wertheimer, und seine Inszenierungen sind immer sehr einfach. Das finden Sie sicher sehr positiv. Bitte sagen Sie ihm, wann Sie Zeit haben. Vielleicht können Sie heute nach der Probe mit ihm sprechen? Die Schauspieler sind mit der Bühne nicht sehr zufrieden. Bitte reparieren Sie vor allem den Vorhang. Wir sehen uns nach der Probe.

Ihr

Ansgar von Keck

Das große Haus im Deutschen Theater hat 600 Sitzplätze°.   *seats*

Theater

das **Publikum**   *audience*
das **Theater** (Theater)   *theater*
die **Bühne** (Bühnen)   *stage*
die **Probe** (Proben)   *rehearsal*
der **Regisseur** (Regisseure)   *male (theater or film) director*
die **Regisseurin** (Regisseurinnen)   *female (theater or film) director*
das **Stück** (Stücke)   *play; piece*
das **Bühnenbild** (Bühnenbilder)   *theater set*
die **Inszenierung** (Inszenierungen)   *production*
der **Schauspieler** (Schauspieler)   *actor*
der **Schauspielerin** (Schauspielerinnen)   *actress*
der **Vorhang** (Vorhänge)   *curtain*

Vokabelarbeit

Verbinden Sie die Wörter mit den passenden Definitionen.

die Probe	die Inszenierung
der Regisseur	die Schauspielerin
das Stück	der Vorhang
das Bühnenbild	

1. Er sagt den Schauspielern, wie sie spielen sollen.
2. Sie spielt eine Rolle.
3. Text für das Theater.
4. Die Möbel und alles andere auf der Bühne.
5. Wie ein Regisseur ein Stück gestalten will.
6. Wenn die Schauspieler üben°. *practice*
7. Er hängt vor der Bühne.

Wie kann man es anders sagen?

Verbinden Sie Ansgar von Kecks Sätze mit der passenden Alternative.

1. „Die Bühne muss für die Probe fertig sein."
2. „Seine Inszenierungen sind immer sehr einfach."
3. „Das finden Sie sicher sehr positiv."
4. „… können Sie heute nach der Probe mit ihm sprechen?"
5. „Bitte reparieren Sie vor allem den Vorhang."

a. Seine Inszenierungen sind nicht sehr kompliziert°. *complicated*
b. Bitte machen Sie die Bühne für die Probe fertig.
c. Sie müssen zuerst den Vorhang reparieren.
d. Sie sollen heute nach der Probe mit ihm sprechen.
e. Ich glaube, das finden Sie gut.

Wieder ein Memo von Herrn Keck

Was ist richtig? Was ist falsch? Kreuzen Sie an. Korrigieren Sie die falschen Aussagen.

	richtig	falsch
1. Ansgar von Keck spricht Volker mit *Herr Auerbach* an.	☐	☐
2. Die Bühne muss morgen fertig sein.	☐	☐
3. Das neue Stück heißt *Romulus der Große*.	☐	☐
4. Der neue Regisseur heißt Ulrich Wertheimer.	☐	☐
5. Volker muss mit Herrn Wertheimer sprechen.	☐	☐
6. Volker muss das Licht reparieren.	☐	☐

Was macht Volker am Theater?

▶ Was sagt Volker über seine Arbeit am Theater?

1. Volker arbeitet beim ...
   a. Volkstheater in Berlin.
   b. Deutschen Theater in Berlin.
   c. Berliner Ensemble.

2. Er ist ...
   a. Schauspieler.
   b. Regisseur.
   c. Bühnenassistent.

3. Er arbeitet ...
   a. im Büro.
   b. an der Kasse.
   c. hinter den Kulissen.

4. Volker organisiert ...
   a. alles, was man für eine Inszenierung braucht.
   b. das Essen für die Schauspieler.
   c. das Marketing für das Theater.

Volker und seine Kollegen

instructions ▶ Volker gibt seinen Kollegen Rudi und Martin auf der Bühne Anweisungen°.

1. Schritt. Was sagt Volker? Ergänzen Sie die Lücken.

kann	möchte	müsst
kannst (x3)	muss (x2)	soll
könnt (x2)	müssen (x2)	will

1. Martin, _____ du bitte Licht machen? ... Danke!

2. _____ ihr den Vorhang weiter aufmachen?

3. Ich glaube, wir _____ den Vorhang reparieren. Olli soll beim Direktor anrufen. Er _____ ihm sagen, dass der Vorhang nicht funktioniert.

4. Also, in der Mitte _____ ein Tisch stehen. Links und rechts davon müssen Stühle stehen.

5. Rudi, _____ du bitte mal zwei Stühle holen?

6. Ich _____ den linken Stuhl etwas weiter links haben. Und der rechte Stuhl könnte weiter nach rechts.

7. _____ ihr bitte die Stühle etwas weiter zum Tisch stellen?

8. Ich _____, dass das Buch auf dem rechten Stuhl liegt. _____ jemand mal bitte die Zeitung auf den linken Stuhl legen? Das _____ alles korrekt sein.

9. Nein, ihr _____ das Buch rechts und die Zeitung links auf den Stuhl legen.

10. Jetzt _____ wir noch die Pflanze dazu stellen. Rudi, _____ du bitte die Pflanze holen? Kannst du bitte die Pflanze etwas weiter nach vorne stellen? Perfekt!

2. Schritt. Ergänzen Sie die Sätze.

1. Martin _____ Licht machen.

2. Rudi und Martin _____ den Vorhang weiter aufmachen.

3. Volker und seine Kollegen _____ den Vorhang reparieren.

4. Rudi und Martin ...

5. Rudi ...

7 Fragen zum Profil

1. Wer ist Volker Auerbach?
2. Wo arbeitet er? Was macht er?
3. Wie heißt der Theaterdirektor?
4. Wer ist Ulrich Wertheimer? Was macht er?
5. Welches Stück steht im Deutschen Theater als nächstes auf dem Programm?
6. Was muss Volker heute alles machen?

8 Partnerinterview: Theater und Film

Sprechen Sie über Ihre liebsten Filme und Theaterstücke.

BEISPIEL

OTTO Wer ist dein Lieblingsschauspieler?
ANNA Ich mag Matt Damon.
OTTO Welche Schauspielerin findest du gut?
ANNA Ich finde Scarlet Johansson gut.
OTTO Hast du einen Lieblingsfilm?
ANNA *The Departed* ist ein guter Film. Scarlet Johansson ist gut in *Lost in Translation*.

OTTO *Annas Lieblingsschauspieler ist Matt Damon. Sie findet den Film* The Departed *gut. Ihre Lieblingsschauspielerin ist Scarlet Johansson. Sie findet sie gut in* Lost in Translation.
ANNA *Ottos Lieblingsschauspieler ist ...*

9 Internetrecherche: Theater und Film

Recherchieren Sie im Internet. Was passt zusammen?

1. Fatih Akin ...
2. Fritzi Haberlandt ...
3. Jürgen Vogel ...
4. Das Berliner Ensemble ...
5. Die Berlinale ...
6. Margarethe von Trotta ...
7. *Oh Boy* ...

a. ist ein Berliner Theater.
b. ist ein deutscher Schauspieler.
c. ist Schauspielerin.
d. ist Regisseur.
e. ist eine deutsche Regisseurin.
f. ist ein deutscher Film von 2012.
g. ist ein Filmfestival in Berlin.

Margarethe von Trotta

Volkers Tagebuch°: Mittwoch

Tagebuch

Schreiben Sie ein Tagebuch? Was schreiben Sie in Ihr Tagebuch? Fragen Sie im Kurs und berichten Sie.

BEISPIEL   ANNA Schreibst du ein Tagebuch, Otto?
          OTTO Ja, ich schreibe jeden Tag in mein Tagebuch. Und du?
          ANNA Ich schreibe kein Tagebuch, aber ich schreibe ein Blog. ...
          ANNA *Otto schreibt jeden Tag in sein Tagebuch. ...*

14. März

Heute Morgen ein Memo von Keck. Alter Nörgler[1]. Ich und meine Kollegen sollen schneller arbeiten ... hat überhaupt keine Ahnung, der Alte. Und die Probe ein einziges Chaos. Keck geht mir auf die Nerven, die Schauspieler gehen mir auf die Nerven, alles geht mir auf die Nerven. Aber der Wertheimer, der ist okay. Der Wertheimer macht gutes Theater. Der meckert[2] nicht dauernd wie der alte Keck. Vorhang reparieren. Wozu habe ich zehn Semester Theaterwissenschaften studiert? Das nächste Stück Die Physiker von Friedrich Dürrenmatt. Endlich ein einfaches Bühnenbild. Der Wertheimer ist ein Künstler. Ein Lichtblick[3] am Wochenende: Samstagabend das Konzert.

[1] der Nörgler (Nörgler)   *complainer, nitpicker, faultfinder*
[2] meckern   *to complain*
[3] der Lichtblick (Lichtblicke)   *ray of light, light at the end of the tunnel*

Volkers Tagebuch: Mittwoch

das **Memo** (Memos) *memo*	**jemandem auf die Nerven gehen**
sollen (soll) *should, to have to, to be supposed to*	*to get on someone's nerves*
	der **Künstler** (Künstler) *(male) artist*
überhaupt keine **Ahnung**	die **Künstlerin** (Künstlerinnen)
absolutely no idea	*(female) artist*
das **Chaos** *chaos*	das **Konzert** (Konzerte) *concert*

Der neue Regisseur

Ergänzen Sie den Text mit den passenden Wörtern.

auf die Nerven	Probe
Inszenierungen	Regisseur
Konzert	Schauspieler

1. Der neue _____ für das Stück *Die Physiker* heißt Ulrich Wertheimer. 2. Volker soll nach der _____ mit ihm sprechen. 3. Wertheimers _____ sind meistens sehr einfach. 4. Volker findet den _____ Stefan Kaminski gut. 5. Der Theaterdirektor Ansgar von Keck geht ihm _____. 6. Das _____ am Wochenende ist ein Lichtblick für Volker.

Fragen zu Volkers Tagebuch

1. Was schreibt Volker über Ansgar von Keck?
2. Wer ist ein Nörgler?
3. Was schreibt Volker über die Probe?
4. Wer oder was geht Volker auf die Nerven?
5. Was denkt Volker über Ulrich Wertheimer?
6. Was ist ein Lichtblick für Volker?

Wortschatz

Welche Wörter möchten Sie noch wissen, um über Volkers Tagebuch zu sprechen?

Kollaboratives Schreiben

Schreiben Sie Volkers Tagebucheintrag in formalere Sprache um°.

umschreiben: *rewrite*

BEISPIEL   Heute Morgen finde ich ein Memo von Ansgar von Keck. Er ist ein alter Nörgler. Ich und meine Kollegen sollen schneller arbeiten. ...

Berlin ist die größte Stadt Deutschlands.

Strukturen

modal verbs

iLrn Go to iLrn for more
grammar practice.

4.1.1 Modalverben°

German modals are auxiliary (helping) verbs that are used to modify or change the meaning of the main verb. The main verb is in the infinitive and is positioned at the very end of a sentence.

Modalverb	Drückt aus°	Beispiel	
dürfen	permission; prohibition	Im Theater **darf** man nicht rauchen.	*Smoking is not permitted in the theater.*
können	possibility; ability	Stefan Kaminski **kann** gut singen.	*Stefan Kaminski can sing very well.*
mögen	liking	Volker **mag** einfache Bühnenbilder.	*Volker likes simple set designs.*
(möchte)	wanting; desire	Keck **möchte** mit Volker sprechen.	*Keck would like to speak with Volker.*
müssen	necessity	Die Bühne **muss** heute fertig sein.	*The stage has to be ready today.*
sollen	obligation	Volker **soll** schneller arbeiten.	*Volker is supposed to work faster.*
wollen	wanting; intention	Volker **will** am Samstag zu einem Konzert gehen.	*Volker wants to go to a concert on Saturday.*

drückt aus: *expresses*

German modals have irregular verb forms in the first- and third-person singular and drop the umlaut in all singular forms. The modal **mögen** has an additional set of forms derived from the subjunctive. It is a polite way to state wants or desires. You will learn more about subjunctive in Chapter 9.

	dürfen	können	mögen		müssen	sollen	wollen
ich	darf	kann	mag	möchte	muss	soll	will
du	darfst	kannst	magst	möchtest	musst	sollst	willst
er/sie/es	darf	kann	mag	möchte	muss	soll	will
wir	dürfen	können	mögen	möchten	müssen	sollen	wollen
ihr	dürft	könnt	mögt	möchtet	müsst	sollt	wollt
sie	dürfen	können	mögen	möchten	müssen	sollen	wollen
Sie	dürfen	können	mögen	möchten	müssen	sollen	wollen

When the meaning of the sentence is obvious, the infinitive at the end can be omitted.

Volker **muss** heute Abend früh nach Hause (gehen).

Volker has to go home early this evening.

Volker **möchte** Kaffee (trinken).

Volker would like coffee.

Volker **kann** gut Englisch (sprechen).

Volker can speak English well.

4.1.2 Das Verb *wissen*

Even though it is not an auxiliary verb, **wissen** (*to know*) follows a similar conjugation pattern to the modal verbs.

ich	weiß
du	weißt
er/sie/es	weiß
wir	wissen
ihr	wisst
sie	wissen
Sie	wissen

GRAMMAR GLOSSARY
You can find more information about ⇒ **auxiliary verbs** in the *Welten* grammar glossary in iLrn.

15 Volker muss …

Markieren Sie, was stimmt.

1. Volker …
   a. will am Wochenende arbeiten.
   b. muss den Vorhang im Theater reparieren.
   c. muss die Toilette im Theater reparieren.
   d. darf nicht mit dem Regisseur sprechen.
   e. möchte nicht mit dem Regisseur sprechen.

2. Ansgar von Keck …
   a. will nach der Probe mit Volker sprechen.
   b. will nach der Probe nicht mit Volker sprechen.
   c. soll den Vorhang reparieren.
   d. kann nicht mit dem Regisseur sprechen.
   e. darf Volkers Tagebuch lesen.

3. Die Schauspieler …
   a. dürfen nicht auf die Bühne gehen.
   b. müssen den Text lernen.
   c. möchten nicht im Theater arbeiten.
   d. sollen den Vorhang reparieren.
   e. können nicht mit dem Regisseur sprechen.

4. Wir …
   a. sollen nicht ins Theater gehen.
   b. dürfen keine Filme sehen.
   c. müssen Vokabeln lernen.
   d. dürfen keine Hausaufgaben machen.
   e. können nicht über Theater und Film sprechen.

16 Sollen wir ins Theater gehen?

Verbinden Sie die Satzteile.

1. Ansgar von Keck …
2. Volker …
3. Volker und seine Kollegen …
4. Möchtet …
5. Ich …
6. Volker möchte …

a. will das Stück *Die Physiker* inszenieren.
b. müssen für die Probe das Bühnenbild fertig machen.
c. ihr mehr über das Stück *Die Physiker* wissen?
d. möchte wieder einmal ins Theater gehen.
e. am Wochenende ins Konzert gehen.
f. soll mit dem Regisseur sprechen.

17 Am Theater

Setzen Sie die richtigen Formen der Modalverben ein.

1. Volker _____ den Vorhang reparieren. (müssen)
2. Die Schauspieler _____ den Text lernen. (müssen)
3. Ansgar von Keck _____ mit Volker sprechen. (möchten)
4. Volker und seine Kollegen _____ nicht schneller arbeiten. (können)
5. Ulrich Wertheimer _____ gut mit den Schauspielern arbeiten. (können)
6. Der Schauspieler Stefan Kaminski _____ den *Albert Einstein* spielen (sollen).
7. Am Montag um 8 _____ alle Schauspieler ins Theater kommen. (sollen)
8. Ulrich Wertheimer _____ mit den Schauspielern über ihre Rollen sprechen. (wollen)
9. Die Schauspieler _____ lieber erst um 10 Uhr ins Theater kommen. (wollen)
10. Volker _____ den Vorhang nicht vergessen. (dürfen)
11. Die Kollegen im Theater _____ Volkers Tagebuch nicht lesen. (dürfen)

18 Wer kann, der kann

Sagen Sie, was Sie gut können und was sie nicht gut können. Fragen Sie andere Personen im Kurs und berichten Sie.

exceptional

+++	ausgezeichnet°
++	sehr gut
+	gut
+ −	ganz gut
−	nicht (besonders) gut
− −	fast nicht
− − −	überhaupt nicht

BEISPIEL   ANNA   Otto, kannst du gut kochen?

OTTO   Ja, ich kann sehr gut kochen. Anna, kannst du gut tanzen?

ANNA   Nein, ich kann nicht gut tanzen.

ANNA   *Otto kann sehr gut kochen.*

to draw

1. kochen
2. tanzen
3. Referate schreiben
4. Gitarre spielen
5. Klavier spielen
6. singen
7. zeichnen°
8. Tennis spielen
9. ?

19 Pflichten° und Pläne

duties

1. Schritt 1: ich. Beantworten Sie die Fragen mit Ihren eigenen Informationen.

Diese Woche muss ich _____.

Zu Hause bei meinen Eltern darf ich nicht _____.

An der Uni kann ich _____.

Heute Abend soll ich _____.

Am Wochenende möchte ich _____.

2. Schritt: und du? Ergänzen Sie dann den Fragebogen für Ihre Interviews.

Was _____ du diese Woche noch machen?

Was _____ du zu Hause bei deinen Eltern nicht machen?

Was _____ du an der Uni machen?

Was _____ du heute Abend machen?

Was _____ du am Wochenende machen?

3. Schritt. Befragen Sie vier andere Personen und berichten Sie dann im Kurs.

BEISPIEL   Tatiana muss diese Woche für eine Klausur lernen.

Humboldt-Universität zu Berlin

20 Was soll ich tun?

Immanuel Kant (1724–1804) war einer der wichtigsten deutschen
Philosophen. Die drei Hauptfragen seiner Philosophie waren: *Was kann ich
wissen? Was soll ich tun? Was darf ich hoffen?* Was können und sollen Sie
für die Welt tun? Was hoffen Sie? Versuchen Sie, die Fragen zu beantworten
und diskutieren Sie dann in kleinen Gruppen oder im Kurs.

Immanuel Kant (1724–1804)

Die Physiker (Programmheft)

Dieser Text kommt aus einem Programmheft° für eine Inszenierung von Dürrenmatt's Theaterstück *Die Physiker*. Das Berliner Studententheater ist eine Studentengruppe. Die Studenten sind Schauspieler und sie inszenieren und organisieren die Theaterstücke. Natürlich machen die Studenten vom Berliner Studententheater auch ihre eigenen Plakate° und Programmhefte.

Berliner Studententheater
Die Physiker
von Friedrich Dürrenmatt

Regie: Roland Weisser

Drei verrückte Physiker und drei tote Krankenschwestern in Dr. Mathilde von Zahnds Sanatorium. Ein Inspektor versteht die Welt nicht mehr: wer ist wahnsinnig, wer genial, wer beides? Alles ist relativ. Dies ist die Basis von Friedrich Dürrenmatts schwarzer Komödie – einem perfekt konstruierten Klassiker des modernen Dramas, das seit der Premiere 1962 seine Aktualität nicht verliert.

Regisseur Roland Weisser inszeniert diese philosophisch-physikalische Farce mit seinem Ensemble als irrwitziges Spiel von gespieltem und echtem Wahnsinn. Alles ist relativ – und nichts relativer als Menschen – und Menschen sind der Mittelpunkt in *Die Physiker*.

In den Hauptrollen

Johann Wilhelm Möbius	*Ralf Ochsenknecht*
Herbert G. Beutler (Isaac Newton)	*François Poitier*
Ernst H. Ernesti (Albert Einstein)	*Hagen Klee*
Dr. Mathilde von Zahnd	*Elena Chebanova*
Inspektor Richard Voss	*Klaus Zimmerli*
Polizist Guhl	*Jacek Wolinski*
Polizist Blocher	*Kleanthes Analopoulos*
Oberschwester Marta Boll	*Nuria Mendoza*
Technik	*Victor Campeanu*
Bühnenbild	*Mehmet Erdogan*
Maske	*Gianna Rossini*
Musik	*Ronald Hitchens*

Quelle: Theaterforum Regensburg

Lesen Sie die Informationen und schreiben Sie Fragen oder Notizen in die dritte Spalte. Besprechen Sie Interessantes im Kurs.

Information		Fragen/Notizen
Berliner Studententheater *Berliner student theater*	The -er *suffix can be added to most city names in German, e.g.,* Kölner, Frankfurter, *but* München > Münchner *and* Zürich > Zürcher.	Andere Beispiele Freiburg: _____ Jena: _____ Paderborn: _____
versteht die Welt nicht mehr *doesn't understand the world anymore*	verstehen = *'to understand' and* nicht mehr *here means 'no longer'*	
ein Klassiker des modernen Dramas *a classic of modern drama*	des modernen Dramas *is a phrase in the genitive case (discussed in detail in a later chapter) that is rendered in English with an* of-*phrase*	
die Aktualität **verlieren** *to lose relevance*	Aktualität *is related to the adjective* aktuell, *which means 'relevant' or 'timely'. On German websites, the rubric 'What's new?' is often called* Aktuelles.	Das ist nicht mehr aktuell.
mit seinem Ensemble *with his ensemble*	mit + *dative: The preposition* mit *is always followed by a dative object.*	
der **Wahnsinn** *insanity*	als irrwitziges Spiel von gespieltem oder echtem Wahnsinn *'as a grotesque play of pretended and real madness.' The preposition* von *is always followed by a dative object.*	
die **Rolle** (Rollen) *role*	In den Hauptrollen *'in the leading roles' is a phrase in the dative plural.*	
die Schwester (Schwestern) *here: female nurse*	*Literally 'sister' refers to a female nurse;* Oberschwester *'head nurse.' This goes back to a time when nurses where found only among the 'sisters' in convents. Even though the official job title may be* Krankenpfleger(-in), *people refer to them as* Schwester *and* Pfleger.	
die **Technik** (Techniken) *technique*	*refers to stage technology and the sets*	
die **Maske** (Masken) *masks*	*Literally 'mask' means 'make-up' in the context of theater and film.*	

Fragen über *Die Physiker*

1. Wie heißt der Regisseur beim Berliner Studententheater?
2. Ist *Die Physiker* eine Komödie?
3. Wann war die Premiere des Stücks?
4. Was sind die Hauptrollen in *Die Physiker*?
5. Was müssen die Studenten beim Berliner Studententheater noch machen und organisieren?
6. Ist das Stück *Die Physiker* heute noch aktuell? Warum?

Das Stück *Die Physiker* ist immer noch aktuell.

Memo vom Regisseur

Das Memo

Volker bekommt ein Memo vom Regisseur. Was will der Regisseur? Was soll Volker machen? Spekulieren Sie und diskutieren Sie im Kurs.

🔊

Lieber Herr Auerbach,

vielen Dank für Ihre Hilfe hinter den Kulissen und Ihre Ideen für das Bühnenbild. Der Salon von Dr. Mathilde von Zahnd sollte modern und einfach sein. Die Möbel dürfen nicht so groß sein. Bitte machen Sie die drei Türen zu den Zimmern von Einstein, Newton und Möbius genau in die Mitte. Das Publikum soll alle drei Türen gut sehen können. Das Licht bei der Probe war gut. Herr von Keck sagt, Sie sollen bitte bis morgen den Vorhang reparieren.

Ich wünsche Ihnen ein schönes Wochenende.

Ihr

U.W.

Memo vom Regisseur

hinter den **Kulissen** *behind the scenes*	genau in die **Mitte** *exactly in the center*
die **Idee** (Ideen) *idea*	das **Publikum** *audience*
zu den Zimmern *to the rooms*	**bis** *by; until*

Volkers Kollegen bei der Arbeit auf der Bühne

Volkers Tagebuch: Donnerstag

Donnerstag

Die erste Probe mit Wertheimer. Er ist kein schlechter Typ, aber man muss vorsichtig sein. Morgens um 8 Uhr möchte er die Kulissen besprechen. Um 10 Uhr bei der Kaffeepause hat er schon wieder neue Ideen. Um halb eins beim Mittagessen soll alles wieder so sein wie morgens um 8 Uhr. Das kann doch nicht wahr sein. Nächsten Monat soll das Stück ins Programm. Gut, dass Kaminski den Einstein spielt. Er ist wirklich grandios. Samstagabend endlich das Konzert. Das Abschiedskonzert. Schade. Sonntag schlafe ich bis um 2 ...

Volkers Tagebuch

der **Typ** (Typen)   *guy, type*
vorsichtig   *careful*
morgens   *in the morning*
um 8 **Uhr**   *at 8 o'clock*
etwas **besprechen**   *to discuss s.th., talk about s.th.*

beim **Mittagessen**   *at lunch*
das kann doch nicht wahr sein
   I can't believe it, that can't be true
nächsten **Monat**   *next month*
grandios   *fantastic, excellent*
schade!   *what a shame!*

Die Probe

Beantworten Sie die Fragen mit Informationen aus dem Memo und dem Tagebuch.

1. Wie soll der Salon sein?
2. Wer soll die drei Türen gut sehen können?
3. Was soll Volker bis morgen machen?
4. Was denkt Volker über Wertheimer?
5. Wann möchte Wertheimer die Kulisse besprechen?
6. Wann ist das Mittagessen?

Wortschatz: Über Zeit sprechen

Hier finden Sie neue Wörter, um über Zeit zu sprechen. Wie heißen die Wörter auf Englisch? Benutzen Sie ein Wörterbuch, wenn nötig.

---

das **Jahr** (Jahre)   Ein Jahr hat 12 Monate.
der **Monat** (Monate)   Ein Monat hat 4 Wochen.
die **Woche** (Wochen)   Eine Woche hat 7 Tage.
der **Tag** (Tage)   Ein Tag hat 24 Stunden.
die **Stunde** (Stunden)   Eine Stunde hat 60 Minuten.
die **Minute** (Minuten)   Eine Minute hat 60 Sekunden (**die Sekunde**).
die **Vergangenheit**   Was gestern war.
die **Gegenwart**   Was heute ist.
die **Zukunft**   Was morgen kommt.

---

5 – 6 – 7 – 8 – 9 – 10 – 11 – 12 – 13 – 14 – 16 – 17 – 18 – 19 – 20 – 21 – 22 – 23 – 24

der Morgen   der Vormittag   der Mittag   der Nachmittag   der Abend   die Nacht

Zeit

Verbinden Sie die Satzteile.

1. Zwölf Monate sind …
2. Der Tag hat …
3. In einer Minute sind …
4. Eine Woche …
5. Sechzig Minuten …
6. Die Vergangenheit …
7. Heute ist …
8. Morgen …

a. war gestern.
b. hat sieben Tage.
c. ein Jahr.
d. sechzig Sekunden.
e. ist die Zukunft.
f. sind eine Stunde.
g. vierundzwanzig Stunden.
h. die Gegenwart.

Was passt nicht?

Erklären Sie, welches Wort nicht in die Kategorie passt.

1. die Gegenwart – die Zukunft – ~~der Monat~~
2. der Monat – die Minute – das Jahr
3. die Vergangenheit – die Sekunde – die Minute
4. die Stunde – der Abend – die Nacht
5. die Zukunft – der Monat – die Woche
6. die Stunde – die Minute – der Monat
7. die Vergangenheit – die Sekunde – die Gegenwart
8. der Nachmittag – das Jahr – der Vormittag

Fragen über die Zeit

27 Beantworten Sie die Fragen mündlich oder schriftlich.

1. Wie viele Stunden hat Ihr Arbeitstag?
2. Wie viele Monate hat das Semester?
3. Wie viele Wochen hat das Semester?
4. Wie viele Stunden pro Woche lernen Sie Vokabeln?
5. Wie viele Stunden pro Woche machen Sie Hausaufgaben?

Es ist zwölf Minuten nach zehn.

Die Uhrzeit

So hört man die Zeit im Radio, im Fernsehen, am Bahnhof:

6:10 → Es ist sechs Uhr zehn.

6:45 → Es ist sechs Uhr fünfundvierzig.

Aber in der Umgangssprache° sagt man es oft so:

6:10 → Es zehn nach sechs.

6:45 → Es ist Viertel° vor sieben.

colloquial speech

quarter

So fragt man nach der Uhrzeit:	So sagt man die Uhrzeit:
Wie viel Uhr ist es bitte? Wie spät ist es bitte?	Es ist sechs (Uhr).
Wann / Um wie viel Uhr beginnt das Theaterstück?	Um halb neun. Um 20 Uhr 30.

Wie spät ist es?

28 Verbinden Sie die Bilder mit den passenden Sätzen.

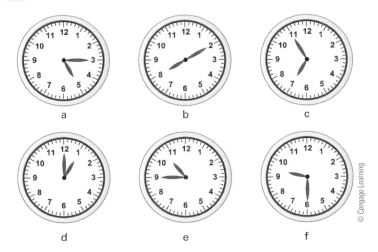

a   b   c

d   e   f

Digital	Analog
_____ Es ist dreizehn Uhr.	Es ist ein Uhr.
_____ Es ist sechs Uhr fünfundfünfzig.	Es ist fünf vor sieben.
_____ Es ist neun Uhr dreißig.	Es ist halb zehn.
_____ Es ist 17 Uhr fünfzehn.	Es ist Viertel nach fünf.
_____ Es ist zehn Uhr fünfundvierzig.	Es ist Viertel vor elf.
_____ Es ist zwanzig Uhr zehn.	Es ist zehn nach acht.

Volkers Kalender

 Beantworten Sie die Fragen.

Montag	8 h – 17 h im Theater
Dienstag	8 h – 17 h im Theater nach der Arbeit mit Rolf und Manni was trinken gehen?
Mittwoch	8 h – 17 h im Theater
Donnerstag	8 h Gespräch mit dem Direktor vor der Probe den Vorhang reparieren 13 h – 17 h Probe nach der Probe mit Wertheimer sprechen
Freitag	8 h – 17 h mit dem neuen Regisseur arbeiten 17.30 h zum Psychologen
Samstag	19 h Abendessen mit R. D. und F. 21 h Konzert 23.30 h Bar beim Theater
Sonntag	14 h aufstehen 15 h mit dem Fahrrad zum Wannsee?

1. Wann arbeitet Volker am Theater?
   a. Samstags und sonntags von 2 bis 5 Uhr abends.
   b. Montags bis freitags von 8 bis 5 Uhr.
   c. Donnerstags von 2 bis 5 Uhr abends.

2. Wann geht er mit Rolf und Manni was trinken?
   a. Am Freitag um halb sechs.
   b. Am Sonntag um 3 Uhr.
   c. Am Dienstag nach der Arbeit um 5 Uhr.

3. Wann sollte er den Vorhang reparieren?
   a. Nach der Probe am Donnerstag.
   b. Vor der Probe am Donnerstag.
   c. Am Freitag um halb sechs.

4. Wann muss Volker zum Psychologen?
   a. Am Montag um 12 Uhr.
   b. Am Dienstag um Viertel nach sechs.
   c. Am Freitag um halb sechs.

5. Wann muss er mit Herrn Wertheimer sprechen?
   a. Am Samstag nach dem Konzert.
   b. Vor der Probe am Donnerstag.
   c. Am Donnerstag nach der Probe um fünf.

6. Wann will er erst um zwei aufstehen?
   a. Am Samstag.   c. Am Mittwoch.
   b. Am Sonntag.

7. Wann will er mit Manni mit dem Fahrrad zum Wannsee fahren?
   a. Am Samstagmorgen.   c. Am Samstagabend.
   b. Sonntagnachmittag.

8. Wann ist das Konzert?
   a. Am Freitagabend.   c. Am Sonntag um 9 Uhr abends.
   b. Am Samstagabend.

9. Wann möchte er mit Freunden zum Abendessen gehen?
   a. Am Sonntagabend um sieben.
   b. Vor dem Konzert am Samstagabend.
   c. Nach dem Konzert am Samstagabend.

Volkers Woche

Arbeiten Sie mit Volkers Kalender. Was muss oder will Volker diese Woche machen? Beantworten Sie die Fragen.

BEISPIEL   Was will Volker am Dienstag nach der Arbeit machen? →
Er will am Dienstag nach der Arbeit mit Rolf und Manni was trinken gehen.

1. Was muss Volker am Donnerstag vor der Probe machen?
2. Was möchte er nach der Probe machen?
3. Was muss Volker am Freitag um halb sechs machen?
4. Was will Volker am Sonntag um drei Uhr machen?

Eine tote Krankenschwester im Sanatorium. Inspektor Voss hat viele Fragen.

Die Physiker (Auszug)

Inspektor Voss und die Polizisten Blocher und Guhl kommen in das Sanatorium von Frau Doktor Mathilde Von Zahnd. Ein Patient hat eine Krankenschwester erdrosselt°. Inspektor Voss hat viele Fragen an die Oberschwester° …   — *strangled / head nurse*

	INSPEKTOR	Man darf doch rauchen?	
5	OBERSCHWESTER	Es ist nicht üblich.	
	INSPEKTOR	Pardon. *Er steckt die Zigarre zurück.°*	*puts the cigar away*
	OBERSCHWESTER	Eine Tasse Tee?	
	INSPEKTOR	Lieber Schnaps.	
	OBERSCHWESTER	Sie befinden sich in einer Heilanstalt°.	*medical facility*
10	INSPEKTOR	Dann nichts. Blocher, du kannst photographieren.	
	BLOCHER	Jawohl, Herr Inspektor.	
		Man photographiert. Blitzlichter°.	*camera flashes*
	INSPEKTOR	Wie hieß die Schwester?	
	OBERSCHWESTER	Irene Straub.	
15	INSPEKTOR	Alter?	
	OBERSCHWESTER	Zweiundzwanzig. Aus Kohlwang.	
	INSPEKTOR	Angehörige°?	*family members*
	OBERSCHWESTER	Ein Bruder in der Ostschweiz.	
	INSPEKTOR	Benachrichtigt?°	*Notified?*
20	OBERSCHWESTER	Telefonisch.	
	INSPEKTOR	Der Mörder?	
	OBERSCHWESTER	Bitte, Herr Inspektor. Der arme Mensch ist doch krank.°	*sick*
	INSPEKTOR	Also gut: Der Täter?°	*perpetrator*
	OBERSCHWESTER	Ernst Heinrich Ernesti. Wir nennen ihn Einstein.	
25	INSPEKTOR	Warum?	
	OBERSCHWESTER	Weil er sich für Einstein hält.°	*Because he thinks he is Einstein.*
	INSPEKTOR	Ach so.° *Er wendet sich zum stenographierenden Polizisten.°* Haben Sie die Aussagen° der Oberschwester, Guhl?	*I see. / turns to the officer who is taking notes / statements*
	GUHL	Jawohl, Herr Inspektor.	

Lesen Sie die Informationen und beantworten Sie die Fragen oder notieren Sie Kommentare. Besprechen Sie das Interessanteste im Kurs.

Information		Fragen/Notizen
man one	Man *is an indefinite pronoun similar to 'one.'* Man darf doch rauchen? lit. *'Is one allowed to smoke here?'*	Darf man hier rauchen?
rauchen to smoke		Rauchen Sie?
der **Tee** tea		Trinken Sie gern Tee?
sich befinden to be located	*lit. to find oneself (in a location)* Sie befinden sich in einer Heilanstalt! *'You are in a health facility!'* *This reflexive verb simply means 'to be (located).' Reflexives will be explained in chapter 7.*	Wo befinden Sie sich?
fotografieren / photographieren to take photographs	*The German spelling reform of 1996 replaced many* ph *spellings with* f, *but all works printed before then and many later works retain the old spelling. Also, Dürrenmatt's works are all published in Switzerland, where spelling rules are different.*	
telefonisch by phone	das Telefon = *'telephone'*	
der Mörder (Mörder) murderer		
der Mensch (Menschen) man, human being	Der Mensch ist doch krank! *'The man is ill!'* Der Mensch *usually refers to man in the context of nature, while* die Person *refers to individual in culture or society.*	
krank sick, ill	*cognate with English 'cranky'*	
der **Täter** (Täter), die **Täterin** (Täterinnen) perpetrator	*literally 'the doer';* der Täter *is the suspect in a crime.*	
Jawohl! Yes! Yes sir!	*Affirmations like* Jawohl! *are typical of authoritarian contexts like the military.*	

31 Im Sanatorium

Kreuzen Sie an, was stimmt.

	Inspektor Voss	Oberschwester	Blocher	Guhl	Tote Krankenschwester
1. ... möchte eine Zigarre rauchen.	☐	☐	☐	☐	☐
2. ... möchte dem Inspektor eine Tasse Tee geben.	☐	☐	☐	☐	☐
3. ... möchte lieber einen Schnaps.	☐	☐	☐	☐	☐
4. ... sagt zu Blocher: „Du kannst fotografieren."	☐	☐	☐	☐	☐
5. ... heißt Irene Straub und ist 22 Jahre alt.	☐	☐	☐	☐	☐
6. ... hat einen Bruder in der Ostschweiz.	☐	☐	☐	☐	☐
7. ... muss Irene Straub fotografieren.	☐	☐	☐	☐	☐
8. ... möchte nicht, dass der Inspektor den Patienten Ernesti einen Mörder nennt.	☐	☐	☐	☐	☐
9. ... muss alles aufschreiben.	☐	☐	☐	☐	☐

Anreden

Wie sprechen die Personen sich an?°

1. Wie spricht Inspektor Voss seinen Kollegen Blocher an?

2. Wie spricht Blocher Inspektor Voss an?

3. Wie spricht die Oberschwester Inspektor Voss an?

How do the characters address one another?

Du oder *Sie?*

Wie spricht Volker diese Personen an? Wie kann Volker diese Personen begrüßen?

BEISPIEL   Dr. Friedhelm Weiß, Diplom-Psychologe (Volkers Psychologe) →
Guten Tag, Herr Dr. Weiß …

1. Ansgar von Keck, Direktor, des Deutsches Theater

     _____

2. Manfred „Manni" Sommer (Volkers Freund, sie waren zusammen an

     der Uni.) _____

3. Rosemarie Pehl, Sekretärin von Ansgar von Keck (Volker spricht

     nicht oft mit ihr.) _____

4. Ruth von Keck, Frau von Ansgar von Keck (Volker kennt sie nicht so gut.)

     _____

5. Fred Schramm, Barmann in der Bar beim Theater (Volker kennt ihn

     schon lange.) _____

6. Ulrich Wertheimer, Regisseur

     _____

7. Professor Dr. Hans-Joachim Hoffmeyer, Professor für
Theaterwissenschaften, Freie Universität Berlin (Er war Volkers
Professor.) _____

Severin Nowacki

Jede Inzenierung braucht ein passendes Bühnenbild.

Strukturen

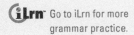 Go to iLrn for more grammar practice.

4.2.1 Imperativ (*Imperative*)

The imperative mood is used to give commands or orders. Imperatives are easy to recognize since the verb generally appears at the very beginning. You may have already heard a number of imperatives from your instructor:

Machen Sie bitte das Buch **auf!**	*Please open your book.*
Lesen Sie!	*Read.*
Hören Sie zu!	*Listen.*

These are examples of the **Sie**-form of the imperative, which is used for persons whom you would address with **Sie**. The verb form is the same as the infinitive.

The **du**- and the **ihr**-forms of the imperative are used for people you address with **du**, such as friends, relatives, and other students. In the singular, the ending **-(s)t** is dropped from the present tense second-person form:

One person:	**Gib** mir bitte das Buch!	*Please give me the book.*

The plural form is identical to the present tense second-person form:

More than one person:	**Sprecht** nicht so laut!	*Don't speak so loudly.*

The personal pronouns **du** and **ihr** are not part of the imperative.

Singular		Plural	
du-Form, Präsens	**Imperativ**	**ihr-Form, Präsens**	**Imperativ**
du machst	**Mach!**	ihr macht	**Macht!**
du gibst	**Gib!**	ihr gebt	**Gebt!**
du kommst	**Komm!**	ihr kommt	**Kommt!**
du arbeitest	**Arbeite!**	ihr arbeitet	**Arbeitet!**
du liest	**Lies!**	ihr lest	**Lest!**
du fährst	**Fahr!°**	ihr fahrt	**Fahrt!**

° Verbs with the stem-vowel change **a > ä** drop the umlaut.

The imperative of **sein** is irregular. The imperative of **haben** is irregular in the **du**-form singular.

Sie-form:	**Seien** Sie bitte ruhig!	**Sie**-form:	**Haben** Sie keine Angst!
du-form:	**Sei** bitte ruhig!	**du**-form:	**Hab** keine Angst!
ihr-form:	**Seid** bitte ruhig!	**ihr**-form:	**Habt** keine Angst!

There is also a first-person plural imperative, the **wir**-form, which is identical to the present tense form.

Gehen wir ins Theater!	*Let's go to the theater.*

Commands on signs and in instructions are often given in the infinitive form.

Während der Vorstellung bitte nicht **sprechen!**	*Please be quiet during the performance!*

The word **bitte** is often added to soften commands of any kind.

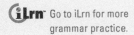 GRAMMAR GLOSSARY
You can find more information about ⇒ **imperative** in the *Welten* grammar glossary in iLrn.

LERNSTRATEGIEN It is best to memorize whole phrases and commands that you may hear, read, or give often, as you have probably done already with some instructions from your instructor.

Auf der Couch

34

Volker spricht mit seinem Psychologen. Verbinden Sie die passenden Sätze und spielen Sie dann einen kleinen Dialog zwischen Volker und dem Psychologen.

BEISPIEL   Volker: Ich muss immer so viel arbeiten.
Psychologe: Machen Sie öfter mal eine Pause!

1. Ich muss zu viel arbeiten.
2. Ich kann nicht schlafen.
3. Ich trinke zuviel Kaffee.
4. Ich rauche zuviel.
5. Am Wochenende sitze ich immer nur zu Hause.
6. Der Theaterdirektor geht mir auf die Nerven.
7. Ich fahre nicht gerne mit der U-Bahn.

a. Gehen Sie doch mal in ein Konzert!
b. Machen Sie ein bisschen Sport!
c. Trinken Sie grünen Tee!
d. Machen Sie öfter mal eine Pause!
e. Nehmen Sie doch mal das Fahrrad!
f. Rauchen Sie nicht so viel!
g. Ignorieren Sie ihn!

Immer nur Befehle

35

Volker hört den ganzen Tag Befehle. Schreiben Sie die folgenden Bitten und Anweisungen in den Imperativ um.

BEISPIEL   Du musst das Buch aufmachen! → Mach das Buch auf!

1. Kannst du mir helfen?
2. Du darfst nicht so laut sprechen!
3. Ihr sollt schneller schreiben!
4. Wir sollen auf die Bühne gehen!
5. Können Sie mir bitte einen Kaffee bringen?
6. Du sollst das Fenster aufmachen!
7. Sie sollen kommen!
8. Du sollst leise sein!
9. Kannst du den Regisseur nach Hause fahren?

Etwas weiter rechts, bitte!

36

1. Schritt. Ergänzen Sie Volkers Befehle mit den passenden Imperativformen.

1. _____ das Licht an.
2. _____ weiter nach rechts.
3. _____ den Stuhl hier links ab.
4. _____ das Buch weiter nach hinten.
5. _____ mit dem rechten Stuhl weiter nach vorne.
6. _____ weiter her mit dem linken Stuhl.

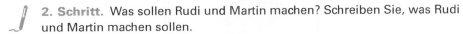

2. Schritt. Was sollen Rudi und Martin machen? Schreiben Sie, was Rudi und Martin machen sollen.

1. Rudi ... soll das Licht anmachen.
2. Martin ...
3. Martin ...
4. Martin ...
5. Martin ...
6. Martin ...

So nicht, bitte!

37

Nicht nur Volker hat Probleme, sondern auch seine Kollegen und Kolleginnen im Theater. Sagen Sie den Mitarbeitern, was sie machen sollen. Benutzen Sie die Partikel **bitte** und **doch,** um Ihre Befehle etwas höflicher zu machen.

BEISPIEL   Ansgar von Keck raucht im Theater. →
Bitte rauchen Sie nicht im Theater, Herr von Keck!

1. Ulrich Wertheimer schreit° immer.   *yells*
2. Ansgar von Keck ist zu nervös.
3. Frau Pehl, die Sekretärin, telefoniert immer.
4. Die Assistentinnen sprechen zu laut.
5. Manni trinkt zu viel Kaffee.
6. Ein Schauspieler lernt den Text nicht.

4.3

Volkers Tagebuch: Freitag

Beim Psychologen

Warum geht Volker zum Psychologen? Welche Probleme hat er?
Spekulieren Sie!

Volker fährt mit dem
Fahrrad zum Psychologen.

Heute beim Psychologen. Machen Sie dies! Tun Sie das!
Der Psychologe ist nicht gut für mich. Er spricht mit mir
wie mein Vater! Und ich bin das Kind. Ein kleiner Wurm.
Vielleicht bin ich das Problem? Ich bin nur ein kleiner
Wurm hinter den Kulissen. Immanuel Kant sagt: Wer
sich zum Wurm macht, der soll nicht klagen, wenn er
getreten wird.[1]

[1]Wer ... wird: *Whoever makes himself a worm should not complain if he gets stepped on.*

Beim Psychologen

der **Psychologe** (Psychologen) *(male) psychologist*	der Wurm (die Würmer) *worm*
die **Psychologin** (Psychologinnen) *(female) psychologist*	**klagen** *to complain*
	treten *to kick; to step (on)*

Wortschatz

Welche Wörter möchten Sie noch wissen, um über Psychologie zu sprechen?

Wer sagt was?

Verbinden Sie die Kommentare mit den passenden Personen.

1. Ich bin nur ein kleiner Wurm hinter den Kulissen.

2. Wer sich zum Wurm macht, der soll nicht klagen, wenn er getreten wird.

3. Machen Sie ein bisschen Sport. Rauchen Sie nicht so viel.

4. Vielen Dank für Ihre Hilfe hinter den Kulissen und Ihre Ideen für das Bühnenbild.

5. Bitte reparieren Sie endlich den Vorhang.

a. der Theaterdirektor Ansgar von Keck

b. der Regisseur Ulrich Wertheimer

c. Volker

d. Immanuel Kant

e. der Psychologe

41 An alle Deutschlernenden

Wer sagt was?

1. Sebastian aus Jena sagt, wir sollen …
2. Kati aus Basel sagt, wir sollen …
3. Martina aus Nürnberg findet, wir sollen …
4. Hilli Zacher aus Stuttgart sagt, wir müssen mehr …
5. Der Architekt Gregor sagt, wir sollen …
6. Uwe auf der Insel Rügen sagt, wir müssen mehr …
7. Die Psychologin Yasemin sagt, wir sollen …
8. Der Philosophieprofessor Rüdiger Fichte findet, wir sollen …
9. Hubert, der Koch, sagt, man muss …
10. Thorsten der Oldenburger Reporter will, dass wir …
11. Die Studentin Nada sagt wir sollen …

a. kreativ sein.
b. in die Natur gehen und uns inspirieren lassen.
c. fragen, wenn wir etwas nicht verstehen.
d. Musik mit guten Texten hören.
e. zusammen arbeiten.
f. anderen helfen.
g. Freunde finden, die Deutsch sprechen.
h. an unsere Freunde schreiben.
i. Vokabeln lernen.
j. zusammen essen und trinken.
k. lesen soviel wir können.

Erziehung

Uwe Timm

42 Ich bin kein Kind mehr

Der Psychologe spricht mit Volker wie mit einem Kind. Wie sind Ihre Eltern? Und wie waren Sie als Kind? Wählen Sie Adjektive aus und berichten Sie im Kurs.

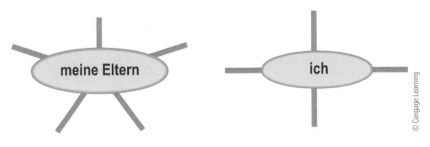

© Cengage Learning

aktiv *active*	**menschlich** *humane*
aufmerksam *attentive*	nett *nice*
ehrlich *honest*	**offen** *open*
ernst *serious*	**ruhig** *quiet*
freundlich *friendly*	**stolz** *proud*
froh *happy*	**streng** *strict*
lieb *dear, kind, nice*	

Meine Mutter sagt immer …

instructions

1. Schritt. Welche Befehle und Anweisungen° sind typisch für Ihre Eltern?

_____ Sei ehrlich!

_____ Sei freundlich!

__1__ Sei lieb!

_____ Sei nett!

_____ Sei ruhig!

____ _____!

2. Schritt. Was waren typische Befehle Ihrer Eltern? Machen Sie Listen und teilen Sie sie im Kurs.

BEISPIEL   Meine Mutter → Räum dein Zimmer auf! …
Mein Vater → Mach nicht so laute Musik! …

🔊 Erziehung

Uwe Timm

laß[1] das
komm sofort her
bring das hin
kannst du nicht hören
5 hol das sofort her
kannst du nicht verstehen
sei ruhig
faß das nicht an
sitz ruhig
10 nimm das nicht in den Mund
schrei nicht
stell das sofort wieder weg
paß auf
nimm die Finger weg
15 sitz ruhig

Peter Hammer Verlag, Wuppertal 1974.
Reprinted by permission of Peter Hammer Verlag.

[1] Note: *laß, faß,* and *paß* are old spellings of *lass, fass,* and *pass*

Pass auf!

Irina Schmidt/Shutterstock.com

ARBEIT MIT DEM TEXT
Lesen Sie die Informationen und verwenden Sie das neue Wort in einem Befehl. Teilen Sie interessante Beispiele mit dem Kurs.

Information		Übersetzen Sie!
lassen *to let*	Lass mich in Ruhe! *Leave me alone.*	Lass das!
hinbringen *to take something somewhere*	hinbringen *is a separable prefix verb;* hin *signifies movement away from the speaker*	Bringst du mich hin?
herholen *to bring something from somewhere*	herholen *is a separable prefix verb;* her *signifies movement toward the speaker*	Hol die Kamera her!
anfassen *to touch*	anfassen *is a separable prefix verb*	Fass die Vase nicht an!
ruhig *quiet*		Sei ruhig!
der Mund (Münder) *mouth*		Halt den Mund!
schreien *to yell*		Schrei nicht so laut!
wegstellen *to put away*	wegstellen *is a separable prefix verb;* stellen *is used for objects that literally stand, e.g., books, cars, drinking glasses, etc.*	Stell die Flasche weg!
aufpassen *to pay attention*	aufpassen *is a separable prefix verb*	Pass auf die Kinder auf!
der Finger (Finger) *finger*		Finger weg!

Anders gesagt

Schreiben Sie die Befehle im Gedicht neu, indem Sie Modalverben benutzen.

BEISPIEL   Lass das! → du sollst das lassen!

Interpretation

Beantworten Sie die Fragen und berichten Sie dann im Kurs.

1. Wer spricht hier mit wem?
2. Wie können Sie die Personen beschreiben? Denken Sie an die Adjektive von oben.
3. Vergleichen Sie die Befehle mit denen, die Sie als Kind gehört haben.
4. Was sagt diese Kommunikation über das Verhältnis° zwischen Eltern und Kind?   *relation*
5. Aus welcher Zeit kommt das Gedicht?
6. Erfinden° Sie für jeden Satz eine Situation.   *invent*

Strukturen

4.3.1 Der Dativ

iLrn Go to iLrn for more grammar practice.

The main function of the dative case is to identify the recipient of an action or a thing.

Volker gibt **dem Regisseur** das Buch.   *Volker gives the book **to the director**.*

Volker schreibt **der Kollegin** eine E-Mail.   *Volker writes an email **to his colleague**.*

Volker gibt **den Schauspielern** die Kostüme.   *Volker gives **the actors** the costumes.*

4.3.2 Artikel und Adjektive im Dativ

Articles and possessive adjectives in the dative change the following way.

Kasus	Maskulinum	Neutrum	Femininum	Plural
Nominativ	der	das	die	die
	ein	ein	eine	–
	mein	mein	meine	meine
Akkusativ	den	das	die	die
	einen	ein	eine	–
	meinen	mein	meine	meine
Dativ	dem	dem	der	den
	einem	einem	einer	–
	meinen	meinem	meiner	meinen

Attributive adjectives have the following endings in the dative:

Maskulinum	Neutrum	Femininum	Plural
Article			
dem jung**en** Regisseur	dem modern**en** Theater	der kreativ**en** Autorin	den jung**en** Schauspielern
No article			
jung**em** Regisseur	modern**em** Theater	kreativ**er** Autorin	jung**en** Schauspielern

Nouns in the dative plural take an **-(e)n** ending if their plural form does not already end in **-n** or **-s**.

Volker gibt den Schauspielern die Kostüme.   *Volker gives **the actors** the costumes.*

N-declension nouns add an **-(e)n** in the dative singular and plural.

Dative singular: Der Regisseur schreibt dem Assistent**en** ein Memo.

4.3.3 Pronomen im Dativ

Pronouns take on different forms, depending on whether they are in the nominative, accusative, or the dative.

Numerus	Person	Nominativ	Akkusativ	Dativ
Singular	1st	ich	mich	mir
	2nd	du	dich	dir
	3rd	er/es/sie	ihn/es/sie	ihm/ihm/ihr
Plural	1st	wir	uns	uns
	2nd	ihr	euch	euch
	3rd	sie	sie	ihnen
Formell, Sing. und Pl.	2nd	Sie	Sie	Ihnen

4.3.4 Verben mit Dativobjekt

A number of German verbs have no object in the accusative case and require only an object in the dative case. The most frequent ones are listed below. How would you translate the examples in the chart?

Verb	Englisch	Beispiel
antworten	to answer s.o.	Volker antwortet dem Regisseur.
gefallen	to look good to s.o., to please s.o.	Das Bühnenbild gefällt den Zuschauern.
gehören	to belong to s.o.	Das Handy gehört dem Direktor.
helfen	to help s.o.	Volker fragt eine ältere Dame im Theater: „Kann ich Ihnen helfen?"
passen	to fit s.o.	Das Kostüm passt der Schauspielerin gut.
schmecken	to taste good to s.o.	Das Abendessen schmeckt den Schauspielern.

4.3.5 Präpositionen mit Dativ

The dative case is also used with certain prepositions:

- Some prepositions are used to describe **how** things happen (modality).

außer	Volker mag alles **außer** Bananen.	*Volker likes everything except for bananas.*
mit	Volker fährt **mit** der U-Bahn nach Hause.	*Volker takes the subway home.*
	Abends geht er **mit** Freunden in eine Bar.	*At night he goes out to a bar with friends.*
von von + dem = vom	Das Stück *Die Physiker* ist **von** dem Schweizer Autor Friedrich Dürrenmatt.	*The play "Die Physiker" is by the Swiss author Friedrich Dürrenmatt.*

- Other prepositions with the dative are used are used to describe **where** something is happening (spatial).

aus	Volker kommt **aus** Berlin.	*Volker is from Berlin.*
bei	Potsdam liegt **bei** Berlin.	*Potsdam is close to Berlin.*
bei + dem = beim	Volker arbeitet **beim** Theater.	*Volker works at the theater.*
zu zu + dem = zum	Volker fährt mit der U-Bahn **zum** Theater.	*Volker takes the subway to the theater.*

- Two prepositions are frequently used to describe **when** something is happening (temporal).

seit	**Seit** einem Jahr arbeitet Volker beim Deutschen Theater.	*Volker has been working at the Deutsches Theater for one year.*
vor*	**Vor** sechs Jahren ist Volker nach Berlin gekommen.	*Volker came/moved to Berlin six years ago.*

- And finally, two dative prepositions can be used to express both **when** and **where** something is happening (temporal/spatial).

ab	**Ab** Donnerstag sind Proben für *Die Physiker*.	*The rehearsals for "Die Physiker" are starting [from] Thursday [on].*
	Die U-Bahn fährt **ab** Alexanderplatz.	*The subway leaves from Alexanderplatz.*
nach	**Nach** der Arbeit geht Volker nach Hause.	*After work Volker goes home.*
	Am Wochenende fährt Volker **nach** Lübeck.	*On the weekend Volker is going to Lübeck.*

LERNSTRATEGIEN It is best to memorize both the meaning and the case that is required by a preposition. It is also extremely helpful to memorize whole prepositional phrases that are used frequently and are useful for you, e.g., **mit dem Fahrrad**.

 **GRAMMAR GLOSSARY**
You can find more information about ⇒ **dative, case,** and **prepositions** in the *Welten* grammar glossary in iLrn.

---

* The preposition **vor** is always used with the dative case in time expressions. It can also be used to describe spatial relationships, but then may require the object to be in a different case. You will learn more about this in chapter 7.

46 Psychotest

Machen Sie den Psychotest. Formulieren Sie dann Fragen für eine andere Person.

Schritt 1. Welche Antwort passt zu Ihnen?

1. Wem geben Sie nicht gern Ihre Handynummer?
   a. einem Studenten in der Cafeteria
   b. einer Studentin im Deutschkurs
   c. einem netten Mann im Park
   d. einer Bibliothekarin
   e. einem Professor
   f. einer Professorin
   g. _____

2. Wem helfen Sie gern bei den Hausaufgaben?
   a. sportlichen Studenten
   b. netten Studenten
   a. einer hübschen Studentin
   b. einem gutaussehenden Studenten
   c. den Studenten im Deutschkurs
   d. _____

3. Wem antworten Sie nicht gern am Handy?
   a. meiner Mutter
   b. meinem Vater
   c. meiner Schwester
   d. meinem Bruder
   e. meiner Großmutter
   f. meinem Großvater
   g. _____

Schritt 2. Formulieren Sie Fragen.

BEISPIEL   OTTO   Wem gibst du nicht gern deine Handynummer?
             ANNA   Dem alten Mann im Park gebe ich nicht gern meine Handynummer.

Schritt 3. Berichten Sie im Kurs.

BEISPIEL   OTTO   *Anna gibt dem alten Mann im Park nicht gern ihre Handynummer.*

47 Ein hektischer Samstag für Volker

Ergänzen Sie die Lücken mit dem passenden Artikel oder Possessivwort.

| den | seinem | seiner |
| dem | seinen | einer |

Morgens soll Volker _____ Freund Rolf ein Manuskript bringen. Dann muss er in die Innenstadt fahren, weil er _____ Freundin Sabine etwas zum Geburtstag kaufen will. Auch _____ Eltern von Sabine möchte er etwas schenken, ein kleines Dankeschön für das letzte Wochenende bei ihnen. Nachmittags muss er _____ Regisseur und _____ Kollegin noch eine E-Mail schreiben und am Abend will er _____ Freunden ein italienisches Abendessen kochen. Ein hektischer Samstag für Volker.

Volkers Liste

Schreiben Sie, was die verschiedenen Personen machen müssen.
Vergleichen Sie dann Ihre Listen im Kurs.

BEISPIEL   dem Regisseur seine Telefonnummer geben (Volker) →
Volker muss dem Regisseur seine Telefonnummer geben.

1. dem Direktor das Manuskript bringen (Volker)
2. Volker ihre Kostüme geben (die Schauspieler)
3. der Sekretärin Blumen kaufen (Volker)
4. seinen Eltern Theaterkarten geben (Volker)
5. ihrem Sohn ein neues Fahrrad kaufen (Volkers Eltern)
6. dem Psychologen einen Scheck schreiben (Volker)

Info-Spiel: Wem gehört was?

Nach der Premiere bleiben Sachen im Theater liegen. Ergänzen Sie die
Tabelle mit den Informationen, die Sie bekommen. Vergleichen Sie dann,
was Sie geschrieben haben.

BEISPIEL   s2 Wem gehört der Mantel?
s1 Der Mantel gehört dem Theaterdirektor.
s2 (schreibt die Information in die Tabelle)

S1

Der Mantel	dem Theaterdirektor
Der Hut	
Die Tasche	der Mutter von Volker
Das Foto von Volker	
Das Handy	dem Vater von Volker
Die Uhr	
Die Flasche Champagner	dem Regisseur
Eine Zeitschrift	
Eine Kreditkarte	einer Zuschauerin°

der Zuschauer / die Zuschauerin:
viewer (theater, film, TV, etc.)

S2

Der Mantel	
Der Hut	einer Schauspielerin
Die Tasche	
Das Foto von Volker	der Freundin von Volker
Das Handy	
Die Uhr	einem Zuschauer
Die Flasche Champagner	
Eine Zeitschrift	einem Schauspieler
Eine Kreditkarte	

Kleines Interview

Beantworten Sie die Fragen unten mit Ihren eigenen Informationen und
fragen Sie dann zwei andere Personen im Kurs. Vergleichen Sie die Antworten.

1. Welcher Film gefällt dir am besten?
2. Welcher Schauspieler gefällt dir am besten?
3. Welche Schauspielerin gefällt dir am besten?

Partnerinterview: Filmgenres

Finden Sie heraus, was anderen gefällt. Fragen Sie so viele andere Personen wie möglich, notieren Sie die Antworten und berichten Sie im Kurs. Welches Filmgenre gefällt den meisten Studierenden im Kurs (nicht)?

BEISPIEL ANNA Gefallen dir Komödien?

OTTO Nein, Komödien gefallen mir nicht so gut.

ANNA Gefallen dir Horrorfilme?

OTTO Nein, Horrorfilme gefallen mir überhaupt nicht.

ANNA *Otto gefallen Komödien nicht so gut. Horrorfilme gefallen ihm überhaupt nicht ...*

sehr gut	+++
gut	++
relativ gut	+
ganz gut	+ −
nicht so gut	− −
überhaupt nicht	− − −

detective films

	... gefallen ___	... gefallen ___ nicht
Komödien		
Familiendramen		
Horrorfilme		
Krimis°		
Thriller		

souvenir

Das Mitbringsel°

Volker und seine Freunde gehen auf eine Party bei Ansgar von Keck. Sie möchten ihm und seiner Frau etwas mitbringen. Ergänzen Sie die Lücken mit dem passenden Pronomen im Dativ.

VOLKER Ihr geht doch auch auf die Party bei von Keck und seiner Frau? Könnt ihr _____ vielleicht helfen? Habt ihr eine Idee, was wir _____ mitbringen können?

SUSANNE Also von Keck mag gern guten Wein, vielleicht können wir _____ eine Flasche Wein kaufen?

VOLKER Also gut. Und seiner Frau?

STEPHANO Wir können _____ Blumen kaufen!

VOLKER Ich weiß nicht, gefällt _____ diese Idee? Das ist doch ein bisschen langweilig für den Herrn Direktor, oder? Fragen wir mal die Schauspieler. Vielleicht können sie _____ einen Tipp geben?

Fragen zu Volker

Beantworten Sie die Fragen mit den Informationen aus Strukturen 4.3.5.

1. Woher kommt Volker?
2. Wo arbeitet Volker?
3. Wie fährt er nach Hause?
4. Was macht er am Abend?
5. Wie lange arbeitet er schon beim Deutschen Theater?
6. Wo liegt Potsdam?
7. Was isst Volker gerne?
8. Wohin fährt Volker mit der U-Bahn?
9. Wann beginnen die Proben?

Volker fährt gern mit dem Roller.

© Cengage Learning

Mit wem gehen sie ins ...?

▶ Was sagen die Personen im Video?

1. Sebastian geht gern … ins Kino.
   a. mit seiner Freundin   c. mit seinem Onkel
   b. mit anderen Studenten
2. Kati Hürlimann geht gern … ins Theater.
   a. mit ihrem Freund   c. mit ihrer Tante
   b. mit ihrem Onkel Hans
3. Martina Graf geht gern mit … ins Kino.
   a. mit ihrer alten Freundin Karin
   b. mit ihrem netten Kollegen Richard
   c. mit ihrer neuen Kollegin Sonja
4. Hilli Zacher geht gern mit … ins Kino.
   a. mit ihrem Bruder   c. mit ihrer Schwester
   b. mit ihrer Kusine
5. Gregor Weber geht gern … ins Theater.
   a. mit Herrn Mohn   c. mit seiner Frau
   b. mit seinem alten Freund Jochen
6. Mit wem geht Uwe Rau gern ins Kino? *Mit seiner Familie.*
7. Mit wem geht Yasemin Tankut gern ins Kino?
8. Mit wem geht Rüdiger Fichte gern ins Theater?
9. Mit wem geht Hubert Moser gern ins Kino?
10. Mit wem geht Thorsten Feddersen gern ins Kino?
11. Mit wem geht Nada El-Ghannam gern ins Kino? *(Selina)*

Volker geht gern ins Babylon.

Profile

1. Schritt: Mein Profil. Ergänzen Sie den Text mit Ihren eigenen Infomationen.

Ich komme aus _____.

Ich arbeite bei _____.

Ich fahre immer _____ dem Zug / dem Auto / dem Fahrrad / dem Bus an die Uni.

Ich studiere seit _____ Jahr(en) hier.

Mein Lieblingsbuch heißt _____ und ist von _____.

Mir gefallen alle Filme außer _____.

Im Sommer fahre ich gern nach / zu _____.

2. Schritt: Fragen. Schreiben Sie Fragen für Ihre Interviews, befragen Sie andere Personen im Kurs und machen Sie Notizen.

BEISPIELE   Woher kommst du? / Wo arbeitest du?

Kommt aus …   Lieblingsbuch …
Arbeitet bei …   Sieht gern alle Filme außer …
Fährt mit …   Fährt im Sommer gern zu …
Studiert hier seit …

3. Schritt: Berichten. Berichten Sie im Kurs.

BEISPIEL   *Jeremy kommt aus Charlotte. Er arbeitet bei The Gap. Er fährt immer mit dem Fahrrad an die Uni …*

Kollaborative Geschichte

Schreiben Sie eine kleine Geschichte über Volker mit den folgenden Phrasen.

um acht Uhr morgens	seit vielen Jahren	mit dem Fahrrad
bei einem Konzert	nach dem Konzert	von seiner Mutter
zum Psychologen		

Volkers Tagebuch: Samstag

Nach dem Konzert mit Freunden in der Kneipe beim Theater. Wir gehen schon seit vielen Jahren in die Kneipe beim Theater. Da sind immer die gleichen Leute. Außer mir sind alle mit ihrem Freund oder mit ihrer Freundin da. Ich bin der einsame Wolf vom Theater mit einer Schachtel Zigaretten. Alle reden über die anderen, nur keiner redet mit mir. Außer Fred, der Barmann. Der erzählt immer von seiner Frau, die seit Jahren in Italien lebt. ...

In der Kneipe

die **Kneipe** (Kneipen) *pub, casual restaurant*
der Wolf (Wölfe) *wolf*
mit einer Schachtel Zigaretten *with a pack of cigarettes*
alle reden über die anderen *everyone talks about everyone else*

keiner redet mit mir *nobody talks to me*
außer *except (for)*
immer *always*
seit Jahren *for (many) years*

Fred, der Barmann

Verbinden Sie die Satzteile.

1. Nach dem Konzert war Volker ...
2. In der Bar ...
3. Jeder geht ...
4. Volker ist der einsame Wolf ...
5. Jeder kennt ...
6. Alle reden über die anderen ...
7. Fred erzählt Volker ...

a. in der Bar beim Theater.
b. mit einer Schachtel Zigaretten.
c. sind immer die gleichen Leute.
d. jeden.
e. und Volker redet mit dem Barmann.
f. mit seiner Freundin oder mit seinem Freund in die Bar.
g. von seiner Frau, die in Italien lebt.

Volker geht schon seit vielen Jahren in die Kneipe beim Theater.

Klatsch am Sonntagmorgen

Horst Bieneck

Wann mit wem?

Was machen Sie gerne am Samstagabend? Über was sprechen Sie
am Sonntagmorgen? Über wen sprechen Sie? Mit wem sprechen Sie?
Diskutieren Sie in kleinen Gruppen.

Klatsch am Sonntagmorgen

Horst Bieneck

> Wer mit wem?
> Die mit dem!
> Der mit der? (Ohne Gewähr)
> Sie und er?
> 5   Der und er?
> Wer ist wer?
> Wir mit ihr?
> Sie mit dir! (Am Klavier)
> Du mit ihm!
> 10   Sie mit ihm!
> Ich und du?
> Who is who?

In: Günter Bruno Fuchs, Die Meisengeige. Zeitgenössische Nonsensverse © 1964 Carl Hanser Verlag, Munchen.

ARBEIT MIT DEM TEXT

Lesen Sie die Informationen und verwenden Sie das neue Wort in einem Satz. Teilen Sie interessante Beispiele mit dem Kurs.

Information		Ein neuer Satz
der Klatsch *gossip*	*Gossiping over a cup of coffee is called* Kaffeeklatsch; klatschen *'to gossip' is the corresponding verb.*	
der, die *he, she;* *in dative* dem, der *him, her*	der, die *are demonstrative pronouns, pointing to a specific person or thing. Demonstrative pronouns like 'this' and 'that' have the same forms as the definite article and are often used in spoken German instead of personal pronouns.*	
ohne Gewähr *no guarantee*	*often used in legal language to indicate that no responsibility is assumed for the correctness of information.*	
am **Klavier** *at the piano*	am = an + dem *(dative). When spatial prepositions like* an *describe a location, they are followed by a dative object. This type of preposition is the focus of chapter 7.*	
wer mit wem? *who with whom?*	Wer geht zum Theater? *'Who's going to the theater?'* Mit wem geht sie zum Theater? *'Who(m) is she going to the theater with?'* *In English, the form 'whom' is used less and less, but* wem *is the only way to ask for the dative object in German.*	

Interpretation

Diskutieren Sie in Paaren oder kleinen Gruppen.

1. Wer spricht hier mit wem?
2. Wer spricht von wem?
3. Wo sind die Personen, von denen der Sprecher hier spricht?

Wer mit wem?

Spekulieren Sie und erfinden Sie verschiedene Szenarien. Spielen Sie die Szenarien im Kurs vor.

Otto und Anna kommen in ein Restaurant und sehen ihren Deutschprofessor mit seiner Freundin, die bei Starbucks arbeitet.

BEISPIEL   ANNA   Schau mal, Otto, der mit der?
           OTTO   Wer? Die mit der Tätowierung?

Projekt: Theater und Film

Schauspieler

die **Stimme** (Stimmen) *voice*	imitieren *to imitate*
das **Hörspiel** (Hörspiele) *audio play/ radio play*	das **Schauspiel** (Schauspiele) *drama, theater, acting*

1. Schritt. Volker findet den Schauspieler Stefan Kaminski gut. Stellen Sie Ihren Lieblingsschauspieler oder ihre Lieblingsschauspielerin im Kurs vor.

BEISPIEL   „Mein Lieblingsschauspieler ist Stefan Kaminski. Er ist Schauspieler am Deutschen Theater in Berlin. Er spielt in *Die Physiker* die Rolle von Albert Einstein. Er spielt auch in Filmen und in Fernsehfilmen und macht bei Radiosendungen mit. Er kann sehr gut Stimmen und Akzente imitieren. Er ...“

2. Schritt. Inszenieren Sie die erste Szene aus Dürrenmatts *Die Physiker* im Kurs oder machen Sie ein Video, Puppentheater oder Hörspiel.

BEGRIFF SPIEL

While the German word **Spiel** is often translated as English *game* or *play,* the German concept also includes *acting, gambling,* and *pretending.*

Consider the possible equivalents of the following words and phrases, and discuss the potential cultural implications by imagining a context for each phrase.

1. Das ist ein Kinderspiel. Das kann ich alleine.
2. Das Leben ist nur ein Spiel; und wer nichts riskiert, der gewinnt nichts.
3. Geld spielt keine Rolle.
4. Er ist ein Spieler. Er ruiniert seine Familie.
5. Sie spielt nur mit ihm.
6. Er spielt den Naiven.
7. Er spielt nur Theater.
8. Das Stück ist ein Trauerspiel in zwei Akten.

Übergang

Das nächste Kapitel dreht sich um eine DJane aus Stuttgart. Welche Musik hören Sie gern? Welche deutschen Musiker oder Komponisten kennen Sie?

Wortschatz

Nomen

der **Abend** (Abende) *evening*
die **Ahnung** (Ahnungen) *inkling, notion*
die **Bühne** (Bühnen) *stage*
das **Bühnenbild** (Bühnenbilder) *set, stage decoration*
das **Chaos** *chaos*
der **Film** (Filme) *film*
der **Finger** (Finger) *finger*
die **Gegenwart** *present (time/tense)*
das **Hörspiel** (Hörspiele) *radio play*
die **Idee** (Ideen) *idea*
die **Inszenierung** (Inszenierungen) *staging, production*
das **Jahr** (Jahre) *year*
das **Kino** (Kinos) *movie theatre*
das **Klavier** (Klaviere) *piano*
die **Kneipe** (Kneipen) *bar, pub*
das **Konzert** (Konzerte) *concert*
das **Kostüm** (Kostüme) *costume*
die **Kulisse** (Kulissen) *set, stage decoration*
die **Maske** (Masken) *mask*
das **Memo** (Memos) *memo*
der **Mensch** (Menschen) *human being*
die **Minute** (Minuten) *minute*
das **Mittagessen** (Mittagessen) *lunch*
der **Monat** (Monate) *month*
der **Mörder** (Mörder) *(male) murderer*
die **Mörderin** (Mörderinnen) *(female) murderer*
der **Mund** (Münder) *mouth*
der **Nachmittag** (Nachmittage) *afternoon*
die **Nacht** (Nächte) *night*
die **Pflicht** (Pflichten) *duty*
die **Probe** (Proben) *rehearsal, probe*
das **Programm** (Programme) *program*
der **Psychologe** (Psychologen) *(male) psychologist*
die **Psychologin** (Psychologinnen) *(female) psychologist*
das **Publikum** *audience*
der **Regisseur** (Regisseure) *(male) director*
die **Regisseurin** (Regisseure) *(female) director*
die **Rolle** (Rollen) *role*
das **Schauspiel** (Schauspiele) *drama, theater, acting*
der **Schauspieler** (Schauspieler) *actor*
die **Schauspielerin** (Schauspielerinnen) *actress*
die **Sekunde** (Sekunden) *second*
die **Stimme** (Stimmen) *voice*
das **Stück** (Stücke) *piece, play*
die **Stunde** (Stunden) *hour*
die **Szene** (Szenen) *scene*
der **Täter** (Täter) *(male) culprit, perpetrator*
die **Täterin** (Täterinnen) *(female) culprit, perpetrator*
die **Technik** (Techniken) *technique, technology*
der **Tee** (Tees) *tea*
das **Theater** (Theater) *theatre*
der **Typ** (Typen) *type, guy*
die **Vergangenheit** *past*
der **Vorhang** (Vorhänge) *curtain*
der **Vormittag** (Vormittage) *morning*
der **Wahnsinn** *insanity*

die **Welt** (Welten) *world*
die **Zukunft** *future*
der **Zuschauer** (Zuschauer) *(male) spectator, viewer*
die **Zuschauerin** (Zuschauerinnen) *(female) spectator, viewer*

Verben

(jdm.) **antworten** (antwortet) *to respond, answer*
(jdm.) **auf die Nerven gehen** *to get on s.one's nerves*
auf·passen (passt auf) *to pay attention*
sich befinden (befindet sich) *to be located*
(etwas) **besprechen** (bespricht) *to discuss*
dürfen (darf) *to be permitted, may*
fotografieren (fotografiert) *to take a photograph*
(jdm.) **gefallen** (gefällt) *to like*
(jdm.) **gehören** (gehört) *to belong to someone*
(jdm.) **glauben** (glaubt) *to believe someone*
(jdm.) **helfen** (hilft) *to help someone*
klagen (klagt) *to complain, mourn*
können (kann) *can, to be able to*
lassen (lässt) *to let, to have sth. done*
mögen (mag) *to like*
(jdm.) **passen** (passt) *to fit*
rauchen (raucht) *to smoke*
(jdm. etwas) **schenken** (schenkt) *to give (someone sth.)*
(jdm.) **schmecken** (schmeckt) *to taste*
schreien (schreit) *to yell, scream*
sollen (soll) *shall, supposed to be*
treten (tritt) *to step, kick someone*
verlieren (verliert) *to lose*

Adjektive/Adverbien

aktiv *active*
aufmerksam *attentive*
echt *real*
ehrlich *honest*
ernst *serious*
froh *glad*
krank *sick, ill*
lieb *dear, kind*

menschlich *human*
morgens *in the morning*
offen *open*
ruhig *quiet*
stolz *proud*
streng *strict*
vorsichtig *careful*

Präpositionen

ab *from*
aus (+ Dat.) *out of, from*
außer (+ Dat.) *except*
bei (+ Dat.) *at*
bis *until, to*
mit (+ Dat.) *with, by (means of)*
nach (+ Dat.) *after, to (location)*
seit (+ Dat.) *since, for (temporal)*
von (+ Dat.) *of, by, from*
vor (+ Akk. / Dat.) *before, ago, in front of*
zu (+ Dat.) *to (somewhere)*

Sonstiges

[acht] **Uhr** [*eight*] *o'clock*
man *one*
Schade! *A pity! What a shame!;* **Das ist schade.**

Hilli Zacher

DJane, Stuttgart

Hilli ist DJane in Stuttgart.

LERNZIELE

- *talking about music*
- *talking about the past*
- *giving dates and years*
- *talking about characteristics*
- *using the perfect tense*
- *using ordinal numbers*
- *practicing word order in dependent clauses*
- *connecting sentences with conjunctions and adverbs*

Lane V. Erickson/Shutterstock

IN DIESEM KAPITEL …

DJane Hilli's blog posts will take you into the Stuttgart music scene to talk about music and the performing arts. By discussing the life stories of professional musicians (such as a jazz pianist, a 1980s pop icon, the pioneers of German rap, and others), you will practice talking about the past, narrating past events, and using dates and ordinal numbers in German.

You can refer to **Strukturen 5.1.1 Das Perfekt** for more information about the past participles that appear in this activity.

Konzert

© Hoch Zwei/Corbis

1 Konzerte

DJane Hilli bloggt über ein Konzert. Welche Informationen erwarten Sie? Machen Sie eine Liste und vergleichen Sie im Kurs.

Hilli ist beim Philipp-Poisel-Ko
gewesen.

🔊 Philipp-Poisel-Konzert im Keller Klub

Gestern hat Philipp Poisel im Keller Klub ein tolles Konzert gegeben. Zurzeit höre ich sehr gerne diesen sogenannten Eurorock mit akustischer Gitarre. Philipp Poisel hat die besten Lieder von seinem neuen Album gespielt. Die Stimmung war total super. Nach dem Konzert haben wir bis um 3 Uhr früh über die Stuttgarter Musikszene geredet. Viele Leute haben getanzt. Alle haben richtig gut gefeiert. Nicht vergessen: Heute Abend ist House Party in der Wunder-Bar mit (yours truly) DJ Hilli ab 22 Uhr.

Konzert im Keller Klub

der **Club**/Klub (Clubs/Klubs) *club*	die **Stimmung** (Stimmungen) *vibe, atmosphere*
gestern *yesterday*	**reden** *to talk*
zurzeit *currently, recently*	**Leute** (*pl.*) *people*
sogenannt *so called*	**tanzen** *to dance*
das **Lied** (Lieder) *song*	**feiern** *to party, celebrate*
das **Album** (Alben) *album*	

2 Vokabelarbeit

Finden Sie das richtige Partizip Perfekt (*past participle*) für die Sätze 1–5.

gefeiert	gegeben	geredet	gespielt	getanzt

1. Philipp Poisel hat im Keller Klub ein Konzert _____.
2. Er hat die besten Lieder von seinem neuen Album _____.
3. Nach dem Konzert hat Hilli bis um 3 Uhr früh mit Freunden _____.
4. Viele Leute haben _____.
5. Hilli hat wieder einmal richtig gut _____.

3 Was hat Hilli gestern gemacht?

Ergänzen Sie die Sätze mit den richtigen Wörtern.

3 Uhr	Alle	Eurorock	Leute
Album	ab 22 Uhr	Konzert	

Hilli ist bei einem (1) _____ von Philipp Poisel gewesen. Viele Kritiker haben seine Musik (2) _____ genannt. Er hat Lieder aus seinem neuen (3) _____ gespielt. Nach dem Konzert haben sie bis um (4) _____ über die Musikszene in Stuttgart geredet. Viele (5) _____ haben getanzt. (6) _____ haben richtig gut gefeiert. Heute Abend ist House Party in der Wunder-Bar (7) _____.

4 Fragen zum Profil

1. Wer ist Hilli?
2. Was hört Hilli zurzeit gern?
3. Wer hat gestern im Keller Klub gespielt?
4. Wie war die Stimmung im Keller Klub?
5. Was findet heute Abend in der Wunder-Bar statt?

5 Partnerinterview: Musik und Bands

Machen Sie ein Interview. Berichten Sie im Kurs.

BEISPIEL
ANNA Welche Bands hörst du zurzeit gern?
OTTO Ich höre gern *Sufjan Stevens* und *Regina Spector*.
ANNA Hast du ein Lieblingslied?
OTTO Ja, mein Lieblingslied zurzeit ist *Chicago* von *Sufjan Stevens*.
ANNA Wie kann man den Musikstil beschreiben?
OTTO Es ist eine Mischung aus *Indie Rock* und *Alternative*.
ANNA *Otto hört zurzeit gern Sufjan Stevens. Sein Lieblingslied heißt „Chicago". Die Musik ist eine Mischung aus ...*

Alternative	Folk	House	Pop	Rap
Blues	Gothic	Indie	Punk	Reggae
Country	Hardcore	Jazz	R&B	Rock
Electronic	Hip-Hop	Metal		

6 Wortschatz

Welche Wörter möchten Sie noch wissen, um über Musik und Bands zu sprechen?

7 Hilli stellt sich vor

Ergänzen Sie die Lücken mit den richtigen Wörtern.

auch	gibt es	meine
aus	mache	

Hallo, ich bin die Hilli und ich bin _____ Stuttgart. Ich bin DJane und _____ gern Musik. In Stuttgart da _____ eine ganz gute Musikszene und viel Kunst und so weiter ... und _____ Lieblingsband, die Fantastischen Vier, sind _____ aus Stuttgart.

Hilli geht auch gern in die Staatsgalerie in Stuttgart.

8 Wie wird man DJane?

 Verbinden Sie die Sätze.

record player
mixing station

1. Hilli hat schon als Teenager ...

2. Als sie 15 war, ...

3. Ein DJ in einem Stuttgarter Musikladen ...

4. 2003 hat sie ...

5. Seit 2005 ...

6. In Stuttgart gibt es schon seit vielen Jahren Clubs, ...

7. Hilli hatte schon immer großes Interesse ...

8. Seit einem Jahr ...

a. hat sie einen Plattenspieler° und ein Mischpult° gekauft.

b. ihre ersten Auftritte in Jugendhäusern gegeben.

c. viele Platten gesammelt.

d. hat ihr alles gezeigt.

e. hat sie bei Partys Hip-Hop aufgelegt.

f. an Musik.

g. die Hip-Hop auflegen. Zum Beispiel im Club Prag, im Cue, oder im Tonstudio.

h. macht Hilli auch Audio-Workshops für Jugendliche und sie organisiert eigene Partys.

Wie wird man DJane?

der Teenager (Teenager) *teenager*	Hip-Hop auflegen *to play hip-hop (records)*
sammeln *to collect*	
der Musikladen (Musikläden) *record shop*	das **Interesse** (Interessen) *interest*
jemandem etwas zeigen *to show someone something*	die Musik *music*
	der/die Jugendliche (Jugendliche) *adolescent*
der **Auftritt** (Auftritte) *performance*	die **Party** (Partys) *party*

9 Wortschatz

 Welche Wörter möchten Sie noch wissen, um über Klubs und Konzerte zu sprechen?

10 Was macht Hilli?

Schreiben Sie Ihre Antworten auf.

1. Welchen Musikstil mag Hilli?

2. Wo hat sie ihre ersten Auftritte gehabt?

3. Wie ist sie DJane geworden?

4. Was macht sie noch außer Partys?

Hilli hat schon immer gern Musik gemacht.

© Cengage Learning

Strukturen

5.1.1 Das Perfekt°

Present Perfect Tense

iLrn Go to iLrn for more
grammar practice.

In conversational German, the perfect tense is generally used to talk about past events. It is formed with the present tense of **haben** or **sein** as a helping verb (auxiliary) and the past participle of the main verb.

Hilli **ist** gestern in ein Konzert **gegangen.**   *Hilli went to a concert yesterday.*
    ↑   ↑
AUXILIARY   +   PAST PARTICIPLE

Sie **hat** Philipp Poisel **gehört.**   *She heard Philipp Poisel.*
   ↑   ↑
AUXILIARY   +   PAST PARTICIPLE

The conjugated auxiliary verb appears as the second element in a sentence. The past participle comes at the very end of the sentence.

Most regular verbs use **haben** as an auxiliary, but some verbs that indicate movement or a change of condition (for example, **kommen, gehen, aufwachen**) and the verbs **bleiben** (*to stay*), **sein**, **werden**, and **geschehen** (*to happen*) take **sein** as an auxiliary.

Different verbs form the past participle in different ways:

- **Reguläre Verben**
  The past participle of regular verbs is formed by adding **ge-** as a prefix and a **-t** as a suffix to the verb stem:

  hören → hat **ge**hör**t**
  fragen → hat **ge**frag**t**
  wandern → ist **ge**wander**t**

  With some regular verbs, an **-e-** is inserted before the final **-t**:

  arbeiten → hat **ge**arbeit**et**
  öffnen → hat **ge**öffn**et**
  warten → hat **ge**wart**et**

- **Irreguläre Verben**
  The past participle of many irregular verbs is formed by adding **ge-** as a prefix and **-en** as a suffix:

  kommen → ist **ge**komm**en**
  sehen → hat **ge**seh**en**
  waschen → hat **ge**wasch**en**

  Many irregular verbs also have a vowel or stem change:

  w**e**rden → ist gew**o**rden
  g**eh**en → ist geg**ang**en
  bl**ei**ben → ist gebl**ie**ben
  sein → ist ge**wes**en

  And some irregular verbs (mixed verbs) end in **-t** *and* have a vowel change:

  bringen → hat **ge**brach**t**
  denken → hat **ge**dach**t**
  rennen → ist **ge**rann**t**

- **Verben mit trennbaren Präfixen**
  Verbs with separable prefixes such as **ein-, an-,** or **mit-** insert the **ge** *after* the existing prefix:

  einkaufen → hat ein**ge**kauft
  ankommen → ist an**ge**kommen
  mitbringen → hat mit**ge**bracht

- **Verben mit untrennbaren Präfixen**
  Verbs with inseparable prefixes such as **be-, ver-, ent-** and others do not add **ge**:

  versuchen → hat **ver**sucht
  bekommen → hat **be**kommen
  unterschreiben → hat **unter**schrieben

- **Verben mit** *-ieren*
  Verbs ending in **-ieren** only add a **-t** suffix to the stem:

  stud**ieren** → hat studier**t**
  repar**ieren** → hat reparier**t**
  gratul**ieren** → hat gratulier**t**

LERNSTRATEGIEN You will find a list of the most frequent irregular verbs and their principal forms in iLrn. The past participles of irregular verbs should be memorized along with the other two so-called stem forms, for example: **gehen, ging, ist gegangen**. The middle form is the simple past **(Perfekt)**, which will be introduced in chapter 8. Go back into your flashcards or your vocabulary notebook and add the stem forms for all the verbs you already know, and continue to do this for all new verbs. You will recognize most Germanic verbs with similar vowel changes in English such as **singen, sang, hat gesungen**.

iLrn GRAMMAR GLOSSARY
You can find more information about ⇒ **present perfect tense, auxiliaries,** and **participles** in the *Welten* grammar glossary in iLrn.

11 Was hat wer gestern gemacht?

Finden Sie heraus, wer gestern was gemacht hat. Notieren Sie Namen und berichten Sie im Kurs.

BEISPIEL ANNA Otto, hast du gestern gelesen?
OTTO Ja, ich habe gestern gelesen. [or]
Nein, ich habe gestern nicht gelesen.

ANNA *Otto hat gestern gelesen.* [or]
Otto hat gestern nicht gelesen.

Aktivität	Name
1. (hat) gelesen	_____
2. (hat) Musik gehört	_____
3. (hat) getanzt	_____
4. (hat) Spaghetti gegessen	_____
5. (hat) Kaffee getrunken	_____
6. (hat) eine E-Mail geschrieben	_____
7. (ist) in die Mensa gegangen	_____
8. (ist) in der Bibliothek gewesen	_____
9. (ist) mit dem Bus gefahren	_____
10. (ist) spät nach Hause gekommen	_____
11. (ist) früh aufgestanden	_____

12 Philipp Poisels Konzert

Ergänzen Sie die Lücken mit den passenden Formen von **haben** oder **sein**.

Hilli _____ist_____ gestern in den Keller Klub gegangen. Dort _____

Philipp Poisel ein Konzert gegeben. Er _____ viele bekannte Lieder

von seinem neuen Album gespielt und die Stimmung _____ total

super gewesen. Nach dem Konzert _____ Hilli und Philipp über die

Stuttgarter Musikszene gesprochen; und danach _____ sie noch

in einen anderen Klub gegangen. Hilli _____ erst spät nach Hause

gekommen. Sie _____ ein paar gute Fotos von Philipp Poisel gemacht.

Die Fotos _____ sie auf ihrem Blog gepostet. Viele Leser von Hillis Blog

_____ Kommentare zu den Fotos geschrieben. Das Konzert _____

für Hilli sehr interessant gewesen, denn sie _____viele Leute getroffen.

Ein Radioreporter vom Süddeutschen Rundfunk° _____ Hilli gefragt,

ob sie ein Interview für eine Radiosendung machen will. Hilli _____

natürlich sofort Ja gesagt!

a local radio station in southern Germany

13 Was hat Philipp Poisel alles schon gemacht?

Suchen Sie Informationen über Philipp Poisel im Internet. Finden Sie heraus, was Philipp Poisel gemacht hat. Teilen Sie das Interessanteste im Kurs.

BEISPIEL   Philipp Poisel hat viele Interviews im Fernsehen gegeben. Ich habe
              ein Interview mit Philipp Poisel bei Youtube gesehen. …

1. Haben Sie schon Musik von Philipp Poisel gehört? Wie hat Ihnen
   seine Musik gefallen? Welches Lied hat Ihnen (nicht) gefallen?
2. Wie viele Alben hat er gemacht?
3. Ist ein Lied in den Charts gewesen?
4. Hat er ein Interview gegeben?
5. Hat er ein Buch geschrieben?
6. Hat er ein Musikvideo gemacht? Haben Sie es gesehen?
   Hat es Ihnen gefallen?
7. Hat er auch schon Konzerte in Amerika gegeben?
8. Hat er Preise gewonnen?
9. Ist er schon einmal im Fernsehen aufgetreten?
10. Ist er schon einmal in einem Film aufgetreten?
11. Hat er schon eine große Konzert-Tournee gemacht?
12. Hat er Musik für einen Film geschrieben?
13. Hat er mit anderen Musikern gearbeitet?

Welches Album haben Sie sich als letztes gekauft?

AP Images/picture-alliance/dpa/Britta Pedersen

14 Hillis Konzertbericht

Was hat Hilli zuerst gemacht? Bringen sie die Sätze in die richtige Reihenfolge.

_____ Ich bin erst um 3 Uhr morgens nach Hause gekommen.

_____ Das Konzert hat um 23:20 Uhr aufgehört.

__1__ Die Eintrittskarte hat mir mein Freund Robert vor 3 Monaten geschenkt.

_____ Philipp Poisel hat über 2 Stunden lang gespielt.

_____ Das Konzert hat um 21 Uhr angefangen.

_____ Vor dem Konzert bin ich kurz im *Zwölfzehn* gewesen.

_____ Um 20 Uhr bin ich in den Keller Klub gegangen.

_____ Nach dem Konzert haben wir noch etwas getrunken.

15 Das erste Konzert

Schreiben Sie über Ihr erstes Konzert. Wer und wo ist das Konzert gewesen? Mit wem sind Sie zum Konzert gegangen? Wie sind sie zum Konzert gekommen? Was haben sie davor gemacht? Wann hat es angefangen? Wann hat es aufgehört? Was ist besonders interessant gewesen? Wie ist die Stimmung gewesen? Was hat Ihnen (nicht) gefallen? Teilen Sie Ihren Bericht mit den Studierenden im Kurs.

BEISPIEL   Ich bin mit meinen Freundinnen beim Taylor-Swift-Konzert in Tampa gewesen. Wir sind mit dem Auto gefahren. Wir haben die Tickets bei Ticket Superstore gekauft. Sie haben 46 Dollar pro Person gekostet. Das Konzert hat um 7 Uhr angefangen. ...

16 Wortschatz

Welche Wörter möchten Sie noch wissen, um über Ihr erstes Konzert zu sprechen?

17 Mein erstes Konzert, mein erstes Album

Verbinden Sie die Aussagen mit den passenden Satzteilen und Kommentaren.

1. Hilli hat sich das Album *MMMbop* von den Hansons gekauft, ____
2. Seine erste CD war von Phil Collins. Er hat sie gekauft, als er 15 war. Seine Mutter hatte viele LPs ____
3. Er hat ein Konzert von Eros Ramazzotti gesehen, als er 15 war. Eros Ramazzotti ist ____
4. Yasemin hat die Oper *Hänsel und Gretel* von Humperdinck im Opernhaus gesehen, ____
5. Rüdiger hörte als erstes Konzert zu Hause ____
6. Sein erstes Album war *Speck* von Haindling. Er hat es gekauft, ____
7. Als Thorsten 24 war, hat er ein Konzert von Robbie Williams gesehen. Das war ____
8. Ihre erste CD war von Caught in the Act. Sie hat die CD angehört und ____
9. Seine erste CD war von Eminem. Er hat sie gekauft, ____
10. Kati hat sich *Music* von Madonna gekauft, ____
11. Martina Graf hat sich ein Album von EAV° gekauft. Das war dieses Lied ____
12. Volker Auerbachs erstes Konzert war ein U2-Konzert. Er war mit seiner ersten Freundin dort. Die Liebe zu U2 ____

a. von Hermann van Veen, Tina Turner, Michael Jackson und Udo Jürgens.
b. als sie 5 Jahre alt war.
c. als sie 13 war.
d. ein sehr guter italienischer Sänger.
e. als er 15 war.
f. eine Sinfonie von Haydn.
g. *Küss die Hand schöne Frau, Ihre Augen sind so blau, tirili-tirilo-tirila.*
h. hat länger gehalten.
i. in Hamburg.
j. von dem Sänger geträumt.
k. als sie 12 Jahre alt war.
l. als er 14 war.

°Die Erste Allgemeine Verunsicherung

Interview zum Thema Musik

18

1. Schritt. Verbinden Sie jede Frage mit einer logischen Antwort.

1. Welche Musik hat dir als Kind am besten gefallen?

2. Was war dein erstes Album?

3. Bist du schon in einem Club gewesen? Wie heißt er?

4. Bist du schon mal in die Oper gegangen? In welche?

5. Hast du schon einmal ein Musical gesehen? Wie heißt es?

6. Wo hast du zuletzt gute Musik gehört?

7. Welches Lied hast du zuletzt im Internet gekauft?

a. Ich bin noch nie in einem Club gewesen.

b. Ja, ich habe *Die Zauberflöte* von Mozart gesehen.

c. Ich habe *My Fair Lady* gesehen.

d. Ich habe heute Morgen im Auto *Ludacris* gehört.

e. Ich habe das Lied *Junge* von der Band *die Ärzte* heruntergeladen.

f. Mein erstes Album war Madonnas *Like a Prayer*.

g. Als Kind hat mir NSync gefallen.

2. Schritt. Beantworten Sie die Fragen. Fragen Sie dann Ihren Partner / Ihre Partnerin und schreiben Sie zu jeder Frage einen vollständigen° Satz. Berichten Sie im Kurs.

complete

BEISPIEL   ANNA   Als Kind hat mir NSync gefallen. Otto haben die Beatles gefallen.

1. Welche Musik hat dir als Kind am besten gefallen?

2. Was war deine erste CD oder dein erstes Album?

3. Bist du schon in einem Club gewesen? Wie heißt er?

4. Bist du schon mal in die Oper gegangen? In welche?

5. Hast du schon einmal ein Musical gesehen? Welches? Wo?

6. Wo hast du zuletzt gute Musik gehört?

7. Welches Lied hast du zuletzt im Internet gekauft?

8. ???

Kollaborative Geschichte

19

Ergänzen Sie zuerst die folgende Liste und vergleichen Sie im Kurs. Schreiben Sie dann mit den Perfektformen eine kleine Geschichte über Hilli oder eine Person aus dem Kurs.

Verb	Hilfsverb	Partizip
gehen	ist	gegangen
sehen		
trinken		
sprechen		
tanzen		
kommen		

5.2

Nena im Interview

born

TV show

became known

Nena

Nena wurde 1960 als Gabriele Kerner in Hagen geboren°. Sie hat mit 17 angefangen Musik zu machen. Als sie 22 Jahre alt war, hatte sie mit *Nur geträumt* ihren ersten großen Hit. Das war 1982. Sie ist in einer deutschen Fernsehsendung° aufgetreten und war über Nacht ein Star. Mit dem Lied *99 Luftballons* ist Nena auch international bekannt geworden°. 2010 hat sie *99 Luftballons* neu aufgenommen und auch ein neues Album gemacht.

1. Haben Sie Nena schon gekannt?
2. Haben Sie das Lied *99 Luftballons* schon einmal gehört?

Nena im Interview: „Ich denke mein Leben lang ans Aufhören"

SZ = initials of the interviewer's name

SZ: Denken Sie ans Aufhören?
Nena: Ich denke mein Leben lang immer wieder ans Aufhören. Selbst bei meinem allerersten Konzert 1978 habe ich kurz vor
5 dem Auftritt gedacht, ich will nicht mehr. [...]

level

SZ: Ist für Ihre Kinder Mama ein Popstar?
Nena: Ja, die Ebene° sehen sie natürlich und finden das auch lustig.

SZ: Finden sie es nur lustig, oder haben sie auch ihre Probleme
10 **damit?**
Nena: Die haben es früher nicht immer nur leicht gehabt. Auch in der Schule haben manche Lehrer komisch reagiert. Aber das hat sie letztlich nur gestärkt. [...]

SZ: Können Sie sich erinnern, wie es sich angefühlt hat, plötzlich ein
15 **Star zu sein?**
Nena: Als ich mit 17 angefangen habe, Musik zu machen, da wusste ich noch nicht einmal, dass es Goldene Schallplatten gibt. Da war ich in meiner kleinen Stadt Hagen unterwegs und war einfach nur froh, dass ich den Gitarristen kennengelernt habe, der mit mir die Band
20 machen wollte. Da habe ich nicht an rote Teppiche, exklusive Partys oder Limousinen gedacht. Da ging es darum, Musik zu machen. ...

Reprinted by permission.

Lesen Sie die Informationen und schreiben Sie einen Satz.
Teilen Sie interessante Beispiele mit dem Kurs.

Information		Neuer Satz
angefangen habe *started* **anfangen,** fängt an, hat angefangen	anfangen *'to begin' is a separable prefix verb.* Das Konzert fängt um 22 Uhr an. *'The concert starts at 10 pm.'*	
geboren* *born*	Nena ist in Hagen geboren.	Ich bin …
die Fernsehsendung -en* *TV show*	das Fernsehen *'TV'* die Sendung (Sendungen) *'show' (TV or radio)*	Nena ist in einer Fernsehsendung …
Als ich mit 17 angefangen habe … *when I started at 17 (referring to a point in time in the past)*	Als *is one of many subordinating conjunctions that make the following clause subordinate to a main clause, because* Als ich mit 17 angefangen habe … *'when I started at 17' cannot stand by itself; it is 'dependent' on a main clause. Other subordinating conjunctions will be discussed later in this chapter.*	Als ich …
ist geworden* *became* Nena ist über Nacht ein Star geworden. *'Nena became a star overnight.'*	werden *'to become, to turn (into)' is one of the most important German verbs. It is a full verb and also a helping verb (auxiliary) for the future tense (chapter 6) and the passive voice (chapter 10).*	Nena ist …
hat aufgenommen* *recorded* **aufnehmen** *'to record'* nimmt auf, hat aufgenommen	aufnehmen *can refer to musical and visual recording,* ein Video aufnehmen *'to record a video'*	
das Aufhören *stopping* aufhören *'to stop (doing s.th.)'*	aufhören, hört auf, hat aufgehört; Hör auf! *'Stop that!'* Das Aufhören *is capitalized because it is a noun.*	Nena denkt …
kurz vor dem Auftritt *right before the performance*	*'Performance' is the noun that goes with* auftreten *'to perform.'*	
natürlich *natural, naturally*	die Natur *'nature'*	
lustig *funny*		_____ ist lustig.
sie haben es nicht **leicht** gehabt *they didn't have it easy*	leicht *'light, easy'; shows how the German* Perfekt *has the function of the English simple past*	
unterwegs sein *got to know* *to be on the road*		
hat kennengelernt **kennenlernen** *'to get to know, meet'*		Nena hat …

* These words appear in the pre-reading introductory paragraph.

21 Fragen über Nena

1. Wie alt ist Nena heute? Wo ist sie geboren?
2. Mit welchem Lied ist sie im Fernsehen aufgetreten?
3. Welches Lied hat sie international bekannt gemacht?
4. Was hat sie kurz vor ihrem ersten Auftritt 1978 gedacht?
5. Als Nena 17 Jahre alt war, wollte sie nur Musik machen.
   An welche Dinge hat sie nicht gedacht?

Partizipien und Infinitive

Suchen Sie alle Vergangenheitsformen (*past tense forms*) in der Vorbereitung auf den Text und im Interview. Sammeln Sie alle Verbformen in der Vergangenheit und geben Sie zu jeder Form den Infinitiv.

Vergangenheitsformen	Infinitiv
hat angefangen	anfangen
war	sein
hatte	haben
…	…

Biografie im Perfekt

Arbeiten Sie mit dem Wörterbuch. Schreiben Sie die Biografie von Philipp Poisel im Perfekt mit den folgenden Daten:

hat … entdeckt	hat … geschrieben	ist … erschienen
hat … gemacht	hat … geschenkt	ist … gekommen
hat … gemacht	ist … erschienen	ist … gereist
hat … gemacht		

1983 **kommt** Philipp Poisel in Ludwigsburg zur Welt.

1992 **schenkt** ihm seine Mutter eine Gitarre.

2001 **macht** Philipp Poisel das Abitur.

2002 **reist** er nach Skandinavien.

Herbert Grönemeyer **entdeckt** Philipp Poisel 2007.

Das erste Album *Wo fängt dein Himmel an?* **erscheint** 2008.

2008 **macht** Philipp Poisel eine große Deutschland-Tour.

2009 **schreibt** Philipp Poisel neue Lieder.

Das zweite Album *Bis nach Toulouse* **erscheint** 2010.

BEISPIEL   Philipp Poisel ist 1983 in Ludwigsburg zur Welt gekommen. 1992 hat seine Mutter ihm …

Das hat mir gefallen

Sprechen Sie über Lieder und Videos. Was hat Ihnen gefallen?

BEISPIEL   OTTO   Wie hat dir das Lied von Philipp Poisel gefallen?

ANNA   Das hat mir sehr gut gefallen.

OTTO   Warum? …

OTTO   *Anna hat das Lied von Philipp Poisel sehr gut gefallen. Ihr gefällt die Musik. Sie findet die Gitarren wunderschön. …*

sehr gut	+++
gut	++
relativ gut	+
ganz gut	+ –
nicht so gut	–
nicht	– –
gar nicht	– – –

alt	erfolgreich	klein	schrecklich
attraktiv	extrem	lieb	schwach
auffällig	groß	negativ	stark
berühmt	großartig	nett	streng
besonders	herrlich	normal	super
cool	hervorragend	perfekt	toll
dick	hübsch	positiv	vielfältig
dünn	interessant	schlecht	wunderbar
einfach	klasse	schlimm	

Jazz Geenius

Die koreanische Jazzpianistin Gee Hye Lee hat hier in Stuttgart Musik studiert.

Am Montag hat die koreanische Jazzpianistin Gee Hye Lee wieder eines ihrer Geenius-Mondays-Konzerte in der Kiste gegeben. Sie ist wirklich eine klasse Frau. Sie hat mit dem Klavierunterricht angefangen, als sie 3 Jahre alt war. Mit 16 hat sie ihre erste Jazz CD bekommen und danach wollte sie nur noch Jazz spielen. Dann ist sie nach Stuttgart gekommen und hat an der Staatlichen Hochschule für Musik und Darstellende Kunst studiert. 2003 hat sie dort ihr Diplom gemacht. Jetzt ist sie Dozentin an der Stuttgarter Musikschule und am Pop College in Fellbach. Zum internationalen Frauentag hat sie mit einem reinen Frauenquartett ein Konzert gegeben, nur mit Stücken von Frauen wie Billie Holiday oder Norma Winstone. Das hat mir sehr gefallen.

Jazz Geenius

der Pianist (Pianisten)   *(male) pianist*
die Pianistin (Pianistinnen)   *(female) pianist*
der Klavierunterricht   *piano lessons*
als sie 3 Jahre alt war   *at the age of 3*
die Hochschule (Hochschulen)   *institution of higher education*

Staatliche Hochschule für Musik   *academy of music*
der Dozent (Dozenten)   *(male) instructor (higher education)*
die Dozentin (Dozentinnen)   *(female) instructor (higher education)*

Wortschatz

Welche Wörter möchten Sie noch wissen, um über die Karriere einer Musikerin zu sprechen?

Als sie 3 Jahre alt war?

Verbinden Sie die Satzteile.

1. Gee Hye Lee hat mit dem Klavierunterrichte angefangen, ...
2. Sie hat ihre erste Jazz-CD bekommen, ...
3. Sie arbeitet als Dozentin für Musik, ...
4. Sie hat nur Musik von Frauen gespielt, ...

a. als sie 16 war.
b. als sie 3 war.
c. seit sie 2003 ihr Diplom gemacht hat.
d. als sie am internationalen Frauentag mit einem Frauenquartett gespielt hat.

Hillis Musikkarriere

Ergänzen Sie die Lücken.

als DJane	in einer Band	nicht sehr
Flöte	Klavierunterricht	studiert
Gitarre spielen		

1. Also ich hab als Kind zuerst _____ gespielt.
2. Mit dem _____ habe ich angefangen, als ich 8 Jahre alt war.
3. Mein Klavierlehrer hat mich musikalisch aber _____ inspiriert.
4. Dann habe ich mit _____ angefangen, als ich so 14 war.
5. Als ich 16 war, hab ich _____ gespielt. In meiner ersten Band. Das war die Schulband im Gymnasium.
6. Nach der Schule habe ich dann kurz Theaterwissenschaften _____. Das war aber nicht das Richtige für mich.
7. Dann habe ich angefangen in Clubs _____ zu arbeiten und das liebe ich einfach. Das ist mein Leben.

Hilli hat mit dem Gitarre spielen angefangen, als sie 14 war.

Partnerinterview: Musikunterricht

 Machen Sie ein Interview. Berichten Sie im Kurs.

1. Spielst du ein Instrument?
2. Wann hast du mit dem Unterricht angefangen?
3. Hast du schon einmal in einer Band gespielt?
4. Hast du schon einmal in einem Orchester gespielt?
5. Bist du schon einmal vor einem großen Publikum aufgetreten?

Meine Musikbiografie

Schreiben Sie über Musik in Ihrem Leben. Sagen Sie, was und wann Sie das gemacht haben im Perfekt.

You can refer to **Strukturen 5.3.2 Konjunktionen** for more information about word order with the conjunction **als** as used in this activity.

BEISPIELE   Als ich drei war, habe ich im Kindergarten Lieder gesungen.
Als ich 5 war, habe ich mit dem Klavierunterricht angefangen.
Ich habe meine erste CD gekauft, als ich 10 war.
Als ich 12 war, habe ich in der Schule im Chor gesungen. ...

ein Lied aufnehmen°	mein erstes Album in Internet herunterladen
ein Musical sehen	meine erste CD kaufen
im Chor singen	mit dem Klavierunterricht anfangen
im Kindergarten Lieder singen	mit dem Musikunterricht anfangen
im Orchester spielen	mit einer Band spielen
in der Schule ein Instrument lernen	zu Hause Musik hören
in die Oper gehen	zum ersten Mal vor einem Publikum
in ein Konzert gehen	auftreten
Klavier spielen	

record

Schneewittchen°

Snow White

Michael Kumpe

Michael Kumpe hat die Geschichte von Schneewittchen neu geschrieben. Sein Schneewittchen ist ein bisschen anders als im Original.

Typisch?

Hilli ist eine von wenigen DJanes in der Stuttgarter Szene. Welche Berufe machen meistens Frauen? Wo gibt es mehr Männer? Was machen Frauen oft im Haus? Was ist typisch für Männer?

 Schneewittchen

Michael Kumpe

     Ein Mädel, das Schneewittchen war,
     das hat von Mai bis Januar
     für Sieben Tröpfe°   *ninnies*
     gescheuert Töpfe°   *scrubbed pots*
5   gerieben Zwiebeln,°   *grated onions*
     gelesen Bibeln,
     gekocht die Schwarten,
     gepflegt den Garten,
     gewickelt Kinder,
10   gemolken Rinder°,   *milked cows*
     geschrubbt die Schränke,
     geholt Getränke.
     Dann hat's (die Zwerge warn empört)
     gestreikt° (mit Arbeit aufgehört),   *gone on strike*
15 weil es gemerkt hat: Solche Sachen
     sind leicht von Zwergen selbst zu machen.
     [...]

ARBEIT MIT DEM TEXT

Arbeiten Sie mit dem Wörterbuch und finden Sie andere Objekte zu den Verben in Michael Kumpes *Schneewittchen*. Denken Sie an eine moderne Version in der nächsten Aktivität.

Information		Partizip
Töpfe scheuern *to scrub pots*	scheuern *means 'cleaning something by scratching it vigorously.'* Sie scheuert den Boden.	hat _____
Zwiebeln reiben *to grate onions*		hat _____
Bibeln lesen *to read Bibles*		hat _____
Schwarten **kochen** *to boil pork skins*		hat _____
den Garten **pflegen** *to take care of the garden*	pflegen *'to take care of' works for animals, people, plants, and objects.* Sie pflegt ihr Auto sehr.	hat _____
Kinder wickeln *to diaper children*	wickeln *means 'to wrap' and clearly dates back to cloth diapering.*	hat _____
Schränke schrubben *to scrub cabinets*	schrubben *is done with a rough brush.* Der Schrubber *is a big brush on a stick for floor cleaning.*	hat _____
Getränke holen *to buy beverages*	*In the German-speaking world, beverages are usually bought in large quantities and empty bottles are returned.*	hat _____
streiken *to go on strike*		hat _____
merken *to realize, to understand*		hat _____

AF archive / Alamy

31 Was hat sie für die Zwerge gemacht?

Schreiben Sie im Perfekt, was Schneewittchen alles gemacht hat.

BEISPIEL Sie hat für die Zwerge Töpfe gescheuert.
Sie hat …

32 Schneewittchen

Was ist zuerst passiert? Bringen Sie die Ereignisse° in die richtige Reihenfolge.

events

evil

_____ Der König hat eine neue Frau gefunden. Sie war eine böse° Königin.

_____ Der Prinz hat Schneewittchen mit in sein Königreich genommen. Sie waren glücklich bis ans Ende ihres Lebens.

_____ Die böse Königin hat Schneewittchen gefunden und ihr einen vergifteten° Apfel gegeben.

poisoned

to kill

_____ Die böse Königin wollte Schneewittchen umbringen.°

_____ Ein junger Prinz hat Schneewittchen gefunden. Er hat sie geküsst und sie ist wieder aufgewacht.

__1__ Ein König und eine Königin haben ein Kind bekommen.

_____ Der König und die Königin haben das Kind Schneewittchen genannt. Sie war wunderschön.

_____ Schneewittchen hat den Apfel gegessen und ist fast gestorben.

dwarves

_____ Schneewittchen ist zu den sieben Zwergen° gegangen. Sie hat bei den Zwergen gewohnt und für sie gearbeitet.

died

_____ Schneewittchens Mutter ist gestorben.°

Veranstaltungstipps

Veranstaltungen°

events

 Welche Veranstaltungen haben Sie in den letzten Wochen besucht? Fragen Sie andere Studenten und berichten Sie im Kurs.

Hillis Veranstaltungstipps für diese Woche

Am Donnerstag, den 12. Juli ist House Party in der Conditorei mit DJ Hilli ab 22 h. Es gibt wie immer frische Salate und gute Tanzmusik. Im Merlin spielt ab 21 h die Gruppe Rework.

Am Freitag, den 13. Juli spielt die Stuttgarter Gruppe Monochrome ab 23 h im Universum. Da müsst ihr hin. Einlass 20:30 Uhr.

Für die Jazz-Liebhaber spielt spielen Roland Baisch und das Count Baischy Orchester in der Jazz Hall ab 21 h.

Samstag, 14. Juli:

Für die Hip-Hop Leute tritt Sabrina Setlur in der Rockfabrik in Ludwigsburg auf.

Für die Disco-Fans gibt es Techno und House im Perkins Park mit DJ Lulu.

Hillis Tipps

1. Wann ist die House Party in der Conditorei?
2. Wo spielt die Gruppe Rework am 12. Juli?
3. Wer spielt am 13. Juli im Universum? Wann fängt das Konzert an?
4. Wann ist das Konzert von Roland Baisch und dem Count Baischy Orchester?
5. Wo tritt Sabrina Setlur auf? Wann ist das Konzert?
6. Was gibt es für die Techno- und House-Fans am Samstag?

Kollaboratives Projekt: Mein Veranstaltungskalender

Machen Sie einen Veranstaltunskalender für Ihre Stadt oder Ihre Region. Nehmen Sie den Kalender im Stuttgarter Stadtmagazin *Lift* oder im Stadtmagazin *Prinz* als Beispiel.

Wortschatz

Welche Wörter möchten Sie noch wissen, um über Ihren Veranstaltungskalender zu sprechen?

Wortschatz: Monate und Jahreszeiten

37 Welche Monate passen zu welchen Jahreszeiten in Deutschland?

Die Monate

Januar	Juli
Februar	August
März	September
April	Oktober
Mai	November
Juni	Dezember

der **Sommer** (Bremen)

_____

_____

_____

der **Frühling** (Bonn)

_____

_____

_____

der **Herbst** (Jena)

_____

_____

_____

der **Winter** (Hannover)

_____

_____

_____

Strukturen

5.2.1 Ordinalzahlen und Daten°

Ordinal Numbers and Dates

iLrn Go to iLrn for more grammar practice.

- **Ordinalzahlen**

Ordinal numbers are used to express

- sequences:

  Beethovens **erste** Symphonie,   *Beethoven's first symphony,*
      Beethovens **zweite** Symphonie ...   *Beethoven's second symphony ...*

- fractions:

  Ein Drittel der Deutschen hört gern   *One-third of Germans like listening*
      klassische Musik.   *to classical music.*

- dates:

  Am ersten Januar feiert man das   *On January first the new year is*
      neue Jahr.   *celebrated.*
  Heute ist der **erste** Januar.   *Today is the first of January.*

The ordinal numbers are formed the following way:

1. erste	*first*
2. zweite	*second*
3. dritte	*third*
4. vierte	*fourth*
5. fünfte	*fifth*
6. sechste	*sixth*
7. siebte	*seventh*
8. achte	*eighth*
9.–19. + **te** neun**te**, zehn**te**, elf**te**, ... , neunzehn**te**	*ninth, tenth, eleventh, . . ., nineteenth*
20. ... + **ste** zwanzig**ste**, einundzwanzig**ste**, ...	*twentieth, twenty-first, . . .*

Years are stated as follows:

1756 = siebzehnhundertsechsundfünfzig

Dates are written and stated in the following ways:

15. **Januar** 1756 = fünfzehnter **Januar** siebzehnhundertsechsundfünfzig
27.**1**.1756 = siebenundzwanzigster **erster** siebzehnhundertsechsundfünfzig

Welcher Tag ist das? Das ist der ...
Wann war/ist das? Das ist am ...

Mozarts Geburtstag ist **der** siebenundzwanzig**ste** Januar.
Mozarts Geburtstag ist **der** siebenundzwanzig**ste** erste.
Mozarts Geburtstag ist **am** siebenundzwanzig**sten** Januar.

Mozart hat **am** siebenundzwanzig**sten Januar** Geburtstag.
Mozart hat **am** siebenundzwanzig**sten** erst**en** Geburtstag.

38 Jahreszahlen

Verbinden Sie die Zahlen mit den richtigen Wörtern.

1. tausendsechsundsechzig
2. zweitausendeinundzwanzig
3. zweitausenddrei
4. siebzehnhundertsechsundfünfzig
5. achtzehnhundertsiebenunddreißig
6. sechshundertneun

a. 1756
b. 1066
c. 2003
d. 2021
e. 609
f. 1837

39 Erfindungen°

inventions

 Wer hat was wann erfunden? Arbeiten Sie mit einem Partner/einer Partnerin und finden Sie die passenden Erfinder. Vergleichen Sie Ihre Ergebnisse dann im Kurs.

BEISPIEL   Melitta Bentz hat neunzehnhundertacht den Kaffeefilter erfunden.

1. der Kaffeefilter
2. der Buchdruck
3. das Gummibärchen
4. das Reinheitsgebot° für Bier
5. das Auto
6. die Röntgentechnik
7. der Dieselmotor
8. die Relativitätstheorie
9. der Fußballschuh

purity law

a. Hans Riegel (in Bonn, 1922)
b. Melitta Bentz (1908)
c. Herzog Wilhelm IV. von Bayern (1516)
d. Wilhelm Conrad Röntgen (1895)
e. Rudolf Diesel (1892)
f. Albert Einstein (1905)
g. Adolf Dassler (1925)
h. Johannes Gutenberg (1448)
i. Karl Benz und Gottlieb Daimler (1893)

40 Info-Spiel: Berühmte Komponisten

Wann haben diese Komponisten gelebt? Ergänzen Sie die Tabelle mit den Informationen, die Sie von Ihrem Partner/Ihrer Partnerin bekommen.

BEISPIELE

S1 Wann hat Johann Sebastian Bach gelebt?
S2 Er hat von sechzehnhundertfünfundachtzig bis siebzehnhundertfünfzig gelebt.
S2 Wer hat von 1833 bis 1897 gelebt?
S1 Johannes Brahms hat von 1833 bis 1897 gelebt.

S1

Johann Sebastian Bach	1685–1750
Ludwig van Beethoven	
	1833–1897
Franz Liszt	1811–1886
Joseph Haydn	
Gustav Mahler	1860–1911
	1756–1791
Felix Mendelssohn-Bartholdy	1809–1847
Richard Wagner	1813–1883
Kurt Weill	

S2

Johann Sebastian Bach	
Ludwig van Beethoven	1770–1827
Johannes Brahms	1833–1897
	1811–1886
Joseph Haydn	1732–1809
Gustav Mahler	
Wolfgang Amadeus Mozart	1756–1791
	1809–1847
Richard Wagner	
Kurt Weill	1900–1950

41 Geburtstage

Schreiben Sie Ihren Geburtstag und Ihr Sternzeichen° und fragen Sie dann drei bis vier andere Studenten. Notieren Sie die Informationen und berichten Sie dann im Kurs.

sign of the zodiac

Mein Geburtstag ist am _____.

Mein Sternzeichen ist _____.

BEISPIEL

ANNA Wann ist dein Geburtstag? Was ist dein Sternzeichen?

OTTO Ich bin am neunten November geboren, mein Sternzeichen ist Skorpion.

ANNA *Otto ist am neunten November geboren. Er ist Skorpion. Skorpion ist vom … bis zum …*

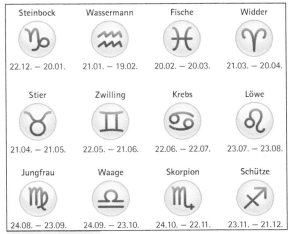

Die Sternzeichen

42 Info-Spiel: Die deutsche Auslandshitparade

Welche deutschen Interpreten° sind im Ausland populär? Ergänzen Sie die Tabelle mit den Informationen, die Sie bekommen. Berichten Sie dann im Kurs.

artists

BEISPIEL

S1 Wer ist auf dem ersten Platz?

S2 Auf dem ersten Platz ist Rammstein. Und wer ist auf dem zweiten Platz? …

S1

Rang	Interpret
1	Rammstein
2	
3	Nena
4	
5	Die toten Hosen
6	
7	Blümchen / Jasmin Wagner
8	
9	Wir sind Helden
10	

S2

Rang	Interpret
1	
2	Tokio Hotel
3	
4	Kraftwerk
5	
6	Paul van Dyk
7	
8	Trio
9	
10	Joy / Schnappi, das kleine Krokodil

Strukturen **171**

5.3

fünfter sein

Ernst Jandl

Ernst Jandl ist 1925 in Wien geboren und 2000 dort gestorben. Er war Autor und Übersetzer. Er hat viel sogenannte konkrete Poesie oder visuelle Poesie geschrieben. Zu seinen bekanntesten Gedichten gehören *fünfter sein* und das Gedicht mit nur einem Vokal, *Ottos Mops*.

Warten

Wo muss man oft warten? Machen Sie ein Assoziogramm im Kurs. Vielleicht haben Sie eine interessante Anekdote über das Warten?

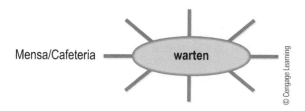

Mensa/Cafeteria ← **warten**

© Cengage Learning

🔊 fünfter sein

Ernst Jandl

tür auf
einer raus
einer rein
vierter sein

5 tür auf
einer raus
einer rein
dritter sein

tür auf
10 einer raus
einer rein
zweiter sein

tür auf
einer raus
15 einer rein
nächster sein

tür auf
einer raus
selber rein
20 tagherrdoktor

Wo wollen Sie Erster sein?

Hayati Kayhan/Shutterstock

Ernst Jandl: *der künstliche baum*. Luchterhand, Neuwied 1970, S. 65. Random House Deutschland Lizenzen Frau Ute Zörbach Neumarkter Str. 28 81673 München

Lesen Sie die Informationen und notieren Sie Fragen oder Notizen in der rechten Spalte.

Information		Fragen und Notizen
die Tür (Türen) *door*		Wo warten Sie vor der Tür?
einer(e, es) *someone, one person*	einer *'one' is a pronoun that stands for 'one person'* da lacht einer *'someone is laughing'*	Wo geht immer einer raus und der nächste rein?
raus, heraus *out, outside*		Wo kommen Sie gern raus?
rein, herein *in, inside*	*to allow someone to come in after they knock on a door, in German you say* 'Herein!'	Wo gehen Sie gern rein?
fünfter *fifth (person)*		1. erster 2. _____ 3. _____ 4. _____ 5. fünfter
selber colloquial for **selbst** *'self'*	das mach ich selber *'I will do that myself'*	Was machen Sie gern selber?
tagherrdoktor	Tag Herr Doktor *is short for* Guten Tag, Herr Doktor *'Hello Doctor'*	

44 Fragen zum Gedicht

1. Welche Struktur hat das Gedicht?
2. Wo spielt das Gedicht?
3. Welche Personen gibt es in dem Gedicht?
4. Wie ändert sich das Gedicht mit Personen oder Verben? Experimentieren Sie mit neuen Versionen!

45 Auf dem ersten Platz

Vervollständigen Sie die Tabelle.

Er ist Erster gewesen.	
	Sie ist auf dem zweiten Platz gewesen.
Du warst Dritter.	
	Ich war auf dem vierten Platz.
Er ist Letzter gewesen.	

46 Hast du schon einmal irgendwo gewonnen?

 Fragen Sie Ihren Partner und berichten Sie im Kurs.

BEISPIEL   ANNA   Hast du schon einmal irgendwo gewonnen?

OTTO   Ja, ich habe einmal einen Karaoke-Wettbewerb gewonnen. Ich bin auf dem zweiten Platz gewesen.

ANNA   *Otto hat bei einem Karaoke-Wettbewerb gewonnen. Er ist auf dem zweiten Platz gewesen. …*

47 Szenisches Gedicht

 Präsentieren Sie das Gedicht als dramatische Szene im Kurs.

Hitparade

Hitparade

 Welche Lieder oder Bands sind im Kurs besonders populär? Fragen Sie andere Studenten und berichten Sie im Kurs.

BEISPIEL
ANNA Welches Lied oder welche Band hörst du zurzeit besonders gerne?

OTTO Ich höre zurzeit besonders gerne …

ANNA *Otto hört zurzeit besonders gerne …*

Bundesvision

Beim Bundesvision Song Contest haben schon viele tolle Bands mitgemacht. Vielleicht gewinnt Baden-Württemberg auch einmal? Seit Stefan Raab 2005 den Bundesvision Contest erfunden hat, gibt es definitiv mehr Interesse an deutschsprachiger Musik. Aber Baden-Württemberg muss irgendwann mal gewinnen. Mensch, hier haben die Fantastischen Vier in den 80er Jahren schließlich den deutschen Rap erfunden!

Song Contest

die Hitparade (Hitparaden)	*hit parade*	**erfinden** (hat erfunden)	*to invent*
mitmachen (macht mit)	*to participate*	**irgendwann** mal	*someday*
gewinnen	*to win*	in den 80er Jahren	*in the eighties*

Bundesvision Song Contest

 Wer hat den letzten Bundesvision Song Contest gewonnen? Recherchieren Sie Bundesland, Künstler und Song im Internet.

Strukturen

5.3.1 Wortstellung

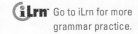 Go to iLrn for more grammar practice.

In German word order, *time* phrases generally come before information about how things are happening (*manner*) and where they are happening (*place*).

Hilli geht
heute (time)
mit Freunden (manner)
auf ein Konzert von Philipp Poisel. (place)

5.3.2 Konjunktionen

Phrases and sentences are connected by conjunctions. The following conjunctions do not affect the word order of the phrases they connect. They are called *coordinating conjunctions* (**beiordnende Konjunktionen**).

Konjunktion	Bedeutung	Beispiel
und	*and*	Die *Fantastischen Vier* sind eine Hip-Hop Band **und** Gee Hye Lee ist eine Jazzpianistin.
aber	*but*	Hilli mag gern House, **aber** sie hört auch gerne Jazz.
denn	*because*	Das Konzert hat bis halb elf gedauert, **denn** Philipp Poisel hat über zwei Stunden gespielt.
oder	*or*	Hörst du lieber Musik **oder** liest du lieber Bücher?
sondern	*but (on the contrary)*	Hilli geht heute nicht in ein Konzert, **sondern** sie geht ins Kino.

Another set of conjunctions connect a *main clause* (**Hauptsatz**) with a *dependent* or *subordinate clause* (**Nebensatz**). These so-called *subordinating conjunctions* (**unterordnende Konjunktionen**) change the word order of the dependent clause so that the conjugated verb is the last element.

MAIN CLAUSE (HAUPTSATZ)	DEPENDENT CLAUSE (NEBENSATZ)
Hilli macht Musik.	Alle tanzen, **wenn Hilli Musik macht.**

Konjunktion	Bedeutung	Beispiel
als	*when*	Ich habe im Chor gesungen, **als** ich 12 <u>war</u>.
dass	*that*	Hilli weiß, **dass** die Musik im Keller Klub gut <u>ist</u>.
seit	*since, for (time)*	Hilli spielt Gitarre, **seit** sie 14 Jahre <u>alt ist</u>.
weil	*because*	Hilli geht gern in den Keller Club, **weil** die Musik da gut <u>ist</u>.
wenn	*if/when*	Alle tanzen, **wenn** DJane Hilli Musik <u>macht</u>.

A whole dependent clause can also be the beginning first element of a complex sentence. It is followed by the conjugated verb of the main clause as the second element.

	1	2	

In der Conditorei <u>ist</u> immer viel los, **wenn DJane Hilli Musik macht.**
Wenn DJane Hilli Musik macht, <u>ist</u> ist in der Conditorei immer viel los.

5.3.3 Konnektoren

German sentences and phrases can also be connected by adverbs, providing information about time or reason.

Die Musik im Keller Klub ist sehr gut. **Deshalb** geht Hilli gerne dorthin. *oder:* Die Musik im Keller Klub ist sehr gut, **deshalb** geht Hilli gerne dorthin.

*The music in the Keller Klub is very good, **therefore** Hilli likes to go there.*

Some frequently used adverbs include:

Konnektor	Bedeutung	Beispiel
dennoch, trotzdem	*in spite of*	Hilli ist ziemlich müde. **Trotzdem** geht sie in den Keller Klub.
daher, deshalb, deswegen	*because of that, therefore*	Hilli macht Musik in der Wunder-Bar. **Daher / deshalb / deswegen** ist heute viel los.
später	*later*	Hilli ist am Abend im Keller Klub. **Später** geht sie mit Freunden noch in ein Café.
vorher	*before*	Hilli geht mit Freunden in ein Café. **Vorher** war sie bei einem Konzert im Keller Klub.

You will encounter more connecting adverbs throughout the book and specifically in chapter 12.

GRAMMAR GLOSSARY
You can find more information about ⇒ **conjunctions** in the *Welten* grammar glossary in iLrn.

LERNSTRATEGIEN
For subordinating conjunctions, you need to memorize both the meaning and the fact that they affect word order.

Der deutschsprachige Musikmarkt

Finden Sie die einzelnen Wörter. Überlegen Sie dann gemeinsam, wie sie die Wortstellung in den Sätzen verändern können und welche anderen Bedeutungen möglich° sind. Diskutieren Sie Ihre Transformationen im Kurs.

possible

1. INDENDEUTSCHSSPRACHIGENLÄNDERNGIBTESEINENGROSSENMUSIKMARKT.

2. WELCHENANTEILHABENDEUTSCHEPRODUKTIONENINDENCHARTS?

3. INDENCHARTSDOMINIERENNATIONALEPRODUKTIONENAUSD EUTSCHLANDÖSTERREICHUNDDERSCHWEIZ.

4. NEUNUNDSECHZIGMILIONENMALHABENDIEDEUTSCHEN2012 EINENSONGODEREINALBUMONLINEGEKAUFT.

5. FÜNFUNDFÜNFZIGPROZENTALLERKÄUFERSINDÜBER29JAHREALT.

6. DIEINTERNATIONALERFOLGREICHSTENDEUTSCHSPRACHIGENMUSIK GRUPPENSINDDERZEITRAMMSTEINUNDTOKIOHOTEL.

Sätze erweitern

51

1. Schritt. Arbeiten Sie in Paaren oder in kleinen Gruppen und sammeln Sie Ausdrücke, mit denen Sie über Zeit, Ort und Umstand sprechen können. Vergleichen Sie dann im Kurs und ergänzen Sie neue Ausdrücke.

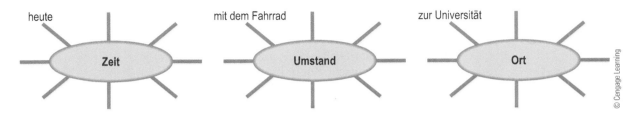

© Cengage Learning

2. Schritt. Ergänzen Sie jetzt die folgenden Sätze mit Angaben zu Zeit, Ort und Umstand. Vergleichen Sie dann Ihre Sätze im Kurs.

BEISPIELE   Schneewittchen hat gestern Abend im Bett ohne Brille ein
            Buch gelesen. [oder]
            Gestern Abend hat Schneewittchen im Bett ohne Brille ein
            Buch gelesen.

heute	mit Freunden	nach Stuttgart
morgen	mit dem Auto	nach Hause
am Mittwoch	schnell	an die Uni
im Sommer	gerne	im Bett
nächste Woche	ohne Brille	in Stuttgart
um 6 Uhr 2003		

1. Ich bin gegangen.
2. Hilli ist gekommen.
3. Jogi hat Musik gehört.
4. Philipp Poisel muss gehen.
5. Hilli hat Philipp Poisel gesehen.
6. Gee Hye Lee hat ihr Diplom gemacht.
7. Schneewittchen hat ein Buch gelesen.
8. Hilli darf nicht fahren.

Anne-Sophie Mutter

52

Verbinden Sie die Sätze mit einer passenden Konjunktion.

BEISPIEL   Sie gibt viele Benefizkonzerte, denn sie will kranken und
               armen Menschen helfen.

1. 1976 hat die internationale Karriere von Anne-Sophie Mutter in Luzern begonnen.
2. Ihre historischen Helden° sind Mozart, Gandhi und Mutter Theresa.
3. Ihr Lieblingsvogel ist die Nachtigall°.
4. Sie ist nicht pessimistisch.
5. Sie gibt viele Benefizkonzerte.
6. Einer ihrer Lieblingskomponisten ist Mozart.

a. Sie hasst° Hitler und Stalin.
b. Sie will kranken und armen Menschen helfen.
c. Sie war schon als kleines Kind in ihn verliebt.
d. Ihre Lieblingsblume ist das Maiglöckchen°.
e. Sie ist optimistisch und idealistisch.
f. Ein Jahr später hatte sie ihr erstes Konzert in Salzburg mit dem berühmten Dirigenten Herbert von Karajan.

hates

historic heroes

mayflower
nightingale

53 Test: Warum lernst du Deutsch?

Kreuzen Sie an, welche Antworten zu Ihnen passen.

1. Ich lerne Deutsch, …
   a. weil ich in Deutschland studieren will.
   b. weil ich in der Schweiz arbeiten will.
   c. weil ich mich für österreichische Kultur interessiere.
   d. weil ich Europa besser verstehen will.
   e. weil es mir gefällt.
   f. weil die deutsche Kultur interessant ist.

2. Ich lerne Vokabeln, …
   a. wenn ich mit dem Bus nach Hause fahre.
   b. wenn ich abends im Bett liege.
   c. wenn ich nach dem Mittagessen noch Zeit habe.
   d. wenn wir am nächsten Tag einen Test haben.
   e. wenn es dringend° sein muss.

urgently

3. Deutsch hat mich interessiert, …
   a. seit ich ein Kind war.
   b. seit ich deutsche Freunde habe.
   c. seit ich _____ gelesen habe.
   d. seit ich _____ gesehen habe.
   e. seit ich _____ gehört habe.
   f. seit ich in _____ gewesen bin.

4. Ich glaube, …
   a. dass Deutsch eine wichtige Sprache ist.
   b. dass Deutsch eine schöne Sprache ist.
   c. dass Deutschland ein wichtiges Land ist.
   d. dass Österreich ein schönes Land ist.
   e. dass die Schweiz ein interessantes Land ist.

54 Ganz allgemein

 Was machen Sie, wenn … ? Schreiben Sie Sätze wie im Beispiel.

BEISPIEL   Wenn ich Hunger habe, esse ich etwas. →
           Ich esse etwas, wenn ich Hunger habe.

Was machen Sie, wenn Sie …

1. Hunger haben? (etwas essen)
2. Durst haben? (etwas trinken)
3. Musik hören wollen? (in einen Klub / auf ein Konzert gehen)
4. Ferien haben? (nicht in die Uni gehen müssen)
5. müde sind? (ein bisschen schlafen)
6. ein Buch suchen? (in die Bibliothek gehen)

55 Deutsch lernen und Musik hören?

 Lesen Sie die drei kleinen Interviews mit Deutschstudenten. Beantworten Sie dann die Fragen zu den Interviews und schreiben Sie ganze Sätze.

> **Marco, 24, Webdesigner aus Italien:**
> Ich liebe deutsche Musik! Ich lerne eigentlich Deutsch, weil ich die deutsche Literatur interesssant finde. Aber ich höre viel deutsche Musik, weil sie mir beim Sprachenlernen hilft. Am besten finde ich klassische Musik, zum Beispiel Lieder von Schubert, weil ich da die Texte gut verstehen kann.

> **Rashid, 31, Krankenpfleger aus Tunesien:**
> Ich habe drei Jahre Deutsch gelernt, in Tunesien an der Universität. Aber da haben wir nie Musik gehört, weil der Lehrer sich nicht für Musik interessiert hat. Eigentlich kenne ich deutsche Musik nicht so gut, weil ich selber lieber Jazz oder Blues höre. Da passt die deutsche Sprache nicht so gut, finde ich.

> **Inga, 19, Bankkauffrau aus Norwegen:**
> Ich lerne erst seit ein paar Monaten Deutsch hier in Berlin, weil ich jetzt hier wohne und arbeite. Im Radio höre ich oft Musik mit deutschen Texten. Also die alten Schlager und so finde ich total gut, weil die so schön kitschig sind. Hip-Hop gefällt mir auch gut auf Deutsch, weil die Sprache gut zum Rhythmus passt. Ich lerne viele wichtige Vokabeln, wenn die Texte gut sind.

BEISPIEL   Marco lernt Deutsch, weil er deutsche Literatur interessant findet.

1. Warum lernt Marco Deutsch?
2. Warum hört er oft deutsche Musik?
3. Wieso gefällt ihm klassische Musik am besten?
4. Warum hat Rashid wenig deutsche Musik gehört?
5. Warum kennt er die deutsche Musik nicht so gut?
6. Warum lernt Inga Deutsch?
7. Warum findet sie Schlager gut?
8. Warum findet sie Hip-Hop gut?
9. Was lernt sie, wenn die Texte gut sind?

Die Fantastischen Vier haben viele Alben veröffentlicht (*released*).

56 Warum lernst du Deutsch?

Schreiben Sie auf, warum Sie Deutsch lernen. Die Phrasen in der Liste können Ihnen dabei helfen. Fragen Sie dann 3 oder 4 andere Studierende, warum sie Deutsch lernen. Machen Sie sich Notizen und berichten Sie im Kurs.

BEISPIEL   Ich lerne Deutsch, weil ich in Europa leben möchte.
             Rehan lernt Deutsch, weil er die deutsche Kultur interessant findet.

Deutschland, Österreich und die Schweiz sind interessante Länder.
Ich finde Deutsch toll.
Ich finde die deutsche Kultur interessant.
Ich habe Freunde in der Schweiz.
Ich habe Verwandte in Deutschland.
Ich lerne gerne neue Leute kennen.
Ich lerne gerne neue Sprachen.

Ich möchte Europa besser verstehen.
Ich möchte in Deutschland studieren.
Ich möchte in die Schweiz fahren.
Ich möchte in Österreich arbeiten.
Man sollte mindestens eine Fremdsprache sprechen.
Mein Freund kommt aus Österreich.

57 Meinungssache

Die Konjunktion **dass** kann man gut brauchen, um seine Meinung zu sagen:

Ich bin der Meinung, dass ...   *I am of the opinion that . . .*
Ich finde, dass ...   *I think that . . .*

Schreiben Sie Ihre Meinung zu den folgenden Statements.

BEISPIELE   Ich bin auch der Meinung, dass Hip-Hop negativ ist. [oder]
              Ich finde nicht, dass Hip-Hop negativ ist.

1. Hip-Hop ist negativ.
2. Jazz ist für Intellektuelle.
3. Klassische Musik ist schrecklich.
4. Country ist konservativ.
5. Blues ist für Männer.
6. Techno ist aggressiv.

Die letzte Besatzermusik°

Die Fantastischen Vier

Thomas D. ist ein Mitglied der *Fantastischen Vier*. Wie die anderen drei ist er in der Region Stuttgart geboren und in den 80er Jahren dort Teenager gewesen, wo die 7. US Armee stationiert war. In ihrer Autobiografie *Die letzte Besatzermusik* beschreiben die vier Musiker, wer sie am Anfang inspiriert hat, und wie sie durch ihre Computerkenntnisse, amerikanische DJs und das *American Forces Network* (AFN) zum Rap gekommen sind. In diesem Text schreibt Thomas D. über ein Lied, das er mit Nina Hagen gemacht hat.

Die letzte Besatzermusik

Die Fantastischen Vier

Nina Hagen habe ich nur einmal kurz getroffen, um ihr meine Idee von dem Solo-Album zu erklären. Aber sie war ziemlich beschäftigt und ich etwas enttäuscht. Irgendwann habe ich bei ihr in Los Angeles angerufen. Es war kurz vor Mitternacht und ich war etwas nervös.

5 „Hast du Lust, den Refrain äh quasi also zu singen?" Nina war reizend. „Du schreibst die Worte", sagte sie. „Und wenn mir was dazu einfällt, werde ich es einfach singen." Als wir in Los Angeles waren, fuhr ich zu ihr. Ich hatte den Track nur ganz *rough,* es war eher ein Fragment. Aber Nina hat dazu gesungen. Im Studio in Stuttgart habe ich dann

10 aus den LA-Aufnahmen einen richtigen Song gemacht. Er ist sehr schön geworden. Und ich bin sehr stolz darauf. Wer ihn zum ersten mal hört, fragt sofort: „Wow, wer ist das denn?" Das ist meine Nina.

ARBEIT MIT DEM TEXT

Lesen Sie die Informationen und schreiben Sie einen Satz in der rechten Spalte oder notieren Sie Fragen.

Information		Notizen/Fragen
erklären *to explain*	*die Erklärung 'explanation'*	
ziemlich beschäftigt *pretty busy*	ziemlich gut *'pretty good'*	_____ ist immer ziemlich beschäftigt.
etwas **enttäuscht** *somewhat disappointed*	etwas teuer *'somewhat expensive';* etwas nervös *'a little bit nervous'*	Ich bin von _____ etwas enttäuscht.
kurz vor Mitternacht *almost midnight*		
... äh quasi also ... *...uh, kind of, you know...*	*fillers in a conversation*	
wenn mir was **einfällt** *if I can think of something*	einfallen (fällt ein); Fällt dir was ein? *'can you think of something?'*	
ich bin sehr stolz darauf *I am very proud of it*		Ich bin stolz auf _____.
zum ersten Mal *for the first time*	Ich habe sie zum ersten mal getroffen. *'I met her for the first time'*	
wer ist das denn? *who is that?*	denn *here is a particle that expresses surprise/disbelief*	

Was ist passiert?

Bringen Sie die Sätze in die richtige Reihenfolge°.　　　　　　　*order*

__1__ Thomas D. hat Nina Hagen nur einmal kurz getroffen.

_____ Dann ist er zu ihr nach Los Angeles gefahren.

_____ Thomas D. hat bei Nina Hagen in Los Angeles angerufen.

_____ Er hat Nina Hagen am Telefon gefragt, ob sie den Refrain für sein Lied singen möchte.

_____ Nina Hagen hat in Los Angeles zu seinem Track gesungen.

_____ Dann ist er wieder nach Hause gefahren und hat im Studio in Stuttgart das Lied gemacht.

_____ Sie hat Ja gesagt.

_____ Thomas D. findet, dass das Lied sehr schön geworden ist. Er ist sehr stolz darauf.

Fragen zum Text

Beantworten Sie die Fragen mit Informationen aus dem Text:

1. Woher kommt Thomas D.?
2. Wo lebt Nina Hagen?
3. Wann hat Thomas D. bei Nina Hagen angerufen?
4. Was hat er sie gefragt?
5. Was hat Nina Hagen gesagt?
6. Wo hat Thomas den Song fertig gemacht?

Suchen Sie die englischen Elemente im Text. Wie kann man das gleiche auf Deutsch sagen? Diskutieren Sie im Plenum, was Thomas D. damit über sich selbst sagt.

Nina Hagen

imagebroker / Alamy

Die Neutraltöne

Ergänzen Sie die Lücken.

in den 80er Jahren	Musiker	Soloalbum
inzwischen	Musikindustrie	und dann
mit den DJs	nicht mehr	zuerst

1. Die Neutraltöne sind eine von den Bands, die bereits _____ in Stuttgart aktiv waren.

2. _____ haben sie Punk Rock gemacht _____ in den 90er Jahren ihre erste CD.

3. _____ machen sie ganz andere Musik und die Neutraltöne gibt es auch _____.

4. Aber der Musiker ... der Sänger hat ein _____ gemacht.

5. Er ist ein interessanter Musiker, aber es ist schwer in der _____.

6. Es gibt viele gute _____, aber sehr wenige Musiker, die wirklich reich werden. So ist das auch _____.

Kollaboratives Schreiben: Die Geschichte der Fantastischen Vier

Erzählen Sie die Geschichte der Fantastischen Vier. Verwenden Sie dabei Zeitwörter wie die folgenden:

in den 80er Jahren	*in the 1980s*	nach	*after, past*
zuerst	*first*	**vor**	*before*
später	*later*	seit 1993	*since 1993*
damals	*back then*	**jetzt**	*now*
bereits 1988	*already in 1988*	**zurzeit**	*at the moment*
inzwischen	*in the meantime*	in den letzten Jahren	*in recent years*
mittlerweile	*in the meantime*		

Machen Sie mit diesen Fakten eine interessante Präsentation über die Geschichte der Band.

ab 1954	Die US-Armee organisiert von Stuttgart aus die *first line of defense* gegen potentielle Angriffe° des Ostblocks. Es gibt das Stuttgart Army Airfield, die Kelley Barracks, die Wohnsiedlung° Pattonville mit amerikanischen Schulen, Kindergärten, Kirchen°, Theatern, Kinos und Sportplätzen.
1967/68	Die Mitglieder von *Die Fantastischen Vier* kommen in der Region Stuttgart zur Welt°.
1986	Thomas D., Smudo, Michi Beck und Andy treffen sich zum ersten Mal.
1987	Smudo hört zum ersten Mal einen amerikanischen DJ in einem Stuttgarter Club. Michi Beck fliegt von der Schule°.
1988	Andy kauft den Drum-Computer „Dr. Rhythm". Thomas D. fängt eine Lehre° als Frisör an, hört aber bald wieder auf. Erstes Konzert: die 4 treten als Terminal Team in einem Jugendclub auf.
1989	Smudo und Thomas D. fahren für 3 Monate in die USA.
1991	Die Fantastischen Vier nehmen ihr erstes Album *Jetzt geht's ab* auf.
1992	Das Lied *Die da!* vom zweiten Album *Vier gewinnt* ist ein Hit, es ist in Deutschland auf Platz 2 der Hitparade.
1993	Drittes Album: *Die vierte Dimension* Die 7. US-Armee zieht ab°, aber es leben immer noch 30 000 Amerikaner in der *Greater Stuttgart Military Community*
1997	Thomas D. macht ein Solo-Album.
1998	Michi Beck macht ein Solo-Album.
2008	Neuntes Abum: *Fornika*
2011	Zehntes Album: *Für dich immer noch Fanta Sie*

Margin glosses:
attacks
housing complex
churches

zur Welt kommen: *are born*

drops out of school, literally 'flies'

apprenticeship

is withdrawn

BEISPIEL   Seit 1988 haben die Fantastischen Vier zehn Alben gemacht. Die vier Mitglieder sind in der Region Stuttgart geboren. …

Kollaboratives Projekt: Hitparade

Bilden Sie Gruppen. Präsentieren Sie ein deutsches Lied im Kurs. Sprechen Sie über die Geschichte der Band, den Künstler/die Künstlerin, über den Text, das Video und alles, was Sie interessant finden. Machen Sie daraus im Kurs einen Song Contest.

Wortschatz

Welche Wörter möchten Sie noch wissen, um über eine Band, ein Lied oder ein Musikvideo zu sprechen?

BEGRIFF LEBENSKÜNSTLER

Can you find concepts in English or other languages you know for the German concept **Lebenskünstler** defined below?

Ein Lebenskünstler sein
An X is a person.
An X does only things he or she likes to do.
An X does only things that make him or her happy.
An X does things not because others want it.
An X thinks about things he or she likes to do all the time.
An X doesn't think about things other people think he or she should think about.
An X thinks more about what is now than about what may be later.
Other people like to do things for an X without his or her asking for it.
Other people may think that it is nice to be an X, because they cannot be an X.

What are the cultural implications of the German word **Lebenskünstler**? Do you know someone who is like that? Do you think this is a positive or a negative concept?

Übergang

Im nächsten Kapitel lernen Sie Gregor kennen. Er ist Architekt und lebt in Mülheim an der Ruhr. Was wissen Sie schon über ihn?

1. Er hat Architektur _____.
2. Er hat eine CD von Phil Collins _____, als er 15 war.
3. Seine Mutter hat LPs von Michael Jackson _____.

Wortschatz

■ **Nomen**

der **Auftritt** (Auftritte) *performance*

das **Album** (Alben) *album*

die **Blume** (Blumen) *flower*

der **Buchdruck** (Buchdrucke) *printing*

die **CD** (CDs) *CD*

der **Club / Klub** (Clubs) *(dance) club*

der **Dirigent** (Dirigenten) *conductor*

die **Dirigentin** (Dirigentinnen) *(female) conductor*

das **Fernsehen** *TV*

das **Frühjahr** / der **Frühling** (Frühjahre/ Frühlinge) *spring*

das **Getränk** (Getränke) *beverages, drinks*

der **Held** (Helden) *hero*

die **Heldin** (Heldinnen) *heroine*

der **Herbst** (Herbste) *fall*

die **Hitparade** (Hitparaden) *hit parade*

das **Interesse** (Interessen) *interest*

der **Jazz** *jazz*

der **Kritiker** (Kritiker) *critic*

die **Kritikerin** (Kritikerinnen) *(female) critic*

die **Leute** *people, folks*

das **Lied** (Lieder) *song*

die **Mischung** (Mischungen) *mixture*

der **Motor** (Motoren) *motor*

die **Oper** (Opern) *opera*

das **Orchester** (Orchester) *orchestra*

der **Ort** (Orte) *place, location*

die **Party** (Partys) *party*

der **Schlager** (Schlager) *hit*

die **Sendung** (Sendungen) *broadcast*

der **Sommer** (Sommer) *summer*

die **Stimmung** (Stimmungen) *mood*

die **Tür** (Türen) *door*

der **Umstand** (Umstände) *circumstance*

der **Unterricht** *instruction, lesson*

die **Veranstaltung** (Veranstaltungen) *event*

der **Vogel** (Vögel) *bird*

der **Winter** (Winter) *winter*

■ **Verben**

auf·nehmen (nimmt auf, hat aufgenommen) *to record*

auf·treten (tritt auf, ist aufgetreten) *to appear, perform*

bieten (bietet, hat geboten) *to provide, offer*

bringen (bringt, hat gebracht) *to bring*

jemandem **ein·fallen** (fällt ein, ist eingefallen) *to occur to someone*

entdecken (entdeckt, hat entdeckt) *to discover*

erklären (erklärt, hat erklärt) *to explain*

erscheinen (erscheint, ist erschienen) *to appear, to be released*

feiern (feiert, hat gefeiert) *to party, celebrate*

gewinnen (gewinnt, hat gewonnen) *to win*

hassen (hasst, hat gehasst) *to hate*

kochen (kocht, hat gekocht) *to cook*

lachen (lacht, hat gelacht) *to laugh*

merken (merkt, hat gemerkt) *to realize*

mit·machen (macht mit, hat mitgemacht) *to participate*

pflegen (pflegt, hat gepflegt) *to tend, maintain*

reden (redet, hat geredet) *to talk*

sammeln (sammelt, hat gesammelt) *to collect*

statt·finden (findet statt, hat stattgefunden) *to happen*

tanzen (tanzt, hat getanzt) *to dance*

warten (wartet, hat gewartet) *to wait*

■ **Adjektive**

beschäftigt *busy*

enttäuscht *disappointed*

extrem *extreme*

geboren *born*

historisch *historic*

leer *empty*

leicht *light*

lustig *funny*

natürlich *natural*

negativ *negative*

optimistisch *optimistic*

pessimistisch *pessimistic*

positiv *positive*

schlimm *bad*

schwach *weak*

sinnvoll *useful, meaningful*

sogenannt *so called*

stark *strong*

vielfältig *diverse*

voll *full*

wunderbar *wonderful*

■ Adverbien

besonders *special*

daher *therefore*

damals *(back) then*

dennoch *nevertheless, however*

deshalb *because of*

deswegen *because of*

gestern *yesterday*

inzwischen *meanwhile*

irgendwann *sometime*

jetzt *now*

mittlerweile *in the meantime*

später *later*

täglich *daily*

trotzdem *in spite of*

unterwegs *on the road*

ziemlich *quite, rather*

zurzeit *currently*

zuerst *first*

vorher *previously*

■ Konjunktionen

aber *but*

als *when*

dass *that*

denn *because*

oder *or*

sondern *rather*

und *and*

weil *because*

wenn *if, when*

■ Monatsnamen

der **Januar** *January*

der **Februar** *February*

der **März** *March*

der **April** *April*

der **Mai** *May*

der **Juni** *June*

der **Juli** *July*

der **August** *August*

der **September** *September*

der **Oktober** *October*

der **November** *November*

der **Dezember** *December*

■ Sonstige

eine(r, s) *one of many*

selbst *self, oneself*

6

Gregor Weber
Ökoarchitekt, Mülheim an der Ruhr

LERNZIELE

- *talking about the future*
- *making comparisons*
- *expressing assumptions*
- *talking about cities and buildings*
- *describing geographical location*
- *the future tense and using the present tense to talk about the future*
- *using comparative and superlative forms of adjectives and adverbs*
- *the genitive case and prepositions with the genitive case*

186

© Cengage Learning

IN DIESEM KAPITEL …

In his e-mails to a client, architect Gregor Weber plans the next steps in the construction of a house and other upcoming events. Talking about the future and making comparisons are the main learning goals in this chapter about the future of buildings, institutions, cities, regions, and countries that you will explore in poetic and journalistic texts, as well as maps, websites, graphs, and statistics, and an interview with a famous solar architect.

6.1

PROFIL

NAME: Weber, Gregor
ALTER: 41
WOHNORT: Mülheim an der Ruhr
BERUF: Architekt
INTERESSEN: nachhaltiges° Leben
HOBBYS: Tennis, Schwimmen, vegetarisch kochen

sustainable

Morgen

1 E-Mail an einen Kunden

Gregor schreibt eine E-Mail an seinen Kunden Herrn Mohn. Er schreibt über den nächsten Tag und die nächste Woche. Was machen Sie morgen? Was machen Sie nächste Woche?

Von: Gregor Weber, Architekt [gregor@oekohaus.de]
An: Rolf Mohn [mohn@juhu.de]
Re: Morgen

Lieber Herr Mohn,

ja, ich komme morgen nach Haltern. Wahrscheinlich bin ich so um 9 Uhr auf der Baustelle. Die Fenster kommen nächste Woche. Den Eingang bauen wir am Freitag. Die Solaranlage bestelle ich erst nächsten Monat. Vielleicht finde ich noch eine günstigere Lösung. In zwei Wochen ist in Essen eine Konferenz zum Thema Solarenergie. Dort gibt es auch einen Vortrag von Rolf Disch, einem berühmten Solararchitekten aus Freiburg. Ich möchte für Ihr Haus die beste Lösung finden, die es im Moment gibt.

Wir sehen uns morgen früh.

Ihr

Gregor Weber

Gestern hat Rolf Mohn [mohn@juhu.de] geschrieben:

Lieber Herr Weber,

kommen Sie morgen nach Haltern am See? Ich habe noch ein paar Fragen über die Fenster und den Eingang. Wann bestellen Sie die Solaranlage? Wer installiert die Solaranlage? Macht das ein Monteur von der Firma oder der Elektriker?

Bis morgen

R.M.

Morgen

der **Architekt** (Architekten) *(male) architect*	**bestellen** (hat bestellt) *to order*
die **Architektin** (Architektinnen) *(female) architect*	die **Lösung** (Lösungen) *solution*
der **Bau** (Bauten) *building, construction*	**günstig** *affordable, favorable*
bauen *to build*	das **Thema** (Themen) *topic*
wahrscheinlich *probably*	der **Vortrag** (Vorträge) *presentation*
so um 9 Uhr *around 9 o'clock*	das **Haus** (Häuser) *house*
die **Baustelle** (Baustellen) *construction site*	die **Anlage** (Anlagen) *system*
	die **Solaranlage** (Solaranlagen) *solar energy system*
	installieren (hat installiert) *to install*
	der **Monteur** (Monteure) *technician*

Wichtige Daten für Herrn Mohn

Verbinden Sie die passenden Satzteile.

1. Morgen …
2. Wahrscheinlich so um 9 Uhr …
3. Am Freitag …
4. Nächste Woche …
5. In zwei Wochen …
6. Nächsten Monat …

a. kommen die Fenster.
b. fährt Gregor nach Haltern am See.
c. ist Gregor morgen auf der Baustelle.
d. bestellt Gregor die Solaranlage.
e. ist in Essen eine Konferenz.
f. kommt der Eingang dran.

Rolf Mohn hat noch viele Fragen

Ergänzen Sie die Sätze mit den richtigen Wörtern.

Architekt	Fenster	Lösung	Wochen
Baustelle	Haus	Vortrag	

Gregor ist _____. Im Moment baut er ein _____ für Rolf Mohn in
Haltern am See. Morgen gehen Gregor und Rolf Mohn auf die _____.
Rolf Mohn hat noch ein paar Fragen über die _____ und den Eingang.
In zwei _____ ist in Essen eine Konferenz zum Thema Solarenergie.
Dort gibt es auch einen _____ von Rolf Disch, einem berühmten
Solararchitekten aus Freiburg. Gregor möchte für das Haus die beste
_____ finden, die es im Moment gibt.

Fragen zum Profil

1. Wer ist Gregor Weber? Was macht Gregor Weber für Rolf Mohn?
2. Welche Fragen hat Rolf Mohn?
3. Was muss Gregor in den nächsten Wochen alles machen?
4. Wann fährt Gregor nach Haltern am See?

Wortschatz: Haus

Welche Wörter möchten Sie noch wissen, um über Häuser zu sprechen?

Gregor stellt sich vor

1. Schritt. Was sagt Gregor? Was sagt er nicht? Korrigieren Sie die falschen
Aussagen.

	richtig	falsch
1. Mein Name ist Gregor Weber und ich bin Architekt in Mülheim an der Ruhr.	☐	☐
2. Das Ruhrgebiet liegt im Osten von Deutschland.	☐	☐
3. Das Ruhrgebiet ist sehr klein.	☐	☐
4. Im Ruhrgebiet leben nicht viele Menschen.	☐	☐
5. Es gibt sehr viel Grün. Das denkt man gar nicht.	☐	☐
6. Es ist sehr viel Kultur auch in den Städten zu sehen. Das verbindet auch die Städte miteinander.	☐	☐
7. Man hat immer noch Industrie im Kopf … Ruhrgebiet … Stahlindustrie in Essen. Aber es ist mittlerweile nicht mehr so.	☐	☐
8. Es ist unheimlich viel Grün in den Städten; und die Städte sind kulturell unheimlich interessant.	☐	☐

2. Schritt. Was sagt Gregor über das Ruhrgebiet? Beantworten Sie die Fragen.

1. Wo liegt das Ruhrgebiet?
2. Was gab es im Ruhrgebiet früher?
3. Was findet Gregor im Ruhrgebiet schön?

Zwei Projekte

Sehen Sie das Video an und ergänzen Sie die fehlenden Wörter.

das Dach	die Fassade	energieeffizient
das Projekt	die Terrasse	größer
den Balkon	drei Schlafzimmer	Grünfläche
der Eingang	eine Familie	mehr Licht

Hier ist mein erstes _____. Zwei Etagen mit flachem Dach.
_____ ist sehr gut isoliert. Also es ist sehr _____.
Hier vorne geht die Straße, das ist also der Eingang hier und _____
zur Straße hin. _____ ist hier besonders schön finde ich. Die Fenster
hier sind relativ klein. Hier rechts ist die Terrasse mit _____. Das Haus
hat _____ und zwei Bäder. Optimal für _____. Dann hab
ich hier noch ein zweites Projekt. Das ist schon etwas _____.
Das hat 4 Schlafzimmer und zwei Bäder. Auf dem Plan hier sieht man links
oben _____ am Schlafzimmer. Die Fenster sind viel größer. Das
Haus hat also _____. Es hat oben den Balkon und hier rechts ist
_____ am Wohnzimmer dran. Hier im Wohnzimmer ist also sehr viel
Raum und sehr viel Licht. Das gefällt mir besonders gut.

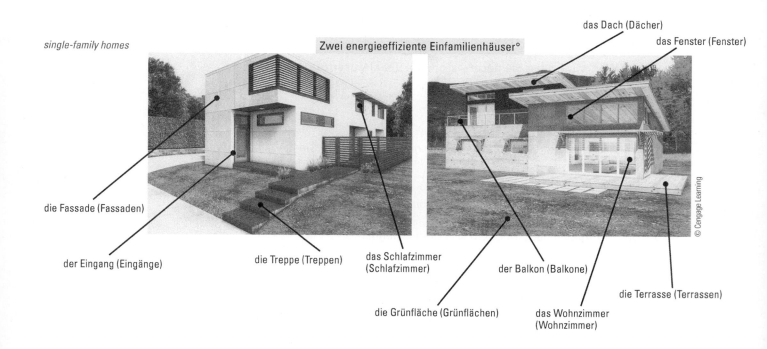

single-family homes

Zwei energieeffiziente Einfamilienhäuser°

das Dach (Dächer)

das Fenster (Fenster)

die Fassade (Fassaden)

der Eingang (Eingänge)

die Treppe (Treppen)

das Schlafzimmer (Schlafzimmer)

die Grünfläche (Grünflächen)

der Balkon (Balkone)

das Wohnzimmer (Wohnzimmer)

die Terrasse (Terrassen)

© Cengage Learning

8 Traumhäuser

Finden Sie für jedes Bild die passende Beschreibung und die richtige Übersetzung.

1. eine Villa im Grünen mit großen, alten Bäumen
2. ein kleines Reihenhaus am Stadtrand mit Anschluss an öffentliche Verkehrsmittel
3. eine gemütliche Altbauwohnung mitten in der Stadt
4. ein altes Bauernhaus mit viel Land

a. an old farmhouse with lots of land
b. a cozy apartment in a historic downtown building
c. a small house in the suburbs with access to public transportation
d. a mansion in the country with large, old trees

9 Wohnen und Traumhäuser

1. Schritt: Wo wohnen sie? Verbinden Sie die Namen mit den richtigen Aussagen.

1. Gregor wohnt ___
2. Uwe lebt ___
3. Seit zwei Jahren wohnt Yasemin ___
4. Momentan° lebt Rüdiger ___
5. Hubert lebt ___
6. Thorsten wohnt ___
7. Nada lebt momentan ___
8. Sebastian wohnt ___
9. Seit zwei Jahren wohnt Kati ___
10. Martina wohnt ___
11. Im Moment lebt Volker ___
12. Zurzeit wohnt Hilli ___

a. mit ihrem Freund in einer netten Wohnung im Norden der Stadt.
b. in einer Wohngemeinschaft im Osten der Stadt. Eigentlich ist er zu alt dafür, aber was soll's°.
c. in einer Altbauwohnung in der Stadt zusammen mit anderen Studenten.
d. in einem kleinen Dorf° in der Nähe der Stadt.
e. im Studentenwohnheim in einem kleinen Zimmer mit einem kleinen Bad.
f. in einer Altbauwohnung in Basel.
g. in einer Wohnung im Haus ihrer Eltern.
h. in einer kleinen Wohnung gleich neben der Uni.
i. in einem Haus, das er selbst entworfen hat.
j. in einem sehr kleinen Haus mitten im Dorf direkt neben einer Kirche°.
k. in einem kleinen Bauernhaus mit Garten.
l. in einer alten Villa mit einem wunderschönen Garten.

was soll's: *so what?*

currently

village

church

2. Schritt: Traumhäuser? Verbinden Sie die Personen mit ihren Traumhäusern.

Gregor

Hilli

Hubert

Kati

Martina

Nada

Rüdiger

Sebastian

Thorsten

Uwe

Volker

Yasemin

stars

all the bells and whistles
pond

quiet location

1. Er möchte ganz oben in einem Hochhaus mit Dachterrasse wohnen. Dann kann er im Sommer draußen schlafen und die Sterne° anschauen.
2. Er wünscht sich eine gemütliche Wohnung mit Balkon.
3. Er möchte ein Bauernhaus mit allem drum und dran°, mit einem großen Garten und vielen Bäumen und einem Teich° mit eigenen Fischen.
4. Ihr Traumhaus liegt am Meer.
5. Sein Traumhaus wäre ein Haus im Grünen mit großen Fenstern und in ruhiger Lage°.
6. Sie möchte eine große Wohnung mit hohen Räumen mitten in der Stadt. Dann braucht sie kein Auto.
7. Sie möchte eine große Wohnung am Stadtrand mit einer großen Küche und ganz modernen Möbeln.
8. Sie möchte eine Villa mit hohen Räumen und antiken Möbeln und einem Garten.
9. Er hat sein Traumhaus schon. Er hat es selbst entworfen.
10. Er lebt in seinem Traumhaus, das er selbst renoviert hat.
11. Sie möchte ein kleines Haus mit Garten. Das darf auch ein bisschen nach Hexenhaus° aussehen.

gingerbread house

12. Sein Haus ist eigentlich sein Traumhaus, aber es braucht neue Fenster, ein neues Dach, eine neue Küche und ein neues Bad.

10 Partnerinterview: Mein Traumhaus

Machen Sie ein Interview wie im Beispiel.

BEISPIEL

OTTO Wie sieht dein Traumhaus aus? Wo möchtest du leben?

ANNA Mein Traumhaus ist ein kleines Haus mit … Ich möchte in der Stadt leben …

OTTO *Ihr Traumhaus ist ein kleines Haus mit … Sie möchte in der Stadt leben …*

11 Wortschatz

Welche Wörter möchten Sie noch wissen, um über Häuser und Traumhäuser zu sprechen?

Strukturen

6.1.1 Das Verb *werden*

 Go to iLrn for more grammar practice.

German uses present tense forms to express future events if a time phrase or the general context clearly points toward the future:

Nächste Woche **kommen** die Fenster. Dann **bestellt** Gregor die Solaranlage.	*The windows are coming next week. Gregor will order the solar installation then.*

To express future intentions, prognoses, and promises, a specific future tense is used. It is formed by using the verb **werden** as an auxiliary and adding an infinitive at the end of the sentence:

In Essen **wird** Gregor einen Vortrag von Rolf Disch **besuchen**. (intention)

Nächste Woche **werden** die Fenster **kommen**. (prognosis)

Gregor sagt, dass er am Montag sicher **anrufen wird**. (promise)

Werden is an irregular verb.

werden	
ich	werde
du	wirst
er/sie/es	wird
wir	werden
ihr	werdet
sie	werden
Sie	werden

When used as a verb on its own, **werden** means *to become (someone/something); to turn (an age)*.

Heute **wird** Gregor 41 Jahre alt. Vor zwei Jahren ist Gregor Vater **geworden**.	*Gregor **turns** 41 years old today. Gregor **became** a father two years ago.*

The verb **werden** is also used to form the passive. You will learn about this in chapter 10.

LERNSTRATEGIEN Memorize the irregular forms of **werden**, and remember that it can be used both as an auxiliary (helping verb) and a full verb.

iLrn GRAMMAR GLOSSARY
You can find more information about ⇒ **future tense** in the *Welten* grammar glossary in iLrn.

Kursprojekt: Wie werden wir wohnen?

1. Schritt. Ergänzen Sie den Text mit den Informationen aus der Grafik. Besprechen Sie die Grafik im Kurs.

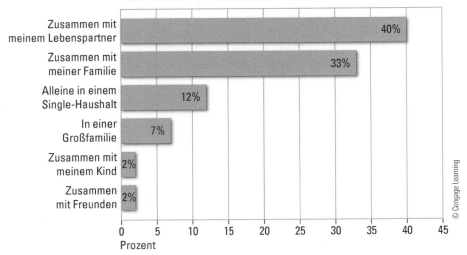

Wie möchten Sie in zehn Jahren wohnen?

Zusammen mit meinem Lebenspartner	40%
Zusammen mit meiner Familie	33%
Alleine in einem Single-Haushalt	12%
In einer Großfamilie	7%
Zusammen mit meinem Kind	2%
Zusammen mit Freunden	2%

Prozent (0, 5, 10, 15, 20, 25, 30, 35, 40, 45)

© Cengage Learning

Weiß nicht/Keine Angabe: 4%

_____ Prozent werden wohl zusammen mit ihrem

Lebenspartner wohnen. Mit Ihrer Familie _____ wohl

_____ Prozent leben, aber _____ Prozent

_____ wahrscheinlich alleine _____. Sieben

Prozent denken, dass sie _____ wohnen _____,

und jeweils _____ Prozent _____ wahrscheinlich

zusammen mit _____ oder mit Freunden _____.

Und wie _____ du in 10 Jahren wohnen?

2. Schritt. Machen Sie eine eigene Umfrage und notieren Sie die Antworten.

BEISPIEL   ANNA   Wie wirst du in 10 Jahren wohnen?

               OTTO   Ich werde alleine in Manhattan wohnen. Und du?

               ANNA   Ich werde mit meiner Familie in Ohio wohnen.

3. Schritt. Entwerfen Sie Ihre eigene Kursstatistik.

BEISPIEL   Dreizehn von uns werden mit ihrem Partner zusammen wohnen.

fast alle	+++++
die meisten	++++
viele	+++
wenige	++

_____ von uns _____ mit ihrem Partner _____.

_____ von uns _____ mit ihrer Familie _____.

_____ aus unserem Kurs _____.

_____ Kursteilnehmer _____.

_____ Leute _____.

_____ von uns _____.

4. Schritt. Bilden Sie Sätze mit den folgenden Begriffen:

Mehr ...   Bloß ...

Höchstens ...   Mindestens ...

Insgesamt ...

13 Gute Vorsätze°

good intentions

Schreiben Sie jeweils einen guten Vorsatz auf, den Sie für nächste Woche und für nächstes Jahr haben. Fragen Sie dann andere Kursteilnehmer, notieren Sie sich die Vorsätze und berichten Sie im Kurs.

Nächste Woche…   Nächstes Jahr…

BEISPIEL   Nächste Woche werde ich meine Oma besuchen. →
           Was wirst du nächste Woche machen?

14 Wann sagt man das?

Was sagt oder schreibt man in diesen Situationen am ehesten°?

most likely

1. Herr Mohn spricht mit Gregor Weber auf der Baustelle. Der Elektriker hat Lampen installiert. Gregor gibt Herrn Mohn die Rechnung°. Rolf Mohn sagt: …

2. Herr Mohn will mit seiner Frau eine Kreuzfahrt° in der Karibik machen. Sie findet die Kreuzfahrt extravagant und teuer, aber Herr Mohn sagt: …

3. Gregors bester Freund geht für ein halbes Jahr nach Afrika. Beim Abschied° sagt er: …

4. Der Sohn von Herrn Borowski, Gregors Nachbarn°, hat mit seinem Fußball vor 4 Monaten ein Fenster an Gregors Haus kaputt gemacht. Gregor hat schon oft gefragt, wann Herr Boroswki endlich die Rechnung bezahlt. Herr Borowski sagt: …

5. Gregor und Herr Mohn telefonieren. Morgen treffen sie sich wieder auf der Baustelle. Am Ende sagt Gregor: …

a. „Wir sehen uns morgen."

b. „Mach's gut°. Wir werden uns in 6 Monaten wieder sehen."

c. „Komm, wir machen das. Wir werden nicht jünger."

d. „Ich werde alles bezahlen. Sie können ganz sicher sein."

e. „Ich zahle die Rechnung morgen."

bill / Take care.

cruise

saying goodbye

neighbor

15 Das Ruhrgebiet

1. Schritt: So war das früher. Was sagt Gregor über das Ruhrgebiet? Ergänzen Sie die Lücken mit den gegebenen Wörtern.

Geld	weniger	sehr stark
Industrie	Umweltprobleme°	

environmental problems

Das Ruhrgebiet war früher das Zentrum° der _____. Das ist heute nicht mehr so. Immer _____ Menschen wohnen im Ruhrgebiet. Durch die Industrie früher war das Ruhrgebiet sehr dreckig und hatte _____, die wir aber heute erst wirklich wahrnehmen. Das ist etwas, das wir im Ruhrgebiet _____ als Thema haben. Und dafür braucht man natürlich auch _____.

center

2. Schritt: Die Zukunft der Metropole Ruhr. Was ist richtig? Was ist falsch?

	richtig	falsch
1. Im Ruhrgebiet gibt es immer mehr Industrie.	☐	☐
2. Es wird in der Zukunft immer weniger Menschen im Ruhrgebiet geben.	☐	☐
3. Das Ruhrgebiet war früher sehr dreckig.	☐	☐
4. Umweltprobleme sind ein wichtiges Thema im Ruhrgebiet.	☐	☐
5. Man wird viel Geld brauchen.	☐	☐

Deutschland schrumpft

Was wird anders werden?

16

1. Diskutieren Sie über das Leben in Ihrem Land, Ihrer Region oder Ihrer Stadt. Welche Prognosen gibt es über die Zukunft?

2. Wird es mehr oder weniger Menschen in Ihrer Region geben? Wird das Leben in Ihrer Region leichter oder schwieriger werden?

   BEISPIELE   Das Essen wird teurer werden.
   Es wird mehr Autos geben.
   Es werden mehr Menschen in unsere Region kommen.

🔊 Deutschland schrumpft

In 50 Jahren wird Deutschland einer Prognose zufolge nur noch 66 Millionen Einwohner haben. Dann ist es nicht mehr das größte Land der Europäischen Union (EU). Deutschland wird laut einer EU-Prognose rund 16 Millionen Einwohner verlieren. Deutschland, das
5 2010 noch 82 Millionen Einwohner hatte, wird nach Schätzungen der EU-Statistiker 2060 nur noch an dritter Stelle hinter Großbritannien (79 Millionen Einwohner) und Frankreich (74 Millionen) liegen, gefolgt von Italien (65 Millionen) und Spanien (52 Millionen). Anders als Deutschland können diese vier Länder von einer wachsenden
10 Bevölkerung ausgehen°.

Für die gesamte Europäische Union erwarten die Statistiker noch bis 2040 einen Bevölkerungszuwachs. Dann wird die EU, wo Anfang 2010 ingesamt 501 Millionen Menschen lebten, einen Höchststand von 526 Millionen Einwohnern erreichen. Bis 2060
15 wird die europäische Gesamtbevölkerung dann auf 517 Millionen zurückgehen.

von etwas ausgehen: *to assume something*

Quelle: *Die Welt*, 8. 6. 2011
Retrieved from www.welt.de/politik. Reprinted by permission of Peter Hammer Verlag

Rawpixel/Shutterstock

Für die Europäische Union erwarten die Statistiker einen Bevölkerungszuwachs.

Lesen Sie die Informationen und notieren Sie Fragen oder Interessantes.

Information		Notizen
die **Prognose** (Prognosen) *prognosis*	eine Prognose machen *'to make a prognosis'*, nach einer Prognose *'according to a prognosis'*	
verlieren *to lose*	verlor, hat verloren	
nur noch *only just*		
die **Million** (Millionen) *million*		
der **Einwohner** (Einwohner) / die **Einwohnerin** (Einwohnerinnen) *resident, inhabitant*	die Einwohnerzahl *'number of residents'*	
die **Europäische Union** *the European Union*	europäisch *'European'*, die Union *'union, community'*	
nach Schätzungen *according to estimates*	schätzen *'to estimate'*	
an dritter **Stelle** *in third place, ranking third*	die Stelle (Stellen) *'spot, place'*	
gefolgt von *followed by*	folgen (folgt, ist gefolgt)	
die **Bevölkerung** *population*		
der **Zuwachs** *increase, growth*		
der **Anfang** (Anfänge) *beginning, start*	Anfang 2010 *'at the beginning of 2010'*; anfangen, fängt an, hat angefangen *'to begin, start'*	
einen Höchststand **erreichen** *to reach an all-time high*	erreicht, erreichte, hat erreicht	
zurückgehen *to recede, decrease, reduce*	geht zurück, ging zurück, ist zurückgegangen Die Bevölkerungszahl in Europa wird zurückgehen. *'The population in Europe will decrease.'*	

17 Europaprognosen

Ergänzen Sie die Sätze mit Hilfe der Daten aus dem Text.

Land/Region	2010	2060
1. Deutschland ...	hatte 82 Millionen Einwohner.	wird 66 Millionen Einwohner haben.
2. Großbritannien ...	hatte 64 Millionen Einwohner.	wird 79 Millionen Einwohner haben.
3. Frankreich ...	hatte 66 Millionen Einwohner.	wird 74 Millionen Einwohner haben.
4. Italien ...	hatte 59 Millionen Einwohner.	wird 65 Millionen Einwohner haben.
5. Spanien ...	hatte 46 Millionen Einwohner.	wird 52 Millionen Einwohner haben.
6. Die Europäische Union ...	hatte 501 Millionen Einwohner.	wird 517 Millionen Einwohner haben.

Prognosen über den Rest der Welt

18 Schreiben Sie fünf Sätze über die Informationen aus den folgenden Grafiken.

Regionale Verteilung der Weltbevölkerung

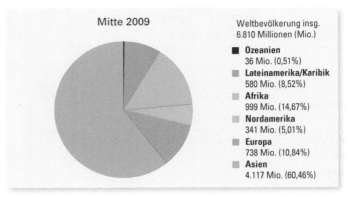

Mitte 2009

Weltbevölkerung insg. 6.810 Millionen (Mio.)

■ **Ozeanien**
36 Mio. (0,51%)
■ **Lateinamerika/Karibik**
580 Mio. (8,52%)
■ **Afrika**
999 Mio. (14,67%)
■ **Nordamerika**
341 Mio. (5,01%)
■ **Europa**
738 Mio. (10,84%)
■ **Asien**
4.117 Mio. (60,46%)

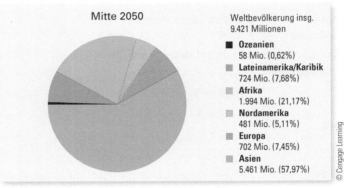

Mitte 2050

Weltbevölkerung insg. 9.421 Millionen

■ **Ozeanien**
58 Mio. (0,62%)
■ **Lateinamerika/Karibik**
724 Mio. (7,68%)
■ **Afrika**
1.994 Mio. (21,17%)
■ **Nordamerika**
481 Mio. (5,11%)
■ **Europa**
702 Mio. (7,45%)
■ **Asien**
5.461 Mio. (57,97%)

© Cengage Learning

Quelle: Deutsche Stiftung Weltbevölkerung, DSW-Datenreport 2009

BEISPIELE 2050 werden in Europa weniger Menschen leben als heute.
Die meisten Menschen werden in Asien leben.

Partnerinterview: Optimismus

You can refer to **Strukturen 6.2.1 Komparation** for more information about the comparative forms that appear in this activity.

19 Fragen Sie Ihren Partner oder Ihre Partnerin, wie optimistisch er oder sie ist.

BEISPIEL OTTO Bist du optimistisch oder eher pessimistisch?
ANNA Ich bin nicht so optimistisch. …
OTTO Glaubst du, die Welt / unser Land wird in 20 Jahren
_____ sein? Warum?

toleranter / intoleranter
besser / schlechter
gerechter / ungerechter
demokratischer / undemokratischer
progressiver / konservativer
reicher / ärmer

ANNA Ich glaube, die Welt wird schlechter sein, weil es zu viele Menschen geben wird.

OTTO *Anna ist nicht so optimistisch. Sie glaubt die Welt wird …
Sie glaubt unser Land wird …*

Wörterbucharbeit

Arbeiten Sie mit dem Wörterbuch und schreiben Sie die Sätze zu Ende.

1. Die Welt wird _____ werden.
2. Das Studium an Universitäten wird _____ sein.
3. Es wird mehr _____ geben.
4. Unser Land wird _____ sein.
5. Es wird nicht mehr so viele _____ geben.
6. Frauen werden _____ sein.
7. Autos werden …
8. Kinder werden …
9. Frauen werden …
10. Männer werden …
11. Städte werden …
12. Die Amerikaner werden …
13. Das Leben wird …

Wortschatz

Welche Vokabeln brauchen Sie noch, um über Zukunftsprognosen zu sprechen?

Prognosen für die Zukunft

Wie wird die Zukunft werden? Arbeiten Sie in kleinen Gruppen, diskutieren Sie eine oder mehrere Prognosen. Sind sie realistisch? Zu optimistisch oder pessimistisch?

	realistisch	optimistisch	pessimistisch
1. Ärzte werden alle Krankheiten heilen können.	☐	☐	☐
2. Computer werden unsere Gedanken lesen.	☐	☐	☐
3. Es wird Städte auf dem Mars geben.	☐	☐	☐
4. Es wird keine Kriege mehr geben.	☐	☐	☐
5. Alle Menschen werden genug zu Essen haben.	☐	☐	☐
6. Man wird neue Energieressourcen entwickeln.	☐	☐	☐

Qualität oder Preis?

Rolf Mohn schreibt an Gregor über Qualität und Preis der Fenster. Was ist wichtiger für Sie, Qualität oder Preis? Machen Sie eine kleine Umfrage im Kurs und berichten Sie.

BEISPIEL   ANNA   Otto, was ist für dich wichtiger, die Qualität oder der Preis?

OTTO   Ich habe nur wenig Geld, für mich ist der Preis wichtiger.

ANNA   *Für Otto ist der Preis wichtiger als die Qualität.*

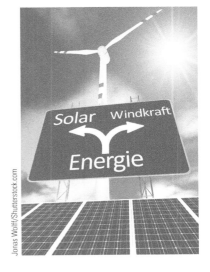

Fenster

Von: Gregor Weber [gregor@oekohaus.de]
An: Rolf Mohn [mohn@juhu.de]
Re: Fenster
Datum: 04.05.2015 Zeit: 19:34 h

Lieber Herr Mohn,

Sie haben schon recht. Die Franz-Glanz-Fenster sind etwas billiger als die von Klar & Co, aber ich glaube nicht, dass sie schlechter sind. Das Design ist eine andere Frage. Wenn Ihnen die Klar & Co Fenster besser gefallen, dann sollten Sie die nehmen. Klar & Co ist eine der besten Firmen in der Bauindustrie. Klar & Co liefert auch meistens schneller als andere Firmen.

Ich rufe Sie heute Nachmittag an.

Bis dann

Ihr

Gregor Weber

Gestern hat Rolf Mohn [mohn@juhu.de] geschrieben:

Lieber Herr Weber,

ich habe noch einmal die Preise für die Fenster verglichen. Die Fenster von Klar & Co sind zwar etwas teurer, aber sie sind auch besser als die von Franz Glanz. Die Franz-Glanz-Fenster sind sehr schön, verstehen Sie mich nicht falsch, aber sie sind einfach nicht so gut wie die Klar & Co-Fenster. Ich habe die Klar & Co-Fenster gestern in einem Haus in Recklinghausen gesehen. Die Qualität ist besser und das Design ist ein bisschen moderner als das Design von den Franz-Glanz-Fenstern. Was meinen Sie?

Bis bald

R.M.

Fenster

recht haben   *to be right*
etwas **billiger**   *somewhat cheaper*
besser   *better*
die **Firma** (Firmen)   *company*
eine der besten Firmen   *one of the best companies*
liefern   *to deliver*
vergleichen   *to compare*
etwas **teurer**   *a little bit more expensive*
nicht so gut wie   *not as good as*
Was **meinen** Sie?   *What do you think?*

Fenstervergleich

Kreuzen Sie an, was für die Fenster von Franz Glanz und Klar & Co stimmt.

	Franz-Glanz-Fenster	Klar & Co-Fenster
1. Sie sind etwas billiger.	☐	☐
2. Rolf Mohn findet sie nicht so gut wie die anderen.	☐	☐
3. Die Firma liefert schneller als andere.	☐	☐
4. Die Firma ist eine der besten in der Bauindustrie.	☐	☐
5. Herr Mohn hat sie gestern in einem Haus in Recklinghausen gesehen.	☐	☐
6. Herr Mohn findet sie nicht so modern wie die anderen.	☐	☐
7. Sie sind etwas teurer.	☐	☐

Haus A

3 Schlafzimmer
2 Bäder
Wohnzimmer 40 m²°
10 Fenster
———
Terrasse
———

Haus B

4 Schlafzimmer
2 Bäder
Wohnzimmer 50 m²
15 Fenster
Garage
Terrasse
Balkon

Quadratmeter = *square meters*

Hausvergleich

Welche Aussagen sind richtig? Korrigieren Sie die falschen Aussagen.

	richtig	falsch
1. Haus A ist größer als Haus B.	☐	☐
2. Haus B hat mehr Schlafzimmer als Haus A.	☐	☐
3. Haus A hat genauso viele Fenster wie Haus B.	☐	☐
4. Das Wohnzimmer in Haus A ist genauso groß wie das Wohnzimmer in Haus B.	☐	☐
5. Haus B hat nicht so viele Bäder wie Haus A.	☐	☐
6. Haus A hat genauso einen Balkon wie Haus B.	☐	☐
7. Haus A ist kleiner als Haus B, denn es hat keine Garage.	☐	☐

Strukturen

iLrn Go to iLrn for more grammar practice.

6.2.1 Vergleiche°

- **Komparativ**

  The comparative form of adjectives or adverbs is used to compare two things, persons, concepts, or ideas. It expresses the idea that one is greater than, less than, or of equal quality to the other.

  > Die Fenster von Klar & Co sind günstig, aber die Fenster von Franz Glanz sind **günstiger**.

  > *The windows made by Klar & Co are **reasonable** (in price), but the windows made by Franz Glanz are **more reasonable**.*

  To form the comparative, **-er** is added to the stem of an adjective or adverb:

  > günstig → günstig**er**

  Comparisons can also be expressed with the addition of **als** (*than*).

  > Die Fenster von Franz Glanz sind günstig**er als** die Fenster von Klar & Co.

  > *The windows made by Franz Glanz are more reasonable **than** the windows made by Klar & Co.*

  Comparisons without comparative forms use **(nicht) so … wie**.

  > Die Fenster von Klar & Co sind **nicht so günstig wie** die Fenster von Franz Glanz.

  > *The windows made by Klar & Co are **not as** reasonable **as** the windows made by Franz Glanz.*

- **Superlativ**

  The superlative of adjectives and adverbs is used to express that something has the greatest or least of a quality or value.

  > Das **günstigste** Fenster kostet 138 Euro, das **teuerste** Fenster kostet 697 Euro.

  > *The most reasonable window costs 138 Euro. The most expensive window costs 697 Euro.*

  To form the superlative, **-ste** is added to the stem of an adjective.

  > günstig → günstig**ste**

  Superlatives can also be expressed with **am** (contraction of **an** + **dem**) and **-sten** added to an adjective.

Die Fenster für 138 Euro sind **am günstigsten**.	*The windows for 138 Euro are the most reasonable.*
Die Fenster für 697 Euro sind **am teuersten**.	*The windows for 697 Euro are the most expensive.*

The following adjectives have an umlaut in their comparative and superlative forms.

Adjektiv/Adverb	Komparativ	Superlativ
alt *old*	älter	am ältesten
arm *poor*	ärmer	am ärmsten
dumm *stupid*	dümmer	am dümmsten
gesund *healthy*	gesünder	am gesündesten
grob *rough*	gröber	am gröbsten
hart *hard*	härter	am härtesten
jung *young*	jünger	am jüngsten
kalt *cold*	kälter	am kältesten
klug *smart*	klüger	am klügsten
krank *sick*	kränker	am kränksten
kurz *short*	kürzer	am kürzesten
lang *long*	länger	am längsten
oft *often*	öfter	am öftesten
scharf *sharp*	schärfer	am schärfsten
schwach *weak*	schwächer	am schwächsten
stark *strong*	stärker	am stärksten

The following adjectives or adverbs have irregular comparative and superlative forms.

Adjektiv/Adverb	Komparativ	Superlativ
bald *soon*	eher	am ehesten
groß *big*	größer	am größten
gut *good*	besser	am besten
hoch *high*	höher	am höchsten
nahe *near*	näher	am nächsten
viel *much*	mehr	am meisten
gern *gladly*	lieber	am liebsten

Some adjectives drop an **-e-** in the comparative.

leise → leiser   dunkel → dunkler   teuer → teurer

Some adjectives add an **-e-** before the **-st** in the superlative.

laut → am laut**est**en   heiß → am heiß**est**en
stolz → am stolz**est**en   hübsch → am hübsch**est**en

When used in front of a noun, adjective endings are added to the comparative and superlative forms of adjectives.

Franz Glanz hat günstig**ere** Fenster als Klar & Co.

*Franz Glanz has **more reasonable** windows than Klar & Co.*

Rolf Mohn will die modern**eren** Fenster kaufen.

*Rolf Mohn wants to buy the **more modern** windows.*

Die günstig**sten** Fenster gibt es im Baumarkt.

*The **most reasonable** windows are at Baumarkt.*

LERNSTRATEGIEN

It is best to memorize the irregular comparative and superlative forms.

 GRAMMAR GLOSSARY

You can find more information about ⇒ **comparisons** in the *Welten* grammar glossary in iLrn.

Info-Spiel: Architektonisches

26 Fragen Sie nach den fehlenden Informationen wie im Beispiel.

BEISPIEL   die älteste Kirche in Deutschland   der Aachener Dom

S2   Wie heißt die älteste Kirche in Deutschland?
S1   Die älteste Kirche in Deutschland ist der Aachener Dom.
Was ist das höchste Gebäude in Deutschland? …

S1

die älteste Kirche in Deutschland	der Aachener Dom
das höchste **Gebäude°** in Deutschland	
die größte Stadt der Schweiz	Zürich
der längste Straßentunnel der Schweiz	
die bekannteste Burg in Deutschland	die Wartburg in Eisenach
die berühmteste Schule für Architektur und Design	
die interessantesten **Schlösser°** in Deutschland	Neuschwanstein, das Heidelberger Schloss und Schloss Sanssouci in Berlin
die kleinste Stadt Österreichs	

building

castles

S2

die älteste Kirche in Deutschland	
das höchste **Gebäude°** in Deutschland	der Commerzbank-Tower in Frankfurt
die größte Stadt der Schweiz	
der längste Straßentunnel der Schweiz	St.-Gotthard-Tunnel
die bekannteste Burg in Deutschland	
die berühmteste Schule für Architektur und Design	das Bauhaus in Weimar
die interessantesten **Schlösser°** in Deutschland	
die kleinste Stadt Österreichs	Rattenberg

building

castles

Im Westen von Dortmund hat der Architekt Harry Lausch Häuser auf einem alten Zechengelände (*coal mine*) gebaut.

Thomas Robbin/Glow Images

27 Strom°, Gas, Wasser: Ein Kostenvergleich   *electricity*

Beantworten Sie die Fragen zur Statistik. Berichten Sie dann im Kurs.

**Gesamtkosten für Strom, Erdgas und Trinkwasser
pro Jahr im Durchschnittshaushalt**

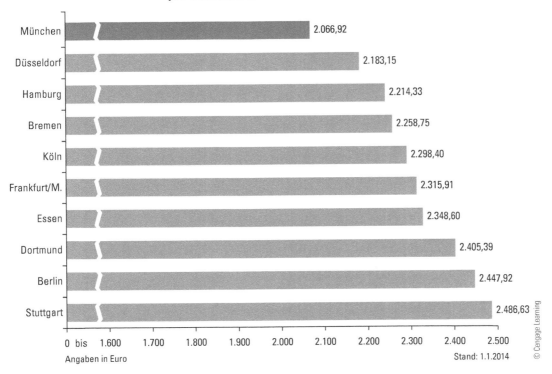

München	2.066,92
Düsseldorf	2.183,15
Hamburg	2.214,33
Bremen	2.258,75
Köln	2.298,40
Frankfurt/M.	2.315,91
Essen	2.348,60
Dortmund	2.405,39
Berlin	2.447,92
Stuttgart	2.486,63

0 bis 1.600 1.700 1.800 1.900 2.000 2.100 2.200 2.300 2.400 2.500

Angaben in Euro   Stand: 1.1.2014

© Cengage Learning

1. In welcher Stadt sind die Kosten am höchsten, in welcher am niedrigsten?
2. In welcher Stadt sind die Kosten höher: in Stuttgart oder in Köln?
3. In welcher Stadt sind die Kosten niedriger: in Essen oder in Bremen?
4. In welchen Städten sind die Kosten nicht so hoch wie in Bremen?
5. In welchen Städten sind die Kosten höher als in Essen?
6. In welcher Stadt möchten Sie am liebsten wohnen? Warum?

28 Traumhäuser im Vergleich

1. Ein energieeffizientes kleines Haus ist billiger als eine Villa im Grünen.
   nicht so schön wie
   viel energieeffizienter als

2. Eine Villa im Grünen ist _____ als ein kleines Haus am Stadtrand.
   etwas _____ als
   nicht so _____ wie

3. Ein kleines Haus am Stadtrand ist _____ als eine Altbauwohnung in der Stadt.
   fast so _____ wie
   genauso _____ wie

4. Eine Altbauwohnung in der Stadt ist _____ als ein altes Bauernhaus.
   nicht so _____ wie
   fast so _____ wie

5. Ein altes Bauernhaus ist _____ als eine Wohnung in der Stadt.
   nicht so _____ wie
   weniger _____ als

Links ist linker als rechts

Volker Erhardt

Assoziationen

Welche Adjektive assoziieren Sie mit den folgenden Begriffen?

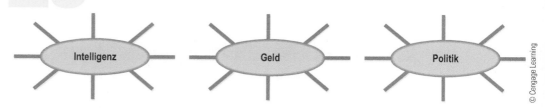

Finden Sie jetzt die Gegenteile (Antonyme) für die Adjektive. Welche Begriffe assoziieren Sie mit diesen Adjektiven?

Links ist linker als rechts

Volker Erhardt

Links ist linker als rechts
Oben ist höher als unten
Vorn ist weiter vorn als hinten
Groß ist größer als klein
5 Lang ist länger als kurz
Schnell ist schneller als langsam
Stark ist stärker als schwach
Schön ist schöner als häßlich
Sicher ist sicherer als unsicher
10 Klug ist klüger als dumm
Ehrlich ist ehrlicher als unehrlich
Reich ist reicher als arm
Gut ist besser als schlecht
Rechts ist etwas weniger links als links
15 Unten ist nicht so hoch wie oben
Hinten ist fast so weit vorn wie vorn
Klein ist nicht ganz so groß wie groß
Kurz ist weniger lang als lang
Langsam ist nicht so schnell wie schnell
20 Schwach ist fast so stark wie stark
Häßlich ist weniger schön als schön
Unsicher ist nicht so sicher wie sicher
Dumm ist fast so klug wie klug
Unehrlich ist weniger ehrlich als ehrlich
25 Arm ist nicht so reich wie reich
Schlecht ist fast so gut wie gut

Erhardt, Volker. "Links ist linker als rechts" in the anthology *Bundesdeutsch, Lyrik zur Sache Grammatik,* edited by Rudolph Otto Wiemer. Published by Peter Hammer Verlag, Wuppertal, 1974. Reprinted by permission.

Lesen Sie die Informationen und übersetzen Sie die Redewendungen. Teilen Sie interessante Beispiele mit dem Kurs.

Information		Auf Englisch
oben *above*	Der steile° Weg nach oben.		*steep*
unten *below*	Ganz unten.	
vorn *in front of*	Weiter vorn.	
hinten *behind*	In der hintersten Ecke.	
hässlich *ugly*	Hässlich wie die Nacht.	
dumm *dumb, stupid*	Dümmer als die Polizei erlaubt.	
ehrlich *honest*	Ehrlich währt am längsten.	

Wörterbucharbeit: Gegensätze°

opposites

Ergänzen Sie die Tabelle mit den passenden Gegensätzen.

arm	klug	schön
groß	kurz	schwach
gut	schnell	unsicher

1. _____ klein
2. lang _____
3. _____ langsam
4. stark _____
5. _____ hässlich
6. sicher _____
7. _____ dumm
8. reich _____
9. _____ schlecht

Lesetheater

Überlegen Sie sich, wie Sie das Gedicht lesen und spielen können. Denken Sie nach, wie Sie das Gedicht mit Bildern illustrieren können. Üben Sie und tragen Sie dann Ihre Version des Gedichts vor.

Situationen

Spekulieren Sie, über welche konkreten Dinge oder Situationen der Autor schreibt.

BEISPIEL   „Oben ist höher als unten" → soziale Unterschiede

Alles wird teurer

3 Einladung zum Essen

Rolf Mohn will Gregor Weber zum Essen einladen, aber Gregor hat keine Zeit. Welche Informationen sollen in einer Einladung sein? Wie sagt man am besten, dass man nicht kommen kann?

Von: Gregor Weber [gregor@oekohaus.de]
An: Rolf Mohn [mohn@juhu.de]
AW: Alles wird teurer

Ja, lieber Herr Mohn. Alles wird teurer. Das stimmt. Aber die Qualität wird besser. Die Architektur und die Technologien in der Bauindustrie werden umweltfreundlicher. Ihr Haus in Haltern ist eines der innovativsten Passivhäuser in der Region. Sie werden für viele ein Vorbild sein.

Danke für die Einladung. Das ist nett von Ihnen, aber ich kann leider nicht kommen. Heute Abend ist in Mülheim ein Informationsabend für Architekten und Baufirmen. Auch die Oberbürgermeisterin von Mülheim wird dort sein.

Wir sehen uns demnächst.

Ihr

Gregor Weber

Gestern hat Rolf Mohn [mohn@juhu.de] geschrieben:

Lieber Herr Weber,

Danke für den neuen Plan. Jetzt ist alles etwas klarer. Das Projekt ist etwas teurer geworden als geplant, aber das ist wohl normal. Alles wird teurer. Heute Abend kommen ein paar Freunde zu uns zum Abendessen. Wir möchten Sie gerne dazu einladen. So ab 19 Uhr.

Ihr

R.M.

Alles wird teurer

das **stimmt** *that's right*	leider nicht *unfortunately not*
umweltfreundlich *environmentally friendly*	demnächst *soon, in the near future*
eines der **innovativsten** *one of the most innovative*	das ist **wohl** normal *I guess that's normal*
das Passivhaus *energy-efficient building standard*	der **Oberbürgermeister** (-) *(male) head mayor*
das **Vorbild** (Vorbilder) *model, role model*	die **Oberbürgermeisterin** (Oberbürgermeisterinnen) *(female) head mayor*
die **Einladung** (Einladungen) *invitation*	

Vokabelarbeit

Verbinden Sie die Satzteile:

1. Die Architektur und die Technologien in der Bauindustrie …
2. Rolf Mohns Haus in Haltern …
3. Heute Abend ist in Mülheim …
4. Auch die Oberbürgermeisterin von Mülheim …
5. Gregor kann …
6. Rolf Mohn …
7. Das Projekt ist etwas teurer geworden …

a. werden umweltfreundlicher.
b. ist eines der innovativsten Passivhäuser in der Region.
c. wird bei dem Informationsabend dabei sein.
d. leider nicht zum Abendessen bei den Mohns gehen.
e. als geplant.
f. wird mit seinem Passivhaus für viele ein Vorbild sein.
g. ein Informationsabend für Architekten und Baufirmen.

Qualität kostet mehr

Setzen Sie die Vokabeln in die Lücken ein.

Architekten	Qualität	umweltfreundlicher
innovativsten	teurer	Vorbild
leider		

1. Gregor weiß, dass alles _____ wird.
2. Aber er glaubt, dass die _____ in der Bauindustrie auch besser wird.
3. Die Technologien und Materialien werden _____.
4. Rolf Mohns Haus in Haltern ist eines der _____ Passivhäuser in der Region.
5. Herr Mohn wird für viele ein _____ sein.
6. Gregor kann _____ nicht zu den Mohns zum Abendessen kommen, denn in Mülheim gibt es einen Informationsabend für _____.

Die Stadt Mülheim an der Ruhr hat etwas mehr als 167 000 Einwohner.

Werner Otto/Age fotostock

Deutschland heute und morgen

speech

In einer Rede° spricht ein Bürgermeister aus dem Ruhrgebiet über demographische Entwicklungen in Deutschland. Was erwarten Sie von dieser Rede? Über welche Themen wird der Politiker wohl sprechen?

36 Politische Reden

Kreuzen Sie an, welche Begrüßung und Verabschiedung und welchen Dank zu einer (a) politischen Veranstaltung, einer (b) Studentenparty und einem (c) Seminar an der Universität passt.

begrüßen	bedanken	verabschieden	Wo sagt man das so?
Hallo Leute, ...	Echt super, dass ihr gekommen seid.	Also dann, tschüs. Macht's gut.	
Liebe Bürgerinnen und Bürger, ...	Ich freue mich sehr, dass Sie gekommen sind.	Damit verabschiede ich mich für heute und wünsche Ihnen einen schönen Abend.	
Herzlich willkommen, ...	Schön, Sie zu sehen.	Also, dann machen wir für heute Schluss. Wir sehen uns nächste Woche.	

🔊 Deutschland heute und morgen

Sehr geehrte Damen und Herren, liebe Gäste,
schön, dass Sie heute Abend gekommen sind. Ich möchte heute über den „demografischen Wandel" sprechen, in der Tat ein oft erwähntes Thema in Politik und Verwaltung. Lassen Sie mich das mit drei
5   konkreten Beispielen erläutern.

- Wir werden immer weniger. Schon heute stagniert das Bevölkerungswachstum. Ab 2015 rechnen wir in Deutschland mit einem Bevölkerungsrückgang.
- Die Deutschen werden immer älter. In Deutschland sind rund 20%
10   der Einwohner 65 Jahre und älter.
- Deutschland wird bunter. Schon jetzt leben in Deutschland über 16 Millionen Menschen mit Migrationshintergund. 20% der Bevölkerung sind Ausländer oder Deutsche mit zweiter, nicht deutscher Staatsangehörigkeit.

15   Was heißt das nun längerfristig für unsere Gesellschaft? Deutschland muss attraktiv für möglichst viele junge Menschen und Familien mit Kindern bleiben. Dies ist wichtig, um die Alterspyramide positiv zu beeinflussen. Daher müssen wir weiterhin intensiv in Bildung und Familienfreundlichkeit investieren. [...]

Source: Information compiled from statista.de

ARBEIT MIT DEM TEXT
Lesen Sie die Informationen und machen Sie Notizen.

Information		Notizen
der demografische **Wandel** demographic change	der Wandel [formal] *'change'*	
in der Tat indeed	this expression is typical of very formal speech	
im Übrigen / **übrigens** by the way, additionally	übrigens *'by the way'*	
die **Verwaltung** administration	verwalten *'to administer, run an operation'*	
erwähnt mentioned	erwähnen *'to mention'* erwähnt, erwähnte, hat erwähnt	
längerfristig longer term	langfristig *'long term'* kurzfristig *'short term'*	
der Bevölkerungs**rückgang** the decrease in population	der Rückgang *decrease*	
einen Migrationshintergrund haben to have a national background other than German	this means a person or their parents or grandparents have moved to Germany from elsewhere	
die **Staatsangehörigkeit** citizenship	der Staat (Staaten) *'state'* die deutsche Staatsangehörigkeit haben *'to be a German citizen'*	
etwas günstig **beeinflussen** to have a favorable influence on something	günstig *'favorable, affordable'*	
die **Bildung** education	Bildung *is a very general term for education typically used in political discourse in German*	

Deutschland heute und morgen

37 Welche Fakten passen zu den Aussagen des Politikers?

1. Wir werden immer weniger.

____ ____

2. Die Deutschen werden älter.

____ ____

3. Deutschland wird bunt.

____ ____

a. Die Bevölkerung Deutschlands wird in der Zukunft älter sein.
b. In der Zukunft werden mehr Menschen mit Migrationshintergrund nach Deutschland ziehen.
c. In Deutschland werden in der Zukunft immer mehr Menschen mit Migrationshintergrund leben.
d. Es wird mehr ältere Leute geben.
e. Die Bevölkerung in Deutschland wird abnehmen.
f. Das Wachstum der Bevölkerung stagniert.

Informationsabend

38 Eine Gruppe deutscher Studenten und eine Delegation einer deutschen Universität kommt an Ihr College, ihre Universität oder Ihre Schule. Planen Sie einen Informationsabend. Was sollten die deutschen Studenten und Professoren über Ihr Institut°, Ihre Uni oder Ihr College wissen? Welche Daten und Fakten sind interessant? Welche Initiativen gibt es? Was ist für die Zukunft geplant? Sammeln Sie Stichwörter° und Themen.

department

key words

- Wer hat die Institution gegründet?
- Wie viele Studierende waren es am Anfang? Wie viele sind es jetzt?
- Welche Veranstaltungen, Programme, Clubs oder Institute gibt es?
- Was sind die Prognosen oder Pläne für die Zukunft?

39 Kollaboratives Schreiben: Vortrag über unsere Institution

Sammeln Sie Informationen, Fakten und Statistiken und schreiben Sie eine kleine Rede oder einen Vortrag für einen Informationsabend mit deutschen Studenten und Professoren.

BEISPIEL Liebe Gäste,
Wir freuen uns, dass Sie gekommen sind und möchten Ihnen gerne einige Informationen über unsere Institution geben. Unsere Universität wurde ...

40 Kollaboratives Projekt: Unsere Stadt

Sammeln Sie interessante Daten und Fakten über Ihre Stadt / Ihre Region / Ihren Staat für einen Informationsabend / eine Webseite / eine Broschüre für deutsche Studenten und Professoren.

- Wie viele Menschen leben hier?
- Wo arbeiten viele Menschen?
- Welche historischen Fakten sind interessant?
- Welche Institutionen sind wichtig?
- Was ist hier besonders schön?

Rolf Dischs Vortrag

41 Verkehrsmittel

figure out

Gregor Weber und Rolf Mohn überlegen°, wie sie zum Vortrag von Rolf Disch kommen. Wie kommen Sie zur Universität? Zu Fuß, mit dem Fahrrad, mit dem Auto? Mit der U-Bahn? Fragen Sie andere Studenten und berichten Sie im Kurs.

BEISPIEL ANNA Wie kommst du zur Uni, Otto?
OTTO Ich fahre mit dem Auto. Und du?
ANNA Ich gehe zu Fuß zur Uni.

Rolf Dischs Vortrag

auf jeden **Fall** *in any case, definitely*	**vermuten** *to presume*
der Fall (Fälle) *case*	wahrscheinlich *probably*
es ist am **besten** ... *the best thing to do is . . .*	**annehmen** (nimmt an, hat angenommen) *to assume;*
vermutlich *probably, presumably*	ich nehme an *I assume*
ich freue mich auf ... *I'm looking forward to . . .*	die **Eröffnung** (Eröffnungen) *opening (ceremony)*

Rolf Disch ist einer der bekanntesten Solararchitekten der Welt.

AP Images/Winfried Rothermel

Von: Gregor Weber [gregor@oekohaus.de]
An: Rolf Mohn [mohn@juhu.de]
Re: Rolf Disch Vortrag

Lieber Herr Mohn,

ja, ich fahre auf jeden Fall mit der U-Bahn. Es ist am besten, Sie lassen das Auto stehen. Toll, dass Sie kommen. Rolf Disch ist einer der wichtigsten Architekten in Deutschland. Ja, der Vortrag ist vermutlich gleich um 4 Uhr nach der Eröffnung.

Ihr

Gregor Weber

> Gestern hat Rolf Mohn [mohn@juhu.de] geschrieben:
>
> Lieber Herr Weber,
>
> ich freue mich sehr auf den Vortrag von Rolf Disch. Ich vermute, Sie fahren direkt von Ihrem Büro zur Konferenz. Wahrscheinlich ist es keine gute Idee um diese Zeit mit dem Auto nach Essen zu fahren. Ich nehme an, der Vortrag ist gleich nach der Eröffnungsrede um 16 Uhr?
>
> Bis morgen.
>
> Ihr
>
> R.M.

Der Vortrag

42 Ergänzen Sie die Sätze.

am besten	Konferenz	toll
auf jeden Fall	nimmt an	Vortrag von Rolf Disch

Rolf Mohn freut sich sehr auf den _____. Gregor Weber fährt direkt von seinem Büro zur _____. Er fährt _____ mit der U-Bahn. Rolf Mohn _____, der Vortrag ist gleich nach der Eröffnungsrede um 16 Uhr. Es ist _____, wenn Rolf Mohn sein Auto stehen lässt. Gregor findet es _____, dass Rolf Mohn mitkommt.

Partnerinterview: Vermutungen

43 Fragen Sie eine Person im Kurs über ihre Zukunftsvermutungen°.   *assumptions about the future*

BEISPIEL ANNA Was wird in unserer Uni/Stadt/Region in 10 Jahren vielleicht anders sein?

OTTO Ich nehme an, … Ich vermute, … Ich glaube, … Wahrscheinlich …

ANNA *Otto nimmt an, dass …, Er vermutet, dass …, Er glaubt, dass …, Wahrscheinlich …,*

Wortschatz

 Welche Vokabeln brauchen Sie noch, um über Vermutungen zu sprechen?

Strukturen

iLrn Go to iLrn for more grammar practice.

6.3.1 Genitiv

The genitive case is used to express possession, belonging, and added detail.

Die Fenster **des Hauses** sind energiesparend und umweltfreundlich.

*The windows **of the house** are energy saving and environmentally friendly.*

Gregors Haus liegt in der Nähe **eines großen Sees.**

__Gregor's__ house is in the vicinity __of a large lake.__

Nouns and articles in the genitive change in the following way:

Kasus	Artikel	Maskulinum	Neutrum	Femininum	Plural
Nominativ	Def. article	der Garten	das Haus	die Veranda	die Häuser
Nominativ	Indef. article	ein Garten	ein Haus	eine Veranda	Häuser
Akkusativ	Def. article	den Garten	das Haus	die Veranda	die Häuser
Akkusativ	Indef. article	einen Garten	ein Haus	eine Veranda	Häuser
Dativ	Def. article	dem Garten	dem Haus	der Veranda	den Häusern
Dativ	Indef. article	einem Garten	einem Haus	einer Veranda	Häusern
Genitiv	Def. article	des Gartens	des Hauses	der Veranda	der Häuser
Genitiv	Indef. article	eines Gartens	eines Hauses	einer Veranda	Häuser

In the genitive case:

- An **-s** is added to masculine and neuter nouns in the genitive: **des Gartens**

- An **-es** is added to those masculine and neuter nouns that consist of only one syllable or that end in **-s, -ß, -x, -z, -ch: des Hauses**

- An **-s** is added to proper names in the genitive: **Gregors Haus**

- If a proper name already ends in an **-s** sound, then no **-s** is added, rather only an apostrophe: **Franz' Fenster**

Adjectives used with nouns take the following endings in the genitive:

	Maskulinum	Neutrum	Femininum	Plural
Article:	des/eines großen Gartens	des/eines großen Hauses	der/einer großen Veranda	der/keiner großen Häuser
No article:	großen Gartens	großen Hauses	großer Veranda	großer Häuser

Possessives take the following forms in the genitive:

meines, deines, ...   meines, deines, ...   meiner, deiner, ...   meiner, deiner, ...

The form of the question pronoun in the genitive is **wessen**:

Wessen Haus ist das?   *Whose house is that?*

In modern German, there are no specific forms for personal pronouns in the genitive.

6.3.2 Präpositionen mit Genitiv

The following prepositions are used to express modality and require their objects to be in the genitive case. The **Notizen** column is for your notes and observations.

Präpositionen mit Genitiv	Beispiel	Notizen
aufgrund *on the basis of, because of*	Aufgrund des Bevölkerungsrückgangs werden immer weniger Menschen in Mülheim leben.	
trotz *in spite of*	Trotz des Bevölkerungsrückgangs werden neue Bürger und Bürgerinnen nach Mülheim ziehen.	
statt *instead of*	Statt neuer Technologie will die Bürgermeisterin in Bildung und Familie investieren.	
während *during*	Während der letzten Jahre ist Mülheim immer älter geworden.	
wegen *because of*	Wegen der vielen Ausländer ist Mülheim eine „bunte" Stadt.	

Two common genitive prepositions describe concepts of time or space:

Präpositionen mit Genitiv	Beispiel	Notizen
außerhalb *outside of*	außerhalb der Stadt; außerhalb der Sprechzeiten	
innerhalb *inside of, within*	innerhalb der Stadt; innerhalb einer Stunde	

LERNSTRATEGIEN   It is best to memorize both the meaning and the case that is required by the preposition. Mnemonic devices such as songs or anagrams (e.g., *WIWASTA* for **w**ährend, **i**nnerhalb, **w**egen, **a**ußerhalb, **s**tatt, **t**rotz, **a**ufgrund) can help to better memorize prepositions. It is also extremely helpful to memorize whole prepositional phrases that are used frequently.

 **GRAMMAR GLOSSARY**

You can find more information about ⇒ **genitive case and prepositions** in the *Welten* grammar glossary in iLrn.

45 Sprichwörtliches° *Proverbial Expressions*

Verbinden Sie die Sprichwörter mit den passenden Erklärungen und unterstreichen Sie die Genitive. Benutzen Sie ein Wörterbuch, wenn nötig. Gibt es diese oder ähnliche Sprichwörter auch in Ihrer Sprache? Erfinden Sie Situationen, in denen diese Sprichwörter vorkommen könnten.

	Sprichwort	**Erklärung**
core	1. Das ist des Pudels Kern°.	a. Man kommt in eine gefährliche Situation.
blacksmith	2. Jeder ist seines Glückes Schmied°.	b. Was schlecht für eine bestimmten Menschen ist, kann für einen anderen Menschen gut sein.
cave	3. Man kommt in die Höhle° des Löwen.	
honors	4. Wer den Pfennig nicht ehrt°,	c. Kleingeld ist auch Geld.
to be worthy	ist des Talers nicht wert°.	d. Man ist selbst verantwortlich dafür, glücklich zu sein.
suffering	5. Des einen Leid° ist des anderen Freud.	e. Das ist das zentrale Thema.
thought	6. Der Wunsch ist der Vater des Gedanken°.	f. Man denkt oft an das, was man gerne haben oder machen möchte.

Real estate

46 Immobilien°

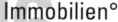

in the vicinity

1. Schritt. Sie arbeiten für eine Immobilienfirma und wollen ein Haus verkaufen. In der Nähe° des Hauses gibt es viele Attraktionen, die Sie auflisten können. Schreiben Sie Sätze wie im Beispiel.

BEISPIEL   Das Haus liegt in der Nähe eines Sees.
Das Haus liegt in der Nähe ...

1. ein See
2. die Innenstadt
3. das Stadttheater
4. ein Multiplex-Kino
5. der Bahnhof
6. eine Bank
7. ein großer Supermarkt
8. die Berge

2. Schritt. Und was ist in der Nähe des Hauses, in dem Sie aufgewachsen sind? Machen Sie eine kleine Liste, interviewen Sie dann zwei bis drei andere Studenten, notieren Sie sich die Antworten und berichten Sie im Kurs.

BEISPIEL   Mein Haus ist in der Nähe ...

47 Anders gesagt

Umschreiben Sie die folgenden Wörter mit dem Genitiv. Benutzen Sie ein Wörterbuch, wenn nötig.

BEISPIEL   die Germanistikstudentin → die Studentin der Germanistik

1. die Umweltverschmutzung
2. der Sonnenschein
3. die Stadtmitte
4. die Universitätspräsidentin
5. das Studentenzimmer
6. die Zimmertür
7. der U-Bahn-Fahrer
8. der Bevölkerungsrückgang

48 Der Ausredengenerator

Schreiben Sie, warum Sie das (nicht) machen können. Benutzen Sie **wegen** + Genitiv. Finden Sie so viele Ausreden° für die Situationen wie möglich. Vergleichen Sie dann im Kurs.

excuses

BEISPIEL   Wegen des schlechten Wetters kann ich heute nicht in den
            Deutschkurs kommen. [oder]
            Ich kann heute wegen des schlechten Wetters nicht in den
            Deutschkurs kommen.

Situationen:

1. Hausaufgaben nicht machen können
2. nicht in den Deutschkurs kommen können
3. meine Eltern nicht anrufen können
4. nicht in die Bibliothek gehen können
5. spät ins Bett gehen müssen
6. nicht in Urlaub fahren können

Ausreden:

das schlechte Wetter
der Verkehr
die Ferien
die Feiertage
persönliche Probleme
eine **Erkältung°**

...

cold

Wegen des Verkehrs fährt Gregor nicht mit dem Auto nach Essen.

Genussvoll verzichten°

abstaining with pleasure

Der Solararchitekt Rolf Disch aus Freiburg hat mit radikalen Ideen und innovativem Wissen eine Solarsiedlung mit 60 Solarhäusern und ein kommerzielles Gebäude, das *Sonnenschiff*, gebaut. Die Siedlung produziert mehr Energie als sie verbraucht. Rolf Disch nennt das „Plusenergiehaus". Er fährt meistens mit dem Fahrrad, vermeidet° das Fliegen wenn möglich und fährt auch lange Strecken° mit dem Zug. Der folgende Text ist ein Teil eines Interviews mit Rolf Disch aus Ernst Vollands Buch *Genussvoll verzichten*. Sie müssen aber glücklich sein!

avoids

long distances

imagebroker/Alamy

Rolf Dischs Solarsiedlung in Freiburg

means of transportation

Partnerinterview: Transportmittel°

Fragen Sie eine Person über Transportmittel.

immer	+++++++++	nicht so oft	++++
fast immer	++++++++	manchmal	+++
meistens	+++++++	selten	++
oft	++++++	fast nie	+
ziemlich oft	+++++	nie	

BEISPIEL ANNA Fährst du oft mit dem Auto? Mit dem Fahrrad? Mit dem Zug? Mit anderen öffentlichen Verkehrsmitteln?

OTTO Ich fahre nicht so oft mit dem Auto. Ich fahre meistens mit dem Fahrrad. …

ANNA *Otto fährt nicht so oft mit dem Auto. Er fährt meistens mit dem Fahrrad. …*

Synonyme

Welche Begriffe sind Synonyme?

1. ein Vorbild sein für andere
2. günstig
3. fern
4. ungenau
5. es ist notwendig
6. Fahrrad fahren
7. spielende Kinder
8. Grünflächen
9. Fußgänger
10. das fällt mir schwer

a. weit
b. Rad fahren
c. Leute, die zu Fuß gehen
d. Parks und Gärten
e. das kann ich nicht gut
f. es ist wichtig
g. Kinder, die spielen
h. nicht exakt
i. vorbildlich leben
j. preiswert

Genussvoll verzichten

Ernst Volland im Interview mit Rolf Disch

Ernst Volland: Du lebst selbst im ersten Plusenergiehaus® der Welt, das Du 1994 gebaut hast. Du versuchst möglichst nicht zu fliegen,
5 obwohl Du weltweit eingeladen wirst, um Deine Projekte zu präsentieren. Ist es notwendig, wenn Du solche Häuser baust, auch vorbildlich zu leben?

10 **Rolf Disch:** Ich gebe zu°, ich lerne noch. Es fällt mir zum Beispiel schwer, mein Auto überhaupt nicht mehr zu benutzen. Bei meiner Solarsiedlung habe
15 ich dem Rechnung getragen° und mich nicht nur nach den Autofahrern gerichtet°, sondern auch nach den Bedürfnissen° der spielenden Kinder, Fußgänger und
20 Fahrradfahrer.

Ernst Volland: Glaubst du, dass das Fahrrad eine Chance hat gegenüber dem Auto?

Rolf Disch: Das Auto schränkt die
25 Lebensqualität ein°, ist gefährlich, laut, stinkt usw. Außerdem ist das Auto das teuerste Verkehrsmittel, das es gibt. Monatsersparnis° ohne Auto: etwa 400 Euro.

30 **Ernst Volland:** Wie könnte die Zukunft des Autos aussehen?

Rolf Disch: Ich stelle mir Solarmobile vor°, die an bevorzugten Plätzen stehen, mit
35 denen jeder fahren kann, eine Fortsetzung des Car-Sharing. Die Städte müssen Parkplätze für diese Solarautos bereitstellen, die mit einer Checkkarte oder dem
40 Handy benutzt werden können, ganz einfach. Das ist insgesamt ein viel preiswerteres Modell als das herkömmliche° Auto und wir können Parkplätze und Straßen rückbauen° das gibt Platz
45 für Fußgänger, Radfahrer und Grünflächen.

Ernst Volland: Wer denkt über das Modell nach? Und gibt es Realisierungen?
50

Rolf Disch: In Ulm z. B. gibt es ein Modellvorhaben, Smarts bereit zu stellen, etwa 300 Autos. Die technischen Möglichkeiten sind da. Bei Gesamtkonzepten für
55 Elektromobilität ist es genauso wie bei den Plusenergiehäusern. Beides wird kommen. Die Zeit rennt, wir laufen in eine Klimakatastrophe.
60

Ernst Volland: Ich habe mir Deine Plusenergiehäuser angesehen und bin überzeugt°. Für mich müsstest Du der reichste Mann in Deutschland sein.
65

Rolf Disch: Schopenhauer hat einmal gesagt: Jedes Problem durchläuft bis zu seiner Anerkennung° drei Stufen. In der ersten erscheint es lächerlich, in
70 der zweiten wird es bekämpft. Und in der dritten gilt es als selbstverständlich.

Ich will auch nicht der reichste Mann Deutschlands sein, das
75 interessiert mich nicht. Mich interessiert, die architektonischen, städtebaulichen, sozialen, kulturellen, politischen Möglichkeiten weiter auszureizen°. Wir sind noch
80 längst nicht am Ende, es geht noch viel besser.

= normale

reduce, dismantle

gebe zu: admit

took that into consideration

mich gerichtet: oriented myself
needs

convinced

schränkt ...: restricts/reduces our
quality of life

monthly savings / bis ...:
until it is accepted

stelle mir vor: imagine

= zu nutzen

Das *Sonnenschiff* in Freiburg.

Lesen Sie die Informationen und teilen Sie
interessante Fragen und Beispiele.

Information		Notizen
verbrauchen *to use*	Energie verbrauchen *'to use energy'* der Benzinverbrauch *'gas mileage of a car'*	
versuchen *to try*	Rolf Disch versucht, möglichst nicht zu fliegen. *'R.D. tries not to fly if possible.'*	
es ist **notwendig** *it is necessary*		
es fällt mir **schwer** *it is difficult for me*	schwer *can mean 'heavy' as well as 'difficult';* das Klavier ist schwer *'the piano is heavy';* eine schwere Aufgabe *'a difficult task'*	
überhaupt nicht mehr *not anymore at all*	überhaupt *is often a filler to add emphasis;* Wer bin ich überhaupt? *'Who am I after all?'*	
spielende Kinder *playing children, children playing*	spielende *is a gerund similar to the Engl.* -ing *form of verbs, but not as productive in German*	
der **Fußgänger** (Fußgänger) *pedestrian*	zu Fuß gehen *'walking/by foot'*	
der Fahrradfahrer (Fahrradfahrer), die Fahrradfahrerin (Fahrradfahrerinnen) *cyclist*	Radfahrer/Radfahrerin mit dem Rad fahren *'riding (a) bike'*	
gefährlich *dangerous*	die Gefahr (Gefahren) *'danger'*	
außerdem *besides, in addition*	*usually used like 'by the way' at the beginning of sentences*	
etwa 400 Euro *about 400 Euro*	etwa *is like 'circa', 'roughly'*	
Wie könnte die Zukunft aussehen? *What could the future look like?*	könnte *'could' is the subjunctive form of* kann *'can'; we will focus on using the subjunctive in a later chapter*	
preiswert *affordable*	preiswert *is a neutral way of saying 'cheap'; it doesn't have the connotations of cheapness or inferiority of* billig; billige Fenster *'cheap windows';* preiswerte Fenster *'affordable windows'*	
die **Straße** (Straßen) *street*		
der **Platz** *room, space*	es gibt Platz für... *'there is room for'*	
drei **Stufen** *here: three phases; literally 'three steps' (on a flight of stairs)*	*In the Schopenhauer quote on page 219 (lines 67-73),* Stufen *is used metaphorically for phases that new ideas go through.*	
lächerlich *ridiculous, ludicrous*		
selbstverständlich *normal, obvious, widely accepted*	*In conversations,* selbstverständlich *is often used like 'of course.'*	

Rolf Disch

Was ist richtig? Was ist falsch? Kreuzen Sie an.

	richtig	falsch
1. Rolf Disch hat in Freiburg eine Solarsiedlung mit 6 Häusern gebaut.	☐	☐
2. Die Siedlung produziert mehr Energie als sie verbraucht.	☐	☐
3. Rolf Disch fährt meistens mit dem Auto und fliegt so oft wie möglich.	☐	☐
4. Das Auto ist das teuerste Verkehrsmittel.	☐	☐
5. Rolf Disch sieht in der Zukunft Solarmobile, die man mit dem Handy oder einer Checkkarte benutzt.	☐	☐
6. Rolf Disch glaubt, dass es in der Zukunft mehr Plusenergiehäuser geben wird.	☐	☐
7. Rolf Disch will der reichste Mann in Deutschland sein.	☐	☐
8. Rolf Disch interessiert sich nicht für spielende Kinder und Fahrradfahrer.	☐	☐

Fragen zum Interview

1. Wer ist Rolf Disch?
2. Wo lebt er?
3. Was ist das teuerste Verkehrsmittel?
4. Was sagt Rolf Disch über Plusenergiehäuser und Elektromobilität?
5. Was will Rolf Disch in Zukunft machen?

Was ist ein Passivhaus?

Was ist ein Passivhaus? Recherchieren Sie im Internet. Beginnen Sie mit den folgenden Fragen:

1. In welchen Ländern gibt es Passivhäuser?
2. Was ist für Passivhäuser notwendig?
3. Sind Passivhäuser preiswert?

Schreibaufgabe: Schopenhauer

Arthur Schopenhauer
(1788–1860)

Lebrecht Authors/Lebrecht Music and Arts Photo Library/Alamy

Rolf Disch zitiert Schopenhauer. Arthur Schopenhauer (1788–1860) war ein deutscher Philosoph. Mit seinen Aphorismen (=kurzen philosophischen Sätzen) war er ein Vorbild für viele andere Philosophen des 19. und 20. Jahrhunderts. Notieren Sie Ihre Gedanken zu den folgenden Zitaten von Schopenhauer:

BEISPIEL   Nummer 1 ist ein interessantes Zitat. Es stimmt, dass neue Gedanken immer zuerst verlacht werden. Diese Erfahrung habe ich schon mit anderen Studenten und Professoren gemacht.

1. Ein neuer Gedanke wird zuerst verlacht°, dann bekämpft°, bis er nach längerer Zeit als selbstverständlich gilt.   *ridiculed / fought against*
2. Bei gleicher Umgebung° lebt doch jeder in einer anderen Welt.   *surroundings*
3. Jeden Abend sind wir um einen Tag ärmer.
4. Jeder dumme Junge kann einen Käfer zertreten°. Aber alle Professoren der Welt können keinen herstellen.   *step on a bug*
5. Man muss denken wie die wenigsten und reden wie die meisten.
6. Wir denken selten an das, was wir haben, aber immer an das, was uns fehlt.

Wo liegt Lippramsdorf?

Das Passivhaus in Lippramsdorf

Gregor Weber und Rolf Mohn wollen sich ein Passivhaus in Lippramsdorf
ansehen. Was möchten Sie gerne in Ihrer Umgebung sehen? Vielleicht auch
ein besonderes Haus, ein Museum, einen Park, ein Sportstadion? Fragen Sie
andere Studenten im Kurs und berichten Sie.

BEISPIEL   ANNA   Otto, was möchtest du gerne hier in der Gegend sehen?
           OTTO   Das Architekturmuseum in der Main Street. Und du?

```
Von: Rolf Mohn [mohn@juhu.de]
An: Gregor Weber [gregor@oekohaus.de]
Re: Wo liegt Lippramsdorf?
```

Lieber Herr Weber,

ja, da komme ich mit. Lippramsdorf ist nicht weit. Das liegt nur ein paar
Kilometer südwestlich von Haltern. Kommen Sie einfach nach Haltern,
dann fahren wir zusammen hin. Ich rufe Sie an.

Ihr

Rolf Mohn

Gestern hat Gregor Weber [gregor@oekohaus.de] geschrieben:

Lieber Herr Mohn,

Danke, dass Sie gestern mitgekommen sind. Die Konferenz war sehr
interessant für mich. Ich möchte gerne morgen das Passivhaus von
Naturbau GmbH ansehen. Das ist in Lippramsdorf. Ich glaube, das liegt
auch im Norden des Ruhrgebiets, oder? Wollen Sie auch mitkommen?

Ihr

Gregor Weber

Himmelsrichtungen

wo liegt das?   *where is it located?*
der **Kilometer** (Kilometer)   *kilometer*
nur ein paar Kilometer   *just a few kilometers*
der **Norden**   *north, the North*
im Norden des Ruhrgebiets   *in the northern part of the Ruhrgebiet*
im Norden vom Ruhrgebiet (*colloquial*)   *in the northern part of the Ruhrgebiet*

Meine Region

▶ **1. Schritt: Wo liegt das?** Ergänzen Sie die Lücken.

Baden-Württemberg	dieses Bundeslandes	in der Mitte
der Schweiz	im Osten	Nordosten
in der Ostsee	im Südosten	von Österreich
die Haupstadt	im Südwesten	

1. Die Insel Rügen liegt im Norden von Deutschland _____.

2. Kassel liegt so ziemlich _____ von Deutschland im Bundesland Hessen.

3. Trier liegt _____ von Deutschland im Bundesland Rheinland-Pfalz.

4. Bad Gastein liegt im Westen _____ in der Nähe von Salzburg, nördlich vom Hohentauern Nationalpark.

5. Oldenburg liegt im Norden von Deutschland _____.

6. München ist _____ von Bayern. Und Bayern ist das größte Bundesland in Deutschland.

7. Jena liegt _____ von Deutschland im Bundesland Thüringen.

8. Basel liegt im Norden _____, also in der Nähe von Deutschland.

9. Nürnberg liegt _____ von Deutschland in Bayern.

10. Berlin ist die Hauptstadt von Deutschland. Berlin ist auch ein eigenes Bundesland im _____ von Deutschland.

11. Stuttgart liegt im Südwesten von Deutschland in Baden-Württemberg. Stuttgart ist die Haupstadt _____.

2. Schritt: Wo ist das? Welche Orte beschreiben die Kommentare aus dem Video?

Berlin	Jena
Nürnberg	Bad Gastein
Trier	Rügen
Oldenburg	

1. „Es ist eine sehr schöne Stadt mit viel Geschichte."

2. „Es ist die größte deutsche Insel und natürlich die schönste."

3. „Das ist ein traditioneller Erholungsort° in den Alpen. Wenn man die Alpen schön findet, gibt es keinen besseren Ort."   *resort*

4. „Wenn man das flache Land mag und gern ans Meer fährt, ist diese Stadt prima."

5. „Es ist eine tolle Studentenstadt."

6. „Es hat eine mittelalterliche Altstadt mit vielen schönen Gebäuden."

7. „Es ist die größte Stadt Deutschlands und auch die interessanteste."

Eine geografische Lage beschreiben

Nordrhein-Westfalen liegt im Westen von Deutschland.

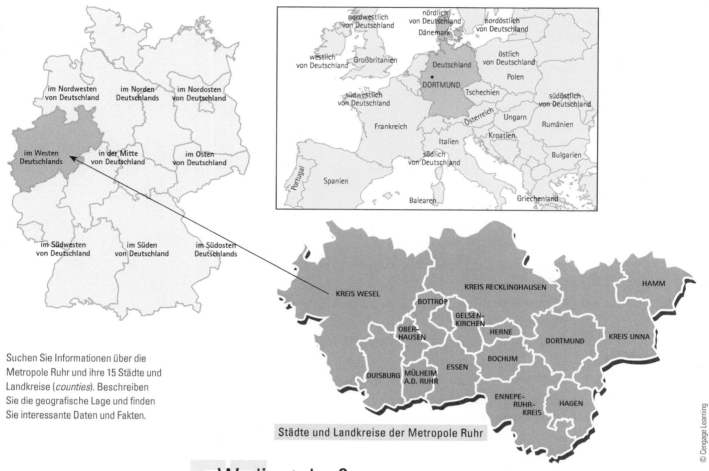

Suchen Sie Informationen über die Metropole Ruhr und ihre 15 Städte und Landkreise (*counties*). Beschreiben Sie die geografische Lage und finden Sie interessante Daten und Fakten.

Städte und Landkreise der Metropole Ruhr

© Cengage Learning

57 Wo liegt das?

1. Nordrhein-Westfalen liegt im _____ Deutschlands.
   Nordrhein-Westfalen liegt _____ von Niedersachsen.
2. Bayern liegt im _____ von Deutschland. Bayern liegt _____ von Baden-Württemberg.
3. Mecklenburg-Vorpommern liegt im _____ Deutschlands. Hamburg liegt _____ von Mecklenburg-Vorpommern.
4. Sachsen liegt im _____ von Deutschland. Thüringen liegt _____ von Sachsen.

58 Partnerinterview: Woher kommst du?

Fragen Sie Ihren Partner/Ihre Partnerin, woher er/sie kommt und wo das liegt.

BEISPIEL ANNA Woher kommst du? Wo liegt das? Wo bist du in die High School gegangen? Wo liegt das?

OTTO Ich komme aus … Das liegt in der Nähe von …

59 Wortschatz

Welche Wörter möchten Sie noch wissen, um über die geografische Lage ihrer Heimatstadt (*hometown*) zu sprechen?

Welche Stadt ist das?

Finden Sie die Städte und Landkreise im Ruhrgebiet.

1. Welche Stadt ist das? Sie liegt liegt im Osten vom Ruhrgebiet südlich von Dortmund und östlich vom Ennepe-Ruhr Kreis.
2. Welche Stadt ist das? Sie liegt im Nordwesten vom Ruhrgebiet nordöstlich von Oberhausen.
3. Welche Stadt ist das? Sie liegt im Süden vom Ruhrgebiet westlich von Bochum.
4. Welcher Landkreis ist das? Es ist der Norden vom Ruhrgebiet nördlich von Bottrop, Gelsenkirchen und Herne.
5. Welcher Landkreis ist das? Er ist im Südosten vom Ruhrgebiet südlich von Bochum und westlich von Hagen.

Das schönste Gebäude

Schreiben Sie über das schönste Gebäude, das Sie kennen. Wo liegt es? Wer war der Architekt? Wer hat es gebaut? Was ist besonders interessant? Teilen Sie Ihre Beschreibung im Kurs.

BEISPIEL   Das schönste Gebäude in unserer Stadt ist das Rathaus°. Der   *city hall*
Architekt war …

Kollaboratives Projekt: Unsere Stadt, Region oder Uni

Machen Sie eine Präsentation, einen Vortrag, ein Video oder eine Webseite über Ihre Stadt, Region oder Universität. Was ist für deutsche Besucher interessant?

BEGRIFF HEIMAT

The concept *Heimat* cannot simply be translated into English as 'home' or 'homeland', even though people use it to refer to the place, country, region, or city of their birth, childhood, or youth. The German word has strong connotations of emotional attachment and is more about the 'feeling of being at home or belonging' than the actual place referred to. The concept played an important role for Third Reich ideology, but also in the post-war period when the genre of *Heimatfilm* became very important. In these movies, natural landscapes and human relationships are often foregrounded without reference to political, ethnic, historical, or national concepts of space or place. When people refer to a place as their *Heimat* they usually don't associate it with nationalism or patriotism, but an emotional attachment to the natural landscape, the people, or the beliefs that are connected to their personal experiences. Sometimes people find this sense of belonging in the person they love, as in Hermann Hesse's short poem *Liebeslied°:*   *love song*

Wo mag meine Heimat sein?	Nimmt mein Herz° mit sich fort,
Meine Heimat ist klein,	Gibt mir Weh°, gibt mir Ruh°;
Geht von Ort zu Ort,	Meine Heimat bist du.

heart

woe / comfort, peace

Übergang

Im nächsten Kapitel wird Uwe, ein Hotelier° an der Ostsee vorgestellt. Welche Aussagen sind richtig?   *hotel owner*

1. Gregor ist älter als Uwe.
2. Uwe ist genauso groß wie Gregor.
3. Uwe ist nicht so entspannt° wie Gregor.   *relaxed*

Wortschatz 🔊

■ **Nomen**

der **Abschied** (Abschiede) *farewell*

der **Anfang** (Anfänge) *beginning, start*

die **Anlage** (Anlagen) *installation, public grounds, complex (also: investment)*

der **Architekt** (Architekten) *(male) architect*

die **Architektin** (Architektinnen) *(female) architect*

die **Architektur** (Architekturen) *architecture*

der **Balkon** (Balkone) *balcony*

der **Bau** *construction*

die **Baustelle** (Baustellen) *construction site*

die **Bevölkerung** *population*

die **Bildung** *education*

der **Bürgermeister** (Bürgermeister) *(male) mayor*

die **Bürgermeisterin** (Bürgermeisterinnen) *(female) mayor*

das **Dach** (Dächer) *roof*

das **Dorf** (Dörfer) *village*

der **Eingang** (Eingänge) *entrance*

die **Einladung** (Einladungen) *invitation*

der **Einwohner** (Einwohner) *resident*

die **Einwohnerin** (Einwohnerinnen) *(female) resident*

die **Erkältung** (Erkältungen) *cold*

die **Eröffnung** (Eröffnungen) *opening (ceremony)*

die **Fassade** (Fassaden) *facade*

das **Fenster** (Fenster) *window*

der **Fußgänger** (Fußgänger) *pedestrian*

die **Fußgängerin** (Fußgängerinnen) *(female) pedestrian*

der **Garten** (Gärten) *garden*

das **Gebäude** (Gebäude) *building*

die **Grünfläche** (Grünflächen) *green space*

das **Haus** (Häuser) *house*

die **Heimat** (Heimaten) *home, home country*

der **Kilometer** (Kilometer) *kilometer*

die **Lösung** (Lösungen) *solution*

die **Million** (Millionen) *million*

der **Nachbar** (Nachbarn) *male neighbor*

die **Nachbarin** (Nachbarinnen) *(female) neighbor*

der **Norden** *north, the North*

der **Osten** *east, the East*

der **Park** (Parks) *park*

der **Plan** (Pläne) *plan*

der **Platz** (Plätze) *place, room, square*

die **Prognose** (Prognosen) *prognosis*

die **Rechnung** (Rechnungen) *bills*

die **Region** (Regionen) *region*

der **Rückgang** *decline*

das **Schlafzimmer** (Schlafzimmer) *bedroom*

das **Schloss** (Schlösser) *palace*

die **Solaranlage** (Solaranlagen) *solar installation*

die **Staatsangehörigkeit** (Staatsangehörigkeiten) *citizenship*

die **Stelle** (Stellen) *spot, position*

die **Straße** (Straßen) *street*

die **Stufe** (Stufen) *step, phase*

der **Süden** *south, the South*

die **Terrasse** (Terrassen) *patio*

das **Thema** (Themen) *topic*

die **Treppe** (Treppen) *stairs*

die **Umgebung** (Umgebungen) *surroundings*

die **Verwaltung** (Verwaltungen) *administration*

das **Vorbild** (Vorbilder) *example*

der **Vorsatz** (Vorsätze) *resolution, intent*

der **Vortrag** (Vorträge) *lecture*

der **Wandel** (Wandel) *change*

der **Westen** *west, the West*

das **Wohnzimmer** (Wohnzimmer) *living room*

das **Zentrum** (Zentren) *center*

der **Zuwachs** *increase*

■ **Verben**

an·nehmen (nimmt an, hat angenommen) *to accept*

bauen (baut, hat gebaut) *to build*

beeinflussen (beeinflusst, hat beeinflusst) *to influence*

erreichen (erreicht, hat erreicht) *to reach*

erwähnen (erwähnt, hat erwähnt) *to mention*

folgen (folgt, ist gefolgt)   *to follow*

installieren (installiert, hat installiert)   *to install*

liefern (liefert, hat geliefert)   *to deliver*

meinen (meint, hat gemeint)   *to mean, be of the opinion*

recht haben (hat recht, hat recht gehabt)   *to be right*

schätzen (schätzt, hat geschätzt)   *to estimate*

stimmen (stimmt, hat gestimmt)   *to be correct*

vergleichen (vergleicht, hat verglichen)   *to compare*

verlieren (verliert, hat verloren)   *to loose*

vermuten (vermutet, hat vermutet)   *to suspect*

versuchen (versucht, hat versucht)   *to attempt, try*

werden (wird, ist geworden)   *to become*

zurück·gehen (geht zurück, ist zurückgegangen)   *to recede*

■ Adjektive

arm (ärmer, am ärmsten)   *poor*

billig   *cheap*

dumm (dümmer, am dümmsten)   *dumb, stupid*

ehrlich   *good*

europäisch   *European*

fern   *far*

gefährlich   *dangerous*

geografisch   *geographic*

gesund (gesünder, am gesündesten)   *healthy*

grob (gröber, am gröbsten)   *coarse*

günstig   *affordable, favorable*

hart (härter, am härtesten)   *hard*

hässlich   *ugly*

hoch (höher, am höchsten)   *high*

innovativ   *innovative*

kalt (kälter, am kältesten)   *cold*

klug (klüger, am klügsten)   *intelligent, clever*

lächerlich   *ridiculous*

lang (länger, am längsten)   *long*

längerfristig   *long-term*

nahe (näher, am nächsten)   *near, close by*

nördlich   *north*

notwendig   *necessary*

östlich   *east*

preiswert   *reasonable*

recht   *right*

scharf (schärfer, am schärfsten)   *(spicy) hot*

schwer   *heavy*

selbstverständlich   *naturally*

südlich   *south*

teuer (teurer, am teuersten)   *expensive*

umweltfreundlich   *environmentally friendly*

westlich   *west*

■ Adverbien

außerdem   *in addition, besides*

bald   *soon*

einmal   *once, one time*

fast   *almost*

hinten   *back, behind*

oben   *above, top*

oft   *often*

überhaupt   *in general*

unten   *at the bottom, below*

vorn   *in front*

wahrscheinlich   *probably*

wohl   *well*

■ Präpositionen mit Genitiv

aufgrund   *because of*

außerhalb   *outside of*

innerhalb   *inside of*

statt   *instead of*

trotz   *despite of*

wegen   *because of*

■ Sonstiges

auf jeden Fall   *in any case*

bloß   *only*

höchstens   *at the most*

in der Tat   *indeed*

insgesamt   *altogether*

mehr   *more*

meist-   *most*

mindestens   *at least*

übrigens   *by the way, additionally*

viele   *many*

wenige   *few*

Uwe Rau
Hotelier, Ostseebad Binz

Die Villa Heidemarie ist ein kleines Hotel in Binz auf der Insel Rügen.

Hotelier: *hotel owner*

LERNZIELE

- *describing location and destination*
- *using prepositions to say where something is or where someone is putting something*
- *describing rooms and furniture*
- *talking about the weather*
- *giving directions*
- *using verbs of location and placement*
- *using two-way prepositions to express location versus destination*
- *using reflexive verbs*
- *reviewing modal verbs*

© Cengage Learning

IN DIESEM KAPITEL …

Uwe has renovated an old guesthouse in Binz on the island of Rügen in the Baltic Sea. The pages of his *Villa Heidemarie* website describe the many locations and destinations that await his guests in this traditional beach town. You will practice talking about space, giving directions, and learn about this region through Uwe's Web pages, a song, weather and climate data, maps, postcards, a famous poem by Theodor Storm, and paintings by one of the most important German artists.

NAME: Rau, Uwe
ALTER: 42
FAMILIENSTAND:
verheiratet (mit Annika
Svenson)
KINDER: 1 Sohn (Lars)
WOHNORT: Binz
BERUF: Hotelier
HOBBYS: Lesen,
kochen, fotografieren

Villa Heidemarie: Startseite

www.villaheidemarie/start

Willkommen in der Villa Heidemarie im schönen Ostseebad Binz auf der Insel Rügen.

Unser 2003 renoviertes Gästehaus liegt in einer ruhigen Straße nur 5 Minuten von der Strandpromenade. Bei uns verbringen Sie Ihren Strandurlaub in stilvoll eingerichteten Zimmern oder Apartments in zentraler Lage. Frühstücken Sie an unserem Frühstücksbüffett auf der Terrasse oder machen Sie es selbst in Ihrer eigenen Küche und genießen Sie es auf dem Balkon. Wir bieten kostenlosen WLAN° Internetzugang in jedem Zimmer und einen sicheren Platz für Autos und Fahrräder auf unserem privaten Parkplatz. Wir freuen uns auf Ihren Besuch in einem der schönsten Gasthäuser in Binz.

Ihr

Uwe Rau

Die Villa Heidemarie im Ostseebad Binz

WLAN: *wireless local area network*

Villa Heidemarie

die **Insel** (Inseln) *island*	**einrichten** (richtet ein) *to furnish*
das **Gästehaus** (Gästehäuser) *hotel, B&B*	die **Lage** (Lagen) *location*
der **Gast** (Gäste) *guest*	**frühstücken** *to have breakfast*
der **Urlaub** (Urlaube) *vacation;* den Urlaub verbringen *to vacation*	das **Büffett** (Büffetts) *buffet*
	der **Besuch** (Besuche) *visit*

Uwe stellt sich vor

Verbinden Sie die Satzteile.

1. Uwes Nachname …
2. Er lebt …
3. Die Stadt Binz …
4. Uwe hat in Binz …
5. Sein kleines Hotel heißt …
6. Uwe arbeitet …

a. in Binz.
b. ist Rau.
c. eine schöne Villa.
d. liegt auf der Insel Rügen.
e. Villa Heidemarie.
f. in der Villa Heidemarie.

2 Vokabelarbeit

Verbinden Sie die Phrasen mit den passenden Übersetzungen.

Deutsch

1. willkommen in der Villa Heidemarie
2. im schönen Ostseebad Binz
3. auf der Insel Rügen
4. in einer ruhigen Straße
5. nur 5 Minuten von der Strandpromenade
6. bei uns
7. in stilvoll eingericheten Zimmern
8. am Frühstücksbuffet
9. auf der Terrasse
10. in Ihrer eigenen Küche
11. auf dem Balkon
12. in jedem Zimmer
13. auf unserem privaten Parkplatz
14. in einem der schönsten Gasthäuser in Binz

Englisch

a. *on the patio*
b. *in our private parking lot*
c. *welcome to Villa Heidemarie*
d. *in every room*
e. *in our house*
f. *in your own kitchen*
g. *on the balcony*
h. *at the breakfast buffet*
i. *only 5 minutes from the boardwalk (promenade)*
j. *on a quiet street*
k. *in one of the most beautiful guest houses in Binz*
l. *in the beautiful Baltic beach resort town Binz*
m. *in elegantly furnished rooms*
n. *on the island of Rügen*

3 Die Villa Heidemarie

Was sagt Uwe über die Villa Heidemarie? Ergänzen Sie die Lücken.

an unserem Frühstücksbüffet	in Binz	in zentraler Lage
auf der Insel	in einer ruhigen Straße	Küche
auf unserem Parkplatz	in jedem Zimmer	renoviert
bei uns		

1. Ja, das hier ist also die Villa Heidemarie im schönen Ostseebad Binz _____ Rügen.

2. Ich habe die Villa Heidemarie vor ein paar Jahren _____.

3. Unser Gästehaus liegt _____ nur 5 Minuten von der Strandpromenade.

4. Unsere Zimmer und Apartments _____ sind sehr komfortabel eingerichtet.

5. Sie können _____ frühstücken oder das Frühstück in ihrer eigenen _____ selbst machen.

6. _____ gibt es kostenlosen WLAN Internetzugang _____ und einen sicheren Platz für Autos und Fahrräder _____.

7. Die Villa Heidemarie ist eines der schönsten Gasthäuser _____. Und darauf bin ich sehr stolz.

4 Wo?

Verbinden Sie die Fragen mit den passenden Antworten.

1. In welcher Stadt liegt die Villa Heidemarie?
2. Wo kann man frühstücken?
3. Wo kann man parken?
4. Wo gibt es kostenlosen WLAN Internetzugang?
5. Wo liegt Binz?
6. Wo ist die Insel Rügen?

a. Auf dem Parkplatz hinter dem Haus.
b. In allen Zimmern.
c. Auf der Insel Rügen.
d. Im Norden von Deutschland an der Ostseeküste.
e. In Binz auf der Insel Rügen.
f. Am Frühstücksbuffet oder im eigenen Apartment.

Partnerinterview: Wo wohnst du?

Folgen Sie dem Beispiel und berichten Sie im Kurs.

BEISPIEL	ANNA	Wo wohnst du?
	OTTO	In einem Studentenwohnheim in der Walker Street.
	ANNA	Hast du ein eigenes Zimmer? Ein eigenes Bad? Eine eigene Küche?
	OTTO	Ich habe mein eigenes Zimmer, aber wir teilen das Bad und die Küche mit anderen.
	ANNA	Gefällt es dir?
	OTTO	Ja, das Zimmer ist schön, aber es ist sehr klein. …
	ANNA	*Otto wohnt in einem Studentenwohnheim in der Walker Street. Er hat sein eigenes Zimmer, aber er teilt das Bad und die Küche mit anderen. Das Zimmer ist sehr klein. …*

Wortschatz

Welche Wörter möchten Sie noch wissen, um über Ihr Zuhause zu sprechen?

Villa Heidemarie: Über uns

www.villaheidemarie/ueberuns

Als Kameramann bin ich 10 Jahre lang fast immer unterwegs gewesen. Ich bin viel nach Asien und Osteuropa gereist und habe in sterilen Hotels gewohnt. Dann habe ich meine Frau Annika in Schweden kennengelernt. 1998 ist unser Sohn zur Welt gekommen und das war der Beginn eines neuen Lebens für mich. Wir haben gesagt, wir wollen raus aus der Stadt, aufs Land in die Natur ziehen und ein schönes Zuhause für unseren Sohn haben. 2003 habe ich die Villa Heidemarie gekauft und renoviert. Ich will anderen Menschen das bieten, was ich selbst auf Reisen immer vermisst habe. Kommen Sie doch auch einmal zu uns ans Meer in die Villa Heidemarie.

Familie Rau freut sich auf Ihren Besuch in der Villa Heidemarie.

Aufs Land

unterwegs	*on the road*	die **Natur**	*nature*
nach Osteuropa	*to Eastern Europe*	ein schönes **Zuhause**	*a nice home*
Ost	*East, Eastern*	renovieren	*to renovate*
reisen (ist gereist)	*to travel*	die **Reise** (Reisen)	*trip*
das **Land**	*country (rural area)*	das **Meer** (Meere)	*ocean*

Raus aus der Stadt

Verbinden Sie die Phrasen mit den passenden Übersetzungen.

Deutsch	Englisch
1. immer unterwegs	a. *about us*
2. nach Asien und Osteuropa	b. *to the seaside*
3. raus aus der Stadt	c. *always on the road*
4. aufs Land	d. *into nature*
5. in die Natur	e. *to the countryside*
6. auf Reisen	f. *while travelling*
7. zu uns	g. *to Villa Heidemarie*
8. ans Meer	h. *to our house*
9. in die Villa Heidemarie	i. *to Asia and Eastern Europe*
10. über uns	j. *away from the city*

Fragen zum Profil

1. Wer ist Uwe Rau?
2. Was hat er früher einmal gemacht?
3. Was macht er jetzt?
4. Wo ist die Villa Heidemarie?
5. Warum hat Uwe 1998 ein neues Leben begonnen?
6. Was will er anderen Menschen bieten?

Uwes neues Leben

Beantworten Sie die Fragen über Uwe Rau und seine Familie.

1. Wohin ist Uwe als Kameramann viel gereist?
2. Wo hat er seine Frau Annika kennengelernt?
3. Wohin sind Uwe und seine Frau 2008 gezogen?
4. Wo hat Uwe ein neues Zuhause gefunden?

Bäderarchitektur° in Binz

19th century beach resort architecture specific to the Baltic coast

Recherchieren Sie das Ostseebad Binz und die Villen der Bäderarchitektur. Suchen Sie Informationen über die Gästehäuser in Binz. Vergleichen Sie die Zimmer, Preise und die Lage.

Gästehäuser in Binz

Strukturen

Two-way Prepositions

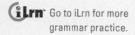 Go to iLrn for more grammar practice.

7.1.1 Wechselpräpositionen°

You have learned that prepositions require their objects to be in a specific case—the accusative, the dative, or the genitive. A certain set of prepositions to describe space requires their objects to be in either the accusative or the dative case, depending on whether you are referring to the destination or the location of something or someone. The accusative signifies movement toward a place, while the dative indicates stationary location. These prepositions are: **an, auf, hinter, in, neben, über, unter, vor,** and **zwischen.** Their use is illustrated below.

Direction (to): Akkusativ	Location (where?): Dativ	Direction (to): Akkusativ	Location (where?): Dativ
an *on, near, to*		**auf** *on (top of), to*	

Annika hängt das Bild an **die** Wand. *Annika is hanging the picture on the wall.*	Das Bild hängt an **der** Wand. *The picture is hanging on the wall.*	Annika stellt die Vase auf **den** Tisch. *Annika is putting the vase on the table.*	Die Vase steht auf **dem** Tisch. *The vase is on the table.*

hinter *behind*		in *into, in*	

Annika stellt die Vase hinter **die** Lampe. *Annika is putting the vase behind the lamp.*	Die Vase steht hinter **der** Lampe. *The vase is behind the lamp.*	Annika geht in **die** Küche. *Annika is going in the kitchen.*	Annika arbeitet in **der** Küche. *Annika is working in the kitchen.*

© Cengage Learning

Direction (to): Akkusativ	Location (where?): Dativ	Direction (to): Akkusativ	Location (where?): Dativ
neben *next to*		**über** *above, over*	

Annika stellt den Stuhl neben **das** Fenster. *Annika puts the chair next to the window.*	Der Stuhl steht neben **dem** Fenster. *The chair is next to the window.*	Die Autos fahren über **die** Brücke. *The cars are driving over the bridge.*	Die Lampe hängt über **dem** Tisch. *The lamp is hanging above the table.*

unter *below*		**vor** *in front of*	

Annika stellt die Schuhe unter **das** Bett. *Annika is putting her shoes under the bed.*	Die Bank steht unter **dem** Baum. *The bench is under the tree.*	Annika stellt einen Tisch vor **das** Sofa. *Annika is putting the table in front of the couch.*	Der Tisch steht vor **dem** Sofa. *The table is in front of the couch.*

zwischen *between*	

Annika stellt einen Stuhl zwischen **das** Regal und **das** Sofa. *Annika is putting the chair between the shelf and the couch.*	Der Stuhl steht zwischen **dem** Regal und **dem** Sofa. *The chair is between the shelf and the couch.*

© Cengage Learning

LERNSTRATEGIEN It is best to memorize both the meaning of the prepositions and the fact that they require their objects to be either in the accusative or dative case. Mnemonic devices such as songs or anagrams can help to better memorize prepositions. It is also extremely helpful to memorize whole prepositional phrases that are used frequently.

 **GRAMMAR GLOSSARY**
You can find more information about ⇒ **prepositions** in the *Welten* grammar glossary in iLrn.

11 Info-Spiel: Frühjahrsputz in der Villa

Uwe Rau macht die Villa fertig für die Sommersaison. Wohin bringt er die vielen Dinge, die er aufräumen muss? Ergänzen Sie die Informationen.

BEISPIEL   **S2** Wohin bringt Uwe den Computer?

                          S1 Er bringt den Computer ins Arbeitszimmer.

S1

den Computer	ins Arbeitszimmer
das Messer	
das Bild von der Großmutter	ins Wohnzimmer
das alte Fahrrad	
den Liegestuhl	unter den Baum im Garten
die frischen Handtücher	
den Mülleimer	vor das Haus
die kaputte Blumenvase	
die neue Uhr	in die Küche

S2

den Computer	
das Messer	in die Küche
das Bild von der Großmutter	
das alte Fahrrad	hinter das Haus
den Liegestuhl	
die frischen Handtücher	ins Badezimmer
den Mülleimer	
die kaputte Blumenvase	in den Keller
die neue Uhr	

12 Wohin?

Finden Sie die passende Antwort auf jede Frage. Erfinden Sie dann noch zwei weitere Fragen und Antworten nach dem Schema und "testen" Sie die anderen Kursteilnehmer.

1. Wohin geht man, wenn man in der Sonne liegen will?
2. Wohin geht man zum Essen?
3. Wohin geht man, wenn man einkaufen möchte?
4. Wohin geht man, wenn man einen Cocktail trinken will?
5. Wohin geht man, wenn man spazieren gehen will?
6. Wohin geht man, wenn man übernachten will?

a. in ein Hotel oder eine Pension
b. in eine Kneipe oder Bar
c. an den Strand
d. in ein Restaurant
e. in den Supermarkt
f. auf die Strandpromenade

Wo in Binz?

Finden Sie die passende Antwort auf jede Frage. Erfinden Sie dann gemeinsam noch zwei weitere Fragen.

1. Wo kann man Bananen kaufen?
2. Wo kann man parken?
3. Wo kann man einen Film sehen?
4. Wo kann man ein Zimmer mieten?
5. Wo kann man spazieren gehen?
6. Wo kann man Bücher leihen?

a. auf dem Parkplatz
b. in einem Hotel
c. im Kino
d. auf dem Markt
e. in der Bibliothek
f. im Park

Lars sucht seine Sachen

Helfen Sie Lars seine Sachen zu finden!

1. Schritt. Sagen Sie, wo die Sachen sind. Schreiben Sie jeweils einen Satz für jeden Gegenstand.

BEISPIEL   Das Buch ist auf dem Bett.

1. das Handy
2. die Brille
3. das Toilettenpapier
4. der Computer
5. das Hemd
6. die Tasche

Courtesy of Prisca Augustyn

Lars sucht seine Sachen.

2. Schritt. Jetzt helfen Sie Lars und sagen Sie ihm, wohin er die Sachen stellen oder legen soll. Schreiben Sie jeweils einen Satz.

BEISPIEL   Lars soll das Buch auf den Tisch legen.

1. das Handy
2. die Brille
3. das Toilettenpapier
4. der Computer
5. das Hemd
6. die Tasche

Gruß aus Binz

Schauen Sie sich das Bild an und ergänzen Sie die Sätze mit den passenden Wörtern aus dem Kasten.

am	sitzt
auf	steht
auf	unter
hinter	zwischen

1. Eine Frau hängt _____ I.
2. Eine Frau sitzt _____ dem B.
3. Eine Frau und ein Kind schauen durch das B. Ein Kind spielt _____ dem B und dem I.
4. Ein Mann schwimmt _____ dem N.
5. Eine Frau steht _____ dem Z.
6. Zwei Männer liegen auf dem Z. Ein Mann _____ neben dem Z.
7. Ein Kind _____ auf dem G. Ein Schiff fährt _____ dem Z.

Bei Ilse und Willi auf'm Land

Reinhard Mey

In seinem Lied *Bei Ilse und Willi auf'm Land* beschreibt der Liedermacher°
Reinhard Mey den Ort, den er am schönsten findet: Die Küche bei seinen
Verwandten Ilse und Willi auf dem Land. Wo ist für Sie der schönste Ort?

16 Partnerinterview: Bei wem bist du gern?

Berichten Sie im Kurs, was Sie besonders interessant finden.

BEISPIEL

OTTO Bei wem bist du gern?

ANNA Bei meinem Onkel und meiner Tante in Costa Rica.

OTTO Was ist dort besonders schön?

ANNA Sie haben ein schönes Haus 5 Minuten vom Strand.

OTTO Was machst du dort gerne?

ANNA Wir gehen an den Strand und kochen abends alle
zusammen. Wir spielen oft Volleyball im Garten und …

OTTO *Anna ist gern bei ihrem Onkel und ihrer Tante in Costa Rica.
Sie haben ein schönes Haus 5 Minuten vom Strand. …*

17 Wortschatz

Welche Wörter brauchen Sie noch, um über einen schönen Ort bei
Verwandten zu sprechen?

🔊 Bei Ilse und Willi auf'm Land

Reinhard Mey

Eine Handvoll Kinder in der kleinen Küche,

Lachen und krakeel'n, und Schwager Roberts Sprüche,

Oma in der Fensterbank, im Korb schnarcht der Hund,

Ulla deckt den Küchentisch, es geht wieder rund.

5 Kaffee auf'm Herd und Braten in der Röhre,

Kein Platz auf der Welt, wo ich jetzt lieber wär', ich schwöre!

Die Füße unterm Tisch, die Gabel in der Hand

Bei Ilse und Willi auf'm Land!

Im Korb schnarcht der Hund.

ARBEIT MIT DEM TEXT

Lesen Sie die Informationen und ergänzen Sie die rechte Spalte mit einem Satz. Teilen Sie interessante Fragen im Kurs.

Information		Ein Satz
bei Ilse und Willi *at Ilse and Willi's house*	When referring to someone's house in German, all you need is the preposition bei: bei meinen Eltern *'at my parents' house'*.	Ich bin gern bei _____.
lachen und krakeel'n *laughing and screaming*	krakeelen *is a playful kind of screaming associated with children*	Ich lache oft über _____.
Schwager Roberts **Sprüche** *brother-in-law Robert's jokes*	der Schwager / die Schwägerin der Spruch (Sprüche) *'proverb, saying, or sentence'*	_____ macht immer gute Sprüche.
Oma in der Fensterbank *Grandma in the window seat*	die Bank (Bänke) *'bench'*	Meine Oma _____.
den Tisch decken *to set the table*	der Tisch (Tische)	
es geht rund *it's a madhouse*	es geht rund *means 'there's a lot of commotion'*	
Kaffee **auf'm** Herd *coffee on the stove*	auf + dem *is contracted to* auf'm *in spoken German, but not written in formal German*	
Braten in der Röhre *roast in the oven*	der Braten *'roast'* die Röhre *is an informal word for* der Ofen *'oven'*	
ich schwöre *I swear*	schwören, hat geschworen *'to swear'*	
unterm Tisch *under the table*	unter + dem	
die **Gabel** in der Hand *fork in hand*		

Ilses und Willis Küche

Verbinden Sie die Satzteile.

1. In der kleinen Küche …
2. In der Fensterbank …
3. Im Korb …
4. Den Küchentisch …
5. Auf dem Herd …
6. In der Röhre …
7. In der Hand …
8. Es gibt keinen Platz auf der Welt …

a. deckt Ulla.
b. sind eine Handvoll Kinder, die lachen und krakeelen.
c. sitzt die Oma.
d. steht der Kaffee.
e. ist der Braten.
f. wo ich jetzt lieber wäre.
g. habe ich die Gabel.
h. liegt der Hund.

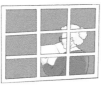

© Cengage Learning

Bei Ilse und Willi auf'm Land **239**

Wo steht der Kaffee?

Beantworten Sie die Fragen über Ilse und Willis Küche.

1. Wo sitzt die Oma?
2. Wo liegt der Hund?
3. Wo steht der Kaffee?

Reinhard Mey

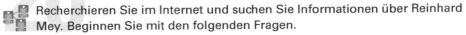

Recherchieren Sie im Internet und suchen Sie Informationen über Reinhard Mey. Beginnen Sie mit den folgenden Fragen.

1. Wo ist er geboren?
2. Wo ist er in die Schule gegangen?
3. Wo und was hat er studiert?
4. Was waren seine größten Hits?
5. Wer hat ihn am meisten inspiriert?
6. Welche Sprachen spricht er?
7. Welche Themen interessieren Reinhard Mey?

Weitere Reinhard Mey Lieder sind *Über den Wolken, Bei Hempels unterm Bett, Die heiße Schlacht am kalten Buffet* und *Abends an deinem Bett*.

Häuser auf der Insel Rügen

clearlens/Shutterstock.

Strukturen

7.2.1 Verben zur Ortsangabe°

Verbs indicating location or destination

In addition to the two-way prepositions, a specific set of German verbs is often used when describing spatial relationships. As with the two-way prepositions, these verbs make a distinction between movement and location and make the subsequent prepositional objects take either the accusative or dative case.

The verbs **legen** (*to lay, place in a lying position*), **setzen** (*to set; to sit [someone] down*), and **stellen** (*to put, place in a standing position*) are used to describe movement. If two-way prepositions are used with these verbs, the prepositional object is in the accusative case.

The verbs **liegen** (*to lie, to be located*), **sitzen** (*to sit*), and **stehen** (*to stand, be in a standing position*) are used to describe where something or someone is located. If two-way prepositions are used with these verbs, the prepositional object is in the dative case.

The verbs **hängen** (*to hang*) and **stecken** (*to put, tuck, to be [sticking] in something*) describe either movement or location.

iLrn Go to iLrn for more grammar practice.

Wohin? (Ziel)	Wo? (Ort)
legen	liegen
Annika legt das Buch auf **den** Schreibtisch.	Das Buch liegt auf **dem** Schreibtisch.
Annika is laying the book on the desk.	*The book is lying on the desk.*

Wohin? (Ziel)	Wo? (Ort)
stellen	stehen
Annika stellt den Teller auf **den** Tisch.	Das Abendessen steht auf **dem** Tisch.
Annika is putting the plate on the table.	*Dinner is on the table.*

Wohin? (Ziel)	Wo? (Ort)
setzen	sitzen
Annika setzt die Katze auf **den** Stuhl.	Die Katze sitzt auf **dem** Stuhl.
Annika is putting the cat on the chair.	*The cat is sitting on the chair.*

Wohin? (Ziel)	Wo? (Ort)
hängen	
Annika hängt das Bild an **die** Wand.	Das Bild hängt an **der** Wand.
Annika is hanging the picture on the table.	*The picture is hanging on the wall.*

iLrn GRAMMAR GLOSSARY

You can find more information about ⇒ **verbs** in the **Welten** grammar glossary in iLrn.

Wohin? (Ziel)	Wo? (Ort)
stecken	

Annika steckt den Schlüssel **ins** Schloss.	Der Schlüssel steckt **im** Schloss.
Annika is inserting the key in the lock.	*The key is in the lock.*

© Cengage Learning

21 Ort und Ziel

Markieren Sie, ob die Präpositionalphrasen einen Ort oder ein Ziel beschreiben.

location / destination

	Ort°	Ziel°
1. Annika ist *im Garten*.	☐	☐
2. Uwe geht *in die Küche*.	☐	☐
3. Das Bild hängt *an der Wand*.	☐	☐
4. Der Hund schläft *unter dem Tisch*.	☐	☐
5. *Im Wohnzimmer* sitzt die Katze.	☐	☐
6. Uwe stellt das Essen *auf den Tisch*.	☐	☐
7. *Auf dem Stuhl* liegt ein Buch.	☐	☐
8. Annika stellt eine Pflanze *ans Fenster*.	☐	☐
9. Unter *dem Fenster* steht ein Tisch.	☐	☐
10. Annika geht *ins Bad*.	☐	☐

22 Info-Spiel: Urlaub am Wasser

Die folgenden Urlaubsziele in Deutschland, Österreich und der Schweiz liegen an einem Fluss, an einem See oder am Meer.

1. Schritt. Bilden Sie Sätze wie im Beispiel.

BEISPIEL   Regensburg / die Donau → Regensburg liegt an der Donau.

2. Schritt. Ergänzen Sie die Tabelle mit den fehlenden Informationen.

BEISPIEL   s1   Wo liegt Regensburg?

            s2   Regensburg liegt <u>an der Donau</u>.

S1

Regensburg	
Innsbruck	der Inn
Prien	
Lübeck	die Ostsee
Rüdesheim	
Lausanne	der Genfer See

S2

Regensburg	die Donau
Innsbruck	
Prien	der Chiemsee
Lübeck	
Rüdesheim	der Rhein
Lausanne	

23 Annika räumt auf

Füllen Sie die Lücken mit den passenden Verben.

legt	stellen	stellt	liegen
stehen	hängt	setzt	stehen

1. Annika _____ die Vase auf den Tisch.
2. Sie _____ das neue Bild an die Wand.
3. Die Bücher _____ ordentlich im Regal.
4. Sie _____ den Teddybär auf das Sofa.

5. Auf dem Tisch _____ noch viele Gläser. Die muss Annika in die Küche _____.
6. Auf dem Boden _____ Uwes CDs. Annika _____ sie ins Regal.

24 Party in der Villa Heidemarie

Schreiben Sie Sätze.

BEISPIEL   Uwe hat die Blumenvase ins Bad gestellt. →
Jetzt steht die Blumenvase im Bad.

1. Uwe hat den Teppich vor das Sofa gelegt.
   Jetzt ...
2. Annika hat die Gläser auf den Tisch gestellt.
   Jetzt ...
3. Uwe hat die Girlande° an die Wand gehängt.
   Jetzt ...
4. Annika hat den Champagner in den Kühlschrank gestellt.
   Jetzt ...

5. Uwe ...
   Jetzt liegt das Besteck auf dem Tisch.
6. Annika ...
   Jetzt steht der CD-Spieler auf dem Regal.
7. Uwe ...
   Jetzt sitzt der Teddybär auf dem Sofa.
8. Annika ...
   Jetzt hängen die Lampions über dem Tisch.

garland

25 Eine Ferienwohnung

Beschreiben Sie die Ferienwohnung. Was ist wo?

BEISPIEL   Neben dem Eingang links ist das Bad. Rechts neben dem Eingang ist das Schlafzimmer. Im Schlafzimmer steht ein großes Bett. ...

der Esstisch	die **Küche**
die Stühle	das **Bad**
das Bett	der Eingang
der Fernseher	die Terrasse
der Schrank	die Tür
der Kaffeetisch	das Fenster
die Couch	das **Schlafzimmer**
der Sessel	

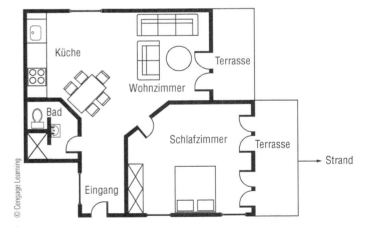

26 Meine Traumferienwohnung

1. Schritt Richten Sie die Ferienwohnung so ein, wie es Ihnen am besten gefällt! Schreiben Sie alles auf. Seien Sie kreativ! Geld spielt keine Rolle!

BEISPIEL   Ich möchte eine Ferienwohnung in den Bergen. Sie hat drei Schlafzimmer. In jedem Zimmer steht ein Fernseher. ...

2. Schritt Sprechen Sie mit anderen Studenten über Ihre Ferienwohnungen, machen Sie Notizen und berichten Sie im Kurs.

BEISPIELE ANNA Wo steht der Tisch?
[oder] Wohin hast du den Tisch gestellt?
           OTTO Der Tisch steht ...
[oder] Ich habe den Tisch ... gestellt.

Villa Heidemarie: Lage

www.villaheidemarie/lage

Die Lage der Villa Heidemarie ist optimal für alle, die sich erholen wollen. Lassen Sie Ihr Auto einfach auf unserem Parkplatz stehen. Zum Strand kann man in wenigen Minuten zu Fuß gehen oder mit dem Fahrrad fahren. In der Nähe gibt es alles, was man braucht. Ein Supermarkt ist 200 Meter vom Haus entfernt. In etwa 1 km Entfernung gibt es Cafés, Restaurants und Geschäfte. In unserem schattigen Garten kann man sich nach einem schönen Tag am Strand oder nach einer Radtour wunderbar entspannen.

travelpeter/Shutterstock.com

Zentrale Lage

sich erholen (erholt sich) *to recuperate*	der **Meter** (Meter) *meter;* 200 m = zweihundert Meter
in der **Nähe** *close by*	der **Kilometer** (Kilometer) *kilometer*
reisen (ist gereist) *to travel*	1 km = ein Kilometer *1 kilometer*
die **Minute** (Minuten) *minute*	**sich entspannen** *to relax*

27 Die Lage der Villa Heidemarie

Verbinden Sie die Fragen mit den richtigen Antworten.

1. Wo kann man das Auto parken?
2. Wie weit ist es von der Villa Heidemarie zum Strand?
3. Wo gibt es einen Supermarkt?
4. Gibt es in der Nähe auch Restaurants und Geschäfte?
5. Hat die Villa Heidemarie auch einen Garten?

a. Nur 200 m von der Villa Heidemarie entfernt.
b. Nur wenige Minuten zu Fuß oder mit dem Fahrrad.
c. Auf dem Parkplatz bei der Villa Heidemarie.
d. Ja, dort kann man sich wunderbar entspannen.
e. Ja, nur etwa 1 km von der Villa Heidemarie gibt es alles, was man braucht.

Die Lebensstufen

Caspar David Friedrich

Caspar David Friedrich (1774–1840) war einer der wichtigsten Maler der deutschen Romantik. Er wurde in Greifswald geboren und hat an der Kunstakademie in Kopenhagen und in Dresden studiert. Die Landschaft der Insel Rügen war eine große Inspiration für viele Bilder, die aber nie realistische Abbildungen der Natur sind. Die Natur repräsentiert bei Caspar David Friedrich die Gefühle° und Ängste des Menschen durch eine spezielle Komposition der Objekte. Schiffe auf dem Meer sind oft Symbole für das Leben. Felsen sind ein Zeichen für Stärke. Oft ist eine Figur, die man im Bild von hinten° sieht, der Künstler selbst. Ein wichtiges Thema in seiner Kunst ist die Macht° der Natur über die Menschen.

feelings

from behind
power

28 Welche Stimmung hat das Bild?

1. Ich finde es …   kurios.
                        interessant.
                        unheimlich°.   *scary*
                        …

2. Es macht mich …   traurig.
                        melancholisch.
                        nachdenklich°.   *pensive*
                        …

3. Ich denke dabei an …   meine Familie.
                        Reisen.
                        die Natur.
                        …

Caspar David Friedrich: *Die Lebensstufen* (um 1835), Museum der bildenden Künste, Leipzig. Öl auf Leinwand, 72,5 cm × 94 cm

Erich Lessing / Art Resource, NY

Die Lebensstufen

die **Abbildung** (Abbildungen) *representation, illustration*	der **Stein** (Steine) *rock, stone, pebble*
das **Boot** (Boote) *boat*	der **Strand** (Strände) *beach*
der **Felsen** (Felsen) *rock, cliff, boulder*	das **Symbol** (Symbole) *symbol*
das **Schiff** (Schiffe) *ship*	das **Ufer** (Ufer) *shore*
das **Segel** (Segel) *sail*	das **Zeichen** (Zeichen) *sign*
die **Stärke** (Stärken) *strength*	**repräsentieren** *to represent*

Weit weg

29

👥 Verbinden Sie die passenden Satzteile.

1. Auf dem Meer ...
2. Am Ufer ...
3. Ein Schiff mit offenen Segeln ...
4. Im Wasser in der Nähe vom Strand ...
5. Am Horizont ...
6. Auf einem Felsen in der Mitte ...
7. Ein Kind hält eine Fahne° ...
8. Rechts neben den Kindern ...
9. Am Strand liegen ...
10. Links neben den Kindern ...
11. Ein Mann mit Mantel, Hut und Stock° ...
12. Rechts vorne im Gras liegt ...
13. Auf der linken Seite liegen ...

a. ist ganz weit weg.
b. sind zwei kleinere Schiffe.
c. sind fünf Schiffe.
d. sind fünf Menschen.
e. ist der Himmel° grau.
f. sitzen zwei Kinder.
g. Steine im Wasser.
h. in der Hand.
i. sitzt eine Frau.
j. ein Holzfass° und ein Paddel.
k. geht zu den anderen Personen.
l. steht ein junger Mann mit Hut.
m. ein kleines Boot.

sky

flag

wooden barrel

cane

Schreibaufgabe: Die Lebensstufen

30

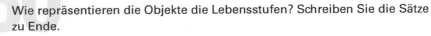 Wie repräsentieren die Objekte die Lebensstufen? Schreiben Sie die Sätze zu Ende.

1. Die fünf Schiffe auf dem Meer symbolisieren ...
2. Das Meer ist ein Symbol für ...
3. Die fünf Personen am Ufer ...
4. Das Ufer repräsentiert ...
5. Der Felsen ist ein Zeichen für ...
6. Die Kinder ...
7. Die Frau ...
8. Der alte Mann ...
9. Der junge Mann ...
10. Das kleine Boot ...
11. Die Steine im Wasser ...
12. Das Holzfass ...

Kollaboratives Projekt: Caspar David Friedrich

31

 Recherchieren Sie Caspar David Friedrich im Internet und beschreiben Sie einige seiner Bilder im Kurs.

Auf dem Segler
Das Eismeer
Flussufer im Nebel
Frau am Fenster
Der Greifswalder Hafen
Kreidefelsen auf Rügen
Meeresufer im Mondschein
Der Mönch am Meer
Mondaufgang über dem Meer
Schiffe im Hafen am Abend
Der Wanderer über dem Nebelmeer

Strukturen

7.3.1 Reflexivpronomen und -verben°

Reflexive Pronouns and Verbs

Many German verbs can be used reflexively by adding a reflexive pronoun like **mich** (*myself*) as an object. The reflexive pronoun 'reflects' back to the subject of a sentence, indicating that someone is doing something for him- or herself.

iLrn Go to iLrn for more grammar practice.

> Non-reflexive: Uwe Rau kauft seiner Frau einen Regenschirm.
>
> *Uwe Rau is buying an umbrella for his wife.*
>
> Reflexive: Uwe Rau kauft **sich** einen Regenschirm.
>
> *Uwe Rau is buying an umbrella **for himself**.*

In German, the forms of the accusative and dative reflexive pronouns are identical to the forms of personal pronouns, except for the third-person and **Sie**-forms, all of which are **sich**:

	Person	Akkusativ	Dativ
Singular	1. Person	Ich freue **mich**.	Ich kaufe **mir** ein Eis.
	2. Person	Du freust **dich**.	Du kaufst **dir** ein Eis.
	3. Person	Er/Sie/Es freut **sich**.	Er/Sie/Es kauft **sich** ein Eis.
Plural	1. Person	Wir freuen **uns**.	Wir kaufen **uns** ein Eis.
	2. Person	Ihr freut **euch**.	Ihr kauft **euch** ein Eis.
	3. Person	Die Freunde freuen **sich**.	Die Freunde kaufen **sich** ein Eis.
	Sie-Form (*sg. und pl.*)	Freuen Sie **sich** auch?	Kaufen Sie **sich** auch ein Eis?

Reflexivverben

Many more verbs are reflexive in German than in English, for example, most verbs that refer to personal care such as **anziehen**, **kämmen**, **waschen**, and **duschen**.

> Ich ziehe **mich** an.   *I am getting dressed.*

If a specific direct object is included, the reflexive pronoun is in the dative case:

> Ich ziehe **mir einen Mantel** an.   *I am putting on a coat.*

In addition, a number of specific verbs are used only reflexively. Here are just a few of the more common ones:

sich anstellen	*to get in line*
sich befinden	*to be (found, located)*
sich entspannen	*to relax*
sich erholen	*to relax, to recuperate*
sich fühlen	*to feel*
sich irren	*to be wrong*
sich lohnen	*to be worth it*
sich schämen	*to be ashamed*
sich verlaufen / verfahren	*to get lost (on foot / by car)*

For many such verbs, the English equivalent contains no reflexive pronoun.

> Ich habe **mich** verlaufen.   *I got lost.*

iLrn GRAMMAR GLOSSARY

You can find more information about ⇒ **reflexive pronouns** in the *Welten* grammar glossary in iLrn.

LERNSTRATEGIEN It is best to memorize both the meaning of the verbs and the fact that they require a reflexive pronoun in either the accusative case when there is no other direct object, for example, **Ich wasche mich**, and in the dative case if there is a direct object, for example, **Ich wasche mir die Hände**. It is also extremely helpful to memorize whole phrases with reflexive verbs that are used frequently.

32 Lohnt sich das?

Verbinden Sie die Sätze, die das Gleiche bedeuten.

1. Annika schämt sich, weil am Frühstücksbuffet der Kaffee ausgegangen ist.
2. Uwe fühlt sich heute wunderbar.
3. In Binz kann man sich nicht verfahren. Es gibt nicht viele Straßen.
4. Beim Eisstand an der Strandpromenade stellen sich die Kinder an.
5. Die Toiletten befinden sich beim Strandcafé.
6. Am Strand entspannen sich alle.
7. Die Meteorologen irren sich selten.
8. Eine Schiffsfahrt lohnt sich immer.
9. Annika und Uwe erholen sich gern abends bei einem Glas Wein.

a. Eine Fahrt mit dem Schiff ist immer schön.
b. Heute geht es Uwe sehr gut.
c. Annika und Uwe entspannen sich am besten, wenn sie abends noch ein Glas Wein trinken.
d. Das Eis ist bei Kindern sehr beliebt.
e. Meistens wissen die Meteorologen, wie das Wetter wird.
f. Es ist Annika sehr peinlich, dass beim Frühstück nicht genug Kaffee da war.
g. Jeder fühlt sich am Strand gleich viel besser.
h. Die Toiletten sind beim Strandcafé.
i. In Binz findet man leicht den richtigen Weg. Es ist eine kleine Stadt.

33 Annika braucht Hilfe

Annika hat einige Probleme. Verbinden Sie die Probleme mit den passenden Ratschlägen°.

recommendations

1. Ich fühle mich nicht gut.
2. Ich bin total im Stress.
3. Meine Hände sind schmutzig.
4. Ich bin so müde.
5. Ich habe mich verfahren.
6. Ich brauche neue Schuhe.

a. Leg dich ins Bett und schlaf ein bisschen!
b. Wasch dir die Hände!
c. Mach dir eine Tasse Tee!
d. Erhol dich am Wochenende!
e. Kauf dir neue Schuhe!
f. Frag jemanden nach dem Weg!

34 Was ist passiert?

Schreiben Sie, was passiert ist, und benutzen Sie die Reflexivverben aus der Liste.

sich irren	sich verlaufen
sich erholen	sich anstellen
sich lohnen	sich schämen

BEISPIEL   Ich habe etwas Falsches gesagt. →
                 Ich habe <u>mich geirrt</u>.

1. Wir gehen durch Binz und können den Bahnhof nicht finden.

   Wir haben _____

2. Uwe und Annika stehen in einer Schlange vor dem Kino.

   Sie haben _____

3. Lars hat seinen Tee auf Annikas neue Couch gekleckert°.   *spilled*

   Er _____

4. Annika kommt vom Strand zurück und fühlt sich total gut.

   Sie hat _____

5. Uwe hat einem amerikanischen Touristen geholfen.

   Das Englischlernen hat _____

35 Kleines Interview

Folgen Sie den Beispielen. Notieren Sie die Antworten und berichten Sie im Kurs.

1. Schritt: Aussagen. Ergänzen Sie die Aussagen.

BEISPIEL   Ich fühle <u>mich</u> heute super.

1. Ich fühle _____ heute … (gut, schlecht, nicht so besonders, super …)
2. Ich wünsche _____ zum Geburtstag ein …
3. Ich habe _____ gestern … gekocht.
4. Ich habe _____ den Film … angesehen.
5. Ich werde _____ in nächster Zeit … kaufen.
6. Ich entspanne _____ am liebsten … (zu Hause, im Yogakurs, im Urlaub, am Wochenende …)

2. Schritt: Fragen. Interviewen Sie einen Partner / eine Partnerin.

1. Wie fühlst du _____ heute?
2. Was wünschst du _____ zum Geburtstag?
3. Was hast du _____ gestern gekocht?
4. Welchen Film möchtest du _____ ansehen?
5. Was wirst du _____ in nächster Zeit kaufen?
6. Wo oder wann entspannst du _____ am liebsten?

3. Schritt. Berichten Sie im Kurs.

BEISPIEL   Otto fühlt sich heute super.
                 Er wünscht sich zum Geburtstag eine Gitarre.
                 …

Wo fühlen Sie sich wohl?

Villa Heidemarie: Tipps

www.villaheidemarie/tipps

Binz ist nicht nur bei sonnigem Wetter schön. Es gibt viele interessante Aktivitäten auch für schlechtes Wetter.

An kühleren Tagen können Sie ...

- im Nationalpark Jasmund an der Küste entlang Rad fahren.
- im Kurpark spazieren gehen.
- entlang der Strandpromenade unsere Bäderarchitektur bewundern°.
- auf der Kunstmeile Galerien und Geschäfte entdecken.
- in einem der schönen Cafés auf der Terrasse sitzen.
- auf der Hochseeyacht Steinlager eine Schiffsfahrt machen.

Bei Regen können Sie ...

- in der Glasbläserei° einem Glasbläser zusehen.
- in der Ostsee-Bären-Werkstatt ein Stofftier° stopfen.
- im Jagdschloss° Granitz die Trophäen und Waffen° des Fürsten Wilhelm Malte I. zu Putbus besichtigen.
- im Museum Ostseebad Binz etwas über die Geschichte unserer Stadt lernen.
- oder sich in ihrem gemütlichen Apartment in der Villa Heidemarie entspannen.

Bei kühlem Wetter kann man mit dem Fahrrad fahren.

Kuttig - Travel / Alamy

admire

glass blower's workshop
stuffed animal
hunting castle / trophies and weapons

Wetter

schlechtes Wetter *bad weather*		**besichtigen** *to view, look at (e.g., in a museum)*	
kühl *cool*		**sonnig** *sunny*	
entlang *along (-side), down*		der **Regen** *rain*	

36 Bei Sonne und Regen

Ergänzen Sie die Lücken mit den Wörtern und Phrasen.

in der Villa Heidemarie Regen	sonnigen sitzen	kühl

1. An _____ Tagen, kann man zum Strand gehen und baden.
2. Wenn es _____ ist, kann man Rad fahren oder spazieren gehen.
3. Es ist auch schön, in einem der schönen Cafés auf der Terrasse zu _____.
4. Bei _____ kann man das Jagdschloss Granitz besichtigen.
5. Oder man kann sich einfach _____ entspannen.

37 Partnerinterview: Bei schönem oder schlechtem Wetter?

Folgen Sie dem Beispiel. Berichten Sie im Kurs.

BEISPIEL   ANNA   Was machst du gern bei schönem Wetter?

OTTO   Bei schönem Wetter gehe ich in den Park oder spiele Tennis.

ANNA   Was machst du gern, wenn es regnet?

OTTO   Wenn es regnet, bleibe ich zu Hause und lese. ...

ANNA   *Bei schönem Wetter geht Otto in den Park. ... Wenn es regnet, ...*

Wortschatz

Welche Wörter möchten Sie noch wissen, um über Aktivitäten bei schönem oder schlechtem Wetter zu sprechen?

Das Wetter auf Rügen

Das Wetter bei uns

Welche Begriffe sind typisch für einen Wetterbericht? Wie kann man das Wetter heute in Ihrer Sprache beschreiben? Wie kann man es auf Deutsch sagen? Geben Sie Beispiele.

Wetterbericht für Rügen

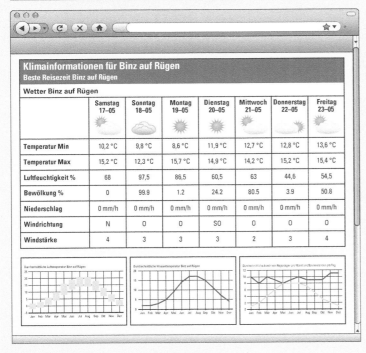

Am Freitag bleibt es wechselhaft denn es wechseln sich Wolken, einige heftige Regenfälle und etwas Sonne ab. Die Temperaturen steigen auf 15 bis 18 Grad. Es bleibt meist trocken. Am Wochenende scheint die Sonne bei leichter Bewölkung. Erst am Sonntagabend fallen einige Schauer. Die Temperaturen steigen im Binnenland sogar auf 17 bis 19 Grad. An der Küste ist es mit 14 bis 18 Grad etwas kühler.

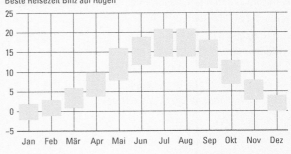

Klimainformation für Binz auf Rügen
Beste Reisezeit Binz auf Rügen

Durchschnittliche Wassertemperatur Binz auf Rügen

© Cengage Learning

Durchschnittliche Anzahl von Regentagen pro Monat und Sonnenstunden pro Tag

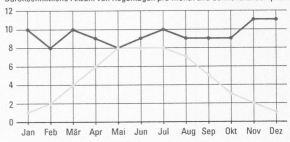

Lesen Sie die Informationen und ergänzen Sie die rechte
Spalte mit Ihren Notizen. Teilen Sie interessante Fragen im Kurs.

Information		Notizen
wechselhaft *unstable*	der Wechsel *'change'; instead of* wechselhaft, *weather forecasts also often say* unbeständig	
die **Wolke** (Wolken) *cloud*	wolkig *'cloudy'*	
der **Regen** (-schauer) *rain*	Regenschauer *or* Schauer *is a term specific to the weather;* Niederschlag *'precipitation' (jargon) is also used*	
heftige Regenfälle *heavy rainfall*		
15 bis 18 **Grad** *between 15 and 18 degrees Celsius*	*The Celsius temperature scale is common throughout Europe.*	
die **Temperaturen** steigen *temperatures are rising*	die Temperatur *'temperature'* Temperaturen fallen *'temperatures are falling'*	
leichte Bewölkung *partly cloudy*	leicht bewölkt *'partly cloudy' (lit. 'lightly cloudy')*	
im Binnenland *inland*		
an der **Küste** *on the coast, near the ocean*	die Küste (Küsten)	
etwas **kühl**er *somewhat cooler*	etwas wärmer *'somewhat warmer'*	
durchschnittliche Höchst- und Tiefsttemperatur der **Luft** *average highest and lowest air temperature*	die Luft *'air'*	
durchschnittliche Wassertemperatur *average water temperature*	das Wasser *'water'* die Temperatur *'temperature'*	
durchschnittliche Anzahl von Regentagen pro Monat und Sonnenstunden pro Tag *average number of rainy days per month and hours of sunshine per day*	der Durchschnitt *'average'*; pro Tag *'per day'*; pro Monat *'per month'*	

40 Wetter-Jargon

everyday

👫 Welche Begriffe des Wetter-Jargons passen zu den alltäglichen° Wörtern?

1. die Temperaturen steigen
2. Schauer
3. leichte Bewölkung
4. im Binnenland
5. die Temperaturen fallen
6. wechselhaft

a. es wird kühler
b. es kann Sonne und Regen geben
c. im Inland
d. Regen
e. es sind nur wenige Wolken am Himmel
f. es wird wärmer

41 Wetterbericht auf Alltagsdeutsch°

everyday German

Schreiben Sie den Wetterbericht für Rügen in Alltagsdeutsch.

BEISPIEL   Am Freitag kann es Regen und Sonne geben. ...

42 Auf Rügen durch das Jahr

Was sagt Uwe? Ergänzen Sie die Lücken.

sehr kalt	das ganze Jahr
im Meer	Touristen
April	Mai
wärmsten	

1. Regen gibt es hier auf der Insel Rügen eigentlich _____
   relativ viel.

2. Im Winter kann es auch Schnee geben und es kann mitunter
   _____ werden.

3. Wie überall in Deutschland wird es auch an der Ostsee erst Ende
   _____, Anfang _____ wieder grün.

4. Die _____ Monate sind Juli und August und da sind die
   meisten _____ und Besucher hier auf Rügen.

5. Da ist das Wasser _____, so um die 18 Grad, und da
   kann man auch sehr schön _____ baden.

43 Datenanalyse

Analysieren Sie die Wettergrafiken für Binz. Wann ist das Wetter auf Rügen
am schönsten? Vergleichen Sie Ihre Resultate im Kurs.

1. Wann ist es auf Rügen am wärmsten?

2. Wann ist es kühl?

3. Wann ist es bitterkalt°?

4. Wann ist das Wasser in der Ostsee am wärmsten?

5. Wann ist es zum Schwimmen und Baden zu kalt?

6. In welchem Monat regnet es am meisten?

7. In welchem Monat scheint die Somme am meisten?

8. Wann sollte man nach Rügen fahren?

9. Wann sollte man nicht nach Rügen fahren?

bitterly cold

°C	°F	°C	°F	°C	°F
0	32,0	13	55,4	26	78,8
1	33,8	14	57,2	27	80,6
2	35,6	15	59,0	28	82,4
3	37,4	16	60,8	29	84,3
4	39,2	17	62,6	30	86,0
5	41,0	18	64,4	31	87,8
6	42,8	19	66,2	32	89,6
7	44,6	20	68,0	33	91,4
8	46,4	21	69,8	34	93,2
9	48,2	22	71,6	35	95,0
10	50,0	23	73,4	36	96,8
11	51,8	24	75,2	37	98,6
12	53,6	25	77,0	38	100,4

© Cengage Learning

44 Unser Klima

Beschreiben Sie das Klima in Ihrer Region im Winter, im
Frühling, im Sommer und im Herbst. In welchem Monat ist es
am wärmsten/heißesten? In welchem Monat ist es am kältesten?
Wann regnet es am meisten? Wann regnet es am wenigsten?
Schneit es auch?

45 Wortschatz

Welche Wörter möchten Sie noch wissen, um über das Klima in Ihrer Region
zu sprechen?

Villa Heidemarie: Anreise

 ## www.villaheidemarie/anreise

journey

Für die Anreise° nach Binz gibt es folgende Möglichkeiten:

Mit dem Flugzeug

Fliegen sie nach Rostock und von dort aus weiter mit der Bahn oder mit dem Auto nach Rügen.

Mit der Bahn

Fahren Sie mit der Bahn zum Bahnhof Binz. Vor dem Bahnhof finden Sie ein Taxi, das Sie in 5 Minuten zur Villa Heidemarie bringt.

Mit dem Auto

A = Autobahn

B = Bundesstraße

Aus Mittel- und Süddeutschland fahren Sie auf der A19° bis zum Kreuz Rostock, von dort weiter auf der A20 nach Stralsund. Aus Nordwest- und Westdeutschland fahren Sie auf der A1 bis Lübeck, weiter auf der A20 bis Stralsund. Fahren Sie über die Rügenbrücke auf der B96° bis Bergen, dann auf der B196 über Karow oder Serams nach Binz. Die B196 wird in Binz die Proraer Chaussee. Fahren Sie die Proraer Chaussee geradeaus am Bahnhof vorbei bis zum großen Kreisverkehr. Biegen Sie in die Dollahner Straße rechts ab. Fahren Sie die Dollahner Straße entlang bis zur Goethestraße. Biegen Sie rechts ab in die Goethestraße. Die Villa Heidemarie ist auf der linken Seite, Goethestraße 411.

Die Nordküste der Insel Rügen

© bluecrayola/Shutterstock.com

Der Weg zur Villa Heidemarie

auf der A19 bis zum Kreuz Rostock *on A19 to the junction near Rostock*	**bis** zum Kreisverkehr *to the traffic circle*
über die Rügenbrücke *across the Rügen bridge*	biegen Sie **rechts** ab *make a right turn*
geradeaus *straight (ahead)*	**links** *left*
am Bahnhof **vorbei** *past the train station*	die Dollahner Straße **entlang** *down Dollahner Street*
	auf der **linken Seite** *on the left side*

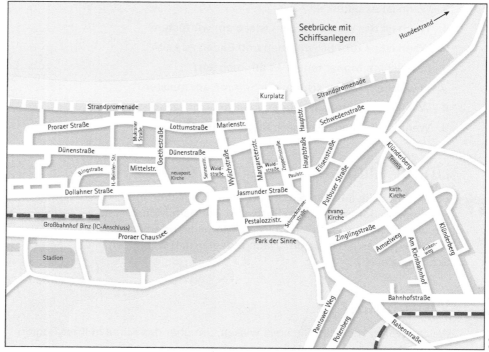

Wegbeschreibung

Zur Wegbeschreibung gibt es im Deutschen einige nützliche Ausdrücke mit Präpositionen und Adverbien:

links	*left*	über die Brücke	*across the bridge*
rechts	*right*	um die Ecke	*around the corner*
unten	*bottom*	bis zum Kino	*to the cinema*
oben	*top*	nach Lübeck	*to Lübeck*
vorne	*front*	rauf (hinaus)	*up (upward)*
hinten	*rear*	runter (hinunter)	*down*
geradeaus	*straight*		*(downward)*

die Straße / den Weg entlang
    [to walk] along the street / road

Stralsund

Uwe Rau fährt mit dem Schiff nach Stralsund. Er kommt am Hafen an (oben links auf dem Stadtplan). Helfen Sie ihm, die folgenden Orte zu finden, indem Sie Wegbeschreibungen aufschreiben. Vergleichen Sie dann Ihre Wegbeschreibungen im Kurs.

BEISPIEL Von der Hafenstraße geht man in die Badenstraße Richtung Fischmarkt. Dann geht man die Badenstraße entlang bis zur Jacobi-Turm-Straße und geht nach links in die Jacobi-Turm-Straße bis man die Kirche sieht.

1. die St.-Jacobi Kirche
2. das Theater Vorpommern
3. das Rathaus
4. das Johanniskloster
5. die Blauturmstraße
6. das Stadion der Freundschaft

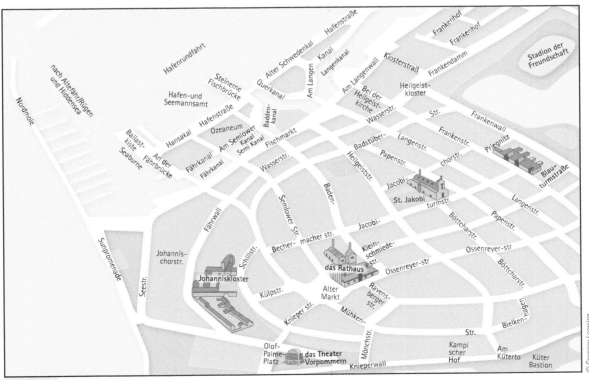

Stralsund

Wie kommt man dahin?

Beschreiben Sie den Weg zu bekannten Plätzen auf dem Campus. Die anderen müssen raten.

BEISPIEL   Gruppe 1: Gehen Sie aus dem Klassenzimmer auf die Spring-Straße, dann gehen Sie rechts in die Fall-Straße und was ist dort links?
Gruppe 2: Die Bibliothek.
Gruppe 1: Richtig. (*1 Punkt für Gruppe 2*)

Vater im Baum

Margret Steenfatt

Margret Steenfatt (1935 in Hamburg geboren) begann zu schreiben, nachdem ihre vier Kinder erwachsen waren. In dieser kuriosen Geschichte geht es um einen Vater, der in einem Baum sitzt, und seine Familie, die versucht, ihn herunterzuholen.

Im Baum?

Beantworten Sie die folgenden Fragen.

1. Wohin geht ein Vater, wenn er allein sein möchte?
2. Ist das Auto ein Ort, an dem man gut allein sein kann?
3. Ist Fernsehen eine Möglichkeit, „woanders"° zu sein? Was machen Sie, wenn Sie allein sein wollen?

somewhere else

Vater im Baum
Margret Steenfatt

„Mama, Vater sitzt im Baum!" „Erzählt doch keine Märchen, Kinder, Papa wäscht den Wagen!" „Nein, Mama, er sitzt im Baum!"

„Laßt mich in Ruhe mit euren Scherzen. Wir wollen gleich in die Stadt fahren. Ich habe noch zu tun." „Aber es ist die Wahrheit, Mama.

5 Er will nicht herunterkommen!" „Jetzt wird es mir zu bunt. Geht hinaus und spielt!" Die Mutter schlägt die Haustür zu.

„Sie will uns nicht glauben", sagt Christian zu Sabine. „Was tun wir jetzt?"

„Nichts."

10 „Und Papa?"

„Den kriegen wir schon 'runter."

„Wie denn?"

„Ich sag's dir ins Ohr." Sabine beugt sich zum Bruder und flüstert etwas. Gleich darauf stürmen beide Kinder zur Garage. Der neue Ford

15 steht vor der Tür. Christian und Sabine schwingen sich aufs Autodach. Sie rufen laut zum Baum hinüber: „Papa, schau her!" Dann trampeln

sie vereint mit ungeheurem Getöse° auf dem Blechdach herum.   *racket, noise*

Nach einer Weile beginnt der Lack° zu splittern. Es zeigen sich   *paint*
Beulen° im Dach.   *dents*

20   „Papa!" brüllen die Kinder aus vollem Halse. „Schau doch, Papa!"

Auf dem Baum rührt sich nichts. Ein paar Pfeifenwölkchen° schweben   *puffs of smoke from a pipe*
zum Himmel.

„Sabine, dein Plan taugt nichts°", sagt Christian. „Ich weiß was   *doesn't work*
Besseres, warte!"

25   Er rutscht vom Autodach und läuft ins Haus. Ein paar Minuten später
schleppt er den Fernseher herbei und setzt ihn unter den Baum.
Er schaltet das Gerät ein und stellt es auf volle Lautstärke. „Komm
endlich, Vater, 'n Krimi gibt's!"

Aber noch immer regt sich droben nichts. Die Kinder sammeln
30   Steine, kleine zunächst, und werfen. Sie zielen nicht sehr gut. „Jetzt
wird er gleich heruntersteigen, weil er uns prügeln° will", sagt Sabine.   *beat, spank*
„Dann müssen wir schnell verschwinden!"

Sie nehmen größere Steine und treffen hin und wieder. Doch der
Vater im Baum gibt keinen Laut von sich, und die Kinder sehen ein,
35   daß er nicht mehr herabkommen wird.

Sie toben und kreischen und brüllen. Da kommt die Mutter aus
dem Haus, reisefertig, mit Koffer und Tasche. Sie geht zur Garage
und erblickt das zerbeulte° Auto. Sie sieht die Kinder mit Steinen   *dented*
in den Händen und im Baum den Vater, ihren Mann. „Was soll das
40   bedeuten?" fragt sie fassungslos.

„Vater sitzt im Baum!" schreit Christian. „Er will nicht herunter!"

„Das ist unmöglich", sagt die Mutter. „Euer Vater sitzt nicht in
Bäumen."

„So sieh ihn doch an, wie er dort sitzt und sich um nichts kümmert!"
45   kreischt Sabine.

„Eduard!" ruft die Mutter beschwörend, „laß diese Albernheiten°.   *antics*
Wir müssen fahren!"

„Eduard, so komm doch endlich herunter!" „Warum antwortest du
denn nicht?"

50   „Steigt doch mal hinauf, Kinder!" bittet die Mutter. „Ich verstehe
das alles nicht."

Sabine und Christian beginnen zu klettern. Der Baum ist ziemlich
hoch. Oben in der Krone sitzt der Vater. Er sagt kein Wort und rührt
sich nicht. Christian steigt schneller als Sabine. Er kommt dem Vater
55   immer näher. Fast hat er ihn erreicht. „Papa, was soll der Quatsch!"
ruft Christian. Mit einem Mal hebt der Vater die Arme, hebt und senkt
sie, richtet sich auf und fliegt wie ein Vogel davon, fort vom Baum, fort
vom Haus, fort von der Familie.

From the anthology *"Lesen, na und?"* by Boschma. Published by Ernst Klett Sprachen.
Reprinted by permission of Margret Steenfatt

Lesen Sie die Informationen und übersetzen Sie.
Teilen Sie interessante Beispiele mit dem Kurs.

Information		Übersetzung
jemanden in **Ruhe lassen** *to leave someone alone*	Lass mich in Ruhe!	
der Scherz (Scherze) *joke, prank*	Soll das ein Scherz sein?	
(viel) zu **tun** haben *to have (a lot) to do*	Ich habe zu tun.	
die **Wahrheit** (Wahrheiten) *truth*	Sag mir die Wahrheit!	
die **Tür** zuschlagen *to slam the door*	Sie hat ihm die Tür vor der Nase zugeschlagen.	
brüllen *to yell*	brüllen *is very masculine and is more often used for* men, *while* schreien *is more often used for women* Warum brüllst du so?	
der **Hals** (Hälse) *throat, neck*	Er hat aus vollem Hals geschrien.	
das **Gerät** (Geräte) *appliance, equipment*	*referring to the TV set in the story* Das ist ein teures Gerät.	
verschwinden (verschwindet, verschwand, ist verschwunden) *to* *disappear*	Er ist verschwunden.	
der **Laut** (Laute) *sound*	Sie hat keinen Laut von sich gegeben.	
die **Bedeutung** (Bedeutungen) *meaning*	Was soll das bedeuten?	
ziemlich hoch *pretty high*	ziemlich *is an unscientific, casual way of saying* *'relatively', or 'considerably':* Das ist ziemlich gut.	
der Quatsch *nonsense*	Was soll der Quatsch?	
fort *away*	Er geht fort.	

sketch

49 Eine Bildergeschichte°

Illustrieren Sie die Geschichte in den folgenden Szenen.

1. Der Vater sitzt im Baum.
2. Die Kinder gehen ins Haus und erzählen der Mutter vom Vater im Baum.
3. Die Kinder gehen wieder raus zum Vater.
4. Die Kinder steigen auf das Auto.
5. Christian holt den Fernseher vor das Haus.
6. Die Kinder sammeln Steine und werfen sie auf den Vater.
7. Die Mutter kommt aus dem Haus. Sie will, dass die Kinder auf den Baum steigen.
8. Die Kinder steigen auf den Baum.
9. Der Vater fliegt fort.

Ortsangaben

Wählen Sie die richtigen Informationen.

1. Der Vater sitzt ...
   a. im Baum   b. im Auto   c. auf dem Dach

2. Die Mutter sagt, die Familie will gleich ...
   a. ans Meer fahren.   b. in die Stadt fahren.   c. nach Dänemark fahren.

3. Der Vater will ...
   a. nicht herunterkommen.   b. nach Dänemark fahren.   c. herunterkommen.

4. Die Kinder stürmen ...
   a. in die Küche.   b. zu den Nachbarn.   c. zur Garage.

5. Der neue Ford steht ...
   a. vor der Tür.   b. in der Garage.   c. auf der Straße.

6. Christian und Sabine schwingen sich ...
   a. auf den Baum.   b. auf das Autodach.   c. auf die Garage.

7. Die Kinder rufen laut ...
   a. zum Haus hinüber.   b. zum Baum hinüber.   c. zu den Nachbarn hinüber.

8. Die Kinder Trampeln ...
   a. auf dem Blechdach herum.   b. im Garten herum.   c. im Haus herum.

9. Christian rutscht vom Autodach und läuft ...
   a. in die Garage.   b. zum Baum.   c. ins Haus.

10. Ein paar Minuten später schleppt er den Fernseher herbei und setzt ihn ...
    a. in die Garage.   b. unter den Baum.   c. auf die Straße.

11. Da kommt die Mutter ...
    a. aus dem Haus.   b. aus der Garage.   c. aus dem Auto.

12. „Das ist unmöglich", sagt die Mutter. „Euer Vater sitzt nicht ...
    a. im Garten."   b. in Bäumen."   c. in Autos."

13. Mit einem Mal hebt der Vater die Arme und fliegt wie ein Vogel ...
    a. fort vom Baum, fort vom Haus, fort von der Familie.
    b. ins Haus.   c. auf das Haus.

Interpretation

Schreiben Sie die Sätze zu Ende.

1. Der Vater möchte ...

2. Die Mutter will ...

3. Die Kinder ...

4. Die Kinder holen den Fernseher, weil ...

5. Die Kinder verstehen nicht, warum ...

6. Vielleicht will der Vater ...

7. Diese Geschichte beschreibt ...

8. Vielleicht möchte die Autorin mit dieser Geschichte ...

Wie geht's weiter?

Schreiben Sie die Geschichte weiter. Wohin fliegt der Vater? Was macht er? Wie geht das Leben der Familie weiter? Sie können auch aus verschiedenen Perspektiven schreiben, zum Beispiel aus der Sicht der Mutter, des Vaters oder der Kinder.

Strukturen

7.4.1 Modalverben (Wiederholung)

iLrn Go to iLrn for more grammar practice.

To review modal verbs, work with a partner and complete the table with the missing forms.

	dürfen	können	mögen	möchten	müssen	sollen	wollen
ich	_____	kann	mag	_____	_____	soll	_____
du	darfst	kannst	_____	_____	musst	sollst	willst
er/sie/es	darf	_____	mag	möchte	_____	_____	_____
wir	_____	können	mögen	möchten	müssen	sollen	wollen
ihr	dürft	könnt	_____	_____	müsst	_____	_____
sie	_____	können		möchten	müssen	sollen	wollen
Sie	_____	können		möchten	müssen	sollen	wollen

Now, work together and explain the meaning of each modal verb by translating the examples. Discuss your translations in class.

1. Ich darf Deutsch sprechen.
2. Ich kann gut Deutsch sprechen.
3. Ich muss mehr Deutsch sprechen.
4. Ich soll mehr Deutsch sprechen.
5. Ich mag Deutsch.
6. Ich will mehr Deutsch lernen.

53 Vater im Baum – mit Modalverben, bitte

Wählen Sie die passenden Modalverben.

1. Die Mutter sagt den Kindern, dass sie den Vater holen ____.
   a. sollen   b. wollen   c. dürfen

2. Aber der Vater sitzt im Baum und ____ nicht herunterkommen.
   a. darf   b. kann   c. will

3. Die Mutter glaubt den Kindern nicht, und die Kinder schreien: „Aber es stimmt, Mutter! Du ____ uns glauben!"
   a. musst   b. willst   c. magst

4. Die Kinder ____ den Vater provozieren.
   a. dürfen   b. können   c. wollen

5. Sie steigen auf das Autodach – das ____ sie nicht.
   a. dürfen   b. wollen   c. können

6. Doch der Vater reagiert nicht. Die Mutter ruft: „Eduard, du ____ nicht im Baum sitzen, wir ____ fahren!"
   a. musst / können   b. magst / wollen   c. sollst / müssen

7. Sie ____ das alles nicht verstehen.
   a. darf   b. kann   c. muss

Uwes Welt

Verbinden Sie die Sätze mit der gleichen Bedeutung.

1. Uwe kann gut kochen.

2. In der Villa Heidemarie darf man nicht rauchen.

3. In der Villa Heidemarie dürfen auch Haustiere übernachten.

4. Seine Frau sagt Uwe, dass er einkaufen gehen soll.

5. Uwe Rau will den Keller aufräumen.

6. Im Garten der Villa kann man sich gut entspannen.

a. Uwe Rau plant, den Keller aufzuräumen.

b. Uwe ist ein guter Koch.

c. Im Garten der Villa ist es möglich, sich zu entspannen.

d. In der Villa Heidemarie ist es erlaubt, Haustiere mitzubringen.

e. Es ist verboten, in der Villa Heidemarie zu rauchen.

f. Uwe hat die Aufgabe, einkaufen zu gehen.

Die berühmte Kreideküste auf Rügen

7.5

Oktoberlied

Theodor Storm

Oktoberlied ist eines der bekanntesten Gedichte des norddeutschen Dichters Theodor Storm (1817–1888). Er hat viel über seine Heimat in Nordfriesland geschrieben. Im Oktober ist das Wetter in Norddeutschland meistens kalt, neblig und grau.

Oktober bei uns

Wie ist der Oktober in Ihrer Region? Was erwarten Sie von einem Oktoberlied eines norddeutschen Dichters? Diskutieren Sie im Kurs.

Oktoberlied

 Ergänzen Sie die fehlenden Wörter.

| Tag | Freund | Nebel | Herz |
| Wein | Frühling | draußen | Herbst |

Wenn es kalt und neblig (*foggy*) wird, muss man es sich im Haus gemütlich machen.

Oktoberlied

Theodor Storm

Der _____ steigt, es fällt das Laub°;   *foliage*
Schenk ein den _____, den holden°! *archaic word for 'beautiful'*
Wir wollen uns den grauen _____
Vergolden, ja vergolden!

5 Und geht es _____ noch so toll,
Unchristlich oder christlich,
Ist doch die Welt, die schöne Welt,
So gänzlich unverwüstlich!

Und wimmert° auch einmal das Herz° *whimpers / heart*
10 Stoß an und laß es klingen!
Wir wissen's doch, ein rechtes _____
Ist gar nicht umzubringen.

Der Nebel steigt, es fällt das Laub;
Schenk ein den Wein, den holden!
15 Wir wollen uns den grauen Tag
Vergolden, ja vergolden!

Wohl ist es _____; doch warte nur,
Doch warte nur ein Weilchen!
Der _____ kommt, der Himmel lacht,
20 Es steht die Welt in Veilchen°. *violets*

Die blauen Tage brechen an,
Und ehe sie verfließen,
Wir wollen sie, mein wackrer° _____, *trusty*
Genießen, ja genießen!

Lesen Sie die Informationen und verwenden Sie das neue Wort in einem Satz.

Informationen		Ein neuer Satz in Alltagssprache
der **Nebel** steigt *fog is rising*	der Nebel *'fog'* neblig *'foggy'*	Es wird neblig.
es fällt das Laub *the leaves are falling*	das Laub = die Blätter	Das Laub fällt.
Schenk ein den **Wein!** *Pour me a glass!*	einschenken (schenkt ein, hat eingeschenkt) *'to pour a glass'*	
vergolden *to make golden*	*The prefix* ver- *can have very different meanings. Similar to* vergolden *is* verschönern *'to make more beautiful'* verlängern *'to extend'.*	
warte nur ein Weilchen *wait a little while*	eine Weile *'a while';* ein Weilchen *'a little while'*	
der Tag bricht an *the day breaks*	anbrechen (bricht an, ist angebrochen)	
ehe sie verfließen *before they go away*	ehe = bevor; ver- *here means disintegrate;* fließen *'to flow';* verfließen *'go away, disappear'; similarly* vergehen *'disintegrate, decompose'*	
genießen (genießt, hat genossen) *to enjoy, savor*		

Ein neuer Satz in Alltagssprache: *A new sentence in everyday language*

Oktober in Norddeutschland

Was passt zusammen?

1. Der Nebel steigt
2. es fällt das Laub
3. Wir wollen uns den grauen Tag vergolden!
4. Und geht es draußen noch so toll, die Welt ist unverwüstlich!
5. Wimmert auch einmal das Herz, stoß an und laß es klingen!
6. ein rechtes Herz ist gar nicht umzubringen.
7. Die blauen Tage brechen an.
8. Wir wollen die blauen Tage genießen!

a. Die Blätter fallen von den Bäumen.
b. Das Wetter wird neblig° und grau.   *foggy*
c. Das Wetter wird besser und bald schein die Sonne wieder.
d. Wir wollen es uns drinnen gemütlich° machen!   *cozy*
e. Und wenn du dich einmal nicht gut fühlst, trink ein Glas mit Freunden!
f. Auch wenn es in der Welt viele Probleme gibt, geht das Leben doch weiter!
g. Ein starker Mensch kommt mit allem zurecht.°   *can manage everything*
h. Lass uns das schöne Wetter genießen!

Vergolden?

Was macht den Oktober in Norddeutschland schön? Wie kann man sich einen „grauen Tag" vergolden? Machen Sie eine Liste!

Ein neues Oktoberlied

Wie ist der Oktober in Ihrer Region oder Ihrer Stadt? Was passiert im Oktober?

Theodor Storm

60 Forschen Sie im Internet und suchen Sie Informationen über Theodor Storm und seine Welt. Teilen Sie Ihre Resultate im Kurs. Suchen Sie Informationen über:

1. seine Heimatstadt Husum und die Region Nordfriesland
2. sein Leben und seine Familie
3. seine literarischen Werke
4. andere Gedichte (z.B. *Die Stadt*)

Wo ist es am gemütlichsten?

61 Was sagen alle über den Platz, den sie am gemütlichsten finden?

auf dem Balkon	in Clubs und Bars
auf der Couch im Wohnzimmer	in der Küche bei einem Glas Wein
bei ihrer Familie	in der Natur
im Bett	in der Wohngemeinschaft
im Studentenwohnheim	in seiner Küche
im Theater	mit Freunden abends am Kamin°

fireplace

1. Uwe Rau liebt es, _____ der Villa Heidemarie zu sitzen und ein Buch zu lesen.

2. Yasemin liest gern _____.

3. Der gemütlichste Ort für Rüdiger Fichte ist draußen _____.

4. Hubert Moser sitzt am liebsten mit seinen Kollegen zusammen _____.

5. Thorsten Feddersen findet es toll, _____ zu sitzen.

6. Nada El-Ghannam findet ihr Zimmer _____ total gemütlich.

7. Sebastian findet sein Zimmer _____ gemütlich, aber meistens sitzen alle zusammen in der Küche.

8. Für Martina Graf ist es nur _____ richtig gemütlich.

9. Kati Hürlimann findet es _____ am gemütlichsten.

10. Volker Auerbach sitzt gern in der Kaffeeküche _____.

stay-at-home person

11. Hilli Zacher ist keine Stubenhockerin°. Sie ist lieber _____ unterwegs.

12. Gregor Weber arbeitet oft _____.

Mein gemütlichster Ort?

 Sagen Sie, wo Sie es am gemütlichsten finden.

BEGRIFF GEMÜTLICHKEIT

The word **Gemütlichkeit** has been borrowed into modern English and is defined in Merriam Webster as 'cordiality, friendliness.' In English, it is associated with social events and a spirit of conviviality that arises whenever people get together and celebrate.

The German concept, however, is much wider in scope. For instance, a room can be **gemütlich** even if there is nobody in it. People can feel this if they are alone, because it is an atmosphere, feeling, or ambience that can come from the places people live in without the 'cordiality and friendliness' of social events. People try to make their homes **gemütlich**. Therefore, it is often rendered as 'comfortable' in English, but **gemütlich** is not used the same way in German. If a couch is **gemütlich** in German, it means that sitting on it evokes a feeling or an atmosphere of **Gemütlichkeit**. However, this is not referring to the physical comfort of the couch. In other words, while shoes and clothes are 'comfortable' in English, they cannot be **gemütlich**, while the furnishings of a room can be. You can also *do* things in a way that is **gemütlich**, which means that it is done leisurely in a way that is relaxing, without any time pressure or anxiety.

Gemütlichkeit

Wie kann man diese Sätze auf Englisch sagen?

1. Das ist ein gemütliches Zimmer.
2. Wir haben gemütlich einen Spaziergang gemacht.
3. Das Restaurant war irgendwie ungemütlich. Es war kein schöner Abend.
4. *Ein Prosit, ein Prosit der Gemütlichkeit!* (Trinklied)
5. Wir haben noch ein bisschen gemütlich zusammen im Garten gesessen.

Übergang

Im nächsten Kapitel wird eine Organisationspsychologin° vorgestellt. Was wissen Sie schon über Sie?

organizational psychologist

1. Wie heißt sie?
2. Woher kommt sie?
3. Wo findet sie es am gemütlichsten?

Wortschatz

■ Nomen

die **Abbildung** (Abbildungen) *representation, illustration*

das **Bad** (Bäder) *bath, bathroom*

das **Besteck** (Bestecke) *silverware*

der **Besuch** (Besuche) *visit*

die **Blumenvase** (Blumenvasen) *vase*

das **Boot** (Boote) *boat*

die **Brücke** (Brücken) *bridge*

die **Ecke** (Ecken) *corner*

der **Felsen** (Felsen) *rock*

die **Gabel** (Gabeln) *fork*

das **Gasthaus** (Gasthäuser) *restaurant, inn*

die **Gemütlichkeit** (Gemütlichkeiten) *cozyness, comfort*

das **Gerät** (Geräte) *appliance, equipment*

das **Grad** (Grade) *degree*

der **Hals** (Hälse) *neck*

die **Insel** (Inseln) *island*

das **Klima** *climate*

der **Kühlschrank** (Kühlschränke) *refrigerator*

die **Küste** (Küsten) *coast*

die **Lage** (Lagen) *location*

der **Laut** (Laute) *sound*

die **Luft** (Lüfte) *air*

der **Meter** (Meter) *meter*

die **Minute** (Minuten) *minute*

der **Mond** (Monde) *moon*

die **Nähe** *vicinity;* in der Nähe *in the vicinity*

der **Nebel** (Nebel) *fog*

die **Oma** (Omas) *grandmother*

der **Regen** (Regen) *rain*

die **Reise** (Reisen) *trip*

der **Scherz** (Scherze) *joke, prank*

das **Schiff** (Schiffe) *ship*

der **Schnee** *snow*

das **Segel** (Segel) *sail*

die **Sicht** *view, perspective*

die **Sonne** (Sonnen) *sun*

der **Spruch** (Sprüche) *proverb, saying*

die **Stärke** (Stärken) *strength*

der **Stein** (Steine) *stone*

der **Strand** (Strände) *beach*

das **Symbol** (Symbole) *symbol*

die **Temperatur** (Temperaturen) *temperature*

das **Ufer** (Ufer) *shore*

der **Urlaub** (Urlaube) *vacation*

die **Waffe** (Waffen) *weapon*

die **Wahrheit** (Wahrheiten) *truth*

der **Weg** (Wege) *way*

der **Wein** (Weine) *wine*

das **Wetter** *weather*

die **Wolke** (Wolken) *cloud*

das **Zeichen** (Zeichen) *sign*

das **Zuhause** (Zuhause) *home*

■ Verben

sich **an·stellen** (stellt sich an, hat sich angestellt) *to get in line*

besichtigen (besichtigt, hat besichtigt) *to view, look at*

bewundern (bewundert, hat bewundert) *to admire*

brüllen (brüllt, hat gebrüllt) *to yell*

ein·richten (richtet ein, hat eingerichtet) *to furnish*

sich **entspannen** (entspannt sich, hat sich entspannt) *to relax*

sich **erholen** (erholt sich, hat sich erholt) *to recuperate*

sich **fühlen** (fühlt sich, hat sich gefühlt) *to feel*

genießen (genießt, hat genossen) *to enjoy*

hängen (hängt, hängte, hat gehängt) *to hang (something)*

hängen (hängt, hing, hat gehangen) *to hang*

sich **irren** (irrt sich, hat sich geirrt) *to be wrong*

in Ruhe lassen (lässt, hat gelassen) *to leave alone*

legen (legt, hat gelegt)

liegen (liegt, hat gelegen)

sich **lohnen** (lohnt sich, hat sich gelohnt) *to be worth it*

regnen (regnet, hat geregnet) *to rain*

reisen (reist, ist gereist) *to travel*

sich **schämen** (schämt sich, hat sich geschämt) *to be ashamed, embarrassed*

scheinen (scheint, hat geschienen) *to shine*

schwören (schwört, hat geschworen) *to swear*

sich **setzen** (setzt sich, hat sich gesetzt) *to sit down*

sitzen (sitzt, hat gesessen) *to be sitting*

stecken (steckt, hat gesteckt) *to put, tuck, be in something*

stellen (stellt, hat gestellt) *to put, place*

sich **verfahren** (verfährt sich, hat sich verfahren) *to get lost (driving)*

sich **verlaufen** (verläuft sich, hat sich verlaufen) *to get lost (walking)*

verschwinden (verschwindet, ist verschwunden) *to disappear*

■ Adjektive

durchschnittlich *average*

heftig (heftiger, am heftigsten) *severe*

kühl (kühler, am kühlsten) *cool*

link- *left*

nachdenklich *pensive*

recht- *right*

schlecht (schlechter, am schlechtesten) *bad*

sonnig (sonniger, am sonnigsten) *sunny*

trocken (trockener, am trockensten) *dry*

unheimlich (unheimlicher, am unheimlichsten) *scary*

wechselhaft *unstable*

■ Adverbien

entlang *alongside, down the way*

fort *away*

geradeaus *straight ahead*

links *left*

rauf *up*

rechts *right*

runter *down*

unterwegs *on the way, on the road*

vorbei *past*

vorne *in front of*

■ Präpositionen

an (+Akk./Dat.) *on*

auf (+Akk./Dat.) *on top of*

bei (+Dat.) *at*

bis zu (+Dat.) *until, up to*

hinter (+Akk./Dat.) *behind*

in (+Akk./Dat.) *in*

neben (+Akk./Dat.) *next to*

über (+Akk./Dat.) *above*

unter (+Akk./Dat.) *below*

vor (+Akk./Dat.) *in front of*

zwischen (+Akk./Dat.) *between*

■ Sonstiges

ehe (*subord. conj.*) *before*

es geht rund *it's a madhouse*

in der Nähe *in the vicinity*

linke Seite *left side*

Ost *East, Eastern*

Yasemin Tankut
Organisationspsychologin, Kassel

Yasemin ist eine
Organisations-
psychologin°, die gern
Geschichten erzählt.

organizational psychologist

LERNZIELE

- *talking about emotions*
- *talking about priorities in life*
- *narrating past events*
- *reading stories*
- *understanding the use of the **Perfekt** versus **Imperfekt***
- *using simple past forms of modal verbs*
- *recognizing simple past forms of regular and irregular verbs*
- *using the conjunctions **als** and **wenn***
- *forming and using relative clauses*

IN DIESEM KAPITEL ...

Yasemin is an organizational psychologist from Kassel who helps people work together better. In her workshops, she tells stories and asks participants to listen to one another and communicate better. You will work with some of Yasemin's favorite stories, a postcard to her mother, e-mails to people she works with, statistics about what people find important in life, and a short fable by the philosopher Arthur Schopenhauer.

sheff/Shutterstock

8.1

PROFIL

NAME: Tankut, Yasemin
ALTER: 43
WOHNORT: Kassel
BERUF:
Organisationspsychologin
INTERESSEN: Literatur,
Meditation, Yoga
LIEBLINGSGESCHICHTE:
Vom Fischer und seiner
Frau (Brüder Grimm)

Postkarte an Mama

Yasemin gibt einen Workshop in Frankfurt und schreibt eine Postkarte an ihre Mutter. Wann haben Sie zuletzt eine Postkarte geschrieben? Von wo? An wen?

Hallo Mama,
bin gestern um 10 Uhr abends hier in Frankfurt angekommen. Die Fahrt war eine Katastrophe. Auf der A5 zwischen Bad Hersfeld und Alsfeld war ein Stau. Also bin ich auf der A7 Richtung Frankfurt gefahren. Dann bin ich in die falsche Richtung gefahren. Ich bin mehr als 6 Stunden unterwegs gewesen. Als ich hier im Hotel angekommen bin, habe ich gemerkt, dass ich mein Handy zu Hause vergessen habe. Ich habe das italienische Restaurant gesucht, wo wir letztes Jahr im Sommer gegessen haben. Ich habe es aber nicht gefunden und mich im Westend verlaufen. Jetzt erhole ich mich bei einem Glas Wein an der Hotel-Bar. Morgen früh beginnt mein Workshop bei einer Bank. Bis nächste Woche.

Gruß und Kuss Yasemin

ADRESSE

An

Papatya Tankut

Schillerstr. 41

34125 Kassel

Nach Frankfurt

die **Fahrt** (Fahrten)   *drive, journey*
ankommen (kommt an, kam an, ist angekommen)   *to arrive*
der **Stau** (Staus)   *traffic jam*
die **Richtung** (Richtungen)   *direction*
in die falsche **Richtung** fahren
   to drive in the wrong direction
unterwegs   *on the road*

als ich angekommen bin
   when I arrived
vergessen (vergisst, vergaß, hat vergessen)   *to forget*
suchen (hat gesucht)   *to look for*
der Workshop (Workshops)   *workshop, training*

1 Vokabelarbeit

Beantworten Sie die Fragen.

1. Wohin ist Yasemin gefahren?
2. Wann ist sie angekommen?
3. Wie war die Fahrt?
4. Wie lange ist sie unterwegs gewesen?
5. Was hat sie vergessen?
6. Was hat sie gesucht und nicht gefunden?
7. Wo hat Yasemin sich verlaufen?
8. Wie erholt sich Yasemin?
9. Was beginnt am nächsten Morgen?

Yasemin gibt Workshops für Firmen und Organisationen überall in Deutschland.

Partnerinterview: Wie war das bei dir?

Machen Sie ein Interview. Berichten Sie das Interessanteste im Kurs.

1. Bist du schon einmal mehr als 6 Stunden im Auto unterwegs gewesen?
2. Bist du schon einmal in einem langen Stau gewesen?
3. Hast du schon einmal etwas Wichtiges verloren oder vergessen?
4. Hast du schon einmal etwas gesucht und es nicht gefunden?
5. Hast du dich schon einmal verlaufen oder verfahren?

Wortschatz

Welche Wörter möchten Sie noch wissen, um über Ihr Erlebnis° zu sprechen?   *experience*

Das war so …

Schreiben Sie eine kleine Postkarte über ein interessantes Erlebnis aus dem Interview.

BEISPIEL   Das war so. Ich bin mit meinem Bruder nach Boston gefahren. Es war im Winter und es war sehr kalt …

Alles über Yasemin

Ergänzen Sie die Lücken.

Geschichten	Menschen
Kassel	Psychologin
Kommunikation	

1. Mein Name ist Yasemin Tankut und ich komme aus _____.
2. Ich bin _____.
3. Ich arbeite mit _____ und ich helfe _____ am Arbeitsplatz ihre _____ zu verbessern.

Workshop bei der Investment Bank AG

Horst Fischer organisiert für seine Abteilung bei der Investment Bank AG in Frankfurt einen Workshop mit Yasemin. Der Workshop soll den Mitarbeitern helfen, besser zusammen zu arbeiten. Aber Herr Fischer hat auch ein persönliches Interesse an Yasemins Hilfe.

Yasemin gibt Workshops, die Menschen am Arbeitsplatz helfen.

© Cengage Learning

Von: Yasemin Tankut [ATankut@gmail.de]
An: Horst Fischer [horst.fischer@investmentbank.de]
Re: Termin

Lieber Herr Fischer,

vielen Dank für Ihre Mail vom 27. April. An solchen Ängsten leiden recht viele Manager, weil sie viel erreicht haben und viel Verantwortung haben. Die Angst vor dem Versagen kommt mit dem Erfolg. Ich arbeite mit sehr vielen Managern, die dieses Problem haben. Die negative Reaktion der Kollegen ist normal. Vielleicht können wir diese Woche einmal kurz darüber sprechen, wie ich Ihnen helfen kann. Wie Sie schon wissen, arbeite ich mit Geschichten. Ich schicke Ihnen im Anhang ein Informationspaket und die Parabel *Die ängstliche Brücke.* Bitte lesen Sie den Text und schreiben Sie Ihre Gedanken dazu auf. Dann können wir diese Woche gerne einmal kurz in Ruhe darüber sprechen.

Herzliche Grüße

Ihre

Dr. Yasemin Tankut

Dipl.-Psychologin

Bunsengasse 179

34127 Kassel

> Gestern hat Horst Fischer [horst.fischer@investmentbank.de] geschrieben:
>
> Sehr geehrte Frau Dr. Tankut,
>
> ich habe von einem Kollegen in Göttingen viel Gutes über Ihre Workshops gehört. Ich freue mich, dass Sie nächste Woche zu uns in die Firma kommen. Arbeiten Sie auch mit einzelnen Personen? Seit ein paar Monaten geht es mir nicht so gut und ich möchte gerne mit Ihnen privat über meine Probleme sprechen. Ich habe viel Verantwortung und ich habe oft das Gefühl, dass alles zu viel für mich ist. Ich habe dauernd Angst, etwas falsch zu machen. Ich bin dann oft aggressiv und schreie meine Kollegen ohne Grund an. Natürlich reagieren die meisten dann sehr negativ. Ich habe meine Gefühle nicht unter Kontrolle, weil ich Angst habe, Fehler zu machen. Glauben Sie, Sie können mir helfen?
>
> Mit freundlichen Grüßen
>
> Horst Fischer
>
> Investmentbank AG
>
> Frankfurt am Main

Horst Fischer

leiden (an) (leidet, litt, hat gelitten) *to suffer (from)*

viel **erreichen** *to achieve a lot*

die **Reaktion** (Reaktionen) *reaction*

die **Verantwortung** *responsibility*

die **Angst** (Ängste) *fear*

das **Versagen** *failure*

Angst vor dem Versagen *fear of failure*

schicken *to send*

im Anhang *attached / as an attachment*

der **Gedanke** (Gedanken) *thought*

in Ruhe *quietly, at your leisure*

sich freuen (über) *to be happy (about)*

es geht mir nicht so gut *I am not (feeling/doing) that well*

das **Gefühl** (Gefühle) *feeling, emotion*

etwas **falsch** machen *to do something wrong*

(jemanden) (an-) **schreien** (schreit, schrie, hat geschrien) *to scream, yell (at someone)*

reagieren *to react*

der **Fehler** (Fehler) *mistake, error*

6 Was ist los mit Herrn Fischer?° *What's wrong with Mr. Fischer?*

 Verbinden sie die passenden (fast synonymen) Sätze.

1. Horst Fischer hat Probleme.
2. Er ist froh, dass Yasemin bei seiner Firma einen Workshop.
3. Er möchte mit Yasemin alleine sprechen.
4. Er ist oft agressiv zu seinen Kollegen.
5. Die Reaktion der Kollegen ist normal.
6. Er hat als Manager viel Erfolg.
7. Er hat Angst, etwas falsch zu machen.
8. Er hat die Kontrolle über seine Gefühle verloren.

a. Er hat als Manager viel erreicht.
b. Es geht Horst Fischer nicht so gut.
c. Oft schreit er seine Kollegen ohne Grund an.
d. Er möchte in Ruhe mit Yasemin über seine persönlichen Probleme reden.
e. Es ist normal, dass die Kollegen auf seine Agressivität negativ reagieren.
f. Er freut sich auf Yasemins Workshop.
g. Er hat Angst vor dem Versagen.
h. Er kann seine Gefühle nicht mehr kontrollieren.

7 Fragen zum Profil

1. Wer ist Yasemin Tankut?
2. Woher kommt Yasemin?
3. Was macht sie?
4. Wer ist Horst Fischer?
5. Warum geht es Herrn Fischer nicht so gut?
6. Was hat Yasemin Horst Fischer geschickt?

Yasemin fährt nach Frankfurt.

Psychotest: Gefühle und Ängste

 Machen Sie selbst den Psychotest. Fragen Sie dann eine andere Person. Stellen Sie weitere Fragen und machen Sie viele Notizen.

BEISPIEL   ANNA Hast du Angst vor dem Versagen?
            OTTO Nein, ich habe Angst vor Verantwortung. Hast du Angst vor der Zukunft?
            ANNA Ja.

1. Hast du Angst _____?
   a. vor dem Versagen   d. vor Verantwortung
   b. vor der Zukunft   e. vor ...
   c. vor Klausuren und Prüfungen

2. Freust du dich am meisten _____?
   a. auf Reisen in andere Länder   d. auf eine eigene Familie
   b. auf ein eigenes Haus   e. auf ...
   c. auf eine erfolgreiche Karriere

3. Sprichst du _____ über deine Gefühle?
   a. oft   d. nicht gern
   b. nicht oft   e. ...
   c. gern

4. Mit wem kannst du am besten über deine Gefühle sprechen?
   a. mit meinem Vater
   b. mit meiner Mutter
   c. mit meinem Freund/meiner Freundin
   d. mit meinem Bruder/meiner Schwester
   e. mit ...

5. Leidest du an _____?
   a. Flugangst°   d. Bindungsangst°
   b. Höhenangst°   e. ...
   c. Zukunftsangst°

fear of flying / fear of commitment
fear of heights
fear of the future

6. Wie reagierst du, wenn dich jemand anschreit?
   a. ich schreie zurück
   b. ich zeige keine Reaktion
   c. ich versuche, in Ruhe mit der Person zu sprechen
   d. ich werde aggressiv
   e. ...

Kleine Charakterstudie

 Schreiben Sie einen kleinen Text über die Person, die sie befragt haben. Benutzen Sie ihre Notizen vom Psychotest.

BEISPIEL   Joe hat ein bisschen Angst vor Verantwortung. Er ist Assistant Manager in einem Walgreens-Geschäft gewesen und hatte viele Probleme. Er freut sich am meisten auf eine erfolgreiche Karriere als Lehrer. Er freut sich auf eine eigene Familie. Seine Familie ist sehr groß. Er hat vier Schwestern und einen Bruder. Er spricht nicht oft über seine Gefühle. Mit seinem Bruder Mike kann er am besten über seine Gefühle sprechen. Mike ist zwei Jahre älter als Joe und lebt in North Dakota. Er ist auch Lehrer. Joe leidet auch ein bisschen an Höhenangst. Er ist von einem Baum gefallen, als er sieben Jahre alt war. Wenn jemand ihn anschreit, versucht Joe in Ruhe mit der Person zu sprechen. Joe schreit nicht gern. Er ist ein ruhiger Typ.

Strukturen

8.1.1 Das Imperfekt°

The Simple Past Tense

In chapter 5, you have learned to talk about past events using the **Perfekt** tense, which is generally used in spoken German. To narrate past events in written German, the simple past tense (**Imperfekt**) is preferred. While both past tenses signify that events happened in the past, they have somewhat different uses and effects. The **Perfekt** tense is typical for a more casual way to talk about past events; the simple past conveys the suspense and tension that is associated with stories and narratives. As with the past participles, there are regular and irregular simple past forms. You have already learned the simple past forms of **haben** and **sein** in chapter 2; another important verb that is frequently used in the past is **werden**.

iLrn Go to iLrn for more grammar practice.

	sein	**haben**	**werden**
ich	war	hatte	wurde
du	warst	hattest	wurdest
er/sie/es	war	hatte	wurde
wir	waren	hatten	wurden
ihr	wart	hattet	wurdet
sie	waren	hatten	wurden
Sie	waren	hatten	wurden

Regular verbs in the simple past add **t** to the stem and a set of personal endings. The first person and third person singular forms are identical.

	sagen
ich	sag**t**e
du	sag**t**est
er/sie/es	sag**t**e
wir	sag**t**en
ihr	sag**tet**
sie	sag**t**en
Sie	sag**t**en

Irregular verbs in the simple past change their stems and take the following endings.

	kommen	**gehen**
ich	kam	ging
du	kam**st**	ging**st**
er/sie/es	kam	ging
wir	kam**en**	ging**en**
ihr	kam**t**	ging**t**
sie	kam**en**	ging**en**
Sie	kam**en**	ging**en**

A small group of irregular verbs change their stems *and* take the same simple past endings as regular verbs:

	denken	bringen	wissen
ich	dachte	brachte	wusste
du	dachtest	brachtest	wusstest
er/sie/es	dachte	brachte	wusste
wir	dachten	brachten	wussten
ihr	dachtet	brachtet	wusstet
sie	dachten	brachten	wussten
Sie	dachten	brachten	wussten

Other verbs in this group are **kennen** (*to know a person*): kannte; **nennen** (*to call/name*): nannte; and **rennen** (*to run*): rannte.

8.1.2 *Als* und *wenn*

Two words frequently used when past events are narrated are **als** (*when, as*) and **wenn** (*when, whenever*). These are subordinating conjunctions linking a main clause and a subordinate clause, in which the verb is in the last position.

Als refers to a one-time event or period of time (like someone's childhood) in the past:

Yasemin spielte gerne Klavier, **als** sie ein kleines Kind war.

*Yasemin liked playing the piano **when** she was a child.*

Wenn refers to events that recurred or occurred frequently or habitually. **Wenn** in this sense can be translated by 'whenever':

Wenn Yasemin abends Klavier spielte, waren die Nachbarn sauer.

***When(ever)** Yasemin played the piano in the evening, the neighbors were mad.*

10 Die Documenta

Ergänzen Sie den Bericht über die Kasseler Kunstmesse° Documenta mit den passenden Verben aus dem Kasten.

bezeichnete	kamen	sahen	waren
gab	reisten	schrieb	zeigte
gestaltete	sagte	stieg	

Der Designer und Kunstprofessor Arnold Bode _____ (1) die erste Documenta. Über 130.000 Besucher _____ (2) 1955 nach Kassel und _____ (3) abstrakte Kunst und Malerei aus den 20er und 30er Jahren. Die Werke _____ (4) von Künstlern, die man während des Nationalsozialismus als „entartete Kunst"° _____ (5). Später _____ (6) man hauptsächlich aktuelle Kunst aus Europa und der ganzen Welt. Die Zahl der Besucher _____ (7) konstant an und zur Documenta 11 _____ (8) 650.000 Besucher. Den Namen der Ausstellung _____ (9) man von Anfang an klein oder _____ (10) einfach nur „d" mit der jeweiligen Jahreszahl dahinter. Was _____ (11) es auf der „d 12" zu sehen?

Kasseler Kunstmesse: *art fair;* „entartete Kunst": *degenerate art*

Die Documenta findet alle 5 Jahre in Kassel statt.

imageBROKER/Alamy

Info-Spiel: Berühmte Psychologen

Stellen Sie Fragen und notieren Sie die Antworten, die Sie bekommen.

BEISPIEL   **S1** Wer war der Arzt, der die Psychoanalyse erfand?
                S2 Sigmund Freud erfand die Psychoanalyse.

Erich Fromm

S1

1. Wer war der Arzt, der die Psychoanalyse erfand?
2. Carl Gustav Jung interessierte sich für Persönlichkeiten.
3. Wer war der Forscher, der sich mit Konditionierung beschäftigte?
4. John Dewey forschte über Gesellschaft und Psychologie.
5. Wer war der Autor, der über politische Psychologie schrieb?
6. Alfred Kinsey erforschte die Sexualität.
7. Wie heißt der Psychologe, der die Individualpsychologie erfand?

S2

1. Sigmund Freud erfand die Psychoanalyse.
2. Wer war der Psychologe, der sich für Persönlichkeiten interessierte?
3. Ivan Pavlov beschäftigte sich mit Konditionierung.
4. Wer war der Wissenschaftler, der über Gesellschaft und Psychologie forschte?
5. Erich Fromm schrieb über politische Psychologie.
6. Wie hieß der Wissenschaftler, der die Sexualität erforschte?
7. Alfred Adler erfand die erfand die Individualpsychologie.

Als Horst Fischer noch Student war

Schreiben Sie eine kleine Geschichte im Imperfekt über Horst Fischer.
Benutzen Sie die Imperfekt-Formen aus der Tabelle. Beginnen Sie mit dem
Satz: *Als Horst Fischer an der Uni Bamberg BWL° studierte, ...*

Business Administration

BEISPIEL   Eines Tages bekam Horst Fischer einen Brief.

Infinitiv	Imperfekt	Partizip	Infinitiv	Imperfekt	Partizip
bekommen	**bekam**	bekommen	bringen	**brachte**	gebracht
bleiben	**blieb**	geblieben	sehen	**sah**	gesehen
fahren	**fuhr**	gefahren	sprechen	**sprach**	gesprochen
geben	**gab**	gegeben	verstehen	**verstand**	verstanden
gehen	**ging**	gegangen			

Vom Fischer und seiner Frau

Das Märchen vom Fischer und seiner Frau ist eine von Yasemins
Lieblingsgeschichten. Bringen Sie die Sätze in die richtige Reihenfolge.

____ Eines Tages fing der Fischer einen Fisch, der sprechen konnte.
_1_ Es war einmal ein Fischer und seine Frau. Er ging jeden Tag fischen.
____ Der Fischer wollte mit dem Haus zufrieden sein, aber seine Frau nicht.
____ Als der Fischer seiner Frau von dem Fisch erzählte, sagte sie: „Warum
      hast du dir nichts gewünscht? Sag dem Fisch wir wollen ein Haus!"
____ Der Fisch sagte zum Fischer „Bitte lass mich leben!", und der Fischer
      warf den Fisch zurück ins Wasser.
____ Als er nach Hause kam, stand dort ein Schloss.
____ Als der Fischer nach Hause kam, stand dort ein schönes Haus.
____ Der Fischer ging wieder ans Meer und wünschte sich ein Schloss.
____ Der Fischer ging zum Meer und rief den Fisch. Er wünschte sich ein Haus.
____ Die Frau wollte, dass der Fischer sich vom Fisch ein Schloss wünscht.
____ Als die Frau ein Schloss hatte, wollte sie werden wie der liebe Gott. Da ging
      der Fischer wieder zum Fisch.
____ Nachdem (*after*) der Fischer sich das gewünscht hatte, saß seine Frau
      wieder in der alten Fischerhütte.

Eines Tages fing der Fischer
einen Fisch, der sprechen
konnte.

characteristics

Die ängstliche Brücke°

The Fearful Brid

Helmut Wördemann

In Fabeln haben oft Tiere menschliche **Eigenschaften**°. Die „Hauptfigur" in Helmut Wördemanns Fabel *Die ängstliche Brücke* ist eine Brücke, die Angst hat, alles falsch zu machen.

Eine Brücke?

 Arbeiten Sie in Paaren und berichten Sie im Kurs.

1. Wie muss eine Brücke sein?
   stabil / instabil   flexibel / standfest   hart / weich

2. Was kann eine Brücke „falsch" machen?

Wortschatz

 Welche Wörter möchten Sie noch wissen, um über eine ängstliche Brücke zu sprechen?

Wie sagt man das auf Englisch?

 Verbinden Sie die Phrasen mit den passenden Übersetzungen.

1. über einen breiten Fluss	a. *downstream*
2. war sehr stark gebaut	b. *It was a beautiful bridge.*
3. Fußgänger eilten von Ufer zu Ufer.	c. *when it looked into the mirror*
4. Die Schiffe liefen immerzu abwärts.	d. *couldn't hold on any longer*
5. in die Flussrichtung	e. *The ships kept going down the river.*
6. Sie zweifelte an ihrer Aufgabe.	f. *was well-constructed*
7. wenn sie in den Spiegel blickte	g. *It doubted its purpose.*
8. wurde vollends verrückt	h. *over a wide river*
9. konnte sich nicht mehr halten	i. *Pedestrians hurried from one side to the other.*
10. Es war eine schöne Brücke.	j. *went completely crazy*

Blick von oben auf
Hohenzollernbrücke in Köln

© Iain Masterton / Alamy

◄)) Die ängstliche Brücke

Helmut Wördemann

suffered from fits of dizzyness
accumulated in ascending waves
went perpendicular

had the feeling
extremely

bravely
erratically

Es war einmal eine Brücke, die streckte sich lang und geduldig über einen breiten Fluss. Sie war sehr stark gebaut, litt aber an Schwindelanfällen.° Immer wenn der Wind das Wasser unter ihr beschleunigte oder zu aufbegehrenden Wellen staute°, bekam sie
5 Angst. Dann verwirrte es sie, dass scheinbar alles querlief°. Die Autos, Fahrräder und Fußgänger eilten von Ufer zu Ufer, das Wasser aber und seine Schiffe liefen immerzu abwärts. Manchmal war der Brücke zumute°, als müsste sie sich drehen, als passte sie besser in die Flussrichtung. Ja, sie hatte gelegentlich ein ausgesprochen°
10 schlechtes Gewissen, weil sie meinte, sie liege falsch.
   Jahrelang hielt sie tapfer° aus. Doch je länger sie unter dem Menschenverkehr zitterte, umso wankelmütiger° zweifelte sie an ihrer Aufgabe. Dieses Hin-und-her und Kreuz-und-quer machte sie

15 schwindelig. Und wenn sie in den Spiegel unter sich blickte, sah sie, dass ihre Konstruktion sehr hässlich geworden war.

Da wurde die Brücke vollends verrückt. Sie bebte vor Angst°, alles verkehrt° zu machen und dabei auch noch schlecht auszusehen.

Ja, sie glaubte sogar, ihre Hässlichkeit sei eine Alters- und Schwächeerscheinung°. Da konnte sie sich nicht mehr halten. Sie
20 brach zusammen, und ihre Trümmer stürzten ins Wasser.

„Es war eine schöne Brücke", sagten die Menschen, „selten schön und stabil. Eigentlich unmöglich, dass sie nicht hielt."

trembled with fear

= falsch

a sign of age and weakness

"Die ängstliche Brücke" by Helmut Wördemann. Reprinted by permission of the author.

ARBEIT MIT DEM TEXT
Lesen Sie die Informationen und ergänzen Sie die rechte Spalte mit Ihren Notizen und Antworten auf die Fragen. Teilen Sie Interessantes im Kurs.

Information		Notizen
Es war einmal ... *Once upon a time, there was . . .*	*This is the traditional beginning of fairy tales, legends, and other fictional narratives in German.*	
geduldig *patient*	die Geduld *'patience'*; ungeduldig *'impatient'*	Haben Sie Geduld?
litt an Schwindelanfällen *suffered from dizzy spells*	der Anfall *'fit, attack'*; leiden (an) *'to suffer (from)'*	Leiden Sie an etwas?
beschleunigen *to accelerate*		
bekam Angst *got frightened*	bekommen *'to get'*	Wann haben Sie zum letzten Mal Angst bekommen?
eilen *to hurry*	in Eile sein *'to be in a hurry'*	
als müsste sie sich **drehen** *as if it had to turn around*	drehen *'to turn'*; müsste *is a subjunctive of* müssen *describing a hypothesis or wish*	
ein schlechtes **Gewissen** haben *to have a bad conscience*	das Gewissen *'conscience'*	Haben Sie schon einmal ein schlechtes Gewissen gehabt?
sie meinte, sie liege falsch *it had the impression it went in the wrong direction*	meinen *'to think, believe'* The verb form liege *in this phrase is a subjunctive form that is used for reported speech that will be discussed in chapter 11.*	
(etwas) **aus·halten** *to endure something*	Sie hält es nicht mehr aus. *'She can't stand it anymore.'*	
der **Verkehr** *traffic*		
zittern *tremble, shake*	zittern vor Angst *'to tremble with fear'*	Haben Sie schon einmal vor Angst gezittert?
zweifeln an *to doubt s.th.*	der Zweifel *'doubt'*; Zweifel haben *to have doubts*; Horst Fischer hat Zweifel an seiner Karriere. *'H.F. has doubts about his career.'*	Haben Sie schon einmal an etwas gezweifelt?
hässlich *ugly*	die Hässlichkeit *'ugliness'*	
die **Schwäche** *weakness*	schwach *'weak'*	Haben Sie eine Schwäche?
zusammen·brechen *to fall apart, collapse*	bricht zusammen, ist zusammengebrochen	Sind Sie schon einmal zusammengebrochen?

Stammformen

17 Finden Sie alle Imperfektformen° im Text und machen sie eine Liste mit allen Stammformen°. Arbeiten Sie, wenn nötig, mit dem Wörterbuch.

Infinitiv	Imperfekt	Partizip	Englisch
sein	war	ist gewesen	*to be*
strecken	streckte	hat gestreckt	*to expand, stretch*
_____	litt	_____	_____
_____	beschleunigte	_____	_____
stauen	staute	hat gestaut	*to back up*
_____	bekam	_____	_____
_____	verwirrte	_____	_____
querlaufen	lief quer	ist quergelaufen	*to run perpendicular (to s.th.)*
_____	eilte	_____	_____
_____	lief	_____	_____
_____	hatte	_____	_____
_____	meinte	_____	_____
_____	hielt	_____	_____
_____	zitterte	_____	_____
_____	zweifelte	_____	_____
_____	machte	_____	_____
_____	blickte	_____	_____
_____	sah	_____	_____
_____	wurde	_____	_____
beben	bebte	hat gebebt	*to quiver*
_____	glaubte	_____	_____
_____	konnte	_____	_____
_____	brach zusammen	_____	_____
_____	stürzte	_____	_____

Fragen zum Text

18
1. Wovor hatte die Brücke Angst?
2. Warum hatte die Brücke ein schlechtes Gewissen?
3. Warum zweifelte sie an ihrer Aufgabe?
4. Was machte die Brücke vollends verrückt?
5. Warum stürzte die Brücke ins Wasser?
6. Was sagten die Menschen?
7. Warum fanden die Menschen es unmöglich, dass die Brücke zusammenbrach?

Horst Fischer und die Brücke

19 Welche Parallelen gibt es zwischen der ängstlichen Brücke und Horst Fischer? Wie kann die Geschichte der ängstlichen Brücke Herrn Fischer helfen?

Die ängstliche Brücke

1. Sie streckte sich lang und geduldig über einen breiten Fluss. Sie war sehr stark gebaut, litt aber an Schwindelanfällen.

2. Immer wenn der Wind das Wasser unter der Brücke beschleunigte, bekam sie Angst.

3. Jahrelang hielt die Brücke den Verkehr aus. Doch sie zweifelte sie an ihrer Aufgabe.

4. Wenn sie in den Spiegel unter sich blickte, sah sie, dass ihre Konstruktion sehr hässlich geworden war.

5. Die Brücke wurde vollends verrückt. Sie brach zusammen, und ihre Trümmer stürzten ins Wasser.

6. „Es war eine schöne Brücke", sagten die Menschen, „selten schön und stabil. Eigentlich unmöglich, dass sie nicht hielt."

Horst Fischer

a. Er ist ein erfolgreicher Manager. Er muss stark sein, aber er hat Angst vor dem Versagen.

b. Die Kollegen können nicht glauben, dass Horst Fischer Probleme hat.

c. Er hatte am Ende einen Anfall und schrie seine Kollegen an.

d. Wenn er viel Arbeit hatte, bekam er Angst Fehler zu machen.

e. Er wusste, dass er zu seinen Kollegen hässlich war.

f. Er war viele Jahre einer der Top-Manager in der Bank.

g. Seine Kollegen konnten nicht glauben, dass er Angst vor dem Versagen hatte.

Kollaboratives Schreibprojekt: Der ängstliche Manager

20 Schreiben Sie die Geschichte der Brücke neu, indem sie Horst Fischer zur Hauptfigur machen.

BEISPIEL   Es war einmal ein Manager, der sehr viel Verantwortung hatte …

Frankfurt am Main

E-Mail an Nadya Bucak

Bei Yasemins Workshop in der Investment Bank AG war eine Frau, mit der sie vieles gemeinsam hat. Ihr Name ist Nadya Bucak.

```
Von: Yasemin Tankut [YTankut@gmail.de]
An: Nadya Bucak [nadya.bucak@investmentbank.de]
Re: Termin
```

Liebe Frau Bucak,

vielen Dank für Ihre Mail. Es war schön, mit Ihnen zu sprechen. Ja, wir haben viel gemeinsam. Meine Eltern haben einen Gemüseladen in Kassel. Sie wollten immer, dass ich dort mit ihnen arbeite. Ich musste als Kind jeden Tag im Laden helfen. Erst als meine Brüder den Laden übernahmen, durfte ich studieren. Unsere Eltern sind die Generation, die nie in Deutschland bleiben wollte. Sie wollten wieder in die Türkei zurück und wir sollten eine Arbeit machen, die man auch dort machen konnte. Ich musste sehr lange mit meinen Eltern diskutieren, bis sie verstanden haben, dass ich niemals in der Türkei leben kann. Es war ein langer Prozess. Ich bin sicher, ihre Familie versteht Sie irgendwann.

Herzliche Grüße

Ihre

Dr. Yasemin Tankut
Dipl.-Psychologin
Bunsengasse 179
34127 Kassel

Gestern hat Nadya Bucak [nadya.bucak@investmentbank.de] geschrieben:

Sehr geehrte Frau Dr. Tankut,

vielen Dank für unser Gespräch gestern. Es passiert nicht oft, dass ich in meinem Beruf andere deutsch-türkische Frauen treffe. Es war schon schwer an der Uni, Frauen mit Migrationshintergrund zu finden. Bei Ihnen war das sicher genauso. Mein Vater und meine Mutter hatten nie Interesse an meinem Studium oder meinem Beruf. Und sie verstehen nicht, warum ich einen deutschen Mann geheiratet habe. ;)

Mit freundlichen Grüßen

Nadya Bucak
Investmentbank AG
Frankfurt am Main

An Nadya Bucak

etwas **gemeinsam** haben *to have s.th. in common*

der **Gemüseladen** (-läden) *grocery store, vegetable market*

der **Laden** (Läden) *shop*

ich musste *I had to*

als Kind *as a child*

sie wollten *they wanted to*

niemals *never*

der **Prozess** (Prozesse) *process;* ein langer Prozess *a long process*

Ich bin **sicher** *I am certain*

die **Migration** *migration*

der **Hintergrund** (Hintergründe) *background;* einen Migrationshintergrund haben *to have an immigrant background*

Frauen mit Migrationshintergrund

Was stimmt für Yasemin Tankut und Nadya Bucak?

	Yasemin	Nadya
1. Ihre Eltern kommen aus der Türkei.	☐	☐
2. Sie ist in Deutschland geboren.	☐	☐
3. Ihre Eltern wollten wieder in die Türkei zurück.	☐	☐
4. Sie hat in Deutschland studiert.	☐	☐
5. Als Kind musste sie bei ihren Eltern im Laden helfen.	☐	☐
6. Sie trifft nicht oft Frauen mit Migrationshintergrund in ihrem Beruf.	☐	☐
7. Sie musste lange mit ihren Eltern diskutieren, bis sie verstanden haben, dass sie nur in Deutschland leben möchte.	☐	☐

Caro/Alamy

Yasemin musste als Kind immer im Laden helfen.

Strukturen

The Simple Past of Modal Verbs

 Go to iLrn for more grammar practice.

8.2.1 Das Imperfekt von Modalverben°

As you know, the simple past tense verb form (**Imperfekt**) is the preferred verb form to narrate past events in written German. However, the simple past of **haben**, **sein**, and the modal verbs is used in both conversational and written German.

Yasemin **wollte** gestern ins Kino **gehen**, aber sie **hatte** keine Zeit.

Modal verbs drop their umlaut in the simple past and add the same endings as regular verbs. **Mögen** also has a stem change.

	dürfen	können	mögen	müssen	sollen	wollen
ich	durfte	konnte	mochte	musste	sollte	wollte
du	durftest	konntest	mochtest	musstest	solltest	wolltest
er/sie/es	durfte	konnte	mochte	musste	sollte	wollte
wir	durften	konnten	mochten	mussten	sollten	wollten
ihr	durftet	konntet	mochtet	musstet	solltet	wolltet
sie	durften	konnten	mochten	mussten	sollten	wollten
Sie	durften	konnten	mochten	mussten	sollten	wollten
Englisch	*was/were permitted to*	*was/were able to*	*liked*	*had to*	*was/were supposed to*	*wanted, wanted to*

iLrn GRAMMAR GLOSSARY

You can find more information about the ⇒ **simple past tense** in the *Welten* grammar glossary in iLrn.

LERNSTRATEGIEN

As with irregular verbs, it is best to memorize the past tense forms of modal verbs.

22 Horst Fischers Welt

Ergänzen Sie die Lücken mit dem passenden Modalverb.

durfte	sollte
konnte	wollte
musste	wollten

Horst Fischer erzählt: „Als ich jung war, _____ ich eigentlich Sänger oder Schauspieler werden, weil ich so gut Stimmen imitieren _____. Aber meine Eltern _____ das nicht. Ich _____ Arzt oder Manager werden. Ich _____ nicht auf die Schauspielschule gehen, sondern _____ BWL studieren." Er denkt, dass er vielleicht deshalb heute manchmal ein bisschen unzufrieden ist.

23 Kindheiten

Was sagen alle über ihre Kindheit? Was durften sie nicht? Was mussten sie machen?

BEISPIEL   <u>Yasemin</u> musste bei ihren Eltern im Laden helfen.

1. _____ musste im Garten helfen.
2. _____ musste immer wahnsinnig viel Spinat essen.
3. _____ durfte nie Kaugummi kauen.
4. _____ musste immer um 8 ins Bett gehen.
5. _____ durfte nie Cola trinken.
6. _____ durfte nie fernsehen.
7. _____ musste immer Wasser und Saft aus dem Keller holen.
8. _____ musste jeden Tag über 3 km in die Schule laufen.
9. _____ durfte keine Süßigkeiten° essen und er durfte auch nicht fernsehen.   *sweets*
10. _____ konnte schon lesen, als er 3 Jahre alt war.
11. _____ wollte immer beim Kochen helfen, aber er durfte es nicht.

24 Meine Kindheit

Beantworten Sie die Fragen zuerst für sich selbst. Arbeiten Sie dann in kleinen Gruppen und notieren Sie die Informationen von den anderen Studenten. Besprechen Sie Ihre Ergebnisse im Kurs.

1. Waren deine Eltern streng?
2. Musstest du im Haushalt helfen?
3. Was durftest du nicht machen?
4. Um wieviel Uhr solltest du mit 16 zu Hause sein?
5. Über was konntest du mit deinen Eltern nicht sprechen?
6. Was wolltest du als Kind immer gerne machen?
7. Was mochtest du als Kind nicht gerne essen?
8. Wann musstest du am Wochenende aufstehen?

Mussten Sie im Haushalt helfen, als Sie ein Kind waren?

pixinoo/Shutterstock.com

25 Ausreden°

excuses

Warum konnten Sie Ihre Deutschvokabeln nicht lernen? Ergänzen Sie die Ausreden mit einem passendem Modalverb im Imperfekt. Schreiben Sie dann selbst auch zwei Ausreden und vergleichen Sie im Kurs.

1. Ich _____ meiner Oma im Garten helfen.
2. Ich _____ mein Deutschbuch nicht finden.
3. Ich _____ eigentlich am Abend lernen, aber dann war ich zu müde.
4. Ich _____ mich nicht konzentrieren.
5. Ich _____ auch für fünf andere Klausuren und Tests lernen.
6. Ich _____ lieber ins Kino gehen.
7. _____
8. _____

graduated

fairy tale about robbers

Das Räubermärchen

Peter Rosei

Yasemin hat noch eine Geschichte für Horst Fischer. Aus dieser Geschichte soll Horst Fischer lernen, wie man seine Angst verliert. Der Autor Peter Rosei (1946 in Wien geboren) studierte Jura und promovierte° 1968 zum Doktor der Rechtswissenschaften. Er arbeitet heute als freier Autor. Seine Werke beschreiben oft die Ängste und Schwächen seiner Protagonisten. So ist es auch im *Räubermärchen*°: Ein Mann geht nachts allein durch einen Wald. Man sagt, dass es dort Räuber gibt. ...

26 Was machst du, wenn du Angst hast?

Beantworten Sie die Fragen für sich selbst. Fragen Sie dann eine andere Person.

1. Hast du manchmal Angst, wenn du alleine bist?
2. Gehst du manchmal nachts alleine nach Hause? Zum Parkplatz? Zum Zug oder zum Bus?
3. Was kann man machen, wenn man nachts alleine ist und Angst hat? (an etwas Schönes denken / im Kopf ein Lied singen / mit dem Handy telefonieren oder simsen / Schlüssel in die Hand nehmen / schnell gehen / sich nicht umdrehen / ...)

27 Fast Synonyme

 Verbinden Sie die Phrasen, die fast synonym sind.

1. wenn's stimmt
2. Räuber waren in dem Wald.
3. Der Mann war nicht ängstlich.
4. als es gegen Abend ging
5. ein Lager richten
6. Es wurde ihnen unheimlich.
7. Es gibt sie nicht.

a. Sie existieren nicht.
b. ein Lager bauen
c. Der Mann hatte keine Angst.
d. In dem Wald gab es Räuber.
e. Sie bekamen Angst.
f. wenn es wahr ist
g. als es dunkel wurde

Waren Sie schon einmal allein im Wald?

🔊 Das Räubermärchen

Peter Rosei

Es war einmal, wenn's stimmt°, ein Mann, der ging durch den Wald.   *wenn's ...: if it's true*
Der Wald war hoch aus lauter Bäumen°. Räuber waren in dem Wald,   *hoch ...: high from the trees*
man sagte so. Der Mann war nicht ängstlich, er schnitt sich einen
Knüppel° zurecht und ging durch den Wald.   *club*

5   Als es gegen Abend ging und die Nachtvögel zu rufen begannen,
dachte der Mann, dass es an der Zeit sei, ein Lager zu richten. Er
kehrte Laub unter einem Felsen zusammen, dort wollte er liegen. Er
klaubte Äste auf und Astwerk°, und schichtete es zu einem Stoß°,   *collected deadfall / schichtete ...:*
schlug Feuer°. Schön brannte das Feuer unter dem Felsen, der Mann   *made it into a pile / = machte Feuer*
10 rieb sich die Hände, und sagte sich: *Fein, das hast du dir gut gerichtet!*

   Er legte sich auf das Laub und warf einen Haufen° über sich, dass   *pile, bunch*
er unter einem Berg von Blättern lag; den Knüppel hielt er bei sich.
Dann erinnerte er sich an die Räuber und er seufzte und sagte laut zu
dem Knüppel: *Du und ich, wir sind nicht allein! Ist nicht ein ganzer*
15 *Berg rund um uns? und steht nicht droben der andere, der so hart*
und fest ist wie ein Felsen?! – und indem er mit den Fingern über
die Astnarben° des Knüppels strich, fuhr er fort: *Wie viele Augen*   *knots in the wood*
haben wir denn? Wir haben sieben, acht, neun Augen haben wir, ist
das nicht genug? Da können wir wohl zwei zumachen und ausrasten
20 *lassen, wenn sieben andere wachen°!*   *keep watch*

   Das hörten die Räuber, die sich längst an den Felsen und das
Feuer geschlichen hatten und versteckt lagen. Und sie dachten, eine
starke Macht wäre gegen sie. Als sie aber das von den sieben Augen
hörten, wurde ihnen unheimlich, kannten sie doch kein Geschöpf°,   *creature*
25 das neun Augen hat. Sie fürchteten sich und liefen fort.

   Jetzt flogen die Nachtvögel durchs Dunkle und riefen.
Johanniskäfer waren rund um den Mond. Im Traum lachte der Mann
leise, er sagte sich: *Du hast dich vor den Räubern gefürchtet, dabei*
gibt es gar keine, es gibt sie nicht.

"Das Räubermärchen" by Peter Rosei published in *Eines Tages: Geschichten von Überallher*, p. 176. Published
by Beltz & Gelberg; Weinheim, Germany, 2002. Reprinted by permission.

23 Imperfekt

 Finden Sie alle Imperfektformen° im Text und machen sie eine Liste mit allen   *simple past forms*
Stammformen°. Arbeiten Sie, wenn nötig, mit dem Wörterbuch.   *infinitive, simple past, past participle*

Infinitiv	Imperfekt	Partizip	Englisch
sein	war	ist gewesen	*to be*
gehen	ging	ist gegangen	*to go*
schneiden	schnitt	hat geschnitten	*to cut*
beginnen	_____	_____	*to start*
wollen	_____	_____	_____
schlagen	_____	_____	*to hit, strike*
brennen	_____	_____	*to burn*
reiben	_____	_____	*to rub*
legen	_____	_____	

Infinitiv	Imperfekt	Partizip	Englisch
werfen	_____	_____	*to throw*
liegen	_____	_____	_____
halten	_____	_____	_____
sich erinnern	_____	_____	_____
seufzen	_____	_____	*to sigh*
sagen	_____	_____	_____
streichen	_____	_____	*to strike, stroke*
fort·fahren	_____	_____	*to continue*
hören	_____	_____	_____
haben	_____	_____	_____
denken	_____	_____	_____
kennen	_____	_____	_____
fort·laufen	_____	_____	_____
fliegen	_____	_____	_____
rufen	_____	_____	_____
lachen	_____	_____	_____

ARBEIT MIT DEM TEXT
Lesen Sie die Informationen und beantworten Sie die Fragen in der rechten Spalte.

Information		Fragen / Notizen
durch den **Wald** *through the forest*	der Wald (die Wälder) *'forest'*	Sind Sie schon einmal alleine durch den Wald gegangen?
ein **Lager** richten *set up camp*	das Lager *'camp'*	Wo haben Sie einmal ein schönes Lager gerichtet?
sich die **Hände** reiben *rub one's hands*	*This gesture often signifies a feeling of comfort or satisfaction; the man in the story does this, because he likes the camp he has set up.*	Wann haben Sie sich das letzte Mal die Hände gerieben?
er **seufzte** *he sighed*	seufzen *'to sigh'*	Wann haben Sie das letzte Mal geseufzt?
ein ganzer Berg *a whole lot (of something); lit. 'a whole mountain (of leaves)'*	ein ganzer Berg (Blätter); *the author plays with this expression when the man comforts himself by saying he has 'a whole mountain around him, even though it is 'a whole mountain of leaves'*	Wovon haben Sie einen ganzen Berg?
da können wir zwei (**Augen**) wohl zumachen *we might as well close two (eyes)*	das Auge (Augen) *'eye'; the man comforts himself by pretending the knots on his club are eyes.*	Wann haben Sie gestern die Augen zugemacht?
schleichen *to sneak*		Wann sind Sie das letzte Mal irgendwo herum geschlichen?
verstecken *to hide*	das Versteck *'hiding place'*; versteckt *'hidden'*	Haben Sie sich schon einmal irgendwo versteckt?
eine starke Macht *a strong force*	die Macht *'force, power'*	Wer hat über Sie eine starke Macht?
im Traum *while dreaming*	der Traum (die Träume) *'dream'*	Wann haben Sie zum letzten Mal etwas Interessantes geträumt?

Psychotest: Wann bist du zum letzten Mal ...?

Stellen Sie weitere Fragen und berichten Sie das Interessanteste im Kurs.

1. Wann bist du zum letzten Mal durch einen Wald gegangen?
   a. Als ich ein Kind war.
   b. Als ich in den Sommerferien in _____ war.
   c. Immer wenn ich jogge, gehe ich durch den Wald.
   d. Wenn ich in _____ bin, gehe ich oft durch den Wald.
   e. ...

2. Wann hast du zum letzten Mal Angst gehabt?
   a. Als ich im Kino den Film _____ gesehen habe.
   b. Als ich _____ gelesen habe.
   c. Ich habe immer Angst, wenn ich mit dem Flugzeug fliege.
   d. Ich habe oft Angst, wenn ich nachts Geräusche° höre.   *noises*
   e. ...

3. Wann hast du zum letzten mal ein Feuer gemacht?
   a. Als ich ein Kind war.
   b. Als ich zum Campen in _____ war.
   c. Immer wenn wir grillen, mache ich ein Feuer.
   d. Wir machen jedes Jahr _____ ein Feuer.
   e. ...

4. Wann hast du zum letzten Mal mit dir selbst gesprochen?
   a. Als ich einmal nachts nicht schlafen konnte.
   b. Als ich einmal _____ war.
   c. Immer wenn ich koche, spreche ich mit mir selbst.
   d. Wenn ich _____, spreche ich oft mit mir selbst.
   e. ...

5. Wann hast du dich zum letzten Mal vor jemandem versteckt?
   a. Als ich ein Kind war, habe ich mich oft versteckt.
   b. Als ich einmal spät nach Hause gekommen bin, habe ich mich vor meinen Eltern versteckt.
   c. Wenn meine Tante zu uns kommt, verstecke ich mich oft.
   d. Jedesmal wenn ich _____ sehe, verstecke ich mich.
   e. ...

Ein interessantes Erlebnis

Schreiben Sie einen kurzen Text über das Interessanteste aus dem Psychotest.

BEISPIEL   Juan versteckt sich immer, wenn er seinen Mathematikprofessor sieht. Er hat seine Hausaufgaben nicht gemacht und ist letzte Woche nicht im Kurs gewesen. ...

Lebenslauf Yasemin Tankut

Yasemin erzählt ihren Lebenslauf. Welche Informationen kann man in einem Lebenslauf finden?

LEBENSLAUF

Persönliche Daten

Familienname	Tankut
Vorname	Yasemin Ayse
Geburtstag	21.3.1972
Geburtsort	Vellmar
Familienstand	ledig

Schulausbildung

1978–1982	Grundschule Vellmar
1982–1990	Goethe-Gymnasium Kassel
1990	Abitur

Studium

1990–2000	Studium der Psychologie, Georg-August-Universität Göttingen
2000	Abschluss als Diplom-Psychologin
2000–2004	Doktorandin, Institut für Sozialpsychologie, Philipps-Universität Marburg
2008	Promotion Dr. phil. Philipps-Universität Marburg Thema der Doktorarbeit: *Erzählungen als Methode der Organisationspsychologie*

Berufstätigkeit

2008–2010	Roland Berger Consulting, München
2010–jetzt	Psychologische Praxis, Dr. Yasemin Tankut, Kassel

Besondere Kenntnisse

Sprachen	Deutsch (Muttersprache), Türkisch (Muttersprache), Englisch (sehr gut), Französisch (gut)

Kassel, 12.5.2014

© Cengage Learning

Lebenslauf

der Lebenslauf	*résumé, curriculum vitae*	die Doktorarbeit	*doctoral dissertation*
die **Grundschule**	*primary school grades 1–4*	die Promotion	*graduation (with a doctoral degree)*
das **Gymnasium**	*grades 5–12 preparing for higher education*		

31 Yasemins Lebenslauf

 In Yasemins Informationspaket ist immer ein Lebenslauf. Suchen Sie die folgenden Informationen.

1. Wie ist Yasemins zweiter Vorname?
2. Wann ist sie geboren?
3. Wie alt ist sie?
4. Wo ist sie geboren?
5. Ist sie verheiratet?
6. Wo ist sie in die Grundschule gegangen?
7. Wie alt war sie, als sie in die Schule kam?
8. Wie alt war sie, als sie ins Gymnasium kam?
9. Wann hat sie das Abitur gemacht?
10. Wo hat sie Psychologie studiert?
11. Wann hat sie ihr Diplom gemacht?
12. Was hat sie nach dem Studium gemacht?
13. Wann war sie Doktorandin?
14. Wann hat sie promoviert°?
15. Wo hat sie nach ihrer Promotion gearbeitet?
16. Welche Sprachen spricht sie?

completed a doctoral degree

Wortschatz: Lebenslauf

 Welche Wörter möchten Sie noch wissen, um über Yasemins Lebenslauf zu sprechen?

Lebenslauf

Was stimmt? Was stimmt nicht? Kreuzen Sie an.

	richtig	falsch
1. Yasemin ist in Vellmar geboren.	☐	☐
2. Sie ist verheiratet.	☐	☐
3. Sie hat die Grundschule in Vellmar besucht.	☐	☐
4. Dann ist sie in Marburg aufs Gymnasium gegangen.	☐	☐
5. Sie hat Psychologie studiert.	☐	☐
6. Später war sie Doktorandin in Heidelberg und hat dort promoviert.	☐	☐
7. Sie hat bei einer Consulting-Firma in München gearbeitet.	☐	☐
8. Danach hat sie ihre eigene psychologische Praxis eröffnet.	☐	☐
9. Sie spricht nicht Türkisch.	☐	☐
10. Sie spricht sehr gut Englisch und Italienisch.	☐	☐

Als Yasemin 6 Jahre alt war ...

Schreiben Sie die Sätze zu Ende.

1. Als Yasemin 6 Jahre alt war, ...
2. Als sie 16 war, ...
3. 1995 hat sie ...
4. Von 1990 bis 2000 ...
5. Als sie 28 war, ...
6. Von 2008 bis 2010 ...
7. Seit 2010 ...

Partnerinterview: Wann ...?

 Machen Sie ein Interview. Berichten Sie im Kurs.

BEISPIEL
OTTO   Wann bist du in die Schule gekommen?
ANNA   Ich bin in die Schule gekommen, als ich 5 war.
OTTO   Wann hast du den High-School-Abschluss gemacht?
ANNA   Den High-School-Abschluss habe ich gemacht, als ich 16 war.
OTTO   Wann hast du deine erste Fremdsprache gelernt?
ANNA   ...
OTTO   Wann hast du gewusst, was du studieren willst?
ANNA   ...

Als Yasemin 10 war, ist sie ins Gymnasium gekommen.

Wortschatz

 Welche Wörter möchten Sie noch wissen, um über Ihren Lebenslauf zu sprechen?

Schreibaufgabe: Mein Lebenslauf

 Schreiben Sie Ihren chronologischen Lebenslauf nach dem deutschen Format als Tabelle. Beginnen Sie mit der Grundschule / *Elementary School*.

Schreibprojekt: Erzählter Lebenslauf° narrative résumé

 Schreiben Sie Ihren Lebenslauf als Erzählung.

BEISPIEL   Ich bin 1996 in San Francisco geboren. Mit 6 Jahren bin ich in die Lowell High School gegangen. Seit einem Jahr studiere ich an der ...

Strukturen

8.3.1 Relativsätze°

Relative clauses provide more detail about someone or something. A relative clause is a subordinate clause that is linked to the main clause and the noun it refers to by a relative pronoun:

> Yasemin Tankut erzählt Geschichten, **die** viele Leute interessant finden.
>
> *Yasemin Tankut tells stories **that** many people find interesting.*

As in all subordinate clauses in German, the conjugated verb is the last element of the clause.

Relative pronouns are identical to definite articles except for the dative plural and the genitive:

Kasus	Maskulinum	Neutrum	Femininum	Plural
Nominativ	der	das	die	die
Akkusativ	den	das	die	die
Dativ	dem	dem	der	**denen**
Genitiv	**dessen**	**dessen**	**deren**	**deren**

The gender and number of a relative pronoun are determined by the noun in the main clause that is referred to. The case of a relative pronoun is determined by its function in the relative clause:

> Yasemin hat **eine Freundin, die** auch Psychologie studiert hat.
> ↑ ↑
> FEMININE SUBJECT OF RELATIVE CLAUSE (NOMINATIVE)
> SINGULAR

> Yasemin hat **einen Freund, den** sie schon seit dem Kindergarten kennt.
> ↑ ↑
> MASCULINE DIRECT OBJECT OF RELATIVE CLAUSE (ACCUSATIVE)
> SINGULAR

> Yasemin Tankut arbeitet mit **Geschichten, die** anderen Menschen helfen sollen.
> ↑ ↑
> PLURAL SUBJECT OF RELATIVE CLAUSE

Relative clauses can start with a preposition, which then determines the case of the relative pronoun:

> Yasemin hat **einen Freund, mit dem** sie schon im Kindergarten war.
> ↑ ↑
> MASCULINE PREPOSITION *MIT* REQUIRES DATIVE
> SINGULAR

A relative clause usually follows the noun that it refers to:

> Die Geschichten, mit denen Yasemin Tankut arbeitet, sollen anderen Menschen helfen.
>
> *The stories that Yasemin Tankut works with are supposed to help other people.*

Relative Clauses

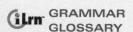 Go to iLrn for more grammar practice.

LERNSTRATEGIEN

Practice as many relative clauses as possible, so that you become used to recognizing and producing them. Remember that gender and number of relative pronouns are determined by the noun they refer to, case by the function of the relative pronoun (e.g., subject, direct object) in the relative clause.

iLrn GRAMMAR GLOSSARY

You can find more information about ⇒ **relative clauses** in the *Welten* grammar glossary in iLrn.

Beruferaten

 Verbinden Sie die Berufe mit den passenden Definitionen. Schreiben Sie dann selber zwei Definitionen und fragen Sie im Kurs, wer die Berufe erraten kann.

1. Eine Ärztin ist eine Frau,
2. Ein Psychologe ist ein Mann,
3. Eine Managerin ist eine Frau,
4. Künstler sind Menschen,
5. Ein Schriftsteller ist ein Mann,
6. Wissenschaftler sind Menschen,
7. Ein Trainer ist ein Mann,
8. Eine Bürgermeisterin ist eine Frau,

a. der schreibt.
b. die an Universitäten und Instituten forschen.
c. mit dem Sportler trainieren.
d. die eine Stadt oder Gemeinde regiert.
e. der mit Menschen arbeitet, die Probleme haben.
f. die Kranken Menschen hilft.
g. die kreativ sind.
h. die eine Firma leitet.

An der Uni in Göttingen

Verbinden Sie die Sätze, indem Sie Relativsätze bilden.

1. Yasemin studierte an der Georg-August-Universität. König Georg II. hat sie 1732 gegründet.
2. Yasemin besuchte viele Vorlesungen. Die Vorlesungen waren sehr interessant.
3. Sie wohnte in einem kleinen Apartment. Das Apartment gehörte ihrer Tante.
4. Sie studierte bei einem Professor. Bei ihm musste sie sehr viel lesen.
5. Mittags traf sie sich oft mit Freunden in der Mensa. In der Mensa konnte man gut und billig essen.
6. 2008 schrieb sie ihre Doktorarbeit. Das Thema der Doktorarbeit ist *Erzählungen als Methode der Organisationspsychologie.*

Info-Spiel: Yasemins Freunde

 Arbeiten Sie gemeinsam mit einem Partner / einer Partnerin. Bilden Sie Relativsätze. Vergleichen Sie dann im Kurs.

BEISPIEL S1 Wer ist Jutta?
          S2 Jutta ist die Freundin, die gerne tanzt.

S1

1. Jutta	
2. Mario	Er kann sehr gut kochen.
3. Sebastian	
4. Harry	Ihm schmeckt nur Obst und Gemüse.
5. Silke	
6. Martin	Mit ihm kann Yasemin über alles sprechen.
7. Katharina und Birgit	
8. Michael und Nina	Mit ihnen ist Yasemin schon in den Kindergarten gegangen.

S2

1. Jutta	Sie tanzt gerne.
2. Mario	
3. Sebastian	Yasemin kennt ihn schon lange.
4. Harry	
5. Silke	Von ihr sind Yasemins Ohrringe.
6. Martin	
7. Katharina und Birgit	Haben ein Ferienhaus in Italien.
8. Michael und Nina	

Was ist wichtig im Leben?

In seinem Lied *Blick nach vorn* beschreibt Max Herre eine optimistische Lebensphilosophie, die den Blick in die Zukunft richtet.

Lebensziele

Was sind für Sie die drei wichtigsten Ziele im Leben? Freunde? Arbeit? Familie? ... Machen Sie eine kleine Liste, fragen Sie andere Studenten und berichten Sie im Kurs.

Was ist wichtig im Leben?

Auf die Frage „Was ist wichtig im Leben" antworteten bei einer Umfrage im Jahr 2013 von über 3.000 deutschen Jugendlichen zwischen 15 und 24 Jahren:

Gute Freunde haben	69 %
Ein gesundes Leben	64 %
5 Einen Beruf haben, der mir Spaß macht	62 %
Ein sicherer Arbeitsplatz	58 %
Eine glückliche Partnerschaft	56 %
Selbstsicher sein, keine Zweifel haben	47 %
Gute, vielseitige Bildung	40 %
10 Eine Arbeit, die abwechslungreich ist	32 %
Ein Beruf, bei dem man anderen helfen kann	18 %
Ein individueller Stil, der sich von anderen unterscheidet	16 %

Adapted from: *Pragmatisch glücklich: Azubis zwischen Couch und Karriere:* Allensbach/McDonald's Ausbildungsstudie 2013

ARBEIT MIT DEM TEXT

Lesen Sie die Informationen und notieren Sie Fragen. Teilen Sie interessante Beispiele im Kurs.

Informationen		Notizen/Fragen
das macht Spaß *this is fun*		
die **Partnerschaft** (Partnerschaften) *partnership*	der Partner (Partner) *partner*	
vielseitig *versatile*	literally *having many sides*	
der **Zweifel** (Zweifel) *doubt*	an etwas zweifeln *to have doubts about something*	
abwechslungsreich *varied, rich in variety*	die Abwechslung (Abwechslungen) *change, variety*	
individuell *individual*	ein individueller Stil *a distinct personal style*	
der **Stil** (Stile) *style*		
sich unterscheiden von (+Dativ) *to be different (than/from s.o. or s.th.)*	der Unterschied (Unterschiede) *difference*	

Fragen zur Statistik

1. Was ist den Jugendlichen am wichtigsten?
2. Was ist für 62 Prozent der Jugendlichen wichtig?
3. Für wieviel Prozent ist ein gesundes Leben wichtig?
4. Was ist den Jugendlichen nicht so wichtig?
5. Was ist 18 Prozent der Jugendlichen wichtig?
6. Für wie viel Prozent ist es wichtig, eine vielseitige Bildung zu haben?
7. Was ist für amerikanische Jugendliche am wichtigsten?
8. Welche wichtigen Aspekte/Fragen fehlen in der Liste?

Alles ist relativ

Wie kann man diese Phrasen als Relativsätze schreiben?

BEISPIEL   ein gesundes Leben →
ein Leben, das gesund ist

1. ein sicherer Arbeitsplatz
2. eine glückliche Partnerschaft
3. vielseitige und gute Bildung
4. abwechslungsreiche Arbeit
5. ein individueller Stil

Lebensfragen

Verbinden Sie die passenden Phrasen.

1. das, was man braucht	a. an etwas nicht glauben
2. Hoffnung haben	b. sich etwas sehr wünschen
3. das Ziel	c. das, was man haben muss
4. eine Sehnsucht° haben	d. glauben, dass alles gut wird *longing, desire*
5. nach vorn blicken	e. wo man hingehen will
6. Zweifel an etwas haben	f. nicht zurück schauen

Hoffnung und Zweifel

Was assoziieren Sie mit den folgenden Begriffen? Arbeiten Sie in kleinen Gruppen und vergleichen Sie Ihre Assoziationen. Sammeln Sie neue Wörter.

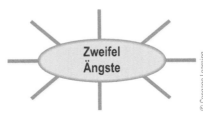

Partnerinterview: Blick nach vorn

Machen Sie ein Interview und schreiben Sie das Interessanteste auf.

1. Hast du immer gehabt, was du brauchtest?
2. Was gibt dir Hoffnung, wenn etwas nicht so geht, wie es soll?
3. Was ist ein Ziel, das vor dir liegt?
4. Hast du eine Sehnsucht?
5. Gibt es eine große Wahrheit, die du erst spät erkannt hast?
6. Gibt es Zweifel, gegen die du kämpfst?
7. Was war dein schwerster Schlag im Leben?

Ziele, Hoffnungen, Ängste und Zweifel

Was sagen alle über ihre Zweifel, Ziele, Hoffnungen und Ängste? Ergänzen Sie die Relativpronomen.

| die (x7) | das (x2) | dem | der |

1. Die Fragen, _____ Rüdiger Fichte am meisten interessieren, drehen sich um die Rolle des Menschen in der Natur.
2. Hubert Moser sammelt historische Rezepte, _____ aus der Alpenregion kommen.
3. Dass man nicht alles glauben darf, was in der Zeitung steht, ist eine Wahrheit, _____ Thorsten Feddersen schon als Kind erkannt hat.
4. Nada El-Ghannam hofft, dass die Menschen, für _____ alle Völker gleich sind, über die Intoleranz der anderen triumphieren werden.
5. Eine Doktorandenstelle zu finden ist das wichtigste Ziel, _____ Sebastian sich gesetzt hat.
6. Eine eigene Designfirma zu gründen ist eine Hoffnung, _____ Kati Hürlimann noch nicht aufgegeben hat.
7. Die Sehnsucht nach Ihrer Familie ist ein Problem, mit _____ Martina immer noch kämpfen muss.
8. Volker Auerbach ist ein Mensch, _____ immer an sich zweifelt.
9. Ein Job in der Musikindustrie ist eine Hoffnung, _____ Hilli nie aufgeben will.
10. Gregor Weber glaubt an eine Bauindustrie, _____ größere Ziele hat als nur den Profit.
11. Seinem Sohn eine gute Zukunft zu ermöglichen ist das wichtigste Ziel, _____ Uwe Rau hat.

Schreibaufgabe: Blick nach vorn

Schreiben Sie einen kurzen Text über…

1. ein Ziel, das vor Ihnen liegt,
2. eine Wahrheit, die sie erkannt haben,
3. eine Sehnsucht, die Sie hatten/haben oder
4. einen Zweifel, gegen den Sie kämpfen mussten/müssen

Dankeschön

Herr Fischer hat an Yasemin geschrieben und sich für den Workshop bedankt. Was war Ihr letztes „Dankeschön"?

Von: Yasemin Tankut [YTankut@gmail.de]
An: Horst Fischer [horst.fischer@investmentbank.de]
Re: Termin

Lieber Herr Fischer,

vielen Dank für Ihre Mail. Es freut mich, dass Ihnen der Workshop gefallen hat. Ihre Kollegen sind sehr offen gewesen mit ihren positiven und negativen Erfahrungen im Büro. Ich sehe immer wieder, dass das Erzählen der positivsten und der negativsten Erfahrung eine Person sehr klar charakterisiert. Ich bin sicher, dass Sie und Ihre Kollegen einander von jetzt an *wirklich zuhören* können.

Alles Gute und herzliche Grüße

Ihre

Dr. Yasemin Tankut
Dipl.-Psychologin
Bunsengasse 179
34127 Kassel

> Gestern hat Horst Fischer [horst.fischer@investmentbank.de] geschrieben:
>
> Sehr geehrte Frau Dr. Tankut,
>
> Ihr Workshop war eine tolle Erfahrung für uns alle. Ich war sogar ein bisschen traurig, als alles zu Ende war. Es war sehr interessant zu hören, was für jeden das positivste und das negativste Erlebnis war. Ich habe sehr viel über meine Kollegen und mich selbst gelernt.
>
> Mit freundlichen Grüßen
>
> Horst Fischer
>
> Investmentbank AG
>
> Frankfurt am Main

der Workshop

das **Dankeschön**   *thank-you*
die **Erfahrung** (Erfahrungen)   *experience, know-how*
wirklich   *really*
(jemandem) **zuhören**   *to listen (to something, someone)*
traurig   *sad*
das **Erlebnis** (Erlebnisse)   *experience, occurrence, encounter*

Dankeschön

Verbinden Sie die passenden Sätze.

1. Yasemin hat einen Workshop gegeben, ...
2. Yasemin schreibt an eine Frau, ...
3. Horst Fischer und seine Kollegen haben Geschichten erzählt, ...
4. Yasemin arbeitet mit Menschen, ...

helpful

a. die besser zusammen arbeiten wollen.
b. die auch türkische Eltern hat.
c. der für Horst Fischer und seine Kollegen sehr hilfreich° war.
d. die positiv und negativ waren.

Emotionen

Welche Wörter passen zu den Bildern?

a. b. c. d. e.

f. g. h. i. j.

© Cengage Learning

1. Angst haben
2. enttäuscht sein
3. glücklich sein
4. lachen
5. sich ärgern

6. sich freuen
7. traurig sein
8. überrascht sein
9. weinen
10. wütend sein

Was passt?

Welche Emotionen passen zu den Situationen?

1. Horst Fischer war glücklich, ...
2. Horst Fischer war traurig, ...
3. Frau Müller war enttäuscht, ...
4. Alle haben viel gelacht, ...
5. Herr Hönerkamp hat geweint, ...
6. Frau Fritzer ist wütend geworden, ...
7. Yasemin hat sich gefreut, ...
8. Herr Walz hat sich geärgert, ...

a. als Herr Fischer sich für den Workshop bedankt hat.
b. weil Herr Hönerkamp so viele lustige Geschichten erzählt hat.
c. als der Workshop zu Ende war.
d. weil niemand über ihre Witze gelacht hat.
e. weil er am Workshop-Tag nicht im Büro war.
f. als sie gemerkt hat, dass kein Kaffee mehr da war.
g. als er von seiner kranken Mutter erzählt hat.
h. dass er endlich über seine Probleme sprechen konnte.

Gefreut und geärgert?

Machen Sie ein Interview. Schreiben Sie das Interessanteste auf.

1. Was war dein schönstes Erlebnis hier an der Uni?
2. Wann hast du hier an der Uni am meisten gelacht?
3. Worüber hast du dich am meisten gefreut?
4. Was war dein negativstes Erlebnis hier an der Uni?
5. Wovon warst du enttäuscht?
6. Worüber hast du dich am meisten geärgert?

Mein negativstes und mein positivstes Erlebnis an der Uni

In Yasemins Workshops erzählen die Leute von der Investment Bank AG ihre positivsten und negativsten Erlebnisse in der Firma. Schreiben Sie über ihr positivstes und ihr negativstes Erlebnis an der Uni.

BEISPIEL   OTTO Mein negativstes Erlebnis an der Uni war mein erster Tag im Studentenwohnheim. Mein Zimmer war leer und nicht sehr gemütlich …

              ANNA Mein positivstes Erlebnis an der Uni war ein Vortrag des Soziologen Emmanuel Wallerstein von der Yale University. Er konnte komplexe Probleme so klar und einfach erklären, dass …

Die Stachelschweine°

Porcupines

Nach Arthur Schopenhauer

Nah und fern

Was assoziieren Sie mit den Wörtern „nah" und „fern"?

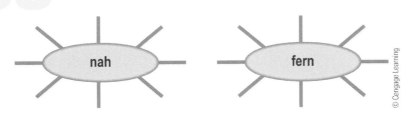

© Cengage Learning

© Courtesy of Prisca Augustyn

Die Geschichte von den Stachelschweinen ist eine bekannte Parabel.

Die Stachelschweine

Der Philosoph Arthur Schopenhauer erzählte die folgende Parabel:

Es war einmal eine Gruppe von Stachelschweinen, die an einem kalten Tag im Winter sehr froren. Sie rückten zusammen, um sich zu wärmen. Aber dann verletzten sie sich gegenseitig mit ihren spitzen
5 Stacheln und sie mussten wieder weiter auseinander gehen. Die Stachelschweine, die am meisten froren, kamen den anderen am nächsten. Aber sie taten sich und den anderen auch am meisten weh. Alle gingen so lange zwischen Schmerz und Kälte hin und her, bis jedes Stachelschwein die Position gefunden hatte, die es am besten fand.
10 So ist es auch in der Gesellschaft. Jeder muss sich zwischen Einsamkeit und den Fehlern der anderen entscheiden°. Die mittlere Entfernung ist die Höflichkeit, die allen genug Raum gibt. Und Menschen, die mehr Wärme in sich haben, halten eine größere Distanz, denn sie wollen anderen nicht weh tun.

decide (margin gloss for line 11)

Quelle: http://gutenberg.spiegel.de/buch/4997/1

ARBEIT MIT DEM TEXT

Lesen Sie die Informationen und beantworten Sie die Fragen in der rechten Spalte. Teilen Sie interessante Beispiele mit dem Kurs.

Information		Notizen / Fragen
frieren (fror, hat gefroren) *to freeze, be cold*		Wann haben Sie einmal sehr gefroren?
zusammenrücken *to move together*	rücken *'to move'*	Sind sie schon einmal mit anderen Menschen zusammengerückt, um sich warm zu halten?
gegenseitig *mutual*	sich gegenseitig wärmen *to keep each other warm*	
spitz *sharp*		
die **Gesellschaft** (Gesellschaften) *society*		
die **Höflichkeit** *politeness*	höflich *'polite'* unhöflich *'impolite'*	Wann ist jemand einmal unhöflich zu Ihnen gewesen?
der **Raum** *space*		Wann oder wo haben Sie einmal zu wenig Raum gehabt?
jemandem **wehtun** *to hurt someone*	*also:* etwas (Bauch, Kopf ...) tut mir weh *'something is hurting me'*	Wann haben Sie sich zum letzten Mal weh getan?
der **Schmerz** *pain*		Haben Sie schon einmal große Schmerzen gehabt?
die **Einsamkeit** *loneliness*	einsam sein *'to be lonely'*	Wann sind Sie einmal sehr einsam gewesen?
die **Distanz** *distance*		Wo halten Sie gern Distanz?

Aussagen zum Text

Sind die folgenden Aussagen zum Text richtig oder falsch? Korrigieren Sie die falschen Aussagen mit der richtigen Information.

	richtig	falsch
1. Die Parabel spielt im Sommer.	☐	☐
2. Die Schweine rücken zusammen, um sich zu verletzen.	☐	☐
3. Die am meisten froren, kamen den anderen am nächsten.	☐	☐
4. Schließlich fand jedes Stachelschwein eine Position, die es gut fand.	☐	☐
5. Die größte Distanz ist die Höflichkeit, die allen genug Raum gibt.	☐	☐
6. Menschen mit viel innerer Wärme halten keine Distanz.	☐	☐

Interview: Distanz und Nähe°

closeness

In welchen Situationen suchen Sie Nähe? In welchen Situationen suchen Sie Distanz? Schreiben Sie erst Ihre eigenen Reaktionen, sprechen Sie dann mit anderen Studenten und berichten Sie im Kurs.

1. Wenn ich traurig bin:
2. Wenn ich glücklich bin:
3. Wenn ich enttäuscht bin:
4. Wenn ich wütend bin:
5. Wenn ich Angst habe:
6. Wenn ich mich freue:

Tierische Perspektive

Schreiben Sie die Parabel aus der Sicht eines Stachelschweines.

BEISPIEL   Es war einmal im Winter und ich war mit anderen Stachelschweinen unterwegs. Es war ziemlich kalt und ...

BEGRIFF SEHNSUCHT

Sehnsucht is one of those concepts that have no direct equivalent in many languages. It is a compound of the verb *sich sehnen* 'to long' and the noun *die Sucht* 'addiction', which together don't really capture what it means to have *Sehnsucht* for something.

In a famous poem, the nineteenth-century German writer Johann Wolfgang von Goethe wrote:

Nur wer die Sehnsucht kennt,	seh' ich ans Firmament° nach jeder Seite.	*sky*
weiß was ich leide°.	Ach, der mich liebt und kennt	*suffer*
Allein und abgetrennt von aller Freude	ist in der Weite°.	*in ... far away*

Was ist Sehnsucht?

The notion that there is gratification and beauty in missing someone or something still inspires poetry and songs without invoking a concept like *Sehnsucht*. Can you think of a contemporary song that expresses the same feeling?

Are there other words for feelings in other languages you know that don't have a simple translation and are difficult to explain?

Übergang

Im nächsten Kapitel lernen Sie Rüdiger kennen. Was wissen Sie schon über ihn? Korrigieren Sie die falschen Aussagen.

Er ist der Professor, ...
a. der in Köln lebt.
b. der einen iPod haben möchte.
c. der gern in die Natur geht.
d. der keine Haare hat.
e. der schon lesen konnte, als er 3 Jahre alt war.

Wortschatz 🔊

■ Nomen

die **Angst** (Ängste) *fear*

das **Auge** (Augen) *eye*

die **Bank** (Banken) *bank (financial insitution)*

das **Blatt** (Blätter) *leaf*

der **Bleistift** (Bleistifte) *pencil*

das **Dankeschön** *thank-you*

die **Distanz** (Distanzen) *distance*

die **Einsamkeit** *loneliness*

die **Erfahrung** (Erfahrungen) *experience*

das **Erlebnis** (Erlebnisse) *experience*

die **Fahrt** (Fahrten) *drive, journey*

der **Fehler** (Fehler) *error*

der **Gedanke** (*Gen.* -ns, *Akk./Dat.* -n) (Gedanken) *thought*

die **Geduld** *patience*

das **Gefühl** (Gefühle) *feeling*

die **Gesellschaft** (Gesellschaften) *society*

das **Gewissen** (Gewissen) *conscience*

die **Grundschule** (Grundschulen) *elementary school*

das **Gymnasium** (Gymnasien) *high school*

die **Hand** (Hände) *hand*

der **Hintergrund** (Hintergründe) *background*

die **Hoffnung** (Hoffnungen) *hope*

die **Höflichkeit** *politeness*

die **Kenntnis** (Kenntnisse) *skills*

die **Kommunikation** *communication*

der **Laden** (Läden) *shop*

das **Lager** (Lager) *camp*

das **Laub** *leaves, foliage*

der **Lebenslauf** (Lebensläufe) *résumé*

die **Macht** (Mächte) *power, force*

der **Manager** (Manager) *(male) manager*

die **Managerin** (Managerinnen) *(female) manager*

die **Migration** *migration*

die **Nähe** (Nähen) *closeness*

die **Partnerschaft** (Partnerschaften) *partnership*

der **Prozess** (Prozesse) *process*

der **Raum** *space*

die **Reaktion** (Reaktionen) *reaction*

die **Richtung** (Richtungen) *direction*

die **Ruhe** (Ruhen) *calm*

der **Schlag** (Schläge) *blow*

der **Schmerz** (Schmerzen) *pain*

die **Schwäche** (Schwächen) *weakness*

die **Sehnsucht** (Sehnsüchte) *longing*

der **Stau** (Staus) *traffic jam*

der **Stil** (Stils) *style*

die **Trauer** *grief*

der **Traum** (Träume) *dream*

die **Türkei** *Turkey*

die **Verantwortung** (Verantwortungen) *responsibility*

der **Verkehr** *traffic*

das **Versagen** *failure*

der **Wald** (Wälder) *forrest*

der **Workshop** (Workshops) *workshop*

das **Ziel** (Ziele) *goal*

der **Zweifel** (Zweifel) *doubt*

■ Verben

an·kommen (kommt an, kam an, ist angekommen) *to arrive*

sich **ärgern** *to be upset*

etwas **aus·halten** (hält aus, hielt aus, hat ausgehalten) *to tolerate, endure*

bekommen (bekommt, bekam, hat bekommen) *to get*

beschleunigen (beschleunigt, beschleunigte, hat beschleunigt) *to accelerate*

bestehen aus (+ Dat. / besteht, bestand, hat bestanden) *to consist of*

blicken (blickt, blickte, hat geblickt) *to look*

brechen (bricht, brach, hat gebrochen) *to break*

brennen (brennt, brannte, hat gebrannt) *to burn*

drehen (dreht, drehte, hat gedreht) *to turn*

eilen (eilt, eilte, ist geeilt) *to hurry*

erkennen (erkennt, erkannte, hat erkannt) *to recognize*

etwas **erreichen** (erreicht, erreichte, hat erreicht) *to accomplish something*

etwas **falsch machen** (macht, machte, hat gemacht) *to do something wrong*

sich **freuen über** (freut sich, freute sich, hat sich gefreut) *to be happy about*

frieren (friert, fror, hat/ist gefroren) *to freeze*

halten (hält, hielt, hat gehalten) *to hold*

kämpfen (kämpft, kämpfte, hat gekämpft) *to fight*

lachen *to laugh*

leiden an (+ Dativ / leidet, litt, hat gelitten) *to suffer from*

mit·nehmen (nimmt mit, nahm mit, hat mitgenommen) *to take along*

reagieren (reagiert, reagierte, hat reagiert) *to react*

rufen (ruft, rief, hat gerufen) *to call*

schicken (schickt, schickte, hat geschickt) *to send*

schleichen (schleicht, schlich, ist geschlichen) *to sneak*

schreien (schreit, schrie, hat geschrien) *to scream, yell*

seufzen (seufzt, seufzte, hat geseufzt) *to sigh*

suchen (sucht, suchte, hat gesucht) *to search*

sich **unterscheiden von** (+ Dativ / unterscheidet, unterschied, hat unterschieden) *to be different from/than*

vergessen (vergisst, vergaß, hat vergessen) *to forget*

verstecken (versteckt, versteckte, hat versteckt) *to hide*

verwirren (verwirrt, verwirrte, hat verwirrt) *to confuse*

jmdm. **weh·tun** (tut weh, tat weh, hat wehgetan) *to hurt so*

weinen (weint, weinte, hat geweint) *to cry*

werfen (wirft, warf, hat geworfen) *to throw*

zittern (zittert, zitterte, hat gezittert) *to tremble, shiver*

zu·hören (hört zu, hörte zu, hat zugehört) *to listen*

zusammen·brechen (bricht zusammen, brach zusammen, ist zusammengebrochen) *to collapse*

zweifeln an (+ Dativ / zweifelt, zweifelte, hat gezweifelt) *to doubt*

■ Adjektive

abwechslungsreich *varied, rich in variety*

außergewöhnlich *extraordinary*

enttäuscht *disappointed*

falsch *wrong*

geduldig *patient*

gegenseitig *mutual*

glücklich *happy*

hässlich *ugly*

individuell *individual*

sicher *certain*

spitz *sharp*

traurig *sad*

übrig *leftover*

vielseitig *versatile*

wütend *angry*

■ Adverbien

gemeinsam *together, in common*

niemals *never*

wirklich *really*

Rüdiger Fichte, Privatdozent
Trier

Die Naturphilosophie befasst sich unter anderem° mit dem Verhältnis° zwischen Mensch und Tier°.

among other things / relationship / animal

LERNZIELE

- *expressing hypotheses*
- *expressing wishes and desires*
- *talking about nature and language*
- *talking about the human body*
- *talking about humans and animals*
- *using subjunctive II with **würde** (would), **hätte**, **wäre**, and the modals*
- *recognizing subjunctive II forms of other verbs*
- *using and recognizing past subjunctive II*
- *reviewing and practicing the declension of nouns, articles, and pronouns*

Katarzyna Mazurowska/Shutterstock

IN DIESEM KAPITEL ...

Rüdiger Fichte is a university professor in Trier, Germany. He teaches and writes about topics in the philosophy of nature and is interested in questions like: *How do animals perceive the world? Do we need language to think?* His official website, philosophical texts, a letter from his dean, and an illustrated story about the nature of happiness immerse you into the world of a philosopher who likes to ask the big questions.

305

9.1

PROFIL

NAME: Fichte, Rüdiger
ALTER: 47
WOHNORT: Trier
BERUF: Professor
INTERESSEN: Philosophie,
Ethik, Natur
HOBBYS: Wandern°,
klassische Musik hören

hiking

Dr. Rüdiger Fichte

1 Dozentenprofil

Welche Informationen über Dozenten oder Professoren helfen Ihnen, einen Kurs zu wählen (*choose*)? Machen Sie eine Liste und vergleichen Sie im Kurs.

www.uni-trier.de/fichte

Privatdozent Dr. Rüdiger M. Fichte

Institut für Philosophie und Geschichte der Naturwissenschaften

Zimmer: B-123

Telefon: +49-(0)651-201-1234

Telefax: +49-(0)651-201-5678

E-Mail: fichte@uni-trier.de

Sprechzeiten: Montags und mittwochs 14–15 Uhr

Forschungsinteressen: Naturphilosophie, Ethik, politische Philosophie

Lehrveranstaltungen dieses Semester:

Einführung in die Naturphilosophie (*Proseminar*)

Sprache, Wissen, Wirklichkeit (*Hauptseminar*)

Mensch und Natur in der Moderne (*Vorlesung*)

Ausgewählte Publikationen:

Fichte, Rüdiger. (2013). *Mensch und Natur im 21. Jahrhundert.* Berlin: Unger Verlag.

Fichte, Rüdiger. (2012). „Goethe und die Naturphilosophie der Romantik" Naturphilosophische Studien. Hamburg: Verlag der Akademie. 437–468.

Fichte, Rüdiger. (2011). „Die Lebenswissenschaften im Zeitalter der Globalisierung" Zeitschrift für Philosophie und Ethik. München: Haeckel & Müller. 3122–3138.

Prof. Dr. Rüdiger Fichte

die Sprechzeiten   *office hours*
die Ethik   *ethics*
die **Philosophie** (Philosophien)
   philosophy
die Lehrveranstaltung
   (Lehrveranstaltungen)   *course,*
   class, lecture
die **Einführung** (Einführungen)
   introduction

das **Seminar** (Seminare)   *seminar*
das **Proseminar** (Proseminare)
   introductory seminar
das Hauptseminar (Hauptseminare)
   advanced seminar
die **Vorlesung** (Vorlesungen)   *lecture*
die **Publikation** (Publikationen)
   publication
der **Verlag** (Verlage)   *publisher*

Rüdiger stellt sich vor

Kreuzen Sie an, was richtig oder falsch ist.

	richtig	falsch
1. Rüdiger unterrichtet Philosophie an der Universität in Trier.	☐	☐
2. Seine Interessen sind Ethik, politische Philosophie und Astronomie.	☐	☐
3. Dieses Semester unterrichtet er ein Proseminar „Einführung in die Naturphilosophie".	☐	☐
4. Sein Hauptseminar heißt „Leben, Wissen, Wirklichkeit".	☐	☐
5. Er gibt eine Vorlesung über „Natur und der Mensch in der Moderne".	☐	☐
6. Seine Sprechzeiten sind montags und mittwochs 14–15 Uhr.	☐	☐
7. Heute muss er noch korrigieren und seine Vorlesung vorbereiten.	☐	☐

Fragen zum Profil

Beantworten Sie die Fragen.

1. Wer ist Rüdiger Fichte?
2. Wo arbeitet er?
3. Wann sind seine Sprechzeiten?
4. Was sind seine Forschungsinteressen?
5. Gibt er dieses Semester ein Proseminar? Was ist das Thema?
6. Wie heißt das Thema seines Hauptseminares?
7. Welche Vorlesung gibt er dieses Semester?
8. Hat er ein Buch geschrieben?
9. In welchen Zeitschriften sind seine Artikel erschienen°?   *appeared*

Rüdigers Publikationen

Beantworten Sie die Fragen über Rüdigers Publikationen mit einem Partner / einer Partnerin.

1. Wo ist der Verlag, der sein Buch *Mensch und Natur im 21. Jahrhundert* (2013) veröffentlicht hat?
2. Wie heißt der Artikel, der 2012 in der Zeitschrift *Naturphilosophische Studien* erschienen ist?
3. Wie viele Seiten hat der Artikel, der 2012 in der Zeitschrift *Naturphilosophische Studien* erschienen ist?
4. Wann hat Rüdiger seinen Artikel „Die Lebenswissenschaften im Zeitalter der Globalisierung" veröffentlicht?
5. Wie heißt der Verlag, bei dem die *Zeitschrift für Philosophie und Ethik* erscheint?

5 Ein guter Professor / eine gute Professorin?

Besprechen Sie Ihre Erfahrungen an Ihrer Universität im Kurs.

1. Welches Institut oder Fachgebiet ist an Ihrer Uni oder an Ihrem College besonders interessant?
2. Kennen Sie interessante Professoren oder Professorinnen?
3. Was für Kurse unterrichtet er/sie?

BEISPIEL   Ich finde das Institut für Soziologie an unserer Uni sehr interessant. Prof. Harrington ist eine gute Professorin. Sie unterrichtet einen Kurs über Immigration in den USA. Der Kurs ist sehr spannend. Sie gibt auch eine gute Vorlesung über Sozialpsychologie. …

6 Wortschatz

Welche Vokabeln brauchen Sie noch, um über Professoren zu sprechen?

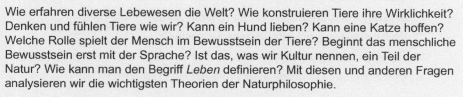

Proseminar „Einführung in die Naturphilosophie"

www.uni-trier/fichte/proseminar

Proseminar „Einführung in die Naturphilosophie"

Prof. Dr. Rüdiger Fichte

Mittwoch 16–18 Uhr, Raum B-21

Kommentar

Wie erfahren diverse Lebewesen die Welt? Wie konstruieren Tiere ihre Wirklichkeit? Denken und fühlen Tiere wie wir? Kann ein Hund lieben? Kann eine Katze hoffen? Welche Rolle spielt der Mensch im Bewusstsein der Tiere? Beginnt das menschliche Bewusstsein erst mit der Sprache? Ist das, was wir Kultur nennen, ein Teil der Natur? Wie kann man den Begriff *Leben* definieren? Mit diesen und anderen Fragen analysieren wir die wichtigsten Theorien der Naturphilosophie.

Kursteilnehmer schreiben zwei Klausuren und ein Referat.

Literatur

Esfeld, Michael. (2002). *Einführung in die Naturphilosophie.* Darmstadt: Wissenschaftliche Buchgesellschaft.

Weber, Andreas. (2008). *Alles fühlt. Mensch, Natur und die Revolution der Lebenswissenschaften.* Berlin: Berliner Taschenbuchverlag.

Denken und fühlen Tiere wie wir?

Max Topchii/Shutterstock.com

Mensch und Natur

erfahren (erfährt, erfuhr, hat erfahren) *to experience*
das **Lebewesen** (Lebewesen) *living being*
das **Tier** (Tiere) *animal*
die **Wirklichkeit** *reality*
der **Hund** (Hunde) *dog*

die **Katze** (Katzen) *cat*
hoffen *to hope*
das **Bewusstsein** *consciousness*
der **Begriff** (Begriffe) *concept*
definieren *to define*
analysieren *to analyze*
die **Theorie** (Theorien) *theory*

Definitionen

Verbinden Sie die Begriffe, die zusammenpassen.

1. die Lebewesen
2. Theorien
3. das Bewusstsein
4. die Wirklichkeit
5. erfahren
6. Kultur
7. konstruieren

a. die Realität
b. Menschen, Tiere und Pflanzen
c. der Teil der Natur, den wir Menschen schaffen
d. systematische Ideen und Gedanken zu einem Thema
e. das, was wir denken und fühlen
f. sehen, hören, fühlen, riechen, schmecken
g. alles, was Menschen schaffen

Fragen zu Dr. Fichtes Proseminar

Beantworten Sie die Fragen über Dr. Fichtes Proseminar.

1. Was ist das Thema von Dr. Fichtes Proseminar?
2. Wann ist das Seminar?
3. In welchem Raum findet es statt?
4. Welche Bücher braucht man für das Seminar?
5. Gibt es Klausuren und Referate?

Mensch, Tier, Sprache

Welchen Aussagen stimmen Sie zu°, welchen nicht?   zustimmen: *agree with*

	Ich stimme zu.	Ich stimme nicht zu.
1. Tiere erfahren die Welt anders als Menschen.	☐	☐
2. Katzen sind intelligenter als Hunde.	☐	☐
3. Jeder Mensch erfährt die Welt auf seine eigene, subjektive Weise.	☐	☐
4. Tiere brauchen Menschen.	☐	☐
5. Menschen brauchen Tiere.	☐	☐
6. Das menschliche Bewusstsein beginnt erst mit der Sprache.	☐	☐
7. Wir denken durch die Sprache.	☐	☐
8. Wir denken auch ohne Sprache.	☐	☐
9. Die Kultur ist ein Teil der Natur.	☐	☐
10. Die Wirklichkeit ist subjektiv.	☐	☐

Partnerinterview: Haustiere°   *pets*

Machen Sie ein Interview und berichten Sie das Interessanteste im Kurs.

1. Hast du ein Haustier?
2. Hast du als Kind Haustiere gehabt?
3. Magst du Katzen oder Hunde lieber? Warum?
4. Welche Tiere magst du am liebsten?
5. Glaubst du, dass Tiere denken und fühlen wie wir?
6. Hast du einmal mit einem Tier etwas Interessantes erlebt?

Wortschatz

Welche Wörter möchten Sie noch wissen, um über Haustiere zu sprechen?

Alles fühlt

Andreas Weber

Der Biologe und Philosoph Andreas Weber glaubt, dass der Mensch seine Rolle in der Natur in Zukunft anders sehen wird. In seinem Buch *Alles fühlt* (2008) beschreibt Weber eine neue Biologie, in der alle Lebewesen Subjekte sind. In diesem Abschnitt beschreibt er einen Blick in die Augen einer Kröte.

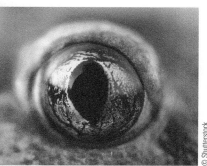

Haben Sie schon einmal einer Kröte (*toad*) in die Augen gesehen?

Kröte?

 Was assoziieren Sie mit Kröten? Kommen Kröten in Geschichten oder Filmen vor, die sie kennen? Was tun Sie, wenn Sie eine Kröte sehen?

Alles fühlt
Andreas Weber

Haben Sie schon einmal einer Kröte in die Augen gesehen? Sie sind groß und rund, wie dunkle Wasser. Aber ihre Iris, in der sich die Pupille öffnet, trägt eine goldene Farbe.

5 Haben Sie keine Angst. Gehen Sie ruhig nah heran. Dann wölben sich° die winzigen Juwelen° hinaus in den Raum. Ihr Inneres besteht aus Tausenden von glänzenden Fältchen°, mikroskopischen Schluchten und Gebirgen°, über denen verirrte Sterne glitzern. Die Kröte erwidert unseren Blick mit dem Himmel der Nacht.

Das sei nicht wichtig, sagen Sie? Eine Kröte sei eben ein Tier, und
10 wie wir zu ihr stehen, Geschmackssache? Vielleicht finden Sie sie sogar hässlich? Warten Sie einen Moment. Schauen Sie noch einmal hin, wie ich es getan habe. Sie werden sehen, dass etwas Ihren Blick erwidert. Dass Ihnen etwas gegenübersteht, was kein Ding ist, keine Sache. Etwas, das lebt.

15 Ich habe viele Semester lang versucht, herauszufinden, was es mit diesem Etwas auf sich hat. Ich habe in altertümlichen° Hörsälen Frösche seziert°, in vollgestopften Labors Bakterien geklont und bei Nieselregen winzige Würmer aus dem Schlick der Ostsee gesiebt°, um zu verstehen, wie das Leben funktioniert. Ich habe sogar eine Diplomprüfung
20 gemacht. Und doch kam es mir immer so vor, als würde etwas fehlen. Als würden wir die Forscher, die modernen wissenschaftlichen Menschen, an Tieren und Pflanzen etwas Entscheidendes° übersehen. Als wären wir blind für genau das, was uns doch erst dazu gebracht hat, uns für Lebewesen zu interessieren. [...]

25 Wir nehmen Natur falsch wahr, weil die Wissenschaft der Natur uns diese über Jahrhunderte falsch gezeigt hat. Sie hat das Schöne, hat Poesie und Expressivität aus der Natur ausgeklammert°, weil sie ausschließlich° objektivierbare Erkenntnisse bevorzugte. Das ist der tiefere Grund der Umweltkatastrophe. Wir rotten das Leben aus°, weil
30 wir uns in seinem Charakter täuschen. Wir gehen so grausam mit ihm um, weil wir es für Maschinerie halten, für Gerümpel°. [...]

---

extend, bow out / jewels
shiny folds
microscopic valleys and mountains

ancient
dissected frogs
winzige...: *sifted tiny worms from the ocean floor*

something decisive

excluded
= nur
Wir...: *we're extinguishing life*

stuff

ARBEIT MIT DEM TEXT

Lesen Sie die Informationen und ergänzen Sie die rechte Spalte mit Ihren Notizen. Besprechen Sie interessante Fragen im Kurs.

Informationen		Ihre Fragen
jemandem in die **Augen** sehen lit. means *'to look into someone's eyes'*	jemandem in die Augen sehen *is often used to signify addressing someone deeply and sincerely*	
Gehen Sie **ruhig** nah heran. *You can get very close.*	*The adverb* ruhig *'quietly, confidently' here signifies to the addressee that there is no need to worry. Consider* Lassen Sie ruhig die Schuhe an. *'Don't worry, you can keep your shoes on.'*	
glitzern *to sparkle, shine*	die Sterne glitzern am Himmel *'the stars are sparkling in the sky'*	
die Kröte erwidert unseren Blick *the toad looks back at us*	erwidern *'to respond' can also refer to a response in conversation:* „Nein", erwiderte Sie. *'No, she replied.'*	
das sei nicht **wichtig**, sagen Sie? *that is not important you say?*	*The form* sei *is a subjunctive form* (Konjunktiv I) *of the verb* sein *that is used in indirect speech. We focus on its use in chapter 11.*	
Geschmackssache *matter of taste*	der Geschmack *taste* + die Sache *thing*	
etwas, das lebt *something that is alive*	leben *'to be alive'*	
was es mit ~ auf sich hat *what ~ is all about*	Was hat es damit auf sich? *'What is this about?'*	
es kam mir so vor, als <u>würde</u> etwas <u>fehlen</u> *it seemed as if something <u>were missing</u>*	*hypothesis with* würde + *infinitive:* es kam mir so vor, als würde etwas fehlen *'it seemed to me as if something were missing . . .'*	
es kam mir so vor als <u>wären</u> wir blind für … *it seemed as though we were blind for . . .*	*hypothesis with subjunctive verb form:* es kam mir vor, als <u>wären</u> wir blind für… *'it seemed to me as though we <u>were</u> blind for . . .'*	
zeigen *to show*		
die **Erkenntnis** (Erkenntnisse) *insight*	nach den neuesten Erkenntnissen … *'according to recent insights . . .'*	
bevorzugen *to prefer*	Die Naturwissenschaften bevorzugen objektivierbare Erkenntnisse.	
der **Grund** (die Gründe) *reason*	der Grund der Katastrophe *'the reason for the catastrophe'*	
die **Umwelt** *environment*	die Umweltkatastrophe *'environmental disaster'*	
sich täuschen *to be wrong about something, to be confused (have a misconception)*	Ich habe mich getäuscht. *'I was wrong.'*	

Shutterstock.com

Alles fühlt

 Verbinden Sie die Satzteile.

1. Eine Kröte ist kein Ding, ...

2. Andreas Weber hat viele Semester lang versucht, ...

3. Es kam ihm immer so vor, als wären die meisten Biologen blind für das ...

4. Andreas Weber glaubt, dass wir Natur falsch wahrnehmen, ...

5. Die Naturwissenschaft hat sich nicht für das Schöne, Poesie und Expressivität interessiert, ...

6. Andreas Weber sagt, wir rotten das Leben aus, ...

7. Er sagt, wir gehen so grausam mit dem Leben um, ...

a. herauszufinden, was es mit dem Leben auf sich hat.

b. sondern ein Lebewesen.

c. weil wir seinen wahren Charakter nicht erkennen.

d. weil sie sich nur auf objektivierbare Erkenntnisse konzentriert hat.

e. was sie eigentlich dazu gebracht hat, sich für das Leben zu interessieren.

f. weil die Naturwissenschaften uns die Natur über Jahrhunderte falsch gezeigt haben.

g. weil wir es für Maschinerie oder Material halten.

Was stimmt?

Was ist richtig? Was ist falsch? Kreuzen Sie an.

	richtig	falsch
1. Andreas Weber beschreibt die Augen einer Kröte wie Juwelen.	☐	☐
2. Andreas Weber ist Biologe und Schauspieler.	☐	☐
3. Er glaubt, dass viele Biologen nicht wissen, wie das Leben eigentlich funktioniert.	☐	☐
4. Er hat als Student in altertümlichen Hörsälen Frösche seziert.	☐	☐
5. Er hat kein Diplom gemacht.	☐	☐
6. Der wirkliche Grund für die Umweltkatastrophe ist für Andreas Weber, dass die meisten Menschen andere Lebewesen für Gerümpel halten.	☐	☐

Was machen Sie, wenn Sie ein Spinnennetz sehen?

Strukturen

9.1.1 Der Konjunktiv II°

Subjunctive II

iLrn Go to iLrn for more
grammar practice.

Subjunctive II is a verb mood that is used to express something hypothetical or contrary to reality.

Wenn ich Zeit **hätte, würde** ich gerne das Seminar von Dr. Fichte **besuchen.** (NON-REAL)	*If I had time, I would visit Dr. Fichte's seminar.*
Ich habe keine Zeit. Ich kann das Seminar von Dr. Fichte nicht besuchen. (REAL)	*I don't have time. I cannot visit Dr. Fichte's seminar.*

Subjunctive II is also used to make requests more polite.

Gib mir bitte das Buch!	*Give me the book, please!*
Würdest du mir bitte das Buch **geben**?	*Would you please give me the book?*

- *Würde* + **Infinitiv**

  In colloquial German, subjunctive II for most verbs is formed by combining **würde** as an auxiliary with the infinitive of the main verb at the end of the sentence.

  Dr. Fichte **würde** im nächsten Urlaub gerne nach Ecuador **reisen**, aber er muss an einem neuen Projekt arbeiten.

  Dr. Fichte would like to travel to Ecuador for his next vacation, but he has to work on a new project instead.

werden		
Simple past		
ich	wurde	
Subjunctive II		
ich	würde	
du	würdest	
er/sie/es	würde	} + infinitive
wir	würden	
ihr	würdet	
sie	würden	
Sie	würden	

- **Konjunktiv II von** *haben, sein* **und Modalverben**

  The irregular verbs **haben**, **sein**, and the modal verbs are generally not used with **würde**. Their own subjunctive II forms are used instead, shown in the table below. You are already familiar with the subjunctive II of **mögen: möchte**. Note that the subjunctive II forms of **sollen** and **wollen** are identical to the simple past forms.

	haben	sein	dürfen	können	mögen	müssen	sollen	wollen
Simple past								
ich	hatte	war	durfte	konnte	mochte	musste	sollte	wollte
Subjunctive II								
ich	hätte	wäre	dürfte	könnte	möchte	müsste	sollte	wollte
du	hättest	wärest	dürftest	könntest	möchtest	müsstest	solltest	wolltest
er/sie/es	hätte	wäre	dürfte	könnte	möchte	müsste	sollte	wollte
wir	hätten	wären	dürften	könnten	möchten	müssten	sollten	wollten
ihr	hättet	wäret	dürftet	könntet	möchtet	müsstet	solltet	wolltet
sie	hätten	wären	dürften	könnten	möchten	müssten	sollten	wollten
Sie	hätten	wären	dürften	könnten	möchten	müssten	sollten	wollten

Wenn ich ein Vöglein wär', flög' ich zu dir.

A famous German folk song goes like this:

Wenn ich ein Vöglein wär' (wäre)	*If I were a little bird*
und auch zwei Flügel hätt' (hätte),	*and had two wings*
flög' (flöge) ich zu dir,	*I would fly to you*
weil's aber nicht kann sein	*but because it cannot be*
bleib ich allhier.	*I will stay here.*

Melodie: Johann Friedrich Reichardt (1752–1814)
Text: Johann Gottfried Herder (1744–1803)

LERNSTRATEGIEN

Focus on learning to produce the specific subjunctive II forms of **haben, sein,** and the modal verbs, and use **würde** + infinitive for all other verbs. Eventually you will need to be able to recognize subjunctive II forms of other verbs in texts. (They will be introduced in the next *Strukturen* segment.)

iLrn GRAMMAR GLOSSARY

You can find more information about ⇒ the **subjunctive mood** in the *Welten* grammar glossary in iLrn.

Wer oder was wärst du gern?

15 Wer oder was wäre jeder° gern? Welches Tier wären sie gern? Welche Träume haben sie? Ergänzen Sie den Lückentext mit den passenden Wörtern.

everyone

eine Katze	fliegen	Popstar
Hund	Fernsehkoch	Musik
ein Vogel	Schriftsteller	Regisseur
Baufirma	Filmstar	einkaufen
Elefant	eine berühmte Künstlerin	Beverly Hills
Kriminalromane	Kunst	Millionärin

1. Wenn Rüdiger Fichte ein Tier wäre, dann wäre er gern ein _____. Er hätte dann eine dickere Haut und ein besseres Gedächtnis.

2. Hubert Moser wäre gern _____. Er hätte gern seine eigene Fernsehsendung.

3. Thorsten Feddersen wäre gern _____. Er würde gern _____ schreiben.

4. Nada El-Ghannam wäre sehr gern _____. Dann könnte sie in _____ wohnen.

5. Sebastian wäre gern _____. Dann könnte er _____.

6. Kati Hürlimann wäre am liebsten _____. Dann würde sie nur noch _____ machen.

7. Martina Graf wäre gern _____. Dann würde sie nicht mehr arbeiten sondern nur noch _____ gehen.

8. Volker Auerbach wäre manchmal lieber _____. Er könnte dann seine eigenen Stücke inszenieren.

9. Hilli Zacher wäre gern _____. Dann würde sie nur noch _____ machen.

10. Gregor Weber hat es schwer, weil er gern seine eigene _____ hätte. Dann würde er nur noch Passivhäuser bauen.

11. Uwe Rau glaubt, wenn er ein _____ wäre, wäre sein Leben leichter.

12. Yasemin Tankut wäre gern _____. Sie könnte den ganzen Tag schlafen und in der Nacht wach bleiben.

Was hättest du gerne?

16 Fragen Sie drei Partner, notieren Sie sich die Informationen und berichten Sie dann im Kurs.

BEISPIEL   ANNA Was hättest du gerne?
            OTTO Ich hätte gerne einen neuen Computer.

Hättest du gern mehr Geld?

Shutterstock.com

17 Umfrage: Das Ende der Welt?

Einige Schweizer Studenten wurden gefragt: Was würdest du machen, wenn morgen die Welt untergeht? Lesen Sie die Interviews und ergänzen Sie dann die Informationen aus dem Text.

Martin: „Wenn in 24 Stunden die Welt untergehen würde, würde ich jede davon gemeinsam mit meiner Familie verbringen. Wir würden erst gut miteinander essen, dann spazieren gehen und vielleicht noch ein wenig fernschauen – wir würden einfach machen, worauf wir Lust hätten."

Davide: „Erst einmal würde ich meditieren. Danach würde ich mit meinen Freunden ein großes Fest feiern und mit ihnen zusammen auf den Weltuntergang warten."

Yvonne: „Ganz einfach: Ich würde mich pünktlich zwei Stunden vor Weltuntergang ins Bett legen und alles verschlafen."

Marie: „Nach einem sehr langen und guten Essen würde ich meinen Freund anrufen. Wir würden gemeinsam Gedichte lesen und vielleicht auch beten."

Elena: „Erst einmal würde ich die Uni ganz schnell verlassen. Dann würde mein ganzes Geld für ein großes Segelschiff ausgeben und alle meine Freunde und die Familie einladen. Gemeinsam mit ihnen würde ich dann auf dem Mittelmeer in den letzten Sonnenuntergang segeln und die letzten Stunden genießen."

"Umfrage: Was würdest du tun, wenn morgen die Welt untergeht?" from prisma-hsg.ch. Reprinted by permission.

1. Mit wem würde Martin die letzten Stunden verbringen?
2. Was würde Martin mit seiner Familie machen?
3. Was würde Davide zuerst machen?
4. Was würde Davide mit seinen Freunden machen?
5. Was würde Yvonnne zwei Stunden vor dem Weltuntergang machen?
6. Was würden Marie und ihr Freund machen?
7. Was würde Elena mit ihrem Geld machen?
8. Wohin würde Elena segeln?

18 Zeitreise?

Wenn Sie mit einer Zeitmaschine in eine andere Zeit reisen könnten, wohin würden Sie gerne einmal reisen? Warum?

ein anderer Planet in der fernen Zukunft	Nürnberg im Mittelalter
Hamburg im Jahr 2150	ein deutsches Dorf in der Bronzezeit
Berlin in den 80er Jahren	Trier in der Römerzeit
Österreich im 18. Jahrhundert	

BEISPIEL Ich würde gern Österreich im 18. Jahrhundert sehen. Dann könnte ich Mozart oder Haydn in Wien treffen. ...

Shutterstock.com

Die berühmte Porta Nigra in Trier, ein Teil der Stadtmauer in der Römerzeit

19 Dr. Fichtes Wunschliste

Rüdiger Fichte hat ein paar Probleme. Schreiben Sie, was er sich vielleicht wünscht.

BEISPIEL Er hat dieses Semester viele schlechte Studenten. →
Er hätte gerne gute Studenten.

1. Er hat nicht viel Freizeit.
2. Er ist nicht oft zu Hause.
3. Er schreibt zu langsam.
4. Er hat kein Auto.
5. Seine Wohnung ist sehr klein.
6. Er war noch nie in Paris.

20 Und Sie? Entscheidungsfragen

Sagen Sie, was Sie lieber machen würden.

BEISPIEL in Urlaub fahren: nach Indien / nach Afrika →

ANNA Würdest du lieber nach Indien oder nach Afrika in Urlaub fahren?
OTTO Ich würde lieber nach Afrika fahren.

1. reisen: nach Österreich / in die Schweiz
2. essen: ein vegetarisches Menü / ein Fischmenü
3. übernachten: in einer gemütlichen Pension / in einem großen Hotel
4. sehen: Wien / Zürich
5. hören: ein Klavierkonzert von Beethoven / ein Konzert von Philipp Poisel
6. lesen: einen Roman von Kafka / ein Drama von Brecht

21 Höflichkeit im Alltag

Schreiben Sie die folgenden Bitten und Befehle aus dem Alltag mit dem Konjunktiv, damit alles höflicher klingt.

BEISPIEL Mach das Fenster zu! →

Würdest du bitte das Fenster zumachen?
[oder]
Könntest du bitte das Fenster zumachen?

1. Herr Ober, ein Bier bitte!
2. Leihst du mir 20 Euro?
3. Helft mir mal kurz!
4. Können Sie mir sagen, wo der Marktplatz ist?
5. Gib mir mal dein Buch!
6. Komm her!

Der Marktplatz in Trier

Ich bin das Kind der Familie Meier

Christine Nöstlinger

Christine Nöstlinger (1936 in Wien geboren) ist eine wichtige Autorin von kritischen Kinder- und Jugendbüchern. Familien sind in Christine Nöstlingers Geschichten nicht immer ideal.

In Christine Nöstlingers Geschichten stehen Familien im Mittelpunkt°.

22 Welches Tier wärst du gern?

Sagen Sie, welches Tier Sie gerne wären und warum. Seien Sie dabei so ehrlich° und kreativ, wie möglich.

honest
center

BEISPIEL Ich wäre gerne eine Giraffe. Dann könnte ich in alle Fenster hinein schauen und die Leute beobachten. …

◄)) Ich bin das Kind der Familie Meier
Christine Nöstlinger

Ich bin das Kind der Familie Meier und heiße Burli. Ich wäre viel lieber bei Meiers der Hund! Dann hieße ich Senta und dürfte so laut bellen°, dass sich der Nachbar beim Hausverwalter° beschwert. Und niemand würde zu mir sagen: „Mund halten, Burli!"

bark / building superintendent

5 Ich wäre auch gerne bei Meiers die Katze. Dann hieße ich Muschi und würde nur fressen, was ich wirklich mag, und den ganzen Tag auf dem Fenster in der Sonne liegen. Und niemand würde zu mir sagen „Teller leer essen, Burli!"

Am liebsten wäre ich bei Meiers der Goldfisch. Dann hätte ich gar
10 keinen Namen. Ich würde still und glänzend im Wasser schwimmen und meiner Familie beim Leben zuschauen. Manchmal würden die Meiers zu meinem Fischglas kommen und mit ihren dicken Fingern ans Glas tupfen° und auf mich einreden. Doch das Glas wäre dick und durch das Wasser käme kein Laut zu mir. Dann würde ich mein
15 Fischmaul° zu einem höflichen Grinsen verziehen°, aber meine Fischaugen würden traurig auf den Meier schauen, der der kleinste von allen Meiers ist, und ich würde mir denken: Armer Burli!

tap

fish mouth / distort

"Ich bin das Kind der Familie Meier" by Christine Nöstlinger from *Eine mächtige Liebe: Geschichten für Kinder* (Gulliver Taschenbuch Series) p. 41, 1996. Published by Beltz Verlagsgruppe.

Lesen Sie die Informationen in der Tabelle und beantworten Sie die Fragen in der rechten Spalte.

Information		Beantworten Sie die Fragen
hieße *would be called*	= würde heißen	Wie würden Sie gerne heißen?
sich beschweren (über etwas) (bei jemandem) *to complain (about s.th.) (to s.o.)*		Würden Sie sich auch über Senta beschweren, wenn Sie der Nachbar von Familie Meier wären?
den Mund halten = still sein *to be quiet, keep your mouth shut*	Mund halten, Burli! *or* Burli, halt den Mund! *is a fairly aggressive/insensitive way of telling someone to be quiet.*	Würden Sie den Mund halten, wenn Sie Burli wären?
fressen *to eat (for animals only)*	*When used for humans, the verb* fressen *is a way for the speaker to express disgust about how (much) someone eats.*	Kennen Sie jemanden, der frisst?
Teller leer essen, Burli! *Clean your plate, Burli!*		Wie könnte man es netter sagen?
<u>gar</u> keinen **Namen** *no name <u>at all</u>*	<u>gar</u> nichts *'nothing <u>at all</u>'*	Wer hat bei den Meiers gar keinen Namen?
käme *would come*	= würde kommen	Würden Sie gerne einmal zu den Meiers nach Hause kommen?
kein **Laut** *not a sound*	der Laut *'sound'* laut *'loud'*	Wohin würde bei den Meiers kein Laut kommen?
höflich *polite*	die Höflichkeit *'politeness'*	Würden Sie auch höflich grinsen, wenn Sie der Goldfisch von den Meiers wären?

23 Armer Burli!

Ergänzen Sie die Sätze mit den fehlenden Wörtern.

dick	Mund halten
essen	Muschi
Goldfisch	Namen
kleinste	Senta

Burli wäre viel lieber der Hund! Dann hieße er (1) _____. Er dürfte so laut bellen wie er will; und niemand würde zu ihm sagen: (2) „_____ _____, Burli!" Er wäre auch gerne die Katze. Dann hieße er (3) _____ und würde nur fressen, was er wirklich mag; und niemand würde zu ihm sagen „Teller leer (4) _____, Burli!" Am liebsten wäre er der (5) _____. Dann hätte er gar keinen (6) _____. Er würde still und glänzend im Wasser schwimmen und seiner Familie beim Leben zuschauen. Manchmal würden die Meiers mit ihren dicken Fingern ans Glas tupfen. Doch das Glas wäre (7) _____ und durch das Wasser käme kein Laut zu ihm. Dann würde er höflich grinsen, aber seine Fischaugen würden traurig auf den Meier schauen, der der (8) _____ von allen Meiers ist, und er würde sich denken: Armer Burli!

Fragen zum Text

Beantworten Sie die Fragen und diskutieren Sie im Kurs.

1. Senta und Muschi sind sehr typische deutsche Namen für Hunde und Katzen. Meier ist einer der häufigsten deutschen Nachnamen. Was sagt die Autorin damit über die Familie von Burli?
2. Wie stellen Sie sich Eltern vor, die „Mund halten, Burli!" und „Teller leer essen, Burli!" sagen? Wen oder was kritisiert die Autorin mit dieser Geschichte?
3. Burli wäre gerne ein Goldfisch im Glas, damit er seine Eltern nicht mehr hören muss. Was könnte er sich sonst noch wünschen?

Haustier bei Familie Meier

Schreiben Sie einen kleinen Absatz aus der Perspektive von einem Haustier von Familie Meier: der Hund, die Katze oder der Goldfisch.

BEISPIEL   Ich heiße Senta und darf so laut bellen. ...

Burlis Leben

Warum wünscht sich Burli, ein Tier zu sein? Was ist wohl in seinem Leben nicht so wie er es gerne hätte? Was würde er lieber machen? Suchen Sie Hinweise im Text und schreiben Sie einen kleinen Absatz.

BEISPIEL   Burli darf nicht laut sein und muss den Mund halten. Er würde lieber so laut singen und schreien, dass sich die anderen Mieter beschweren. ...

Der Körper

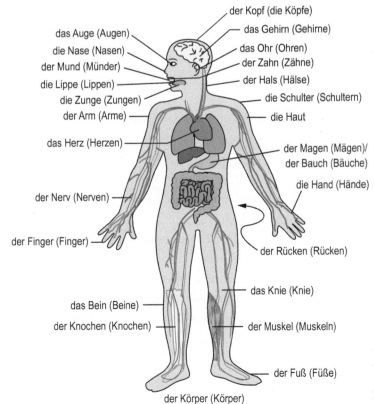

der Kopf (die Köpfe)
das Gehirn (Gehirne)
das Auge (Augen)
die Nase (Nasen)
das Ohr (Ohren)
der Zahn (Zähne)
der Mund (Münder)
der Hals (Hälse)
die Lippe (Lippen)
die Zunge (Zungen)
die Schulter (Schultern)
der Arm (Arme)
die Haut
das Herz (Herzen)
der Magen (Mägen)/
der Bauch (Bäuche)
die Hand (Hände)
der Nerv (Nerven)
der Rücken (Rücken)
der Finger (Finger)
das Knie (Knie)
das Bein (Beine)
der Knochen (Knochen)
der Muskel (Muskeln)
der Fuß (Füße)
der Körper (Körper)

© Cengage Learning

Wärst du gern anders?

Ich wäre gern ...   größer / kleiner / dünner / dicker / sportlicher / blond, ...
so reich wie Bill Gates / so schön wie _____ / so sportlich wie _____ ...

Ich hätte gern ...   grüne Augen / dicke Lippen / starke Muskeln / lange Haare / schöne Hände /
lange Finger / dünne Beine / kleine Füße / weiße Zähne / hübsche Ohren / ...
den Körper von Lady Gaga / lange Beine wie _____ / das Gehirn von _____ /
mehr _____ / ...

Die wichtigsten Tiere in deutschen Texten

Hier sind die Tiere, die in deutschen Texten am häufigsten vorkommen.
Verbinden Sie die passenden Beschreibungen mit den Tieren.

der Bär (Bären)   **der Hund** (Hunde)   **die Katze** (Katzen)   **die Kuh** (Kühe)   **die Maus** (Mäuse)

das Pferd (Pferde)   **die Schlange** (Schlangen)   **das Schwein** (Schweine)   **der Vogel** (Vögel)

© Shutterstock.com

1. Dieses Tier hat scharfe Zähne und gute Augen. Es ist vor allem nachts unterwegs. Es kann bei Menschen leben oder auch nicht.

2. Dieses Tier hat eine gute Nase, gute Ohren und scharfe Zähne. Viele Menschen halten es als Haustier.

3. Dieses Tier hat liebe Augen, eine rauhe Zunge und mehrere Mägen, damit es Gras fressen kann. Viele Menschen trinken seine Milch.

4. Dieses Tier frisst alles gern, hat vier Beine, lustige Ohren, und meistens einen dicken Bauch. Viele Menschen lieben sein Fleisch.°   *meat*

5. Dieses Tier hat keine Arme und keine Beine. In Geschichten ist es oft ein böses Tier.

6. Dieses kleine Tier hat scharfe Zähne zum Nagen°. Wenn die Katze kommt, muss es sich verstecken.   *gnawing*

7. Dieses Tier kann fliegen.

8. Dieses wilde Tier gibt es nur noch in Zoos. Es hat scharfe Zähne und ein dickes Fell.°   *fur*

9. Dieses Tier hat lange Beine, starke Muskeln, und einen großen Kopf mit weichen Lippen. Man kann auf seinem Rücken reiten.

Wortschatz

Welche Wörter möchten Sie noch wissen, um über Tiere und Körperteile zu sprechen?

Strukturen

9.2.1 Der Konjunktiv II (Fortsetzung)

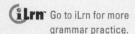 Go to iLrn for more grammar practice.

Like **werden**, all verbs have subjective II forms. They are derived from the simple past tense (**Imperfekt**).

- **Konjunktiv II von regulären Verben**

  The subjective II forms of regular verbs are identical to the simple past forms and are rarely used. **Würde** + infinitive is used instead.

Wenn Burli ein Hund wäre, **bellte** er laut. *Better:* Wenn Burli ein Hund wäre, **würde** er laut **bellen**.	*If Burli were a dog he would bark loudly.*

- **Konjunktiv II von irregulären Verben**

  Irregular verbs in the subjective II take the same endings as irregular verbs in the simple past tense, except that first and third person singular forms add a final **-e**. In addition, the second person familiar forms (**du** and **ihr**) insert an **-e-** before the **-st** and **-t** endings respectively. (Note that verbs such as **denken, bringen,** and **wissen** already have that **-e** in the simple past.) An umlaut is added if the stem-vowel is **a, o,** or **u**.[1]

Wenn Burli eine Katze wäre, **läge** er den ganzen Tag in der Sonne.	*If Burli were a cat, he **would lie** in the sun all day.*

LERNSTRATEGIEN

Remember that at this point you only need to be able to *recognize* subjunctive II forms in texts. You need to master only **würde** + infinitive and the subjunctive II forms of **haben**, **sein**, and the modal verbs.

 GRAMMAR GLOSSARY

You can find more information about the ⇒ **subjunctive mood** in the *Welten* grammar glossary in iLrn.

For example, the subjunctive II forms of **schlafen, liegen,** and **denken** are:

	schlafen	liegen	denken
ich	schliefe	läge	dächte
du	schliefest	lägest	dächtest
er/sie/es	schliefe	läge	dächte
wir	schliefen	lägen	dächten
ihr	schliefet	läget	dächtet
sie	schliefen	lägen	dächten
Sie	schliefen	lägen	dächten

30 Konjunktiv II oder *würde* + Infinitiv

Sammeln Sie im Text *Armer Burli* alle Konjunktiv II Verbformen und geben Sie die **würde**-Form an.

BEISPIEL   wäre → würde sein

---

[1] Exceptions are certain verbs such as **kennen, nennen,** and **rennen**. Although their simple past forms are **kannte, nannte,** and **rannte,** their subjunctive II forms are **kennte, nennte,** and **rennte**.

31 Wie sagt man das anders?

Schreiben Sie die Sätze jeweils mit dem Konjunktiv II des Verbs oder mit **würde**.

Konjunktiv II	*würde* + Infinitiv
1. _____	Ich würde gern blonde Haare haben.
2. _____	Ich würde gern topfit sein.
3. _____	Ich würde gern viel größer sein.
4. Ich hätte Kohle ohne Ende.	_____
5. Ich hätte gern ein großes Haus.	Ich würde gern ein großes Haus haben.
6. Ich läge abends am Pool.	_____
7. _____	Ich würde 20 Diener haben.
8. Alle liebten mich.	_____

32 Wer wärst du manchmal gern?

Fragen Sie eine Person im Kurs.

1. Wenn du jemand anderes sein könntest, wer wärst du gern?
2. Wo würdest du dann wohnen?
3. Was hättest du dann?
4. Was würdest du machen?
5. Was würdest du nicht machen?

33 Schreibaufgabe: Er wäre gern …

Schreiben Sie einen kurzen Text über die Fantasien Ihres Partners / Ihrer Partnerin.

BEISPIEL   Yvonne wäre gern _____. Dann würde sie in _____ in einem Schloss wohnen. Sie würde den ganzen Tag _____ und _____. Sie hätte zehn _____ und einen _____. Sie würde abends _____ und …

34 Ich wäre gern Brad Pitt

Sagen Sie, wer Sie gern wären und warum.

BEISPIEL   Ich wäre gern Brad Pitt. Dann hätte ich blonde Haare und wäre topfit. Ich hätte ein großes Haus und viele Diener. Ich würde jeden Abend am Pool liegen. Alle würden mich lieben. Das wäre cool. …

Das Lied *Es ist nicht immer leicht* der Popgruppe Wise Guys dreht sich um den Wunsch, anders zu sein.

Brief vom Dekan

Preise°

 Welche Preise kann man an Ihrer Universität bekommen? Haben Sie schon einmal einen Preis bekommen, an der Uni oder an der Schule? Diskutieren Sie im Kurs.

Hauptmarkt im Zentrum Trier

23. Mai 2015

Fachbereich Naturphilosophie

Universität Trier

54286 Trier

Sehr geehrter Herr Dr. Fichte,

im Namen des Dekanats möchte ich Ihnen ganz herzlich zum diesjährigen Preis des Trierer Freundeskreis Philosophie e. V. gratulieren. Es wäre sehr schön, wenn Sie dieses Jahr die Eröffnungsrede zum Wintersemester halten würden. Es würde mich persönlich sehr freuen, wenn Sie den Fachbereich Philosophie mit einem Vortrag über Naturphilosophie repräsentieren würden.

Ich wäre Ihnen auch sehr dankbar, wenn Sie mich bei der Verleihung des DAAD-Preises für ausländische Studierende vertreten könnten, da ich dieses Jahr leider nicht dabei sein kann. Der Preis geht in diesem Jahr an Yunbo Yang, einen Studenten der Philosophie aus der Volksrepublik China.

Ich möchte mich schon jetzt bei Ihnen bedanken.

Mit freundlichen Grüßen

Albrecht Kersting

Dekan

Brief

der **Brief** (Briefe) *letter*
der **Dekan** (Dekane) *dean*
der **Fachbereich** (Fachbereiche) *department*
herzlich *sincerely*
gratulieren *to congratulate*
die **Eröffnung** (Eröffnungen) *opening ceremony*
der **Vortrag** (Vorträge) *presentation, lecture*

die **Verleihung** (Verleihungen) *award ceremony*
jemanden vertreten *replace someone, stand in for someone*
der **Preis** (Preise) *prize, award*
ausländisch *foreign*
der/die **Studierende** (adjectival noun) *studer*

Definitionen

36

Setzen Sie die richtigen Wörter ein.

Vortrag	gratulieren	Verleihung	Preis
dankbar	Studierende	Brief	Dekan

1. Der _____ ist eine wichtige Person in einem Fachbereich der Universität.
2. Wer einen _____ bekommt, hat meistens etwas Besonderes geleistet°.   *achieved*
3. Dem Gewinner eines Preises sollte man herzlich _____.
4. Bei der _____ eines Preises gibt es viele Reden.
5. Ein _____ ist eine Rede oder Vorlesung über ein wissenschaftliches Thema.
6. Man muss _____ sein für alles, was man hat.
7. Ein _____ ist eine geschriebene Nachricht°.   *message*

Stimmt das?

37

Was ist richtig? Was ist falsch? Kreuzen Sie an.

	richtig	falsch
1. Der Dekan gratuliert Dr. Fichte, weil er einen Preis gewonnen hat.	☐	☐
2. Der Dekan möchte, dass Doktor Fichte die Eröffnungsrede zum Sommersemester hält.	☐	☐
3. Dr. Fichte soll einen Vortrag über Naturphilosophie halten.	☐	☐
4. Der Dekan kann bei der Verleihung des DAAD Preises für ausländische Studierende nicht dabei sein.	☐	☐
5. Der DAAD-Preis geht in diesem Jahr an einen Physikstudenten aus Ungarn.	☐	☐
6. Der Dekan bedankt sich bei Dr. Fichte.	☐	☐

Was der Dekan wünscht, sollte man auch tun

38

Verbinden Sie die Satzteile.

1. In diesem Brief gratuliert der Dekan Herrn Dr. Fichte, …
2. Der Dekan möchte, …
3. Mit einem Vortrag über Naturphilosophie …
4. Der Dekan …
5. Der Dekan wäre Herrn Dr. Fichte auch sehr dankbar, wenn er zur Verleihung des DAAD-Preises für ausländische Studierende gehen könnte, …
6. Dieses Jahr geht der Preis an einen chinesischen Studenten, …

a. der dieses Jahr den Preis des Trierer Freundeskreis Philosophie e. V. gewonnen hat.
b. weil er selbst dieses Jahr leider nicht dabei sein kann.
c. der Physik studiert.
d. dass Dr. Fichte dieses Jahr die Eröffnungsrede zum Wintersemester hält.
e. würde sich dann sehr freuen.
f. könnte Dr. Fichte den Fachbereich Philosophie repräsentieren.

Brief an den Dekan

39

Ergänzen Sie Rüdigers Antwort an den Dekan mit den passenden Wörtern.

dankbar	Ihren	Preis	wäre
herzlichen	Institut	Vortrag	Wintersemester

Sehr geehrter Herr Prof. Dr. Kersting,

vielen Dank für (1) _____ Brief. Ich habe mich sehr über den (2) _____ vom Trierer Freundeskreis Philosophie e. V. gefreut. Natürlich halte ich gerne die Eröffnungsrede zum (3) _____. Es (4) _____ gut, wenn Sie mir noch einige Details über die Eröffnungsfeier geben könnten. Ich wäre Ihnen auch sehr (5) _____, wenn Sie mir helfen könnten, das richtige Thema für meinen (6) _____ zu finden. Ich vertrete Sie auch gerne bei der DAAD-Veranstaltung. Ich freue mich sehr für Yunbo Yang. Es ist schön, dass ein Student von unserem (7) _____ dieses Jahr den DAAD Preis gewinnt.

Mit (8) _____ Grüßen

Ihr

Rüdiger Fichte

Selma

Jutta Bauer

Was ist Glück°?

happiness

 Sammeln Sie Definitionen von Glück im Kurs.

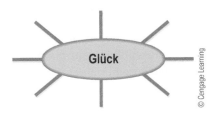

Glück

Selma

Jutta Bauer

Als ich mit der Frage nicht mehr weiterkam, suchte ich den großen
Widder° ...

ram

Was ist Glück?

Dazu erzähle ich Dir die Geschichte von Selma dem Schaf ...

5   Es war einmal ein Schaf ... Das fraß jeden Morgen bei
Sonnenaufgang etwas Gras ... lehrte bis mittags die Kinder
sprechen ... machte mittags etwas Sport ... fraß dann wieder Gras ...
plauderte abends etwas mit Frau Meier ... schlief nachts tief und fest.

Gefragt, was es tun würde, wenn es mehr Zeit hätte, sagte es:

10   ... ich würde bei Sonnenaufgang etwas Gras fressen ... ich würde mit
den Kindern reden ... mittags!! Dann etwas Sport machen ...,
... fressen ...

... abends würde ich gern mit Frau Meier plaudern ...

... nicht zu vergessen: ein guter fester Schlaf.

15   „Und wenn Sie im Lotto gewinnen würden ...?"

Also, ich würde viel Gras fressen, ... am liebsten bei Sonnenaufgang
... [...]

Lesen Sie die Informationen und notieren Sie Ihre Fragen in der rechten Spalte.

Information		Fragen
nicht mehr weiterkommen *to be stuck*	mit etwas weiterkommen *'to make progress with something'*	
das **Glück** *luck, happiness, bliss*	Glück *is a multifaceted concept that can express two main notions:* 1. Glück haben *'to be lucky'* 2. glücklich sein *'to be happy'*	
das Schaf (Schafe) *sheep*		
bei Sonnenaufgang *at sunrise*	der Sonnenuntergang *'sunset'*	
lehren *to teach*	Rüdiger lehrt Philosophie an der Uni Trier.	
Sport machen *to exercise*	Sport machen *is somewhat informal, but it is the most widely used expression for 'exercising' A more formal way to say this would be* Sport treiben.	
plaudern *to chat*	plaudern *means chatting in a neutral way that is mostly associated with women.*	
im Lotto **gewinnen** *to win the lottery*	das Lotto *'lottery'*	

Was würdest du machen?

Fragen Sie eine Person im Kurs. Berichten Sie das Interessanteste.

1. Was würdest du machen, wenn du mehr Zeit hättest?
2. Was würdest du machen, wenn du im Lotto gewinnen würdest?
3. Was ist Glück für dich?

Wortschatz

Welche Wörter möchten Sie noch wissen, um über Glück zu sprechen?

Weise Tiere

Kennen Sie andere Geschichten oder Fabeln mit weisen Tieren? Haben Sie ein kluges° Tier? Besprechen Sie interessante Beispiele im Kurs.

smart

Eulen sind in Fabeln immer weise Tiere.

Selma **327**

Strukturen

9.3.1 Der Konjunktiv II der Vergangenheit°

The past subjunctive II is used to talk and write about nonreal events and hypotheses in the past.

Rüdiger Fichte **wäre** gestern ins Kino **gegangen,** wenn er Zeit **gehabt hätte.**	*Rüdiger Fichte **would have gone** to the movies yesterday, if he **had had** the time.*

The past subjunctive is formed by using the subjunctive forms of the auxiliaries **haben** or **sein** and a past participle at the end of the sentence.

ich	hätte		ich	wäre	
du	hättest		du	wärest	
er/sie/es	hätte		er/sie/es	wäre	
wir	hätten	+ *past participle*	wir	wären	+ *past participle*
ihr	hättet		ihr	wäret	
sie	hätten		sie	wären	
Sie	hätten		Sie	wären	

The past subjunctive with modal verbs is formed with a double infinitive at the end of the sentence.

 **GRAMMAR GLOSSARY**
You can find more information about ⇒ the **subjunctive mood** in the *Welten* grammar glossary in iLrn.

Rüdiger Fichte **hätte** gestern nicht an seinem Artikel **arbeiten können,** wenn er ins Kino gegangen wäre.	*Rüdiger Fichte **would** not **have been able to work** on his article yesterday, if he had gone to the movies.*

44 Studentenleben

Rüdiger Fichtes Studenten hatten gestern viel zu tun. Verbinden Sie die Sätze mit den passenden Wünschen.

1. David musste die ganze Nacht lernen.

2. Julia war krank und musste zu Hause bleiben.

3. Rashid hatte zu wenig Zeit für seine Seminararbeit.

4. Michelle hat verschlafen und konnte nicht mehr frühstücken.

5. Silke und Hannah mussten nach der Vorlesung arbeiten.

6. Alejandro musste den ganzen Tag in der Bibliothek arbeiten, obwohl er sich nicht gut fühlte.

a. Er hätte gerne mehr Zeit dafür gehabt.

b. Sie wären gerne noch zusammen ins Café gegangen.

c. Er hätte gern ein bisschen geschlafen.

d. Er wäre lieber nach Hause gegangen.

e. Sie wäre gern in die Vorlesung gekommen.

f. Sie hätte gerne noch etwas gegessen und getrunken.

45 Alles ist schief gegangen°

Everything Went Wrong

Rüdiger Fichte hatte gestern einen schlechten Tag. Schreiben Sie, was besser hätte sein können. Erfinden Sie auch selbst noch zwei Situationen und mögliche Alternativen.

BEISPIEL   Rüdigers Handy hat nicht geklingelt, weil er es nicht aufgeladen° hat. →
           Rüdigers Handy hätte geklingelt, wenn er es aufgeladen hätte.

charged

1. Er hatte nichts zum Frühstück, weil er nicht eingekauft hat.
2. Sein Laptop war nicht im Arbeitszimmer, weil er ihn im Büro vergessen hat.
3. Sein Hund ist weggelaufen, weil Rüdiger das Gartentor nicht zugemacht hat.
4. Er konnte seine Vorlesung nicht vorbereiten, weil er den Hund gesucht hat.
5. Er ist zu spät in die Uni gekommen, weil die U-Bahn nicht gefahren ist.
6. ...

46 Was hättest du gemacht, wenn ...

Beantworten Sie zuerst die Fragen für sich selbst. Fragen Sie dann zwei Mitstudenten und berichten Sie im Kurs.

1. Wenn gestern mein (sein/ihr) Geburtstag gewesen wäre, ...
2. Wenn ich (er/sie) letzte Woche mehr Zeit gehabt hätte, ...
3. Wenn ich (er/sie) als Tier geboren wäre, ...
4. Wenn ich (er/sie) gestern auf der Straße 100 Dollar gefunden hätte, ...

Rüdiger würde gerne einmal eine Bootsfahrt auf der Mosel machen.

Dr. Fichtes Biografie

Biografien

 Was sind wichtige Elemente einer kurzen Biografie? Machen Sie eine Liste und vergleichen Sie im Kurs.

www.uni-trier/philosophie/fichte/bio

Lebenslauf

1964 in Koblenz geboren

1982 Erster Preis im Landeswettbewerb „Alte Sprachen" der Stiftung „Humanismus heute"

1983 Abitur

1985–1989 Stipendium der Studienstiftung des deutschen Volkes

SS 1985–SS° 1986 Magisterstudium Philosophie, Geschichte, Neuere deutsche Literatur an der Humboldt-Universität Berlin

Ab WS° 1987 Magisterstudium Philosophie und Geschichte an der Ruprecht-Karls-Universität Heidelberg

WS 1992 M.A. mit der Arbeit „Kants Kritiken und die Naturwissenschaften im 19. Jahrhundert"

Ab SS 1993 Promotionsstudium Philosophie an der Universität Bern

WS 1996 Promotion mit der Arbeit „Mensch und Natur in der Postmoderne"

Seit April 1999 Privatdozent für Philosophie und Ethik an der Universität Trier

Sommersemester

Wintersemester

Biografie

der **Wettbewerb** (Wettbewerbe) *competition*	Alte Sprachen *ancient languages*
	die Stiftung (Stiftungen) *foundation*

Rüdiger Fichte ist in Koblenz geboren.

Rüdigers Biografie

Schreiben Sie Rüdigers Biografie, indem Sie die Sätze weiterschreiben.

1. Rüdiger Fichte ist 1964 in Koblenz geboren. 1982 hat er im Landeswettbewerb „Alte Sprachen" …
2. 1983 hat er …
3. 1985–1986 studierte er …
4. Ab dem Wintersemester 1987 studierte er …
5. Im Wintersemester 1992 …
6. Ab dem Sommersemester 1993 …
7. Er promovierte im Wintersemester 1996 mit …
8. Seit April 1999 …

Sokrates sagt …

Ergänzen Sie die Sätze mit den Wörtern, die Sie hören.

Sokrates sagt: „Ich weiß, dass ich nichts _____." Sokrates sagt mit diesem _____, dass er eigentlich nicht die Ebene der _____ sucht, sondern er geht darüber hinaus. Dieser Widerspruch gibt ihm die Freiheit, alles _____ loszulassen und auf die Ebene zu gehen, die hinter, unter und über den Gedanken ist.

Erste Geschichte vom Kartoffelkäfer aus Thüringen

Lutz Rathenow

Auf die Fidschiinseln?

In dieser Geschichte von Lutz Rathenow (1952 in Jena geboren) möchte ein Kartoffelkäfer° aus Thüringen einmal im Leben° auf die Fidschiinseln° fahren. Wohin möchten Sie einmal fahren? Fragen Sie fünf andere Studenten.

potato bug / einmal …: *once in his life* / *Fiji Islands*

BEISPIEL ANNA Wohin würdest du gern einmal fahren?
OTTO Ich würde gern einmal zum Grand Canyon National Park fahren.
ANNA Was würdest du dort gern machen?
OTTO Ich würde gern eine Wanderung in den Grand Canyon machen.

Wohin?

In Übung 50 haben Sie gesagt, wohin Sie einmal fahren möchten. Und Sie haben einige Studenten gefragt, wohin sie einmal fahren würden. Berichten sie nun, was Sie gehört haben.

BEISPIEL *Otto würde gern einmal zum Grand Canyon National Park. Er würde gern eine Wanderung in den Grand Canyon machen.*

Erste Geschichte vom Kartoffelkäfer aus Thüringen

Lutz Rathenow

Ein Kartoffelkäfer aus Thüringen hatte nur einen Wunsch: Einmal im Leben wollte er auf die Fidschiinseln.

„Na gut, wenn du einmal im Leben auf die Fidschiinseln willst, bringe ich dich auf die Fidschiinseln", sagte ein freundlicher Herr, setzte den Kartoffelkäfer auf seine Hand und brachte ihn fünf Straßen weiter.

„Siehst du", erklärte der Herr, „die Menschen, wie sie von einer Straßenseite auf die andere eilen. Diese Gebäude, die um so vieles größer sind als ein einfacher Kartoffelkäfer. Und überhaupt alles, wie es nur auf den Fidschiinseln sein kann."

„Ja", sagte der Kartoffelkäfer, „sogar die Luft ist anders."

Der Herr nickte und trug den Kartoffelkäfer zurück.

„Jetzt habe ich nur noch einen Wunsch", sagte der Kartoffelkäfer, „allen erzählen, wie es auf den Fidschiinseln war. Die Häuser sahen doch rot aus und hatten Dächer aus Kartoffelscheiben° – oder irre ich mich?"

„Nein, nein", antwortete der Herr und setzte den Kartoffelkäfer am Feldrand ab, „die Häuser sind wolkenhoch, aber nicht so stabil wie bei uns." „Ja, das ist es", sagte der Kartoffelkäfer, „es ist nicht alles Kartoffel, was braun ist. Zu Hause ist es doch am schönsten."

„Natürlich", erklärte der Herr freundlich und verabschiedete sich°.

slices of potato (line note for Kartoffelscheiben°)

said goodbye (line note for verabschiedete sich°)

Edited by Hans-Joachim Gelberg. Published by Beltz & Gelberg, 2002. Reprinted by permission.

ARBEIT MIT DEM TEXT

Lesen Sie die Informationen und verwenden Sie das neue Wort in einem Satz. Teilen Sie Ihre Sätze mit dem Kurs.

Information		Neuer Satz
er wollte auf die Fidschiinseln (fahren) *he wanted (to go) to the Fiji Islands*	Ich will einmal im Leben auf die Fidschiinseln. *I want to go to the Fiji Islands before I die.*	
na gut *all right*	*This is a conversational expression of concession or agreement.*	
fünf Straßen **weiter** *five blocks down the street*	weit *'far'*; weiter *'farther'*	
Siehst du? *You see?*	*conversational expression*	
sogar die Luft ist **anders** *even the air is different*	anders *'different'*; die anderen *'the others'*	
allen erzählen, wie es war *tell everybody how it was*	die Erzählung *'story, narrative'*	
Die Häuser sahen <u>doch</u> rot aus? *The houses were red, <u>weren't they</u>?*	*The particle* doch *adds the element of uncertainty to this statement.*	
es ist nicht alles Kartoffel, was braun ist *not everything that is brown is a potato*	*This is a play on the proverb* Es ist nicht alles Gold, was glänzt *'not everthing that is shiny is made of gold' meaning that things sometimes look better than they really are.*	
zu Hause ist es <u>doch</u> am schönsten *corresponds to the saying in English 'There's no place like home'*	*The particle* doch *adds an element of emphasis and affirmation to this statement.*	

Fragen zum Text

Beantworten Sie die Fragen zum Text.

1. Woher kommt der Kartoffelkäfer? Wo liegt das?
2. Wohin möchte der Kartoffelkäfer einmal im Leben fahren? Wo liegt das?
3. Wie bringt der freundliche Herr den Kartoffelkäfer „auf die Fidschiinseln"?
4. Was zeigt der freundliche Herr dem Kartoffelkäfer „auf den Fidschiinseln"?
5. Was möchte der Kartoffelkäfer machen, als er wieder zu Hause ist?
6. Wo findet der Kartoffelkäfer es am schönsten?

Ein freundlicher Herr?

Beantworten Sie die Fragen zur Interpretation.

1. Ist der freundliche Herr ein Lügner°?   *liar*
2. Ist der Kartoffelkäfer am Ende glücklicher°?   *happier*
3. Warum sagen Menschen oft *Zu Hause ist es doch am schönsten?*

Dialog

Schreiben Sie den Dialog zwischen dem Herrn und dem Kartoffelkäfer. Lesen Sie dann den Dialog mit verteilten Rollen im Kurs vor.

BEISPIEL KÄFER Einmal im Leben will ich auf die Fidschiinseln.
       HERR Na gut, wenn du ...

Würden Sie auch gerne einmal auf die Fidschiinseln fahren?

Strukturen

declension

iLrn Go to iLrn for more
grammar practice.

9.4.1 Deklination° von Nomen und Pronomen (Wiederholung)

In chapters 1, 2, 4, and 6 you became familiar with the four cases in German. Each
case represents a different function of a noun or pronoun in a sentence.

Kasus	Funktion	
Nominativ	Subjekt	**Rüdiger Fichte** ist Privatdozent.
Akkusativ	Direktes Objekt	Rüdiger Fichte kauft **ein neues Fahrrad**.
Dativ	Indirektes Objekt	Rüdiger Fichte gibt **dem Studenten** die Seminararbeit.
Genitiv	Possessiv	Die Referate **seiner Studenten** sind interessant.

iLrn GRAMMAR
GLOSSARY
You can find more information about
⇒ **declension, nouns,** and **pronouns**
in the *Welten* grammar glossary
in iLrn.

Prepositions also require their objects to be in a specific case. Articles, pronouns,
and adjectives change their forms to signal the case of the accompanying noun.
The complete set of forms for all of the cases is called *declension*.

• **Artikel**

Fill in the missing forms for the declension of definite and indefinite articles in the
table below.

Kasus	Maskulinum	Neutrum	Femininum	Plural
Nominativ	der Baum ein Baum	das Tier _____ Tier	_____ Blume eine Blume	die Bäume /Tiere / Blumen keine Bäume /Tiere / Blumen
Akkusativ	_____ Baum einen Baum	_____ Tier ein Tier	die Blume _____ Blume	die Bäume /Tiere / Blumen _____ Bäume /Tiere / Blumen
Dativ	dem Baum _____ Baum	_____ Tier einem Tier	der Blume _____ Blume	_____ Bäumen /Tieren / Blumen keinen Bäumen /Tieren / Blumen
Genitiv	_____ Baumes eines Baumes	_____ Tier(e)s _____ Tier(e)s	_____ Blume einer Blume	der Bäume /Tiere / Blumen keiner Bäume /Tiere / Blumen

• **Pronomen**

Now fill in the missing forms for the declension of pronouns in the table below:

Person	Singular					Plural			Formell
	1st	2nd	3rd			1st	2nd	3rd	
			M	N	F				
Nominativ	ich	du	er	es	sie	wir	ihr	sie	Sie
Akkusativ	_____	dich	ihn	es	_____	_____	euch	sie	_____
Dativ	mir	_____	ihm			uns	_____	ihnen	
Genitiv[1]	meiner	deiner	seiner	seiner	ihrer	unser	euer	ihrer	Ihrer

[1] The genitive pronouns are based on possessive pronouns and are rarely used in modern German.

55 Konferenz in Wien

Rüdiger fährt zu einer Philosophie-Konferenz in Wien. Packen Sie seinen Koffer.

BEISPIEL   ANNA   Rüdiger braucht einen Computer.
              OTTO   Rüdiger braucht einen Computer und ein Hemd.
           FRANZ   Rüdiger braucht einen Computer und ein Hemd und eine Hose. …

56 Mitbringsel°   *souvenirs*

Wem bringt Rüdiger die folgenden Sachen von seiner Reise mit? Schreiben Sie Sätze wie im Beispiel.

BEISPIEL   Den Bio-Kaffee bringt er seiner Freundin Ulla mit.

Mitbringsel	Wem?
der Bio-Kaffee	der Dekan
der Likör	der neue Kollege
die feinen Pralinen	die Sekretärin vom Institut
der silberne Löffel	seine Freundin Ulla
die Flasche Wein	seine Eltern
das Buch über Rudolf Steiner	die Nachbarn

57 Philosophisches

Ergänzen Sie die Nomen im richtigen Kasus.

BEISPIEL   Die Philosophie hat _____. (eine lange Tradition) →
                Die Philosophie hat eine lange Tradition.

1. Im antiken Griechenland beginnt die Geschichte _____. (die Philosophie)
2. Wichtige Aspekte der Philosophie sind _____. (die Logik und die Erkenntnistheorie)
3. Die Metaphysik untersucht die Fundamente und Strukturen _____. (die Welt)
4. Die philosophische Anthropologie erforscht _____ des Menschen. (das Wesen)
5. Die Sprachphilosophen analysieren die Bedeutung der Sprache für _____. (das Bewusstsein)

58 Nach der Vorlesung

Rüdiger Fichtes Studenten unterhalten sich nach der Vorlesung vor dem Hörsaal. Ergänzen Sie die richtigen Personalpronomen.

dich	er	ich (x5)	ihn	ihr	wir (x2)
du (x2)	es	ihm	ihnen	sie	wir/sie

SEBASTIAN   Hallo Julia und Rashid! Habt _____ die Vorlesung heute auch so langweilig gefunden?

JULIA   Nee, was hast _____ denn? _____ habe _____ unheimlich interessant gefunden. Das Thema ist total spannend, weil _____ alle Menschen betrifft (*concerns*). _____ sind doch alle für die Natur verantwortlich, oder? Und Professor Fichte bringt tolle Beispiele.

RASHID   Also Julia, ich verstehe _____ nicht. _____ findest _____ halt einfach gut, egal in welcher Form er gerade ist. Und _____ würde mal sagen, dass _____ heute nicht gerade topfit ist. Vielleicht sollten _____ _____ einen Kaffee bringen?

SEBASTIAN   Also einen Kaffee könnte _____ jetzt selber ganz gut gebrauchen. Wie wäre es, wenn _____ noch kurz in die Cafeteria gehen? _____ habe allerdings nicht sehr lange Zeit, weil ich nacher noch in die Stadt muss. Meine Eltern haben nächste Woche Hochzeitstag und _____ wollte _____ ein Geschenk besorgen.

Aphorismen und Zitate zur Naturphilosophie

Der Soziologe Ulrich Beck schreibt über die Risiken der modernen Gesellschaft.

Naturphilosophie

59 Verbinden Sie die Sätze mit den passenden Übersetzungen im Englischen.

1. Was darf ich hoffen?
2. Das Höchste, zu dem es die Natur treibt, ist das Leben.
3. Der Mensch ist nur Mensch durch Sprache.
4. Die Kunst ist die große Ermöglicherin des Lebens.
5. Ich bin Leben, das leben will, inmitten von Leben, das leben will.
6. Wäre das Auge nicht sonnenhaft, dann könnte es die Sonne nicht sehen.
7. Die Kunst gibt uns Ordnung in der Auffassung der Erscheinungen.
8. Die Philosophie ist ein Kampf gegen die Verhexung unseres Verstandes durch die Sprache.
9. Handle so, dass die Wirkungen deiner Handlungen verträglich sind mit der Permanenz echten menschlichen Lebens auf Erden.

a. *Art is what makes all life possible.*
b. *Do everything in a way that is conducive to permanent and real human life on earth.*
c. *I am life that wants to live among life that wants to live.*
d. *Art brings order to all phenomena of our perception.*
e. *What am I allowed to hope for?*
f. *Philosophy is a battle against the corruption of reason through language.*
g. *Language is what makes us human.*
h. *The highest goal that drives us is life itself.*
i. *If the eye were not like the sun, it could never see it.*

Zitate

Kennen Sie Aphorismen und Zitate von berühmten Philosophen, Wissenschaftlern oder Autoren?

Aphorismen und Zitate zur Naturphilosophie

Immanuel Kant (1781): *„1. Was kann ich wissen? 2. Was soll ich tun? 3. Was darf ich hoffen?"* (Kant, Immanuel. ([1781/1787], 1968). *Kritik der reinen Vernunft*, B 832–833.: Kritik der reinen Vernunft. Frankfurt a.M.: Suhrkamp.)

Johann Wolfgang von Goethe (1791): *„Wär' nicht das Auge sonnenhaft, es würde nie die Sonn' erblicken."* (Goethe, Johann Wolfgang von. ([1791/92], 1951). *Die Schriften zur Naturwissenschaft*. Dritter Band: *Beiträge zur Optik und Anfänge der Farbenlehre.* Weimar: Hermann Böhlaus Nachfolger, S. 301.)

Georg Wilhelm Friedrich Hegel (1817): *„Das Höchste, zu dem es die Natur in ihrem Dasein treibt, ist das Leben."* (Hegel, Georg Wilhelm Friedrich. ([1817], 1979). *Werke*. Band 9. Frankfurt a.M. S. 28.)

Wilhelm von Humboldt (1820): *„Der Mensch ist nur Mensch durch Sprache; aber um die Sprache zu erfinden, müßte er schon Mensch sein."* (Humboldt, Wilhelm von. ([1820], 1968). „Über das vergleichende Sprachstudium in Beziehung auf die verschiedenen Epochen der Sprachentwicklung." *Gesammelte Werke*. Berlin: Leitzmann, IV, S.15.)

Friedrich Nietzsche (1888): *„Die Kunst und nichts als die Kunst! Sie ist die große Ermöglicherin des Lebens, die große Verführerin zum Leben, das große Stimulans des Lebens."* (Nietzsche, Friedrich. ([1888], 1980). „Notizbuch von 1888". *Kritische Studienausgabe*. 13, 17[3]. München: de Gruyter. S. 522.)

Albert Schweitzer (1923): *„Ich bin Leben, das leben will, inmitten von Leben, das leben will."* (Schweitzer, Albert. ([1923], 1974). „Kultur und Ethik.", *Gesammelte Werke*. Band 2, München: S. 337.)

Ernst Cassirer (1944): *„Die Wissenschaft gibt uns Ordnung im Denken; die Moral gibt uns Ordnung im Handeln; die Kunst gibt uns Ordnung in der Auffassung der sichtbaren, greifbaren und hörbaren Erscheinungen."* (Cassirer, Ernst. ([1944], 2007). *Versuch über den Menschen*. Hamburg: Meiner Verlag, S. 257.)

Ludwig Wittgenstein (1953): *„Die Philosophie ist ein Kampf gegen die Verhexung unseres Verstandes durch die Mittel unserer Sprache."* (Wittgenstein, Ludwig. (1953). *Philosophische Untersuchungen*. London: Blackwell. S. 109.)

Hans Jonas (1979): *„Handle so, dass die Wirkungen deiner Handlungen verträglich sind mit der Permanenz echten menschlichen Lebens auf Erden."* (Jonas, Hans. (1979). *Das Prinzip Verantwortung*. Frankfurt a.M.: Suhrkamp.)

Ulrich Beck (1986): *„Not ist hierarchisch, Smog ist demokratisch."* (Beck, Ulrich. (1986). *Risikogesellschaft*. Frankfurt a.M.: Suhrkamp. S. 48.)

Lesen Sie die Informationen in der Tabelle, um die Aphorismen und Zitate zu verstehen. Notieren Sie Ihre Fragen in der rechten Spalte.

Information		Fragen
die **Vernunft** reason	vernünftig *'reasonable'*	
sonnenhaft like the sun	*Goethe is considered one of the most creative innovators of German. With the suffix* -haft, *you can create new adjectives out of nouns such as* wolkenhaft, märchenhaft, *and so forth*	
die **Erscheinung** (Erscheinungen) appearance	erscheinen, scheinen *'to appear, seem'*	
das Dasein existence, being in the world	An important philosophical concept.	
die Verführerin one who seduces us	verführen *'to seduce'*	
die **Tatsache** (Tatsachen) fact	tatsächlich *'really'*	
die **Wirkung** (Wirkungen) effect	wirken *'to affect'*	
handeln to act	die Handlung *'act'*	
die **Not** despair, poverty, emergency	der Notausgang *'emergency exit';* der Notarzt *'emergency physician'*	

Definitionen

61

Welche Definition passt zu welchem Begriff?

die Vernunft	die Wirkung	das Dasein	die Natur
die Tatsache	der Verstand	die Kunst	

der ...: is the case

1. Etwas, das tatsächlich der Fall ist°.
2. Alles was lebt.
3. Die Art, wie man lebt.
4. Der Effekt.
5. Unser Denken und Verstehen.
6. Unsere Kreativität und der Sinn für das, was schön ist.

Naturphilosophie

62

Welches Zitat finden Sie am interessantesten? Arbeiten Sie in Gruppen oder Paaren und forschen Sie im Internet. Suchen Sie Informationen über die Philosophen, ihr Leben, ihre Werke und ihre wichtigsten Ideen.

Philosophen

63

Teilen Sie Informationen über einen Philosophen. Informieren Sie die anderen Kursteilnehmer über ...

1. die Biografien der Philosophen,
2. die wichtigsten Werke und
3. die wichtigsten Ideen.

Rüdiger über das Konzept *Glück*

 Ergänzen Sie die fehlenden Wörter in Rüdigers Diskussion von *Glück* und versuchen Sie dann, den Text ins Englische zu übersetzen.

Konzept	Zeitgeist	sich erfinden
Diskussion	Menschen	wahrnehmen
Philosophie		

Das Glück ist ein vieldiskutiertes Konzept in der _____, das über die Jahrhunderte – ähnlich wie _____ – viele Wandlungen durchlebt hat. Es zeigt eigentlich sehr … am deutlichsten von allen anderen Gebieten in der Philosophie die Art wie _____ sich selber erleben … wie Menschen _____ … wie sie sich sehen, _____. Ist es beschränkt? Ist es weit? Und in der aktuellen _____ in der Wissenschaft würde man eher sagen *Das Glück ist ein* _____ *des Egos.*

Was ist *Glück* für dich?

Verbinden Sie die Satzteile.

1. Für Hubert ist Glück, …
2. Glück bedeutet für Thorsten, …
3. Für Nada heißt Glück, …
4. Glück für Sebastian ist, …
5. Für Kati ist Glück, …
6. Für Martina bedeutet Glück, …
7. Glück ist für Volker …
8. Für Hilli ist Glück, …
9. Glück bedeutet für Gregor …
10. Für Uwe besteht Glück aus …
11. Yasemin sagt, Glück ist das einzige, …

a. erfolgreich zu sein.
b. auf der Bühne zu stehen.
c. Lebensfreude° und Sicherheit.°   *joy of life / security*
d. innere Entspanntheit.°   *inner calm*
e. wenn sie Dinge machen kann, die ihr gefallen.
f. wenn man im Lotto gewinnt.
g. eine Hängematte° im Garten und kein Mensch weit und breit.   *hammock*
h. wenn Karriere und Familie im Einklang° sind.   *in harmony*
i. jeden Morgen aufzustehen und keine Sorgen zu haben.
j. wenn er für Menschen kochen darf, die gutes Essen zu schätzen wissen.
k. das sich verdoppelt, wenn man es teilt.

BEGRIFF GLÜCK

The concept **Glück** in German includes both 'luck' and 'happiness.' **Glück haben** 'to be lucky' und **glücklich sein** 'to be happy' both express these ideas. In order to appreciate this, you have to consider **Glück** in a variety of contexts. Think about good ways to express these phrases in English:

1. Er hat mehr Glück als Verstand.
2. Er ist ein Glückskind. Er hat schon wieder im Lotto gewonnen.
3. Glück muss der Mensch haben!
4. Das war Glück im Unglück.
5. Jetzt bin ich wunschlos glücklich.
6. Herzlichen Glückwunsch!
7. Viel Glück!
8. Da hast du aber nochmal Glück gehabt. Das war sehr gefährlich.

Übergang

Im nächsten Kapitel erfahren Sie mehr über Hubert, den Koch aus den Alpen. Was würden Sie gerne erfahren? Schreiben Sie die drei Sätze zu Ende:

1. Ich würde gerne wissen, ob …
2. Ich würde gerne erfahren, wie …
3. Ich hätte gerne gewusst, was …

Wortschatz 🔊

■ Nomen

der **Arm** (Arme) *arm*

das **Auge** (Augen) *eye*

der **Bär** (-en) (Bären) *bear*

der **Bauch** (Bäuche) *stomach*

die **Bedeutung** (Bedeutungen) *meaning*

der **Begriff** (Begriffe) *concept*

das **Bein** (Beine) *leg*

die **Beschreibung** (Beschreibungen) *description*

das **Bewusstsein** *consciousness, awareness*

der **Brief** (Briefe) *letter*

der **Dekan** (Dekane) *dean*

der **Dialog** (Dialoge) *dialogue*

die **Einführung** (Einführungen) *introduction*

die **Erkenntnis** (Erkenntnisse) *insight*

die **Eröffnung** (Eröffnungen) *opening*

die **Erzählung** (Erzählungen) *story, narration*

der **Fachbereich** (Fachbereiche) *department*

der **Finger** (Finger) *finger*

der **Fuß** (Füße) *feet*

das **Gehirn** (Gehirne) *brain*

das **Gelände** *terrain*

der **Geschmack** (Geschmäcke) *taste*

das **Glück** *luck, good fortune; happiness*

der **Grund** (Gründe) *reason*

der **Hals** (Hälse) *neck*

die **Hand** (Hände) *hand*

das **Hauptseminar** (Hauptseminare) *advanced seminar*

die **Haut** (Häute) *skin*

das **Herz** (*Dat.* Herzen, *Gen.* Herzens) (Herzen) *heart*

der **Hund** (Hunde) *dog*

die **Katze** (Katzen) *cat*

das **Knie** (Knie) *knee*

der **Knochen** (Knochen) *bone*

der **Kopf** (Köpfe) *head*

der **Körper** (Körper) *body*

die **Kuh** (Kühe) *cow*

der **Laut** (Laute) *sound*

das **Lebewesen** (Lebewesen) *creature, being*

die **Lippe** (Lippen) *lip*

der **Magen** (Mägen) *stomach*

die **Maus** (Mäuse) *mouse*

der **Mund** (Münder) *mouth*

der **Muskel** (Muskeln) *muscle*

der **Name** (*Akk./Dat.* Namen, *Gen.* Namens) (Namen) *name*

die **Nase** (Nasen) *nose*

der **Nerv** (Nerven) *nerve*

die **Not** *despair, poverty, emergency*

das **Ohr** (Ohren) *ear*

das **Pferd** (Pferde) *horse*

die **Philosophie** (Philosophien) *philosophy*

der **Preis** (Preise) *prize, award*

das **Proseminar** (Proseminare) *introductory seminar*

die **Publikation** (Publikationen) *publication*

der **Rücken** (Rücken) *back*

die **Schlange** (Schlangen) *snake*

die **Schulter** (Schultern) *shoulder*

das **Schwein** (Schweine) *pig*

das **Seminar** (Seminare) *seminar*

der/die **Studierende** (*adjectival noun*) *student*

die **Tatsache** (Tatsachen) *fact*

die **Theorie** (Theorien) *theory*

das **Tier** (Tiere) *animal*

die **Umwelt** *environment*

der **Verlag** (Verlage) *publisher*

die **Verleihung** (Verleihungen) *award ceremony*

die **Vernunft** *reason*

der **Vogel** (Vögel) *bird*

die **Vorlesung** (Vorlesungen) *lecture*

der **Vortrag** (Vorträge) *presentation, lecture*

der **Wettbewerb** (Wettbewerbe) *competition*

die **Wirklichkeit** (Wirklichkeiten) *reality*

die **Wirkung** (Wirkungen) *effect*

der **Zahn** (Zähne) *tooth*

die **Zunge** (Zungen) *tongue*

■ Verben

analysieren (analysiert, analysierte, hat analysiert) *to analyse*

bedeuten (bedeutet, bedeutete, hat bedeutet) *to mean*

bevorzugen (bevorzugt, bevorzugte, hat bevorzugt) *to prefer*

definieren (definiert, definierte, hat definiert) *to define*

erfahren (erfährt, erfuhr, hat erfahren) *to experience*

erwidern (erwidert, erwiderte, hat erwidert) *to reply*

gewinnen (gewinnt, gewann, hat gewonnen) *to win*

gratulieren (gratuliert, gratulierte, hat gratuliert) *to congratulate*

handeln (handelt, handelte, hat gehandelt) *to act*

hoffen (hofft, hoffte, hat gehofft) *to hope*

konstruieren (konstruiert, konstruierte, hat konstruiert) *to construct*

leben (lebt, lebte, hat gelebt) *to be alive*

lehren (lehrt, lehrte, hat gelehrt) *to teach*

reden (redet, redete, hat geredet) *to talk*

scheinen (scheint, schien, hat geschienen) *to seem, shine*

Sport machen (macht, machte, hat gemacht) *to exercise*

sich **täuschen** (täuscht sich, täuschte sich, hat sich getäuscht) *to be wrong, err*

übersetzen (übersetzt, übersetzte, hat übersetzt) *to translate*

verleihen (verleiht, verlieh, hat verliehen) *to award*

wiederholen (wiederholt, wiederholte, hat wiederholt) *to repeat*

zeigen (zeigt, zeigte, hat gezeigt) *to show, demonstrate*

■ Adjektive

ausländisch *foreign*

herzlich (herzlicher, am herzlichsten) *cordial*

höflich (höflicher, am höflichsten) *polite*

ruhig *quiet(ly); as an adverb: without reservation*

weit (weiter, am weitesten) *far*

wichtig (wichtiger, am wichtigsten) *important*

■ Adverbien

anders *different*

doch *however, still*

irgendwie *somehow*

■ Sonstiges

etwas *something*

na gut *fair enough*

10

Hubert Moser, Koch
Bad Gastein (Österreich)

Im Hotel Alpenrose wird sehr gut gekocht.

LERNZIELE

- *talking about food*
- *using units of measurement*
- *focusing on what is done rather than who is doing it*
- *explaining how something is done*
- *reviewing the use of adjectives*
- *using infinitive constructions*
- *using the passive voice and related structures*

Greg Pease/Photographer's Choice/Getty Images

IN DIESEM KAPITEL ...

You will explore the world of Hubert, an Austrian chef in an Alpine luxury hotel. He blogs about Austrian food, his favorite recipes, and how people eat. For a broader perspective, you will consider what a German family of four eats in a week, read a humorous essay about a restaurant date and Germany's fascination with Italian cuisine, a poem about competition, and an interview with Johanna Maier, one of the world's best chefs, who lives not far from Hubert.

NAME: Moser, Hubert Joseph
ALTER: 39
WOHNORT: Bad Gastein
GEBURTSORT: Erding
BERUF: Koch
LIEBLINGSGERICHTE[1]:
Leberknödelsuppe[2],
Mohnnudeln[3]

[1] favorite foods
[2] liver dumpling soup
[3] sweet potato noodles with poppy seeds

Huberts Gastroblog

1 Ein Gastroblog

 Was erwarten Sie von einem Blog über Gastronomie? Machen Sie eine kleine Liste und vergleichen Sie im Kurs.

www.hubertsgastroblog.at/start

willkommen bei Huberts Gastroblog!

Ich freue mich, dass Sie sich für meine Gedanken über das Essen in Österreich interessieren. Ich koche in einem Hotel mit eigener Landwirtschaft. Wir haben unsere eigene Milch und machen daraus feinen Käse und gute Butter. Wir haben jeden Tag frische Eier und frischen Fisch. Auch unser Fleisch kommt aus der Region. Wir backen unser Brot jeden Tag frisch. Für die meisten Österreicher ist das unrealistisch, denn ihre Lebensmittel kommen aus dem Supermarkt. Die Leute kochen immer weniger und essen immer weniger traditionelle Gerichte. Es gibt immer mehr Fertigprodukte auf dem Markt. Ich frage mich oft, wie lange es die traditionelle österreichische Küche noch geben wird …

Essen in Österreich

das **Essen** *food, eating*	der **Fisch** (Fische) *fish*
der **Koch** (Köche) *chef*	das **Fleisch** *meat*
das **Hotel** (Hotels) *hotel*	**backen** (bäckt/backt, backte, hat
die **Landwirtschaft** *agriculture*	gebacken) *to bake*
die **Milch** *milk*	das **Brot** (Brote) *bread*
fein *good (quality)*	die **Lebensmittel** (*pl.*) *groceries, food*
der **Käse** *cheese*	
die **Butter** *butter*	**traditionell** *traditional*
frisch *fresh*	das **Gericht** (Gerichte) *dish, recipe*
das **Ei** (Eier) *egg*	das **Fertigprodukt** (Fertigprodukte) *processed food, packaged food*

2 Vokabelarbeit: Essen in Österreich

Ergänzen Sie die Lücken.

Hubert ist (1) _____ im Hotel Alpenrose in Bad Gastein. Viele Lebensmittel kommen dort aus eigener (2) _____. Zum Beispiel machen sie Butter und Käse aus ihrer eigenen (3) _____. Hubert backt jeden Tag frisches (4) _____. Mit frischen Eiern und frischem Fleisch werden im Hotel Alpenrose feine traditionelle (5) _____ gemacht. Hubert bloggt über das (6) _____ in Österreich, weil die meisten Leute immer weniger kochen. Auch in Österreich gibt es immer mehr (7) _____ im Supermarkt.

Was sagt Hubert?

▶ Hören Sie genau zu und notieren Sie, was Hubert sagt.

BEISPIEL Grüß Gott, ich bin der Hubert Moser. ...

Fragen zum Profil

1. Wer ist Hubert Moser?
2. Wo arbeitet er?
3. Woher bekommt Hubert Fleisch, Milch, Butter und Eier?
4. Worüber bloggt er?
5. Warum interessiert ihn, was man in Österreich isst?
6. Was sagt Hubert über Bad Gastein?
7. Was sagt Hubert über das Hotel Alpenrose?

Was isst eine Familie in einer Woche?

Mineralwasser · das Müsli · der/das Joghurt (Joghurts) · nes Fleisch · frische Brötchen · Wein (Weine) · Bier (Biere) · r Tee · der Kaffee · alkoholische Getränke · die Schokolade · die Milch · frisches Obst · der Saft (Säfte) · gefrorene Pizza · grüner Salat · der Apfel (Äpfel) · frisches Gemüse · die Kartoffel (Kartoffeln) · die Tomate (Tomaten) · die Wurst · die Karotte (Karotten) · der Käse

Mengenangaben

viel	*a lot*	**nur**	*only*
viele	*many*	höchstens	*at most*
mehr	*more*	ein bisschen	*a little bit*
mehrere	*several*	bloß	*only, just*
mindestens	*at least*	**kein/keine**	*no, none*
ungefähr	*roughly*	die **Packung (Packungen)**	*package, carton*
wenig	*little, a small amount*	das **Stück** (Stücke)	*pieces*

Was isst eine Familie in einer Woche?

Der Fotograf Peter Menzel und die Autorin Faith D'Aliusio haben in ihrem Buch *So isst der Mensch* (2005) dokumentiert, was Familien in verschiedenen Ländern in einer Woche essen. Beantworten Sie die Fragen über diese deutsche Familie.

BEISPIELE **Lebensmittel:** **Wie viel in einer Woche?**
Milch viel, mindestens 10 Packungen
süße Getränke ungefähr 6 Packungen Saft, keine Cola
alkoholische Getränke viel Bier, mindestens 20 Flaschen

1. gefrorene Pizza _____ 9. Mineralwasser _____
2. Fleisch _____ 10. Brötchen _____
3. Bananen _____ 11. Käse _____
4. frisches Obst _____ 12. süße Sachen _____
5. Joghurt _____ 13. Kaffee und Tee _____
6. Salat _____ 14. Müsli _____
7. Gemüse _____ 15. Fastfood _____
8. Saft _____ 16. Fertigprodukte _____

Wie viel?

Verbinden Sie die Mengenangaben und die Produkte, die Sie auf dem Foto sehen.

1. Drei Packungen gefrorene ... a. Mineralwasser
2. Zwölf Flaschen ... b. Gemüse
3. Viel frisches ... c. rohes Fleisch
4. Keine ... d. Pizza
5. Ein großer Teller ... e. Chips oder Kräcker
6. Zwei große Stücke Schweizer ... f. Kartoffeln
7. Ein kleines Glas ... g. Käse
8. Ungefähr zwei Kilo ... h. saure Gurken

Partnerinterview: Was isst du?

Machen Sie ein Interview. Schreiben Sie alles auf. Nehmen Sie das Foto der deutschen Familie als Modell.

1. Trinkst du Milch? Wie viel Milch trinkst du in einer Woche?
2. Was trinkst du meistens? Wie viel trinkst du pro Woche?
3. Kaufst du gefrorene Produkte? Wie viel ungefähr?
4. Isst du Fleisch? Wie viel?
5. Isst du Fisch?
6. Isst du frisches Obst?

Wortschatz: Lebensmittel

Welche Wörter für Lebensmittel möchten Sie noch wissen?

Einkaufsliste

Machen Sie für Ihren Partner eine Einkaufsliste für eine Woche. Vergleichen Sie dann die Liste, die Ihr Partner für Sie gemacht hat. Berichten Sie interessante Unterschiede im Kurs.

Hubert kauft ein

Schritt 1. Was steht auf Huberts Einkaufsliste? Was steht nicht auf seiner Liste?

	auf der Liste	nicht auf der Liste
Käse	☐	☐
Salz	☐	☐
Salat	☐	☐
Butter	☐	☐
Sahne	☐	☐
Kaffee	☐	☐
Tomaten	☐	☐
Brot	☐	☐
Fisch	☐	☐
Salami	☐	☐

MPreis Supermarkt in Telfs, Tirol

Schritt 2. Was sagt Hubert über die Lebensmittel?

teuer	gesund	große
extra scharfe	österreichischer	schön
billig	kleines	viel

1. Ein _____ Bergkäse wäre gut.
2. Französischer Käse ist meistens zu _____.
3. Der Romana-Salat ist zurzeit recht _____.
4. Er braucht _____ Butter.
5. Die Kirschen sind im Moment sehr _____.
6. Die frischen Biotomaten sind ökologisch und _____.
7. Er braucht ein _____ Brot und eine _____ Wassermelone.
8. Hubert mag _____ Salami.

Supermärkte in Österreich

Im Supermarkt

Was kann man im Supermarkt alles kaufen? Machen Sie eine Liste. Sie haben drei Minuten Zeit. Wer die meisten Sachen hat, hat gewonnen!

www.hubertsgastroblog.at/supermarkt

Lebensmittelpreise im Supermarkt

Die Supermärkte in Österreich werden immer größer und die Auswahl an Produkten immer breiter. Aber heißt das, dass die Österreicher besser essen? Ich glaube nicht. Durch die Konkurrenz der großen Supermärkte sind viele kleine Geschäfte bankrott gegangen. Und trotzdem werden Lebensmittel immer teurer. Das ist nicht nur in Österreich so. Vor 20 Jahren ist meine Mutter mit ihrer Einkaufsliste ins Lebensmittelgeschäft gegangen und hat nur das gekauft, was auf der Liste war. Heute kauft sie Lebensmittel, weil sie im Angebot sind oder weil sie billig sind. Ich glaube, wenn man versucht, beim Essen Geld zu sparen, spart man am falschen Ende. Wer Qualität will, muss ein bisschen mehr ausgeben. Auch Fastfood kostet eigentlich mehr, als man denkt. Mit Qualität ist es so: Man bekommt immer so viel, wie man dafür bezahlt.

Supermärkte in Österreich

der **Supermarkt** (Supermärkte) *supermarket*	**sparen** *to economize, save money;* am falschen Ende sparen *to save money on the wrong things*
die **Auswahl** *selection*	
die **Konkurrenz** *competition*	**(Geld) ausgeben** (gibt aus, gab aus, hat ausgegeben) *to spend (money)*
die **Liste** (Listen) *list*	
im Angebot *on sale*	
das **Geld** *money*	

12 Vokabelarbeit: Was passt?

Verbinden Sie die Wörter mit den passenden Beschreibungen.

1. die Qualität
2. das Geld
3. der Supermarkt
4. Die Auswahl ist groß.
5. sparen
6. Das ist heute im Angebot.
7. die Konkurrenz
8. Das kostet zu viel.

a. wenig Geld ausgeben
b. Der Preis ist reduziert.
c. wie gut ein Produkt ist
d. Das braucht man, um zu bezahlen.
e. wo man Lebensmittel einkaufen kann
f. Es gibt viele verschiedene Produkte.
g. Der Preis ist zu hoch.
h. Es gibt viele, die das Gleiche machen.

13 Was gibt es im Supermarkt?

 Recherchieren Sie im Internet, wie teuer die Lebensmittel in Österreich sind. Suchen Sie Lebensmittel bei Billa, Hofer, Spar, Merkur, Meinl, Mpreis und Penny.

1. Was ist im Angebot? Wie finden Sie den Preis?
2. Was ist interessant? Wie sieht die Website aus?
3. Welchen Supermarkt finden Sie am attraktivsten?
4. Wo gibt es die größte Auswahl?
5. Wo kann man feinen Kaffee kaufen?
6. Wo gibt es viele frische Produkte?

14 Lebensmittel

Ergänzen Sie die Sätze.

1. Ich kaufe gern _____.
2. Der beste Supermarkt in unserer Stadt ist _____.
3. Die Auswahl ist _____.
4. Viele Produkte sind _____.
5. Ich kaufe nie _____.
6. Ich gebe nicht viel Geld für _____ aus.
7. Wenn es gute Angebote gibt, kaufe ich _____.
8. Man kann viel Geld sparen, wenn man _____ kauft.
9. Ich finde die Qualität bei _____ am besten.
10. Wenn es nicht so viel kosten würde, dann würde ich mehr _____ kaufen.

Strukturen

10.1.1 Adjektive (Wiederholung)

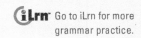 Go to iLrn for more grammar practice.

Like nouns and pronouns, an adjective that is used attributively (before the noun it describes) is declined. This means it takes various endings depending on the gender, number, and case of the noun it describes and whether the preceding article carries information about the gender, number, and case. Complete the following charts with the missing adjectives and their correct endings:

	Maskulinum	Neutrum	Femininum	Plural
Nominativ	der grün___ ein grün___ } Apfel grün___	das frisch___ ein frisch___ } Ei frisch___	die gelb___ eine gelb___ } Banane gelb___	die süß___ keine süß___ } Kirschen süß___
Akkusativ	den grün___ einen grün___ } Apfel grün ___	das frisch___ ein frisch___ } Ei frisch___	die gelb___ eine gelb___ } Banane gelb___	die süß___ keine süß___ } Kirschen süß___
Dativ	dem grün___ einem grün___ } Apfel grün ___	dem frisch___ einem frisch___ } Ei frisch___	der gelb___ einer gelb___ } Banane gelb___	den süß___ keinen süß___ } Kirschen süß___
Genitiv	des grün___ eines grün___ } Apfels grün___	des frisch___ eines frisch___ } Eis frisch___	der gelb___ einer gelb___ } Banane gelb___	der süß___ keiner süß___ } Kirschen süß___

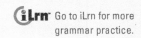 **GRAMMAR GLOSSARY**
You can find more information about ⇒ **adjectives** in the *Welten* grammar glossary in iLrn.

15 Lebensmittel

Was passt zusammen? Verbinden Sie die passenden Elemente.

1. der schwarze   a. Milch
2. frischer   b. Kaffee
3. frisches   c. Teilchen°   *pastries*
4. grüner   d. Gemüse
5. fettarme   e. Fisch
6. die süßen   f. Salat
7. das alkoholfreie   g. Fischstäbchen
8. gefrorene   h. Bier

16 Ausgehen in Deutschland

Ergänzen Sie den Text mit den passenden Adjektiven aus der Liste.

deutsche	guten
durchschnittlichen	italienische
freundliches	meisten
frische	schnelle
griechische	schönem

61 Prozent der Deutschen gehen mindestens einmal im Monat in ein
Restaurant. Die _____ (1) Ausgaben pro Restaurantbesuch und
Person sind 22 Euro. Für 91 Prozent sind bei einem Restaurantbesuch
_____ (2) Zutaten wichtig. Rund 83 Prozent wollen
_____ (3) Service und _____ (4) Personal und
68 Prozent mögen Restaurants mit _____ (5) Ambiente.
Weniger wichtig ist den _____ (6) Deutschen _____ (7)
Bedienung. 77 Prozent der Befragten sehen am liebsten _____ (8)
Gerichte auf ihrem Teller, danach folgen die _____ (9) und die
_____ (10) Küche.

17 Was essen und kochen sie gern?

Schritt 1. Welche beiden Personen kochen sehr gern? Wer kocht gar nicht?
Schreiben Sie die Namen auf.

Schritt 2. Wer isst was gern? Verbinden Sie die Satzteile.

1. Thorsten Feddersen macht
   sich ...
2. Nada El-Ghannam liebt die
   bayrische Küche. Sie isst sehr
   gern ...
3. Sebastian isst am liebsten ...
4. Kati Hürlimann kocht oft ...
5. Martina isst sehr gern ...
6. Volker Auerbachs bestes
   Rezept ist ...
7. Mittags isst Hilli gern ...
8. Gregor Weber kocht gern ...
9. Uwe Rau macht jedes
   Wochenende ...
10. Yasemin Tankut ist Vegetarierin.
    Sie isst am liebsten ...
11. Rüdiger Fichtes Lieblingsessen
    ist ...

a. gebratene Kartoffeln mit Sauerkraut
   und Gemüse.
b. türkische Pizza mit frischen
   Zwiebeln.
c. Reis mit frischen Pilzen°.
d. Leberknödelsuppe und all die
   anderen Sachen.
e. griechisches Omelett mit
   Schafskäse.
f. Currywurst mit Pommes oder
   Döner.
g. vegetarische indische Gerichte mit
   viel frischem Gemüse.
h. gebratenen Fisch und dazu
   Kartoffeln.
i. frische Salate und würzige Suppen.
j. gegrillten Fisch mit grünem Salat.
k. Rote Grütze mit Vanillesoße.

mushrooms

18 Unser neues Restaurant

Gestalten Sie eine Anzeige für Ihr neues Restaurant. Wie heißt es? Was gibt es? Benutzen Sie dabei Adjektive und Nomen aus der Liste. Teilen Sie Ihre Anzeigen im Kurs.

BEISPIEL   Restaurant Edelweiß
Genießen Sie unsere traditionellen Gerichte mit frischen Zutaten. ...

Adjektive	**Nomen**
frisch	(die, *pl.*) Zutaten
gemütlich	(die) Atmosphäre
preiswert	(das) Mittagsmenü
freundlich	(die) Bedienung
stimmungsvoll	(die) Musik
deutsch/amerikanisch/türkisch/indisch/...	(die) Küche
günstig	(die, *pl.*) Preise
gut	(die) Spezialität
groß	(die, *pl.*) Portionen

Österreich, Sankt Gilgen, Zwölferhorn

Shutterstock.com

10.2

Die österreichische Speisekarte

Regionale Spezialitäten

 Welche regionalen Spezialitäten gibt es in Ihrer Heimat? Fragen Sie andere Studenten und berichten Sie im Kurs.

www.hubertsgastroblog.at/speisekarte

Was steht auf österreichischen Speisekarten?

Die meisten Leute assoziieren österreichische Küche mit Wiener Schnitzel und Sachertorte und kennen nur wenige traditionelle Rezepte. Auf österreichischen Speisekarten stehen schon lange die typischen italienischen und französischen Gerichte, die man überall auf der Welt finden kann. Und was mich am meisten ärgert sind die sogenannten „gesunden" Gerichte, wie der Salat mit Truthahnstreifen, der auf keiner Speisekarte fehlen darf. Warum muss jedes Alpendorf eine Pizzeria haben? Wer braucht Gnocchi, wenn er ein Wiener Erdapfelgulasch haben kann? Schmeckt eine französische Zwiebelsuppe wirklich besser als eine traditionelle Leberknödelsuppe oder eine würzige Frittatensuppe?

Eine feine Leberknödelsuppe darf auf keiner österreichischen Speisekarte fehlen.

© LPhoto/Shutterstock.com

Die österreichische Küche

die **Speisekarte** (Speisekarten) *menu*
die **Küche** (Küchen) *kitchen; cuisine*
das **Rezept** (Rezepte) *recipe*
das **Restaurant** (Restaurants) *restaurant*
gesund *healthy*
Salat mit Truthahnstreifen *salad with turkey strips*
der **Gast** (Gäste) *guest, patron*

das Erdapfelgulasch = Kartoffelgulasch *potato stew*
die **Suppe** (Suppen) *soup*
die französische Zwiebelsuppe *French onion soup*
die Leberknödelsuppe *liver dumpling soup*
würzig *savory*
die Frittatensuppe *clear broth with julienned pancakes*

Definitionen

Verbinden Sie die Wörter mit den passenden Definitionen.

1. die Küche
2. die Speisekarte
3. das Restaurant
4. der Gast
5. die Suppe
6. gesund
7. traditionell

a. ein Gericht, das mit Wasser gekocht wird
b. gut für den Körper
c. eine Person, die zum Essen ins Restaurant geht
d. so, wie es seit vielen Jahren gemacht wird
e. dort, wo alles gekocht wird
f. darin steht, was es in einem Restaurant zu essen und zu trinken gibt
g. ein gastronomischer Betrieb°

business

Partnerinterview: Traditionelle Gerichte

Machen Sie ein Interview und berichten Sie das Interessanteste im Kurs.

1. Kennst du ein deutsches oder österreichisches Gericht?
2. Was ist ein traditionelles Gericht in deiner Familie?
3. Isst du gern Suppe? Was ist deine Lieblingssuppe?
4. Welche italienischen Gerichte kennst du?
5. Welche französischen Gerichte kennst du?
6. Isst du immer gesund?

Wortschatz: Gerichte

Welche Wörter möchten Sie noch wissen, um über Gerichte zu sprechen?

Kulinarische Reisen

Woran denken Sie, wenn Sie an diese Esskulturen denken?

Brasilien	Frankreich	Italien	Mexiko	Spanien
China	Griechenland	Japan	Österreich	die Türkei
Deutschland	Indien	Korea	die Schweiz	…

BEISPIEL   Bei Mexiko denke ich an frische Tacos, scharfe Tamales und süße Churros. …

Italienisch für Anfänger

Bastian Sick

Bastian Sick (1965 in Lübeck geboren) hat Geschichte und Romanistik studiert. *Italienisch für Anfänger* stammt aus seiner Kolumne über die deutsche Sprache für *SPIEGEL online*. In diesem Text beschreibt er einen Besuch in einem italienischen Restaurant.

Bella Italia

In diesem Text geht es unter anderem um die korrekte Aussprache° von italienischen Gerichten. Wissen Sie, wie man diese italienischen Spezialitäten richtig ausspricht°? Kennen Sie andere italienische Gerichte?

pronunciation

pronounces

| Chianti | espresso | gnocchi | insalata mista | spaghetti all'arrabbiata |

Wie kann man das sagen?

Verbinden Sie die die passenden Phrasen und Sätze.

1. das junge Paar
2. alles umwerfend romantisch
3. Der Kellner nimmt die Bestellung auf.
4. Man fühlt sich so richtig italienisch.
5. die falsche Aussprache
6. Woher willst du das wissen?
7. Ist mir ganz egal.
8. Die Stimmung ist so lala.
9. das, was man in Deutschland unter Kaffee versteht

a. *The waiter takes the order.*
b. *the incorrect pronunciation*
c. *The mood is so so.*
d. *what they consider coffee in Germany*
e. *everything incredibly romantic*
f. *I don't care one bit.*
g. *How do you know that?*
h. *the young couple*
i. *You feel like an Italian.*

picture-alliance-News.com

Bastian Sick

Italienisch für Anfänger

Bastian Sick

Da sitzt es, das junge Paar, im gemütlichen „Ristorante Napoli"
und studiert die Speisekarte. [...] Jeder kennt ihn, den „typischen
Italiener" an der Ecke°, bei dem man sich so richtig italienisch fühlt.
[...] Kerzenschein°, italienische Musik, alles umwerfend romantisch.
5 Der Kellner kommt, um die Bestellung aufzunehmen. Sie macht den
Mund auf – da nimmt das Unheil seinen Lauf°.

    Sie bestellt einen Insalata mista und die überbackenen Spinat-
Gnocchi, wobei sie die dicken Kartoffellarven „Gnotschi" ausspricht.
Da sagt er zu ihr: „Schatz, es heißt nicht Gnotschi, sondern Njokki!" –
10 „Woher willst du das wissen?", gibt sie gleich pikiert° zurück. „Weil das
h das c erhärtet°, so wie in Pinocchio. Der heißt ja schließlich nicht
Pinotschio", sagt er. Sie schaut zum Kellner auf und lächelt irritiert:
„Also gut, dann nehme ich doch lieber die Spaghetti alla rabiata" –
15 „Schatz, es heißt all'arrabbiata", flüstert er und tätschelt° ihre Hand.
„Das hab ich doch gesagt!", erwidert sie gereizt° und zieht ihre Hand
zurück. „Aber du hast es falsch betont", sagt er. „Weißt du was?", sagt
sie, „dann bestell du doch das Essen!" – „Wie du willst, mein Schatz!
Möchtest du nun die Gnocchi oder die Spaghetti?" – „Ist mir ganz
20 egal." – „Gut. Dann nehmen wir zwei Insalate miste und zweimal die
Njokki" – „Sehr recht", sagt der Kellner in fließendem Deutsch und
notiert die Order. „Und welchen Wein wollen Sie trinken?" Der Gast
blickt seine Begleiterin an und fragt: „Schatz, welchen Wein möchtest
du?" Ihr Blick fliegt über die Karte auf der Suche nach irgendetwas,
25 das ihr bekannt vorkommt. „Tschianti", sagt sie schließlich, woraufhin
er sich zu verbessern beeilt: „Du meinst *Kianti*!" Während des Essens
ist die Stimmung so lala; aus lauter Angst, etwas Falsches zu sagen,
lenkt° sie das Gespräch freiwillig auf Themen wie Tennis, Fernsehen
und sogar Politik. Beim Nachtisch kommt es dann zur Katastrophe.
30 Als der Kellner fragt, ob sie einen Kaffee wünschen, sagt sie zu
ihrem Liebsten: „Ach ja, einen Espresso können wir noch trinken,
nicht wahr?" Er nickt°, woraufhin sie zum Kellner sagt: „Also zwei
Espresso, bitte." Da sagt er zu ihr: „Schatz, das heißt Espressi! Ein
Espresso, zwei Espressi." Sie zieht einen Schmollmund°, der Kellner
35 notiert: „Zwei caffé, kommt sofort!" – „Nein, warten Sie, nicht Kaffee,
wir wollen zwei Espressi", stellt er klar. „Sì, sì", sagt der Kellner,
„due caffé! In Italia ist caffé immer ein Espresso!" Und mit einem
verschmitzten° Lächeln fügt er hinzu: „Das, was man in Deutschland
unter Kaffee versteht, würde ein Italiener niemals anrühren°!" [...]

Excerpt from *Der Dativ ist dem Genitiv sein Tod*, pp. 94 by Bastian Sick. Published by Verlag Kiepenheuer &
Witsch GmbH & Co. Reprinted by permission.
Quelle: Bastian Sick, *SPIEGEL Online*

on the corner, down the street
candle light

nimmt ...: things start going sour

hurt, irritated
hardens

caresses
irritated

steers

nods

zieht ...: makes a pouty face

irreverent
touch

Lesen Sie die Informationen und beantworten Sie die Fragen in der dritten Spalte.

Information		Fragen / Notizen
das **Paar** (Paare) *couple*		Wohin gehen Paare gern zum Essen?
der **Kellner** (Kellner) *waiter, server*	die Kellnerin (Kellnerinnen) *'waitress, server'*	Wo gibt es die nettesten Kellner?
die **Bestellung** (Bestellingen) *order*	der Kellner nimmt die Bestellung auf *'the waiter takes the order'*; bestellen *'to order'*	Was bestellen Sie gern?
an der **Ecke** *at the corner (near where you live)*	die Ecke (Ecken) *'corner'*	Haben Sie ein Restaurant „an der Ecke"?
Schatz! *honey, love*	der Schatz *literally means 'treasure'*	Haben Sie einen Schatz?
etwas falsch betonen *to pronounce s.th. incorrectly (by putting the accent on the wrong syllable)*	die Betonung *'accentuation'*	Gibt es ein Wort, das sie manchmal falsch betonen?
in fließendem Deutsch *in fluent German*	das Deutsch *'German (language)'*; fließen *'to flow'*	Welche Sprachen sprechen Sie fließend?
jemanden oder etwas **verbessern** *to correct someone or s.th.*	die Verbesserung *'improvement'*	Mögen Sie es, wenn man Sie verbessert?
auf der Suche nach … *looking for . . .*	suchen *'to search for, look for'* die Suche *'search'*	Sind Sie auf der Suche nach etwas?
das kommt mir bekannt vor *that seems familiar to me*	bekannt *'known / well-known'* kennen *'to know'*	Kommt Ihnen etwas an dieser Geschichte bekannt vor?
aus lauter Angst, etwas Falsches zu sagen *for fear of saying something wrong*	aus lauter Liebe *'out of sheer love'*	Haben Sie schon einmal aus lauter Angst etwas falsch gemacht?
das **Gespräch** (Gespräche) *conversation*	sprechen *'to speak, talk'*; ein Gespräch führen *'to have a conversation'*	Mit wem führen Sie interessante Gespräche?
freiwillig *voluntarily*		Was machen Sie nicht gern freiwillig?
der Nachtisch (Nachtische) *dessert*	*literally means 'after table'*	Was essen Sie gern zum Nachtisch?
das was man in Italien unter **Kaffee** versteht *what they consider coffee in Italy*	der Kaffee *'coffee'*; das, was man in Frankreich unter Brot versteht *'what they consider bread in France'*	Was verstehen Sie unter Kaffee?

Beim Italiener um die Ecke

28 Bringen Sie die Sätze in die richtige Reihenfolge:

_____ Beim Essen ist die Stimmung nicht so toll und sie lenkt das Gespräch auf Themen wie Tennis, Fernsehen und Politik.

__1__ Im „Ristorante Napoli" sitzt ein junges Paar und studiert die Speisekarte.

_____ Sie bestellt einen *Insalata mista* und *Gnocchi*, wobei sie Gnocchi wie „Gnotschi" ausspricht.

_____ Zum Nachtisch möchte sie einen Espresso trinken.

_____ Er korrigiert ihre Aussprache und sagt: „Schatz, es heißt nicht Gnotschi, sondern Njokki!"

_____ Der Kellner sagt: „... due caffé! In Italia ist caffé immer ein Espresso!", und lächelt verschmitzt.

_____ Der Kellner kommt, um die Bestellung aufzunehmen.

_____ Als er sie fragt, welchen Wein sie trinken möchte, sagt sie „Tschianti", und er korrigiert wieder ihre Aussprache.

_____ Er bestellt „zwei Espressi."

Partnerinterview: Mein Lieblingsrestaurant

27 Machen Sie ein Interview oder antworten Sie für sich selbst. Berichten Sie das Interessanteste im Kurs.

1. Was ist dein Lieblingsrestaurant?
2. Was steht dort auf der Speisekarte?
3. Welche Gerichte sind dort besonders gut?
4. Welche Gerichte sind besonders gesund?
5. Kannst du die Namen der Gerichte alle richtig aussprechen?
6. Was bestellst du dort gern?
7. Was trinkst du dazu?
8. Sind die Kellner und Kellnerinnen freundlich?

Aus einer anderen Perspektive

28 Schreiben Sie den Besuch im „Ristorante Napoli" aus der Perspektive der jungen Frau oder des Kellners. Seien Sie dabei kreativ!

BEISPIELE Gestern waren wir im Ristorante Napoli. ... [oder]
Jetzt ist Schluss! Es ist aus mit Robert. Er kann sich eine neue Freundin suchen. ... [oder]
Warum müssen manche Typen immer alles besser wissen? ...

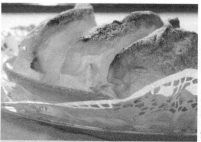

Salzburger Nockerl sehen aus wie Berge°.   *look like mountains*

allOver - PBA-Collection 002/allOver images/Alamy

Speisekarte Restaurant Alpenrose

Was steht auf der Speisekarte vom Restaurant Alpenrose? Welches sind traditionelle österreichische Gerichte? Was würden Sie bestellen? Was würden Sie nicht bestellen? Wie teuer ist das Essen im Restaurant Alpenrose?

Vorspeisen

Salate

Grüner Salat	€ 6,50
Gemischter Salat mit Käse	€ 8,50
Salatplatte mit Ei	€ 8,50
Gemischter Salat mit Truthahnstreifen	€ 9,50

Suppen

Frittatensuppe	€ 7,50
Leberknödelsuppe	€ 9,50
Knoblauchsuppe	€ 7,50
Ungarische Gulaschsuppe	€ 9,50

Hauptspeisen

Wiener Schnitzel
mit gekochten Petersilienerdäpfeln, Preiselbeeren und gemischtem Salat — € 23,00

Klassischer Zwiebelrostbraten
mit Kräuterspätzle und Speckbohnen — € 16,50

Saftgulasch
mit Semmelknödel — € 24,90

Tiroler Backhendl
in Butterschmalz gebacken mit Erdäpfel-Salat — € 17,90

Forelle „Blau" oder „Müllerin"
mit gekochten Petersilienerdäpfeln, grünem Salat und zerlassener Butter — € 24,00

Nachspeisen

Hausgemachter Kaiserschmarrn
mit frischen Himbeeren
(ca. 20 Minuten Wartezeit) — € 14,50

Salzburger Nockerl
(ca. 20 Minuten Wartezeit) — € 14,50

Topfenknödel — € 9,50

3 Stück Palatschinken mit Preiselbeeren — € 14,90

Warmer Käsekuchen — € 9,50

© Cengage Learning

Speisekarte

die **Vorspeise** (Vorspeisen)   *starter*
die **Hauptspeise** (Hauptspeisen)   *main course*
die **Nachspeise** (Nachspeisen)   *dessert*

Wortschatz: Speisekarte

Welche Wörter möchten Sie noch wissen, um über Speisekarten zu sprechen?

Speisekarte

Erfinden Sie eine Speisekarte nach Ihrem Geschmack. Es sollen Gerichte sein, die sie selbst gerne kochen und essen würden.

Strukturen

Infinitive constructions

iLrn Go to iLrn for more grammar practice.

10.2.1 Infinitivkonstruktionen°

Infinitive clauses in German are used to expand and complement main clauses and give further information:

Hubert Moser findet es wichtig, **mit natürlichen Zutaten zu kochen.**	*Hubert Moser thinks it is important **to cook with natural ingredients.***

In German, infinitive clauses are used if their subject is identical to the subject of the main clause or if the subject is the impersonal **es**. Some common ways to start infinitive clauses are:

Es macht Spaß, ...	*It is fun . . .*
Es ist wichtig/langweilig/...,	*It is important/boring/ . . .*
Ich finde es wichtig/langweilig/...,	*I find it important/boring/ . . .*
Ich habe vor, ...	*I'm planning . . .*
Ich versuche, ...	*I'm trying . . .*

Infinitive clauses are formed by placing **zu** + infinitive at the end of the clause. The infinitive clause is separated from the main clause by a comma if more elements are part of the clause:

Es macht Hubert Moser Spaß zu kochen.	*Hubert Moser likes to cook.*
Hubert Moser hat vor, ein Kochbuch zu schreiben.	*Hubert Moser is planning to write a cook book.*
Es ist ihm wichtig, natürliche Produkte zu verwenden.	*It is important to him to use natural products.*

The English equivalent of **zu** + infinitive is usually *to* + verb, but sometimes it can also be the *-ing* form of the verb.

Es macht Hubert Moser Spaß, mit Freunden zu kochen.	*Hubert Moser has fun cook**ing** with friends.*

If the infinitive has a separable prefix, then the **zu** is inserted after the prefix:

Hubert hat vor, auf dem Markt ein**zu**kaufen.	*Hubert is planning to shop at the market.*

However, if there are two infinitives in the infinitive clause, then the **zu** appears between the two infinitives:

Er findet es wichtig, auf dem Markt einkaufen **zu** gehen.	*He finds it important to go shopping at the market.*

The infinitive clause can follow or precede the main clause:

Mit Freunden zu kochen, macht Hubert Moser Spaß.	*Cooking with friends is fun for Hubert Moser.*

10.2.2 *Um zu, ohne zu* und *anstatt zu*

Some infinitive clauses are introduced by the preposition **um**, **ohne**, or **anstatt**:

um zu	*in order to*
ohne zu	*without _____-ing*
anstatt zu	*instead of _____-ing*

Hubert Moser fährt in die Stadt, **um** auf dem Markt ein**zu**kaufen.

*Hubert Moser is going to town **in order to** shop at the market.*

LERNSTRATEGIEN   Infinitive constructions are similar in German and English. Remember that infinitive clauses do not have subjects of their own.

GRAMMAR GLOSSARY
You can find more information about ⇒ **infinitives** in the *Welten* grammar glossary in iLrn.

32 Mehr Moser

Ergänzen Sie die Tabelle mit Ihren Übersetzungen. Vergleichen Sie im Kurs.

Preposition	English	Example	Translation
um	*in order to*	Hubert Moser geht auf den Markt, um frisches Obst und Gemüse zu kaufen.	
ohne	*without*	Hubert Moser kocht nie, ohne vorher eine saubere Jacke anzuziehen.	
anstatt	*instead of*	Hubert Moser geht auch selber gern zum Essen, anstatt immer für andere Leute zu kochen.	

33 Wochenende in den Bergen

 Hubert Moser und seine Freunde planen ein langes Wochenende in den Salzburger Bergen. Sagen Sie, was alle machen wollen.

BEISPIEL   Franz (einkaufen gehen) →
Franz hat vor, einkaufen zu gehen.

1. Hubert (wandern)
2. Martin (sich entspannen)
3. Juliane (in der Sonne liegen)
4. Birgit (Mountainbike fahren)
5. Günther (absolut nichts machen)
6. Kathi (eine Bergtour machen)

Shutterstock.com

Es ist schön, bei gutem Wetter eine Bergtour zu machen.

34 Kulinarisches Profil

Was essen oder kochen Sie gerne am Wochenende? Was finden Sie wichtig, was finden Sie nicht wichtig? Ergänzen Sie die Sätze mit persönlichen Informationen, befragen Sie dann zwei andere Kursteilnehmer, notieren Sie die Informationen und berichten Sie im Kurs.

BEISPIEL   Es ist mir nicht wichtig, viel Fleisch zu essen. Es macht mir Spaß, etwas zu backen oder mit Freunden in der Stadt ein Eis zu essen.

ein Picknick machen
etwas backen
etwas Neues probieren
für andere etwas Feines machen
grillen
in der Stadt ein Eis essen
ins Restaurant gehen
Kaffee trinken
mehr Salat essen

mit Freunden ausgehen
mit Freunden zusammen kochen
nicht so viel essen
viel Fleisch essen
viel frisches Obst essen
zu Hause essen
…

1. Ich versuche …

2. Es macht mir Spaß …

3. Es macht mir keinen Spaß …

4. Ich finde es langweilig …

5. Es ist mir wichtig …

6. Es ist mir nicht wichtig …

Es ist Hubert sehr wichtig, mit regionalen Zutaten wie österreichischem Bergkäse zu kochen.

Frittatensuppe

35 Was ist gesund?° *healthy*

Verbinden Sie die Satzteile. Bilden Sie mindestens 6 Sätze, die aussagen, was gesund ist und was nicht. Bei manchen Aussagen gibt es wahrscheinlich verschiedene Meinungen.

BEISPIEL   Es ist wichtig, jeden Tag mehrere Gläser Wasser zu trinken.

Es ist gut …	viel	Milchprodukte	zu trinken.
Es ist nicht so gut …	nicht so viel	alkoholische	zu essen.
Es ist gesund …	mehrere	Getränke	
Es ist wichtig, jeden	mindestens sechs große	frisches Gemüse	
Tag …	Gläser	starken Kaffee	
Es ist nicht gesund …	wenig	Fleisch	
	nur gute	Fisch	
	höchstens einen	Cola	
	nur ein bisschen	Schokolade	
	bloß / ganz / wenig	Brot	
	kein	süße Getränke	
	keine	Wasser	

36 Wozu° braucht man das? *For what*

Verbinden Sie die Fragen mit den passenden Phrasen.

1   2   3   4   5   6   7   8

BEISPIEL   ANNA Wozu braucht man eine Tasse?
           OTTO Eine Tasse braucht man, um Kaffee oder Tee zu trinken.

Wozu braucht man …

1. eine **Tasse**?
2. eine **Flasche**?
3. ein **Messer**?
4. einen **Löffel**?
5. eine **Gabel**?
6. einen **Topf**?
7. einen **Teller**?
8. ein **Glas**?

a. um Suppe zu essen.
b. um Fleisch zu schneiden.
c. um das Essen drauf zu legen.
d. um Wein zu trinken.
e. um Bier oder Wasser zu trinken.
f. um Kaffee oder Tee zu trinken.
g. um Essen vom Teller zum Mund zu bringen.
h. um eine Suppe zu kochen.

37 Hubert kauft ein

Kombinieren Sie die Sätze mit **um … zu, ohne … zu** oder **anstatt … zu**. Schreiben Sie die neuen Sätze auf und vergleichen Sie dann im Kurs.

BEISPIEL   Hubert Moser steht heute um 5 Uhr auf. (früh auf den
           Markt gehen) →
           Hubert Moser steht heute um 5 Uhr auf, um früh auf den
           Markt zu gehen.

1. Hubert Moser fährt zum Markt. (frische Lebensmittel für das Restaurant einkaufen)
2. Er hat eine Einkaufsliste gemacht. (nichts vergessen)
3. Er kauft frische Karotten. (eine Suppe machen).
4. Sein Kollege Franz geht mit. (ihm helfen)
5. Nach dem Einkaufen gehen Sie noch ins Café. (einen Espresso trinken)

10.3

Österreichs Meisterköche

Exotisches Essen

 Haben Sie schon einmal etwas sehr Exotisches gegessen? Was? Fragen Sie andere Studenten und berichten Sie im Kurs.

www.hubertsgastroblog.at/meisterköche

Kaviar im Gasteinertal?

Ich frage mich oft, ob die besten Köche der Alpenregion ohne exotische Zutaten wie Kaviar oder Trüffel international berühmt geworden wären°? Ist das überhaupt möglich? Kann man nicht auch mit dem Fisch aus unseren Bächen und Seen ein Gericht zubereiten, das wirklich fantastisch schmeckt? Das ist eine interessante Frage. Die kann man beantworten, wenn man die Speisekarten der berühmtesten Köche Österreichs anschaut. Eine der besten Köchinnen der Welt ist ja die Johanna Maier in Filzmoos (das liegt etwa eine Stunde von hier). In ihrem Restaurant steht auch nicht nur Schweinebraten und Saftgulasch auf der Speisekarte.

> **geworden wären:** *would have become*

Meisterköche

die **Zutat** (Zutaten)	*ingredient*	**fantastisch**	*fantastic*
der **Bach** (Bäche)	*creek*	schmecken	*to taste*
der **See** (Seen)	*lake*	die **Welt** (Welten)	*world*

Creativ Studio Heinemann/ImageBROKER RM/ Glow Images

Forelle Müllerin ist ein fantastisches Gericht mit einfachen Zutaten.

Vokabelarbeit: Fischen in den Alpen

Ergänzen Sie die Lücken mit den folgenden Wörtern:

Bäche	Seen	Welt
Gericht	Speisekarte	Zutaten
schmeckt		

1. Die Alpen sind für Angler eine der interessantesten Regionen der _____.
2. Der Zeller See ist einer der fischreichsten° _____ im Salzburgerland.
3. Für das Fliegenfischen° sind auch die vielen _____ interessant, die von den Bergen fließen.
4. Eine frische Bachforelle° _____ fantastisch und darf auf keiner guten _____ fehlen.
5. Die _____ für eine Forelle Müllerin sind einfach, doch ist dieses _____ ein absoluter Hochgenuss°.

> **richest in fish**
> **fly fishing**
>
> **trout**
>
> **delicacy, lit. 'high pleasure'**

Feine Restaurants

Ergänzen Sie die Sätze.

1. Das feinste Restaurant in unserer Region ist _____.
2. Mir schmeckt _____ am besten.
3. _____ sind teure Zutaten.
4. Um ein fantastisches Gericht zu kochen, braucht man _____.
5. Teure Restaurants finde ich _____.
6. Wenn ich richtig Hunger habe, gehe ich zu _____.
7. Ich würde gerne einmal _____ essen.

Kochen im Zeichen der Liebe

Die österreichische Starköchin Johanna Maier ist die einzige Frau, die vom französischen Restaurantverzeichnis *Gault Millau* mit vier Hauben ausgezeichnet wurde. Im Hotel Hubertus in Filzmoos, südlich von Salzburg, erfindet sie mit ihren Söhnen immer neue Gerichte. Nach ihrer vierten Haube gab sie der Zeitschrift *Achtzig* ein Interview.

Partnerinterview

Fragen Sie andere Studenten und berichten Sie im Kurs.

1. Kennst du berühmte Köche und Köchinnen?
2. Gibt es in deiner Stadt oder Region ein Sterne-Restaurant?
3. Siehst du gerne Kochsendungen° im Fernsehen? Welche?

cooking shows

Maurice ROUGEMONT/Gamma-Rapho/Getty Images

Für Johanna Maier kommt die Liebe zum Kochen von ihrer Liebe zur Natur.

Wortschatz: Starköche

Welche Wörter möchten Sie noch wissen, um über berühmte Köche und Köchinnen zu sprechen?

Kochen im Zeichen der Liebe

Johanna Maier im Interview

Johanna Maier ist die beste Köchin Europas. Keine andere Frau wurde bisher mit 4 Hauben und zwei Michelin-Sternen ausgezeichnet. Ihr Erfolgsgeheimnis sieht sie in der Liebe zum Kochen und in der Verbundenheit° mit der Natur. 80 [Zeitschrift *Achtzig*] besuchte für
5 seine Leser den Hubertus Hof in Filzmoos und bat die Lichtgestalt° am Herd zum Interview.

Als einzige Vierhauben°-Köchin Europas und Trägerin von zwei Michelin-Sternen sind Sie die schillerndste° Ausnahme in einer von Männern dominierten Welt. Worin sehen Sie den Grund, dass die
10 **Kochszene so stark von Männern geprägt ist°?**

Die Antwort ist ganz einfach, und zwar: Wir Frauen bekommen Kinder und müssen uns um ihre Erziehung kümmern, zu 80 % führen wir auch den Haushalt. Da ist es für eine junge Frau sehr schwierig, wenn sie zum Beispiel zwei kleine Kinder hat, auf einem Niveau zwischen drei
15 oder vier Hauben zu kochen. Es ist ein Ding der Unmöglichkeit, denn es ist schwer vorstellbar, dass eine junge Mutter bis 1 Uhr früh in der Küche steht und am nächsten Morgen bereits um sieben für ihre Kinder da ist, um das Frühstück zu machen und sie in die Schule zu bringen.

Als höchst dekorierteste Köchin Europas nehmen Sie für viele
20 **Menschen eine Vorbildfunktion ein. Sehen Sie sich selbst als Vorbild, und wenn ja, was wünschen Sie sich in dieser Funktion?**

Ich sehe mich schon als solches. Und ich wünsche mir, dass ich mein Wissen an viele Menschen weitergeben kann, die Freude am Kochen haben und genauso Wert auf ihre Gesundheit legen. Es ist mir selbst
25 ein großes Anliegen°, gesunde Gerichte zu kochen, denn wie man isst und was man isst, so fühlt man sich.

Wie weit ist eine Spitzenköchin° von den Grundprodukten ihrer Küche abhängig? Anders ausgedrückt: Kann eine Spitzenköchin auch mit durchschnittlich guten Produkten Spitzenküche zaubern°?

30 Gehobene Küche ist von wirklich guten Produkten abhängig, jedoch müssen es nicht immer Edelprodukte sein, mit denen man kocht. Im Gegenteil sollten einfache Produkte, dafür aber in wirklich guter Qualität, in der Spitzenküche nicht fehlen. Der Gast soll sagen: „Unglaublich, so ein gutes Wurzelfleisch hab ich noch nie gegessen!"
35 Für mich bedeutet Kochkunst auch mit einfachen Zutaten und Gerichten außergewöhnliche Geschmackserlebnisse zu zaubern. In letzter Zeit hatte ich viele Gäste von den Salzburger Festspielen, die mir mitteilten, dass sie meine Küche ebenfalls als Festspiele erlebt haben. Sagt mir jemand, er hab'* in seinem Leben noch nie so gut gegessen
40 wie im Hubertus Hof, freut mich das besonders, da viele Gerichte meiner Küche als einfach zu bezeichnen sind und trotzdem große Anerkennung erfahren. Zu sagen, hohe Küche sei* nur mit Kaviar und bretonischem Hummer° realisierbar, entspricht nicht meiner Philosophie.

---

affinity, attachment

icon

awarded with four toques
most shining

shaped

Es …: it is very important to me

top chef

conjure

*Forms such as **er hab'** and **sei** will be discussed in Chapter 11.*

lobster from Brittany

Retrieved from http://www.achtzig.com/arch/v/personen/maier. Reprinted by permission.

ARBEIT MIT DEM TEXT

Lesen Sie die Informationen und übersetzen Sie die Sätze in der rechten Spalte oder machen Sie Notizen.

Information		Sätze / Notizen
sich um etwas **kümmern** *to care for s.th.*		Wer kümmert sich um die Kinder?
ein Ding der Unmöglichkeit *an impossibility*	*Literally 'a thing of impossibility' is an emphatic expression that means that something is impossible.* die Möglichkeit *'possibility'*	Feine Küche ohne frische Produkte ist ein Ding der Unmöglichkeit.
schwer vorstellbar *hardly imaginable*	sich etw. vorstellen *'to imagine sth.'* unvorstellbar *'unimaginable'*	Eine österreichische Spitzenköchin mit Kindern ist nur schwer vorstellbar.
auf etwas **Wert** legen *to value s.th.*	der Wert *'value'*	Sie legt Wert auf ihre Gesundheit.
gehoben *sophisticated, upscale*	*literally 'elevated'*	Gehobene Restaurants sind von guten Produkten abhängig.
abhängig *dependent*		
im Gegenteil *on the contrary*	das Gegenteil *'opposite'*	
mitteilen *to inform*	mitteilen *is a very formal alternative to* sagen	
bezeichnen *to denote, label*		
die **Anerkennung** *recognition*	anerkennen *'to recognize'* Anerkennung finden *'to be recognized'*	Jeder Mensch braucht Anerkennung für seine Arbeit.
realisierbar *realizable, feasible*	realisieren *'to realize'*	
entsprechen *to correspond*	entspricht, entsprach, hat entsprochen	Eine Küche, die von Edelprodukten abhängig ist, entspricht nicht Johanna Maiers Philosophie.

Die beste Köchin Europas

Was ist richtig? Was ist falsch? Korrigieren Sie die Aussagen, die falsch sind.

	richtig	falsch
1. In der gehobenen Kochszene gibt es viele Frauen.	☐	☐
2. Für Johanna Maier kommt die Liebe zum Kochen von der Liebe zur Natur.	☐	☐
3. Sie glaubt, die Arbeit als Mutter ist schwer mit der Arbeit als Spitzenköchin zu verbinden.	☐	☐
4. Johanna Maier sieht sich als Vorbild für andere Menschen.	☐	☐
5. Für Johanna Maier ist es nicht so wichtig, gesundes Essen zu kochen.	☐	☐
6. Sie findet, dass man für gutes Essen gute Produkte braucht.	☐	☐
7. Johanna Maier möchte auch einfache Gerichte zum Erlebnis machen.	☐	☐
8. Sie glaubt, dass man gehobene Küche nur mit Hummer und Kaviar realisieren kann.	☐	☐

Hackenberg-Photo-Cologne/Alamy

Johanna Maier

 Verbinden Sie die Sätze.

1. Für eine junge Mutter ist es sehr schwierig, ...
2. Johanna Maier versucht, ...
3. Wie man isst, ...
4. Einfache Produkte von guter Qualität ...
5. Johanna Maiers Gerichte
6. Es freut Johanna Maier besonders, ...

a. wenn die Gäste ihre Gerichte als Festspiele bezeichnen.
b. für viele Menschen ein Vorbild zu sein.
c. so fühlt man sich.
d. sind einfach und doch von höchster Qualität.
e. dürfen in der Spitzenküche nicht fehlen.
f. professionell auf hohem Niveau zu kochen.

Partnerinterview: Genuss

 Machen Sie ein Interview oder antworten Sie für sich selbst. Berichten Sie das Interessanteste im Kurs.

1. Wer ist für dich ein Vorbild, wenn es um das Essen geht?
2. Überlegst du dir immer genau, was du isst?
3. Isst du oft Fast Food?
4. Kochst du gern?
5. Was schmeckt dir (nicht)?

Die besten österreichischen Köche

 Recherchieren Sie die besten Köche Österreichs und ihre Restaurants. Wählen Sie 6 aus der Liste. Wo sind die Restaurants? Was sind die Spezialitäten?

Walter Eselböck	Andreas Mayer
Lisl Wagner-Bacher	Richard Brunnauer
Heinz Hanner	Alexander Fankhauser
Martin Sieberer	Andreas Döllerer
Roland Trettl	Dietmar Dorner
Heinz Reitbauer	Christian Petz
Thorsten Probost	Joachim Gradwohl
Klaus Fleischhaker	

BEISPIEL   Karl und Rudolf Obauer kochen im Restaurant Hotel Obauer. Das ist in Werfen. In der Küche wird regional und kreativ gekocht. Eine besondere Spezialität ist das Obauer-Frühstück. ...

Unser Restaurant

 Nehmen Sie Ihre Restaurant-Anzeige und die Kurs-Speisekarte als Basis für ein Restaurant. Machen Sie eine Broschüre oder Webseite über Ihr Restaurant. Erfinden Sie spezielle Namen für die Gerichte auf Ihrer Speisekarte.

Strukturen

10.3.1 Das Passiv°

Passive Voice

(iLrn) Go to iLrn for more grammar practice.

The passive voice is used to express what is being done with a thing or a person. The focus is on what is happening rather than who is performing an action.

ACTIVE:	Hubert Moser kocht das Essen.	*Hubert Moser is cooking the food.*
PASSIVE:	Das Essen **wird gekocht.**	*The food **is (being) cooked.***

The passive is formed by using the conjugated form of **werden** as an auxiliary plus the past participle of the main verb at the end of the sentence.

ich	werde	
du	wirst	
er/sie/es	wird	
wir	werden	} + past participle
ihr	werdet	
sie	werden	
Sie	werden	

To express the passive in the past, the **Imperfekt** or the **Perfekt** can be used.

Das Essen **wurde gekocht.**	*The food **was (being) cooked.***
Das Essen **ist gekocht worden.**	*The food **has been cooked.***

In the **Imperfekt**, the simple past of **werden** is combined with the past participle.

ich	wurde	
du	wurdest	
er/sie/es	wurde	
wir	wurden	} + past participle
ihr	wurdet	
sie	wurden	
Sie	wurden	

In the **Perfekt,** the auxiliary **sein** is used in combination with the participle and a special form of the participle of **werden**: **worden** (not **geworden**).

ich	bin	
du	bist	
er/sie/es	ist	
wir	sind	} + past participle + **worden**
ihr	seid	
sie	sind	
Sie	sind	

When used with modal verbs, the passive is formed with the conjugated form of the modal and the past participle plus *werden* at the end of the sentence:

Heute **muss** noch viel **gekocht werden**.   A lot still **has to be cooked** today.

The subject of an active sentence can be stated in a passive sentence using the preposition **von** (*by*):

ACTIVE: Hubert Moser kocht das Essen.   *Hubert Moser is cooking the food.*
PASSIVE: Das Essen wird **von Hubert Moser** gekocht.   *The food is being cooked by Hubert Moser.*

10.3.2 *Man* als Alternative zum Passiv

As an alternative to the passive, the impersonal pronoun **man** can be used to avoid directly stating who is doing what:

In unserem Restaurant isst **man** preiswert.   *In our restaurant **you** eat for reasonable prices.*

iLrn GRAMMAR GLOSSARY
You can find more information about ⇒ the **passive voice** in the *Welten* grammar glossary in iLrn.

LERNSTRATEGIEN   You will need the passive voice mostly for technical or scientific writing, whenever you want to focus on the process and how things are done rather than on the person doing them.

48 Gastronomie in Wien

guess

Können Sie erraten°, was in diesen Restaurants in Wien serviert wird? Verbinden Sie die Lokale mit den passenden Beschreibungen. Formulieren Sie dann die Sätze anders mit **man**.

while standing

1. Im Café Mozart ...
2. In der Taverna Lefteris ...
3. Im Salm Bräu ...
4. In Frank's American Bar ...
5. In der Curry Insel ...
6. Im Eissalon am Schwedenplatz ...
7. Im Kebabhaus ...
8. Am Würstlstand ...

a. wird hausgemachtes Eis verkauft.
b. werden Würste verkauft und im Stehen° gegessen.
c. wird griechisch gekocht.
d. wird indische Küche angeboten.
e. kann man österreichische Spezialitäten essen.
f. wird türkisch gekocht.
g. wird das Bier selbst gemacht.
h. werden Hamburger serviert.

49 Was kann man da essen?

Formulieren Sie Sätze aus Übung 48 mit **man**.

BEISPIEL   Im Café Mozart kann man österreichische Spezialitäten essen.

Pro-Kopf Verbrauch

1. Schritt. Wie viel wird in einem Monat pro Kopf in Österreich konsumiert? Schreiben Sie Sätze im Passiv und vergleichen Sie dann im Kurs.

Nützliche Partizipien: gegessen • konsumiert • getrunken • genossen

BEISPIEL   Pro Kopf werden 5,4 Kilo Gemüse gegessen.

1. 5,4 Kilo Gemüse
2. 5,5 Kilo Obst
3. 3,0 Kilo Fleisch
4. 2,9 Kilo Brot
5. 13,6 Liter Mineralwasser und Säfte
6. 6,2 Liter alkoholische Getränke
7. 0,6 Liter Kaffee

2. Schritt. Diskutieren Sie, was bei Ihnen am meisten / am wenigsten konsumiert wird.

Vorbereitungen im Hotel Alpenrose

1. Schritt. Schreiben Sie im Passiv, was in der Alpenrose heute für das Abendessen gemacht wird.

BEISPIEL   Karotten schälen →
            Karotten werden geschält.

1. Zwiebeln schneiden
2. Eis machen
3. Gemüse kochen
4. Wein aus dem Keller holen
5. Messer putzen
6. Fleisch braten
7. Suppen probieren
8. Obst auswählen

2. Schritt. Schreiben Sie, was noch gemacht werden muss, diesmal mit Modalverben im Passiv.

BEISPIEL   Karotten müssen noch geschält werden.

9. Brot backen
10. Gläser auf die Tische stellen
11. Suppe machen
12. die Speisekarte schreiben
13. Teller waschen
14. Fisch kochen

Zwiebeln müssen mit einem scharfen Messer geschnitten werden.

3. Schritt. Schreiben Sie jetzt zwei Sätze mit und zwei Sätze ohne Modalverben nochmal neu. Benutzen Sie dabei **man** und das Aktiv. Stellen Sie Ihre Sätze im Kurs vor.

BEISPIEL   Man schält Karotten.
            Man muss noch Karotten schälen.

Immer

Robert Gernhardt

Robert Gernhardt (1936–2006) war ein deutscher Schriftsteller und Maler. In seinem Gedicht *Immer* geht es um die Konkurrenz zwischen Menschen und die Tatsache, dass es immer jemanden gibt, der besser ist.

52 Kettenreaktion

Steigern Sie die Sätze immer weiter.

BEISPIEL   Autoren sind beliebt. (Künstler / Filmstars / ?) →
A: Aber Künstler sind beliebter als Autoren.
B: Aber Filmstars sind beliebter als Künstler.
C: Aber ...

1. Schubert war begabt. (Haydn / Mozart / ?)

2. Brad Pitt ist ein reicher Mann. (Bill Gates / Warren Buffet / ?)

3. Emeril Lagasse ist ein guter Koch. (Wolfgang Puck / Johanna Maier / ?)

4. Herbert Boeckl war ein berühmter Maler. (Egon Schiele / Pablo Picasso / ?)

5. ...

Wolfgang Amadeus Mozart in Wien

Franz Joseph Haydn in Wien

53 Konkurrenz

Was assoziieren Sie mit dem Begriff Konkurrenz? Wo gibt es Konkurrenz? Ist Konkurrenz positiv oder negativ? Sammeln Sie Beispiele und diskutieren Sie.

Konkurrenz

Immer

Robert Gernhardt

Immer einer behender° als du	archaic for *faster*
Du kriechst°	*creep*
Er geht	
Du gehst	
5 Er läuft	
Du läufst	
Er fliegt:	

Einer immer begabter als du

Du liest
10 Er lernt
Du lernst
Er forscht
Du forschst
Er findet:

15 Einer immer noch begabter.

Immer einer berühmter als du
Du stehst in der Zeitung
Er steht im Lexikon
Du stehst im Lexikon

20 Er steht in den Annalen°	annals, periodicals

Du stehst in den Annalen
Er steht auf dem Sockel:

Einer immer noch berühmter.

Immer einer betuchter° als du	wealthier

25 Du wirst besprochen
Er wird gelesen
Du wirst gelesen
Er wird verschlungen
Du wirst geschätzt
30 Er wird gekauft:

Einer immer noch betuchter.

Immer einer beliebter als du

Du wirst gelobt
Er wird geliebt
35 Du wirst geehrt
Er wird verehrt
Dir liegt man zu Füßen
Ihn trägt man auf Händen:

Einer immer noch beliebter.

40 Immer einer besser als du	
Du kränkelst°	feel under the weather

Er liegt danieder
Du stirbst
Er verscheidet
45 Du bist gerichtet
Er ist gerettet:

Einer immer noch besser
Immer
Immer
50 Immer.

Lesen Sie die Informationen und ergänzen Sie die Sätze in der dritten Spalte.

Informationen		Ein neuer Satz
laufen *to run*	er läuft, lief, ist gelaufen	_____ läuft schneller als _____.
begabt *talented*	die Begabung *'talent'*	_____ ist begabter als _____.
auf dem Sockel *on the pedestal*	der Sockel *'pedestal'; referring to s.th. like the Olympic steps or the pedestal of a statue*	
etwas besprechen *to discuss s.th.*	bespricht, besprach, hat besprochen	_____ wird öfter besprochen als _____.
verschlingen *to devour*	verschlang, hat verschlungen; *often used for reading s.th. with pleasure*	_____ wird von _____ verschlungen.
schätzen *to estimate; to appreciate, hold in high esteem*	ich schätze die Präzision von Johanna Maiers Rezepten *'I appreciate the precision of Johanna Maier's recipes . . .'*	_____ wird von vielen geschätzt.
loben *to praise*	das Lob *'praise'*	Ich bin oft von _____ gelobt worden.
lieben *to love*	die Liebe *'love'*	_____ wird von _____ geliebt
ehren *to honor*	die Ehre *'honor'*; verehren *'to revere'*	_____ wird mehr verehrt als _____.
jemandem zu Füßen liegen *to lower yourself to s.o.*	*This literally means 'lying at s.o.'s feet' and is similar to 'to worship the ground s.o. walks on'.*	_____ liegt _____ zu Füßen.
jemanden auf Händen tragen *to elevate s.o.*	*Literally means carrying s.o. on your hands; similar to 'to praise s.o. into the high heavens'.*	_____ wird von _____ auf Händen getragen.
sterben *to die*	stirbt, starb, ist gestorben	_____ ist _____ gestorben.
verscheiden *to pass away*	verscheidet, verschied, ist verschieden; *euphemism for* sterben	_____ ist _____ verschieden.
richten *to judge*	der Richter *'judge'*	
retten *to save, rescue*	die Rettung *'rescue'*	_____ ist von _____ gerettet worden.

5 Steigerungen

stanza

In jeder Strophe° des Gedichts werden die Steigerungen mit anderen Wörtern ausgedrückt. Schreiben Sie die Wörter in die Tabelle.

1. Strophe	2. Strophe	3. Strophe	4. Strophe	5. Strophe	6. Strophe
kriechen					
gehen					
laufen					
fliegen					
—	—	—			
—	—	—	—		

Lese-Theater

 Arbeiten Sie in kleinen Gruppen und lesen oder spielen Sie das Gedicht mit verteilten Rollen.

Situationen

 Erzählen Sie konkrete Beispiele für die folgenden Situationen aus Ihrem eigenen Leben. Vergleichen Sie dann Ihre Beispiele im Kurs.

1. Jemand ist schneller als ich.

2. Jemand ist begabter als ich.

3. Jemand war beliebter als ich.

4. Jemand hatte mehr Geld als ich.

5. Jemand war besser als ich.

Poetische Metaphern

In diesem Gedicht gibt es viele metaphorische Aussagen. Verbinden Sie sie mit dem wörtlichen° Äquivalent.   *literal*

BEISPIEL   Er wird gelesen → Seine Bücher / Artikel werden gelesen.

1. Du stehst in der Zeitung.
2. Er wird gekauft.
3. Du wirst gelesen.
4. Er wird verschlungen.
5. Er steht im Lexikon.

a. Seine Bücher werden verschlungen.
b. Was du geschrieben hast, wird gelesen.
c. In der Zeitung wird etwas über dich geschrieben.
d. Sein Name steht im Lexikon.
e. Seine Werke° werden gekauft.   *works*

Und Sie?

 Der Autor beklagt sich, dass immer jemand anderes mehr gelesen, gekauft und geliebt wird. Wie ist das bei Ihnen? Was von Ihnen wird am meisten gelesen? Was wird an Ihnen am meisten geschätzt und geliebt? Und was am wenigsten?

1. Schritt. Ergänzen Sie die Fragen im Passiv.

1. Was von dir _____ am meisten gelesen?
2. Was von dir wird am wenigsten _____?
3. Was an dir _____ am meisten geschätzt?
4. Was an dir _____ am wenigsten _____?
5. Was an dir _____ _____ _____ geliebt?
6. Was an dir _____ am _____ _____?

2. Schritt. Machen Sie nun ein kleines Interview mit einer Person im Kurs und berichten Sie.

BEISPIEL   OTTO Was von dir wird am meisten gelesen?
           ANNA Meine E-Mails werden am meisten gelesen.
           OTTO *Annas E-Mails werden am meisten gelesen.*

Starkoch Hubert Moser?

 Schreiben Sie das Gedicht aus der Perspektive von Hubert Moser. Er ist ein bisschen sauer, dass es so viel Köche gibt, die immer alles besser machen, kochen, und so weiter. Stellen Sie dann Ihre Gedichte im Kurs vor.

BEISPIEL   Du machst Suppe
           Er macht Soufflé
           Einer immer …

traditional Eastern European pancakes called Palačinka in most Slavic languages

Palatschinken°

Schritt 1: Zutaten. Was braucht Hubert für seine Palatschinken? Ergänzen Sie die Lücken.

Butter	Marmelade	Milch	Puderzucker
Eier	Mehl	Öl	Salz

Hubert macht ein Rezept für vier Personen. Er braucht 4 _____, 250 g _____, einen halben Liter _____, einen Esslöffel _____ oder ein Stück _____ für die Pfanne, und eine Prise _____. Er braucht _____ oder Früchte als Füllung. Und zum Schluss etwas _____ zum Bestreuen.

Schritt 2: Zubereitung. Bringen Sie die Schritte in die richtige Reihenfolge.

_1_ Zuerst wird das Mehl in eine Schüssel gegeben.

___ Wenn man den Teig° ein paar Minuten stehen lässt, wird er etwas dicker. Wenn der Teig zu dick ist, kann man Mineralwasser dazu geben.

___ Man erhitzt Butter oder Öl in einer Pfanne.

___ Dann wird die Palatschinke mehrmals gewendet°.

___ Der Teig wird in das heiße Fett gegeben.

___ Man kann die Palatschinke mit Marmelade oder Nutella bestreichen°.

___ Dann wird die Palatschinke gerollt, mit Puderzucker bestreut.

___ Dann wird das Mehl mit der Milch, den Eiern, und dem Salz zu einem glatten Teig gerührt.

___ Die fertige Palatschinke wird mit frischen Beeren und frischer Minze garniert.

Teig: *batter*   gewendet: *turned*   bestreichen: *spread*

Die Palatschinke wird mit Puderzucker bestreut und mit frischen Beeren° und Minze° garniert.

Beeren: *berries*   Minze: *mint*

Andere Rezepte

Welche Rezepte kennen Sie? Was kochen Sie gern? Wie wird sie gemacht? Fragen Sie andere Studenten und berichten Sie im Kurs.

Huberts Rezept für Mohnnudeln

🔊 **www.hubertsgastroblog.at/mohnnudeln**

Mohnnudeln

Zutaten:

1 kg Kartoffeln	Butter
150 g Mehl	5 EL Mohn
1 Ei	etwas Puderzucker
1 Prise Salz	

Zubereitung:

Kartoffeln schälen und in Salzwasser weich kochen, Wasser abgießen und die zerdrückten Kartoffeln im heißen Backofen bei 200 Grad ca. 20 Minuten backen. Die Kartoffeln mit 150 g Mehl und einem Ei gut verkneten und etwas ruhen lassen. Aus dem Teig dicke Nudeln formen, in eine gebutterte Pfanne geben und kurz braten, aber nicht braun werden lassen. Mit dem gemahlenem Mohn bestreuen und noch einmal kurz in den heißen Backofen (bei 200 Grad) geben. Mit etwas Puderzucker bestreuen und servieren.

Die Mohnnudeln werden mit Puderzucker bestreut° und warm serviert.

sprinkled

Mohnnudeln

g = das Gramm *gram*	schälen *to peel*
kg = das Kilogramm (Kilo) *kilogram*	zerdrücken *to mash*
(1,000 grams)	der **Backofen** (Backöfen) *oven*
die Prise (Prisen) *a pinch*	die Nudel (Nudeln) *noodle*
EL = der Esslöffel (Esslöffel) *table*	die Pfanne (Pfannen) *pan*
spoon	**braten** (brät, briet, hat gebraten)
der **Mohn** *poppy (seeds)*	*to fry*

62 Mohnnudeln in zehn Schritten

Ergänzen Sie das Mohnnudelrezept im Passiv. Suchen Sie für jeden Satz das passende Partizip Perfekt.

bestreut (x2)	geformt	geschält
gebacken	gegeben	serviert
gebraten	gekocht	verknetet

1. Die Kartoffeln werden _____.
2. Dann werden die Kartoffeln im Salzwasser _____.
3. Die zerdrückten Kartoffeln werden ca. 20 Minuten im Backofen _____.
4. Dann werden sie mit 150 g Mehl und einem Ei gut _____.
5. Aus dem Teig werden dicke Nudeln _____.
6. Die Nudeln werden in einer Pfanne kurz in Butter _____.
7. Dann werden die Nudeln mit gemahlenem Mohn _____.
8. Die mit Mohn bestreuten Nudeln werden noch einmal kurz in den heißen Backofen _____.
9. Alles wird mit Puderzucker _____.
10. Das Gericht wird warm _____.

63 Was wird damit gemacht?

Erklären Sie, was mit den Zutaten gemacht wird.

1 kg Kartoffeln	1 Prise Salz	5 EL Mohn
150 g Mehl	Butter	etwas Puderzucker
1 Ei		

BEISPIEL   Die Kartoffeln werden gekocht. …

Der Apfelstrudel wird in Österreich warm oder kalt gegessen.

©belife2007/Shutterstock.com

64 Alles über österreichische Mehlspeisen

Suchen Sie ein Rezept für eines der folgenden Gerichte im Internet. Schreiben Sie die Zutaten auf. Erklären Sie, was mit den Zutaten gemacht wird.

Apfelstrudel	Palatschinken	Salzburger Nockerl
Buchteln	Pavesen / Arme Ritter	Zwetschkenknödel
Kaiserschmarrn		

65 Wortschatz: Rezept

Welche Wörter möchten Sie noch wissen, um über ein Rezept zu sprechen?

Stillleben mit Kaffeetassen

Anton Faistauer

Anton Faistauer (1887–1930) war einer der wichtigsten österreichischen Maler der Moderne. Als Kind einer Bauernfamilie aus dem Salzburger Land zog er nach dem Gymnasium nach Wien, um an einer privaten Schule Malerei zu studieren. Während seiner Zeit in Wien arbeitet er mit vielen bedeutenden Künstlern. Nach dem ersten Weltkrieg kam er wieder ins Salzburger Land zurück. Er starb in seinem Geburtsort Maishofen und ist dort begraben.

Das Stillleben ist eine Kunstform, die tote Blumen, Früchte, Gemüse oder andere Gegenstände (*objects*) darstellt. Kennen Sie Stillleben von anderen Künstlern?

Essen in der Kunst

Welche Elemente erwarten Sie in einem Stillleben eines österreichischen Künstlers? Welches wären typische deutsche oder Schweizer Elemente? Welche Elemente wären typisch für Ihr Land oder Ihre Region? Machen Sie eine Liste und diskutieren Sie im Kurs.

Was sehen Sie?

Beschreiben Sie das Bild so genau wie möglich. Was sehen Sie? Wie sind die Farben? Welche symbolische Bedeutung haben Kaffeetassen, Früchte und andere Lebensmittel? Die folgenden Phrasen können Ihnen dabei helfen:

Rechts vorne im Bild sieht man _____.   vor / hinter / auf / unter / neben / ...
Auf dem Bild kann man _____ sehen.   oben / unten
im Vordergrund / im Hintergrund   rechts / links
in der Mitte

BEISPIEL   Rechts im Bild sieht man eine Schüssel.

Was für ein Maler war Anton Faistauer?

 1. Schritt. Vergleichen Sie jetzt im Kurs Ihre Beschreibungen mit den Listen, die Sie in Übung 66 gemacht haben.

- Welche Unterschiede gibt es? Warum?
- In welcher Zeit ist das Bild entstanden?
- Warum hat der Maler gerade diese Elemente gewählt?
- Was wollte er mit dem Bild vielleicht sagen?

2. Schritt. Welche Beschreibungen passen am besten zu Faistauers *Stillleben mit Kaffeetassen*?

moderne Kunst	
radikale Ideen	
eine bürgerliches Leben	
ein Meister der modernen Kunst	
ein schwieriges Künstlerleben	
eine schönes Haus	
feines Essen	
gesunde Ernährung°	*nourishment*
lebendige° Farben	*lively*
schwierige Zeiten	

Anton Faistauer, *Stillleben mit Kaffeetassen* (1912), Leopold Museum, Wien. Öl auf Leinwand.

Mein Stillleben

Gestalten° Sie ein eigenes Stillleben, das Ihre Lebenssituation oder Ihre Essgewohnheiten° repräsentiert. Das kann auch, ein Foto oder eine Collage aus Wörtern sein. Sie können Objekte fotografieren, zeichnen° oder aus Zeitungen ausschneiden. Stellen Sie dann Ihr Stillleben im Kurs vor.

create
eating habits
draw

Kollaborative Projekte: Essen und Trinken

Arbeiten Sie in Gruppen an einem der folgenden Themen:

1. Restaurantführer° unserer Stadt; Beschreibung der Restaurants mit kleiner Kritik.
2. Italienisch für Anfänger; inszenieren Sie den Text *Italienisch für Anfänger* als kleines Theaterstück oder machen Sie ein Video.
3. Kochvideo, zum Beispiel darüber, wie man ein Gericht zubereitet.

restaurant guide

BEGRIFF BIO

[a] [b] [c] S U I S S E [d]

Die Bio-Siegel der Bundesrepublik Deutschland, Österreichs, der Schweiz und der Europäischen Gemeinschaft.

In der Europäischen Gemeinschaft° sind die Bio-Siegel° einheitlich geregelt°. Wenn Lebensmittelprodukte das Bio-Siegel tragen, bedeutet das:

European Union / organic seals / einheitlich geregelt: uniformly regulated

1. dass die Lebensmittel 95 % biologisch hergestellt worden sind.
2. dass die Produkte ohne chemische Substanzen wie Herbizide oder Pestizide hergestellt worden sind.
3. dass keine genetisch modifizierten Organismen (GMOs) bei der Produktion verwendet worden sind.
4. dass die Produkte regelmäßig kontrolliert worden sind.

Was bedeutet Bio in Ihrem Land oder in anderen Ländern, die ein Bio-Siegel haben?

Übergang

Im nächsten Kapitel wird Thorsten, der Reporter aus Oldenburg, vorgestellt. Was wissen Sie schon über ihn?

1. Er hat _____
   a. eine Brille
   b. blonde Haare
   c. einen langen Bart
2. Oldenburg liegt _____
   a. im Norden
   b. im Süden
   c. in der Mitte von Deutschland.
3. Thorsten isst gern _____.
   a. Vanilleeis mit heißen Himbeeren
   b. Rote Grütze mit Vanillesoße
   c. Vanillepudding

Wortschatz

■ Nomen

die **Anerkennung** (Anerkennungen) *recognition*
der **Apfel** (Äpfel) *apple*
die **Auswahl** *selection*
der **Bach** (Bäche) *stream*
der **Backofen** (Backöfen) *stove*
die **Bestellung** (Bestellungen) *order*
das **Bier** (Biere) *beer*
das **Brot** (Brote) *bread*
das **Brötchen** (Brötchen) *dinner roll*
die **Butter** *butter*
das **Café** *coffee house*
die **Ecke** (Ecken) *corner*
die **Ehre** (Ehren) *honor*
das **Ei** (Eier) *eggs*
das **Eis** *ice, ice cream*
der **Erwachsene** (Erwachsenen) *(male) adult*
die **Erwachsene** (Erwachsenen) *(female) adult*
das **Essen** (Essen) *food, meal*
der **Fisch** (Fische) *fish*
die **Flasche** (Flaschen) *bottle*
das **Fleisch** *meat*
der **Gast** (Gäste) *guest*
das **Gemüse** (Gemüse) *vegetables*
das **Gericht** (Gerichte) *dish; also: court*
das **Gespräch** (Gespräche) *conversation*
das **Gramm** (Gramm) *gram*
die **Hauptspeise** (Hauptspeisen)/das **Hauptgericht**
  (Hauptgerichte) *main course*
das **Hotel** (Hotels) *hotel*
der/das **Joghurt** (Joghurts) *yogurt*
der/die **Jugendliche** (Jugendlichen) *adolescent*
der **Kaffee** (Kaffees) *coffee*
die **Kartoffel** (Kartoffeln) *potato*
der **Käse** (Käse) *cheese*
der **Kellner** (Kellner) *waiter, server*
die **Kellnerin** (Kellnerinnen) *waitress, server*
das **Kilogramm** (Kilogramm) *kilogram*
der **Koch** (Köche) *(male) chef*
die **Köchin** (Köchinnen) *(female) chef*
die **Konkurrenz** (Konkurrenzen) *competition*
die **Küche** (Küchen) *kitchen, cuisine*

die **Landwirtschaft** (Landwirtschaften) *agriculture*
das **Lebensmittel** (Lebensmittel) *food*
die **Liste** (Listen) *list*
das **Lob** *praise*
der **Löffel** (Löffel) *spoon*
das **Lokal** (Lokale) *pub, bar*
das **Messer** (Messer) *knife*
die **Milch** *milk*
das **Mineralwasser** (Mineralwasser) *mineral water*
die **Möglichkeit** (Möglichkeiten) *possibility*
die **Nachspeise** (Nachspeisen) *dessert*
das **Obst** *fruit*
das **Paar** (Paare) *pair*
die **Packung** (Packungen) *package*
das **Restaurant** (Restaurants) *restaurant*
das **Rezept** (Rezepte) *recipes*
der **Saft** (Säfte) *juice*
der **Salat** (Salate) *lettuce; salad*
das **Salz** *salt*
der **See** (Seen) *lake*
der **Service** *service*
die **Speisekarte** (Speisekarten) *men*
das **Stück** (Stücke) *piece*
der **Supermarkt** (Supermärkte) *supermarket*
die **Suppe** (Suppen) *soup*
der **Teller** (Teller) *plate*
der **Topf** (Töpfe) *pot, pan*
die **Vorspeise** (Vorspeisen) *appetizer*
der **Wert** (Werte) *value*
die **Wurst** (Würste) *sausage*
die **Zutat** (Zutaten) *ingredients*

■ Verben

auf·fallen (fällt auf, fiel auf, ist aufgefallen)
  to be apparent
aus·geben (gibt aus, gab aus, hat ausgegeben)
  to spend
backen (bäckt, backte [buk], hat gebacken) *to bake*
sich bemühen (bemüht sich, bemühte sich, hat sich
  bemüht) *to try, make an effort*
bezeichnen (bezeichnet, bezeichnete, hat bezeichnet)
  to denote, label
braten (brät, briet, hat gebraten) *to pan-fry*

jmdm./etwas **entsprechen** (+ Dat. / entspricht, entsprach, hat entsprochen)   *to correspond*

formen (formt, formte, hat geformt)   *to form*

sich **kümmern um** (+ Akk. / kümmert, kümmerte, hat gekümmert)   *to care for s.th./s.o.*

lieben (liebt, liebte, hat geliebt)   *to love*

loben (lobt, lobte, hat gelobt)   *to praise*

mit·teilen (teilt mit, teilte mit, hat mitgeteilt)   *to inform*

probieren (probiert, probierte, hat probiert)   *to taste*

retten (rettet, rettete, hat gerettet)   *to save*

richten (richtet, richtete, hat gerichtet)   *to judge*

rühren (rührt, rührte, hat gerührt)   *to stir*

schätzen (schätzt, schätzte, hat geschätzt)   *to estimate, appreciate*

servieren (serviert, servierte, hat serviert)   *to serve*

sparen (spart, sparte, hat gespart)   *to save*

sterben (stirbt, starb, ist gestorben)   *to die*

verbessern (verbessert, verbesserte, hat verbessert)   *to correct, improve*

verraten (verrät, verriet, hat verraten)   *to give away a secret*

sich etw. **vorstellen** (stellt vor, stellte vor, hat vorgestellt)   *to imagine s.th.*

■ Adjektive

abhängig   *dependent*

fantastisch   *fantastic*

fein (feiner, am feinsten)   *good (quality)*

fließend (fließender, am fließendsten)   *fluent*

freiwillig   *voluntary*

mehrere   *several*

richtig   *right*

süß (süßer, am süßesten)   *sweet*

traditionell   *traditional*

ungefähr   *approximately*

wenig (weniger, am wenigsten)   *little*

■ Adverbien

ein bisschen   *a little*

genau   *exactly*

mindestens   *at least*

nur   *only*

■ Sonstiges

anstatt zu   *instead of*

darauf kommt es an   *that's what it comes down to*

ein bisschen   *a little*

im Angebot   *on sale*

im Gegenteil   *on the contrary*

ohne zu   *without (doing something)*

um zu   *in order to*

Thorsten Feddersen
Lokalreporter, *Oldenburger Zeitung*, Oldenburg

Thorsten hat immer Papier und Bleistift dabei.

LERNZIELE

- *describing a complex series of events*
- *talking about the press and current events*
- *using the past perfect to say what happened first and what happened later*
- *reviewing verb conjugation and tenses*
- *recognizing subjunctive I forms used for reported speech*
- *reviewing word order in compound sentences*

Aleksandrs Samuilovs/Shutterstock.com

IN DIESEM KAPITEL ...

You will follow the e-mail exchanges between the news reporter Thorsten Feddersen and two victims of thefts that occurred recently in Oldenburg. While Thorsten gathers information about this story, you will read a parable, newspaper articles, and other texts that deal with the challenge of finding the truth. An excerpt from a novel, a painting, and an old folk song put this question in the context of dealing with Germany's past.

E-Mail an Frau Janssen

NAME: Feddersen, Thorsten
ALTER: 29
GEBURTSORT: Bremen
WOHNORT: Oldenburg
BERUF: Reporter
HOBBYS: Lesen, Schreiben, Geschichte
LIEBLINGSLEKTÜRE: Kriminalromane

In Oldenburg gibt es in letzter Zeit Diebstähle (*thefts*) in der Innenstadt. Frau Janssen wurde gestern die Tasche gestohlen. Thorsten Feddersen, Reporter bei der *Oldenburger Zeitung*, schreibt an Frau Janssen. Wird in Ihrer Stadt viel gestohlen? Was?

```
Von: Thorsten Feddersen [feddersen@oldenburgerzeitung.de]
An: Cornelia Janssen [connie234@gmail.de]
Re: Diebstahl
Datum: 09/08  Zeit: 9:34 Uhr
--------------------------------------------------------------------
```

Liebe Frau Janssen,

mein Name ist Thorsten Feddersen. Ich bin Lokalreporter bei der *Oldenburger Zeitung*.

Wir haben uns gestern bei der Polizei in Oldenburg getroffen, als Sie den Diebstahl Ihrer Tasche aus Ihrem Fahrradkorb dort gemeldet haben. Wie Sie sicher wissen, gibt es jetzt schon mehrere solche Fälle in Oldenburg. Die Polizei hat auch den Verdacht, dass es mehrere Täter gibt. Ich habe gestern darüber einen kurzen Artikel geschrieben, aber ich möchte unseren Lesern noch etwas mehr darüber berichten. Wäre es möglich, dass wir uns heute noch für ein kurzes Interview treffen? Es ist sicher wichtig, dass noch mehr Details über diese Verbrechen an die Öffentlichkeit kommen. Vielleicht können Sie so dazu beitragen, dass nicht noch mehr Leute diesen Dieben zum Opfer fallen. Bitte rufen Sie mich so bald wie möglich an oder antworten Sie per E-Mail.

Mit freundlichem Gruß

Ihr

Thorsten Feddersen

Lokalredaktion

Oldenburger Zeitung

Telefon 0441/9988-1234

Telefax 0441/9988-2345

feddersen@oldenburgerzeitung.de

Wertsachen *(valuables)* sollte man lieber nicht im Fahrradkorb transportieren.

ONOKY · Photononstop / Alamy

Tasche weg

der Reporter (Reporter) *(male) reporter*	der **Artikel** (Artikel) *article*
die Reporterin (Reporterinnen) *(female) reporter*	der **Leser** (Leser) *(male) reader*
die **Zeitung** (Zeitungen) *newspaper*	die **Leserin** (Leserinnen) *(female) reader*
die **Polizei** *police*	**berichten** *to report*
der Diebstahl (Diebstähle) *theft*	das **Interview** (Interviews) *interview*
der Fahrradkorb (Fahrradkörbe) *bicycle basket*	das **Verbrechen** (Verbrechen) *crime*
etwas **melden** *to report s.th. (to an authority)*	die **Öffentlichkeit** *public*
der **Verdacht** *suspicion*	**beitragen zu** (trägt bei, trug bei, hat beigetragen) *to contribute to*
der **Täter** (Täter) *(male) perpetrator*	der Dieb (Diebe) *thief*
die **Täterin** (Täterinnen) *(female) perpetrator*	das **Opfer** (Opfer) *victim*

Vokabelarbeit: Diebstahl in der Stadt

Wie kann man diese Phrasen übersetzen?

BEISPIEL   einem Verbrechen zum Opfer fallen →
            to become the victim of a crime

1. einen Verdacht haben
2. ein Interview geben
3. über einen Diebstahl berichten
4. einen Artikel schreiben
5. Informationen an die Öffentlichkeit bringen
6. den Täter finden

Was ist passiert?

Verbinden Sie die Satzteile.

1. Thorsten Feddersen ist …
2. Thorsten hat Frau Janssen eine Mail geschrieben, …
3. Thorsten hatte Frau Janssen bei der Polizei in Oldenburg getroffen, …
4. Ein Dieb hat Frau Janssens Tasche …
5. Weil es schon mehrere solche Fälle in Oldenburg gegeben hat, …
6. Thorsten hat über diese Fälle schon einen kurzen Artikel geschrieben, …
7. Thorsten findet es wichtig, …
8. Vielleicht kann Frau Janssen mit weiteren Informationen dazu beitragen, …

a. weil er sich mit ihr für ein Interview treffen will.
b. als Sie den Diebstahl Ihrer Tasche dort gemeldet hat.
c. aus ihrem Fahrradkorb gestohlen.
d. dass noch mehr Details an die Öffentlichkeit kommen.
e. hat die Polizei den Verdacht, dass es mehrere Täter gibt.
f. Lokalreporter bei der Oldenburger Zeitung.
g. dass nicht noch mehr Leute diesen Dieben zum Opfer fallen.
h. aber er möchte seinen Lesern noch etwas mehr darüber berichten.

Kategorien

Welches Wort passt nicht in die Liste und warum?

1. a. der Verdacht
   b. der Täter
   c. die Polizei
   d. der Artikel

2. a. der Artikel
   b. das Interview
   c. die Zeitung
   d. die Polizei

3. a. berichten
   b. laufen
   c. beitragen
   d. melden

4. a. das Opfer
   b. das Interview
   c. die Täterin
   d. der Verdacht

5. a. die Leserin
   b. die Täterin
   c. die Karte
   d. die Polizistin

6. a. die Öffentlichkeit
   b. der Fahrradkorb
   c. die Karte
   d. die Zeitung

Partnerinterview: Diebstähle und andere Verbrechen

Machen Sie ein Interview. Berichten Sie das Interessanteste im Kurs.

1. Hat man dir schon einmal etwas gestohlen?
2. Hast du schon einmal die Polizei gerufen oder etwas bei der Polizei gemeldet?
3. Hat es in deiner Nachbarschaft, Stadt oder Region schon einmal Diebstähle gegeben? Was ist passiert? Sind die Täter gefunden worden?

Thorsten stellt sich vor

Was sagt Thorsten? Kreuzen Sie an.

1. Hallo, ich bin Thorsten Feddersen. Ich bin ____.
   a. Reporter bei der Zeitung in Oldenburg.
   b. Reporter beim Norddeutschen Rundfunk.
   c. Reporter bei Spiegel TV.

2. Ich schreibe meistens über lokale Themen, aber da muss ich ____.
   a. viel reisen und filmen.
   b. viele Photos machen und archivieren.
   c. viel forschen und Interviews führen.

3. Das macht richtig Spaß, aber man muss ____.
   a. immer höflich und hilfsbereit sein.
   b. auch immer einsatzbereit° sein.
   c. viel am Computer sitzen.

ready for action

Thorstens nächster Artikel

Ergänzen Sie die fehlenden Satzteile.

a. die interessant sein könnten	c. über die Diebstähle in Oldenburg
b. mit näheren Informationen	d. und die sind dann gestohlen worden

Also, ich sitze hier gerade an meinem Artikel ____. Mehrere Frauen haben in letzter Zeit Handtaschen und andere Wertsachen im Fahrradkorb gelassen; ____. Ich hab' die wichtigsten Informationen von der Polizei, aber möchte noch einige Details finden, ____. Dafür stehe ich mit mehreren Opfern in Kontakt und schreibe einen Artikel ____ in der nächsten Ausgabe der *Oldenburger Zeitung.*

Fragen zum Profil

1. Wer ist Thorsten Feddersen?
2. Wo arbeitet er? Was macht er?
3. Worüber schreibt er im Moment?
4. Mit wem steht er in Kontakt?

© Cengage Learning

Wortschatz

Welche Wörter möchten Sie noch wissen, um über Diebstähle, Thorsten und Frau Janssen zu sprechen?

Strukturen

11.1.1 Verben (Wiederholung)

iLrn Go to iLrn for more grammar practice.

As you learned in chapters 2 and 3, 'conjugation' refers to the way verbs have different forms and/or take different endings to reflect who or what the subject of the sentence is.

- The present tense endings of the verb **kommen** are regular. They are the same for most verbs in German. Work with a partner and complete the following table with the forms for the present tense of the verb **kommen**.

Numerus	Person	Präsens von *kommen*
Singular	(1st) **ich**	_____
	(2nd) **du**	komm**st**
	(3rd) **er/sie/es**	_____
Plural	(1st) **wir**	komm**en**
	(2nd) **ihr**	komm**t**
	(3rd) **sie**	_____
Formell, Sing. und Pl.	(2nd) **Sie**	_____

- Some verbs show a change in the stem in the second- and third-person singular. For some of these verbs the vowel in the stem changes, for example, **geben → ich gebe, du gibst, er/sie/es gibt.** For others, the vowel and consonants both change, for example, **nehmen → ich nehme, du nimmst, er/sie/es nimmt.** List and conjugate the ones you can remember.

- The verbs **sein, haben, wissen,** and **werden** are used frequently and are conjugated irregularly. Work with a partner and complete the following table with the forms for the present tense of these verbs.

	sein	**haben**	**wissen**	**werden**
ich	bin	_____	weiß	_____
du	_____	_____	_____	wirst
er/sie/es	_____	_____	_____	_____
wir	sind	_____	wissen	_____
ihr	_____	habt	wisst	werdet
sie	_____	haben	_____	werden
Sie	_____	haben	_____	_____

- The modal verbs are also irregular. Complete the following table.

	dürfen	können	mögen	(möchten)	müssen	sollen	wollen
ich	_____	kann	_____	möchte	_____	_____	_____
du	_____	_____	_____	_____	_____	_____	_____
er/sie/es	_____	kann	_____	_____	_____	_____	_____
wir	dürfen	_____	mögen	möchten	_____	_____	wollen
ihr	_____	_____	mögt	_____	_____	_____	wollt
sie	dürfen	_____	_____	_____	_____	_____	wollen
Sie	_____	_____	mögen	_____	_____	sollen	wollen

Tense

- **Tempus°**
There are different tenses in which a German verb can be used to represent different time frames—the present, the past, or the future.[1]

Tempus	Zeit	Form
Präsens (Present Tense)	present (now)	Frau Janssen **fährt** mit dem Fahrrad zum Supermarkt. Dort **kauft** sie **ein**.
Perfekt (Present Perfect Tense)	} past	Frau Janssen **ist** mit dem Fahrrad zum Supermarkt **gefahren**. Dort **hat** sie **eingekauft**.
Imperfekt (Simple Past Tense)		Frau Janssen **fuhr** mit dem Fahrrad zum Supermarkt. Dort **kaufte** sie ein.
Plusquamperfekt (Past Perfect Tense)		Frau Janssen **war** mit dem Fahrrad zum Supermarkt **gefahren**. Dort **hatte** sie **eingekauft**.
Futur (Future Tense)	future	Frau Janssen wird mit dem Fahrrad zum Supermarkt **fahren**. Dort **wird** sie **einkaufen**.

Mood

- **Modus°**
In addition to tense, you have seen that German verbs can have three different moods to reflect the attitude of the speaker toward what he or she is expressing: The indicative (**Indikativ**) is used to express reality, the subjunctive (**Konjunktiv**) is used to express hypotheses and contrary-to-fact statements or to report indirect speech, and the imperative (**Imperativ**) is used to give commands.

peacock

Frau Janssen **fährt** mit dem Fahrrad zum Supermarkt. (Indikativ)
Eine Frau berichtete, auf dem Dach **sitze** ein Pfau° (Konjunktiv I)[2]
Wenn sie kein Fahrrad **hätte**, **würde** sie zu Fuß gehen. (Konjunktiv II)
Vor dem Supermarkt steht ein Schild: „**Schließen Sie** immer Ihr Fahrrad **ab!**" (Imperativ)

---

[1] You have learned how to use all these tenses except the past perfect (*Plusquamperfekt*). It will be covered in the next section of this chapter.
[2] You will learn more about subjunctive for indirect speech (*Konjunktiv I*) later in this chapter in section 11.3.

- **Genus°**

  You have also encountered the two voices of German verbs, active (**Aktiv**) and passive (**Passiv**). While the active voice is used to express who or what is performing an action, the passive voice is used to focus more on the action or process. Here is a review of the passive forms in various tenses.

Tempus	Zeit	Form
Präsens (Present Tense)	present (now)	Der Dieb **wird** von der Polizei **gesucht**.
Perfekt (Present Perfect Tense)	past	Der Dieb **ist** von der Polizei **gesucht worden**.
Imperfekt (Simple Past Tense)		Der Dieb **wurde** von der Polizei **gesucht**.

GRAMMAR GLOSSARY

You can find more information about ⇒ **verbs** in the *Welten* grammar glossary in iLrn.

9 Was Thorsten so alles macht

1. Schritt. Setzen Sie die richtigen Verbformen im Präsens ein.

1. Thorsten _____ bei der *Oldenburger Zeitung* als Reporter. (arbeiten)

2. Er _____ gern Fußball und _____ gern Reggae. (spielen / hören)

3. Seine Stadt Oldenburg _____ er sehr und er _____ hier viele Leute. (mögen / kennen)

4. Er _____ ein echter° Oldenburger und _____ auch nirgendwo anders leben. (sein / wollen)
   genuine

5. Thorsten _____ alleine in seiner kleinen Wohnung. (leben)

6. Als Reporter _____ er jeden Tag mit vielen Menschen und _____ seinen Beruf deshalb sehr schön. (sprechen / finden)

7. Manchmal _____ er am Wochenende mit Freunden in eine Kneipe. (gehen)

8. Er _____ ein einfaches, aber interessantes Leben. (haben)

2. Schritt: Mein Leben. Schreiben Sie die Sätze vom 1. Schritt aus Thorstens Perspektive.

BEISPIEL   Ich arbeite bei der *Oldenburger Zeitung.* ...

Oldenburg

10 Was Thorsten schon alles gemacht hat

Ergänzen Sie die Verbformen im Perfekt.

BEISPIEL   Thorsten ___*ist*___ in Oldenburg *aufgewachsen*.

1. Er _____ in Oldenburg in die Grundschule _____.

2. Mit 19 _____ er am Schiller-Gymnasium das Abitur _____.

3. Dann _____ er in Hamburg Publizistik _____.

4. Nachdem er in Hamburg ein Praktikum gemacht hatte, _____ er für ein Jahr als Volontär bei einem Verlag _____.

5. Die Zeit in Hamburg _____ für Thorsten nicht leicht _____, aber er _____ viel _____.

6. Es war für ihn ein großes Glück, als er eine Stelle bei der *Oldenburger Zeitung* _____ _____.

11.2

Wertsachen aus Fahrradkörben gestohlen

Dieser Artikel aus der *Oldenburger Zeitung* soll die Leser über die Diebstähle in Oldenburg informieren. Welche Fragen sollen in so einem Artikel beantwortet werden?

Wortschatz

Welche Wörter möchten Sie wissen, um über Diebstähle aus Fahrradkörben zu sprechen?

🔊 Wertsachen aus Fahrradkörben gestohlen

increase

= Opfer
neutral term for stole

got
flute / total damage

fastening

Oldenburg - ++ **Häufung° von Diebstählen aus Fahrradkörben** ++
Seit Mitte April kam es im Zentrum von Oldenburg zu einer Häufung von Diebstählen, bei denen der Täter die im Fahrradkorb abgelegten Taschen der ausschließlich weiblichen Geschädigten°
5   entwendete°. Die insgesamt zwölf Tatorte befanden sich nahezu alle im Bereich des Pferdemarktes, der vorderen Donnerschweer-, Alexander- sowie Nadorster Straße im Zeitraum von 14:00 bis 18:00 Uhr. In den Taschen befanden sich Geldbörsen, Ausweise und Mobiltelefone. In einem Fall erlangte° der Täter sogar eine
10   Querflöte° im Wert von EUR 600,-. Der Gesamtschaden° liegt bei EUR 1.700,-. Die meisten Geschädigten bemerkten den Diebstahl zuerst gar nicht, sondern erst später. Die Polizei rät in diesem Zusammenhang aufmerksam zu sein
15   und grundsätzlich keine Wertsachen unkontrolliert in Fahrradkörben zu transportieren. Geldbörsen und Mobiltelefone
20   sollten beispielsweise in der Kleidung am Körper getragen werden. Taschen sollten durch Befestigung° gegen
25   Wegnahme gesichert sein. Die Polizei in Oldenburg bittet um Mitteilung von sachdienlichen Hinweisen zum Täter unter der
30   Rufnummer 0441/790-1234.

Man sollte seine Wertsachen nie im Fahrradkorb liegen lassen.

ARBEIT MIT DEM TEXT

Lesen Sie die Informationen und notieren Sie Fragen und Kommentare. Teilen Sie interessante Beispiele mit dem Kurs.

Informationen		Notizen
die im **Fahrradkorb** abgelegten Taschen *the bags (that have been put) in the bicycle baskets*	Participial constructions like die im Fahrradkorb abgelegten *are typical of news reports in German both in written and spoken format (i.e., on TV or radio or in the newspaper).*	
ausschließlich weiblich *exclusively female*	weiblich *'female'*, männlich *'male'*	
der Tatort (Tatorte) *scene of the crime*	Tatort *is also the name of one of the most popular TV detective shows in Germany; detective series are by far the most important TV genre in the German-speaking world.*	
sich befinden *to be located*	*very formal way of saying 'to be located'*	
der **Zeitraum** (Zeiträume) *period of time*	im Zeitraum von 14:00 bis 18:00 Uhr *'between 2:00 and 6:00 pm'*	
die **Geldbörse** (Geldbörsen) *wallet*	das Geld *'money'*; also der Geldbeutel	
der **Ausweis** (Ausweise) *official ID*	*German citizens are required to carry the so-called* Personalausweis *at all times.*	
der Gesamtschaden *total damage*	gesamt = ganz; der Schaden (Schäden) *'damage'*	
anfangs = am Anfang *in the beginning*	der Anfang (Anfänge) *'beginning'*	
die Polizei **rät** *the police recommend*	raten (rät, riet, hat geraten) *'to recommend, advise'*; der Rat *'advice'*	
in diesem **Zusammenhang** *in this respect, as far as this issue is concerned*	der Zusammenhang *'issue'; literally means the 'hanging together' or complexity of an issue*	
aufmerksam *attentive*	die Aufmerksamkeit *'attention'*	
grundsätzlich *basically, fundamentally*	der Grundsatz *'basic guideline'*	
die **Wertsache** (Wertsachen) *valuable (item)*	der Wert *'value'*; wertvoll *'valuable'*	
beispielsweise = zum Beispiel *for example*	das Beispiel (Beispiele) *'example'*	
die **Befestigung** (Befestigungen) *fastening*	befestigen *'to fasten, lock, affix'*; fest *'fast, firm, secure, tight'*	
sachdienliche **Hinweise** *information related to this incident, crime*	der Hinweis *'piece of information'; this phrase solicits information about a crime from the public and is used in crime reports.*	

12 Anders gesagt

 Finden Sie die Sätze, die das Gleiche aussagen.

1. eine Häufung von Diebstählen
2. die im Fahrradkorb abgelegten Taschen
3. Es waren ausschließlich weibliche Geschädigte.
4. Die insgesamt zwölf Tatorte befanden sich nahezu alle im Bereich des Pferdemarktes.
5. In einem Fall erlangte der Täter eine Querflöte im Wert von EUR 600,-.
6. Die Polizei in Oldenburg bittet um Mitteilung von sachdienlichen Hinweisen.

a. Der Dieb hat von einer Frau eine Querflöte gestohlen, die EUR 600,- gekostet hat.
b. Wer wichtige Informationen zu diesen Diebstählen hat, soll bei der Polizei anrufen.
c. die Taschen, die in Fahrradkörben waren
d. immer mehr Diebstähle
e. Die zwölf Diebstähle sind alle in der Nähe des Pferdemarktes passiert.
f. Die Leute, von denen etwas gestohlen wurde, waren alle Frauen.

Wichtige Informationen

Beantworten Sie die Fragen.

1. Seit wann kam es in Oldenburg zu einer Häufung von Diebstählen?
2. Wer sind die Geschädigten? Wie viele gibt es?
3. Was wurde gestohlen?
4. Wo sind die Diebstähle passiert?
5. Zu welcher Tageszeit sind die Diebstähle passiert?
6. Wie hoch ist der Schaden?
7. Was rät die Polizei?
8. Wo kann man anrufen, wenn man etwas über den Täter weiß?

Was ist los in Oldenburg?

Schreiben Sie in Ihren eigenen Worten, was in Oldenburg passiert ist.

E-Mail von Frau Janssen

Frau Janssen hat keine Zeit, sich mit Thorsten zu treffen. Sie beschreibt einige Details in einer Antwort auf Thorstens E-Mail.

```
Von: Cornelia Janssen [connie234@gmail.de]
An: Thorsten Feddersen [feddersen@oldenburgerzeitung.de]
Re: Diebstahl
Datum: 09/08    Zeit: 12:31 Uhr
```

Lieber Herr Feddersen,

ich habe heute leider keine Zeit für ein Interview, aber ich kann Ihnen gerne die Details genauer berichten. Also das war so: Ich hatte mein Fahrrad vor dem Penny-Markt in der Donnerschweerstraße abgestellt, um dort einzukaufen. Nachdem ich ein paar Sachen gekauft hatte, war meine große Einkaufstasche ziemlich voll. Ich habe meine kleine Handtasche (darin waren mein Geldbeutel, meine Schlüssel und mein Handy) unten in den Fahrradkorb gelegt und die große Einkaufstasche oben drauf. Vor dem Supermarkt war ein Mann, der dort Obst und Gemüse angeschaut hat. Er hat einen Apfel genommen und dabei sind 4 oder 5 Äpfel auf den Boden gefallen. Er hatte beide Hände voll und da habe ich ihm geholfen und habe die Äpfel vom Boden aufgehoben. Der Mann war sehr nett und hat sich mehrmals bei mir bedankt. Dann bin ich los gefahren in Richtung Post. Nachdem ich bei der Post angekommen war, habe ich gemerkt, dass meine Handtasche weg war. Ich hatte sofort den Verdacht, dass der Mann am Supermarkt etwas damit zu tun hat, aber beweisen kann ich es natürlich nicht. Vielleicht hat der Mann mich mit den Äpfeln abgelenkt und eine andere Person hat in diesem Moment meine kleine Handtasche aus dem Fahrradkorb genommen. Ich bin nochmal zum Penny-Markt zurück gefahren, aber der Mann war verschwunden. Dann bin ich sofort zur Polizei gefahren und habe den Diebstahl gemeldet. Mehr kann jetzt nicht sagen. Ich hoffe die Polizei findet den Täter bald.

Freundliche Grüße

Ihre

Cornelia Janssen

Frau Janssen

das **Detail** (Details)	*detail*	die **Post**	*post office*
die **Einkaufstasche** (Einkaufstaschen)	*shopping bag*	**beweisen** (beweist, bewies, bewiesen)	*to prove*
der **Schlüssel** (Schlüssel)	*key*	**verschwinden** (verschwindet, verschwand, ist verschwunden)	*to disappear*
das **Handy** (Handys)	*cell phone*		

Frau Janssen

 Verbinden Sie die passenden Satzteile.

1. Frau Janssen hatte ihr Fahrrad vor dem Penny-Markt abgestellt, ...
2. Nachdem sie im Penny-Markt eingekauft hatte, ...
3. Sie hat ihre kleine Handtasche unten in den Fahrradkorb gelegt ...
4. Vor dem Supermarkt war ein Mann, ...
5. Als der Mann einen Apfel genommen hat, ...
6. Weil er beide Hände voll hatte, ...
7. Nachdem der Mann sich mehrmals bei Frau Janssen bedankt hatte, ...
8. Nachdem Sie bei der Post angekommen war, ...
9. Frau Janssen hat den Verdacht, ...
10. Als Frau Janssen wieder am Penny-Markt angekommen war, ...
11. Dann ist Frau Janssen sofort zur Polizei gefahren, ...

a. um den Diebstahl dort zu melden.
b. und die große Einkaufstasche oben drauf.
c. sind 4 oder 5 Äpfel auf den Boden gefallen.
d. war der Mann verschwunden.
e. hat Frau Janssen ihm geholfen und die Äpfel aufgehoben.
f. dass der Mann am Supermarkt etwas damit zu tun hat.
g. um dort einzukaufen.
h. merkte sie, dass ihre Handtasche weg war.
i. war ihre große Einkaufstasche ziemlich voll.
j. fuhr sie in Richtung Post.
k. der dort Obst und Gemüse angeschaut hat.

Umfrage: Wo hast du deine Wertsachen?

 Bilden Sie Gruppen und machen Sie in jeder Gruppe eine Umfrage um herauszufinden, wo Ihre Mitstudierenden ihre Wertsachen tragen.

Wo hast du ...	In der Hosentasche	Im Rucksack	In der Handtasche	____
deinen Geldbeutel?	☐	☐	☐	☐
deinen Ausweis?	☐	☐	☐	☐
deine Schlüssel?	☐	☐	☐	☐
dein Handy?	☐	☐	☐	☐
deinen Computer?	☐	☐	☐	☐
deine Kreditkarte?	☐	☐	☐	☐
deinen iPod?	☐	☐	☐	☐
____?	☐	☐	☐	☐

photofun,2010 / Used under license from Shutterstock.com

Wo haben Sie meistens Ihren Geldbeutel?

Strukturen

Past perfect

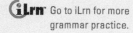 Go to iLrn for more grammar practice.

11.2.1 Plusquamperfekt°

The past perfect is used to refer to an event that happened before another event in the past.

> Nachdem Cornelia Janssen **gegessen hatte**, fuhr sie zum Penny-Markt. Nachdem sie bei der Post **angekommen war**, bemerkte sie den Diebstahl.

> *After Cornelia Janssen **had eaten**, she went to the Penny-Markt. After she **had arrived** at the post office, she noticed the theft.*

LERNSTRATEGIEN

The past perfect is only used in reference to other events in the past. **Hatte** and **war** are used according to the same rules that apply to the present perfect tense use of **haben** and **sein**.

 **GRAMMAR GLOSSARY**

You can find more information about ⇒ **verb tenses** in the *Welten* grammar glossary in iLrn.

The past perfect is formed by using the simple past form of the auxiliaries **haben** or **sein** and adding the past participle of the main verb at the end of the sentence.

ich	hatte		**ich**	war	
du	hattest		**du**	warst	
er/sie/es	hatte		**er/sie/es**	war	
wir	hatten	+ *past participle*	**wir**	waren	+ *past participle*
ihr	hattet		**ihr**	wart	
sie	hatten		**sie**	waren	
Sie	hatten		**Sie**	waren	

17 So war das …

 Verbinden Sie die passenden Sätze.

1. Cornelia fuhr um 10 Uhr zum Penny-Markt, …
2. Nachdem sie ihr Fahrrad abgestellt hatte, …
3. Ihre Tasche war voll, …
4. Nachdem sie ihre Handtasche in den Fahrradkorb gelegt hatte, …
5. Nachdem der Mann vor dem Supermarkt das Obst und Gemüse angeschaut hatte, …
6. Nachdem der Mann einen Apfel genommen hatte, …
7. Cornelia fuhr zur Post, …
8. Nachdem sie an der Post angekommen war, …
9. Der Mann war schon lange weggegangen, …
10. Nachdem sie nochmal zum Penny-Markt gefahren war, …

a. legte sie auch die Einkaufstasche in den Korb.
b. bemerkte sie, dass ihre Handtasche weg war.
c. nachdem sie dem Mann geholfen hatte, die Äpfel aufzuheben.
d. nahm er einen Apfel.
e. nachdem sie früh aufgestanden war und gemütlich gefrühstückt hatte.
f. ging sie im Penny-Markt einkaufen.
g. weil sie ziemlich viel eingekauft hatte.
h. als Cornelia wieder zum Penny-Markt zurückkam.
i. rief sie die Polizei.
j. sind 4 oder 5 Äpfel auf den Boden gefallen.

18 Aus dem Polizeibericht

Verbinden Sie die Sätze. Benutzen Sie **nachdem** oder **weil** und das Plusquamperfekt, um zu sagen, was zuerst passiert ist.

BEISPIEL   DJ Hillis iPod ist verschwunden. Sie hat ihren iPod in einer Disco auf der Toilette vergessen. →

Nachdem DJ Hilli ihren iPod in einer Disco auf der Toilette vergessen hatte, ist er verschwunden.

1. Das Auto von Professor Dr. Fichte wurde gestohlen. Er hat vor der Universität geparkt.
2. Das Duden-Wörterbuch von Sebastian Henkel wurde gestohlen. Er hat es im Hörsaal vergessen.
3. Jemand hat das Fahrrad von Volker Auerbach gestohlen. Er hat vergessen, es abzuschließen.
4. Man hat einen Sonnenschirm aus dem Garten der Villa Heidemarie geklaut. Uwe Rau hat ihn nicht in den Keller gebracht.
5. Die Lampe von Kati Hürlimann wurde gestohlen. Sie hat sie in eine Galerie gebracht.
6. Unbekannte haben 6 Kisten Wein mitgenommen. Ein Lieferant hat sie vor Hubert Mosers Restaurant abgeladen.

Polizeifahrzeuge in Niedersachsen

Art Konovalov/Shutterstock

19 Kettengeschichte: Aus dem Leben von Thorsten

Arbeiten Sie in kleinen Gruppen und erzählen Sie die Geschichte weiter wie im Beispiel.

BEISPIEL   ANNA Nachdem Thorsten in den Park gegangen war, schaute er im Kino einen Film an.

OTTO Nachdem er im Kino einen Film gesehen hatte, ...

Der Elefant und die Blinden

Hans Georg Lenzen

Hans Georg Lenzen (geboren 1921 in Moers) ist Autor, Illustrator und Übersetzer. In der Geschichte *Der Elefant und die Blinden* erzählt er eine japanische Fabel. Ein König wollte wissen, wie Menschen etwas verstehen, das sie vorher noch nie gesehen haben. Also zeigte er einer Gruppe von Blinden einen Elefanten. Welche Fabeln kennen Sie schon?

20 Parabeln und Fabeln

 Sie haben schon einige Parabeln und Fabeln gelesen? Was ist typisch für Parabeln und Fabeln? Machen Sie eine Liste. Vergleichen Sie im Plenum.

Der Elefant und die Blinden

Hans Georg Lenzen

Eine japanische Fabel erzählt von einer Gruppe von blinden Männern, die zum ersten Mal in ihrem Leben einem Elefanten gegenüberstehen. Durch Tasten° versucht jeder der Blinden von seinem Standort aus festzustellen, was er da vor sich hat.

5 „Es ist ein Ding wie ein Baumstamm", sagt der, der den Rüssel° zwischen den Händen hat.

„Nein, es ist eher wie ein Seil° – oder wie eine Schlange!" ruft der Blinde am Schwanzende°.

„Eine Wand ist es, eine Wand, die atmet", sagt der Blinde, der seine
10 Hände gegen die Flanken des Elefanten stemmt.

Man sagt, jeder Japaner kennt die Fabel aus seinem Lesebuch. Und die Kinder können daraus lernen, dass man mit seinem Urteil zurückhaltend sein soll, solange man von dem, was man beurteilt, noch nicht genügend weiß.

15 An anderer Stelle kann man lesen, ein König habe sich einen Spaß gemacht, die blinden Männer mit dem Elefanten zusammenzubringen, weil er sehen wollte, wie die Menschen es anstellen°, eine Wirklichkeit die ihnen unbekannt ist, kennen zu lernen.

20 Was können die Blinden denn überhaupt machen, um so viel wie möglich von dem unbekannten Wesen° zu erfahren, das ihnen gegenübersteht?

Sie sollten sich nicht zu sehr auf die Richtigkeit° ihrer ersten Erfahrungen verlassen, sie sollten bereit sein, *ihren Standpunkt*
25 öfter zu wechseln. Und sie sollten über ihre Erfahrungen miteinander sprechen. Das also kann man machen, wenn man von der unbekannten Welt so viel wie möglich kennen lernen will.

touch

trunk

rope
tail end

Photo © Johan Swanepoel/Shutterstock.com

manage

being, creature

accuracy

Lesen Sie die Informationen und verwenden Sie das neue
Wort in einem Satz. Teilen Sie interessante Beispiele mit dem Kurs.

Information		Ein Satz
jemandem (oder etwas) **gegenüber**stehen *to face (someone or s.th.)*	gegenüber von *'opposite (to), across from'*	
der **Standort** *(current) location*	Standort *is the more generic word for location, whereas* Standpunkt *is metaphorical for 'point of view'.*	
feststellen (stellt fest, hat festgestellt) *to ascertain, realize, find out*		
der Baumstamm (Baumstämme) *tree trunk*	der Baum (Bäume) *'tree'*; der Stamm *'stem, trunk'*	
das Lesebuch (Lesebücher) *reader*	*A* Lesebuch *is usually a reader for children to learn to read.*	
das **Urteil** (Urteile) *judgment (also in court)*	etwas beurteilen *'to judge s.th.'*; ein Urteil fällen *'to make a judgment'*	
zurückhaltend *reserved, cautious*	zurückhalten *'to hold back, restrain'*, die Zurückhaltung *'restraint, caution'. The gerund* zurückhaltend *(verb form ending in* -nd*) makes an adjective out of the verb* zurückhalten.	
genügend = genug *enough*	*The adjective* genügend *is a gerund of the verb* genügen *'to be enough'.*	
ein König <u>habe</u> sich einen Spaß gemacht *a king supposedly amused himself / made a joke*	*Here the verb form* habe *is the subjunctive I. It indicates that this is reported speech, i.e., s.th. that s.o. said where there is some uncertainty that the statement is factually true. This verb form is the focus of the next grammar section.*	
unbekannt *unknown*	bekannt *'familiar'*	
sich auf etwas (oder jemanden) **verlassen** *to rely on s.th. (or someone)*		
den Standpunkt **wechseln** *change one's point of view*	der Standpunkt *'point of view'*	

21 Parabel mit Relativsätzen

Setzen Sie die passenden Relativsätze in die Lücken ein.

BEISPIEL Die Geschichte erzählt von blinden Männern, <u>die zum ersten Mal einem Elefanten gegenüberstehen.</u>

der am Schwanzende steht	die man zuerst macht
der den Rüssel hält	die zum ersten Mal einem Elefanten gegenüberstehen
der seine Hände gegen die Flanken stemmt	was er vor sich hat
die ihnen unbekannt ist	

1. Jeder der Blinden versucht von seinem Standort aus festzustellen,
   _____.

2. Der Blinde, _____, glaubt, es ist ein Baumstamm.

3. Der Mann, _____, meint, es ist eine Schlange oder ein Seil.

4. Der Blinde, _____, glaubt, es ist eine Wand.

5. Man sagt, der König wollte sehen, wie Menschen eine Wirklichkeit kennenlernen,
   _____.

6. Man soll sich nie darauf verlassen, dass die Erfahrungen, _____,
   richtig sind; und man sollte seinen *Standpunkt* öfter wechseln.

Elefant

22

1. Schauen Sie sich nochmal die Merkmale° von Parabeln und Fabeln aus Übung 20 an. Welche Merkmale finden Sie in *Der Elefant und die Blinden*?

2. Am Ende steht die Moral der Geschichte. Sagen Sie mit eigenen Worten, was die Moral von *Der Elefant und die Blinden* ist.

Hat Thorsten genug Informationen?

23

 Diskutieren Sie über die folgenden Fragen.

1. Welche Relevanz hat die Geschichte *Der Elefant und die Blinden* für einen Reporter?
2. Weiß Thorsten genug, um in einem zweiten Artikel Neues über die Diebstähle zu berichten?
3. Kann Thorsten sich auf die Richtigkeit von Frau Janssens Verdacht verlassen? Warum (nicht)?
4. Kann Thorsten beurteilen, ob der Mann am Supermarkt wirklich etwas mit dem Diebstahl zu tun hat?
5. Wie kann Thorsten feststellen, ob Frau Janssen mit ihrem Verdacht recht hat?
6. Über welche unbekannten Aspekte könnte Thorsten mehr Informationen suchen?
7. Wie könnte Thorsten *seinen Standpunkt* wechseln? Mit wem könnte er sprechen, um mehr herauszufinden?

E-Mail von Ulrike Steiner

Bei der Oldenburger Polizei hat Thorsten noch eine Frau getroffen, die Opfer eines Diebstahls geworden ist. Ihr Name ist Ulrike Steiner. Thorsten hat ihr seine Karte gegeben, damit sie mit ihm Kontakt aufnehmen kann.

```
Von: Ulrike Steiner [ulisteiner@gmx.de]
An: Thorsten Feddersen [feddersen@oldenburgerzeitung.de]
Re: Diebstahl
Datum: 10/08  Zeit: 9:44 Uhr
--------------------------------------------------------
```
Hallo Herr Feddersen,

ja, gut, dass Sie mir bei der Polizei Ihre Karte gegeben haben. Da war ein Mann vor dem Netto-Supermarkt. Ich wollte gerade mit dem Fahrrad losfahren, da ist ihm der Geldbeutel auf den Boden gefallen und eine ganze Menge Kleingeld lag überall auf der Straße. Da habe ich mein Rad schnell wieder abgestellt und habe ihm geholfen. Er hat sich sehr bei mir bedankt und wir haben über das Wetter gesprochen und über das Oldenburger Stadtfest. Dann bin ich nach Hause gefahren. Als ich zu Hause angekommen war, war mein Geldbeutel nicht mehr da. Ich hatte den Geldbeutel mit den Lebensmitteln in die Einkaufstasche gelegt.

Glauben Sie, dass der Mann etwas mit den Diebstählen zu tun hat? Ich kann Ihnen den Mann beschreiben: Er war groß und schlank, etwa 40 Jahre alt, und hatte braunes, kurzes Haar. Er sah eigentlich sehr nett aus und hatte einen typischen Oldenburger Akzent.

Sie können mich gerne anrufen, wenn Sie weitere Fragen haben.

Freundliche Grüße

Ulrike Steiner

```
--------------------------------------------------------
```

Frau Steiner

eine ganze **Menge** *a whole lot*	**beschreiben** (beschreibt,
das **Kleingeld** *change, coins*	beschrieb, hat beschrieben)
abstellen (stellt ab, stellte ab, hat	*to describe*
abgestellt) *to put (s.th.) away*	**weitere Fragen** *further*
(here: bike on the kickstand)	*questions*
das **Stadtfest** *street festival*	

Vergleich

Kreuzen Sie an, was für Cornelia Janssen und Ulrike Steiner zutrifft°. *applies, is correct*

	Cornelia Janssen	Ulrike Steiner
1. Sie ist eine der Geschädigten bei den Oldenburger Diebstählen aus Fahrradkörben.	☐	☐
2. Sie ist mit dem Fahrrad zum Supermarkt gefahren.	☐	☐
3. Nachdem Sie bei Netto eingekauft hatte, war vor dem Supermarkt ein Mann, dessen Kleingeld auf den Boden gefallen war.	☐	☐
4. Vor dem Penny-Markt hat sie einem Mann geholfen, Äpfel vom Boden aufzusammeln.	☐	☐
5. Als sie bei der Post angekommen war, war ihre kleine Handtasche weg.	☐	☐
6. Als sie zu Hause angekommen war, war der Geldbeutel weg.	☐	☐
7. Sie hat Thorsten Feddersen bei der Polizei getroffen und er hat ihr seine Karte gegeben.	☐	☐
8. Sie hat an Thorsten Feddersen geschrieben.	☐	☐

Aus anderer Sicht

Schreiben Sie die Geschichte von Ulrike Steiner aus der Perspektive des vermutlichen Diebes.

BEISPIEL   Vor dem Netto-Supermarkt habe ich mal wieder Erfolg gehabt. Ich habe meinen Geldbeutel auf den Boden geworfen. ...

In Oldenburg gibt es viele Radfahrer. Fahren Sie auch Rad?

Strukturen

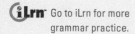 Go to iLrn for more grammar practice.

11.3.1 Konjunktiv I in indirekter Rede

Subjunctive I is used for indirect discourse (also called 'reported speech'), to express what someone else has said. It is almost exclusively used in written German, for example in news reports.

> Frau Janssen sagte, sie **habe** keine Zeit für ein Interview.

> *Ms. Janssen said she **has** no time for an interview.*

Subjunctive I is formed by adding the following endings to the stem of a verb:

	sitzen	haben
ich	sitze	habe
du	sitzest	habest
er/sie/es	sitze	habe
wir	sitzen	haben
ihr	sitzet	habet
sie	sitzen	haben
Sie	sitzen	haben

You can see that some forms of the subjunctive I are identical with the regular indicative verb forms, for example, **sie sitzen**. In instances like this, the forms of the subjunctive II are used instead to indicate clearly that the information is not original but reported.

peacock

> Eine Frau sagte, ein Pfau° **sitze** auf ihrem Hausdach. (Konjunktiv I)
> Eine andere Frau sagte, zwei Pfaue **säßen** in ihrem Garten. (Konjunktiv II)

The verb **sein** has irregular subjunctive I forms:

ich	sei
du	seiest
er/sie/es	sei
wir	seien
ihr	seiet
sie	seien
Sie	seien

 GRAMMAR GLOSSARY

You can find more information about ⇒ **subjunctive** in the *Welten* grammar glossary in iLrn.

To refer to past tense events in indirect speech, the subjunctive I form of **haben** or **sein** is used with a past participle.

> Eine Frau sagte, ein Pfau **sei** in ihrem Garten **gewesen** und **habe** Blumen **gegessen**.

> *A woman said a peacock **was** in her yard and **ate** flowers.*

As in the present tense, when subjunctive I of the auxiliary **haben** is identical in form to the indicative, then subjunctive II is used instead.

> Eine Anruferin sagte, zwei Pfauen **seien** in ihren Garten **gekommen** und **hätten** ihre Blumen **gegessen**.

> *A caller said two peacocks **came** into her yard and **ate** her flowers.*

Die Fabel von den Blinden

Verbinden Sie die passenden Elemente.

1. Der Autor erzählt in der Fabel, ...
2. Der Blinde, der den Rüssel hält, sagt, ...
3. Der Blinde, der den Schwanz hält, sagt, ...
4. Der Blinde, der die Flanke fühlt, denkt, ...
5. Man kann lesen, ...
6. Die Fabel lehrt, ...

a. es sei eine Wand, die atmet.
b. man solle bereit sein, öfter den Standpunkt zu wechseln.
c. alle Japaner würden die Fabel kennen.
d. das sei ein Ding wie ein Baumstamm.
e. es sei eine Schlange.
f. ein König habe wissen wollen, wie Menschen das Unbekannte verstehen.

Medien in Deutschland

Welche Zeitungen werden am meisten zitiert? Ergänzen Sie den Text mit den passenden Konjunktiv-I-Verbformen aus dem Kasten.

| habe | sei |
| liege | seien (x2) |

In einer Mitteilung° der Presse-Monitor-Gesellschaft heißt es, die *Bild-Zeitung* _____ im 1. Quartal 2011 das meistzitierte Medium. Auch Regionalzeitungen _____ wichtige Quellen, die von anderen Medien gerne zitiert werden. Die *New York Times* _____ mit 487 Zitaten auf dem vierten Platz. Als Regionalmedium _____ das *Hamburger Abendblatt* die beste Position. Andree Blumhoff, Leiter Medienanalyse bei der PMG, sagte zu den aktuellen Ergebnissen des Rankings, dass die Medien wichtige Quellen für Zitate von Politikern zu aktuellen Themen _____.

report

Woher erfahren Sie, was in der Welt los ist?

Journalisten und Subjektivität

Der bekannte Journalist Herbert Riehl-Heyse spricht in einem Interview über Subjektivität in Tageszeitungen. Unterstreichen Sie die Verbformen im Konjunktiv. Schreiben Sie dann den Absatz neu, und zwar als direktes Zitat im Indikativ.

Herbert Riehl-Heyse sagt, er glaube nicht, dass eine Tageszeitung Objektivität sein müsse – im Gegenteil, er sehe die Aufgabe der Presse in verschiedenen Funktionen: Informations-, Artikulations-, Kontrollfunktion. Es gebe keine reine Objektivität, denn die Welt funktioniere nicht so. Deshalb sei Riehl-Heyse sicher, dass es dem Leser helfe, wenn ein Autor subjektiv sei. So könne der Leser Dinge erfahren, die man in einer „objektiven" Nachricht nicht schreiben könne. Ideal sei es, wenn der Leser am Schluss des Artikels wisse, dass er nichts anderes gelesen habe als die ganz persönliche Sicht eines bestimmten Autors. Der Leser solle gerade diese Sicht kennenlernen.

BEISPIEL   Herbert Riehl-Heyse sagt: „Ich glaube nicht, dass ..."

11.4

Ein Pfau hält die Oldenburger Polizei in Atem

Während die Suche nach dem Fahrradkorbdieb weitergeht, berichtet Thorsten über einen anderen Fall für die Oldenburger Polizei. Ein Pfau° ist in Oldenburg unterwegs.

peacock

Ein Pfau auf dem Dach ist in Oldenburg nicht normal.

Critterbiz/Shutterstock

Nachrichten

Wie informieren Sie sich? Welche Nachrichten finden Sie besonders interessant – Politik, Sport, Kultur, Lokales, Wirtschaft? Machen Sie Interviews und berichten Sie im Kurs.

Ein Pfau hält die Oldenburger Polizei in Atem

resident

Eine Anwohnerin° aus Krusenbusch hat gestern Vormittag zunächst die Polizei verständigt: Auf einem Hausdach in der Nachbarschaft sitze ein Pfau. Gegen 14 Uhr ging ein weiterer Anruf ein, diesmal

dispatch headquarters

in der Einsatzzentrale° in Kreyenbrück. Der Pfau sei nun ein paar
5 Straßen weiter in einem Garten.

Die angerückte Polizei befragte die Anwohner, doch daraus ergaben sich keinerlei Hinweise auf den Besitzer. Deshalb

public 'manhunt', search

veranlasste die Oldenburger Polizei eine „Öffentlichkeitsfahndung"° über den örtlichen Radiosender. Mit Erfolg.
10 Kurz nach der Radiodurchsage meldete sich der Besitzer bei der Polizei. Er kam dann auch sofort, um seinen Pfau zu fangen. Da das Tier aber recht schreckhaft war, scheiterten sämtliche Versuche, es

unverrichteter ...: unsuccessfully
retreat

einzufangen. Beamte und Besitzer mussten unverrichteter Dinge° wieder abziehen°.
15 Wohin der Pfau dann „flüchtete", und wo er sich derzeit versteckt hält, konnte bislang noch nicht ermittelt werden, teilt die Polizei mit.

manhunt, search

Die Fahndung° laufe aber, laut Polizeidirektion, weiter.

Die Polizei bittet um Mitteilung von sachdienlichen Hinweisen unter der Rufnummer 0441/790-3456.

Lesen Sie die Informationen und bilden Sie Sätze.

Information		Ein Satz
die Polizei verständigen *to call the police*	die Verständigung *'notification, communication'*	
auf einem Hausdach <u>sitze</u> ein Pfau *supposedly there was a peacock on a house roof*	*In English, the aspect of uncertainty is expressed by adverbs like 'supposedly' or 'allegedly'.*	
der Pfau <u>sei</u> in einem Garten *(according to the caller) the peacock was in a yard*		
ein paar Straßen weiter *a few streets down, a few blocks farther*		
der **Besitzer** (Besitzer) / die Besitzerin (Besitzerinnen) *owner*	etwas besitzen *'to own s.th.'*	
etwas **veranlassen** *to authorize, initiate*		
örtlich *local*	der Ort *'location'*	
der **Radiosender** *radio station*	*literally 'radio transmitter'*	
sich bei jemandem **melden** *to report to s.o., contact s.o.*	die Meldung *'announcement'*	
fangen (fängt, fing, hat gefangen) *to catch*		
schreckhaft *skittish, jumpy*	der Schreck *'shock, scare'*; jemanden erschrecken *'to scare s.o.'*	
scheitern *to fail*		
der **Beamte** (-n) (Beamten) / die Beamtin (Beamtinnen) *official, state employee*	*The masculine form is an adjectival noun.* Thorsten gibt dem Beam<u>ten</u> seine Telefonnummer.	
flüchten *to flee, run away*	die Flucht *'flight'*	
laut Polizei *according to police*	*The preposition* laut *signifies the source of a quote in a report.*	

 Wer hat was gesagt?

Sagen Sie, wer was gesagt hat.

1. „Auf einem Hausdach in der Nachbarschaft sitzt ein Pfau!"
2. „Bei uns ist ein Pfau im Garten!"
3. „Liebe Hörerinnen und Hörer. Wir haben eine Durchsage der Polizeidirektion Oldenburg: Gesucht wird der Besitzer eines Pfaus. Bitte melden Sie sich sofort bei der Polizei unter der Nummer ..."
4. „Hallo, ich habe meinen Pfau verloren."
5. „Wir wissen nicht, wohin der Pfau geflüchtet ist, aber die Fahndung läuft weiter."

a. der Besitzer des Pfaus
b. ein Anrufer aus Kreyenbrück
c. der Radiosprecher des örtlichen Radiosenders
d. eine Anwohnerin aus Krusenbusch
e. ein Beamter der Polizeidirektion Oldenburg

Die Polizei – dein Freund und Helfer ist der Leitspruch des Polizisten.

Mike Goldwater / Alamy

Pfau auf der Flucht°

auf ...: *at large*

31

Schreiben Sie die folgenden Sätze zu Ende.

1. Eine Frau aus Krusenbusch ...
2. Sie sagte, auf einem Hausdach ...
3. Um 14 Uhr kam ein Anruf ...
4. Nachdem die Polizeibeamten einige Zeit nach dem Besitzer des Pfaus gesucht hatten, ...
5. Die Oldenburger Polizei ...
6. Nachdem im örtlichen Radiosender eine Durchsage gemacht wurde, ...
7. Das Tier ...
8. Weil sie den Pfau nicht fangen konnten, ...
9. Niemand weiß ...
10. Die Polizei ...

Lokalzeitungen im Nordwesten

32

Suchen Sie die Zeitungen aus der Region Oldenburg im Internet. Teilen Sie interessante Überschriften°, Bilder oder Artikel.

headlines

Nordwest-Zeitung
Hunte Report
Delmenhorster Kreisblatt
Weser-Kurier

Landkreis-Kurier
Jeversches Wochenblatt
Friebo – Friesländer Bote

Zweite E-Mail von Cornelia Janssen

In dieser E-Mail beschreibt Cornelia Janssen den Mann, dem sie vor dem Penny-Markt geholfen hat.

```
Von: Cornelia Janssen [connie234@gmail.de]
An: Thorsten Feddersen [feddersen@oldenburgerzeitung.de]
Re: Diebstahl
Datum: 10/08  Zeit: 9:44 Uhr
```

Hallo Herr Feddersen,

ja, den Mann vom Penny-Markt kann ich beschreiben. Er war ziemlich groß, braune Haare. Er war schlank und sportlich, vielleicht so Ende 30. Ich bin sogar nochmal in den Supermarkt reingegangen und habe gefragt, ob die Leute vom Penny-Markt ihn schon einmal gesehen haben. Niemand kannte ihn, aber vom Akzent her° war er bestimmt von hier. Ich hoffe, das hilft Ihnen auf Ihrer Suche nach dem Täter. Sie dürfen mich gerne zitieren, aber bitte ohne meinen Namen.

vom ...: *by the accent*

Freundliche Grüße

Cornelia Janssen

Um 19:27 Uhr hat Thorsten Feddersen [feddersen@oldenburgerzeitung.de] geschrieben:

Liebe Frau Janssen,

ich arbeite im Moment an einem Artikel über die Diebstähle aus den Fahrradkörben für die nächste Ausgabe der *Oldenburger Zeitung.* Ich will ein paar Details berichten, die den Lesern vielleicht helfen können, weitere Diebstähle zu verhindern. Ich habe eine Bitte: Können Sie den Mann, dem Sie vor dem Penny-Markt geholfen haben, beschreiben? Das könnte sehr wichtig sein.

Mit freundlichem Gruß

Ihr

Thorsten Feddersen

Lokalredaktion

Oldenburger Zeitung

Der Mann

Ende 30 *in (his) late 30s*	jemanden **zitieren** *to quote someone*
reingehen (geht rein, ging rein, ist reingegangen) *to go in*	die **Ausgabe** (Ausgaben) *issue*
die **Suche** *search*	**verhindern** *to avoid*
	die **Bitte** (Bitten) *request*

33 Eine Bitte an Frau Janssen

Beantworten Sie die Fragen über Frau Janssens zweite E-Mail.

1. Welche Bitte hat Thorsten an Frau Janssen?
2. Wie könnte Thorstens Artikel für die nächste Ausgabe der *Oldenburger Zeitung* weitere Diebstähle verhindern?
3. Warum ist Frau Janssen nochmal in den Supermarkt reingegangen?
4. Darf Thorsten Frau Janssen in seinem Artikel zitieren?

34 Schreibprojekt

Schreiben Sie einen Entwurf° für Thorstens zweiten Artikel über die Diebstähle. Verwenden Sie dabei die Vokabeln aus den Texten und die Informationen von Frau Janssen und Frau Steiner.

draft

BEISPIEL   Diebstähle aus Fahrradkörben – Oldenburger Polizei sucht weiter nach dem Täter

Die Suche nach dem Fahrradkorbdieb geht weiter. Zwei der Frauen haben der *Oldenburger Zeitung* weitere Informationen gegeben. ...

35 Wortschatz

Welche Wörter möchten Sie noch wissen, um Ihren Artikel zu schreiben?

Als Hitler das rosa Kaninchen stahl

Judith Kerr

Judith Kerr wurde 1923 in Berlin geboren. Ihr Vater war ein bekannter jüdischer Schriftsteller und Kritiker. Als sie 9 Jahre alt war, kamen die Nationalsozialisten an die Macht° und ihre Familie musste Deutschland verlassen. In ihrem teilweise autobiografischen Roman *Als Hitler das rosa Kaninchen stahl* beschreibt Judith Kerr die Flucht° aus Deutschland.

power

flight

36 Fragen

Welche Fragen haben Sie an Deutschland und die deutsche Geschichte zwischen 1933 und 1945? Machen Sie eine Liste und diskutieren Sie im Kurs.

Auf Englisch wie auf Deutsch

37

Verbinden Sie die passenden Sätze.

1. Es ist alles in Ordnung.
2. Sie konnte es nicht glauben.
3. Jetzt hörst du es besser gleich.
4. Was ist denn los?
5. Es gibt keinen Grund zur Aufregung.
6. Sie war sogar im Stande, sich darüber zu freuen.
7. solange die Nazis an der Macht sind
8. einer, der anderer Meinung ist
9. Sie sah gleich etwas heiterer aus.
10. Wahrscheinlich wird es nicht lange dauern.
11. einer, dem seine Bücher gefallen haben

a. *There is no cause for concern.*
b. *What is the matter?*
c. *someone who has a different opinion*
d. *She couldn't believe it.*
e. *It will probably not last long.*
f. *You better hear it right away.*
g. *someone who liked his books*
h. *Everything is fine.*
i. *She even was able to be happy about it.*
j. *as long as the Nazis are in power*
k. *She instantly looked cheerful again.*

Als Hitler das rosa Kaninchen stahl (*Auszug*)

Judith Kerr

Annas erster Gedanke war so schrecklich, dass ihr Atem stockte°. Papa war in der Nacht kränker geworden. Man hatte ihn ins Krankenhaus gebracht. Vielleicht …

5 Sie rannte blindlings aus dem Zimmer und Heimpi direkt in die Arme.

„Es ist alles in Ordnung", sagte Heimpi. „Es ist alles in Ordnung! Dein Vater hat eine Reise angetreten."

10 „Eine Reise?" Anna konnte es nicht glauben. „Aber er ist doch krank – er hat Fieber …"

„Er hat sich trotzdem entschlossen zu verreisen", sagte Heimpi bestimmt. „Deine Mutter wollte es dir alles erklären, wenn du

15 aus der Schule kommst. Ich glaube jetzt hörst du es besser gleich, und Fräulein Schmidt kann die Daumen drehen und auf dich warten."

„Was ist denn los? Gehen wir nicht zur Schule?"

20 Max erschien mit hoffnungsvollem Gesicht auf der Treppe.

Dann kam Mama aus ihrem Zimmer. Sie war noch im Morgenrock und sah müde aus.

„Es gibt überhaupt keinen Grund zur

25 Aufregung", sagte sie. „Aber ich muss euch einiges sagen. Heimpi, können wir noch etwas Kaffee haben? Und ich glaube, die Kinder könnten auch noch ein bisschen frühstücken."

30 Als sie erst einmal bei Kaffee und Brötchen in Heimpis Küche saßen, fühlte Anna sich schon viel besser, und sie war sogar im Stande, sich darüber zu freuen, dass sie jetzt die Geografiestunde verpassen würde, die ihr

35 besonders verhasst war.

„Die Sache ist ganz einfach", sagte Mama. „Papa glaubt, dass Hitler und die Nazis die Wahlen gewinnen könnten. Wenn das geschieht, möchte er nicht mehr in Deutschland leben,

40 solange sie an der Macht sind, und keiner von uns möchte das."

„Weil wir Juden sind?", fragte Anna.

„Nein, nicht nur weil wir Juden sind. Papa glaubt, dass dann niemand mehr sagen darf,

45 was er denkt, und er könnte dann nicht mehr schreiben. Die Nazis wollen keine Leute, die anderer Meinung sind als sie." Mama nahm einen Schluck Kaffee und sah gleich etwas heiterer aus. „Natürlich kann es sein, dass es

50 nicht so kommt, und wenn es so kommt, wird es wahrscheinlich nicht lange dauern – vielleicht sechs Monate oder so. Aber im Augenblick wissen wir es einfach nicht."

„Aber warum ist Papa so plötzlich

55 weggefahren?"

„Weil ihn gestern jemand angerufen und ihn gewarnt hat, dass man ihm vielleicht den Pass wegnehmen würde. Darum habe ich ihm einen kleinen Koffer gepackt, und er hat den Nachtzug

60 nach Prag genommen – das ist der kürzeste Weg aus Deutschland hinaus."

„Wer könnte ihm denn seinen Pass wegnehmen?"

„Die Polizei. In der Polizei gibt es ziemlich viele

65 Nazis."

„Und wer hat ihn angerufen und ihn gewarnt?"

Mama lächelte zum ersten Mal.

„Auch ein Polizist. Einer, der Papa nie getroffen hat; einer, der seine Bücher gelesen hat, und dem

70 sie gefallen haben."

ihr …: *she gasped*

Judith Kerr

Lesen Sie die Informationen und beantworten Sie die Fragen in der dritten Spalte.

Informationen		Fragen
alles in Ordnung *everything is fine*	die Ordnung *'order'*	Ist bei Ihnen alles in Ordnung?
eine Reise antreten *to go on a trip (formal)*		Werden Sie bald eine Reise antreten?
sich **entschließen**, etwas zu tun *to decide to do something*	der Entschluss (Entschlüsse) *'decision'*	Haben Sie in letzter Zeit einen Entschluss gefasst?
das **Gesicht** (Gesichter) *face*		
kein Grund zur Aufregung *no reason for concern*	die Aufregung (Aufregungen) *'worry, concern'*	Was ist für Sie ein Grund zur Aufregung?
etwas **verpassen** *to miss something*	ich habe den Bus verpasst *'I missed the bus'*	Haben Sie schon einmal den Bus verpasst?
die **Wahl** (Wahlen) *election(s)*		Sind Sie gespannt auf die nächste Wahl?
an der Macht sein *to be in power*		Wer wird wohl nach der nächsten Wahl bei uns an der Macht sein?
anderer Meinung sein *to be of a different opinion*	die Meinung (Meinungen) *'opinion'*	
der **Jude** (-n) (Juden) *Jewish man* die **Jüdin** (Jüdinnen) *Jewish woman*		
heiter *cheerful*		
im Augenblick *at the moment*	der Augenblick (Augenblicke) *'moment'*	Was lesen Sie im Augenblick?
wegfahren (fährt weg, ist weggefahren) *to leave*		Wann sind Sie zum letzten Mal für längere Zeit weggefahren?
jemanden warnen *to warn someone*	die Warnung (Warnungen) *'warning'*	Hat Sie schon einmal jemand vor etwas gewarnt?
der **Pass** (Pässe) *passport*		Haben Sie einen Pass?
der **Polizist** (-en) (Polizisten) *(male) police officer* die **Polizistin** (Polizistinnen) *(female) police officer*		Kennen Sie einen Polizisten?

Personen

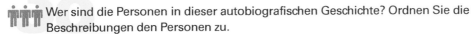

Wer sind die Personen in dieser autobiografischen Geschichte? Ordnen Sie die Beschreibungen den Personen zu.

1. Anna
2. Max
3. Heimpi
4. die Mutter
5. der Vater

a. Er freute sich, dass er an diesem Tag nicht in die Schule gehen musste.

b. Sie hatte Angst, der Vater könne im Krankenhaus sein, weil er am vorigen Tag Fieber hatte.

c. Sie hat ihrem Mann einen kleinen Koffer gepackt, damit er mit dem Nachtzug nach Prag fahren konnte.

d. Sie hat Kaffee und Frühstück für alle gemacht.

e. Er hatte Angst, man würde ihm den Pass wegnehmen, weil er kritische Bücher geschrieben hatte.

Die *Stolpersteine gegen das Vergessen* wie diese in Hamburg erinnern in 500 deutschen Städten an die Opfer des Nationalsozialismus.

Thomas Lehne/lotuseaters/Alamy

Als Hitler das rosa Kaninchen stahl **405**

Definitionen und Synonyme

39 Verbinden Sie die Begriffe mit den passenden Definitionen und Synonymen.

1. die Macht
2. der Polizist
3. die Aufregung
4. die Ordnung
5. die Wahl
6. die Reise
7. die Meinung

a. eine lange Fahrt
b. wenn man sich für Politiker entscheidet
c. Kontrolle über Menschen
d. er sorgt für Ordnung und Sicherheit
e. ein Gefühl von Angst und Unsicherheit
f. das, was man denkt
g. wenn alles so ist, wie es sein soll

Wer dachte oder sagte das?

 Verbinden Sie die Satzteile.

1. Anna dachte, ___.
2. Heimpi sagte, es sei alles ___.
3. Anna konnte nicht glauben, dass ihr Vater ___.
4. Max fragte, ___.
5. Mama sagte, es gebe keinen Grund ___.
6. Mama erklärte, dass Papa glaubt, Hitler und die Nazis ___.
7. Er denkt, wenn die Nazis an die Macht kommen, ___.
8. Der Vater hatte Angst, dass man ihm vielleicht ___.
9. Die Kinder wollten wissen, wer ihren Vater ___.
10. Es war ein Polizist, ___.

a. weggefahren sei.
b. die Wahlen gewinnen.
c. zur Aufregung.
d. Papa sei in der Nacht ins Krankenhaus gebracht worden.
e. in Ordnung.
f. gewarnt habe.
g. den Pass wegnehmen würde.
h. der seine Bücher gelesen hat, und dem sie gefallen haben.
i. darf keiner mehr sagen, was er denkt.
j. ob sie nicht in die Schule gehen müssen.

Judith Kerr

 Beantworten Sie die Fragen.

1. Judith Kerr war 9 Jahre alt, als ihre Familie aus Deutschland fliehen musste. Warum ist der Vater zuerst alleine weggefahren?
2. Der Vater war Schriftsteller und Kritiker. Wie haben seine Bücher ihm geholfen, obwohl er die Nazis kritisiert hat?
3. Kennen Sie andere Intellektuelle, die damals aus Deutschland fliehen mussten?

Perspektivenwechsel

Der Vater ist in Prag angekommen. Schreiben Sie einen kurzen Brief an die Kinder aus der Perspektive des Vaters, in dem er beschreibt, wie und warum er geflohen ist.

BEISPIEL *Liebe Kinder, leider hatte ich keine Zeit für einen Abschied. Wie ihr wisst, glaube ich, dass ... Dann habe ich vor ein paar Tagen ... Deshalb hat Mama gestern Abend ...*

Religion

Hier sind wichtige Begriffe zum Thema Religion in der deutschen Sprache. Welche Begriffe fehlen in der Liste, die in Ihrer Sprache oder anderen Sprachen wichtig sind?

1. der Gott *God*
2. der Jude *Jew*
3. jüdisch *Jewish*
4. christlich *Christian*
5. katholisch *Catholic*
6. islamisch *Islamic*
7. die Bibel *Bible*
8. evangelisch *Protestant*
9. der Moslem *Moslem*
10. der Islam *Islam*

Strukturen

11.4.1 Wortstellung (Wiederholung)

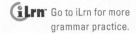 Go to iLrn for more grammar practice.

In regular German sentences, the conjugated verb is the second element.

> Dann **kam** Mama aus dem Zimmer.

Two sentences of equal importance can be linked by a coordinating conjunction without affecting the word order of the individual sentences.

> Darum habe ich ihm einen kleinen Koffer gepackt **und** er hat den Nachtzug nach Prag genommen.

A sentence can be extendend with an infinitive phrase or clause.

> Papa hat sich entschlossen **zu verreisen**.
> Ein Polizist hat Papa angerufen, **um** ihn **zu warnen**.

Sentences can also be modified by subordinate clauses. These are introduced by a subordinating conjunction or a relative pronoun. In subordinate clauses, the conjugated verb is the last element.

> Natürlich kann es sein, **dass** es nicht so **kommt**.
> Ein Polizist, **der** Papas Bücher gelesen **hat**...

Interrogative pronouns (question words) can be used in relative clauses, as well.

> Dann darf niemand mehr sagen, **was** er denkt.

If a subordinate clause precedes the main clause, the verb of the main clause follows immediately after the subordinate clause.

> **Als** sie in Heimpis Küche **saßen, fühlte** Anna sich schon besser.

LERNSTRATEGIEN

When writing and reviewing your written work, try to experiment with longer sentences and clauses. Remember that the verb is in the second position in main clauses and in the last position in subordinate clauses and infinitive constructions.

44 Die Abreise

Verbinden Sie den Hauptsatz mit dem passenden Nebensatz.

1. Annas erster Gedanke war so schrecklich, ...
2. Mama war noch im Morgenrock, ...
3. Anna freute sich darüber, ...
4. Papa glaubt ...
5. Wenn das geschieht, ...
6. Papa ist plötzlich weggefahren, ...

a. dass Hitler und die Nazis die Wahlen gewinnen könnten.
b. und sah müde aus.
c. möchte er nicht mehr in Deutschland leben.
d. die Geografiestunde zu verpassen.
e. weil ihn jemand gewarnt hatte.
f. dass ihr der Atem stockte.

45 Satzverbindungen

Verbinden Sie die Sätze mit der passenden Konjunktion und achten Sie auf die Wortstellung.

1. Anna war besorgt. Der Vater war krank. (obwohl/weil)
2. Max erschien auf der Treppe. Er fragte hoffnungsvoll: „Gehen wir nicht zur Schule?" (aber/und)
3. Anna fühlte sich viel besser. Sie saßen alle in Heimpis Küche beim Frühstück. (als/dass)
4. Die Mutter wollte alles erklären. Die Kinder aus der Schule kommen. (wenn/oder)
5. Die Mutter beruhigte die Kinder. Es gebe keinen Grund zur Aufregung. (aber/dass)
6. In der Polizei gab es viele Nazis. Auch ein Polizist hatte den Vater gewarnt. (oder/aber)

Medienprofile

Woher bekommen Sie alle Ihre Nachrichten und Informationen? Welche Medien nutzen Sie?

1. Schritt. Verbinden Sie die Satzteile.

das Wichtigste bei *Spiegel online*
den Podcast der Nachrichtensendung *Heute*
die *Frankfurter Allgemeine Zeitung*
die Nachrichten im Radio und manchmal schaut sie in die *Stuttgarter Zeitung*
die Nachrichtensendung *Zeit im Bild* im ORF
die *Neue Zürcher Zeitung*
die *Ostsee-Zeitung* abonniert
Die Tagesschau im Fernsehen
Die Zeit
liest manchmal die *Süddeutsche Zeitung* und hört jeden Tag die Nachrichten bei CNN International
seine Kollegen von der *Oldenburger Zeitung*
Tagesthemen-Videopodcast an

1. Thorsten ist durch _____
   immer informiert.
2. Nada El-Ghannam _____
   _____
3. Sebastian liest jeden Tag _____.
4. Kati Hürlimann liest am Wochenende manchmal _____.
5. Martina schaut jeden Abend um 8 Uhr _____.
6. Volker Auerbach kauft sich samstags am Kiosk immer _____.
7. Hilli Zacher hört jeden Morgen _____
   _____.
8. Gregor Weber schaut sich jeden Tag den _____.
9. Uwe Rau hat für seine Gäste _____.
10. Yasemin Tankut liest jeden Tag _____.
11. Rüdiger Fichte hört jeden Tag _____.
12. Hubert Moser schaut jeden Abend um 24 Uhr bevor er schlafen geht
    _____

2. Schritt. Wer ist das?

1. Sie liest die Zeitung meistens beim Frühstück.
2. Für sie sind die Nachrichten im Fernsehen ein totales Ritual.
3. Sie liest die Zeitung nur manchmal am Wochenende.
4. Er liest eine Wochenzeitung, die er sich samstags am Kiosk kauft.
5. Nur wenn er Zeit hat, schaut er in die Zeitung, die er abonniert hat.

Welche Medien nutzen Sie?

Finden Sie Studenten im Kurs, die die folgenden Sachen gern machen, notieren Sie sich den Namen und berichten Sie dann im Kurs. Notieren Sie dann, wie viele Studenten jeweils etwas gerne machen und schreiben Sie gemeinsam mit einem Partner / einer Partnerin eine kleine Kursstatistik.

BEISPIEL   ANNA Otto, liest du gerne Zeitung?
              OTTO Ja, ich lese gerne Zeitung.
              ANNA *Otto liest gerne Zeitung.*

1. Zeitung lesen
2. Radio hören
3. Nachrichten im Internet lesen
4. Podcasts anhören
5. Video-Podcasts anschauen
6. Nachrichten im Fernsehen sehen
7. …

Mediennutzung in Deutschland

Beschreiben Sie die Informationen aus der Statistik.

BEISPIEL   2006 haben die Deutschen durchschnittlich 150 Minuten pro Tag Radio gehört.

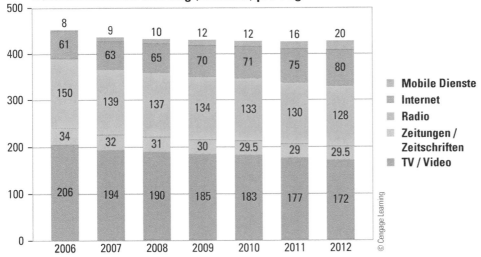

Durchschnittliche Nutzung (Minuten) pro Tag

Legende:
- Mobile Dienste
- Internet
- Radio
- Zeitungen / Zeitschriften
- TV / Video

© Cengage Learning

Nachrichtenreport

Schreiben Sie über einen interessanten, spannenden oder lustigen Bericht aus den aktuellen Nachrichten. Benutzen Sie dabei die indirekte Rede (Konjunktiv I). Teilen Sie dann die Geschichten im Kurs.

BEISPIEL   Ich habe gestern in der Zeitung gelesen, ein Mann in San Francisco habe 10-Dollar-Scheine an Passanten verschenkt …

Phienox

Daniel Richter

Daniel Richter ist 1962 in Eutin geboren und gilt als einer der wichtigsten deutschen Künstler der Gegenwart. Nachdem er einige Jahre in der Hamburger Punkszene gelebt hatte, studierte er in Hamburg Malerei. Zuerst malte er abstrakt, dann begann er, aktuelle politische Ereignisse in seiner Malerei zu bearbeiten. In einem Interview mit der *Stuttgarter Zeitung* vom 12. April 2008 bezeichnete er sich als „Zeitungsfanatiker". Eines seiner wichtigsten Bilder ist *Phienox* (2000), das sich auf den Fall der Berliner Mauer 1989 bezieht°.

bezieht sich auf: *relates to*

Mauerfall

 Was wissen Sie über den Fall der Berliner Mauer und die deutsche Wiedervereinigung? Teilen Sie interessante Fakten oder Bilder mit den anderen im Kurs.

Was sehen Sie?

1. Beschreiben Sie das Bild so genau wie möglich. Was sehen Sie? Welche Objekte und Menschen sehen Sie im Bild? Welche Farben haben sie? Welche Größe haben sie?
2. Wie ist die Stimmung des Bildes? Wie wirkt das Bild auf Sie?

Daniel Richter: *Phienox* (2000)

Politische Ereignisse in den Medien

Diskutieren Sie im Kurs.

1. Wie wichtig sind Bilder bei Artikeln über politische Ereignisse? Sammeln Sie Beispiele.
2. Sind Bilder wichtiger als Fakten?
3. Welche Rolle spielen die Medien in der Politik?
4. Welche Rolle spielt die Kunst in der Politik?

Pressefoto vom Fall der Berliner Mauer 1989. Wie wichtig sind solche Bilder um wichtige historische Ereignisse richtig zu verstehen? Sind Bilder manchmal wichtiger als verbale Texte?

Daniel Richter

 Suchen Sie Informationen über Daniel Richter im Internet. Teilen Sie Bilder, Videos, Artikel und Interviews, die für die anderen Kursteilnehmer interessant sein könnten.

Geschichte und Kunst

 Teilen Sie ein Bild, das ein historisches Ereignis repräsentiert. Sie können Objekte fotografieren, zeichnen (*draw*) oder in den Medien finden.

Der Fall der Mauer

Suchen Sie im Internet Bilder oder Videos vom Fall der Mauer am 9. November 1989. Was ist am 9. November 1989 wirklich passiert? Was nicht?

	stimmt	stimmt nicht	
1. Am 9. November wurde in Berlin die Grenze° zwischen Westdeutschland (BRD) und Ostdeutschland (DDR) geöffnet.	☐	☐	*border*
2. In vielen Städten in Deutschland sind die Leute auf die Straße gegangen und haben gefeiert.	☐	☐	
3. Viele Leute sind auf die Berliner Mauer geklettert.	☐	☐	
4. Der Bundeskanzler hat mit anderen Politikern die Nationalhymne gesungen.	☐	☐	
5. Es hat viel Gewalt° und Zerstörung° gegeben.	☐	☐	*violence / destruction*

Die Gedanken sind frei

Volkslied mit wichtiger Botschaft°

message

In diesem alten Volkslied geht es darum, dass man einen Menschen in den Kerker° werfen kann, aber seine Gedanken bleiben frei und können andere weiter inspirieren. *Die Gedanken sind frei* wird noch heute als Protestlied gesungen.

archaic for jail

1. Kennen Sie alte Volkslieder in Ihrer Sprache oder anderen Sprachen?
2. Kennen Sie Protestlieder in Ihrer Sprache oder anderen Sprachen?

🔊 Die Gedanken sind frei

Die Gedanken sind frei
wer kann sie erraten?
Sie fliegen vorbei
wie nächtliche Schatten°.   *shadows*
5 Kein Mensch kann sie wissen,
kein Jäger° erschießen.   *hunter*
Es bleibet dabei:
Die Gedanken sind frei!

Ich denke, was ich will
10 und was mich beglücket°,   *= glücklich macht*
doch alles in der Still'
und wie es sich schicket°.   *= wie es erlaubt ist*
Mein Wunsch und Begehren°   *desire*
kann niemand verwehren°,   *deny*
15 es bleibet dabei:
Die Gedanken sind frei!

Und sperrt man mich ein
im finsteren Kerker,°   *archaic for jail*
das alles sind rein
20 vergebliche° Werke.   *pointless*
Denn meine Gedanken
zerreißen die Schranken
und Mauern entzwei°:   *apart*
Die Gedanken sind frei!

Lesen Sie die Informationen und teilen Sie interessante Fragen und Beispiele mit dem Kurs.

Information	Fragen
der **Gedanke** (-n, -ns) (Gedanken) thought	
frei free	
erraten (errät, erriet, hat erraten) to guess	
der **Mensch** (-en) (Menschen) human	kein Mensch *'nobody'*
es bleibt dabei that's that, agreed	*Literally 'it stays at that', i.e., 'there's nothing else to say'*; bleiben (bleibt, blieb, ist geblieben)
einen **Wunsch** verwehren to deny a wish	der Wunsch, die Wünsche *'wish'*
einsperren (sperrt ein, sperrte ein, hat eingesperrt) to incarcerate	*The English verb 'incarcerate' is cognate with the German noun* der Kerker *'jail'.*
zerreißen (zerreißt, zerriss, hat zerrissen) to tear	
die **Schranke** (Schranken) barrier	
die **Mauer** (Mauern) wall	

to shoot

Wissen und *kennen*

Das Verb **wissen** in *Die Gedanken sind frei* ist grammatikalisch nicht ganz so, wie man es normalerweise benutzt; es reimt sich im Liedtext aber auf **erschießen°**. Eigentlich müsste man sagen: Kein Mensch kann sie **kennen**.

- Das Verb **wissen** (*to know*) benutzt man mit Tatsachen, die man mit Verben beschreibt.
- Das Verb **kennen** (*to know*) benutzt man mit Dingen, die man mit Nomen benennt.

Ich **weiß**, dass Daniel Richter ein Maler ist.
Ich **kenne** Daniel Richter.

Ich **weiß**, dass du an mich denkst.
Ich **kenne** deine Gedanken.

Ich **weiß**, dass Nena das Lied *Die Gedanken sind frei* gesungen hat.
Ich **kenne** das Lied *Die Gedanken sind frei* von Nena.

Wissen oder *kennen?*

Ergänzen Sie die Lücken mit der passenden Form von *wissen* oder *kennen*.

1. Ich _____, dass 1989 die Berliner Mauer fiel.
2. Ich _____ (nicht) viele deutsche Künstler.
3. Viele Menschen _____, dass während der Nazizeit viele Juden verfolgt und ermordet wurden.
4. Nur wenige meiner Freunde _____ Daniel Richter.
5. Jeder Deutsche _____ das Lied „Die Gedanken sind frei".
6. Sokrates sagte: „Ich _____, dass ich nichts _____."

Die Gedanken sind frei

 Wie könnte man *Die Gedanken sind frei* übersetzen? Arbeiten Sie zusammen, um den Text zu übersetzen.

Hilli singt *Die Gedanken sind frei.*

Kollaboratives Projekt: Deutsche Geschichte

 Suchen Sie wichtige Daten der deutschen Geschichte im Internet und forschen Sie nach interessanten Details oder Bildern. Machen Sie eine Collage oder eine kleine chronologische Ausstellung zur deutschen Geschichte.

BEGRIFF VERGANGENHEITSBEWÄLTIGUNG

Vergangenheitsbewältigung refers to the process of coming to terms with the past. In the German context, this usually refers to the Hitler regime and Nazi-Germany (1933–1945), but it has been applied to other more recent contexts, such as the time before the German reunification in 1989/1990 when Germany was separated into two countries (the BRD = *Bundesrepublik Deutschland* in the West, and the DDR = *Deutsche Demokratische Republik* in the East). The verb **bewältigen** (*to overcome*) has strong connotations of adversity and struggle.

Diskussion

1. Hat das Konzept *Vergangenheitsbewältigung* eine Bedeutung in Hinsicht auf Ihr Land?
2. Kennen Sie Beispiele für problematische geschichtliche Ereignisse? Wie werden sie in der Öffentlichkeit präsentiert?

Übergang

Im nächsten Kapitel wird eine ägyptische Studentin in München vorgestellt. Was wissen Sie schon über sie?

Wortschatz

■ Nomen

der **Artikel** (Artikel) *article*

der **Augenblick** (Augenblicke) *moment*

die **Ausgabe** (Ausgaben) *edition, issue*

der **Ausweis** (Ausweise) *identification*

der **Baum** (Bäume) *tree*

der **Beamte** (Beamten) (*adjectival noun*) (*male*) *official, public servant*

die **Beamtin** (Beamtinnen) (*female*) *official, public servant*

die **Befestigung** (Befestigungen) *fastening*

der **Besitzer** (Besitzer) (*male*) *owner*

die **Besitzerin** (Besitzerinnen) (*female*) *owner*

die **Bitte** (Bitten) *request*

das **Detail** (Details) *detail*

der **Entschluss** (Entschlüsse) *decision*

das **Fahrrad** (Fahrräder) *bicycle*

der **Fahrradkorb** (Fahrradkörbe) *bicycle basket*

der **Flughafen** (Flughäfen) *airport*

die **Freiheit** (Freiheiten) *liberty, freedom*

der **Gedanke** (-n; Gen. -ns) (Gedanken) *thought*

die **Geldbörse** (Geldbörsen) *wallet*

das **Gesicht** (Gesichter) *face*

das **Handy** (Handys) *cell phone*

der **Hinweis** (Hinweise) *hint*

das **Interview** (Interviews) *interview*

der **Jude** (-n) (Juden) (*male*) *Jew*

die **Jüdin** (Jüdinnen) (*female*) *Jew*

die **Karte** (Karten) *map*

das **Kleingeld** *change (i.e., money)*

der **Leser** (Leser) (*male*) *reader*

die **Leserin** (Leserinnen) (*female*) *reader*

die **Mauer** (Mauern) *wall*

die **Menge** (Mengen) *amount*

die **Öffentlichkeit** *public*

das **Opfer** (Opfer) *victim*

der **Pass** (Pässe) *passport*

die **Polizei** *police*

der **Polizist** (-en) (Polizisten) (*male*) *police officer*

die **Polizistin** (Polizistinnen) (*female*) *police officer*

die **Post** *post office; mail*

der **Radiosender** (Radiosender) *radio station*

die **Rede** (Reden) *speech*

der **Schaden** (Schäden) *damage*

der **Schlüssel** (Schlüssel) *key*

der **Schmerz** (Schmerzen) *pain*

die **Schranke** (Schranken) *barrier*

der **Standort** (Standorte) *location*

die **Suche** (Suchen) *search*

der **Täter** (Täter) (*male*) *perpetrator*

die **Täterin** (Täterinnen) (*female*) *perpetrator*

das **Urteil** (Urteile) *verdict, judgment*

das **Verbrechen** (Verbrechen) *crime*

der **Verdacht** *suspicion*

die **Wahl** (Wahlen) *election, choice*

der **Wert** (Werte) *value*

der **Wunsch** (Wünsche) *wish, request*

der **Zeitraum** (Zeiträume) *time period*

die **Zeitung** (Zeitungen) *newspaper*

der **Zusammenhang** (Zusammenhänge) *context, connection*

■ Verben

ab·stellen (stellt ab, stellte ab, hat abgestellt) *to turn off*

befestigen (befestigt, befestigte, hat befestigt) *to fasten, affix*

bei·tragen zu (trägt bei, trug bei, hat beigetragen) *to contribute to*

berichten (berichtet, berichtete, hat berichtet) *to report*

beschreiben (beschreibt, beschrieb, hat beschrieben) *to describe*

beweisen (beweist, bewies, hat bewiesen) *to prove*

sich entschließen (entschließt sich, entschloss sich, hat sich entschlossen) *to decide*

erraten (errät, erriet, hat erraten) *to guess*

fangen (fängt, fing, hat gefangen) *to catch*

fest·stellen (stellt fest, stellte fest, hat festgestellt) *to ascertain, to note*

flüchten (flüchtet, flüchtete, ist geflüchtet) *to flee*

geschehen (geschieht, geschah, ist geschehen) *to happen, occur*

melden (meldet, meldete, hat gemeldet) *to report*

sich melden bei (+ Dativ / meldet, meldete, hat gemeldet)   *to make contact with*

passieren (passiert, passierte, ist passiert)   *take place, happen*

raten (rät, riet, hat geraten)   *to advise*

rein·gehen (geht rein, ging rein, ist reingegangen)   *to enter, walk in*

scheitern (scheitert, scheiterte, ist gescheitert)   *to break down, fail*

schweigen (schweigt, schwieg, hat geschwiegen)   *to be silent*

überleben (überlebt, überlebte, hat überlebt)   *to survive*

(etwas) veranlassen (veranlasst, veranlasste, hat veranlasst)   *to motivate, bring about (s.th.)*

verhindern (verhindert, verhinderte, hat verhindert)   *to prevent*

sich auf jmdn. verlassen (verlässt sich, verließ sich, hat sich verlassen)   *to rely on s.o.*

verpassen (verpasst, verpasste, hat verpasst)   *to miss*

verschwinden (verschwindet, verschwand, ist verschwunden)   *to disappear*

vor·kommen (kommt vor, kam vor, ist vorgekommen)   *to happen, occur, seem*

wechseln (wechselt, wechselte, hat gewechselt)   *to change*

weg·fahren (fährt weg, fuhr weg, ist weggefahren)   *to drive away*

wissen (weiß, wusste, hat gewusst)   *to know*

zerreißen (zerreißt, zerriss, hat zerrissen)   *to tear*

zitieren (zitiert, zitierte, hat zitiert)   *to quote*

■ Adjektive

aktuell (aktueller, am aktuellsten)   *current*

aufmerksam (aufmerksamer, am aufmerksamsten)   *attentive*

frei   *free*

genügend   *sufficient, enough*

grundsätzlich   *principally, basically*

männlich   *male*

örtlich   *local*

unbekannt   *unknown*

weiblich   *female*

zurückhaltend   *reserved, restrained*

■ Adverbien

anfangs   *initially*

ausschließlich   *exclusively*

beispielsweise   *for example*

gegenüber   *across, opposite*

plötzlich   *suddenly*

sichtbar   *visible*

■ Sonstiges

laut (*prep.*)   *according to*

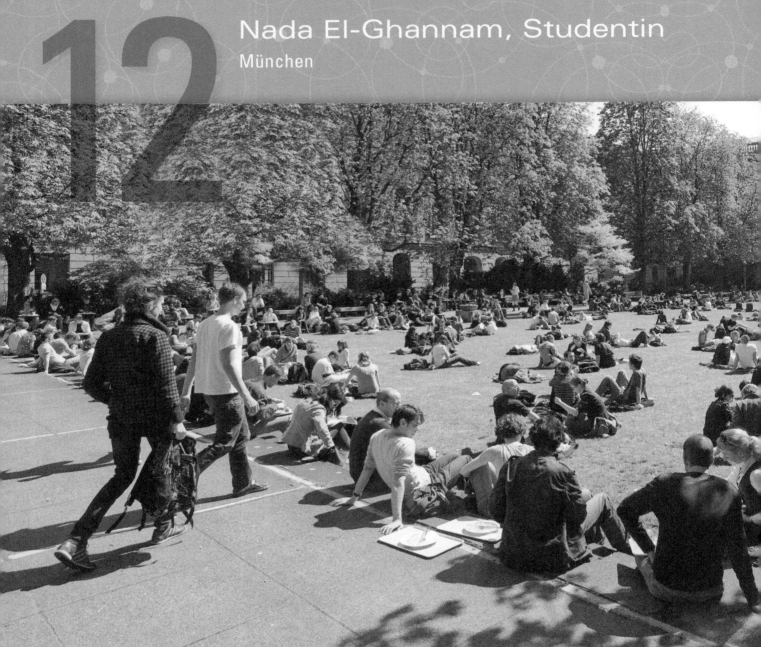

12

Nada El-Ghannam, Studentin
München

Nada hat an der Deutschen Schule Scharm El-Scheich das Abitur gemacht und studiert jetzt in Deutschland.

LERNZIELE

- *talking about life in society*
- *discussing migration and integration*
- *working with application materials and procedures*
- *expressing opinions*
- *reviewing prepositions*
- *using verbs and adjectives with prepositions*
- *using pronominal adverbs (**da**- and **wo**-compounds)*

Norbert Michalke/F1online/Getty Images

IN DIESEM KAPITEL ...

You will meet Nada El-Ghannam. Nada attended a German school in Egypt and came to Germany as a university student. She fell in love with Munich and is now trying to get a scholarship to finish her degree in Germany. Through her letters to a funding agency and her old German teacher, you will see how Nada actively pursues her desire to stay in Germany. An essay about studying abroad and several literary texts about voluntary migration lead you to contemplate Goethe's concept of *Weltbürger*.

12.1 Brief an den VDÄF

PROFIL

NAME: El-Ghannam, Nada
ALTER: 25
GEBURTSORT: Alexandria, Ägypten
WOHNORT: München
BERUF: Studentin
STUDIENFACH: Physikalische Technik
LIEBLINGSGERICHT: Leberknödelsuppe

13. März 2015

Nada El-Ghannam
Studentenwohnheim Adalbertstraße
Zimmer 121
Adalbertstraße 41
80799 München

An den
Verein für Deutsch-Ägyptische Freundschaft e.V. (VDÄF)
Gmunder Str. 35
81379 München

 Sehr geehrte Damen und Herren,

beim Akademischen Auslandsamt an der Universität München habe ich erfahren, dass es beim Verein für Deutsch-Ägyptische Freundschaft (VDÄF) Stipendien für ägyptische Studierende in Deutschland gibt. Ich bin am 24. März 1990 in Kairo geboren und habe 2014 mein Abitur an der Deutschen Schule Scharm El-Scheich gemacht. Ich studiere seit dem Wintersemester 2014 an der Fachhochschule München Physik. Ich würde mich gerne beim VDÄF um ein Stipendium bewerben und wäre Ihnen sehr dankbar, wenn Sie mir nähere Informationen über die Bewerbung schicken könnten.

Mit freundlichen Grüßen

Nada El-Ghannam

Brief

das Akademische Auslandsamt *international student office*	**das Abitur** *similar to high school diploma, required for studying at German universities*
das Amt (Ämter) *(government) office*	
der Verein (Vereine) *club, association*	**das Stipendium** (Stipendien) *scholarship*
die Freundschaft (Freundschaften) *friendship*	**sich bewerben um** *to apply for*
	dankbar *grateful*

1 Definitionen

Verbinden Sie die Begriffe und Phrasen mit den passenden Definitionen.

1. das Amt
2. der Verein
3. die Freundschaft
4. das Abitur
5. das Stipendium
6. die Bewerbung

a. eine Gruppe von Personen, die gleiche Interessen haben
b. ein Dokument mit persönlichen Informationen
c. eine öffentliche Institution
d. finanzielle Mittel für Studierende
e. eine Prüfung, die zu einem Schulabschluss führt
f. eine emotionale Verbindung zwischen Menschen, die sich gern haben

2 Nada stellt sich vor

▶ Was ist richtig? Was ist falsch? Kreuzen Sie an.

	richtig	falsch
1. Nada kommt aus Tunesien.	☐	☐
2. Sie ist Studentin.	☐	☐
3. Sie studiert an der Fachhochschule München.	☐	☐
4. Ihr Studienfach ist Physikalische Technik.	☐	☐
5. Im Moment bewirbt sie sich um einen Job als Kellnerin.	☐	☐

While **Fachhochschule** is the name generally used to refer to this Munich educational institution, its official name is **Hochschule für Angewandte Wissenschaften**.

3 Alles über Nada

Beantworten Sie die Fragen über Nada.

1. Woher kommt Nada?
2. Wo hat sie Deutsch gelernt?
3. Wo hat sie ihr Abitur gemacht?
4. Wo studiert sie jetzt?
5. Warum hat sie einen Brief an den Verein für Deutsch-Ägyptische Freundschaft geschrieben?

4 Partnerinterview: Stipendium

Machen Sie ein Interview und berichten Sie das Interessanteste im Kurs.

1. Hast du dich schon einmal um ein Stipendium oder etwas anderes beworben?
2. Hast du schon einmal ein Stipendium oder einen Preis° bekommen? Wo und wann war das?
3. Gibt es ein Stipendium, um das du dich bewerben möchtest?

award

5 Wortschatz

Welche Wörter möchten Sie noch wissen, um über Stipendien zu sprechen?

Antwortschreiben vom VDÄF

6 Wie kann man das sagen?

Verbinden Sie die passenden Phrasen und Sätze.

1. Sehr geehrte Frau El-Ghannam
2. die Förderung ägyptischer Studierender
3. der Einsendeschluss für die Bewerbung
4. wir benötigen folgende Unterlagen
5. Nachweis der Deutschkenntnisse
6. die Zulassung zum Studium
7. alle Unterlagen im Original
8. bei Rückfragen über das Auswahlverfahren
9. mit freundlichen Grüßen

a. *kind regards / best wishes*
b. *the support of Egyptian students*
c. *if you have questions about the selection process*
d. *we need the following documents*
e. *the application deadline*
f. *proof of proficiency in German*
g. *Dear (esteemed) Ms. El-Ghannam*
h. *admission to a university degree program*
i. *all documents in the original*

17.03.2015

Verein für Deutsch-Ägyptische Freundschaft e. V.
Gmunder Str. 35
81379 München
Telefon 089 / 231456
Telefax 089 / 231457

Nada El-Ghannam
Studentenwohnheim Adalbertstraße
Zimmer 121
Adalbertstraße 41
80799 München

 Sehr geehrte Frau El-Ghannam,

wir freuen uns, dass Sie sich für unser Stipendium für ägyptische Studierende interessieren. Unser Ziel ist die Förderung ägyptischer Studierender in Deutschland und der Aufbau von Verbindungen zwischen Deutschland und Ägypten.

Einsendeschluss für die Bewerbungen für das nächste akademische Jahr ist der 31. März. Für die Bewerbung benötigen wir folgende Unterlagen:

- Bewerbungsformular (Bitte alles vollständig ausfüllen!)
- Nachweis der Deutschkenntnisse (durch Sprachzeugnis oder Sprachdiplom)
- Nachweis der Zulassung zum Studium an einer deutschen Universität (Abitur)
- 3 Gutachten / Referenzschreiben
- Lebenslauf (mit Bild und Unterschrift)
- Bewerbungsschreiben (Begründung des Studiums in Deutschland, Interessen, Ziele)

Bitte schicken Sie alle Unterlagen im Original per Post an unsere Adresse. Bei Rückfragen über das Auswahlverfahren melden Sie sich bitte per E-Mail an Herrn Dr. Abdul Salah unter der Adresse salah@vvx.de oder telefonisch unter der Nummer 089 / 231456.

Mit freundlichen Grüßen
Reinhard Schmalz
Präsident, Verein für Deutsch-Ägyptische Freundschaft e.V.

Bewerbung

die **Förderung** *(financial) support*

die **Verbindung** (Verbindungen) *connections*

der Einsendeschluss *(submission) deadline*

benötigen *to need, require*

die **Unterlagen** (*pl.*) *documents, documentation*

das **Formular** (Formulare) *form*

ausfüllen (füllt aus, hat ausgefüllt) *to complete, fill in*

der Nachweis (Nachweise) *proof, documentation*

nachweisen *to prove (by providing documentation)*

die **Kenntnisse** (*pl.*) *proficiency, knowledge*

die Deutschkenntnisse *proficiency in German*

die Zulassung *admission*

das **Schreiben** (Schreiben) *letter, correspondence*

die Post *mail;* per Post *by mail*

die Auswahl *selection*

das **Verfahren** (Verfahren) *process*

Bewerbungsunterlagen

Verbinden Sie die Phrasen, die ungefähr das Gleiche bedeuten.

1. wir freuen uns, dass Sie sich dafür interessieren
2. unser Ziel ist die Förderung ägyptischer Studierender
3. Einsendeschluss für die Bewerbungen ist der 31. März
4. wir benötigen folgende Unterlagen
5. Nachweis der Deutschkenntnisse
6. Nachweis der Zulassung zum Studium an einer deutschen Universität
7. Begründung des Studiums in Deutschland
8. Rückfragen über das Auswahlverfahren
9. melden Sie sich bitte per E-Mail
10. melden Sie sich telefonisch

a. rufen Sie an
b. weitere Fragen darüber, wie die Gewinner des Stipendiums ausgewählt werden
c. wir freuen uns über Ihr Interesse daran
d. Dokumente, die beweisen, dass der Bewerber / die Bewerberin gut genug Deutsch spricht
e. die folgenden Dokumente müssen an uns geschickt werden
f. Dokumente, die beweisen, dass der Bewerber so etwas wie das Abitur gemacht hat und an einer deutschen Universität studieren darf
g. schreiben Sie eine E-Mail
h. die Gründe, warum der Bewerber / die Bewerberin in Deutschland studieren möchte
i. wir wollen ägyptischen Studenten in Deutschland helfen
j. Sie müssen die Bewerbungsunterlagen bis zum 31. März einsenden

Fragen zum Brief

1. Wer ist Reinhard Schmalz?
2. Welche Ziele hat der Verein für Deutsch-Ägyptische Freundschaft?
3. Was ist die Adresse des Vereins für Deutsch-Ägyptische Freundschaft?
4. Wann ist der Einsendeschluss für die Bewerbungen?
5. Welche Unterlagen werden für die Bewerbung benötigt?
6. Was muss man mit den Unterlagen machen?

Stipendien

Recherchieren Sie, welche Förderungsmöglichkeiten (*funding opportunities*) für ein Studium im Ausland es an Ihrer Uni gibt. Hat Ihre Uni ein Akademisches Auslandsamt? Hat das Akademische Auslandsamt an Ihrer Uni eine Webseite? Welche Stipendien und Austauschprogramme (*exchange programs*) gibt es? Recherchieren Sie auch die Websites der folgenden Institutionen. Berichten Sie im Kurs.

Deutscher Akademischer Austauschdienst (DAAD)
Robert Bosch Stiftung
Internationales Parlaments-Stipendium (IPS)
Fulbright Kommission
Carl Duisberg Gesellschaft
...

Universität München

Strukturen

iLrn Go to iLrn for more grammar practice.

12.1.1 Präpositionen (Wiederholung)

Prepositions are used to give information about persons and things in relation to *where* (space), *when* (time), *how* (modality), and *why* (reason) something happens. Prepositions have objects, which are nouns or pronouns that need to take a specific case depending on the meaning and use of the preposition. Most prepositions require a specific case, either the accusative, dative, or genitive, and two-way prepositions require either the dative or accusative.

Sätze mit Präpositionen

Schreiben Sie ein Beispiel für jede Präposition und ihre Bedeutung in die dritte Spalte der Tabelle. (A = Akkusativ, D = Dativ, G = Genitiv)

Präposition	Fall	Bedeutung	Beispiele
an	A	direction: *to*	Brief <u>an</u> den Verein
	D	location: *at, near*	ein Haus <u>an</u> der Nordsee
ab	D	direction: *from*	
		time: *from*	
auf	A	direction: *on top of, to*	
	D	location: *on top of, at*	
aufgrund	G	causality: *because of*	
aus	D	direction/location: *out of*	
		origin: (being) *from* (a place)	
		quality: *made out of*	
außerhalb	G	direction/location: *outside of*	
bei	D	location: *at* (a place); (working) *at, for* (a company); *near* (a person or place)	
bis	A	direction: *as far as* (a place)	
		time: *until*	
durch	A	direction: *through*	
für	A	modality/time: *for*	
gegen	A	modality/direction/location: *against*	
hinter	A/D	direction/location: *behind*	
in	A/D	direction/location/time: *in*	
innerhalb	G	location/time: *within*	
mit	D	modality: *with, by (means of)*	
nach	D	direction: *to* (a city, a country, or home)	
		time: *after*	
neben	A/D	direction/location: *next to, beside*	

Präposition	Fall	Bedeutung	Beispiele
ohne	A	modality: *without*	
seit	D	time: *since, for*	
statt	G	causality: *instead of*	
trotz	G	causality: *despite*	
über	A/D	direction/location: *above, over*	
unter	A/D	direction/location: *below, under*	
um	A	location: *around*	
		time: *at*	
von	D	modality: *by, of*	
		direction: *from*	
vor	A/D	direction/location: *in front of*	
	D	time: *before*	
wegen	G	causality: *because of*	
zwischen	A/D	direction/location: *between*	

LERNSTRATEGIEN

Prepositions must be memorized like vocabulary items. You will also have to know the case required by the preposition. It is helpful to memorize whole phrases, e.g., **mit dem Bus.**

11 Generation Global

Ergänzen Sie die Lücken mit den passenden Präpositionen aus dem Kasten.

an	beim (bei + dem)	innerhalb	seit
auf	für	mit	Wegen/Aufgrund
aus	in (x2)	nach	

Der Sieger des Eurovision Song Contest 2011 _____ Düsseldorf kennt Deutschland schon _____ vielen Jahren und spricht fließend Deutsch. _____ seiner Gesangspartnerin Niger Jamal gewann Eldar Gasimov _____ Aserbeidschan den Wettbewerb. In seiner Heimat ging Eldar _____ eine deutschsprachige Schule und 2006 begann er, Internationale Beziehungen zu studieren. 2008 bewarb er sich _____ Deutschen Akademischen Austauschdienst _____ ein Stipendium und konnte dann _____ Frankfurt fahren. Dort besuchte er den Sommerkurs „Generation global – Gemeinsamkeiten – Gegensätze" _____ der Goethe-Universität. _____ des Stipendiums konnte er auch einen Sprachkurs belegen und nachmittags Kurse _____ Gesang und Schauspiel nehmen. Er habe _____ eines Monats die angenehmsten Erfahrungen seines Lebens gemacht, sagt Eldar heute.

12 Wechselpräpositionen

Entwerfen Sie eine kleine Präsentation, in der Sie die Wechselpräpositionen (das sind die Präpositionen, die mit Dativ oder Akkusativ verwendet werden können) vorstellen und erklären.

12.2

Der Duden ist dein Malkasten

Julie Redner

Meine Sprache(n)

13 Sie sollen in der Schule einen kurzen Aufsatz über Ihre Sprache(n) schreiben. Über welche Dinge würden Sie schreiben? Diskutieren Sie im Kurs.

Marienplatz
U3 U6

Nada fühlt sich in München wohl und will dort weiter studieren.

🔊 Der Duden ist dein Malkasten

Julie Redner

Zuerst bist du ein Außenseiter°   *outsider*
der Ungebetene
und darfst nur durch das Fenster schauen
Nase ans Glas gepreßt
5   allein in der Kälte.

Dann stehst du vor der Tür
und klopfst
schüchtern, dann kräftiger,
aber niemand kommt.
10   Nein,
es ist keine Frage von
Klopfen, Klingeln oder
einem Losungswort, das du dir merken mußt:
die Sprache ist die Farbe
15   womit du selbst
eine Eintrittskarte malst.

Wähl dir ein Wort.
Dann noch eins. So viel wie du willst:
der Duden ist dein Malkasten.
20   du überwindest die Sprachbarriere
nur
wenn du Mut zum Versuchen hast.

ARBEIT MIT DEM TEXT

Lesen Sie die Informationen und ergänzen Sie die dritte Spalte mit Ihren Notizen. Teilen Sie interessante Fragen im Kurs.

Information		Fragen
der Duden ist dein Malkasten *the Duden is your lexicon paint box*	malen *'to paint'*; der Kasten *'box'*; Konrad Duden was the editor of a famous German dictionary. Der Duden *is to German what Noah Webster's dictionary is to American English.*	
ungebeten *uninvited*	ungebetene Gäste *'unwanted guests'*	
die Nase ans Glas **pressen** *to press one's nose against the window*	*This is the first in a series of metaphors for what it feels like to be an outsider.*	
die **Kälte** *coldness, cold*	kalt *'cold'*	

424 Kapitel 12

Information		Fragen
an die Tür **klopfen** *to knock on the door*	*Think about what it means to knock on a door when you'd like to be inside.*	
schüchtern *shy*		
das Klingeln *the ringing*	klingeln *'to ring'*	
die **Eintrittskarte** *admission ticket*	*What does it mean to paint your own admission ticket instead of knocking on the door?*	
etwas **überwinden** *to overcome something*	*Nada musste am Anfang viele Schwierigkeiten überwinden. Nada had to overcome many difficulties in the beginning.*	
die **Sprachbarriere** *language barrier*	die Sprache *'language';* die Barriere *'barrier'; notice that* compounds with Sprache *drop the final* -e, *e.g.,* Sprachunterricht, Sprachwissenschaft, Sprachfehler.	

Fragen zum Text

1. Warum benutzt die Autorin „du"? Wen spricht sie an?
2. Wo steht der Leser? Wie ist es dort? Was sieht er/sie?
3. Welche Rolle hat die Autorin?
4. Wie wird Sprache beschrieben?
5. Wie kann man die Sprachbarriere überwinden?

Sprachbarriere

Schreiben Sie jetzt eine eigene kleine Version des Gedichts und lesen Sie Ihre Version im Kurs vor.

BEISPIEL Zuerst bin ich ein Deutsch 101 Student.
Ich sehe und höre die Sprache, aber ich verstehe sie nicht.
Dann …
Und jetzt …

Wortschatz

Welche Wörter möchten Sie noch wissen, um über Sprache zu sprechen?

Partnerinterview: Sprache und Kultur

Machen Sie ein Interview. Berichten Sie das Interessanteste im Kurs.

1. Auf welche Weise lernt man am besten eine andere Sprache?
2. Wie und wo kann Deutsch für deine Zukunft besonders nützlich werden?
3. Wie trainiert man am besten seine Aussprache?
4. Was ist dein Lieblingssatz auf Deutsch?
5. Was waren die ersten Wörter auf deutsch, die du gehört oder gelernt hast?
6. Gibt es Ausdrücke oder Redewendungen, die du nicht magst?
7. Welche Redewendungen sind im Moment aktuell? Was sagen zur Zeit viele Leute?

Meine Schulzeit

▶ Hier sprechen alle über ihre Schulzeit oder das Studium.

1. Schritt. Ergänzen Sie die Sätze mit den fehlenden Wörtern.

alles	im Gymnasium	Schülerinnen
das Studium	in der dritten Klasse	Sebastians Professorin
die Namen der Lehrer	in die Schule	sehr stressig
eine Zwei	in die Schule gegangen	studieren
guter Schüler	schlechte Noten	Unterricht

1. Nadas Schulzeit war sehr schön, aber _____ in Deutschland ist für sie noch viel schöner.
2. _____ in Literaturwissenschaft, Frau Dr. Kirchner, macht den interessantesten _____. Aber _____ fand er die Lehrer nicht so interessant.
3. Kati sagt, die Designschule kann sehr inspirierend sein, aber emotional auch _____.
4. Martina hatte sehr gute Lehrer im Gymnasium. Sie wusste schon sehr früh, dass sie _____ wollte.
5. Volkers Biologielehrer _____ war ein guter Lehrer.
6. Die Schule war für Hilli nicht das Richtige. Sie kann sich nicht einmal an _____ erinnern.
7. Bei Gregors Physiklehrer hat jeder _____ bekommen.
8. Uwe ist immer sehr gern in die Schule gegangen, aber er war nicht so ein _____.
9. Für Yasemin war es nicht leicht, im Gymnasium eine der wenigen türkisch-deutschen _____ zu sein.
10. Rüdiger ist schon immer sehr gern _____. Ihn hat immer schon _____ interessiert.
11. Hubert ist nicht sehr gern _____ gegangen.
12. Thorsten hatte immer _____ in Mathe.

2. Schritt. Wer war das?

1. Seine Mathelehrerin war sogar richtig doof. Die hat manche Schüler echt fertig gemacht.°
2. Sein Lieblingslehrer sagte immer *Es ist alles eine Frage des Bewusstseins*.°
3. Mit seinem Biologielehrer ist er oft in die Natur gegangen und sie haben Experimente gemacht, aber er war später trotzdem nie gut in Bio.
4. Sein Lateinlehrer hat immer im zweiten Stock aus dem Fenster geschaut und gesagt: „Ist das hier eine höhere Schule?"

terrorized

It's all a question of attitude.

Sebastian

Uwe

Gregor

Volker

Damals in der Schule

Schreiben Sie über Ihre Schulzeit. Woran können Sie sich ganz genau erinnern? Wie waren Ihre Lehrer? Was waren Ihre Lieblingsfächer? In welchen Fächern waren Sie besonders gut oder schlecht?

Brief an Frau Schulz

Frau Schulz war Nadas Deutschlehrerin an der Deutschen Schule in Scharm El-Scheich.
Nada ist ihrer Lehrerin sehr dankbar, denn ohne ihre Hilfe wäre Nada vielleicht nicht
nach Deutschland gekommen.

München, den 14. Februar 2016

Liebe Frau Schulz,
wie geht es Ihnen? Was gibt es Neues an der Schule?
München gefällt mir sehr und ich habe an der Fachhochschule schon so viele Freunde. Ich
hatte am Beginn des Austauschprogramms hier große Angst. Ich dachte, es wäre alles so
kompliziert. Und jetzt ist alles so einfach und ich fühle mich so wohl hier.

Ich habe ein Stipendium gefunden, für das ich mich bewerben möchte. Die Organisation
heißt Verein für Deutsch-Ägyptische Freundschaft e. V. Ich habe schon alle Formulare
ausgefüllt und die Originale von meinem Abitur-Zeugnis und allen anderen Dokumenten.
Mein Abitur von der Deutschen Schule Scharm El-Scheich genügt als Nachweis meiner
Deutschkenntnisse. Das hat man mir beim akademischen Auslandsamt hier an der
Fachhochschule bestätigt. Ich freue mich schon so sehr auf das nächste Semester.

Was ich jetzt noch brauche, ist ein Referenzschreiben. Ich wäre Ihnen sehr dankbar, wenn
Sie mir wieder einmal einen Brief schreiben könnten. Der Einsendeschluss ist der 31. März.
Der Brief muss an folgende Adresse geschickt werden:

Verein für Deutsch-Ägyptische Freundschaft e. V.
Gmunder Str. 35. 81379 München

Vielen Dank für Ihre Unterstützung. Ich denke oft an Sie und die anderen Lehrer. Bitte
sagen Sie allen, die sich noch an mich erinnern, viele Grüße von mir.

Danke für alles.
Ihre
Nada

20 Was passt zusammen?

Verbinden Sie die passenden Begriffe und Definitionen.

1. Frau Schulz
2. die Universität
3. Nadas Abitur von der Deutschen Schule Scharm El-Scheich
4. München
5. das nächste Semester
6. ein Referenzschreiben

a. Das braucht Nada jetzt noch. Sie schreibt Frau Schulz deshalb einen Brief.
b. Diese Stadt gefällt Nada sehr und sie hat dort schon viele Freunde.
c. Dort studiert Nada jetzt Physikalische Technik in einem Austauschprogramm. Sie will da bleiben und sich deshalb um ein Stipendium bewerben.
d. Es genügt als Nachweis für Nadas Deutschkenntnisse.
e. Nada freut sich schon sehr darauf.
f. Nadas Lehrerin von der Deutschen Schule Scharm El-Scheich. Nada schreibt einen Brief an sie.

21 Liebe Frau Schulz

Setzen Sie die richtigen Präpositionen ein.

Nada hat einen Brief _____ Frau Schulz geschrieben. Frau Schulz war Nadas Lehrerin an der deutschen Schule _____ Scharm El-Scheich. Nada schreibt, dass sie sich _____ der Hochschule in München sehr wohl fühlt. Jetzt möchte Nada sich _____ ein Stipendium bewerben. Sie freut sich schon sehr _____ das nächste Semester. Was sie jetzt noch braucht, ist ein Referenzschreiben. Nada ist Frau Schulz sehr dankbar _____ ihre Unterstützung. Nada denkt oft _____ Frau Schulz und die anderen Lehrer.

Strukturen

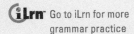 Go to iLrn for more grammar practice

12.2.1 Verben und Adjektive mit Präpositionen

A number of German verbs and adjectives are used together with specific prepositions.

Der Student ist **mit** seiner Note **zufrieden.**

*The student is **satisfied with** his grade.*

Die Studenten **beschweren sich über** die Klausur.

*The students **are complaining about** the test.*

The object of the preposition takes the case required by the preposition. Most prepositional verbs and adjectives are also used with prepositions in English, but the prepositions are not always analogous. The most common verbs with prepositions are:

sich ärgern über (+ Akkusativ)	*to be annoyed about*
sich beschweren über (+ Akkusativ)	*to complain about*
bestehen aus (+ Dativ)	*to consist of*
sich bewerben um (+ Akkusativ)	*to apply for*
denken an (+ Akkusativ)	*to think of*
diskutieren über (+ Akkusativ)	*to talk about, discuss*
sich entscheiden für (+ Akkusativ)	*to decide on*
sich freuen auf (+ Akkusativ)	*to look forward to*
sich freuen über (+ Akkusativ)	*to be happy about*
glauben an (+ Akkusativ)	*to believe in*
sich interessieren für (+ Akkusativ)	*to be interested in*
sich konzentrieren auf (+ Akkusativ)	*to concentrate on*
sich verlieben in (+ Akkusativ)	*to fall in love with*
sprechen über (+ Akkusativ)	*to talk about*

The most common adjectives with prepositions are:

böse auf (+ Akkusativ)	*mad at*
eifersüchtig auf (+ Akkusativ)	*jealous of*
einverstanden mit (+ Dativ)	*in agreement with*
neugierig auf (+ Akkusativ)	*curious about*
stolz auf (+ Akkusativ)	*proud of*
überzeugt von (+ Dativ)	*convinced of*
verrückt nach (+ Dativ)	*crazy for/about*
zufrieden mit (+ Dativ)	*content with*

LERNSTRATEGIEN

Verbs and adjectives that are used in conjunction with prepositions have to be memorized like vocabulary items. You will also have to know which case is required by the preposition. Notice that most two-way prepositions take the accusative when used as fixed expressions like these.

22 Info-Spiel: Im Unterricht

 Was machen Nadas Mitstudenten im Unterricht? Ergänzen Sie die Informationen in der Tabelle.

BEISPIEL
S1: Was macht Omar?
S2: Omar kann sich nicht auf den Unterricht konzentrieren.

S1	
Omar	
Gianna	denkt immer an andere Sachen.
Yael	
Gary	spricht mit Omar über Wechselpräpositionen.
Suin	
Catherine	freut sich auf das Wochenende.

S2

Omar	kann sich nicht auf den Unterricht konzentrieren.
Gianna	
Yael	ist mit ihrer Note nicht zufrieden.
Gary	
Suin	ärgert sich über die Lehrerin.
Catherine	

Partnerinterview: Und Sie?

Was denken Sie über Ihren Deutschkurs und Ihre Deutschkenntnisse? Schreiben Sie Antworten auf die Fragen in ganzen Sätzen, fragen Sie andere Studierende, notieren Sie die Informationen und berichten Sie im Kurs.

1. Über welche Aspekte der deutschen Sprache freust du dich?
2. Über welche Aspekte der deutschen Sprache ärgerst du dich?
3. Bist du mit deinen Noten zufrieden?
4. Sprichst du viel über den Deutschkurs? Mit wem sprichst du über den Kurs?
5. Wie stolz bist du auf deine Sprachkompetenz in Deutsch?
6. Hast du dich für einen Deutschkurs im nächsten Semester oder im Sommer entschieden?

Wie sind die Studenten?

Arbeiten Sie in kleinen Gruppen. Zuerst kreuzen Sie drei Dinge an, die Sie oft machen. Dann spielen Sie „Schiffe versenken"°. Aber Achtung, die anderen Studenten dürfen nicht sehen, was Sie angekreuzt haben.

"Battleship" (game)

BEISPIEL   ANNA Otto, diskutierst du oft über Politik?
            OTTO Ja, ich diskutiere oft über Politik. (1 Punkt)
                  [oder]
                  Nein, ich diskutiere nicht gerne über Politik. (Kein Punkt)
                  Franz, sprichst du oft über Sport? ...

	ich	___	___	___
1. oft über Politik diskutieren	☐	☐	☐	☐
2. an meinen Freund / meine Freundin denken	☐	☐	☐	☐
3. oft über Sport sprechen	☐	☐	☐	☐
4. sich auf die Ferien freuen	☐	☐	☐	☐
5. an Gott glauben	☐	☐	☐	☐
6. sich für Philosophie interessieren	☐	☐	☐	☐
7. eifersüchtig auf andere sein	☐	☐	☐	☐
8. neugierig auf neues Essen sein	☐	☐	☐	☐
9. verrückt nach Schokolade sein	☐	☐	☐	☐
10. zufrieden mit meinem Leben sein	☐	☐	☐	☐

Worauf man in Europa stolz ist

Kurt Tucholsky

KurtTucholsky (1890–1936) war ein politisch engagierter deutscher Journalist und Schriftsteller. Er war Herausgeber der literarischen Zeitschrift *Die Weltbühne.* Durch seine offene Kritik an Hitlers Regime musste Tucholsky die letzten Jahre seines Lebens im Ausland verbringen.

Kurt Tucholsky um 1908

Worauf?

about what

Worauf° kann man in Europa stolz sein? Worauf kann man in Nordamerika, Südamerika, Asien, Afrika, Australien und in der Antarktis stolz sein?

🔊 Worauf man in Europa stolz ist

Kurt Tucholsky

Dieser Erdteil ist stolz auf sich, und er kann auch stolz auf sich sein.
Man ist stolz in Europa.
Deutscher zu sein.
Franzose zu sein.
5   Kein Deutscher zu sein.
Kein Franzose zu sein.
Kein Engländer zu sein.
An der Spitze der 3. Kompanie zu stehen.
Eine deutsche Mutter zu sein. Am deutschen Rhein zu stehen. Und
10   überhaupt.

(film star from the 1920s)

Ein Autogramm von Otto Gebühr° zu besitzen.
Eine Fahne zu haben. Ein Kriegsschiff zu sein. („Das stolze
       Kriegsschiff …")
Im Kriege Proviantamtsverwalterstellvertreter gewesen zu sein.
Bürgermeister von Eistadt a. d. Dotter zu sein.
15   In der französischen Akademie zu sitzen. (Schwer vorstellbar.) In der
       Preußischen Akademie für Dichtkunst zu sitzen. (Unvorstellbar.)
Als deutscher Sozialdemokrat Schlimmeres verhütet zu haben.
Aus Bern zu stammen. Aus Basel zu stammen. Aus Zürich zu
       stammen.
       (Und so für alle Kantone der Schweiz.)

(Name eines Tennisspielers)

20   Gegen Big Tilden° verloren zu haben.
Deutscher zu sein. Das hatten wir schon.
Ein jüdischer Mann sagte einmal: „Ich bin stolz darauf, Jude zu sein.
       Wenn ich nicht stolz bin, bin ich auch Jude – da bin ich lieber
       gleich stolz."

"Worauf man in Europa stolz ist" appeared in *Kurt Tucholsky's Collected Works*. Published by Reinbek bei Hamburg: Rowohlt Verlag, 1975.

Information		Fragen
worauf *about what*	Worauf *consists of* wo- *and the preposition* auf. *It is as if* wo- *replaces* was *and is attached before the preposition.*	Worauf sind Sie stolz?
an der Spitze *at the top, at the front*	die Spitze *'top, tip, front'*	Waren Sie schon einmal an der Spitze beim Sport oder etwas Ähnlichem? _____
und **überhaupt** *and anyway, altogether*	*The phrase* und überhaupt *can be an empty filler phrase in conversation similar to 'whatever'.*	
der Rhein *river Rhine*	*The Rhine has been a contested border between Germany and France throughout history.*	
das Autogramm (Autogramme) *autograph*		Von wem möchten Sie ein Autogramm?
die Fahne (Fahnen) *flag*	*Nowadays, flags are not used much in Germany other than in the soccer stadium.*	Haben Sie eine Fahne?
im Kriege *during the war*	= im Krieg; *The final* -e *in the phrase* im Kriege *is an archaic dative inflection of the noun that is sometimes still used for poetic purposes.*	
der **Verwalter** (Verwalter) *administrator*	verwalten *'to administer';* die Verwaltung *'administration'*	
der **Stellvertreter** (Stellvertreter) *Vice ~, deputy ~*	*With this invented title, Tucholsky was making fun of military ranks and hierarchies.*	Haben Sie ein Amt oder einen Titel?
Schlimmeres verhütet zu haben *to have prevented worse things from happening*	verhüten = verhindern; verhüten *'to prevent'*	Haben Sie schon einmal etwas Schlimmes verhütet?
stammen (aus) *to originate (from), be (from)*	Tucholsky stammt aus Berlin. *'Tucholsky is from Berlin.'*	Woher stammen Sie?
da bin ich lieber gleich **stolz** *I might as well be proud*	Die Brötchen sind so klein. Da kauf ich lieber gleich zwei. *'These rolls are really small. I might as well buy two of them.'*	Worauf sind Sie stolz?

Worauf ist man stolz?

Verbinden Sie die Phrasen, die ungefähr das Gleiche sagen.

1. Dieser Erdteil ist stolz auf sich.
2. kein Deutscher sein
3. an der Spitze der Kompanie stehen
4. ein Autogramm von jemandem besitzen
5. in der französischen Akademie sitzen
6. Das ist schwer vorstellbar.
7. Das ist unvorstellbar.
8. Schlimmeres verhüten
9. aus Bern stammen
10. Das hatten wir schon.
11. Da bin ich lieber gleich stolz.

a. aus Bern kommen
b. Das haben wir schon gesagt.
c. etwas haben, das eine berühmte Person unterschrieben hat
d. Da kann ich gleich stolz sein.
e. Auf diesem Kontinent sind die Menschen stolz auf sich.
f. nicht deutsch sein
g. bei einer Gruppe von Soldaten ganz vorne stehen
h. Das kann man sich nur schwer vorstellen.
i. Das kann man sich nicht vorstellen.
j. in Frankreich ein wichtiger Wissenschaftler sein
k. dafür sorgen, dass nichts Schlimmeres passiert

Lese-Theater

Lesen Sie den Text mit verteilten Rollen. Was fällt Ihnen an der sprachlichen Struktur auf? Wie sind die Sätze aufgebaut? Welche Wiederholungen gibt es?

Das Jahr 1932 in Deutschland und Europa

Forschen Sie im Internet.

1. Was war 1932 in Deutschland und in Europa los?
2. Was ist die Französische Akademie (*Académie française*)?
3. Was ist die Preußische Akademie für Dichtkunst (= *Deutsche Akademie für Sprache und Dichtung*)?

Kurt Tucholsky

Tucholsky war bekannt für seine scharfen Kommentare zur Politik seiner Zeit. Er benutzt die Sprache, um über ein ernstes Thema zu schreiben, und die Leser trotzdem zu amüsieren. Identifizieren Sie satirische Elemente in *Worauf man in Europa stolz ist*. Denken Sie an die folgenden Aspekte.

1. Kann man stolz sein auf etwas, das man *nicht* ist?
2. Was bedeutet es, an der Spitze einer Kompanie zu stehen?
3. Kann man stolz sein, eine deutsche Mutter zu sein?
4. Ist der Rhein deutsch?
5. Was bedeutet es, ein Autogramm von einem Schauspieler zu besitzen?
6. Kann ein Kriegsschiff stolz sein?
7. Warum kann man 1932 stolz sein, Schweizer zu sein?
8. Kurt Tucholsky war Jude. Wie kann man den letzten Satz dieses Textes interpretieren: „*Wenn ich nicht stolz bin, bin ich auch Jude – da bin ich lieber gleich stolz.*"?

Die Stadt München hat so viel zu bieten!

Worauf man hier stolz ist

Gestalten Sie eine ehrliche (*honest*), satirische oder alternative Webseite über Ihre Stadt, Ihr Land oder Ihren Erdteil. Nehmen Sie Tucholskys *Worauf man in Europa stolz ist* als Modell.

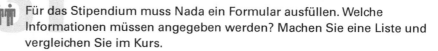

Bewerbungsformular

Bewerbung

Für das Stipendium muss Nada ein Formular ausfüllen. Welche Informationen müssen angegeben werden? Machen Sie eine Liste und vergleichen Sie im Kurs.

In München ist man stolz auf historische Gebäude wie die Theatinerkirche.

Verein für Deutsch-Ägyptische Freundschaft e. V. Bewerbung

Name: _____ Vorname: _____

Geburtsdatum: _____ Geburtsort: _____

Nationalität (-en): _____

Heimatadresse: _____

_____

Semesteradresse: _____

_____

Pass-Nummer: _____

Ausstellungsort: _____

Gültig bis: _____

Schulbildung: _____ Abschluss (Datum): _____

Universität: _____

Zurzeit im wievielten Semester: _____ Semester

Studiengang (Diplom, Magister, Bachelor/Master): _____

Hauptfach: _____ Nebenfächer: _____

Wie wird das jetzige Studium finanziert? _____

Berufsziel: _____

Deutschkentnisse: (z.B. gut, sehr gut)

Verstehen _____ Sprechen _____ Lesen _____ Schreiben _____

Waren Sie schon einmal in Europa? _____ Wo und wann? _____

Frühere Stipendien: _____

Um welche anderen Stipendien haben Sie sich beworben? _____

_____

An welcher deutschen Universität möchten Sie studieren? _____

Die Höhe des Stipendiums ist EUR 7 000,- pro Jahr. Das bedeutet, der Verein zahlt den Stipendiaten EUR 700,- im Monat für ein Studienjahr (zwei Semester) in 10 monatlichen Zahlungen. Der Verein unterstützt die Stipendiaten bei wichtigen Angelegenheiten wie:

- Visumsantrag°
- Beantragung eines Aufenthaltstitels°
- Anmeldung bei der Krankenkasse
- Anmeldung des Wohnsitzes

Am Ende des Stipendiums schreibt jeder Stipendiat einen Bericht für unseren Newsletter.

Visumsantrag *visa application*   Aufenthaltstitels *residence permit*

Formular

der **Stipendiat** (Stipendiaten) *(male) scholarship holder*	der **Antrag** (Anträge) *application*
die **Stipendiatin** (Stipendiatinnen) *(female) scholarship holder*	das **Visum** (Visa) *visa*
monatlich *monthly*	die **Anmeldung** (Anmeldungen) *enrollment*
unterstützen *to support*	die **Krankenkasse** (Krankenkassen) *health insurance*
die **Zahlung** (Zahlungen) *payment*	der **Wohnsitz** (Wohnsitze) *residence*
die **Angelegenheit** (Angelegenheiten) *issue, respect*	

32 Definitionen

Verbinden Sie die Begriffe mit den passenden Definitionen.

1. der Stipendiat / die Stipendiatin
2. die Zahlung
3. die Angelegenheit
4. der Antrag
5. das Visum
6. die Anmeldung
7. die Krankenkasse
8. der Wohnsitz

a. die Adresse, an der man wohnt
b. ein Dokument, das man braucht, wenn man länger in einem fremden Land bleiben will
c. eine Geldsumme
d. ein Unternehmen, bei dem man eine Krankenversicherung kaufen kann
e. ein Formular, mit dem man um etwas bittet, das man braucht
f. eine Person, die ein Stipendium bekommt
g. ein Problem
h. ein Formular, mit dem man sich anmeldet

33 Bewerbungsformular

 Füllen Sie das Formular für sich selbst aus.

34 Wortschatz

 Welche Wörter möchten Sie noch wissen, um über das Bewerbungsformular zu sprechen?

Der Wandrer an den Mond

Johann Gabriel Seidl und Franz Schubert

35 Der Wandrer

Das Gedicht *Der Wandrer an den Mond* von Johann Gabriel Seidl (1804–1875) wurde von Franz Schubert (1797–1828) vertont°. Der Wandrer ist ein wichtiges Motiv in der Literatur des 19. Jahrhunderts. Wer sind die heutigen „Wanderer" und „Reisenden"? Sind Auswanderer° und Einwanderer° positive Begriffe in unserer Kultur?

set to music

emigrants
immigrants

Westend61/Getty Images

Der Wandrer an den Mond

Johann Gabriel Seidl und Franz Schubert

> Ich auf der Erd', am Himmel du,
> Wir wandern beide rüstig° zu: *vigorously*
> Ich ernst und trüb, du mild und rein.
> Was mag der Unterschied wohl sein?
>
> 5 Ich wandre fremd von Land zu Land,
> So heimatlos, so unbekannt;
> Berg auf, Berg ab, Wald ein, Wald aus,
> Doch bin ich nirgends, ach! zu Haus.
>
> Du aber wanderst auf und ab,
> 10 Aus Ostens Wieg' in Westens Grab,
> Wallst Länder ein und Länder aus°,   *auswallen: to float*
> Und bist doch wo du bist zu Haus.
>
> Der Himmel endlos ausgespannt°,   *spread out*
> ist dein geliebtes Heimatland:
> 15 Oh, glücklich, wer, wohin er geht,
> Doch auf der Heimat Boden steht!

ARBEIT MIT DEM TEXT

Lesen Sie die Informationen und notieren Sie Fragen in der rechten Spalte.

Informationen		Fragen
die **Erde** *earth*		
der **Himmel** *sky, heaven*	Der Himmel *in German refers to both the sky and the Christian concept of heaven.*	
ernst *serious*	der Ernst *'sincerity, seriousness'*	
trüb *foggy, dreary, miserable*	trüb *in the literal sense can mean 'murky' as opposed to 'clear', e.g.,* trübes Wasser *'murky water'*	
der **Unterschied** (Unterschiede) *difference*	unterschiedlich *'different';* Schubert hat sehr unterschiedliche Gedichte vertont. *'Schubert set diverse poems to music.'*	
heimatlos *homeless (without roots)*	heimatlos *'uprooted' is different from* obdachlos *'homeless' which simply means not having a place to live.*	
der **Berg** (Berge) *mountain*		
nirgends *nowhere*	= nirgendwo	
die Wiege (Wiegen) *cradle*	aus Ostens Wiege = aus der Wiege des Ostens	
das Grab (Gräber) *grave*	die Wiege *and* das Grab *further personify the moon*	
zu Hause *at home*	Hier bin ich zu Hause. *'This is where I feel at home.'*	
auf der Heimat Boden *at home*	= auf dem Boden der Heimat *'on home ground'*	

Der Mond

Wie kann man es anders sagen?

Ich auf der Erd', am Himmel du, Wir wandern beide rüstig zu:	Auf der Erde wandere ich und am Himmel wandert der Mond.
Ich ernst und trüb, du mild und rein. Was mag der Unterschied wohl sein?	
Ich wandre fremd von Land zu Land, So heimatlos, so unbekannt;	
Berg auf, Berg ab, Wald ein, Wald aus, Doch bin ich nirgends, ach! zu Haus.	
Du aber wanderst auf und ab, Aus Ostens Wieg' in Westens Grab,	
Wallst Länder ein und Länder aus, Und bist doch wo du bist zu Haus.	
Der Himmel endlos ausgespannt, ist dein geliebtes Heimatland:	
Oh, glücklich, wer, wohin er geht, Doch auf der Heimat Boden steht!	

Partnerinterview: Zu Hause

Machen Sie ein Interview und schreiben Sie alles auf.

1. Wo fühlst du dich am meisten zu Hause?
2. Hast du dich schon einmal irgendwo richtig fremd gefühlt? Warum?
3. Was vermisst du, wenn du in einem anderen Staat oder im Ausland bist?
4. Was vermisst du von zu Hause nicht?
5. In welcher Stadt oder in welchem Land fühlst du dich besonders wohl? Warum?

Schreibaufgabe: Der Wandrer an den Mond

Schreiben Sie die Sätze zu Ende.

1. Johann Gabriel Seidl ...
2. Franz Schubert ...
3. Das Lied *Der Wandrer an den Mond* ...
4. Der Wandrer ...
5. Der Mond ...
6. Das Motif des Wandrers ...
7. In unserer Zeit der Globalisierung ...
8. Für mich ...

Der Mond an den Wanderer

Schreiben Sie eine Antwort aus der Perspektive des Monds an den Wanderer und lesen Sie Ihre Antworten im Kurs vor.

Kollaboratives Projekt: Lieder

Recherchieren Sie Informationen über Franz Schubert und besprechen Sie folgende Aspekte im Kurs:

1. Franz Schuberts Biografie
2. Franz Schuberts Lieder
3. Welche Gedichte und Texte haben Franz Schubert zu Kompositionen inspiriert?

Porträt von Franz Schubert am Klavier im Alter von 17 Jahren. Wie würden Sie sich gern porträtieren lassen?

GL Archive/Alamy

Strukturen

12.3.1 Pronominaladverbien°

Da- and Wo-Compounds

iLrn Go to iLrn for more grammar practice.

As you have learned, prepositions have nouns or pronouns as their object. If a pronoun refers to a nonliving object or an idea, a pronominal adverb is used instead of the preposition and pronoun.

Morgen beginnen **die Semesterferien**.   ***Semester vacation** begins tomorrow.*

Viele Studenten freuen sich **darauf**.   *Many students are looking forward **to it**.*

Pronominal adverbs are formed by attaching the prefix **da** to a preposition. If the preposition starts with a vowel, an **r** is added between the prefix and the preposition. These pronominal adverbs are often called **da**-compounds. The most common ones are:

dadurch	*through it, as a result*	daraus	*from it, out of it*
dafür	*for it*	darin	*in it, inside*
dagegen	*against it*	darunter	*below it*
damit	*with it*	davon	*of/from it*
daran	*on it*	dazu	*to it; in addition*
darauf	*on it*		

Note: If the object of a prepositional phrase is an entire clause including a verb, German uses a construction with an anticipatory adverb that signals that the information referring to the preposition will follow.

Viele Studenten freuen sich **darauf**,   *Many students are looking forward **to**
  Semesterferien zu haben.   having semester vacation.*

If the dependent clause has a subject different from the main clause, **dass** needs to be used.

Viele Studenten freuen sich **darauf, dass**   *Many students are looking forward **to**
  die Semesterferien bald beginnen.   the semester vacation beginning soon.*

As you see from the examples, the English equivalent often has an -*ing* form of the verb.

To ask for the object of a prepositional phrase referring to a nonliving object or an idea, **wo**-compounds are used. Similar to **da**-compounds, **wo**-compounds are formed by attaching the prefix **wo** to a preposition; if the preposition starts with a vowel, an **r** is added between the prefix and the preposition.

Worauf freuen sich viele Studenten?   ***What** are many students looking forward **to**?*
Auf die Semesterferien.   *To the semester vacation.*

wodurch	*through what; how, which*	woran	*on what, of what*
wofür	*for what*	worauf	*on what*
womit	*with what*	wovon	*from what, about what*
wonach	*what for, what of*	wozu	*to what; what for, what*

LERNSTRATEGIEN   It is best to memorize the most frequently used **da-** and **wo**-compounds.

Courtesy of Prisca Augustyn

München sehen und ...

1. Schritt. Verbinden Sie die passenden Elemente.

Auf dem Bild sieht man ...

1. einen Tisch.
2. einen Stift.
3. zwei Bücher.
4. eine Kaffeetasse.
5. ein Fenster.
6. einen Teller.

a. Darunter liegen zwei Bücher.
b. Darauf steht eine Kaffeetasse.
c. Dahinter sieht man die Skyline von München.
d. Darauf liegt ein Stift.
e. Darin ist Kaffee.
f. Darauf liegen zwei Croissants.

2. Schritt. Schreiben Sie vier Fragen zu dem Bild mit **wo**-Komposita und fragen Sie andere Studenten im Kurs.

BEISPIEL   ANNA   Worauf liegen die Bücher?
             OTTO   Auf dem Tisch.

Nützliche Dinge im Studentenwohnheim

Für internationale Studenten gibt es in Nadas Wohnheim Apartments, in denen es schon einige wichtige und nützliche Sachen gibt. Was kann man damit machen? Schreiben Sie Sätze wie im Beispiel. Erfinden Sie auch selber noch zwei nützliche Dinge.

BEISPIEL   ein Topf und eine Pfanne → Damit kann man kochen.

1. ein Schreibtisch
2. ein Bett
3. ein Kleiderschrank
4. ein Staubsauger
5. ein Sofa
6. ein Mikrowellenherd

Und Sie?

Ergänzen Sie die passenden **wo**-Komposita und beantworten Sie die Fragen. Fragen Sie dann andere Studenten, notieren Sie sich die Informationen und berichten Sie im Kurs.

1. Worauf freust du dich?
2. _____ interessierst du dich?
3. _____ diskutierst du gerne?
4. _____ ärgerst du dich?
5. _____ bist du überzeugt?
6. _____ bist du verrückt?

München

Mapics/Shutterstock.com

Worüber machst du dir Sorgen?

Diskutieren Sie über die Informationen in der Statistik. Gibt es Unterschiede zwischen Ihrer Gruppe und den befragten Deutschen?

BEISPIEL   OTTO Worüber machen sich 54 Prozent der Befragten Sorgen?

ANNA 54 Prozent der Befragten machen sich darüber Sorgen, dass sie von Eltern oder Freunden wegziehen müssen. Wie viel Prozent machen sich darüber Sorgen, dass sie keine Arbeit haben?

FRANZ 35 Prozent machen sich darüber Sorgen, dass sie keine Arbeit haben.

...

Sorgenpotenzial in Hinblick auf die Zukunft:
„Wie sehr machst du dir über die folgenden Dinge jeweils Sorgen?"

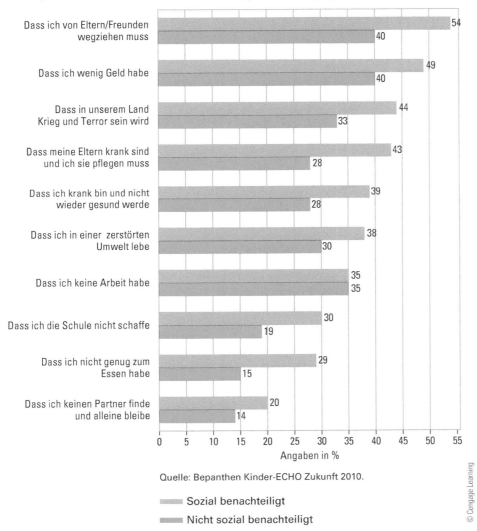

Quelle: Bepanthen Kinder-ECHO Zukunft 2010.

Sozial benachteiligt
Nicht sozial benachteiligt

© Cengage Learning

Mein neues Leben in Deutschland

In diesem Bericht schreibt Nada über ihr erstes Jahr an der Fachhochschule (FH) in München. Was erwarten Sie? Worüber schreibt eine ägyptische Studentin, die in München studiert?

Mein neues Leben in Deutschland

Ich wusste nicht, was ein Leben in Deutschland genau ist ... Ich wusste am Anfang nicht, was mich erwarten würde und es machte mir schon ein bisschen Angst, weil ich zum ersten Mal für eine längere Zeit nicht bei meiner Familie sein würde. Ich brauchte schon ca. einen Monat, 5 um meine Papiere zu sammeln. Bankkonto, Krankenversicherung, FH-Unterlagen, Bahnkarte. Ich musste das alles haben, bevor ich sagen konnte, dass ich hier lebe und dazugehöre. Doch auch nachdem ich alles organisiert hatte, fühlte ich mich am Anfang trotzdem fremd hier in München. Ich kannte hier nicht viele Leute und die Menschen 10 behandelten mich schon wie eine Ausländerin.

Aber mit dem ersten Tag an der FH wurde alles anders. Ich fragte mich, wie die Leute mich dort aufnehmen würden. Ich hoffte, dass sie mich so akzeptieren würden und ich wurde nicht enttäuscht. Es war etwas total Neues mit Leuten in meinem Alter zusammen zu 15 sein. Am ersten Tag lernte ich so viele neue Studenten kennen, dass ich ihre Namen gleich wieder vergessen habe. Ich fühlte mich sofort wohl, denn alle waren freundlich und aufgeschlossen. Es machte mir sogar Spaß in die FH zu gehen und mit den Studenten in den Vorlesungen zu hocken°, um zuzuhören oder manchmal auch nicht 20 zuzuhören. Nach ein paar Wochen konnte ich mir ein erstes Bild von meinem neuen Leben hier in Deutschland machen.

Für mich waren die Menschen hier in Deutschland in zwei Kategorien eingeteilt: Da waren zum einen die älteren Leute. Ich konnte das Gefühl nicht ignorieren, dass sie sich generell gerne distanzierten. 25 Auf der Straße und in den S-Bahnen konnte ich sehen, wie sie alles mit kritischem Blick beobachteten. Und zum anderen waren da die jungen Leute an der FH. Ich war erstaunt, wie selbstständig und verantwortungsvoll sie ihr Leben in die Hand nahmen. Sie wohnten alleine, gingen arbeiten und führten ihren Haushalt selbst. Sie waren 30 offene Leute, die Neues akzeptierten und normal damit umgingen. Sie waren interessiert und neugierig und wollten vieles wissen, sei es Politik oder Kultur. Sie lasen die Zeitung, was ich von uns jungen Menschen in Ägypten nicht behaupten kann. Gleichzeitig waren sie aber auch für Unterhaltung° zu haben. Man konnte richtig Spaß mit 35 ihnen haben, sei es in der FH oder wenn wir am Abend in München unterwegs waren. Die Stadt München hat so viel zu bieten!! Ich wusste nicht, dass man in einer Stadt so viel unternehmen konnte!! Es gab Konzerte, Kinos, Cafés, Feste und vieles mehr ...

slang for sitzen

entertainment

An die Vorlesungen konnte ich mich nicht so schnell gewöhnen.
40 Es war nicht wie in der Schule. Jeder ist für seine Arbeit selbst
verantwortlich. Es gab keine Hausaufgaben und man musste dafür
sorgen, dass man bis zu den Prüfungen alles gelernt und richtig
verstanden hatte. Die Vorbereitung° für die Prüfungen war für mich   *preparation*
der Horror. Ich wusste nicht, wie diese Prüfungen aussahen oder ob
45 sie schwer oder leicht waren. Da ich mir aber in den Kopf gesetzt
hatte, dass ich es schaffen würde und da meine Freunde mir auch
halfen, wenn ich sie brauchte, wurde ich doch fertig. Ich schrieb die
Prüfungen und bestand sie auch, worüber ich sehr froh war.
    Ich hatte im ersten Semester keinen Job gefunden und hatte
50 schon bald Not mit dem lieben Geld.° Ich lernte, sparsam mit der   Not …: *money troubles*
Kohle° umzugehen. Am Anfang wollte ich auch nicht unbedingt   slang for *money*
einen Job. Ich wollte mich hier zuerst einleben, wollte sehen, wie
ich klarkomme. Doch dann sagte mir jemand, dass es nicht schwer
sei, einen Job zu bekommen und so war es dann auch. In einem
55 Restaurant in meiner Nähe brauchten sie jemanden, der für die
Tischreservierungen verantwortlich war. Nebenbei gebe ich jetzt auch
Arabisch-Unterricht.
    Ich glaube ich habe es geschafft, den Anfang dieses langen Weges
zu betreten, und bin sehr stolz darauf.

This text is adapted from: "Mein neues Leben in Deutschland" by Rauan Stoeckler from Deutsche Schule Alexandria. Reprinted by permission.

ARBEIT MIT DEM TEXT

Lesen Sie die Informationen und beantworten Sie die Fragen. Teilen Sie interessante Beispiele mit dem Kurs.

Information		Fragen
die Papiere	= die Unterlagen	
das **Bankkonto** (Bankkonten) *bank account*		Haben Sie ein Bankkonto?
die Bahnkarte (Bahnkarten) *train discount pass for one year*		Fahren Sie gern mit der Bahn?
dazu**gehören** *to be part of something*		Wo gehören Sie dazu?
sich fremd fühlen *to feel foreign*	fremd *'strange';* der/die Fremde *'stranger'*	Haben Sie sich schon einmal irgendwo fremd gefühlt?
sie behandelten mich wie eine Ausländerin *they treated me like a foreigner*	jemand gut behandeln *'to treat someone well'*	Sind Sie schon einmal irgendwo wie ein Ausländer behandelt worden?
Ich fühlte mich sofort wohl. *I felt at ease right away.*	sich wohl fühlen *'to feel good'*	Wo fühlen Sie sich am wohlsten?
alles mit kritischem Blick beobachten *to eye everything critically*	Beobachten *is a way of looking at something where the viewer is still and what is viewed may be in motion:* die Vögel im Park beobachten *to watch the birds at the park*	Was oder wen beobachten Sie gern?

(Continued)

Information		Fragen
selbständig *independent*		Sind Sie selbständig?
verantwortungsvoll *responsible*	die Verantwortung *'responsibility'*	Sind Sie verantwortungsvoll?
sein Leben in die Hand nehmen *take control of one's life*		Nehmen Sie Ihr Leben selbst in die Hand oder haben Sie jemanden, der Ihnen hilft?
den Haushalt führen *to run the house, to take care of everything in the house*	der Haushalt (Haushalte) *'household'*	Führen Sie Ihren eigenen Haushalt?
was ich von uns jungen Menschen in Ägypten nicht behaupten kann *which is not true for us young people in Egypt*	etwas behaupten *'to make a claim'*	
München hat viel zu bieten. *Munich has a lot to offer.*		Welche Stadt hat Ihrer Meinung nach viel zu bieten?
sich etwas in den Kopf setzen *to have a goal, to have something you want to accomplish*		Gibt es etwas, das Sie sich in den Kopf gesetzt haben?
etwas schaffen *to accomplish something*		
sich einleben *to get used to a place*		
nebenbei *on the side*		

Was passt?

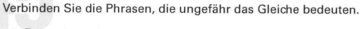

Verbinden Sie die Phrasen, die ungefähr das Gleiche bedeuten.

1. Es machte mir schon ein bisschen Angst …
2. Ich brauchte schon ca. einen Monat, um meine Papiere herzurichten.
3. Am ersten Tag lernte ich so viele neue Studenten kennen, dass ich ihre Namen gleich wieder alle vergessen habe.
4. Ich fühlte mich sofort wohl hier.
5. Ich war erstaunt wie selbstständig und verantwortungsvoll sie ihr Leben in die Hand nahmen.
6. Sie lasen die Zeitung, was ich von uns jungen Menschen in Ägypten nicht behaupten kann.
7. Die Stadt München hat so viel zu bieten.
8. Die Vorbereitungszeit (*preparation period*) für die Prüfungen war für mich der Horror.
9. Ich hatte im ersten Semester keinen Job gefunden und hatte schon bald Not mit dem lieben Geld.
10. Nebenbei gebe ich jetzt auch Arabisch-Unterricht.

a. Es hat mir hier sofort gut gefallen.
b. Nach einem Monat hatte ich alle meine Unterlagen.
c. Ich hatte etwas Angst …
d. Ich unterrichte auch Arabisch.
e. Ich lernte schon am ersten Tag sehr viele Studenten kennen und konnte mich gar nicht mehr an alle Namen erinnern.
f. Nach dem ersten Semester hatte ich Probleme mit dem Geld.
g. Deutsche Studenten lesen mehr Zeitung als ägyptische Studenten.
h. München ist eine sehr interessante Stadt.
i. Es hat mich überrascht, wie selbständig deutsche Studenten sind.
j. Die Zeit vor den Prüfungen war besonders schlimm für mich.

Fragen zum Text

Machen Sie Notizen zu den folgenden Fragen und diskutieren Sie im Kurs.

1. Welche Probleme hatte die ägyptische Studentin am Anfang?
2. Wie war ihr erster Tag an der FH?
3. Was schreibt sie über das Studium in Deutschland?
4. Was schreibt sie über die Menschen?
5. Wie beschreibt sie die Stadt München?
6. Was war schwer für sie?
7. Wie hat sie ihre finanziellen Probleme gelöst?
8. Wie sieht diese Studentin Deutschland? Positiv? Negativ? Differenziert? Suchen Sie Wörter und Strukturen, die Ihre Interpretation belegen.

Vor dem Video

Verbinden Sie die Sätze aus Nadas Videoclip mit den passenden englischen Sätzen.

1. Am Anfang wusste ich nicht, was mich erwarten würde.
2. Als ich dann hier war, habe ich mich wie eine Ausländerin gefühlt.
3. Am Anfang ging es mir nicht so gut.
4. Sie haben mich aufgenommen, wie ich bin.
5. Sie führen ein eigenständiges Leben.
6. Sie können tun und lassen, was sie wollen.
7. Ich habe mich sehr schnell an alles gewöhnt.
8. Ich wusste, was es für mich heißt, in Deutschland zu leben.
9. München gibt so viel her.
10. Am Anfang hatte ich Angst, dass ich die Vorlesungen nicht verstehe.
11. Ich musste so viel Stoff in so kurzer Zeit lernen.
12. Aber meine Freunde haben mir geholfen und ich hab' die Prüfungen bestanden.

a. *I got used to everything very quickly.*
b. *I wasn't sure what to expect in the beginning.*
c. *In the beginning, I wasn't doing very well.*
d. *I had to learn so much material in such a short time.*
e. *They can do whatever they like.*
f. *There's so much to do in Munich.*
g. *When I first got here, I felt like a foreigner.*
h. *They just accepted me for who I was.*
i. *They lead an independent life.*
j. *My friends helped me and I passed the exams.*
k. *In the beginning I was afraid that I wouldn't understand the lectures.*
l. *I knew what it meant for me to live in Germany.*

Nadas Leben in Deutschland

Was ist richtig? Was ist falsch?

	richtig	falsch
1. Am Anfang wusste Nada nicht, was sie in Deutschland erwarten würde.	☐	☐
2. Sie hatte nie Angst.	☐	☐
3. Sie hat drei Monate gebraucht, um ihre ganzen Unterlagen zu finden.	☐	☐
4. Nada findet, die älteren Leute sind nicht sehr offen.	☐	☐
5. Die Studenten haben Nada aufgenommen, wie sie ist.	☐	☐
6. Nada findet, die jungen Menschen sind modern und offen.	☐	☐
7. Nada hat sich nicht sehr schnell an Deutschland gewöhnt.	☐	☐
8. Am Anfang hatte Nada Angst, dass sie die Vorlesungen nicht versteht.	☐	☐
9. Sie hat die Prüfungen bestanden, obwohl ihr niemand geholfen hat.	☐	☐

Universitäten in Deutschland

49 Suchen Sie eine deutsche Hochschule oder Universität, die Sie interessiert, und stellen Sie sie im Kurs vor. Suchen Sie vor allem nach Informationen für ausländische Studierende.

Universität Freiburg	Friedrich-Schiller-Universität, Jena
Technische Universität Berlin	Universität Leipzig
Freie Universität Berlin	Universität zu Köln
Universität München	Universität Heidelberg
Humboldt-Universität zu Berlin	Universität Trier
Universität Hamburg	...

Meinungen widergeben

There are many expressions that are used in German to present opinions in conversation. Usually, the subordinating conjunction **dass** is used with these basic expressions:

Ich finde, dass ...	Er denkt, dass ...
Sie glaubt, dass ...	Ich bin der Meinung, dass ...

Nada ist der Meinung, dass Deutschland viel für ausländische Studenten bietet.
Nada is of the opinion that Germany offers a lot for foreign students.

Die Studentin aus Alexandria

50 Suchen Sie im Text Stellen, an denen Nada ihre Meinung äußert. Schreiben Sie die Sätze zu Ende.

1. Die Studentin aus Alexandria findet, dass die älteren Leute ...
2. Sie findet, dass die jungen Deutschen ...
3. Sie glaubt, dass junge Menschen in Deutschland ...
4. Sie ist der Meinung, dass junge Leute in Deutschland ...
5. Sie findet, dass München ...
6. Sie findet ...
7. Sie glaubt ...
8. Sie ist der Meinung ...

Deutsche Unis

51 Sprechen Sie im Kurs über die Unis, die vorgestellt wurden. Sagen Sie Ihre Meinung!

Ich finde, dass die Uni ...
Ich glaube, dass die Stadt ...
Ich bin der Meinung, dass in Deutschland ...

Schreibaufgabe: Mein Leben an der Uni

52 Nehmen Sie den Bericht *Mein neues Leben in Deutschland* als Modell für einen Text über Ihr Leben an der Uni. Sagen Sie Ihre Meinung!

BEISPIEL   Mein erstes Semester hier war ...

Einschränkung

Johann Wolfgang von Goethe

Goethe

Der wahrscheinlich bekannteste deutsche Dichter, Naturforscher und Politiker Johann Wolfgang von Goethe (1749–1832) sah sich selbst als Weltbürger°, der durch sein Denken literarisch-sprachliche und politisch-nationale Grenzen° überschreiten° konnte. Das 1951 gegründete Goethe-Institut vertritt die Deutsche Sprache und Kultur überall in der Welt und fördert so den interkulturellen Dialog im Zeitalter° der Globalisierung. Gibt es in Ihrer Stadt oder Region ein Goethe-Institut? Suchen Sie Informationen über das Goethe-Institut im Internet.

Weltbürger *global citizen*   überschreiten *borders / transcend*   Zeitalter *age*

Das Konzept *Weltliteratur* war für Johann Wolfgang von Goethe von großer Bedeutung.

Peter Horree/Alamy

Gegenwart und Zukunft

Was assoziieren Sie mit den Begriffen **Gegenwart** und **Zukunft**? Sammeln Sie Wörter und diskutieren Sie, was Sie von der Zukunft erwarten.

Einschränkung

Johann Wolfgang von Goethe

> Ich weiß nicht, was mir hier gefällt,
> In dieser engen, kleinen Welt
> Mit holdem Zauberband° mich hält?   *magic thread*
> Vergeß ich doch, vergeß ich gern,
>
> 5   Wie seltsam mich das Schicksal leitet;
> Und ach, ich fühle, nah und fern
> Ist mir noch manches° zubereitet.   *the one or other (i.e., adventure)*
> O wäre doch das rechte Maß getroffen!
>
> Was bleibt mir nun, als eingehüllt,
> 10 Von holder Lebenskraft erfüllt,
> In stiller Gegenwart die Zukunft zu erhoffen!

ARBEIT MIT DEM TEXT

Lesen Sie die Informationen und beantworten Sie die Fragen in der rechten Spalte.

Information		Fragen
wie seltsam mich das Schicksal leitet *how strangely fate is guiding me*	Schicksal, *similar to 'fate' and 'destiny', but different in connotation and usage, is always related to something ominous.*	Glauben Sie an das Schicksal?
seltsam *strange, peculiar*		Gibt es in Ihrem Leben ein seltsames Ereignis (*event*)?
jemanden/etwas **leiten** *to guide s.o./s.th.*		

(Continued)

Information		Fragen
O wäre doch das rechte Maß getroffen *if only all would happen in the right measure*	das rechte Maß *'the right measure of things in life'*	Was wäre für Sie das rechte Maß? Was wünschen Sie sich vom Leben?
eingehüllt von holder Lebenskraft *enveloped by a beautiful life force*	A feeling of some kind of beautiful force that guides us.	
die Lebenskraft *life force*	das Leben *'life'*; die Kraft *'force, power'*	
(sich) etwas erhoffen *to hope for something (for oneself)*	hoffen *'to hope'*; die Hoffnung *'hope'*	Was erhoffen Sie sich in der Zukunft?

Wie kann man das sagen?

Sagen Sie es in moderner Sprache.

Ich weiß nicht, was mir hier gefällt,
In dieser engen, kleinen Welt
Mit holdem Zauberband mich hält?
Vergeß ich doch, vergeß ich gern,

Wie seltsam mich das Schicksal leitet;
Und ach, ich fühle, nah und fern
Ist mir noch manches zubereitet.
O wäre doch das rechte Maß getroffen!

Was bleibt mir nun, als eingehüllt,
Von holder Lebenskraft erfüllt,
In stiller Gegenwart die Zukunft zu erhoffen!

Manchmal sehe ich alles irgendwie negativ. ...

Partnerinterview: Kleine Welt

1. Wo gefällt es dir am besten?
2. Wo siehst du deine Zukunft? Nah oder fern?
3. Was wirst du wahrscheinlich nie vergessen?
4. Was erhoffst du dir für die Zukunft?

Kollaboratives Projekt: Goethe

Bilden Sie Gruppen und recherchieren Sie Schuberts Goethelieder. Die verschiedenen Gruppen können verschiedene Projekte präsentieren:

1. Ein Goethe-Lied von Schubert im Kurs vorführen und diskutieren.
2. Eine Präsentation über Goethes Leben und seine Werke geben.
3. Gedichte von Goethe vortragen, diskutieren und interpretieren.
4. Über das Angebot des naheliegendsten Goethe-Instituts berichten.

BEGRIFF Weltbürger

Goethes Ideen der Weltliteratur

„Ich sehe immer mehr, daß Poesie ein Gemeingut der Menschheit ist, und dass sie überall zu allen Zeiten in hunderten und aber hunderten von Menschen hervortritt. [...] Ich sehe mich daher gern bei fremden Nationen um und rate jedem, es auch seinerseits zu tun. National-Literatur will jetzt nicht viel sagen, die Epoche der Welt-Literatur ist an der Zeit [...]."

Quelle: Johann Wolfgang Goethe: *Sämtliche Werke. Briefe, Tagebücher und Gespräche. Eds.* Friedmar Apel et al, Frankfurt/Main 1986–1999, I. Abteilung, Bd. 22, S. 287; II. Abteilung, Bd. 12, S. 224 ff.

Vor dem Video

Verbinden Sie die Phrasen mit den passenden Übersetzungen.

1. zwischen den Kulturen leben
2. mit etwas zurechtkommen
3. sich an einem Ort auskennen
4. den Bezug zur Heimat verlieren
5. sich an einem Ort aufhalten
6. sich als Weltbürger bezeichnen

a. *to lose the connection to one's origin*
b. *to live between cultures*
c. *to come to terms with something*
d. *to consider oneself a global citizen*
e. *to be in a place*
f. *to know your way around a place*

Was ist ein Weltbürger?

 1. Schritt. Ergänzen Sie fehlenden Wörter in den Zitaten aus dem Video.

überall	zurechtkommt	auskennt	Weltenbummler°	*globe trotter*
verliert	den Kulturen	Heimat	alle Menschen	
die ganze Welt	Herkunft°	an allem	gesehen	*origin*

1. Ein Weltbürger ist für Nada jemand, der _____ zu Hause ist.
2. Für Sebastian ist ein Weltbürger jemand, der überall zu Hause ist und alles schon _____ hat.
3. Kati definiert den Weltbürger als jemand, der offen ist für andere Kulturen und _____.
4. Martina sagt, ein Weltbürger ist ein Mensch, der zwischen _____ lebt.
5. Ein Weltbürger ist für Volker jemand, der viel von der Welt gesehen hat und sich überall _____.
6. Hilli sagt, das ist ein _____, der sich überall zu Hause fühlt.
7. Weltbürger ist für Gregor jemand, der _____ im Fokus hat.
8. Ein Weltbürger ist für Uwe jemand, für den die ganze Welt ein Zuhause sein kann und für den überall _____ sein kann.
9. Yasemin sagt, der Weltbürger oder die Weltbürgerin lassen sich nicht auf ihre _____ reduzieren.
10. Rüdiger sieht als Weltbürger zum Beispiel Goethe und Humboldt, die die Welt bereisten und Interesse hatten _____ was lebte.
11. Hubert sagt, ein Weltbürger sei ein Mensch, der sich in der Welt auskennt, aber nie den Bezug zu seiner Heimat _____.
12. Ein Weltbürger ist für Thorsten jemand, der mit jeder Art von Kultur _____.

2. Schritt. Wer hat das gesagt?

Verbinden Sie die Zitate mit den richtigen Personen.

1. Er war einmal vier Monate in Südamerika, aber er glaubt das reicht noch nicht, um sich als Weltbürger zu bezeichnen.
2. Für sie ist ein Weltbürger ein Mensch, der das Zuhause in sich selbst gefunden hat, egal wo er sich aufhält und welche Hautfarbe, Religion oder ethnische Zugehörigkeit er hat.
3. Für ihn ist ein Weltbürger jemand, der die großen Zusammenhänge° sieht und merkt, dass alles miteinander verbunden ist; und dass das eigene Tun einen Einfluss hat auf unsere Welt.

Nada

Volker

Gregor

connections

Wortschatz

■ Nomen

das **Amt** (Ämter) *department*

die **Angelegenheit** (Angelegenheiten) *matter*

die **Anmeldung** (Anmeldungen) *registration*

der **Antrag** (Anträge) *application*

das **Bankkonto** (Bankkonten) *bank account*

der **Berg** (Berge) *mountain*

die **Einstrittskarte** (Eintrittskarten) *admission ticket*

die **Erde** (Erden) *earth*

die **Förderung** *support*

das **Formular** (Formulare) *form*

die **Freundschaft** (Freundschaften) *friendship*

der **Himmel** (Himmel) *sky; heaven*

die **Integration** (Integrationen) *integration*

die **Kälte** (Kälten) *coldness*

die **Kenntnis** (Kenntnisse) *knowledge*

die **Kneipe** (Kneipen) *pub, bar*

die **Kraft** (Kräfte) *force, power*

die **Krankenkasse** (Krankenkassen) *health insurance*

die **Kultur** (Kulturen) *culture*

die **Meinung** (Meinungen) *opinion*

der **Satz** (Sätze) *sentence*

das **Schreiben** (Schreiben) *letter*

die **Sprachbarriere** (Sprachbarrieren) *language barrier*

der **Stellvertreter** (Stellvertreter) *substitute*

das **Stipendium** (Stipendien) *stipend*

die **Unterlage** (Unterlagen) *document*

der **Unterschied** (Unterschiede) *difference*

die **Verbindung** (Verbindungen) *connection*

der **Verein** (Vereine) *club, association*

das **Verfahren** (Verfahren) *procedure*

der **Verwalter** (Verwalter) *administrator*

das **Visum** (Visa) *visa*

der **Wohnsitz** (Wohnsitze) *residence*

die **Zahlung** (Zahlungen) *payment*

■ Verben

sich **ärgern über** (+ Akk. / ärgert sich, ärgerte sich, hat sich geärgert) *to be annoyed about*

jemanden **aufmerksam machen auf** (+ Akk. / macht aufmerksam, machte aufmerksam, hat aufmerksam gemacht) *to alert someone to sth.*

aus·füllen (füllt aus, füllte aus, hat ausgefüllt) *to fill in*

beeinflussen (beeinflusst, beeinflusste, hat beeinflusst) *to influence*

benötigen (benötigt, benötigte, hat benötigt) *to need*

sich **beschweren über** (+ Akk. / beschwert sich, beschwerte sich, hat sich beschwert) *to complain about sth.*

bestehen aus (+ Dat. / besteht, bestand / hat bestanden) *to consist of*

sich **bewerben um** (+ Akk. / bewirbt sich, bewarb sich, hat sich beworben) *to apply for*

denken an (+ Akk. / denkt, dachte, hat gedacht) *to think*

diskutieren über (+ Akk. / diskutiert, diskutierte, hat diskutiert) *to discuss*

sich **entscheiden für** (+ Akk. / entscheidet sich, entschied sich, hat sich entschieden) *to decide for sth.*

sich **freuen auf** (+ Akk. / freut sich, freute sich, hat sich gefreut) *to look forward to*

sich **freuen über** (+ Akk./ freut sich, freute sich, hat sich gefreut) *to be happy about*

gehören zu (+ Dat. / gehört, gehörte, hat gehört) *to be part of s.th.*

glauben an (+ Akk. / glaubt, glaubte, hat geglaubt) *to believe in*

sich **interessieren für** (+ Akk. / interessiert sich, interessierte sich, hat sich interessiert) *to be interested in*

klingeln (klingelt, klingelte, hat geklingelt) *to ring*

klopfen (klopft, klopfte, hat geklopft) *to knock*

sich **konzentrieren auf** (+ Akk. / konzentriert sich, konzentrierte sich, hat sich konzentriert) *to concentrate on*

leiten (leitet, leitete, hat geleitet) *to direct, lead, guide*

malen (malt, malte, hat gemalt) *to paint*

nach·weisen (weist nach, wies nach, hat nachgewiesen) *to prove*

pressen (presst, presste, hat gepresst) *to press*

sprechen über (+ Akk. / spricht, sprach, hat gesprochen) *to talk about*

stammen (stammt, stammte, hat gestammt) *to stem, to originate*

überwinden (überwindet, überwand, hat überwunden) *to overcome*

unterstützen (unterstützt, unterstützte, hat unterstützt) *to support*

sich **verlieben in** (+ Akk./ verliebt, verliebte, hat verliebt) *to fall in love with*

■ Adjektive

böse auf (+ Akk.) *angry at*

dankbar *thankful*

eifersüchtig auf (+ Akk.) *jealous of*

einverstanden mit (+ Dat.) *in agreement with*

heimatlos *homeless, uprooted*

monatlich *monthly*

neugierig auf (+ Akk.) *curious about*

schüchtern *shy*

selbständig *independent*

seltsam *strange*

stolz auf (+ Akk.) *proud of*

überzeugt von (+ Dat.) *convinced of*

ungebeten *uninvited*

unterschiedlich *different, diverse*

verantwortungsvoll *responsible*

verrückt nach (+ Dat.) *crazy for*

zufrieden mit (+ Dat.) *content with*

■ Adverbien

nebenbei *on the side*

überhaupt *anyway*

■ Pronominaladverbien

dadurch *through it, as a result*

dafür *for it*

dagegen *against it*

damit *with it*

daran *on it*

darauf *on it*

daraus *from it, out of it*

darin *in it, inside*

darunter *below it*

davon *of/from it*

dazu *to it; in addition*

wodurch *through what; how, which*

wofür *for what*

womit *with what*

wonach *what for, what of*

woran *on what, of what*

worauf *on what*

wovon *from what, about what*

wozu *to what; what for, what*

■ Sonstiges

in gewisser Weise *in a certain way*

Appendix

Verb Summary

A. Active Voice Tenses and Conjugations

1. Indicative Mood

PRESENT

	gehen	sein	haben	sehen	arbeiten	können
ich	gehe	bin	habe	sehe	arbeite	kann
du	gehst	bist	hast	siehst	arbeitest	kannst
er/sie/es	geht	ist	hat	sieht	arbeitet	kann
wir	gehen	sind	haben	sehen	arbeiten	können
ihr	geht	seid	habt	seht	arbeitet	könnt
sie/Sie	gehen	sind	haben	sehen	arbeiten	können

SIMPLE PAST

ich	ging	war	hatte	sah	arbeitete	konnte
du	gingst	warst	hattest	sahst	arbeitetest	konntest
er/sie/es	ging	war	hatte	sah	arbeitete	konnte
wir	gingen	waren	hatten	sahen	arbeiteten	konnten
ihr	gingt	wart	hattet	saht	arbeitetet	konntet
sie/Sie	gingen	waren	hatten	sahen	arbeiteten	konnten

PRESENT PERFECT

ich	bin	
du	bist	
er/sie/es	ist	gegangen
wir	sind	gewesen
ihr	seid	
sie/Sie	sind	

PRESENT PERFECT

ich	habe	
du	hast	gehabt
er/sie/es	hat	gesehen
wir	haben	gearbeitet
ihr	habt	gekonnt
sie/Sie	haben	

PAST PERFECT

ich	war	
du	warst	
er/sie/es	war	gegangen
wir	waren	gewesen
ihr	wart	
sie/Sie	waren	

PAST PERFECT

ich	hatte	
du	hattest	gehabt
er/sie/es	hatte	gearbeitet
wir	hatten	gesehen
ihr	hattet	gekonnt
sie/Sie	hatten	

FUTURE

ich	werde	gehen
du	wirst	sein
er/sie/es	wird	haben
wir	werden	sehen
ihr	werdet	arbeiten
sie/Sie	werden	können

FUTURE PERFECT

ich	werde	gegangen sein
du	wirst	gewesen sein
er/sie/es	wird	gehabt haben
wir	werden	gearbeitet haben
ihr	werdet	gesehen haben
sie/Sie	werden	gekonnt haben

SUBJUNCTIVE II (Hypotheses)

	gehen	sein	haben	sehen	arbeiten	können
ich	ginge/ würde gehen	wäre	hätte	sähe/ würde sehen	arbeitete/ würde arbeiten	könnte
du	gingest/ würdest gehen	wärest	hättest	sähest/ würdest sehen	arbeitetest/ würdest arbeiten	könntest
er/sie/es	ginge/ würde gehen	wäre	hätte	sähe/ würde sehen	arbeitete/ würde arbeiten	könnte
wir	gingen/ würden gehen	wäre	hätten	sähen/ würden sehen	arbeiteten/ würden arbeiten	könnten
ihr	ginget/ würdet gehen	wäret	hättet	sähet/ würdet sehen	arbeitetet/ würdet arbeiten	könntet
sie/Sie	gingen/ würden gehen	wären	hätten	sähen/ würden sehen	arbeiteten/ würden arbeiten	könnten

PAST SUBJUNCTIVE

ich	wäre	
du	wärst	
er/sie/es	wäre	gegangen
wir	wären	gewesen
ihr	wärt	
sie/Sie	wären	

PAST SUBJUNCTIVE

ich	hätte	
du	hättest	gehabt
er/sie/es	hätte	gearbeitet
wir	hätten	gesehen
ihr	hättet	gekonnt
sie/Sie	hätten	

Forms in bold are specific to Subjunctive I. All other forms are identical to those in Subjunctive II.

2. Subjunctive Mood

SUBJUNCTIVE I (Indirect Discourse)

	gehen	sein	haben	sehen	arbeiten	können
ich	ginge/ würde gehen	**sei**	hätte	sähe/ würde sehen	arbeitete/ würde arbeiten	könnte
du	**gehest**	**seiest**	**habest**	**sehest**	arbeitetest/ würdest arbeiten	könntest
er/sie/es	**gehe**	**sei**	**habe**	**sehe**	**arbeite**	**könne**
wir	gingen/ würden gehen	**seien**	hätten	sähen/ würden sehen	arbeiteten/ würden arbeiten	könnten
ihr	**gehet**	**seiet**	hättet	**sehet**	arbeitetet/ würdet arbeiten	könntet
sie/Sie	gingen/ würden gehen	**seien**	hätten	sähen/ würden sehen	arbeiteten/ würden arbeiten	könnten

3. Imperative Mood

IMPERATIVE

	gehen	sehen	arbeiten
(du)	geh(e)	sieh	arbeite
(ihr)	geht	seht	arbeitet
wir	gehen wir	sehen wir	arbeiten wir
Sie	gehen Sie	sehen Sie	arbeiten Sie

B. Passive Voice Tenses and Conjugations

PRESENT

ich	werde	
du	wirst	
er/sie/es	wird	gesehen
wir	werden	
ihr	werdet	
sie/Sie	werden	

SIMPLE PAST

ich	wurde	
du	wurdest	
er/sie/es	wurde	gesehen
wir	wurden	
ihr	wurdet	
sie/Sie	wurden	

PRESENT PERFECT

ich	bin	
du	bist	
er/sie/es	ist	gesehen worden
wir	sind	
ihr	seid	
sie/Sie	sind	

PAST PERFECT

ich	war	
du	warst	
er/sie/es	war	gesehen worden
wir	waren	
ihr	wart	
sie/Sie	waren	

C. Principal Parts of German Strong and Mixed Verbs Grouped According to Stem-Vowel Changes

Infinitive	3rd-Person singular (if irregular)	Simple past	Past participle
		a	**a**
brennen		brannte	gebrannt
bringen		brachte	gebracht
denken		dachte	gedacht
kennen		kannte	gekannt
nennen		nannte	genannt
rennen		rannte	ist gerannt
senden		sandte	gesandt
tun		tat	getan
stehen		stand	gestanden
wenden		wandte	gewandt
		a	**e**
bitten		bat	gebeten
essen	isst	aß	gegessen
fressen	frisst	fraß	gefressen
geben	gibt	gab	gegeben
geschehen	geschieht	geschah	ist geschehen
lesen	liest	las	gelesen
liegen		lag	gelegen
sehen	sieht	sah	gesehen
sitzen		saß	gesessen
treten	tritt	trat	hat/ist getreten
vergessen	vergisst	vergaß	vergessen
		a	**o**
befehlen	befiehlt	befahl	befohlen
beginnen		begann	begonnen
brechen	bricht	brach	gebrochen
empfehlen	empfiehlt	empfahl	empfohlen
gebären		gebar	hat/ist geboren
gewinnen		gewann	gewonnen
helfen	hilft	half	geholfen
kommen		kam	ist gekommen
nehmen	nimmt	nahm	genommen

Infinitive	3rd-Person singular (if irregular)	Simple past	Past participle
schwimmen		schwamm	ist geschwommen
sprechen	spricht	sprach	gesprochen
stechen	sticht	stach	gestochen
stehlen	stiehlt	stahl	gestohlen
sterben	stirbt	starb	ist gestorben
treffen	trifft	traf	getroffen
werben	wirbt	warb	geworben
werden	wird	wurde	ist geworden
werfen	wirft	warf	geworfen
		a	**u**
binden		band	gebunden
dringen		drang	gedrungen
finden		fand	gefunden
gelingen		gelang	ist gelungen
klingen		klang	geklungen
ringen		rang	gerungen
singen		sang	gesungen
sinken		sank	ist gesunken
springen		sprang	ist gesprungen
trinken		trank	getrunken
		i	**a**
blasen	bläst	blies	geblasen
braten	brät	briet	gebraten
fallen	fällt	fiel	ist gefallen
fangen	fängt	fing	gefangen
gehen		ging	ist gegangen
hängen		hing	gehangen
hängen		hängte	gehangen
halten	hält	hielt	gehalten
lassen	lässt	ließ	gelassen
raten	rät	riet	geraten
schlafen	schläft	schlief	geschlafen
		i	**i**
beißen		biss	gebissen
gleichen		glich	geglichen
gleiten		glitt	ist geglitten

Infinitive	3rd-Person singular (if irregular)	Simple past	Past participle
greifen		griff	gegriffen
reißen		riss	hat/ist gerissen
reiten		ritt	ist geritten
schreiten		schritt	ist geschritten
streichen		strich	gestrichen
streiten		stritt	gestritten
leiden		litt	gelitten
schneiden		schnitt	geschnitten
		ie	ie
bleiben		blieb	ist geblieben
leihen		lieh	geliehen
scheiden		schied	geschieden
scheinen		schien	geschienen
schreiben		schrieb	geschrieben
schreien		schrie	geschrien
schweigen		schwieg	geschwiegen
steigen		stieg	ist gestiegen
weisen		wies	gewiesen
		ie	*various*
heißen		hieß	geheißen
laufen	läuft	lief	ist gelaufen
rufen		rief	gerufen
stoßen	stößt	stieß	gestoßen
		o	o
biegen		bog	hat/ist gebogen
bieten		bot	geboten
fliegen		flog	ist geflogen
fliehen		floh	ist geflohen
fließen		floss	ist geflossen
frieren		fror	gefroren
genießen		genoss	genossen
heben		hob	gehoben
lügen		log	gelogen
riechen		roch	gerochen

Infinitive	3rd-Person singular (if irregular)	Simple past	Past participle
saugen		saugte/sog	gesaugt/gesogen
schießen		schoss	geschossen
schließen		schloss	geschlossen
schwellen	schwillt	schwoll	ist geschwollen
schwören		schwor	geschworen
trügen		trog	getrogen
verlieren		verlor	verloren
wiegen		wog	gewogen
ziehen		zog	gezogen
		u	**a**
fahren	fährt	fuhr	ist gefahren
graben	gräbt	grub	gegraben
schaffen		schaffte/schuf	geschaffen
laden	lädt	lud	geladen
schlagen	schlägt	schlug	geschlagen
tragen	trägt	trug	getragen
wachsen	wächst	wuchs	ist gewachsen
waschen	wäscht	wusch	gewaschen

D. Common German Verbs with Prepositions

Preposition	Verb	Case	English equivalent
an	arbeiten an	D	to work on (s.th.)
	denken an	A	to think of (s.o./s.th.)
	jdn erinnern an	A	to remind s.o. of (s.o./s.th.)
	sich erinnern an	A	to remember (s.o./s.th.)
	sich gewöhnen an	A	to get used to (s.o./s.th.)
	glauben an	A	to believe in (s.o./s.th.)
	jdn hindern an	D	to prevent s.o. from doing (s.th.)
	leiden an	D	to suffer from (s.th.)
	schreiben an	A	to write to (s.o.)
	sterben an	D	to die of (s.th.)
	teil·nehmen an	D	to participate in (s.th.)
	zweifeln an	D	to doubt (s.th.)
auf	achten auf	A	to pay attention to (s.o./s.th.)
	antworten auf	A	to reply to (s.th.)
	auf·passen auf	A	to pay attention to/keep an eye on (s.o./s.th.)
	bestehen auf	A	to insist on (s.o./s.th.)
	beschränken auf	A	to limit to (s.o./s.th.)
	sich beziehen auf	A	to refer to (s.o./s.th.)
	sich freuen auf	A	to look forward to (s.o./s.th.)
	hin·weisen auf	A	to point to (s.o./s.th.)
	hoffen auf	A	to hope for (s.o./s.th.)
	sich konzentrieren auf	A	to concentrate on (s.o./s.th.)
	reagieren auf	A	to react to (s.o./s.th.)
	sich verlassen auf	A	to rely on (s.o./s.th.)
	verzichten auf	A	to do without (s.o./s.th.)
	warten auf	A	to wait for (s.o./s.th.)
	zählen auf	A	to count on (s.o./s.th.)
aus	bestehen aus	D	to consist of (s.th.)
	entnehmen aus	D	to gather from (s.th.)
	sich ergeben aus	D	to result from (s.th.)
	schließen aus	D	to conclude from (s.th.)
für	sich begeistern für	A	to be enthusiastic about (s.th.)
	jdm danken für	A	to thank s.o. for (s.th.)
	sich eignen für	A	to be suitable for (s.o./s.th.)

Preposition	Verb	Case	English equivalent
	sich entscheiden für	A	to decide in favor of (s.o./s.th.)
	jdn/etw halten für	A	to consider s.o./s.th. to be (s.o./s.th.)
	sich interessieren für	A	to be interested in (s.o./s.th.)
	sorgen für	A	to take care of (s.o./s.th.)
in	jdn ein·führen in	A	to introduce s.o. to (s.th.)
	sich ein·mischen in	A	to intervene in, meddle in (s.th.)
	sich verlieben in	A	to fall in love with (s.o./s.th.)
	sich vertiefen in	A	to become engrossed in (s.o./s.th.)
mit	sich ab·finden mit	D	to be satisfied with (s.o./s.th.)
	an·fangen mit	D	to start with (s.o./s.th.)
	auf·hören mit	D	to stop doing (s.th.)
	sich befassen mit	D	to deal with (s.o./s.th.)
	sich beschäftigen mit	D	to be busy with (s.o./s.th.)
	rechnen mit	D	to count on (s.o./s.th.)
	sprechen mit	D	to speak with (s.o./s.th.)
	telefonieren mit	D	to talk on the phone with (s.o.)
	überein·stimmen mit	D	to agree with (s.o./s.th.)
	sich unterhalten mit	D	to converse with (s.o.)
nach	aus·sehen nach	D	to look like (s.o./s.th.)
	sich erkundigen nach	D	to inquire about (s.o./s.th.)
	fragen nach	D	to ask about (s.o./s.th.)
	greifen nach	D	to grab at (s.o./s.th.)
	riechen nach	D	to smell like/of (s.o./s.th.)
	schmecken nach	D	to taste like (s.th.)
	sich sehnen nach	D	to long for (s.o./s.th.)
	streben nach	D	to strive for (s.th.)
	suchen nach	D	to search for (s.o./s.th.)
über	sich ärgern über	A	to be annoyed about (s.o./s.th.)
	sich beschweren über	A	to complain about (s.o./s.th.)
	diskutieren über	A	to discuss (s.o./s.th.)
	sich informieren über	A	to get informed about (s.o./s.th.)
	klagen über	A	to complain about (s.o./s.th.)
	lachen über	A	to laugh about (s.o./s.th.)

Preposition	Verb	Case	English equivalent
	nach·denken über	A	to think about (s.o./s.th.)
	sprechen über	A	to talk about (s.o./s.th.)
	sich streiten über	A	to argue about (s.o./s.th.)
	urteilen über	A	to judge (s.o./s.th.)
	sich wundern über	A	to be surprised at/about (s.o./s.th.)
um	sich bemühen um	A	to try hard/endeavor to do (s.th.); to look after (s.o.)
	bitten um	A	to ask for (s.th.)
	sich handeln um	A	to be about (s.o./s.th.)
	kämpfen um	A	to fight about (s.o./s.th.)
	sich kümmern um	A	to take care of (s.o./s.th.)
von	ab·hängen von	D	to depend on (s.o./s.th.)
	ab·raten von	D	to advise against (s.o./s.th.)
	ab·sehen von	D	to disregard (s.o./s.th.)
	sich erholen von	D	to recover from (s.o./s.th.)
	erzählen von	D	to tell about (s.o./s.th.)
	sprechen von	D	to speak of (s.o./s.th.)
	träumen von	D	to dream of (s.o./s.th.)
	wissen von	D	to know of (s.o./s.th.)
vor	Angst haben vor	D	to be afraid of (s.o./s.th.)
	fliehen vor	D	to flee from (s.o./s.th.)
	sich fürchten vor	D	to be afraid of (s.o./s.th.)
	jdn/etw retten vor	D	to save s.o./s.th. from (s.o./s.th.)
	warnen vor	D	to warn against (s.o./s.th.)
zu	bei·tragen zu	D	to contribute to (s.th.)
	dienen zu	D	to serve the purpose of (s.th.)
	führen zu	D	to lead to (s.th.)
	gehören zu	D	to be part of (s.o./s.th.)
	gratulieren zu	D	to congratulate on (s.o./s.th.)
	passen zu	D	to suit (s.o./s.th.)
	rechnen zu	D	to count as one of (s.o./s.th.)
	jdn überreden zu	D	to talk s.o. into (s.th.)
	zählen zu	D	to count as one of (s.o./s.th.)
	zwingen zu	D	to force into (s.th.)

E. Common German Verbs with Dative Objects

Verb	English equivalent	Example
antworten	*to answer*	Ich antworte dir morgen!
befehlen	*to order*	Ich befehle dir: Hör auf!
begegnen	*to encounter*	Ich bin dir gestern begegnet.
beistehen	*to stand at s.o.'s side*	Ich stehe meinen Eltern in schweren Zeiten bei.
danken	*to thank*	Ich danke dir.
einfallen	*to recall*	Da fällt mir ein: . . .
erwidern	*to respond to*	Ich erwidere dem Professor: . . .
fehlen	*to be missed by*	Du fehlst mir!
folgen	*to follow*	Folgen Sie mir!
gefallen	*to be liked by*	Du gefällst mir!
gehören	*to belong to*	Das Buch gehört mir.
gehorchen	*to obey*	Mein Hund muss mir gehorchen.
gelingen	*to succeed*	Der Kuchen ist mir gelungen.
genügen	*to suffice*	Ein Bier genügt mir.
glauben	*to believe*	Du kannst mir glauben!
gratulieren	*to congratulate*	Ich gratuliere dir.
helfen	*to help*	Können Sie mir helfen?
misslingen	*to fail*	Der Kuchen ist mir misslungen.
sich nähern	*to near*	Ich nähere mich der Stadt.
nützen	*to be useful*	Das nützt mir nichts!
raten	*to advise*	Ich rate dir: Lern Deutsch!
schaden	*to do damage*	Ein bisschen Regen wird mir nicht schaden.
schmecken	*to taste*	Der Kuchen schmeckt mir gut.
vertrauen	*to trust*	Du kannst mir hundertprozentig vertrauen!
verzeihen	*to forgive*	Ich habe dir schon lange verziehen.
widersprechen	*to contradict*	Manchmal soll man Professoren widersprechen.
zuhören	*to listen*	Hören Sie mir doch zu!
zusehen	*to watch*	Ich kann dir kaum zusehen!
zustimmen	*to agree*	Da stimme ich dir zu.

GERMAN-ENGLISH VOCABULARY

A

ab *from* (4)

ab·stellen (stellt ab, stellte ab, hat abgestellt) *to turn off* (11)

die **Abbildung** (Abbildungen) *representation, illustration* (7)

der **Abend** (Abende) *evening* (4)

aber *but* (1)

abhängig *dependent* (10)

der **Abschied** (Abschiede) *farewell* (6)

abwechslungsreich *varied, rich in variety* (8)

die **Adresse** (Adressen) *address* (1)

die **Ahnung** (Ahnungen) *inkling, notion* (4)

aktiv *active* (4)

aktuell (aktueller, am aktuellsten) *current* (11)

das **Album** (Alben) *album* (5)

als *when* (5)

alt *old* (1)

Amerika *America, USA* (2)

der **Amerikaner** (Amerikaner) *American (man)* (2)

die **Amerikanerin** (Amerikanerinnen) *American (woman)* (2)

das **Amt** (Ämter) *department* (12)

an (+ Akk. / Dat.) *on* (7)

analysieren (analysiert, analysierte, hat analysiert) *to analyse* (9)

die **anderen** *the others* (3)

anders *different* (9)

Anerkennung (Anerkennungen) *recognition* (10)

der **Anfang** (Anfänge) *beginning, start* (6)

anfangs *initially* (11)

an·fangen (fängt an) *to begin* (3)

im **Angebot** *on sale* (10)

die **Angelegenheit** (Angelegenheiten) *matter* (12)

die **Angst** (Ängste) *fear* (2)

an·kommen (kommt an, kam an, ist angekommen) *to arrive* (8)

die **Anlage** (Anlagen) *installation, public grounds, complex (also: investment)* (6)

die **Anmeldung** (Anmeldungen) *registration* (12)

an·nehmen (nimmt an, hat angenommen) *to accept* (6)

an·rufen (ruft an) *to call (on the phone)* (3)

sich **an·stellen** (stellt sich an, hat sich angestellt) *to get in line* (7)

anstatt zu *instead of* (10)

der **Antrag** (Anträge) *application* (12)

(jdm.) **antworten** (antwortet) *to respond, answer* (4)

der **Anwalt** (Anwälte) *(male) lawyer* (3)

die **Anwältin** (Anwältinnen) *(female) lawyer* (3)

der **Apfel** (Äpfel) *apple* (10)

der **April** *April* (5)

die **Arbeit** (Arbeiten) *work* (3)

arbeiten (arbeitet) *to work* (1)

der **Arbeiter** (Arbeiter) *(male) worker* (3)

die **Arbeiterin** (Arbeiterinnen) *(female) worker* (3)

der **Arbeitsplatz** (Arbeitsplätze) *job, position, workplace* (3)

der **Arbeitstag** (Arbeitstage) *work day* (3)

der **Architekt** (Architekten) *(male) architect* (6)

die **Architektin** (Architektinnen) *(female) architect* (6)

die **Architektur** (Architekturen) *architecture* (6)

das **Archiv** (Archive) *archive* (2)

sich **ärgern** *to be upset* (8); sich **ärgern über** (+ Akk. / ärgert sich, ärgerte sich, hat sich geärgert) *to be annoyed about* (12)

der **Arm** (Arme) *arm* (9)

arm (ärmer, am ärmsten) *poor* (6)

der **Artikel** (Artikel) *article* (11)

der **Arzt** (Ärzte) *(male) physician* (3)

die **Ärztin** (Ärztinnen) *(female) physician* (3)

attraktiv *attractive* (2)

auch *also, as well* (1)

auf (+ Akk. / Dat.) *on top of* (7)

auf·fallen (fällt auf, fiel auf, ist aufgefallen) *to be apparent* (10)

auffällig *noticeable* (2)

aufgrund *because of* (6)

das **Aufhören** *stopping*

auf·machen (macht auf) *to open* (1)

aufmerksam *attentive* (4); **aufmerksamer, am aufmerksamsten** (11); jdn. **aufmerksam machen auf** (+ Akk. / macht aufmerksam, machte aufmerksam, hat aufmerksam gemacht) *to alert someone to s.th.* (12)

auf·nehmen (nimmt auf, hat aufgenommen) *to record* (5)

auf·passen (passt auf) *to pay attention* (4)

auf·räumen (räumt auf) *to clean, tidy up* (3)

auf·treten (tritt auf, ist aufgetreten) *to appear, perform* (5)

der **Auftritt** (Auftritte) *performance* (5)

das **Auge** (Augen) *eye* (8)

der **Augenblick** (Augenblicke) *moment* (11); **im Augenblick** *at the moment*

der **August** *August* (5)

aus (+ Dat.) *out of, from* (4)

aus·füllen (füllt aus, füllte aus, hat ausgefüllt) *to fill in* (12) die **Ausgabe** (Ausgaben) *edition, issue* (11)

aus·geben (gibt aus, gab aus, hat ausgegeben) *to spend* (10)

etwas **aus·halten** (hält aus, hielt aus, hat ausgehalten) *to tolerate, endure* (8)

ausländisch *foreign* (9)

aus·schlafen (schläft aus) *to sleep in* (3)

ausschließlich *exclusively* (11)

außer (+ Dat.) *except* (4)

außerdem *in addition, besides* (6)

außergewöhnlich *extraordinary* (8)

außerhalb *outside of* (6)

die **Ausstellung** (Ausstellungen) *exhibit* (2)

die **Auswahl** *selection* (10)

der **Ausweis** (Ausweise) *identification* (11)

das **Autogramm** (Autogramme) *autograph*

der **Autor** (Autoren) *(male) author* (1)

die **Autorin** (Autorinnen) *(female) author* (1)

B

der **Bach** (Bäche) *stream* (10)

backen (bäckt, backte (buk), hat gebacken) *to bake* (10)

der **Backofen** (Backöfen) *stove* (10)

das **Bad** (Bäder) *bath, bathroom* (7)

der **Bahnhof** (Bahnhöfe) *train station* (2)

die **Bahnkarte** (Bahnkarten) *train discount pass for one year*

bald *soon* (6)

der **Balkon** (Balkone) *balcony* (6)

die **Bank** (Banken) *bank (financial insitution)* (8)

das **Bankkonto** (Bankkonten) *bank account* (12)

der **Bär** (-en) (Bären) *bear* (9)

der **Bau** *construction* (6)

der **Bauch** (Bäuche) *stomach* (9)

bauen (baut, hat gebaut) *to build* (6)

der **Baum** (Bäume) *tree* (11)

der **Baumstamm** (Baumstämme) *tree trunk*

die **Baustelle** (Baustellen) *construction site* (6)

der **Beamte** (Beamte) *(adjectival noun) (male) official, public servant* (11)

die **Beamtin** (Beamtinnen) *(female) official, public servant* (11)

bedeuten (bedeutet, bedeutete, hat bedeutet) *to mean* (1)

die **Bedeutung** (Bedeutungen) *meaning* (9)

beeinflussen (beeinflusst, beeinflusste, hat beeinflusst) *to influence* (12)

beeinflussen (beeinflusst, hat beeinflusst) *to influence* (6)

befestigen (befestigt, befestigte, hat befestigt) *to fasten, affix* (11)

sich **befinden** (befindet sich) *to be located* (4)

begabt *talented*

begreifen (begreift) *to comprehend* (1)

bei (+ Dat.) *at* (4)

bei·tragen zu (trägt bei, trug bei, hat beigetragen) *to contribute to* (11)

das **Bein** (Beine) *leg* (9)

das **Beispiel** (Beispiele) *example* (1); **zum Beispiel** *for example* (1)

beispielsweise *for example* (11)

bekommen (bekommt, bekam, hat bekommen) *to get, receive* (2); **bekam Angst** *got freightened*

sich **bemühen** (bemüht sich, bemühte sich, hat sich bemüht) *to try, make an effort* (10)

benötigen (benötigt, benötigte, hat benötigt) *to need* (12)

bequem *comfortable* (1)

der **Berg** (Berge) *mountain* (12); **ein ganzer Berg** *a whole lot*

berichten (berichtet, berichtete, hat berichtet) *to report* (1)

Berliner Studententheater *Berliner student theater*

der **Beruf** (Berufe) *profession* (3)

berühmt *famous* (2)

beschäftigt *busy* (5)

die **Beschäftigung** (Beschäftigungen) *occupation* (3); *activity* (3)

beschleunigen (beschleunigt, beschleunigte, hat beschleunigt) *to accelerate* (8)

beschreiben (beschreibt, beschrieb, hat beschrieben) *to describe* (11)

die **Beschreibung** (Beschreibungen) *description* (9)

sich **beschweren über** (+ Akk. / beschwert sich, beschwerte sich, hat sich beschwert) *to complain about s.th.* (12)

besichtigen (besichtigt, hat besichtigt) *to view, look at* (7)

der **Besitzer** (Besitzer) *(male) owner* (11)

die **Besitzerin** (Besitzerinnen) *(female) owner* (11)

besonders *special* (5)

etwas **besprechen** (bespricht) *to discuss s.th.* (4)

das **Besteck** (Bestecke) *silverware* (7)

bestehen aus (+ Dat. / besteht, bestand, hat bestanden) *to consist of* (8)

bestellen (bestellt) *to order* (3)

die **Bestellung** (Bestellungen) *order* (10)

der **Besuch** (Besuche) *visit* (7)

das **Bett** (Betten) *bed* (2)

die **Bevölkerung** *population* (6)

bevorzugen (bevorzugt, bevorzugte, hat bevorzugt) *to prefer* (9)

beweisen (beweist, bewies, hat bewiesen) *to prove* (11)

sich **bewerben um** (+ Akk. / bewirbt sich, bewarb sich, hat sich beworben) *to apply for* (12)

bewundern (bewundert, hat bewundert) *to admire* (7)

das **Bewusstsein** *consciousness, awareness* (9)

bezahlen (bezahlt) *to pay (for)* (3)

bezeichnen (bezeichnet, bezeichnete, hat bezeichnet) *to denote, label* (10)

die **Bibel** (Bibeln) *the Bible*
die **Bibliothek** (Bibliotheken) *library* (2)
das **Bier** (Biere) *beer* (10)
bieten (bietet, hat geboten) *to provide, offer* (5)
das **Bild** (Bilder) *picture, painting* (2)
die **Bildung** *education* (6)
billig *cheap* (6)
im Binnenland *inland*
bis *until, to* (4)
bis zu (+ Dat.) *until, up to* (7)
ein **bisschen** *a little bit* (3); *a little* (10)
die **Bitte** (Bitten) *request* (11)
das **Blatt** (Blätter) *leaf* (8)
blau *blue* (2)
bleiben (bleibt) *to stay, remain* (3); **es bleibt dabei**
    that's that, agreed
der **Bleistift** (Bleistifte) *pencil* (8)
der **Blick** (Blicke) *glance, view* (1)
blicken (blickt, blickte, hat geblickt) *to look* (8)
bloß *only* (3)
die **Blume** (Blumen) *flower* (5)
die **Blumenvase** (Blumenvasen) *vase* (7)
das **Boot** (Boote) *boat* (7)
böse auf (+ Akk.) *angry at* (12)
braten (brät, briet, hat gebraten) *to pan-fry* (10)
Braten in der Röhre *roast in the oven*
brauchen (braucht) *to need* (2)
brechen (bricht, brach, hat gebrochen) *to break* (8)
brennen (brennt, brannte, hat gebrannt)
    to burn (8)
der **Brief** (Briefe) *letter* (9)
die **Brille** (Brillen) *eyeglasses* (2)
bringen (bringt, hat gebracht) *to bring* (5)
das **Brot** (Brote) *bread* (2)
das **Brötchen** (Brötchen) *dinner roll* (10)
die **Brücke** (Brücken) *bridge* (7)
der **Bruder** (Brüder) *brother* (3)
brüllen (brüllt, hat gebrüllt) *to yell* (7)
das **Buch** (Bücher) *book* (1)
der **Buchdruck** *the art of printing* (5)
buchstabieren (buchstabiert) *to spell* (1)
bügeln (bügelt) *to iron* (3)
die **Bühne** (Bühnen) *stage* (4)
das **Bühnenbild** (Bühnenbilder) *set, stage
    decoration* (4)
bunt *colorful* (2)
der **Bürgermeister** (Bürgermeister) *(male) mayor* (6)
die **Bürgermeisterin** (Bürgermeisterinnen) *(female)
    mayor* (6)
das **Büro** (Büros) *office* (1)
die **Butter** *butter* (10)

C

das **Café** *coffee house* (10)
die **CD** (CDs) *CD* (5)
das **Chaos** *chaos* (4)

der **Club / Klub** (Clubs) *(dance) club* (5)
der **Computer** (Computer) *computer* (2)

D

das **Dach** (Dächer) *roof* (6)
dadurch *through it, as a result* (12)
dafür *for it* (12)
dagegen *against it* (12)
daher *therefore* (5)
damals *(back) then* (5)
damit *with it* (12)
dankbar *grateful* (12)
das **Dankeschön** *Thank you* (8)
daran *on it* (12)
darauf kommt es an *that's what it comes
    down to* (10)
darauf *on it* (12)
daraus *from it, out of it* (12)
darin *in it, inside* (12)
darunter *below it* (12)
dass *that* (5)
davon *of / from it* (12)
dazu *to it; in addition* (12)
definieren (definiert, definierte, hat definiert)
    to define (9)
der **Dekan** (Dekane) *dean* (9)
denken an (+ Akk. / denkt, dachte, hat gedacht)
    to think (about) (12)
denn *because* (5)
dennoch *nevertheless, however* (5)
deshalb *because of* (5)
deswegen *because of* (5)
das **Detail** (Details) *detail* (11)
das **Deutsch** *German (language)* (2)
deutsch *German* (1)
der / die **Deutsche** (die Deutschen) *(adjectival noun)
    German (person)* (2)
Deutschland *Germany* (1)
der **Dezember** *December* (5)
der **Dialog** (Dialoge) *dialogue* (9)
dick *thick* (2)
der **Dienstag** (Dienstage) *Tuesday* (3)
das **Ding** (Dinge) *thing* (1)
der **Dirigent** (Dirigenten) *conductor* (5)
die **Dirigentin** (Dirigentinnen) *(female) conductor* (5)
diskutieren (diskutiert) *to discuss* (1)
diskutieren über (+ Akk. / diskutiert, diskutierte, hat
    diskutiert) *to discuss* (12)
die **Distanz** (Distanzen) *distance* (8)
doch *however, still* (9)
der **Donnerstag** (Donnerstage) *Thursday* (3)
das **Dorf** (Dörfer) *village* (6)
der **Dozent** (Dozenten) *(male) lecturer* (1)
die **Dozentin** (Dozentinnen) *(female) lecturer* (1)
drehen (dreht, drehte, hat gedreht) *to turn* (8)
das **Drittel** (Drittel) *third* (3)

du *you (informal, singular)* (1)
dumm (dümmer, am dümmsten) *dumb, stupid* (6)
dunkelblau *navy blue* (2)
dünn *thin* (2)
durch *through, by means of* (3)
der **Durchschnitt** (Durchschnitte) *average* (3)
durchschnittlich *average* (7)
dürfen (darf) *to be permitted, may* (4)
der **Durst** *thirst* (2)

E

echt *real* (4)
die **Ecke** (Ecken) *corner* (7)
ehe (*subord. conj.*) *before* (7)
das **Ehepaar** (Ehepaare) *married couple* (3)
die **Ehre** (Ehren) *honor* (10)
ehren *to honor*
ehrlich *honest* (4); *good* (6)
das **Ei** (Eier) *eggs* (10)
eifersüchtig auf *jealous of* (12)
eilen (eilt, eilte, ist geeilt) *to hurry* (8)
eine(r, s) *one of many* (5)
einfach *simple* (2)
jdm. **ein·fallen** (fällt ein, ist eingefallen)
   to occur to s.o. (5)
die **Einführung** (Einführungen) *introduction* (9)
der **Eingang** (Eingänge) *entrance* (6)
ein·kaufen (kauft ein) *to shop* (3)
das **Einkaufen** *shopping* (3)
die **Einladung** (Einladungen) *invitation* (6)
einmal *once, one time* (6); **es war einmal** *once
   upon a time* (8)
ein·richten (richtet ein, hat eingerichtet)
   to furnish (7)
die **Einsamkeit** *loneliness* (8)
ein·schlafen (schläft ein) *to fall asleep* (3)
die **Eintrittskarte** (Eintrittskarten) *admission
   ticket* (12)
einverstanden mit (+ Dat.) *in agreement with* (12)
der **Einwohner** (Einwohner) *resident* (6)
die **Einwohnerin** (Einwohnerinnen) *(female)
   resident* (6)
das **Eis** *ice, ice cream* (10)
elegant *elegant* (2)
Eltern (*pl.*) *parents* (3)
das **Ende** (Enden) *end* (1)
das **Englisch** *English* (1)
der **Enkel** (Enkel) *grandson* (2)
die **Enkelin** (Enkelinnen) *granddaughter* (2)
mit seinem Ensemble *with his ensemble*
entdecken (entdeckt, hat entdeckt) *to discover* (5)
entlang *alongside, down the way* (7)
entscheiden (entscheidet) *to decide* (3)
sich **entscheiden für** (+ Akk. / entscheidet sich,
   entschied sich, hat sich entschieden) *to decide for
   s.th.* (12)

sich **entschließen** (entschließt sich, entschloss sich, hat
   sich entschlossen) *to decide* (11)
der **Entschluss** (Entschlüsse) *decision* (11)
sich **entspannen** (entspannt sich, hat sich entspannt)
   to relax (7)
jdm. / etwas **entsprechen** (+ Dat. / entspricht,
   entsprach, hat entsprochen) *to correspond* (10)
enttäuscht *disappointed* (5)
er *he* (1)
die **Erde** (Erden) *earth* (12)
erfahren (erfährt, erfuhr, hat erfahren)
   to experience (9)
die **Erfahrung** (Erfahrungen) *experience* (8)
erfinden (erfindet) *to invent* (2)
erfolgreich *successful* (2)
(sich) etwas **erhoffen** *to hope for s.th. (for oneself)*
sich **erholen** (erholt sich, hat sich erholt) *to
   recuperate* (7)
die **Erkältung** (Erkältungen) *cold* (6)
erkennen (erkennt, erkannte, hat erkannt) *to
   recognize* (8)
die **Erkenntnis** (Erkenntnisse) *insight* (9)
erklären (erklärt, hat erklärt) *to explain* (5)
das **Erlebnis** (Erlebnisse) *experience* (8)
ernst *serious* (4)
die **Eröffnung** (Eröffnungen) *opening (ceremony)* (6);
   opening (9)
erraten (errät, erriet, hat erraten) *to guess* (11)
etwas **erreichen** (erreicht, erreichte, hat erreicht) *to
   accomplish s.th.* (8)
erreichen (erreicht, hat erreicht) *to reach* (6)
erscheinen (erscheint, ist erschienen) *to appear, to be
   released* (5)
der **Erwachsene** (Erwachsenen) *(male) adult* (10)
die **Erwachsene** (Erwachsenen) *(female)
   adult* (10)
erwähnen (erwähnt, hat erwähnt) *to mention* (6)
erwidern (erwidert, erwiderte, hat erwidert)
   to reply (9)
erzählen (erzählt) *to tell, narrate* (3)
die **Erzählung** (Erzählungen) *story, narration* (9)
es *it* (1)
das **Essen** (Essen) *food, meal* (10)
essen (isst) *to eat* (3)
etwa *roughly, circa, approximately*
etwas *something* (9)
europäisch *European* (6)
extrem *extreme* (5)

F

das **Fach** (Fächer) *box, compartment* (2)
der **Fachbereich** (Fachbereiche) *department* (9)
die **Fahne** (Fahnen) *flag* (7)
fahren (fährt) *to drive (by means of)* (3)
das **Fahrrad** (Fahrräder) *bicycle* (11)
die **Fahrt** (Fahrten) *drive, journey* (8)

etwas **falsch machen** (macht, machte, hat gemacht) *to do s.th. wrong* (8)

falsch *wrong* (8)

die **Familie** (Familien) *family* (3)

fangen (fängt, fing, hat gefangen) *to catch* (11)

fantastisch *fantastic* (10)

die **Farbe** (Farben) *color* (2)

die **Fassade** (Fassaden) *facade* (6)

fast alle *almost all* (3)

fast *almost* (1)

der **Februar** *February* (5)

fehlen (fehlt) *to be missing* (2)

der **Fehler** (Fehler) *error* (8)

feiern (feiert, hat gefeiert) *to party, celebrate* (5)

fein (feiner, am feinsten) *good (quality)* (10)

der **Felsen** (Felsen) *rock* (7)

das **Fenster** (Fenster) *window* (1)

Ferien (*pl.*) *vacation* (3)

fern *far* (6)

fern·sehen (sieht fern) *to watch TV* (3)

das **Fernsehen** *TV* (5)

der **Fernseher** (Fernseher) *TV set* (2)

die **Fernsehsendung** (Fernsehsendungen) *TV show* (5)

fertig *ready, finished* (1)

fest·stellen (stellt fest, stellte fest, hat festgestellt) *to ascertain, to note* (11)

der **Film** (Filme) *film* (4)

finden (findet) *to find* (1)

der **Finger** (Finger) *finger* (4)

die **Firma** (Firmen) *company, corporation* (3)

der **Fisch** (Fische) *fish* (10)

die **Flasche** (Flaschen) *bottle* (10)

das **Fleisch** *meat* (10)

fließend (fließender, am fließendsten) *fluent* (10)

flüchten (flüchtet, flüchtete, ist geflüchtet) *to flee* (11)

der **Flughafen** (Flughäfen) *airport* (11)

folgen (folgt, ist gefolgt) *to follow* (6); **gefolgt von** *followed by*

die **Förderung** *support* (12)

formen (formt, formte, hat geformt) *to form* (10)

das **Formular** (Formulare) *form* (12)

forschen (forscht) *to research* (1)

die **Forschung** (Forschungen) *research* (3)

fort *away* (7)

fotografieren (fotografiert) *to take a photograph* (4)

die **Frage** (Fragen) *question* (1)

fragen (fragt) *to ask* (1)

die **Frau** (Frauen) *woman; Mrs.; wife* (1)

frei *free* (11)

die **Freiheit** (Freiheiten) *liberty, freedom* (11)

der **Freitag** (Freitage) *Friday* (3)

freiwillig *voluntary* (10)

fressen (for animals) *to eat*

sich **freuen auf** (+ Akk. / freut sich, freute sich, hat sich gefreut) *to look forward to* (12)

sich **freuen über** (+ Akk. / freut sich, freute sich, hat sich gefreut) *to be happy about* (8)

der **Freund** (Freunde) *(male) friend* (1)

die **Freundin** (Freundinnen) *(female) friend* (1)

freundlich *friendly* (1)

die **Freundschaft** (Freundschaften) *friendship* (12)

frieren (friert, fror, hat / ist gefroren) *to freeze* (8)

frisch *fresh* (3)

froh *glad* (4)

das **Frühjahr** / der **Frühling** (Frühjahre / Frühlinge) *spring* (5)

das **Frühstück** *breakfast*

frühstücken (frühstückt) *to have breakfast* (3)

sich **fühlen** (fühlt sich, hat sich gefühlt) *to feel* (7); **sich fremd fühlen** *to feel foreign*

fünfter sein *to be the fifth person*

für *for* (3)

der **Fuß** (Füße) *feet* (9)

der **Fußball** (Fußbälle) *soccer; soccer ball* (1)

der **Fußgänger** (Fußgänger) *pedestrian* (6)

die **Fußgängerin** (Fußgängerinnen) *(female) pedestrian* (6)

G

die **Gabel** (Gabeln) *fork* (7)

die **Galerie** (Galerien) *gallery* (2)

der **Garten** (Gärten) *garden* (6)

der **Gast** (Gäste) *guest* (10)

das **Gasthaus** (Gasthäuser) *restaurant, inn* (7)

das **Gebäude** (Gebäude) *building* (6)

geben (gibt) *to give* (2)

es gibt (+ Akk.) *there is / are* (2)

geboren *born* (5)

der **Gedanke** (-en; Gen. -ns) (Gedanken) *thought* (8)

das **Gedicht** (Gedichte) *poem* (1)

die **Geduld** *patience* (8)

geduldig *patient* (8)

gefährlich *dangerous* (6)

(jdm.) **gefallen** (gefällt) *to like* (4)

das **Gefühl** (Gefühle) *feeling* (8)

gegen *against* (3)

gegenseitig *mutual* (8)

im Gegenteil *on the contrary* (10)

gegenüber *across, opposite* (11)

die **Gegenwart** *present (time / tense)* (4)

gehen (geht) *to go, walk* (1)

das **Gehirn** (Gehirne) *brain* (9)

gehoben *sophisticated, upscale* (10)

(jdm.) **gehören** (gehört) *to belong to someone* (4)

gehören zu (+ Dat. / gehört, gehörte, hat gehört) *to be part of s.th.* (12)

es geht rund *it's a madhouse* (7)

das **Gelände** *terrain* (9)

gelb *yellow* (2)

das **Geld** *money* (2)

die **Geldbörse** (Geldbörsen) *wallet* (11)

gemeinsam *together, in common* (8)

das **Gemüse** (Gemüse) *vegetables* (10)

die **Gemütlichkeit** (Gemütlichkeiten) *cozyness, comfort* (7)

genau *exactly* (10)

genießen (genießt, hat genossen) *to enjoy* (7)

genügend *sufficient, enough* (11)

geografisch *geographic* (6)

geradeaus *straight ahead* (7)

das **Gerät** (Geräte) *appliance, equipment* (7)

das **Gericht** (Gerichte) *dish, also: court* (10)

die **Germanistik** *German Studies* (1)

gern *with pleasure, gladly;* **Er hört gern Rap.** *He likes to listen to rap.* (1)

der **Gesamtschaden** *total damage*

das **Geschäft** (Geschäfte) *store, business; deal* (3)

geschehen (geschieht, geschah, ist geschehen) *to happen, occur* (11)

die **Geschichte** (Geschichten) *story, history* (2)

der **Geschmack** (Geschmäcke) *taste* (9); **Geschmacksache** *matter of taste*

die **Gesellschaft** (Gesellschaften) *society* (8)

das **Gesicht** (Gesichter) *face* (11)

das **Gespräch** (Gespräche) *conversation* (10)

gestalten *to design* (2)

gestern *yesterday* (5)

gesund (gesünder, am gesündesten) *healthy* (6)

das **Getränk** (Getränke) *beverages, drinks* (5)

Gewähr: ohne Gewähr *no guarantee*

gewinnen (gewinnt, gewann, hat gewonnen) *to win* (5)

das **Gewissen** (Gewissen) *conscience* (8)

in gewisser Weise *in a certain way* (12)

das **Glas** (Gläser) *glass* (2)

(jdm.) **glauben** (glaubt) *to believe someone* (4)

glauben an (+ Akk. / glaubt, glaubte, hat geglaubt) *to believe in* (12)

glitzern *to sparkle, to shine* (9)

das **Glück** *luck, good fortune; happiness* (9)

glücklich *happy* (8)

das **Grab** (Gräber) *grave*

das **Grad** (Grade) *degree* (7)

das **Gramm** (Gramm) *gram* (10)

gratulieren (gratuliert, gratulierte, hat gratuliert) *to congratulate* (9)

grau *grey* (2)

grob (gröber, am gröbsten) *coarse* (6)

groß *big, tall* (2)

großartig *excellent* (3)

im Großen und Ganzen *all in all, on the whole* (3)

die **Großmutter** (Großmütter) *grandmother* (3)

der **Großvater** (Großväter) *grandfather* (3)

grün *green* (2)

der **Grund** (Gründe) *reason* (9)

grundsätzlich *principally, basically* (11)

die **Grundschule** (Grundschulen) *elementary school* (8)

die **Grünfläche** (Grünflächen) *green space* (6)

die **Gruppe** (Gruppen) *group* (3)

günstig *affordable, favorable* (6)

gut *good* (1); **na gut** *fair enough* (9); *all right*

Guten Morgen *good morning* (1)

Guten Tag *hello* (1)

das **Gymnasium** (Gymnasien) *high school* (8)

H

das **Haar** (Haare) *hair* (2)

haben (hat) *to have* (1)

Hallo *hello* (1)

der **Hals** (Hälse) *neck* (7)

halten (hält, hielt, hat gehalten) *to hold* (8)

die **Hand** (Hände) *hand* (8)

handeln (handelt, handelte, hat gehandelt) *to act* (9)

das **Handy** (Handys) *cell phone* (2)

hängen (hängt, hängte, hat gehängt) *to hang (s.th.)* (7)

hängen (hängt, hing, hat gehangen) *to hang* (7)

hart (härter, am härtesten) *hard* (6)

hassen (hasst, hat gehasst) *to hate* (5)

hässlich *ugly* (6)

häufig *frequent* (3)

das **Hauptseminar** (Hauptseminare) *advanced seminar* (9)

die **Hauptspeise** (Hauptspeisen) / das **Hauptgericht** (Hauptgerichte) *main course* (10)

die **Hauptstadt** (Hauptstädte) *capital* (1)

das **Haus** (Häuser) *house* (6)

zu Hause *at home*

die **Hausfrau** (Hausfrauen) *housewife, homemaker* (3)

der **Haushalt** (Haushalte) *household* (3)

die **Haut** (Häute) *skin* (9)

heftig (heftiger, am heftigsten) *severe* (7)

die **Heimat** (Heimaten) *home, home country* (6); **auf der Heimat Boden** *at home*

heimatlos *homeless, uprooted* (12)

heißen (heißt) *to be called / named* (1); **hieße** *would be called*

heiter *cheerful*

die **Heizung** (Heizungen) *heating (system)* (3)

der **Held** (Helden) *hero* (5)

die **Heldin** (Heldinnen) *heroine* (5)

(jdm.) **helfen** (hilft) *to help someone* (4)

der **Herbst** (Herbste) *fall* (5)

her·holen *to bring s.th. from somewhere*

herrlich *delightful* (3)

der **Hersteller** (Hersteller) *manufacturer*

hervorragend *excellent, fantastic* (3)

das **Herz** (*Dat.* Herzen, *Gen.* Herzens) (Herzen) *heart* (9)

herzlich (herzlicher, am herzlichsten) *cordial* (9)

hier *here* (1)

die **Hilfe** (Hilfen) *help* (3)

der **Himmel** (Himmel) *sky; heaven* (12)

hin·bringen *to take s.th. somewhere* (4)

hinten *back, behind* (6)

hinter (+ Akk. / Dat.) *behind* (7)

der **Hintergrund** (Hintergründe) *background* (8)

der **Hinweis** (Hinweise) *hint* (11)

historisch *historic* (5)

die **Hitparade** (Hitparaden) *hit parade* (5)

hoch (höher, am höchsten) *high* (6); **ziemlich hoch** *pretty high*

höchstens *at the most* (6)

hoffen (hofft, hoffte, hat gehofft) *to hope* (9)

die **Hoffnung** (Hoffnungen) *hope* (8)

höflich (höflicher, am höflichsten) *polite* (9)

die **Höflichkeit** *politeness* (8)

das **Holz** (Hölzer) *wood* (2)

hören (hört) *to hear, listen* (1)

das **Hörspiel** (Hörspiele) *radio play* (4)

die **Hose** (Hosen) *pants* (2)

das **Hotel** (Hotels) *hotel* (10)

hübsch *cute* (2)

der **Hund** (Hunde) *dog* (9)

der **Hunger** *hunger* (2)

I

ich *I* (1)

ideal *ideal* (3)

die **Idee** (Ideen) *idea* (1)

ihr *you (informal, plural)* (1)

immer *always* (1)

in (+ Akk. / Dat.) *in* (7)

individuell *individual* (8)

der **Ingenieur** (Ingenieure) *(male) engineer* (3)

die **Ingenieurin** (Ingenieurinnen) *(female) engineer* (3)

innerhalb *inside of* (6)

innovativ *innovative* (6)

die **Insel** (Inseln) *island* (7)

insgesamt *altogether, in total* (3)

installieren (installiert, hat installiert) *to install* (6)

die **Institution** (Institutionen) *institution* (2)

die **Inszenierung** (Inszenierungen) *staging, production* (4)

die **Integration** (Integrationen) *integration* (12)

interessant *interesting* (1)

das **Interesse** (Interessen) *interest* (5)

sich **interessieren für** (+ Akk.) (interessiert sich, interessierte sich, hat sich interessiert) *to be interested in* (3)

das **Interview** (Interviews) *interview* (1)

inzwischen *meanwhile* (5)

irgendwann *sometime* (5)

irgendwie *somehow* (9)

sich **irren** (irrt sich, hat sich geirrt) *to be wrong* (7)

J

ja *yes* (1)

Jawohl! *Yes! Yes, sir!* (4)

das **Jahr** (Jahre) *year* (4)

der **Januar** *January* (5)

der **Jazz** *jazz* (5)

auf **jeden Fall** *in any case* (6)

jeder, jede, jedes *each (one), every (one)* (2)

jetzt *now* (5)

der **Job** (Jobs) *job* (3)

der / das **Joghurt** (Joghurts) *yogurt* (10)

der **Journalist** (-en) (Journalisten) *(male) journalist* (3)

die **Journalistin** (Journalistinnen) *(female) journalist* (3)

der **Jude** (-n) (Juden) *(male) Jew* (11)

die **Jüdin** (Jüdinnen) *(female) Jew* (11)

der / die **Jugendliche** (Jugendlichen) *adolescent* (10)

der **Juli** *July* (5)

der **Juni** *June* (5)

K

der **Kaffee** (Kaffees) *coffee* (1)

kalt (kälter, am kältesten) *cold* (6)

die **Kälte** (Kälten) *coldness* (12)

kämpfen (kämpft, kämpfte, hat gekämpft) *to fight* (8)

die **Karte** (Karten) *map* (11)

die **Kartoffel** (Kartoffeln) *potatoe* (10)

der **Käse** (Käse) *cheese* (10)

die **Katze** (Katzen) *cat* (9)

kaufen (kauft) *to buy* (2)

der **Kellner** (Kellner) *waiter* (3)

die **Kellnerin** (Kellnerinnen) *waitress* (3)

kennen (kennt) *to know* (2)

die **Kenntnis** (Kenntnisse) *skills* (8); *knowledge* (12)

das **Kilogramm** (Kilogramm) *kilogramm* (10)

der **Kilometer** (Kilometer) *kilometer* (6)

das **Kind** (Kinder) *child* (1); **Kinder wickeln** *to diaper (a child)*

das **Kino** (Kinos) *movie theater* (4)

klagen (klagt) *to complain, mourn* (4)

klasse *great, awesome* (2)

die **Klausur** (Klausuren) *test* (1)

das **Klavier** (Klaviere) *piano* (4)

das **Kleid** (Kleider) *dress* (2)

die **Kleidung** *clothes* (2)

klein *small* (2)

das **Kleingeld** *change (i.e., money)* (11)

das **Klima** *climate* (7)

klingeln (klingelt, klingelte, hat geklingelt) *to ring* (12)

das **Klingeln** *the ringing* (12)

klopfen (klopft, klopfte, hat geklopft) *to knock* (12)

klug (klüger, am klügsten) *intelligent, clever* (6)

die **Kneipe** (Kneipen) *bar, pub* (4)

das **Knie** (Knie) *knee* (9)

der **Knochen** (Knochen) *bone* (9)

der **Koch** (Köche) *(male) chef* (10)

kochen (kocht, hat gekocht) *to cook* (5)

die **Köchin** (Köchinnen) *(female) chef* (10)

der **Kollege** (-n) (Kollegen) *(male) co-worker, colleague* (3)

die **Kollegin** (Kolleginnen) *(female) co-worker, colleague* (3)

kommen (kommt) *to come;* **kommen aus ...** *to come from . . . , be from . . .* (1); **Darauf kommt es an.** *That's what it comes down to.* (10)

die **Kommunikation** *communication* (8)

die **Konkurrenz** (Konkurrenzen) *competition* (10)

können (kann) *can, to be able to* (2)

konstruieren (konstruiert, konstruierte, hat konstruiert) *to construct* (9)

sich **konzentrieren auf** (+ Akk. / konzentriert sich, konzentrierte sich, hat sich konzentriert) *to concentrate on* (12)

das **Konzert** (Konzerte) *concert* (4)

der **Kopf** (Köpfe) *head* (9)

der **Körper** (Körper) *body* (9)

kosten (kostet) *to cost* (2)

das **Kostüm** (Kostüme) *costume* (4)

die **Kraft** (Kräfte) *force, power* (12)

krank *sick, ill* (4)

die **Krankenkasse** (Krankenkassen) *health insurance* (12)

der **Krankenpfleger** (Krankenpfleger) *(male) nurse* (3)

die **Krankenpflegerin** (Krankenpflegerinnen) *(female) nurse* (3)

die **Krankenschwester** (Krankenschwestern) *(female) nurse* (3)

im Krieg(e) *during the war*

kriegen (kriegt) *to get* (2)

der **Kritiker** (Kritiker) *critic* (5)

die **Kritikerin** (Kritikerinnen) *(female) critic* (5)

die **Küche** (Küchen) *kitchen, cuisine* (10)

die **Kuh** (Kühe) *cow* (9)

kühl (kühler, am kühlsten) *cool* (7)

der **Kühlschrank** (Kühlschränke) *refrigerator* (7)

die **Kulisse** (Kulissen) *set, stage decoration* (4)

die **Kultur** (Kulturen) *culture* (2)

sich **kümmern um** (+ Akk. / kümmert, kümmerte, hat gekümmert) *to care for s.th. / s.o.* (10) die **Kunst** (Künste) *art* (2)

die **Kunsthochschule** (Kunsthochschulen) *art school*

der **Künstler** *(male) artist* (3)

die **Künstlerin** (Künstlerinnen) *(female) artist* (3)

der **Kunststoff** (Kunststoffe) *plastic* (2)

der **Kurs** (Kurse) *course* (1)

die **Küste** (Küsten) *coast* (7)

L

lachen (lacht, hat gelacht) *to laugh* (5)

lachen *to laugh* (8)

lächerlich *ridiculous* (6)

der **Laden** (Läden) *shop* (8)

die **Lage** (Lagen) *location* (7)

das **Lager** (Lager) *camp* (8)

die **Lampe** (Lampen) *lamp* (2)

das **Land** (Länder) *country, land* (1)

die **Landwirtschaft** (Landwirtschaften) *agriculture* (10)

lang (länger, am längsten) *long* (6)

längerfristig *long-term* (6)

lassen (lässt) *to let, to have s.th. done* (4)

das **Laub** *leaves, foliage* (8)

laufen (läuft) *to run* (3)

laut *(prep.) according to* (11)

der **Laut** (Laute) *sound* (7)

leben (lebt) *to live* (3)

leben (lebt, lebte, hat gelebt) *to be alive* (9)

das **Leben** (Leben) *life* (1)

der **Lebenslauf** (Lebensläufe) *resumé* (8)

die **Lebenskraft** *life force*

das **Lebensmittel** (Lebensmittel) *food* (10)

das **Lebewesen** (Lebewesen) *creature, being* (9)

leer *empty* (5)

legen (legt, hat gelegt) *to put* (7)

lehren (lehrt, lehrte, hat gelehrt) *to teach* (9)

der **Lehrer** (Lehrer) *(male) teacher* (3)

die **Lehrerin** (Lehrerinnen) *(female) teacher* (3)

leicht *light* (5); **leichte Bewölkung** *partly cloudly*

leiden an (+ Dat. / leidet, litt, hat gelitten) *to suffer from* (8)

leider *unfortunately* (1)

leiten (leitet, leitete, hat geleitet) *to direct, lead, guide* (12)

das **Lesebuch** (Lesebücher) *reader*

lesen (liest) *to read* (1)

der **Leser** (Leser) *(male) reader* (11)

die **Leserin** (Leserinnen) *(female) reader* (11)

die **Leute** *people, folks* (5)

das **Licht** (Lichter) *light* (2)

lieb *dear, kind* (4)

lieben (liebt, liebte, hat geliebt) *to love* (10)

das **Lied** (Lieder) *song* (5)

liefern (liefert, hat geliefert) *to deliver* (6)

liegen (liegt) *to lie* (1)

liegen (liegt, hat gelegen) *to lay* (7)

link- *left* (7); **linke Seite** *left side* (7); **links** *left* (7)

die **Lippe** (Lippen) *lip* (9)

Liste (Listen) *list* (10)

die **Literatur** (Literaturen) *literature* (1)

das **Lob** *praise* (10)

loben (lobt, lobte, hat gelobt) *to praise* (10)

der **Löffel** (Löffel) *spoon* (10)

sich **lohnen** (lohnt sich, hat sich gelohnt) *to be worth it* (7)

das **Lokal** (Lokale) *pub, bar* (10)

die **Lösung** (Lösungen) *solution* (6)

die **Luft** (Lüfte) *air* (7)

die **Lust** (Lüste) *lust, desire, craving* (2)

lustig *funny* (5)

M

machen (macht) *to make, do* (1); **das macht Spaß** *this is fun*

die **Macht** (Mächte) *power, force* (8); **eine starke Macht** *a strong force*

der **Magen** (Mägen) *stomach* (9)

der **Mai** *May* (5)

malen (malt, malte, hat gemalt) *to paint* (12)

man *one* (4)

der **Manager** (Manager) *(male) manager* (8)

die **Managerin** (Managerinnen) *(female) manager* (8)

der **Mann** (Männer) *man; husband* (1)

männlich *male* (11)

der **Markt** (Märkte) *market* (3)

der **März** *March* (5)

die **Maske** (Masken) *mask* (4)

die **Mathematik** *mathematics* (1)

die **Mauer** (Mauern) *wall* (11)

die **Maus** (Mäuse) *mouse* (9)

die **Medizin** *medicine* (1)

mehr *more* (2)

mehrere *several* (10)

das **Mehrfamilienhaus** *multi-family dwelling* (3)

meinen (meint, hat gemeint) *to mean, be of the opinion* (6)

die **Meinung** (Meinungen) *opinion* (12)

meist- *most* (6)

die **meisten** *most* (3)

melden (meldet, meldete, hat gemeldet) *to report* (11)

sich **melden bei** (+ Dat. / meldet, meldete, hat gemeldet) *to make contact with* (11)

das **Memo** (Memos) *memo* (4)

die **Menge** (Mengen) *amount* (11)

die **Mensa** (Mensen) *dining hall* (1)

der **Mensch** (Menschen) *human being* (4)

merken (merkt, hat gemerkt) *to realize* (5)

das **Messer** (Messer) *knife* (10)

das **Metall** (Metalle) *metal* (2)

der **Meter** (Meter) *meter* (7)

die **Miete** (Mieten) *rent* (3)

die **Migration** *migration* (8)

die **Milch** *milk* (10)

die **Million** (Millionen) *million* (6)

mindestens *at least* (3)

das **Mineralwasser** (Mineralwasser) *mineral water* (10)

die **Minute** (Minuten) *minute* (4)

die **Mischung** (Mischungen) *mixture* (5)

mit (+ Dat.) *with, by (means of)* (4)

mit·kommen (kommt mit) *to come along* (3)

mit·machen (macht mit, hat mitgemacht) *to participate* (5)

mit·nehmen (nimmt mit, nahm mit, hat mitgenommen) *to take along* (8)

mit·teilen (teilt mit, teilte mit, hat mitgeteilt) *to inform* (10)

der **Mittag** (Mittage) *noon, lunchtime* (3)

das **Mittagessen** (Mittagessen) *lunch* (4)

mittlerweile *in the meantime* (5)

der **Mittwoch** (Mittwoche) *Wednesday* (3)

Möbel (pl.) *furniture* (2)

modern *modern* (2)

mögen (mag) *to like* (4)

die **Möglichkeit** (Möglichkeiten) *possibility* (10)

der **Monat** (Monate) *month* (4)

monatlich *monthly* (12)

der **Mond** (Monde) *moon* (7)

der **Montag** (Montage) *Monday* (3)

der **Mörder** (Mörder) *(male) murderer* (4)

die **Mörderin** (Mörderinnen) *(female) murderer* (4)

der **Morgen** (Morgen) *morning* (1)

morgen *tomorrow* (2)

der **Motor** (Motoren) *motor* (5)

der **Mund** (Münder) *mouth* (4)

das **Museum** (Museen) *museum* (2)

die **Musik** (Musiken) *music* (1)

der **Muskel** (Muskeln) *muscle* (9)

müssen (muss) *to have to, must* (2)

die **Mutter** (Mütter) *mother* (1)

N

na gut *fair enough* (9); *all right*

nach (+ Dat.) *after, to (location)* (4)

der **Nachbar** (Nachbarn) *male neighbor* (6)

die **Nachbarin** (Nachbarinnen) *(female) neighbor* (6)

nachdenken *to reflect, ponder, think* (1)

nachdenklich *pensive* (7)

der **Nachmittag** (Nachmittage) *afternoon* (4)

der **Nachname** (-n) (Nachnamen) *last name* (3)

die **Nachspeise** (Nachspeisen) *dessert* (10)

die **Nacht** (Nächte) *night* (4)

der **Nachtisch** (Nachtische) *dessert*

nach·weisen (weist nach, wies nach, hat nachgewiesen) *to prove* (12)

die **Nähe** (Nähen) *closeness* (8)

nahe (näher, am nächsten) *near, close by* (6)

die **Nähe** *vicinity* (7)

in der Nähe *in the vicinity* (7)

der **Name** (Akk. / Dat. Namen, Gen. Namens) (Namen) *name* (1)

die **Nase** (Nasen) *nose* (9)

natürlich *natural* (5)

der **Nebel** (Nebel) *fog* (7)

neben (+ Akk. / Dat.) *next to* (7)

nebenbei *on the side* (12)

negativ *negative* (5)

nehmen (nimmt) *to take* (3)

nein *no* (1)

der **Nerv** (Nerven) *nerve* (9)

(jdm.) **auf die Nerven gehen** *to get on s.one's nerves* (4)

nett *nice* (1)

neu *new* (1)

neugierig auf *curious about* (12)
nicht *not* (1)
nichts *nothing* (2)
niemals *never* (8)
niemand *nobody* (3)
nirgends *nowhere*
noch: nur noch *only just* (6)
der **Norden** *north, the North* (6)
nördlich *north* (6)
die **Not** *despair, poverty, emergency* (9)
die **Notiz** (Notizen) *notes* (1)
notwendig *necessary* (6)
der **November** *November* (5)
nur *only* (10); **nur noch** *only just*
nutzen (nutzt) *to use* (3)

O

oben *above, top* (6)
das **Obst** *fruit* (10)
oder *or* (5)
die **Öffentlichkeit** *public* (11)
oft *often* (6)
ohne *without* (3)
ohne zu *without (doing s.th.)* (10)
das **Ohr** (Ohren) *ear* (9)
der **Oktober** *October* (5)
die **Oma** (Omas) *grandmother* (7)
der **Onkel** (Onkel) *uncle* (3)
die **Oper** (Opern) *opera* (5)
das **Opfer** (Opfer) *victim* (11)
optimistisch *optimistic* (5)
orange *orange* (2)
das **Orchester** (Orchester) *orchestra* (5)
die **Ordnung** *order*
Ordnung: alles in Ordnung *everything is fine*
der **Ort** (Orte) *place, location* (5)
örtlich *local* (11)
Ost *East* (7)
der **Osten** *east, the East* (6)
Österreich *Austria* (2)
der **Österreicher** (Österreicher) *Austrian (man)* (2)
die **Österreicherin** (Österreicherinnen) *Austrian (woman)* (2)
österreichisch *Austrian* (2)
östlich *east* (6)

P

das **Paar** (Paare) *pair, couple* (10)
die **Packung** (Packungen) *package* (10)
das **Papier** (Papiere) *paper* (2); die **Papiere** *papers, stationery; official documents*
der **Park** (Parks) *park* (6)
die **Partnerschaft** (Partnerschaften) *partnership* (8)
die **Party** (Partys) *party* (5)
der **Pass** (Pässe) *passport* (11)

(jdm.) **passen** (passt) *to fit* (4)
passieren (passiert, passierte, ist passiert) *to take place, happen* (11)
peinlich *embarrassing* (1)
perfekt *perfect* (2)
pessimistisch *pessimistic* (5)
das **Pferd** (Pferde) *horse* (9)
pflegen (pflegt, hat gepflegt) *to tend, maintain* (5)
die **Pflicht** (Pflichten) *duty* (4)
die **Philosophie** (Philosophien) *philosophy* (9)
der **Plan** (Pläne) *plan* (6)
das **Plastik** *plastic* (2)
der **Platz** (Plätze) *place, room, square* (6)
plaudern *to chat* (9)
plötzlich *suddenly* (11)
die **Polizei** *police* (11)
der **Polizist** (-en) (Polizisten) *(male) police officer* (11)
die **Polizistin** (Polizistinnen) *(female) police officer* (11)
positiv *positive* (5)
die **Post** *post office, mail* (11)
der **Postbote** (-n) (Postboten) *(male) letter carrier* (3)
die **Postbotin** (Postbotinnen) *(female) letter carrier* (3)
der **Preis** (Preise) *price* (2); *prize, award* (9)
preiswert *reasonable* (6)
pressen (presst, presste, hat gepresst) *to press* (12)
die **Probe** (Proben) *rehearsal, probe* (4)
probieren (probiert, probierte, hat probiert) *to taste* (10)
das **Produkt** (Produkte) *products* (3)
der **Professor** (Professoren) *(male) professor* (1)
die **Professorin** (Professorinnen) *(female) professor* (1)
die **Prognose** (Prognosen) *prognosis* (6)
das **Programm** (Programme) *program* (4)
das **Projekt** (Projekte) *project* (3)
das **Proseminar** (Proseminare) *introductory seminar* (9)
das **Prozent** (Prozente) *percent* (3)
der **Prozess** (Prozesse) *process* (8)
der **Psychologe** (Psychologen) *(male) psychologist* (4)
die **Psychologie** *psychology* (1)
die **Psychologin** (Psychologinnen) *(female) psychologist* (4)
die **Publikation** (Publikationen) *publication* (9)
das **Publikum** *audience* (4)
putzen (putzt) *to clean* (3)

Q

die **Qualität** (Qualitäten) *quality* (2)
der **Quatsch** *nonsense* (7)

R

der **Radiosender** (Radiosender) *radio station* (11)
raten (rät, riet, hat geraten) *to advise* (11)
rauchen (raucht) *to smoke* (4)

der **Raum** *space* (8)

raus, heraus *out, outside* (5)

reagieren (reagiert, reagierte, hat reagiert) *to react* (8)

die **Reaktion** (Reaktionen) *reaction* (8)

realisierbar *feasible* (10)

die **Rechnung** (Rechnungen) *bills* (6)

recht haben (hat recht, hat recht gehabt) *to be right* (6)

recht *right* (6); **recht haben** *to be right* (6); **recht-** *right* (7); **rechts** *right* (7)

die **Rede** (Reden) *speech* (11)

reden (redet, redete, hat geredet) *to talk* (3)

das **Referat** (Referate) *presentation* (1)

der **Regen** (Regen) *rain* (7)

die **Region** (Regionen) *region* (6)

der **Regisseur** (Regisseure) *(male) director* (4)

die **Regisseurin** (Regisseure) *(female) director* (4)

regnen (regnet, hat geregnet) *to rain* (7)

rein *pure, clean* (3)

rein, herein *in, inside*

rein·gehen (geht rein, ging rein, ist reingegangen) *to enter, walk in* (11)

die **Reise** (Reisen) *trip* (7); **eine Reise antreten** *to go on a trip (formal)*

reisen (reist, ist gereist) *to travel* (7)

der **Rest** (Reste) *remnant, rest* (3)

das **Restaurant** (Restaurants) *restaurant* (10)

retten (rettet, rettete, hat gerettet) *to save* (10)

das **Rezept** (Rezepte) *receipes* (10)

der **Rhein** *river Rhine* (7)

richten (richtet, richtete, hat gerichtet) *to judge* (10)

richtig *right* (10)

die **Richtung** (Richtungen) *direction* (8)

der **Rock** (Röcke) *skirt* (2)

die **Rolle** (Rollen) *role* (4)

rot *red* (2)

der **Rücken** (Rücken) *back* (9)

der **Rückgang** *decline* (6)

rufen (ruft, rief, hat gerufen) *to call* (8)

die **Ruhe** (Ruhen) *calm* (8)

in **Ruhe lassen** (lässt, hat gelassen) *to leave alone* (7)

ruhig *quiet(ly); as an adverb: without reservation* (9)

rühren (rührt, rührte, hat gerührt) *to stir* (10)

runter *down* (7)

S

der **Samstag** (Samstage) *Saturday* (3)

der **Saft** (Säfte) *juice* (10)

sagen (sagt) *to say* (1)

der **Salat** (Salate) *lettuce; salad* (10)

das **Salz** *salt* (10)

sammeln (sammelt, hat gesammelt) *to collect, gather* (5)

die **Sammlung** (Sammlungen) *collection* (2)

der **Satz** (Sätze) *sentence* (12)

das **Schaf** (Schafe) *sheep* (9)

die **Schwester** (Schwestern) *sister* (3); *female nurse*

Schade! *A pity! What a shame!* (4); **Das ist schade.** (4)

der **Schaden** (Schäden) *damage* (11)

der **Schal** (Schals) *scarf* (2)

sich **schämen** (schämt sich, hat sich geschämt) *to be ashamed, embarrassed* (7)

scharf (schärfer, am schärfsten) *(spicy) hot* (6)

der **Schatz** *honey, love* (10)

schätzen (schätzt, schätzte, hat geschätzt) *to estimate, appreciate* (6); **nach Schätzungen** *according to estimates*

das **Schauspiel** (Schauspiele) *drama, theater, acting* (4)

der **Schauspieler** (Schauspieler) *actor* (4)

die **Schauspielerin** (Schauspielerinnen) *actress* (4)

scheinen (scheint, hat geschienen) *to shine* (7)

scheinen (scheint, schien, hat geschienen) *to seem, shine* (9)

scheitern (scheitert, scheiterte, ist gescheitert) *to break down, fail* (11)

(jdm. etwas) **schenken** (schenkt) *to give (s.o. sth.)* (4)

der **Scherz** (Scherze) *joke, prank* (7)

schicken (schickt, schickte, hat geschickt) *to send* (8)

das **Schiff** (Schiffe) *ship* (7)

schlafen (schlief, hat geschlafen) *to sleep* (1)

das **Schlafzimmer** (Schlafzimmer) *bedroom* (6)

der **Schlag** (Schläge) *blow* (8)

der **Schlager** (Schlager) *hit* (5)

die **Schlange** (Schlangen) *snake* (9)

schlecht *bad* (3); (schlechter, am schlechtesten) *bad* (7)

schleichen (schleicht, schlich, ist geschlichen) *to sneak* (8)

schlicht *simple* (3)

schließlich *finally* (2)

schlimm *bad* (5)

das **Schloss** (Schlösser) *palace* (6)

der **Schlüssel** (Schlüssel) *key* (11)

schmal *slim, narrow* (2)

(jdm.) **schmecken** (schmeckt) *to taste* (4)

der **Schmerz** (Schmerzen) *pain* (8)

der **Schnee** *snow* (7)

schön *beautiful* (1)

der **Schrank** (Schränke) *cabinet; wardrobe, closet* (2); **Schränke schrubben** *to scrub cabinets*

die **Schranke** (Schranken) *barrier* (11)

schreckhaft *skittish, jumpy*

schrecklich *horrible* (2)

das **Schreiben** (Schreiben) *letter* (12)

schreiben (schreibt) *to write* (1)

schreien (4); (schreit, schrie, hat geschrien) *to scream, yell* (8)

schüchtern *shy* (12)

der **Schuh** (Schuhe) *shoe* (2)

die **Schulter** (Schultern) *shoulder* (9)

schwach *weak* (5)

die **Schwäche** (Schwächen) *weakness* (8)

schwarz *black* (2)

schweigen (schweigt, schwieg, hat geschwiegen) *to be silent* (11)

das **Schwein** (Schweine) *pig* (9)

die **Schweiz** *Switzerland* (2); **in der Schweiz** *in Switzerland* (2)

der **Schweizer** (Schweizer) *Swiss (man)* (2)

die **Schweizerin** (Schweizerinnen) *Swiss (woman)* (2)

schwer *heavy* (6); **schwer vorstellbar** *hardly imaginable*

schwimmen (schwimmt) *to swim* (1)

schwören (schwört, hat geschworen) *to swear* (7)

der **See** (Seen) *lake* (10)

das **Segel** (Segel) *sail* (7)

sehen (sieht) *to see* (1)

die **Sehnsucht** (Sehnsüchte) *longing* (8)

sehr *very* (1)

sein (war, ist gewesen) *to be* (1)

seit (+ Dat.) *since, for (temporal)* (4)

die **Sekunde** (Sekunden) *second* (4)

selbst *self, oneself* (5)

selbständig *independent* (12)

selbstverständlich *naturally* (6)

seltsam *strange* (12)

das **Seminar** (Seminare) *(university) class* (1); *seminar* (9)

die **Sendung** (Sendungen) *broadcast* (5)

der **September** *September* (5)

der **Service** *service* (10)

servieren (serviert, servierte, hat serviert) *to serve* (10)

der **Sessel** (Sessel) *armchair, recliner* (2)

sich **setzen** (setzt sich, hat sich gesetzt) *to sit down* (7)

seufzen (seufzt, seufzte, hat geseufzt) *to sigh* (8)

sicher *certain* (8)

die **Sicht** *view, perspective* (7)

sichtbar *visible* (11)

sie *she, they* (1)

Sie *you (formal, singular and plural)* (1)

sinnvoll *useful, meaningful* (5)

sitzen (sitzt, hat gesessen) *to be sitting* (7)

so groß wie *as big as* (3)

sogenannt *so called* (5)

der **Sockel** *pedestal;* **auf dem Sockel** *on the pedestal*

der **Sohn** (Söhne) *son* (3)

die **Solaranlage** (Solaranlagen) *solar installation* (6)

sollen (soll) *shall, supposed to be* (4)

der **Sommer** (Sommer) *summer* (5)

sondern *rather* (5)

der **Sonnabend** (Sonnabende) *regional variant of* **Samstag** *Saturday*

die **Sonne** (Sonnen) *sun* (7); **bei Sonnenaufgang** *at sunrise*

sonnig (sonniger, am sonnigsten) *sunny* (7)

der **Sonntag** (Sonntage) *Sunday* (3)

sparen (spart, sparte, hat gespart) *to save* (10)

der **Spaß** *fun;* **das macht Spaß** *this is fun*

später *later* (5)

spazieren gehen *to walk, take a walk* (3)

die **Speisekarte** (Speisekarten) *men* (10)

spielen (spielt) *to play* (1)

spitz *sharp* (8)

die **Spitze** *top*

an der Spitze *at the top, at the front*

der **Sport** *sport*

Sport machen (macht, machte, hat gemacht) *to exercise* (9)

die **Sprachbarriere** (Sprachbarrieren) *language barrier* (12)

die **Sprache** (Sprachen) *language* (2)

sprechen (spricht) *to speak* (1)

sprechen über (+ Akk. / spricht, sprach, hat gesprochen) *to talk about* (12)

der **Spruch** (Sprüche) *proverb, saying* (7)

die **Staatsangehörigkeit** (Staatsangehörigkeiten) *citizenship* (6)

stabil *stable* (2)

die **Stadt** (Städte) *city* (1)

stammen (stammt, stammte, hat gestammt) *to stem, to originate* (12)

der **Standort** (Standorte) *location* (11)

stark *strong* (5); **eine starke Macht** *a strong force*

die **Stärke** (Stärken) *strength* (7)

die **Statistik** (Statistiken) *statistic* (3)

statt *instead of* (6)

statt·finden (findet statt, hat stattgefunden) *to happen* (5)

der **Stau** (Staus) *traffic jam* (8)

stecken (steckt, hat gesteckt) *to put, tuck, be in s.th.* (7)

der **Stein** (Steine) *stone* (7)

die **Stelle** (Stellen) *spot, position* (6)

stellen (stellt, hat gestellt) *to put, place* (7)

der **Stellvertreter** (Stellvertreter) *substitute* (12)

sterben (stirbt, starb, ist gestorben) *to die* (10)

der **Stil** (Stile) *style* (8)

die **Stimme** (Stimmen) *voice* (4)

stimmen (stimmt, hat gestimmt) *to be correct* (6)

die **Stimmung** (Stimmungen) *mood* (5)

das **Stipendium** (Stipendien) *stipend* (12)

der **Stoff** (Stoffe) *material* (2)

stolz auf (+ Akk.) *proud of* (12)

der **Strand** (Strände) *beach* (7)

die **Straße** (Straßen) *street* (6)

streiken *to go on strike* (5)

der **Stress** *stress* (2)

das **Stück** (Stücke) *piece, play* (4); **ein Stück (Käse)** *a piece (of cheese)* (10)

der **Student** (Studenten) *(male) student* (1)
die **Studentin** (Studentinnen) *(female) student* (1)
die **Studie** (Studien) *study, research project* (3)
das **Studienfach** (Studienfächer) *subject of study* (1)
studieren (studiert) *to study* (1)
der / die **Studierende** *(adjectival noun) student* (9)
die **Stufe** (Stufen) *step, phase* (6)
der **Stuhl** (Stühle) *chair* (2)
die **Stunde** (Stunden) *hour* (4)
die **Suche** (Suchen) *search* (11)
suchen (sucht, suchte, hat gesucht) *to search* (8)
der **Süden** *south, the South* (6)
südlich *south* (6)
super *super* (2)
der **Supermarkt** (Supermärkte) *supermarket* (10)
die **Suppe** (Suppen) *soup* (10)
süss (süsser, am süssesten) *sweet* (10)
das **Symbol** (Symbole) *symbol* (7)
die **Szene** (Szenen) *scene* (4)

T

der **Tag** (Tage) *day* (3)
täglich *daily* (5)
die **Tante** (Tanten) *aunt* (3)
tanzen (tanzt, hat getanzt) *to dance* (5)
die **Tasche** (Taschen) *bag* (2)
die **Tasse** (Tassen) *cup* (2)
Tat: in der Tat *indeed* (6)
der **Täter** (Täter) *(male) culprit, perpetrator* (4)
die **Täterin** (Täterinnen) *(female) culprit, perpetrator* (4)
der **Tatort** (Tatorte) *scene of the crime*
die **Tatsache** (Tatsachen) *fact* (9)
sich **täuschen** (täuscht sich, täuschte sich, hat sich getäuscht) *to be wrong, err* (9)
die **Technik** (Techniken) *technique, technology* (4)
der **Tee** (Tees) *tea* (4)
telefonisch *by phone* (4)
der **Teller** (Teller) *plate* (10)
die **Temperatur** (Temperaturen) *temperature* (7)
der **Teppich** (Teppiche) *rug* (2)
die **Terrasse** (Terrassen) *patio* (6)
teuer (teurer, am teuersten) *expensive* (6)
der **Text** (Texte) *text* (1)
das **Theater** (Theater) *theatre* (4)
das **Thema** (Themen) *topic* (6)
die **Theorie** (Theorien) *theory* (9)
das **Tier** (Tiere) *animal* (9)
der **Tisch** (Tische) *table* (2); **den Tisch decken** *to set the table*
die **Tochter** (Töchter) *daughter* (3)
toll *great* (2)
der **Topf** (Töpfe) *pot, pan* (10); **Töpfe scheuern** *to scrub pots*
traditionell *traditional* (10)
tragen (trägt) *to wear; to carry* (2)
die **Trauer** *grief* (8)

der **Traum** (Träume) *dream* (8); **im Traum** *while dreaming*
traurig *sad* (8)
treffen (trifft) *to meet* (2)
die **Treppe** (Treppen) *stairs* (6)
treten (tritt) *to step, kick someone* (4)
trocken (trockener, am trockensten) *dry* (7)
trotz *despite of* (6)
trotzdem *in spite of* (5)
trüb *foggy, dreary, miserable* (7)
Tschüss *bye* (1)
das **Tuch** (Tücher) *scarf, cloth* (2)
tun (tut) *to do* (2)
die **Tür** (Türen) *door* (5)
die **Türkei** *Turkey* (8)
der **Typ** (Typen) *type, guy* (4)

U

über (+ Akk. / Dat.) *above* (7)
über *about, over* (1)
überhaupt *in general* (6); *anyway* (12)
überleben (überlebt, überlebte, hat überlebt) *to survive* (11)
übersetzen (übersetzt, übersetzte, hat übersetzt) *to translate* (9)
überwinden (überwindet, überwand, hat überwunden) *to overcome* (12)
überzeugt von (+ Dat.) *convinced of* (12)
übrig *leftover* (8)
übrigens *by the way, additionally* (6)
das **Ufer** (Ufer) *shore* (7)
[acht] Uhr *[eight] o'clock* (4)
die **Uhr** (Uhren) *clock, watch* (2)
um *around, near, approximately* (3)
um zu *in order to* (10)
die **Umfrage** (Umfragen) *survey* (3)
die **Umgebung** (Umgebungen) *surroundings* (6)
der **Umstand** (Umstände) *circumstance* (5)
die **Umwelt** *environment* (9)
umweltfreundlich *environmentally friendly* (6)
unbekannt *unknown* (11)
und *and* (5)
ungebeten *uninvited* (12)
ungefähr *approximately* (10)
unheimlich (unheimlicher, am unheimlichsten) *scary* (7)
die **Universität** (Universitäten) *university* (1)
unten *at the bottom, below* (6)
unter (+ Akk. / Dat.) *below* (7)
die **Unterlage** (Unterlagen) *document* (12)
das **Unternehmen** (Unternehmen) *company, corporation* (3)
der **Unterricht** *instruction, lesson* (5)
sich **unterscheiden von** (+ Dat. / unterscheidet, unterschied, hat unterschieden) *to be different from / than* (8)

der **Unterschied** (Unterschiede) *difference* (12)
unterschiedlich *different, diverse* (12)
unterstützen (unterstützt, unterstützte, hat unterstützt) *to support* (12)
unterwegs *on the road* (5); *on the way, on the road* (7)
der **Urlaub** (Urlaube) *vacation* (7)
das **Urteil** (Urteile) *verdict, judgement* (11)

V

der **Vater** (Väter) *father* (3)
etwas **veranlassen** (veranlasst, veranlasste, hat veranlasst) *to motivate, bring about (s.th.)* (11)
die **Veranstaltung** (Veranstaltungen) *event* (5)
die **Verantwortung** (Verantwortungen) *responsibility* (8)
verantwortungsvoll *responsible* (12)
verbessern (verbessert, verbesserte, hat verbessert) *to correct, improve* (10)
die **Verbindung** (Verbindungen) *connection* (12)
das **Verbrechen** (Verbrechen) *crime* (11)
(Zeit) verbringen (verbringt) *to spend (time)* (3)
der **Verdacht** *suspicion* (11)
der **Verein** (Vereine) *club, association* (12)
das **Verfahren** (Verfahren) *procedure* (12)
sich **verfahren** (verfährt sich, hat sich verfahren) *to get lost (driving)* (7)
die **Vergangenheit** *past* (4)
vergessen (vergisst, vergaß, hat vergessen) *to forget* (8)
vergleichen (vergleicht, hat verglichen) *to compare* (6)
vergolden *to make golden* (1)
verheiratet *married* (3)
verhindern (verhindert, verhinderte, hat verhindert) *to prevent* (11)
der **Verkäufer** (Verkäufer) *(male) sales associate* (3)
die **Verkäuferin** (Verkäuferinnen) *(female) sales associate* (3)
der **Verkehr** *traffic* (8)
der **Verlag** (Verlage) *publisher* (9)
sich **auf jdn. verlassen** (verlässt sich, verließ sich, hat sich verlassen) *to rely on s.o.* (11)
sich **verlaufen** (verläuft sich, hat sich verlaufen) *to get lost (walking)* (7)
verleihen (verleiht, verlieh, hat verliehen) *to award* (9)
die **Verleihung** (Verleihungen) *award ceremony* (9)
sich **verlieben in** (+ Akk. / verliebt, verliebte, hat verliebt) *to fall in love with* (12)
verlieren (verliert, hat verloren) *to lose* (4)
vermissen (vermisst) *to miss* (3)
vermuten (vermutet, hat vermutet) *to suspect* (6)
die **Vernunft** *reason* (9)
verpassen (verpasst, verpasste, hat verpasst) *to miss* (11)

verraten (verrät, verriet, hat verraten) *to give away a secret* (10)
verrückt *crazy* (2)
verrückt nach (+ Akk.) *crazy for* (12)
das **Versagen** *failure* (8)
verscheiden *to pass away* (10)
verschieden *different* (2)
verschlingen *to devour* (10)
verschwinden (verschwindet, verschwand, ist verschwunden) *to disappear* (7)
versprechen (verspricht) *to promise* (3)
verstecken (versteckt, versteckte, hat versteckt) *to hide* (8)
verstehen (versteht) *to understand* (1)
versuchen (versucht, hat versucht) *to attempt, try* (6)
der **Verwalter** (Verwalter) *administrator* (12)
die **Verwaltung** (Verwaltungen) *administration* (6)
verwirren (verwirrt, verwirrte, hat verwirrt) *to confuse* (8)
viel *much, a lot* (3)
viele *many* (3)
vielfältig *diverse* (5)
vielleicht *maybe* (2)
vielseitig *versatile* (8)
das **Visum** (Visa) *visa* (12)
der **Vogel** (Vögel) *bird* (5)
voll *full* (5)
von (+ Dat.) *of, by, from* (4)
vor (+ Akk. / Dat.) *before, ago, in front of* (4)
vorbei *past* (7)
das **Vorbild** (Vorbilder) *example* (6)
der **Vorhang** (Vorhänge) *curtain* (4)
vorher *previously* (5)
vor·kommen (kommt vor, kam vor, ist vorgekommen) *to happen, occur, seem* (11)
vor·lesen (liest vor) *to recite* (1)
die **Vorlesung** (Vorlesungen) *lecture* (9)
der **Vormittag** (Vormittage) *morning* (4)
vorn *in front* (6)
vorne *in front of* (7)
der **Vorsatz** (Vorsätze) *resolution, intent* (6)
die **Vorspeise** (Vorspeisen) *appetizer* (10)
sich **etwas vorstellen** (stellt vor, stellte vor, hat vorgestellt) *to imagine s.th.* (10); **schwer vorstellbar** *hardly imaginable*
der **Vortrag** (Vorträge) *lecture* (6); *presentation, lecture* (9)

W

die **Waffe** (Waffen) *weapon* (7)
die **Wahl** (Wahlen) *election, choice* (11)
der **Wahnsinn** *insanity* (4)
die **Wahrheit** (Wahrheiten) *truth* (7)
wahrscheinlich *probably* (6)
der **Wald** (Wälder) *forrest* (8)

der **Wandel** (Wandel) *change* (6)
wann *when* (1)
warm *warm* (2)
jdn. **warnen** *to warn someone*
warten (wartet, hat gewartet) *to wait* (5)
warum *why* (1)
die **Wäsche** *laundry* (3)
waschen (wäscht) *to wash, do laundry* (3)
das **Wasser** (Wasser) *water* (2)
wechselhaft *unstable* (7)
wechseln (wechselt, wechselte, hat gewechselt) *to change* (11)
der **Weg** (Wege) *way* (7)
wegen *because of* (6)
weg·fahren (fährt weg, fuhr weg, ist weggefahren) *to drive away* (11)
weg·stellen *to put away*
jdm. **weh·tun** (tut weh, tat weh, hat wehgetan) *to hurt* (8)
weiblich *female* (11)
weil *because* (5)
der **Wein** (Weine) *wine* (7)
weinen (weint, weinte, hat geweint) *to cry* (8)
weiß *white* (2)
weit (weiter, am weitesten) *far* (9)
weiter·kommen: nicht mehr weiterkommen *to be stuck* (9)
welcher / welches / welche *which* (1)
die **Welt** (Welten) *world* (4)
der **Weltbürger** (Weltbürger) *cosmopolitan (man)* (1)
die **Weltbürgerin** (Weltbürgerinnen) *cosmopolitan (woman)*
wenig (weniger, am wenigsten) *little* (10); **wenige** *few* (3)
wenn *if, when* (5)
wer *who* (1)
werden (wird, ist geworden) *to become* (6)
werfen (wirft, warf, hat geworfen) *to throw* (8)
der **Wert** (Werte) *value* (10)
die **Wertsache** (Wertsachen) *valuable (item)*
wertvoll *precious, expensive* (3)
der **Westen** *west, the West* (6)
westlich *west* (6)
der **Wettbewerb** (Wettbewerbe) *competition* (9)
das **Wetter** *weather* (7)
wichtig (wichtiger, am wichtigsten) *important* (9)
wichtig *important* (2)
wie *how;* **Wie geht's?** *How are you?* (1)
wiederholen (wiederholt, wiederholte, hat wiederholt) *to repeat* (1)
Wiedersehen: Auf Wiedersehen *goodbye* (1)
die **Wiege** (Wiegen) *cradle*
der **Winter** (Winter) *winter* (5)
wir *we* (1)
wirklich *real* (8)
die **Wirklichkeit** (Wirklichkeiten) *reality* (9)
die **Wirkung** (Wirkungen) *effect* (9)

wissen (weiß, wusste, hat gewusst) *to know* (11)
die **Woche** (Wochen) *week* (2)
das **Wochenende** (Wochenenden) *weekend* (1)
wodurch *through what; how, which* (12)
wofür *for what* (12)
woher *where from* (1)
wohl *well* (6)
wohnen (wohnt) *to live* (1)
die **Wohnsituation** *housing situation*
der **Wohnsitz** (Wohnsitze) *residency* (12)
das **Wohnzimmer** (Wohnzimmer) *living room* (2)
die **Wolke** (Wolken) *cloud* (7)
wollen (will) *to want* (2)
womit *with what* (12)
wonach *what for, what of* (12)
woran *on what, of what* (12)
worauf *on what* (12); *about what*
der **Workshop** (Workshops) *workshop* (8)
das **Wort** (Wörter) *word* (1)
wovon *from what, about what* (12)
wozu *to what; what for, what* (12)
wunderbar *wonderful* (3)
wunderschön *gorgeous, extremely beautiful* (3)
der **Wunsch** (Wünsche) *wish* (3); *wish, request* (11)
die **Wurst** (Würste) *sausage* (10)
wütend *angry* (8)

Z

die **Zahl** (Zahlen) *number* (1)
die **Zahlung** (Zahlungen) *payment* (12)
der **Zahn** (Zähne) *tooth* (9)
das **Zeichen** (Zeichen) *sign* (7)
zeigen (zeigt, zeigte, hat gezeigt) *to show, demonstrate* (9)
die **Zeit** (Zeiten) *time* (1)
der **Zeitraum** (Zeiträume) *time period* (11)
die **Zeitschrift** (Zeitschriften) *magazine* (2)
die **Zeitung** (Zeitungen) *(news)paper* (1); **die Zeitung lesen** *to read the newspaper*
das **Zentrum** (Zentren) *center* (6)
zerreißen (zerreißt, zerriss, hat zerrissen) *to tear* (11)
das **Ziel** (Ziele) *goal* (8)
ziemlich *quite, rather* (5); **ziemlich hoch** *pretty high*
das **Zimmer** (Zimmer) *room* (2)
zitieren (zitiert, zitierte, hat zitiert) *to quote* (11)
zittern (zittert, zitterte, hat gezittert) *to tremble, shiver* (8)
zu (+ Dat.) *to (somewhere)* (4)
zu Hause *at home* (3)
zu·hören (hört zu, hörte zu, hat zugehört) *to listen* (8)
zuerst *first* (5)
zufrieden *content, happy* (3)
zufrieden mit (+ Dat.) *content with* (12)
das **Zuhause** (Zuhause) *home* (7)
die **Zukunft** *future* (4)

die **Zunge** (Zungen) *tongue* (9)

zurück·gehen (geht zurück, ist zurückgegangen)
to recede (6)

zurückhaltend *reserved, restrained, cautious* (11)

zurzeit *currently* (5)

zusammen·brechen (bricht zusammen, brach
zusammen, ist zusammengebrochen)
to collapse (8)

zusammen·rücken *to move together*

der **Zusammenhang** (Zusammenhänge) *context,
connection* (11)

der **Zuschauer** (Zuschauer) *(male) spectator,
viewer* (4)

die **Zuschauerin** (Zuschauerinnen) *(female) spectator,
viewer* (4)

die **Zutat** (Zutaten) *ingredients* (10)

der **Zuwachs** *increase* (6)

der **Zweifel** (Zweifel) *doubt* (8)

zweifeln an (+ Dat. / zweifelt, zweifelte, hat gezweifelt)
to doubt (8)

Zwiebeln reiben *to grate onions*

zwischen (+ Akk. / Dat.) *between* (7)

ENGLISH-GERMAN VOCABULARY

A

a little ein bisschen (10)

a little bit ein bisschen (3)

a lot viel (3)

A pity! Schade! (4)

a strong force eine starke Macht (8)

a whole lot ein ganzer Berg

able: to be able to können (kann) (2)

about über (1)

about what wovon (12); worauf

above oben (6); über (+ Akk. / Dat.) (7)

accelerate, to beschleunigen (beschleunigt, beschleunigte, hat beschleunigt) (8)

accept, to an·nehmen (nimmt an, hat angenommen) (6)

accomplish s.th., to etwas erreichen (erreicht, erreichte, hat erreicht) (8)

according to laut (prep.) (11); **according to estimates** nach Schätzungen

across gegenüber (11)

act, to handeln (handelt, handelte, hat gehandelt) (9)

acting das Schauspiel (Schauspiele) (4)

active aktiv (4)

activity die Beschäftigung (Beschäftigungen) (3)

actor der Schauspieler (Schauspieler) (4)

actress die Schauspielerin (Schauspielerinnen) (4)

additionally übrigens (6)

address die Adresse (Adressen) (1)

administration die Verwaltung (Verwaltungen) (6)

administrator der Verwalter (Verwalter) (12)

admire, to bewundern (bewundert, hat bewundert) (7)

admission ticket die Eintrittskarte (Eintrittskarten) (12)

adolescent der / die Jugendliche (Jugendlichen) (10)

adult der / die Erwachsene (Erwachsenen) (10)

advanced seminar das Hauptseminar (Hauptseminare) (9)

advise, to raten (rät, riet, hat geraten) (11)

affix, to befestigen (befestigt, befestigte, hat befestigt) (11)

affordable günstig (6)

after (location) nach (+ Dat.) (4)

afternoon der Nachmittag (Nachmittage) (4)

against gegen (3)

against it dagegen (12)

ago vor (+ Akk. / Dat.) (4)

agreed es bleibt dabei

agriculture die Landwirtschaft (Landwirtschaften) (10)

air die Luft (Lüfte) (7)

airport der Flughafen (Flughäfen) (11)

album das Album (Alben) (5)

alert someone to s.th., to jdn. aufmerksam machen auf (+ Akk. / macht aufmerksam, machte aufmerksam, hat aufmerksam gemacht) (12)

alive: to be alive leben (lebt, lebte, hat gelebt) (9)

all in all im Großen und Ganzen (3)

all right na gut

almost fast (1)

almost all fast alle (3)

alongside entlang (7)

also auch (1)

altogether insgesamt (6)

always immer (1)

America Amerika (2)

American der Amerikaner (Amerikaner), die Amerikanerin (Amerikanerinnen) (2)

amount die Menge (Mengen) (11)

analyse, to analysieren (analysiert, analysierte, hat analysiert) (9)

and und (5)

angry wütend (8)

angry at böse auf (+ Akk.) (12)

animal das Tier (Tiere) (9)

annoyed: to be annoyed about sich ärgern über (+ Akk. / ärgert sich, ärgerte sich, hat sich geärgert) (12)

answer, to (jdm.) antworten (antwortet) (4)

anyway überhaupt (12)

apparent: to be apparent auf·fallen (fällt auf, fiel auf, ist aufgefallen) (10)

appear, to auf·treten (tritt auf, ist aufgetreten), erscheinen (erscheint, ist erschienen) (5)

appetizer die Vorspeise (Vorspeisen) (10)

apple der Apfel (Äpfel) (10)

appliance das Gerät (Geräte) (7)

application der Antrag (Anträge) (12)

apply for, to sich bewerben um (+ Akk. / bewirbt sich, bewarb sich, hat sich beworben) (12)

appreciate, to schätzen (schätzt, schätzte, hat geschätzt) (10)

approximately um (3); ungefähr (10)

April der April (5)

architect der Architekt (Architekten), die Architektin (Architektinnen) (6)

architecture die Architektur (Architekturen) (6)

archive das Archiv (Archive) (2)

arm der Arm (Arme) (9)

armchair der Sessel (Sessel) (2)

around um (3)

arrive, to an·kommen (kommt an, kam an, ist angekommen) (8)

art die Kunst (Künste) (2)

art school die Kunsthochschule (Kunsthochschulen) (X)

article der Artikel (Artikel) (11)

artist der Künstler (Künstler), die Künstlerin (Künstlerinnen) (3)

as a result dadurch (12)

as big as so groß wie (3)

as well auch (1)

ascertain, to fest·stellen (stellt fest, stellte fest, hat festgestellt) (11)

ashamed: to be ashamed sich schämen (schämt sich, hat sich geschämt) (7)

ask, to fragen (fragt) (1)

association der Verein (Vereine) (12)

at bei (+ Dat.) (4)

at home zu Hause (3); auf der Heimat Boden

at least mindestens (3)

at the bottom unten (6)

at the front an der Spitze

at the moment im Augenblick

at the most höchstens (6)

at the top an der Spitze (8)

attempt, to versuchen (versucht, hat versucht) (6)

attentive aufmerksam (4) (aufmerksamer, am aufmerksamsten) (11)

attractive attraktiv (2)

audience das Publikum (4)

August der August (5)

aunt die Tante (Tanten) (3)

Austria Österreich (2)

Austrian der Österreicher (Österreicher), die Österreicherin (Österreicherinnen) (2)

Austrian österreichisch (2)

author der Autor (Autoren), die Autorin (Autorinnen) (1)

autograph das Autogramm (Autogramme)

average der Durchschnitt (Durchschnitte) (3)

average durchschnittlich (7)

award der Preis (Preise) (9)

award ceremony die Verleihung (Verleihungen) (9)

award, to verleihen (verleiht, verlieh, hat verliehen) (9)

awareness das Bewusstsein (9)

away fort (7)

awesome klasse (2)

B

back hinten (6)

back der Rücken (Rücken) (9)

background der Hintergrund (Hintergründe) (8)

bad schlecht (3) (schlechter, am schlechtesten) (7); schlimm (5)

bag die Tasche (Taschen) (2)

bake, to backen (bäckt, backte (buk), hat gebacken) (10)

balcony der Balkon (Balkone) (6)

bank (financial institution) die Bank (Banken) (8)

bank account das Bankkonto (Bankkonten) (12)

bar die Kneipe (Kneipen) (4)

barrier die Schranke (Schranken) (11)

basically grundsätzlich (11)

bath das Bad (Bäder) (7)

bathroom das Bad (Bäder) (7)

be, to sein (ist) (1); **to be from . . .** kommen aus . . . (1)

beach der Strand (Strände) (7)

bear der Bär (-en) (Bären) (9)

beautiful schön (1); **extremely beautiful** wunderschön (3)

because denn, weil (5)

because of deshalb (5); deswegen (5); aufgrund (6); wegen (6)

become, to werden (wird, ist geworden) (6)

bed das Bett (Betten) (2)

bedroom das Schlafzimmer (Schlafzimmer) (6)

beer das Bier (Biere) (10)

before ehe (subord. conj.) (7)

before vor (+ Akk. / Dat.) (4)

begin, to an·fangen (fängt an) (3)

beginning der Anfang (Anfänge) (6)

behind hinten (6); hinter (+ Akk. / Dat.) (7)

believe in, to glauben an (+ Akk. / glaubt, glaubte, hat geglaubt) (12)

believe someone, to (jdm.) glauben (glaubt) (4)

belong to someone, to (jdm.) gehören (gehört) (4)

below unten, unter (+ Akk. / Dat.) (7)

below it darunter (12)

besides außerdem (6)

between zwischen (+ Akk. / Dat.) (7)

beverages das Getränk (Getränke) (5)

bicycle das Fahrrad (Fahrräder) (11)

big groß (2)

bill die Rechnung (Rechnungen) (6)

bird der Vogel (Vögel) (5)

black schwarz (2)

blow der Schlag (Schläge) (8)

blue blau (2)

boat das Boot (Boote) (7)

body der Körper (Körper) (9)

bone der Knochen (Knochen) (9)

book das Buch (Bücher) (1)

born geboren (5)

bottle die Flasche (Flaschen) (10)

brain das Gehirn (Gehirne) (9)

bread das Brot (Brote) (2)

break down, to scheitern (scheitert, scheiterte, ist gescheitert) (11)

break, to brechen (bricht, brach, hat gebrochen) (8)

bridge die Brücke (Brücken) (7)

bring, to bringen (bringt, hat gebracht) (5)

bring about (s.th.), to etwas veranlassen (veranlasst, veranlasste, hat veranlasst) (11)

bring s.th. from somewhere, to herholen

broadcast die Sendung (Sendungen) (5)

brother der Bruder (Brüder) (3)

build, to bauen (baut, hat gebaut) (6)

building das Gebäude (Gebäude) (6)

burn, to brennen (brennt, brannte, hat gebrannt) (8)

business das Geschäft (Geschäfte) (3)

busy beschäftigt (5)

but aber (1)

butter die Butter (10)

buy, to kaufen (kauft) (2)

by von (+ Dat.) (4)

by (means of) durch (3); mit (+ Dat.) (4)

by phone telefonisch

by the way übrigens (6)

bye Tschüss (1)

C

cabinet der Schrank (Schränke) (2)

call, to rufen (ruft, rief, hat gerufen) (8)

call, to (on the phone) an·rufen (ruft an) (3)

called: to be called heißen (heißt) (1)

calm die Ruhe (Ruhen) (8)

camp das Lager (Lager) (8)

capital die Hauptstadt (Hauptstädte) (1)

care for s.th / s.o., to sich kümmern um (+ Akk. / kümmert, kümmerte, hat gekümmert) (10)

carry, to tragen (trägt) (2)

cat die Katze (Katzen) (9)

catch, to fangen (fängt, fing, hat gefangen) (11)

cautious zurückhaltend (11)

CD die CD (CDs) (5)

celebrate, to feiern (feiert, hat gefeiert) (5)

cell phone das Handy (Handys) (2)

center das Zentrum (Zentren) (6)

certain sicher (8)

chair der Stuhl (Stühle) (2)

change der Wandel (Wandel) (6)

change (i.e., money) das Kleingeld (11)

change, to wechseln (wechselt, wechselte, hat gewechselt) (11)

chaos das Chaos (4)

chat, to plaudern (9)

cheap billig (6)

cheerful heiter

cheese der Käse (Käse) (10)

chef der Koch (Köche), die Köchin (Köchinnen) (10)

child das Kind (Kinder) (1)

choice die Wahl (Wahlen) (11)

circa etwa

circumstance der Umstand (Umstände) (5)

citizenship die Staatsangehörigkeit (Staatsangehörigkeiten) (6)

city die Stadt (Städte) (1)

clean rein (3)

clean, to putzen (putzt) (3); auf·räumen (räumt auf) (3)

clever klug (klüger, am klügsten) (6)

climate das Klima (-) (7)

clock die Uhr (Uhren) (2)

close by nahe (näher, am nächsten) (6)

closeness die Nähe (Nähen) (8)

closet der Schrank (Schränke) (2)

cloth das Tuch (Tücher) (2)

clothes die Kleidung (2)

cloud die Wolke (Wolken) (7)

club der Verein (Vereine) (12)

(dance) club der Club / Klub (Clubs) (5)

co-worker, colleague der Kollege (-n) (Kollegen), die Kollegin (Kolleginnen) (3)

coarse grob (gröber, am gröbsten) (6)

coast die Küste (Küsten) (7)

coffee der Kaffee (Kaffees) (1)

coffee house das Café (10)

cold die Erkältung (Erkältungen) (6)

cold kalt (kälter, am kältesten) (6)

coldness die Kälte (Kälten) (12)

collapse, to zusammen·brechen (bricht zusammen, brach zusammen, ist zusammengebrochen) (8)

collect, to sammeln (sammelt, hat gesammelt) (3)

collection die Sammlung (Sammlungen) (2)

color die Farbe (Farben) (2)

colorful bunt (2)

come along, to mit·kommen (kommt mit) (3)

come, to kommen (kommt), kommen aus ... to come from . . . (1)

comfort die Gemütlichkeit (Gemütlichkeiten) (7)

comfortable bequem (1)

communication die Kommunikation (8)

company die Firma (Firmen) (3); das Unternehmen (Unternehmen) (3)

compare, to vergleichen (vergleicht, hat verglichen) (6)

compartment das Fach (Fächer) (2)

competition der Wettbewerb (Wettbewerbe) (9); die Konkurrenz (Konkurrenzen) (10)

complain (about s.th.) (to s.o.), to sich beschweren (über etwas) bei jemandem

complain about s.th., to sich beschweren über (+ Akk. / beschwert sich, beschwerte sich, hat sich beschwert) (12)

complain, to klagen (klagt) (4)

comprehend, to begreifen (begreift) (1)

computer der Computer (Computer) (2)

concentrate on, to sich konzentrieren auf (+ Akk. / konzentriert sich, konzentrierte sich, hat sich konzentriert) (12)

concert das Konzert (Konzerte) (4)

conductor der Dirigent (Dirigenten), die Dirigentin (Dirigentinnen) (5)

confuse, to verwirren (verwirrt, verwirrte, hat verwirrt) (8)

congratulate, to gratulieren (gratuliert, gratulierte, hat gratuliert) (9)

connection die Verbindung (Verbindungen) (12)

connection der Zusammenhang (Zusammenhänge) (11)

conscience das Gewissen (Gewissen) (8)

consciousness das Bewusstsein (9)

consist of, to bestehen aus (+ Dat. / besteht, bestand, hat bestanden) (8)

construct, to konstruieren (konstruiert, konstruierte, hat konstruiert) (9)

construction der Bau (6)

construction site die Baustelle (Baustellen) (6)

content zufrieden (3)

content with zufrieden mit (+ Dat.) (12)

context der Zusammenhang (Zusammenhänge) (11)

contribute to, to bei·tragen zu (trägt bei, trug bei, hat beigetragen) (11)

conversation das Gespräch (Gespräche) (10)

convinced of überzeugt von (+ Dat.) (12)

cook, to kochen (kocht, hat gekocht) (5)

cool kühl (kühler, am kühlsten) (7)

cordial herzlich (herzlicher, am herzlichsten) (9)

corner die Ecke (Ecken) (7)

corporation die Firma (Firmen), das Unternehmen (Unternehmen) (3)

correct: to be correct stimmen (stimmt, hat gestimmt) (6)

correct, to verbessern (verbessert, verbesserte, hat verbessert) (10)

correspond, to jdm. / etwas entsprechen (+ Dat. / entspricht, entsprach, hat entsprochen) (10)

cost, to kosten (kostet) (2)

costume das Kostüm (Kostüme) (4)

country das Land (Länder) (1)

course der Kurs (Kurse) (1)

cow die Kuh (Kühe) (9)

cozyness die Gemütlichkeit (Gemütlichkeiten) (7)

cradle die Wiege (Wiegen)

craving die Lust (Lüste) (2)

crazy verrückt (2)

crazy for verrückt nach (+ Akk.) (12)

creature, being das Lebewesen (Lebewesen) (9)

crime das Verbrechen (Verbrechen) (11)

critic der Kritiker (Kritiker), die Kritikerin (Kritikerinnen) (5)

cry, to weinen (weint, weinte, hat geweint) (8)

culprit der Täter (Täter), die Täterin (Täterinnen) (4)

culture die Kultur (Kulturen) (2)

cup die Tasse (Tassen) (2)

curious about neugierig auf (12)

current aktuell (aktueller, am aktuellsten) (11)

currently zurzeit (5)

curtain der Vorhang (Vorhänge) (4)

cute hübsch (2)

D

daily täglich (5)

damage der Schaden (Schäden) (11)

dance, to tanzen (tanzt, hat getanzt) (5)

dangerous gefährlich (6)

daughter die Tochter (Töchter) (3)

day der Tag (Tage) (3)

deal das Geschäft (Geschäfte) (3)

dean der Dekan (Dekane) (9)

dear lieb (4)

December der Dezember (5)

decide for s.th., to sich entscheiden für (+ Akk. / entscheidet sich, entschied sich, hat sich entschieden) (12)

decide, to entscheiden (entscheidet) (3); sich entschließen (entschließt sich, entschloss sich, hat sich entschlossen) (11)

decision der Entschluss (Entschlüsse) (11)

decline der Rückgang (6)

define, to definieren (definiert, definierte, hat definiert) (9)

degree das Grad (Grade) (7)

delightful herrlich (3)

deliver, to liefern (liefert, hat geliefert) (6)

demonstrate, to zeigen (zeigt, zeigte, hat gezeigt) (9)

denote, to bezeichnen (bezeichnet, bezeichnete, hat bezeichnet) (10)

department das Amt (Ämter) (12)

department der Fachbereich (Fachbereiche) (9)

dependent abhängig (10)

describe, to beschreiben (beschreibt, beschrieb, hat beschrieben) (11)

description die Beschreibung (Beschreibungen) (9)

design, to gestalten (2)

desire die Lust (Lüste) (2)

despair die Not (9)

despite of trotz (6)

dessert der Nachtisch (Nachtische) (10)

detail das Detail (Details) (11)

devour, to verschlingen (10)

dialogue der Dialog (Dialoge) (9)

diaper (a child), to (ein Kind) wickeln

die, to sterben (stirbt, starb, ist gestorben) (10)

difference der Unterschied (Unterschiede) (12)

different: to be different from / than sich unterscheiden von (+ Dat. / unterscheidet, unterschied, hat unterschieden) (8)

different verschieden (2); anders (9); unterschiedlich (12)

dining hall die Mensa (Mensen) (1)

dinner roll das Brötchen (Brötchen) (10)

direct, to leiten (leitet, leitete, hat geleitet) (12)

direction die Richtung (Richtungen) (8)

director der Regisseur (Regisseure), die Regisseurin (Regisseure) (4)

disappear, to verschwinden (verschwindet, verschwand, ist verschwunden) (7)

disappointed enttäuscht (5)

discover, to entdecken (entdeckt, hat entdeckt) (5)

discuss, to diskutieren (diskutiert) (1); **to discuss s.th.** etwas besprechen (bespricht) (4); diskutieren über (+ Akk. / diskutiert, diskutierte, hat diskutiert) (12)

dish das Gericht (Gerichte) (10)

distance die Distanz (Distanzen) (8)

diverse vielfältig (5); unterschiedlich (12)

do laundry, to waschen (wäscht) (3)

do, to machen (macht) (1); tun (tut) (2)

document die Unterlage (Unterlagen) (12)

dog der Hund (Hunde) (9)

door die Tür (Türen) (5)

doubt der Zweifel (Zweifel) (8)

doubt, to zweifeln an (+ Dat. / zweifelt, zweifelte, hat gezweifelt) (8)

down runter (7)

down the way entlang (7)

drama das Schauspiel (Schauspiele) (4)

dream der Traum (Träume) (8)

dreary trüb

dress das Kleid (Kleider) (2)

drink das Getränk (Getränke) (5)

drive die Fahrt (Fahrten) (8)

drive away, to wegfahren (fährt weg, fuhr weg, ist weggefahren) (11)

drive, to (by means of) fahren (fährt) (mit) (3)

dry trocken (trockener, am trockensten) (7)

dumb dumm (dümmer, am dümmsten) (6)

during the war im Kriege

duty die Pflicht (Pflichten) (4)

E

each (one) jeder, jede, jedes (2)

ear das Ohr (Ohren) (9)

earth die Erde (Erden) (12)

East Ost (7)

east östlich (6)

east, the East der Osten (6)

eat, to essen (isst) (3); fressen (for animals only)

edition die Ausgabe (Ausgaben) (11)

education die Bildung (6)

effect die Wirkung (Wirkungen) (9)

eggs das Ei (Eier) (10)

election die Wahl (Wahlen) (11)

elegant elegant (2)

elementary school die Grundschule (Grundschulen) (8)

embarrassed sich schämen (schämt sich, hat sich geschämt) (7)

embarrassing peinlich (1)

emergency die Not (9)

empty leer (5)

end das Ende (Enden) (1)

endure, to etwas aus·halten (hält aus, hielt aus, hat ausgehalten) (8)

engineer der Ingenieur (Ingenieure), die Ingenieurin (Ingenieurinnen) (3)

English das Englisch (1)

enjoy, to genießen (genießt, hat genossen) (7)

enough genügend (11)

enter, to rein·gehen (geht rein, ging rein, ist reingegangen) (11)

entrance der Eingang (Eingänge) (6)

environment die Umwelt (9)

environmentally friendly umweltfreundlich (6)

err, to sich täuschen (täuscht sich, täuschte sich, hat sich getäuscht) (9)

error der Fehler (Fehler) (8)

estimate, to schätzen (schätzt, schätzte, hat geschätzt) (6)

European europäisch (6)

evening der Abend (Abende) (4)

event die Veranstaltung (Veranstaltungen) (5)

every (one) jeder, jede, jedes (2)

everything is fine alles in Ordnung (9)

exactly genau (10)

example das Beispiel (Beispiele); **for example** zum Beispiel (1)

example das Vorbild (Vorbilder) (6)

excellent großartig (3)

excellent hervorragend (3)

except außer (+ Dat.) (4)

exclusively ausschließlich (11)

exercise, to Sport machen (macht, machte, hat gemacht) (9)

exhibit die Ausstellung (Ausstellungen) (2)

expensive wertvoll (3); teuer (teurer, am teuersten) (6)

experience die Erfahrung (Erfahrungen), das Erlebnis (Erlebnisse) (8)

experience, to erfahren (erfährt, erfuhr, hat erfahren) (9)

explain, to erklären (erklärt, hat erklärt) (5)

extraordinary außergewöhnlich (8)

extreme extrem (5)

eye das Auge (Augen) (8)

eyeglasses die Brille (Brillen) (2)

F

facade die Fassade (Fassaden) (6)

face das Gesicht (Gesichter) (11)

fact die Tatsache (Tatsachen) (9)

fail, to scheitern (scheitert, scheiterte, ist gescheitert) (11)

failure das Versagen (-) (8)

fair enough na gut (9)

fall der Herbst (Herbste) (5)

fall asleep, to ein·schlafen (schläft ein) (3)

fall in love with, to sich verlieben in (+ Akk. / verliebt, verliebte, hat verliebt) (12)

family die Familie (Familien) (3)

famous berühmt (2)

fantastic fantastisch (10)

fantastic hervorragend (3)

far fern (6); weit (weiter, am weitesten) (9)

farewell der Abschied (Abschiede) (6)

fasten, to befestigen (befestigt, befestigte, hat befestigt) (11)

father der Vater (Väter) (3)

favorable günstig (6)

fear die Angst (Ängste) (2)

feasible realisierbar (10)

February der Februar (5)

feel foreign, to sich fremd fühlen

feel, to sich fühlen (fühlt sich, hat sich gefühlt) (7)

feeling das Gefühl (Gefühle) (8)

female weiblich (11)

female nurse die Schwester (Schwestern)

few wenige (3)

fifth person fünfter

fight, to kämpfen (kämpft, kämpfte, hat gekämpft) (8)

fill in, to aus·füllen (füllt aus, füllte aus, hat ausgefüllt) (12)

film der Film (Filme) (4)

finally schließlich (2)

find, to finden (findet) (1)

finger der Finger (Finger) (4)

finished fertig (1)

first zuerst (5)

fish der Fisch (Fische) (10)

fit, to (jdm.) passen (passt) (4)

flag die Fahne (Fahnen) (4)

flee, to flüchten (flüchtet, flüchtete, ist geflüchtet) (11)

flower die Blume (Blumen) (5)

fluent fließend (fließender, am fließendsten) (10)

fog der Nebel (Nebel) (7)

foggy trüb (7)

foliage das Laub (-) (8)

folks die Leute (5)

follow, to folgen (folgt, ist gefolgt) (6)

followed by gefolgt von (6)

food das Essen (Essen), das Lebensmittel (Lebensmittel) (10)

foot der Fuß (Füße) (9)

for für (3)

for (temporal) seit (+ Dat.) (4)

for example beispielsweise (11)

for it dafür (12)

for what wofür (12)

force die Macht (Mächte) (8); die Kraft (Kräfte) (12)

foreign ausländisch (9)

forget, to vergessen (vergisst, vergaß, hat vergessen) (8)

fork die Gabel (Gabeln) (7)

form das Formular (Formulare) (12)

form, to formen (formt, formte, hat geformt) (10)

forrest der Wald (Wälder) (8)

free frei (11)

freedom die Freiheit (Freiheiten) (11)

freeze, to frieren (friert, fror, hat / ist gefroren) (8)

freightened: got freightened bekam Angst

frequent häufig (3)

fresh frisch (3)

Friday der Freitag (Freitage) (3)

friend der Freund (Freunde), die Freundin (Freundinnen) (1)

friendly freundlich (1)

friendship die Freundschaft (Freundschaften) (12)

from ab, aus (+ Dat.), von (+ Dat.) (4)

from it daraus, davon (12)

from what wovon (12)

fruit das Obst (10)

full voll (5)

fun: this is fun das macht Spaß

funny lustig (5)

furnish, to ein·richten (richtet ein, hat eingerichtet) (7)

furniture Möbel (pl.) (2)

future die Zukunft (4)

fry, to braten (brät, briet, hat gebraten) (10)

G

gallery die Galerie (Galerien) (2)

garden der Garten (Gärten) (6)

gather, to sammeln (sammelt, hat gesammelt) (3)

geographic geografisch (6)

German deutsch (1)

German (language) das Deutsch (2)

German (person) der / die Deutsche (die Deutschen) (adjectival noun) (2)

German Studies die Germanistik (1)

Germany Deutschland (1)

get in line, to sich an·stellen (stellt sich an, hat sich angestellt) (7)

get lost (driving), to sich verfahren (verfährt sich, hat sich verfahren) (7)

get lost (walking), to sich verlaufen (verläuft sich, hat sich verlaufen) (7)

get on s.one's nerves, to (jdm.) auf die Nerven gehen (4)

get, to kriegen (kriegt) (2); bekommen (bekommt, bekam, hat bekommen) (8)

give (someone s.th.), to (jdm. etwas) schenken (schenkt) (4)

give away a secret, to verraten (verrät, verriet, hat verraten) (10)

give, to geben (gibt) (2)

glad froh (4)

gladly gern; Er hört gern Rap. He likes to listen to rap. (1)

glass das Glas (Gläser) (2)

go on a trip, to (formal) eine Reise antreten

go on strike, to streiken (5)

go, to gehen (geht) (1)

goal das Ziel (Ziele) (8)

good ehrlich (6)

good gut (1)

good (quality) fein (feiner, am feinsten) (10)

good fortune das Glück (9)

good morning Guten Morgen (1)

goodbye Auf Wiedersehen (1)

gorgeous wunderschön (3)

gram das Gramm (Gramm) (10)

granddaughter die Enkelin (Enkelinnen) (2)

grandfather der Großvater (Großväter) (3)

grandmother die Großmutter (Großmütter) (3)

grandmother die Oma (Omas) (7)

grandson der Enkel (Enkel) (2)

grate onions, to Zwiebeln reiben

grave das Grab (Gräber)

great klasse, toll (2)

grateful dankbar (12)

green grün (2)

green space die Grünfläche (Grünflächen) (6)

grey grau (2)

grief die Trauer (-) (8)

group die Gruppe (Gruppen) (3)

guess, to erraten (errät, erriet, hat erraten) (11)

guest der Gast (Gäste) (10)

guide, to leiten (leitet, leitete, hat geleitet) (12)

guy der Typ (Typen) (4)

H

hair das Haar (Haare) (2)

hand die Hand (Hände) (8)

hang (s.th.), to hängen (hängt, hängte, hat gehängt) (7)

hang, to hängen (hängt, hing, hat gehangen) (7)

happen, to statt·finden (findet statt, hat stattgefunden) (5); geschehen (geschieht, geschah, ist geschehen) (11); passieren (passiert, passierte, ist passiert) (11); vor·kommen (kommt vor, kam vor, ist vorgekommen) (11)

happiness das Glück (9)

happy: to be happy about sich freuen über (+ Akk. / freut sich, freute sich, hat sich gefreut) (8)

happy zufrieden (3); glücklich (8)

hard hart (härter, am härtesten) (6)

hardly imaginable schwer vorstellbar

hate, to hassen (hasst, hat gehasst) (5)

have, to haben (hat) (1)

have breakfast, to frühstücken (frühstückt) (3)

have s.th. done, to lassen (lässt) (4)

have to, to müssen (muss) (2)

he er (1)

head der Kopf (Köpfe) (9)

health insurance Krankenversicherung (12)

healthy gesund (gesünder, am gesündesten) (6)

hear, to hören (hört) (1)

heart das Herz (Dat. Herzen, Gen. Herzens) (Herzen) (9)

heating (system) die Heizung (Heizungen) (3)

heaven der Himmel (Himmel) (12)

heavy schwer (6)

hello Guten Tag, Hallo (1)

help die Hilfe (Hilfen) (3)

help someone, to (jdm.) helfen (hilft) (4)

here hier (1)

hero der Held (Helden) (5)

heroine die Heldin (Heldinnen) (5)

hide, to verstecken (versteckt, versteckte, hat versteckt) (8)

high hoch (höher, am höchsten) (6)

high school das Gymnasium (Gymnasien) (8)

hint der Hinweis (Hinweise) (11)

historic historisch (5)

history die Geschichte (Geschichten) (2)

der Hit (5)

hit parade die Hitparade (Hitparaden) (5)

hold, to halten (hält, hielt, hat gehalten) (8)

home das Zuhause (Zuhause), die Heimat (Heimaten) (7)

home country die Heimat (Heimaten) (6)

homeless heimatlos (12)

homemaker die Hausfrau (Hausfrauen) (3)

honest ehrlich (4)

honor die Ehre (Ehren) (10)

honor, to ehren

hope die Hoffnung (Hoffnungen) (8)

hope for s.th. (for oneself), to (sich) etwas erhoffen

hope, to hoffen (hofft, hoffte, hat gehofft) (9)

horrible schrecklich (2)

horse das Pferd (Pferde) (9)

(spicy) hot scharf (schärfer, am schärfsten) (6)

hotel das Hotel (Hotels) (10)

hour die Stunde (Stunden) (4)

house das Haus (Häuser) (6)

household der Haushalt (Haushalte) (3)

housewife, homemaker die Hausfrau (Hausfrauen) (3)

housing situation die Wohnsituation (3)

how wie (1)

How are you? Wie geht's? (1)

however dennoch (5); doch (9)

human being der Mensch (Menschen) (4)

hunger der Hunger (2)

hurry, to eilen (eilt, eilte, ist geeilt) (8)

hurt s.o., to jdm. weh·tun (tut weh, tat weh, hat wehgetan) (8)

husband der Mann (Männer) (1)

I

I ich (1)

ice, ice cream das Eis (10)

idea die Idee (Ideen) (1)

ideal ideal (3)

identification der Ausweis (Ausweise) (11)

if wenn (5)

ill krank (4)

illustration die Abbildung (Abbildungen) (7)

imagine s.th., to sich etwas vorstellen (stellt vor, stellte vor, hat vorgestellt) (10)

important wichtig (2)

improve, to verbessern (verbessert, verbesserte, hat verbessert) (10)

in in (+ Akk. / Dat.) (7); herein, rein (*abbrev.*)

in a certain way in gewisser Weise (12)

in addition außerdem (6)

in addition dazu (12)

in agreement with einverstanden mit (+ Dat.) (12)

in any case auf jeden Fall (6)

in common gemeinsam (8)

in front vorn (6)

in front of vor (+ Akk. / Dat.) (4); vorne (7)

in general überhaupt (6)

in it darin (12)

in order to um zu (10)

in spite of trotzdem (5)

in Switzerland in der Schweiz (2)

in the meantime mittlerweile (5)

in the vicinity in der Nähe (7)

in total insgesamt (3)

increase der Zuwachs (6)

indeed in der Tat (6)

independent selbständig (12)

individual individuell (8)

influence, to beeinflussen (beeinflusst, beeinflusste, hat beeinflusst) (6)

inform, to mit·teilen (teilt mit, teilte mit, hat mitgeteilt) (10)

ingredients die Zutat (Zutaten) (10)

initially anfangs (11)

inkling die Ahnung (Ahnungen) (4)

inland im Binnenland (7)

inn das Gasthaus (Gasthäuser) (7)

innovative innovativ (6)

insanity der Wahnsinn (4)

inside darin (12)

inside of innerhalb (6)

insight die Erkenntnis (Erkenntnisse) (9)

install, to installieren (installiert, hat installiert) (6)

instead of statt (6); anstatt zu (10)

institution die Institution (Institutionen) (2)

instruction der Unterricht (5)

integration die Integration (Integrationen) (12)

intelligent klug (klüger, am klügsten) (6)

intent der Vorsatz (Vorsätze) (6)

interest das Interesse (Interessen) (5)

interested: to be interested in sich interessieren für (+ Akk.) (interessiert sich, interessierte sich, hat sich interessiert) (3)

interesting interessant (1)

interview das Interview (Interviews) (1)

introduction die Einführung (Einführungen) (9)

introductory seminar das Proseminar (Proseminare) (9)

invent, to erfinden (erfindet) (2)

invitation die Einladung (Einladungen) (6)

iron, to bügeln (bügelt) (3)

island die Insel (Inseln) (7)

issue die Ausgabe (Ausgaben) (11)

it es (1)

J

January der Januar (5)

jazz der Jazz (5)

jealous of eifersüchtig auf (12)

Jew der Jude (-n) (Juden), die Jüdin (Jüdinnen) (11)

job der Arbeitsplatz (Arbeitsplätze) (3)

job der Job (Jobs) (3)

joke der Scherz (Scherze) (7)

journalist der Journalist (-en) (Journalisten), die Journalistin (Journalistinnen) (3)

journey die Fahrt (Fahrten) (8)

judge, to richten (richtet, richtete, hat gerichtet) (10)

judgment das Urteil (Urteile) (11)

juice der Saft (Säfte) (10)

July der Juli (5)

jumpy schreckhaft

June der Juni (5)

K

key der Schlüssel (Schlüssel) (11)

kick someone, to treten (tritt) (4)

kilogram das Kilogramm (Kilogramm) (10)

kilometer der Kilometer (Kilometer) (6)

kind nett, freundlich (4)

kitchen, cuisine die Küche (Küchen) (10)

knee das Knie (Knie) (9)

knife das Messer (Messer) (10)

knock, to klopfen (klopft, klopfte, hat geklopft) (12)

know, to kennen (kennt) (2); wissen (weiß, wusste, hat gewusst) (11)

knowledge die Kenntnis (Kenntnisse) (12)

L

label, to bezeichnen (bezeichnet, bezeichnete, hat bezeichnet) (10)

lake der See (Seen) (10)

lamp die Lampe (Lampen) (2)

land das Land (Länder) (1)

language die Sprache (Sprachen) (2)

language barrier die Sprachbarriere (Sprachbarrieren) (12)

last name der Nachname (-n) (Nachnamen) (3)

later später (5)

laugh, to lachen (lacht, hat gelacht) (5)

laundry die Wäsche (3)

lawyer der Anwalt (Anwälte), die Anwältin (Anwältinnen) (3)

lay, to legen, legte, hat gelegt

lead, to leiten (leitet, leitete, hat geleitet) (12)

leaf das Blatt (Blätter) (8)

leave alone, to Ruhe lassen in (lässt, hat gelassen) (7)

leaves das Laub (-) (8)

lecture der Vortrag (Vorträge) (6); die Vorlesung (Vorlesungen) (9)

lecturer der Dozent (Dozenten), die Dozentin (Dozentinnen) (1)

left links (7); **left** link- (7)

left side linke Seite (7)

leftover übrig (8)

leg das Bein (Beine) (9)

lesson der Unterricht (5)

let, to lassen (lässt) (4)

letter der Brief (Briefe) (9); das Schreiben (Schreiben) (12)

letter carrier der Postbote (-n) (Postboten), die Postbotin (Postbotinnen) (3)

lettuce der Salat (Salate) (10)

liberty die Freiheit (Freiheiten) (11)

library die Bibliothek (Bibliotheken) (2)

lie, to liegen (liegt, hat gelegen) (1)

life das Leben (Leben) (1)

life force die Lebenskraft

light leicht (5)

light das Licht (Lichter) (2)

like, to (jdm.) gefallen (gefällt), mögen (mag) (4)

lip die Lippe (Lippen) (9)

list Liste (Listen) (10)

listen, to hören (hört) (1); **listen, to** zu·hören (hört zu, hörte zu, hat zugehört) (8)

literature die Literatur (Literaturen) (1)

little wenig (weniger, am wenigsten) (10)

live, to wohnen (wohnt) (1); leben (lebt) (3)

living room das Wohnzimmer (Wohnzimmer) (2)

local örtlich (11)

located: to be located sich befinden (befindet sich) (4)

location der Ort (Orte) (5); die Lage (Lagen) (7); der Standort (Standorte) (11)

loneliness die Einsamkeit (-) (8)

long lang (länger, am längsten) (6)

long-term längerfristig (6)

longing die Sehnsucht (Sehnsüchte) (8)

look, to blicken (blickt, blickte, hat geblickt) (8)

look at, to besichtigen (besichtigt, hat besichtigt) (7)

look forward to, to sich freuen auf (+ Akk. / freut sich, freute sich, hat sich gefreut) (12)

loose, to verlieren (verliert, hat verloren) (4)

love Schatz

love, to lieben (liebt, liebte, hat geliebt) (10)

luck das Glück (9)

lunch das Mittagessen (Mittagessen) (4)

lunchtime der Mittag (Mittage) (3)

lust die Lust (Lüste) (2)

M

magazine die Zeitschrift (Zeitschriften) (2)

mail die Post (11)

main course die Hauptspeise (Hauptspeisen) / das Hauptgericht (Hauptgerichte) (10)

maintain, to pflegen (pflegt, hat gepflegt) (5)

make, to machen (macht) (1)

make an effort, to sich bemühen (bemüht sich, bemühte sich, hat sich bemüht) (10)

make contact with, to sich melden bei (+ Dat. / meldet, meldete, hat gemeldet) (11)

make golden, to vergolden (1)

male männlich (11)

man der Mann (Männer) (1)

manager der Manager (Manager), die Managerin (Managerinnen) (8)

manufacturer der Hersteller (2)

many viele (3)

map die Karte (Karten) (11)

March der März (5)

market der Markt (Märkte) (3)

married verheiratet (3)

married couple das Ehepaar (Ehepaare) (3)

mask die Maske (Masken) (4)

material der Stoff (Stoffe) (2)

mathematics die Mathematik (1)

matter die Angelegenheit (Angelegenheiten) (12)

matter of taste Geschmacksache

may dürfen (darf) (4)

May der Mai (5)

maybe vielleicht (2)

mayor der Bürgermeister (Bürgermeister), die Bürgermeisterin (Bürgermeisterinnen) (6)

meal das Essen (Essen) (10)

mean, to bedeuten (bedeutet, bedeutete, hat bedeutet) (1); meinen (meint, hat gemeint) (6)

meaning die Bedeutung (Bedeutungen) (9)

meaningful sinnvoll (5)

meanwhile inzwischen (5)

meat das Fleisch (10)

medicine die Medizin (1)

meet, to treffen (trifft) (2)

memo das Memo (Memos) (4)

mention, to erwähnen (erwähnt, hat erwähnt) (6)

menu die Speisekarte (Speisekarten) (10)

metal das Metall (Metalle) (2)

meter der Meter (Meter) (7)

migration die Migration (8)

milk die Milch (10)

million die Million (Millionen) (6)

mineral water das Mineralwasser (Mineralwasser) (10)

minute die Minute (Minuten) (4)

miserable trüb

miss, to vermissen (vermisst) (3); verpassen (verpasst, verpasste, hat verpasst) (11)

missing: to be missing fehlen (fehlt) (2)

mixture die Mischung (Mischungen) (5)

modern modern (2)

moment der Augenblick (Augenblicke) (11)

Monday der Montag (Montage) (3)

money das Geld (2)

month der Monat (Monate) (4)

monthly monatlich (12)

mood die Stimmung (Stimmungen) (5)

moon der Mond (Monde) (7)

more mehr (2)

morning der Morgen (Morgen) (1)

morning der Vormittag (Vormittage) (4)

most die meisten (3); meist- (6)

mother die Mutter (Mütter) (1)

motivate, to etwas veranlassen (veranlasst, veranlasste, hat veranlasst) (11)

motor der Motor (Motoren) (5)

mountain der Berg (Berge) (12)

mourn, to klagen (klagt) (4)

mouse die Maus (Mäuse) (9)

mouth der Mund (Münder) (4)

move together, to zusammenrücken (8)

movie theater das Kino (Kinos) (4)

Mrs. [Smith] Frau Smith (1)

much viel (3)

multi-family dwelling das Mehrfamilienhaus (3)

murderer der Mörder (Mörder), die Mörderin (Mörderinnen) (4)

muscle der Muskel (Muskeln) (9)

museum das Museum (Museen) (2)

music die Musik (Musiken) (1)

must müssen (muss) (2)

mutual gegenseitig (8)

N

name der Name (Akk. / Dat. Namen, Gen. Namens) (Namen) (1)

named: to be named heißen (heißt) (1)

narrate, to erzählen (erzählt) (3)

narration die Erzählung (Erzählungen) (9)

narrow schmal (2)

natural natürlich (5)

naturally selbstverständlich (6)

navy blue dunkelblau (2)

near um (3); nahe (näher, am nächsten) (6)

necessary notwendig (6)

neck der Hals (Hälse) (7)

need, to brauchen (braucht) (2); benötigen (benötigt, benötigte, hat benötigt) (12)

negative negativ (5)

neighbor der Nachbar (Nachbarn), die Nachbarin (Nachbarinnen) (6)

nerve der Nerv (Nerven) (9)

never niemals (8)

nevertheless, however dennoch (5)

new neu (1)

(news)paper die Zeitung (Zeitungen) (1)

next to neben (+ Akk. / Dat.) (7)

nice nett (1)

night die Nacht (Nächte) (4)

no nein (1)

no guarantee ohne Gewähr (4)

nobody niemand (3)

nonsense der Quatsch (7)

noon der Mittag (Mittage) (3)

north nördlich (6)

north, the North der Norden (6)

nose die Nase (Nasen) (9)

not nicht (1)

note, to fest·stellen (stellt fest, stellte fest, hat festgestellt) (11)

note die Notiz (Notizen) (1)

nothing nichts (2)

noticeable auffällig (2)

notion die Ahnung (Ahnungen) (4)

November der November (5)

now jetzt (5)

nowhere nirgends

number die Zahl (Zahlen) (1)

nurse der Krankenpfleger (Krankenpfleger), die Krankenpflegerin (Krankenpflegerinnen); die Krankenschwester (Krankenschwestern) (3)

O

[eight] o'clock [acht] Uhr (4)

occupation die Beschäftigung (Beschäftigungen) (3)

occur to s.o., to jdm. ein·fallen (fällt ein, ist eingefallen) (5)

occur, to geschehen (geschieht, geschah, ist geschehen) (11)

occur, to vor·kommen (kommt vor, kam vor, ist vorgekommen) (11)

October der Oktober (5)

of von (+ Dat.) (4); **of it** davon (12); **of what** woran (12)

offer, to bieten (bietet, hat geboten) (5)

office das Büro (Büros) (1)

official, public servant der Beamte (Beamte), die Beamtin (Beamtinnen) (adjectival noun) (11)

often oft (6)

old alt (1)

on an (+ Akk. / Dat.) (7)

on it daran, darauf (12)

on sale im Angebot (10)

on the contrary im Gegenteil (10)

on the pedestal auf dem Sockel (10)

on the road unterwegs (5)

on the side nebenbei (12)

on the way unterwegs (7)

on the whole im Großen und Ganzen (3)

on top of auf (+ Akk. / Dat.) (7)

on what woran, worauf (12)

once upon a time es war einmal (8)

once, one time einmal (6)

one man (4)

one of many eine(r, s) (5)

oneself selbst (5)

only bloß (3)

only nur (10)

only just nur noch

open, to auf·machen (macht auf) (1)

opening (ceremony) die Eröffnung (Eröffnungen) (6)

opera die Oper (Opern) (5)

opinion die Meinung (Meinungen) (12); **to be of the opinion** meinen (meint, hat gemeint) (6)

opposite gegenüber (11)

optimistic optimistisch (5)

or oder (5)

orange orange (2)

orchestra das Orchester (Orchester) (5)

order die Bestellung (Bestellungen) (10)

order, to bestellen (bestellt) (3)

originate, to stammen (stammt, stammte, hat gestammt) (12)

others; the others die anderen (3)

out raus, heraus (5)

out of aus (+ Dat.) (4)

out of it daraus (12)

outside raus, heraus

outside of außerhalb (6)

over über (1)

overcome, to überwinden (überwindet, überwand, hat überwunden) (12)

owner der Besitzer (Besitzer), die Besitzerin (Besitzerinnen) (11)

P

package die Packung (Packungen) (10)

pain der Schmerz (Schmerzen) (8)

paint, to malen (malt, malte, hat gemalt) (12)

painting das Bild (Bilder) (2)

pair das Paar (Paare) (10)

palace das Schloss (Schlösser) (6)

pan der Topf (Töpfe) (10)

pants die Hose (Hosen) (2)

paper das Papier (Papiere) (2)

papers (passport documents) die Papiere

parents Eltern (*pl.*) (3)

park der Park (Parks) (6)

part: to be part of s.th. gehören zu (+ Dat. / gehört, gehörte, hat gehört) (12)

participate, to mit·machen (macht mit, hat mitgemacht) (5)

partly cloudly leichte bewölkt

partnership die Partnerschaft (Partnerschaften) (8)

party die Party (Partys) (5)

party, to feiern (feiert, hat gefeiert) (5)

pass away, to verscheiden (10)

passport der Pass (Pässe) (11)

past die Vergangenheit (4)

past vorbei (7)

patience die Geduld (8)

patient geduldig (8)

patio die Terrasse (Terrassen) (6)

pay (for), to bezahlen (bezahlt) (3)

pay attention, to auf·passen (passt auf) (4)

payment die Zahlung (Zahlungen) (12)

pedestrian der Fußgänger (Fußgänger),die Fußgängerin (Fußgängerinnen) (6)

pencil der Bleistift (Bleistifte) (8)

pensive nachdenklich (7)

people die Leute (5)

percent das Prozent (Prozente) (3)

perfect perfekt (2)

perform, to auf·treten (tritt auf, ist aufgetreten) (5)

performance der Auftritt (Auftritte) (5)

permitted: to be permitted dürfen (darf) (4)

perpetrator der Täter (Täter), die Täterin (Täterinnen) (4)

perspective die Sicht (-) (7)

pessimistic pessimistisch (5)

phase die Stufe (Stufen) (6)

philosophy die Philosophie (Philosophien) (9)

physician der Arzt (Ärzte), die Ärztin (Ärztinnen) (3)

piano das Klavier (Klaviere) (4)

picture das Bild (Bilder) (2)

piece das Stück (Stücke) (10)

piece, play das Stück (Stücke) (4)

pig das Schwein (Schweine) (9)

place der Ort (Orte) (5); der Platz (Plätze) (6)

place, to stellen (stellt, hat gestellt) (7)

plan der Plan (Pläne) (6)

plastic der Kunststoff (Kunststoffe), das Plastik (2)

plate der Teller (Teller) (10)

play, to spielen (spielt) (1)

poem das Gedicht (Gedichte) (1)

police die Polizei (11)

police officer der Polizist (-en) (Polizisten), die Polizistin (Polizistinnen) (11)

polite höflich (höflicher, am höflichsten) (9)

politeness die Höflichkeit (8)

ponder, to nachdenken (1)

poor arm (ärmer, am ärmsten) (6)

population die Bevölkerung (6)

position der Arbeitsplatz (Arbeitsplätze) (3); die Stelle (Stellen) (6)

positive positiv (5)

possibility die Möglichkeit (Möglichkeiten) (10)

post office die Post (11)

pot der Topf (Töpfe) (10)

potato die Kartoffel (Kartoffeln) (10)

poverty die Not (9)

power die Macht (Mächte) (8); die Kraft (Kräfte) (12)

praise das Lob (10)

praise, to loben (lobt, lobte, hat gelobt) (10)

prank der Scherz (Scherze) (7)

precious wertvoll (3)

prefer, to bevorzugen (bevorzugt, bevorzugte, hat bevorzugt) (9)

present (time / tense) die Gegenwart (4)

presentation das Referat (Referate) (1); der Vortrag (Vorträge) (9)

press, to pressen (presst, presste, hat gepresst) (12)

pretty high ziemlich hoch

prevent, to verhindern (verhindert, verhinderte, hat verhindert) (11)

previously vorher (5)

price der Preis (Preise) (2)

principally grundsätzlich (11)

printing der Buchdruck (Buchdrucke) (5)

prize der Preis (Preise) (9)

probably wahrscheinlich (6)

probe die Probe (Proben) (4)

procedure das Verfahren (Verfahren) (12)

process der Prozess (Prozesse) (8)

production die Inszenierung (Inszenierungen) (4)

product das Produkt (Produkte) (3)

profession der Beruf (Berufe) (3)

professor der Professor (Professoren), die Professorin (Professorinnen) (1)

prognosis die Prognose (Prognosen) (6)

program das Programm (Programme) (4)

project das Projekt (Projekte) (3)

promise, to versprechen (verspricht) (3)

proud of stolz auf (+ Akk.) (12)

prove, to beweisen (beweist, bewies, hat bewiesen) (11)

prove, to nach·weisen (weist nach, wies nach, hat nachgewiesen) (12)

proverb der Spruch (Sprüche) (7)

provide, to bieten (bietet, hat geboten) (5)

psychologist der Psychologe (Psychologen), die Psychologin (Psychologinnen) (4)

psychology die Psychologie (1)

pub die Kneipe (Kneipen) (12)

pub, bar das Lokal (Lokale) (10)

public die Öffentlichkeit (11)

public grounds die Anlage (Anlagen) (6)

publication die Publikation (Publikationen) (9)

publisher der Verlag (Verlage) (9)

pure rein (3)

put, to legen (legt, hat gelegt) (7); stecken (steckt, hat gesteckt) (7); stellen (stellt, hat gestellt) (7); **to put away** wegstellen (4)

Q

quality die Qualität (Qualitäten) (2)

question die Frage (Fragen) (1)

quiet(ly) ruhig (9)

quite ziemlich (5)

quote, to zitieren (zitiert, zitierte, hat zitiert) (11)

R

radio play das Hörspiel (Hörspiele) (4)

radio station der Radiosender (Radiosender) (11)

rain der Regen (Regen) (7)

rain, to regnen (regnet, hat geregnet) (7)

rather sondern (5)

rather ziemlich (5)

reach, to erreichen (erreicht, hat erreicht) (6)

react, to reagieren (reagiert, reagierte, hat reagiert) (8)

reaction die Reaktion (Reaktionen) (8)

read the newspaper, to die Zeitung lesen

read, to lesen (liest) (1)

reader der Leser (Leser), die Leserin (Leserinnen) (11)

reader das Lesebuch (Lesebücher)

ready fertig (1)

real echt (4); wirklich (8)

reality die Wirklichkeit (Wirklichkeiten) (9)

realizable realisierbar

realize, to merken (merkt, hat gemerkt) (5)

reason der Grund (Gründe), die Vernunft (9)

recede, to zurück·gehen (geht zurück, ist zurückgegangen) (6)

receive, to bekommen (bekommt) (2)

recipes das Rezept (Rezepte) (10)

recite, to vor·lesen (liest vor) (1)

recliner der Sessel (Sessel) (2)

recognition Anerkennung (Anerkennungen) (10)

recognize, to erkennen (erkennt, erkannte, hat erkannt) (8)

record, to auf·nehmen (nimmt auf, hat aufgenommen) (5)

recuperate, to sich erholen (erholt sich, hat sich erholt) (7)

red rot (2)

reflect, to nachdenken (1)

refrigerator der Kühlschrank (Kühlschränke) (7)

region die Region (Regionen) (6)

registration die Anmeldung (Anmeldungen) (12)

rehearsal die Probe (Proben) (4)

relax, to sich entspannen (entspannt sich, hat sich entspannt) (7)

released: to be released erscheinen (erscheint, ist erschienen) (5)

rely on s.o., to sich auf jdn. verlassen (verlässt sich, verließ sich, hat sich verlassen) (11)

remain, to bleiben (bleibt) (3)

remnant der Rest (Reste) (3)

rent die Miete (Mieten) (3)

repeat, to wiederholen (wiederholt, wiederholte, hat wiederholt) (1)

reply, to erwidern (erwidert, erwiderte, hat erwidert) (9)

report, to berichten (berichtet, berichtete, hat berichtet) (1); melden (meldet, meldete, hat gemeldet) (11)

representation die Abbildung (Abbildungen) (7)

request die Bitte (Bitten), der Wunsch (Wünsche) (11)

research die Forschung (Forschungen) (3)

research project die Studie (Studien) (3)

research, to forschen (forscht) (1)

reservation: without reservation ruhig (as an adverb) (9)

reserved zurückhaltend (11)

residency der Wohnsitz (Wohnsitze) (12)

resident der Einwohner (Einwohner), die Einwohnerin (Einwohnerinnen) (6)

respond, to (jdm.) antworten (antwortet) (4)

responsibility die Verantwortung (Verantwortungen) (8)

responsible verantwortungsvoll (12)

rest der Rest (Reste) (3)

restaurant das Gasthaus (Gasthäuser) (7); das Restaurant (Restaurants) (10)

restrained zurückhaltend (11)

resumé der Lebenslauf (Lebensläufe) (8)

ridiculous lächerlich (6)

right: to be right recht haben (hat recht, hat recht gehabt) (6)

right recht (6); recht- (7); rechts (7); richtig (10)

ring, to klingeln (klingelt, klingelte, hat geklingelt) (12)

ringing das Klingeln

Rhine der Rhein

roast (in the oven) Braten (in der Röhre) (7)

rock der Felsen (Felsen) (7)

role die Rolle (Rollen) (4)

roof das Dach (Dächer) (6)

room der Raum (6)

room das Zimmer (Zimmer) (2)

roughly etwa

rug der Teppich (Teppiche) (2)

run, to laufen (läuft) (3)

S

sad traurig (8)

sail das Segel (Segel) (7)

salad der Salat (Salate) (10)

sales associate der Verkäufer (Verkäufer), die Verkäuferin (Verkäuferinnen) (3)

salt das Salz (10)

Saturday der Samstag (Samstage), der Sonnabend (Sonnabende) (3)

sausage die Wurst (Würste) (10)

save, to retten (rettet, rettete, hat gerettet) (10)

save, to sparen (spart, sparte, hat gespart) (10)

say, to sagen (sagt) (1)

saying der Spruch (Sprüche) (7)

scarf der Schal (Schals), das Tuch (Tücher) (2)

scary unheimlich (unheimlicher, am unheimlichsten) (7)

scene die Szene (Szenen) (4)

scene of the crime der Tatort (Tatorte)

scream, to schreien (schreit, schrie, hat geschrien) (4); brüllen (brüllt, hat gebrüllt) (7)

scrub, to schrubben

scrub pots, to Töpfe scheuern (5)

search die Suche (Suchen) (11)

search, to suchen (sucht, suchte, hat gesucht) (8)

second die Sekunde (Sekunden) (4)

see, to sehen (sieht) (1)

seem, to scheinen (scheint, schien, hat geschienen) (9); vor·kommen (kommt vor, kam vor, ist vorgekommen) (11)

selection die Auswahl (10)

self selbst (5)

seminar das Seminar (Seminare) (9)

send, to schicken (schickt, schickte, hat geschickt) (8)

sentence der Satz (Sätze) (12)

September der September (5)

serious ernst (4)

serve, to servieren (serviert, servierte, hat serviert) (10)

service der Service (10)

set die Kulisse (Kulissen), das Bühnenbild (Bühnenbilder) (4)

set the table, to den Tisch decken

several mehrere (10)

severe heftig (heftiger, am heftigsten) (7)

shall sollen (soll) (4)

shame: What a shame! Das ist schade

sharp spitz (8)

she sie (1)

sheep das Schaf (Schafe) (9)

shine, to scheinen (scheint, schien, hat geschienen) (7)

shine, to glitzern (sparkle) (9)

ship das Schiff (Schiffe) (7)

shiver, to zittern (zittert, zitterte, hat gezittert) (8)

shoe der Schuh (Schuhe) (2)

shop der Laden (Läden) (8)

shop, to ein·kaufen (kauft ein) (3)

shopping das Einkaufen (3)

shore das Ufer (Ufer) (7)

shoulder die Schulter (Schultern) (9)

show, to zeigen (zeigt, zeigte, hat gezeigt) (9)

shy schüchtern (12)

sick krank (4)

sigh, to seufzen (seufzt, seufzte, hat geseufzt) (8)

sign das Zeichen (Zeichen) (7)

silent: to be silent schweigen (schweigt, schwieg, hat geschwiegen) (11)

silverware das Besteck (Bestecke) (7)

simple einfach (2); schlicht (3)

since (temporal) seit (+ Dat.) (4)

sister die Schwester (Schwestern) (3)

sit down, to sich setzen (setzt sich, hat sich gesetzt) (7)

sitting: to be sitting sitzen (sitzt, hat gesessen) (7)

skills die Kenntnis (Kenntnisse) (8)

skin die Haut (Häute) (9)

skirt der Rock (Röcke) (2)

skittish schreckhaft

sky der Himmel (Himmel) (12)

sleep, to schlafen (schläft) (1)

sleep in, to aus·schlafen (schläft aus) (3)

slim schmal (2)

small klein (2)

smoke, to rauchen (raucht) (4)

snake die Schlange (Schlangen) (9)

sneak, to schleichen (schleicht, schlich, ist geschlichen) (8)

snow der Schnee (-) (7)

so called sogenannt (5)

soccer der Fußball (Fußbälle) (1)

soccer ball der Fußball (Fußbälle) (1)

society die Gesellschaft (Gesellschaften) (8)

solar installation die Solaranlage (Solaranlagen) (6)

solution die Lösung (Lösungen) (6)

somehow irgendwie (9)

something etwas (9)

sometime irgendwann (5)

son der Sohn (Söhne) (3)

song das Lied (Lieder) (5)

soon bald (6)

sophisticated gehoben

sound der Laut (Laute) (7)

soup die Suppe (Suppen) (10)

south südlich (6)

south, the South der Süden (6)

space der Raum (8)

sparkle, to glitzern (9)

speak, to sprechen (spricht) (1)

special besonders (5)

spectator der Zuschauer (Zuschauer), die Zuschauerin (Zuschauerinnen) (4)

speech die Rede (Reden) (11)

spell, to buchstabieren (buchstabiert) (1)

spend (time), to (Zeit) verbringen (verbringt) (3)

spend, to aus·geben (gibt aus, gab aus, hat ausgegeben) (10)

spoon der Löffel (Löffel) (10)

spot die Stelle (Stellen) (6)

spring das Frühjahr / der Frühling (Frühjahre / Frühlinge) (5)

square der Platz (Plätze) (6)

stable stabil (2)

stage die Bühne (Bühnen) (4)

stage decoration die Kulisse (Kulissen), das Bühnenbild (Bühnenbilder) (4)

staging die Inszenierung (Inszenierungen) (4)

stairs die Treppe (Treppen) (6)

start der Anfang (Anfänge) (6)

stationery die Papiere (2)

statistic die Statistik (Statistiken) (3)

stay, to bleiben (bleibt) (3)

stem, to stammen (stammt, stammte, hat gestammt) (12)

step die Stufe (Stufen) (6)

step, to treten (tritt) (4)

still doch (9)

stipend das Stipendium (Stipendien) (12)

stir, to rühren (rührt, rührte, hat gerührt) (10)

stomach der Bauch (Bäuche) (9)

stomach der Magen (Mägen) (9)

stone der Stein (Steine) (7)

store das Geschäft (Geschäfte) (3)

story die Geschichte (Geschichten) (2); die Erzählung (Erzählungen) (9)

stove der Backofen (Backöfen) (10)

straight ahead geradeaus (7)

strange seltsam (12)

stream der Bach (Bäche) (10)

street die Straße (Straßen) (6)

strength die Stärke (Stärken) (7)

stress der Stress (2)

strong stark (5)

stuck: to be stuck nicht mehr weiterkommen (9)

student der Student (Studenten), die Studentin (Studentinnen) (1)

student der / die Studierende (adjectival noun) (9)

study die Studie (Studien) (3)

study, to studieren (studiert) (1)

stupid dumm (dümmer, am dümmsten) (6)

style der Stil (Stils) (8)

subject of study das Studienfach (Studienfächer) (1)

substitute der Stellvertreter (Stellvertreter) (12)

successful erfolgreich (2)

suddenly plötzlich (11)

suffer from, to leiden an (+ Dat. / leidet, litt, hat gelitten) (8)

sufficient genügend (11)

summer der Sommer (Sommer) (5)

sun die Sonne (Sonnen) (7)

Sunday der Sonntag (Sonntage) (3)

sunny sonnig (sonniger, am sonnigsten) (7)

sunrise: at sunrise bei Sonnenaufgang (9)

super super (2)

supermarket der Supermarkt (Supermärkte) (10)

support die Förderung (12)

support, to unterstützen (unterstützt, unterstützte, hat unterstützt) (12)

supposed to be sollen (soll) (4)

surroundings die Umgebung (Umgebungen) (6)

survey die Umfrage (Umfragen) (3)

survive, to überleben (überlebt, überlebte, hat überlebt) (11)

suspect, to vermuten (vermutet, hat vermutet) (6)

suspicion der Verdacht (11)

swear, to schwören (schwört, hat geschworen) (7)

sweet süß (süßer, am süßesten) (10)

swim, to schwimmen (schwimmt) (1)

Swiss der Schweizer (Schweizer), die Schweizerin (Schweizerinnen) (2)

Switzerland die Schweiz (2)

symbol das Symbol (Symbole) (7)

T

table der Tisch (Tische) (2)

take, to nehmen (nimmt) (3)

take a photograph, to fotografieren (fotografiert) (4)

take a walk, to spazieren gehen (3)

take along, to mit·nehmen (nimmt mit, nahm mit, hat mitgenommen) (8)

take photographs, to fotografieren / photographieren

take place, to passieren (passiert, passierte, ist passiert) (11)

take s.th. somewhere, to hinbringen

talented begabt

talk about, to sprechen über (+ Akk. / spricht, sprach, hat gesprochen) (12)

talk, to reden (redet, redete, hat geredet) (3)

tall groß (2)

taste der Geschmack (Geschmäcke) (9)

taste, to probieren (probiert, probierte, hat probiert) (10)

taste, to schmecken (schmeckt) (4)

tea der Tee (Tees) (4)

teach, to lehren (lehrt, lehrte, hat gelehrt) (9)

teacher der Lehrer (Lehrer), die Lehrerin (Lehrerinnen) (3)

tear, to zerreißen (zerreißt, zerriss, hat zerrissen) (11)

technique die Technik (Techniken) (4)

technology die Technologie (Technologien)

tell, to erzählen (erzählt) (3)

temperature die Temperatur (Temperaturen) (7)

tend, to pflegen (pflegt, hat gepflegt) (5)

terrain das Gelände (9)

test die Klausur (Klausuren) (1)

text der Text (Texte) (1)

Thank you das Dankeschön (8)

that dass (5)

that's that es bleibt dabei

theater play das Schauspiel (Schauspiele), das Theater (Theater) (4)

then damals (back) (5)

theory die Theorie (Theorien) (9)

there is / are es gibt (+ Akk.) (2)

therefore daher (5)

they sie (1)

thick dick (2)

thin dünn (2)

thing das Ding (Dinge) (1)

think, to nachdenken

think of, to denken an (+ Akk. / denkt, dachte, hat gedacht) (12)

third das Drittel (Drittel) (3)

thirst der Durst (2)

thought der Gedanke (-en; Gen. -ns) (Gedanken) (8)

through durch (3)

through it dadurch (12)

through what wodurch (12)

throw, to werfen (wirft, warf, hat geworfen) (8)

Thursday der Donnerstag (Donnerstage) (3)

tidy up, to auf·räumen (räumt auf) (3)

time die Zeit (Zeiten) (1)

time period der Zeitraum (Zeiträume) (11)

to bis (4)

to (location) nach (+ Dat.) (4)

to (somewhere) zu (+ Dat.) (4)

to it dazu (12)

together gemeinsam (8)

tolerate, to etwas aus·halten (hält aus, hielt aus, hat ausgehalten) (8)

tomorrow morgen (2)

tongue die Zunge (Zungen) (9)

tooth der Zahn (Zähne) (9)

top oben (6)

topic das Thema (Themen) (6)

total damage der Gesamtschaden

traditional traditionell (10)

traffic der Verkehr (-) (8)

traffic jam der Stau (Staus) (8)

train station der Bahnhof (Bahnhöfe) (2)

translate, to übersetzen (übersetzt, übersetzte, hat übersetzt) (9)

travel, to reisen (reist, ist gereist) (7)

tree der Baum (Bäume) (11)

tree trunk der Baumstamm (Baumstämme)

tremble, to zittern (zittert, zitterte, hat gezittert) (8)

trip die Reise (Reisen) (7)

truth die Wahrheit (Wahrheiten) (7)

try, to versuchen (versucht, hat versucht) (6); sich bemühen (bemüht sich, bemühte sich, hat sich bemüht) (10)

tuck, to stecken (steckt, hat gesteckt) (7)

Tuesday der Dienstag (Dienstage) (3)

Turkey die Türkei (8)

turn, to drehen (dreht, drehte, hat gedreht) (8)

turn off, to ab·stellen (stellt ab, stellte ab, hat abgestellt) (11)

TV das Fernsehen (5)

TV set der Fernseher (Fernseher) (2)

TV show die Fernsehsendung (Fernsehsendungen) (5)

type der Typ (Typen) (4)

U

ugly hässlich (6)

uncle der Onkel (Onkel) (3)

understand, to verstehen (versteht) (1)

unfortunately leider (1)

uninvited ungebeten (12)

university die Universität (Universitäten) (1)

unknown unbekannt (11)

unstable wechselhaft (7)

until bis (4); bis zu (+ Dat.) (7)

up rauf (7)

up to bis zu (+ Dat.) (7)

uprooted heimatlos (12)

upscale gehoben (10)

upset: to be upset sich ärgern (8)

USA Die Vereinigten Staaten (2)

use, to nutzen (nutzt) (3)

useful sinnvoll (5)

V

vacation Ferien (*pl.*) (3); der Urlaub (Urlaube) (7)

valuable (item) die Wertsache (Wertsachen)

value der Wert (Werte) (10)

varied abwechslungsreich (8)

variety: rich in variety abwechslungsreich (8)

vase die Blumenvase (Blumenvasen) (7)

vegetables das Gemüse (Gemüse) (10)

verdict das Urteil (Urteile) (11)

versatile vielseitig (8)

very sehr (1)

vicinity die Nähe (-) (7)

victim das Opfer (Opfer) (11)

view der Blick (Blicke) (1); die Sicht (-) (7)

view, to besichtigen (besichtigt, hat besichtigt) (7)

viewer der Zuschauer (Zuschauer), die Zuschauerin (Zuschauerinnen) (4)

village das Dorf (Dörfer) (6)

visa das Visum (Visa) (12)

visible sichtbar (11)

visit der Besuch (Besuche) (7)

voice die Stimme (Stimmen) (4)

voluntary freiwillig (10)

W

wait, to warten (wartet, hat gewartet) (5)

waiter der Kellner (Kellner) (3)

waitress die Kellnerin (Kellnerinnen) (3)

walk in, to rein·gehen (geht rein, ging rein, ist reingegangen) (11)

walk, to gehen (geht) (1); spazieren gehen (3)

wall die Mauer (Mauern) (11)

wallet die Geldbörse (Geldbörsen) (11)

want, to wollen (will) (2)

wardrobe der Schrank (Schränke) (2)

warm warm (2)

warn someone, to jemanden warnen

wash, to waschen (wäscht) (3)

watch die Uhr (Uhren) (2)

watch TV, to fern·sehen (sieht fern) (3)

water das Wasser (Wasser) (2)

way der Weg (Wege) (7)

we wir (1)

weak schwach (5)

weakness die Schwäche (Schwächen) (8)

weapon die Waffe (Waffen) (7)

wear, to tragen (trägt) (2)

weather das Wetter (-) (7)

Wednesday der Mittwoch (Mittwoche) (3)

week die Woche (Wochen) (2)

weekend das Wochenende (Wochenenden) (1)

well wohl (6)

west westlich (6)

west of westlich von

west, the West der Westen (6)

what was (12)

when wann (1); als (5); wenn (5)

where from woher (1)

which welcher / welches / welche (1); wodurch (12)

white weiß (2)

who wer (1)

why warum (1)

wife die Frau (Frauen) (1)

win, to gewinnen (gewinnt, gewann, hat gewonnen) (5)

window das Fenster (Fenster) (1)

wine der Wein (Weine) (7)

winter der Winter (Winter) (5)

wish der Wunsch (Wünsche) (3)

with mit (+ Dat.) (4)

with his ensemble mit seinem Ensemble

with it damit (12)

with pleasure gern (1)

with what womit (12)

without ohne (3)

without (doing s.th.) ohne zu (10)

woman die Frau (Frauen) (1)

wonderful wunderbar (3)

wood das Holz (Hölzer) (2)

word das Wort (Wörter) (1)

work die Arbeit (Arbeiten) (3)

work day der Arbeitstag (Arbeitstage) (3)

work, to arbeiten (arbeitet) (1)

worker der Arbeiter (Arbeiter), die Arbeiterin (Arbeiterinnen) (3)

workplace der Arbeitsplatz (Arbeitsplätze) (3)

workshop der Workshop (Workshops) (8)

world die Welt (Welten) (4)

worth: to be worth it sich lohnen (lohnt sich, hat sich gelohnt) (7)

write, to schreiben (schreibt) (1)

wrong: to be wrong sich irren (irrt sich, hat sich geirrt) (7); sich täuschen (täuscht sich, täuschte sich, hat sich getäuscht) (9)

wrong falsch; etwas falsch machen (macht, machte, hat gemacht) to do s.th. wrong (8)

Y

year das Jahr (Jahre) (4)

yell, to brüllen (brüllt, hat gebrüllt) (7); schreien (schreit, schrie, hat geschrien) (4)

yellow gelb (2)

yes ja (1)

Yes! Yes sir! Jawohl! (4)

yesterday gestern (5)

yogurt der / das Joghurt (Joghurts) (10)

you (formal, singular and plural) Sie (1)

you (informal, plural) ihr (1)

you (informal, singular) du (1)

INDEX

nicht, 17
Nietzsche, Friedrich, 337
nominative case, 51–52
   adjectives in, 349
   articles in, 214, 334
   pronouns in, 51, 334
   in relative clauses, 292
Nöstlinger, Christine, 27, 318
noun(s), 11, 16–17
   adjectives as, 87
   cases of, 51
   declension of, 334
   n-declension, 52
   number of, 16
   plural of, 16
numbers
   cardinal, 10
   ordinal, 169

O

oder, 175
ohne, 81, 359
Oktoberlied (Theodor Storm), 27, 262
Oldenburger Zeitung, 388
opinion, expressing an, 179
ordinal numbers, 169

P

parts of speech, 11
passen, 141
passive voice, 367–368, 387
   past, 387
   present, 387
past participle
   of **-ieren** verbs, 156
   in indirect speech, 398
   of irregular verbs, 155
   in passive, 367–368
   in past perfect, 392
   in past subjunctive, 328
   in perfect tense, 155
   of regular verbs, 155
past perfect tense, 386, 392
past subjunctive II, 328
past tense, 386
   conversational, 155–156
   of modal verbs, 284
   simple, 275–276
   in subjunctive II, 328
perfect tense, 155–156
personal pronouns, 17–18
   dative case of, 140
   nominative and accusative case of, 51
Phienox (Daniel Richter), 410

Die Physiker (Friedrich Dürrenmatt), 27, 124, 131, 133
Poisel, Philipp, 152, 157
possessive adjectives, 92
predicate adjectives, 86
prefixes
   inseparable, 102
   separable, 101
prepositional objects, 81, 428
prepositional phrases, 81
prepositions, 11, 422–423
   with accusative case, 81
   with dative case, 141
   with genitive case, 215
   two-way, 234–235
present perfect tense, 386
present tense, 24–25, 385, 386
pronominal adverbs, 437
pronouns, 11
   declension of, 51–52, 334
   personal, 17–18
   reflexive, 247

Q

questions
   word order in, 61
   yes/no, 61
question words, 8

R

Rathenow, Lutz, 331–332
Das Räubermärchen (Peter Rosei), 287
Redner, Julie, 424
reflexive pronouns, 247
reflexive verbs, 247–248
regular verbs, 24
   past participle of, 155
   present tense of, 24, 385
   simple past of, 275
   subjunctive I of, 398
Reichardt, Johann Friedrich, 314
relative clauses, 292
rennen, 276
reported speech, 398
Richter, Daniel, 410
Rosei, Peter, 286–287

S

Der Schimmelreiter (Theodor Storm), 27
schlafen, subjunctive II of, 322
schmecken, 141
Schneewittchen (Michael Kumpe), 165
Schopenhauer, Arthur, 221, 300

Schubert, Franz, 434–436
Schweitzer, Albert, 337
Die Schweizer Macher (Daniele Muscionico), 67
seasons, 168
Sehnsucht, 301
Seidl, Johann Gabriel, 434–435
sein, 43
   conjugation of, 385
   conversational past formed with, 155
   imperative of, 134
   in passive voice, 367
   past perfect of, 392
   past subjunctive II of, 328
   present tense of, 43
   simple past tense of, 43, 275
   subjunctive I of, 398
   subjunctive II forms, 314
seit, 141, 175, 423
Selma (Jutta Bauer), 326
sentence structure, 407
separable-prefix verbs, 101
   conversational past of, 156
   in future tense, 386
   past tense forms of, 386
   in present tense, 386
setzen/sitzen, 241
Sick, Bastian, 353–354
simple past tense, 275–276, 386
   modal verbs, 284
   passive form, 387
sitzen, 241, 398
sollen
   conjugation of, 120, 260, 386
   simple past tense of, 284
   subjunctive II forms, 314
sondern, 175
später, 176
Spiel, 148
Die Stachelschweine (Arthur Schopenhauer), 300
statements, word order in, 61–62
statt, 215, 423
stecken, 241
Steenfatt, Margret, 256–257
stellen/stehen, 241
stem-changing verbs, 25, 101
Der Steppenwolf (Hermann Hesse), 27
Stillleben mit Kaffeetassen (Anton Faistauer), 376
Stoeckler, Rauan, 440–441
Storm, Theodor, 27, 262, 264
strong adjectival endings, 86
subjunctive I, 398

Deutschland

1949–1990

DEUTSCHE DEMOKRATISCHE REPUBLIK

BUNDESREPUBLIK DEUTSCHLAND

DÄNEMARK

Sylt

Nordfriesische Inseln

Helgoland

Nordsee

Ostfriesische Inseln

NIEDERLANDE

Flensburg

SCHLESWIG-HOLSTEIN

Husum

Kiel ★

Neumünster

Lübeck

Bad Segeberg

Puttgarden

Fehmarn

Rügen

Ostsee

Stralsund

Rostock

Greifswald

Wismar

Schwerin ★

MECKLENBURG-VORPOMMERN

Neubrandenburg

Müritz

Prenzlau

POLEN

Emden

Westerstede

Oldenburg

Elsfleth

Bremerhaven

BREMEN

Bremen

NIEDERSACHSEN

Lüneburg

LÜNEBURGER HEIDE

HAMBURG

Hamburg

Reinbek

die Elbe

Wittenberge

Schwedt

die Havel

BERLIN

Berlin ⊛

Potsdam ★

Frankfurt (Oder)

BRANDENBURG

die Oder

Celle

Hannover ★

Wolfsburg

Braunschweig

Hildesheim

Hameln

die Weser

Salzwedel

Stendal

die Elbe

Magdeburg ★

SACHSEN-ANHALT

Wittenberg

Dessau

Halberstadt

Osnabrück

Münster

Bielefeld

NORDRHEIN-WESTFALEN

Detmold

HARZ

Wernigerode

Göttingen

Eisleben

Sondershausen

Halle

Leipzig

Wurzen

die Saale

Cottbus

die Spree

Meißen

Dresden ★

SACHSEN

Bautzen

die Neiße

die Oder

Gelsenkirchen

Dortmund

Essen

Bochum

Duisburg

die Ruhr

Düsseldorf ★

Bergisch-Gladbach

Köln

Aachen

Donrath

Bonn ★

der Rhein

WESTERWALD

Kassel

Marburg

Giessen

HESSEN

Fulda

Mühlhausen

Eisenach

Erfurt ★

THÜRINGEN

THÜRINGER WALD

Suhl

Weimar

Jena

Gera

Rudolstadt

Chemnitz

Zwickau

ERZGEBIRGE

Plauen

die Elbe

BELGIEN

LUXEMBURG

EIFEL

Koblenz

Bacharach

RHEINLAND-PFALZ

Bingen

Wiesbaden

Mainz

Frankfurt a. M.

der Main

die Mosel

Trier

Worms

Kaiserslautern

Mannheim

Heidelberg

Weinheim

der Neckar

Würzburg

Ochsenfurth

Bamberg

Erlangen

Nürnberg

Bayreuth

TSCHECHISCHE REPUBLIK

SAARLAND

Saarbrücken ★

die Mosel

Karlsruhe

der Rhein

Baden-Baden

Stuttgart ★

Tübingen

SCHWARZWALD

BADEN-WÜRTTEMBERG

Ulm

Rothenburg

Ansbach

BAYERN

Regensburg

die Donau

Augsburg

München ★

Kaufbeuren

Starnberger See

Tegernsee

Chiemsee

BAYERISCHER WALD

Passau

der Inn

die Donau

ÖSTERREICH

FRANKREICH

Freiburg

Bad Krozingen

Konstanz

Bodensee

der Rhein

BAYERISCHE ALPEN

Garmisch-Partenkirchen

Berchtesgaden

der Inn

LIECHTENSTEIN

SCHWEIZ

| 0 | 50 | 100 | 150 km |
| 0 | 50 | 100 mi | |

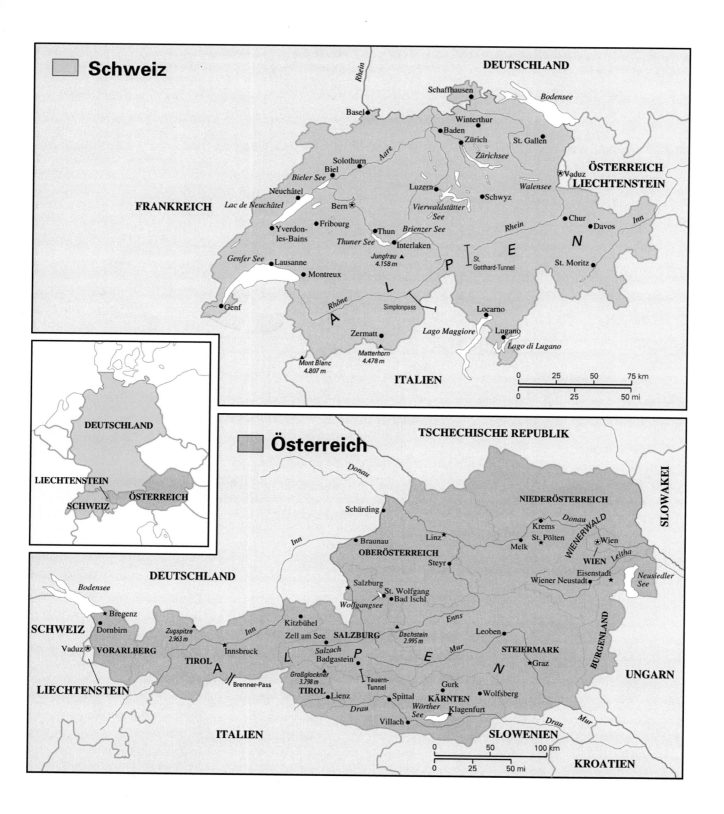

Schweiz

DEUTSCHLAND

Rhein
Schaffhausen
Bodensee
Basel
Winterthur
Baden
Zürich
St. Gallen
Solothurn
Biel
Aare
Zürichsee
ÖSTERREICH
Vaduz
LIECHTENSTEIN
Bieler See
Neuchâtel
Luzern
Walensee
FRANKREICH
Lac de Neuchâtel
Bern
Schwyz
Rhein
Chur
Davos
Inn
Fribourg
Vierwaldstätter See
Yverdon-les-Bains
Thun
Brienzer See
A   L   P   E   N
Thuner See
Interlaken
St. Gotthard-Tunnel
Genfer See
Lausanne
Jungfrau 4.158 m
St. Moritz
Montreux
Rhône
Simplonpass
Locarno
Genf
Zermatt
Lago Maggiore
Lugano
Matterhorn 4.478 m
Lago di Lugano
Mont Blanc 4.807 m
ITALIEN

0   25   50   75 km
0   25   50 mi

Österreich

TSCHECHISCHE REPUBLIK

Donau
NIEDERÖSTERREICH
Schärding
Krems
Donau
WIENERWALD
SLOWAKEI
Linz
St. Pölten
Wien
Braunau
Melk
WIEN
OBERÖSTERREICH
Steyr
Eisenstadt
Leitha
Salzburg
Wiener Neustadt
Inn
St. Wolfgang
Bad Ischl
Neusiedler See
Wolfgangsee
Enns
DEUTSCHLAND
Bodensee
Bregenz
Dornbirn
Zugspitze 2.963 m
Inn
Kitzbühel
Dachstein 2.995 m
Leoben
BURGENLAND
SCHWEIZ
Zell am See
SALZBURG
Mur
STEIERMARK
Vaduz
VORARLBERG
L   A   P   E   N
Graz
UNGARN
LIECHTENSTEIN
TIROL
A
Innsbruck
Salzach
Badgastein
Großglockner 3.798 m
Tauern-Tunnel
Brenner-Pass
Gurk
Wolfsberg
TIROL
Lienz
Spittal
KÄRNTEN
Drau
Wörther See
Klagenfurt
Villach
Drau
Mur
ITALIEN
SLOWENIEN
KROATIEN

0   50   100 km
0   25   50 mi

DEUTSCHLAND
LIECHTENSTEIN
SCHWEIZ
ÖSTERREICH